佛教経典史論

赤沼智善著

法藏館

解題「仏教経典史論」

舟橋一哉

本書には「小乗経典史論」と「大乗経典史論」と「戒律の研究」の三編が収載せられているが、いずれも赤沼先生が大谷大学において、大正の終りから昭和の初にかけて、講義せられたものである。その中で、「大乗経典史論」については、部分的には研究誌などに別な形態をとって発表されているところがあり、そのことは本書の凡例に記るされている。

「小乗経典史論」は、赤沼先生の専門の研究分野である原始仏教について、その歴史的な面の研究を纏めて述べたものであって、これに対して原始仏教の教理に関する研究は、「原始仏教之研究」や「仏教教理之研究」の中に載せられている。近時、我が国におけるこのような原始仏教の歴史的な面の研究はすばらしい発展をとげ、数々の勝れた成果が発表されている。それらと比較するときはここに見られるものは、やや古典的な感じを受けないこともないが、五十年以前のこのような基礎的な踏み台として、今日の成果が得られたものであることを忘れてはならない。総じて先生の学問の研究の態度は、まず広い範囲にわたって資料を集め、それを文献に即して整理し、そこから自然に結論の出てくるのを待つ、といった具合で、極力主観的な意見をさしはさむのを排除された。このような研究方法は、ここに収録されている二つの「経典史論」においてはっきりと見ることができる。そのような意味において、この研究は今日においても充分にその学問的命脈を保ちつづけている、と言ってよい。

この「小乗経典史論」の論述の進め方についてであるが、第一章で第一結集に関する問題をとり上げ、第四章で第二結集第三結集にまで説き及んでいる。そしてその中間に、第二章「現存五部四阿含の部派摂属」と第三章「異訳単本経に就いて」が挿入される、という形になっている。この第二章と第三章とは、経典の流伝に関する研究で、その意味においては順序として最後におくべきものであろう。にもかかわらず、それを第二章、第三章へもって来た理由は何であったかといえば、経典がどのような経過を経て今日われ〳〵が見るような形にまで発展したか、ということを明かにするのがこの史論の目的であるが、その為にはそれに必要な資料である現存の五部・四阿含について、その文献批判がまずなされねばならない。それを通して、初めて資料として堪え得るものとなるのであるから、それでここにその文献批判の一齣として、部派摂属等の問題がとり挙げられたのである。だから論理の進め方としては、第一章から第四章へ続くものと考えればよい。それから次の第五章「経典成立の順序及びその変化」は、これも第四章において第三結集について述べたその後に置かれているが、そういう内容のものではない。むしろ第一章の前に置くべきもののようである。けれども第一章は第一結集に関する伝説の吟味であり、第五章は、具体的にどのようにして経典が成立したかを明かにしようとしたものであるから、視点の置きどころが少しく異なっている。いわば第一章は、第一結集についての歴史的立場よりの究明であり、第五章は、第一結集において結集されたその内容についての後世における発展段階をも含めての探求である。

「大乗経典史論」は、その一部がすでに大正十五年に「現代仏教講座」の中で発表せられているところからみて、先生にあって、相当早くから研究が進められていたことが解る。従って「小乗経典史論」が完成して、それから「大乗経典史論」へと進んでいかれた、というのではなく、両方は併行して研究が進められていたようである。それ以後先生の関心は、専ら原始仏教・アビダルマ仏教の教義に関する方面に向けられ、大乗仏教の分野に関する研究の発表は暫らくの間見られなかったのであるが、病歿せられた昭和十二年度の大谷大学の講義に、再び竜樹の教学と曇鸞の浄土論註とをとり挙げておられるのである。この二編は「仏教教理之研究」に載っている。

この「大乗経典史論」は、大乗経典全体にわたってその成立と発展とを解説したものではなくて、第一章では弥勒経典と阿閦仏国経と大阿弥陀経と文殊系経典について論じ、第二章は般若経典とくに小品般若について、第三章は諸三昧経典とくに般舟三昧経について論じたものである。そこには、阿閦仏国経・大阿弥陀経が般若経以前に成立した最古の大乗経典であること、大品般若よりは小品般若の方が古いことなど、注目すべき説が豊富な資料に跡づけられて強く主張されている。

最後の「戒律の研究」は、一一の波羅提木叉について詳細な解説を施した部分が中心をなしていて、論述の仕方はやや説明的であり、前の二つの経典史論とは少しく性格を異にしている。そこには「こういうことを主張したいのである」というような、焦点をしぼっての先生の強い主張は見られない。

凡例

一、本書は赤沼智善論文集第三卷として、佛教經典史に關するものを收めた。その中、小乘經典史論と大乘經典史論とは大正十四年度以後數年に涉つて、戒律の研究は昭和三年度に、大谷大學學部に於いて講じたものであつて、今、故教授のノートに依つて整理した。

一、先に發表した「經典史論（大乘）」（大正十五年甲子社刊、「現代佛教講座」所收）は、本書に收載した大乘經典史論の序論と第一章とであり、「般舟三昧經の研究」（「宗教研究」新第四卷一號二號）は同じく第三章であつて、共にノートと殆ど同じであるから、此處には右の活字に移されたものを、若干誤脱を補正して採用し、目次の上では最後の所に論文名だけを掲げて置いた。なほ小乘經典史論と大乘經典史論との目次の細目は、編者が追補したものである。

一、出據は、教授は縮刷藏經を用ゐた部分もあつたが、今は讀者の便を思つて大正藏經に統一した。從つて大・三・二六下は大正新修大藏經第三卷二十六頁下段を意味するものである。但し倶舍論、成唯識論、異部宗輪論等は坊間流布本の丁數をも掲げた。

阿含・尼柯耶についての經數は赤沼目錄に依つた。而して尼柯耶の丁數は主としてパーリ原典協會本に依つた。法句經、長老偈、長老尼偈等の數字は、偈數を示したものである。

一、文中引用の漢文には白文のままのものと、返り點を付けたものとあつたが、白文のものは編者が返り點を補うておいた。

一、本論文集の編纂刊行は、宮谷法含、山邊習學の二師を顧問とし、林五邦、西尾京雄、多屋頼俊、道端良秀、龍山章眞、春日禮智、舟橋一哉、野澤靜證を委員として、合議ことを進めた。

一、本卷は春日禮智、舟橋一哉、野澤靜證が原稿を整理し、索引は野澤が作成し、他は全員協力して編纂校正に當つた。

佛教經典史論　目次

附録

小乘經典史論

序　言

佛教を正しく理解するためには、佛教の聖典の變化發達に關して十分な知識を要することは云ふまでもないことである。古い時代の佛教學者のやうに、聖典は經律論共にすべて釋尊金口の説法であるといふ見方は、今日では既に何人も用ゐない處であるが、然し佛教の教理史を研究するにしても又概論をするにしても　まだ〲聖典の由來、その發達變化に考慮を拂ふ程度が比較的に少いことは遺憾とせねばならぬ。釋尊の根本思想を知るにはどうしても、五部四阿含の中で如何にその資料を見出すべきかと云ふことが先決問題であらうし、大乘佛教の教理を知るには、非常に多數の大乘經典の先出後出を見極めて、その間の思想的脈絡を見なければ、到底十分な譯に行かないことは申すまでもないことである。それであるから、佛教の聖典史は佛教を完全に知るべき第一步であると云ふべきものである。

勿論この聖典史は今日の佛教學界の現狀に於いては容易ならざる難事業であつて、私の如き不敏のものが企てても十分の成績を擧げうべき見込みのあるものではないが、然し多年この方面に注意をして來たと云ふことと、この方面の研究が自分の興味を引くことが多いと云ふことと、それに、これに依つて後に多少堅い地盤の上に佛教の教理研究をなしうべしとの豫想から、この研究に手をつけてみようと思ふのである。

この研究には種々の方面の知識と諸方面に亘る研究を要するものであつて、

一、聖典の言語の研究

二、聖典に關する傳說の研究

三、聖典そのものの內部の研究に依つて聖典自らをしてその歷史を語らしめること

等少くもこの三方面が是非なければならぬことは申すまでもないことであるが、第一の聖典の言語に關する研究に就いては、暫くこれを他の機會に讓り、先づ第二・第三を主として研究を進めて見たいと思ふ。幸に近頃日本の學界に於いても、原始經典の研究に於いて、椎尾教授や宇井教授・和辻教授等の勝れた研究の發表があり、これらに依つて教へられる點が頗る多いので、學界は漸次この方面に於いて惠まれて來るであらうと思ふ。私の研究の如きもこれら先輩の驥尾に附しつつ、その指示と刺戟に依つて一歩づつを進めるものである。

第一章　第一結集の傳說

第一節　結集の動機

第一結集は、釋尊の入滅後間もなく佛教經典が結集されたとする傳說であつて、この傳說には種々の史料があるが、これらの史料を整理して見ると、次の三種類に分つことが出來る。

第一、佛滅後直ちに大小乘の三藏が結集せられたとなすもの。

菩薩處胎經第三十八品（大・一二・一〇五八）　智度論一〇〇（大・二五・七五六中）

金剛仙論一（大・二五・八〇一上）

第二、佛滅後直ちに上座・大衆の二派の結集があつたとなすもの。

文殊問經　部執異論疏（三論玄義頭書引用、佛教大系本四八一頁）

西域記九（大・五一・九二二下、九二三上）　宗輪論述記

慈恩寺傳三（大・五〇・二三八中）　三論玄義（佛教大系本四八一頁）

義林章二（本一〇）

第三、佛滅後直ちに上座に依つて結集せられたとなすもの。

小品（Cullavagga）一一　島史（Dipavaṁsa）四

大史（Mahāvaṁsa）三　四分律五四（大・二二・九六六）

五分律三〇（大・二二・一九〇）　毘尼母經（大・二四・八一八）

摩訶僧祇律三二（大・二二・四九〇）　智度論二（大・二五・六七―六九）

西域記九（大・五一・九二三）　善見律毘婆沙一（大・二四・六七三）

Samantapāsādikā I,　阿育王傳四（大・五〇・一一二以下）

根本說一切有部毘奈耶雜事三九（大・二四・四〇二以下）　Dulva vol. XI (Rockhill p.148 ff)

付法藏因緣傳一（大・五〇・三〇〇）　撰集三藏及雜藏傳（大・四九・一以下）

迦葉結經（大・四九・四）（この經は有部雜事三九の一部分か？）　十誦律六〇（大・二三・四四五下以下）

この中、第一・第二は今日の佛教學の常識からしても、又その說の記載されてゐる文獻の比較的新しい事からしても、今は除外して差支ないと思はれるから、第三の說に就いて整理して見よう。

釋尊の滅後、遺法の結集の決心を大迦葉がした動機に就いて、

小品 (Cullavagga)	四分律	五分律
摩訶僧祇律	毘尼母經	大史 (Mahāvaṁsa)
島史 (Dīpavaṁsa)	善見律毘婆沙	西域記
十誦律		

は、所謂不如の比丘の暴言に依つて教法の亂れんことを憂へた爲であるとなす。この事例を經典に求めると、

巴利大般涅槃經 (Mahāparinibbāna S.) 六・一九　遊行經　その他の異譯

に出てゐる須跋陀 (Subhadda)（漢譯の方はすべて跋難陀釋子 Upananda Sakyāputta）が「釋尊の入滅に依りて我等自由を得たり」と云うたことである。

阿育王傳	阿育王經	摩訶僧祇律
根本說一切有部毘奈耶雜事	Dulva XI	付法藏因緣傳
撰集三藏及雜藏傳	迦葉結經	智度論

は、釋尊の入滅後諸大阿羅漢も續いて入滅し、教法の流傳を心掛けないので之を歎き、法藏を集めない中に入滅してはならぬと、他に令して結集するようにしたと云ふのである。さうしてこの傳說の方には皆、憍梵波提 (Gavampati) が尸利

沙山にあつて迦葉の傳言をも肯はず、入滅したと云ふ事を記るして居る。

それでこの二つの傳説の中、前者即ち或る比丘が釋尊の入滅を喜んだと云ふことは、釋尊在世中ですら、釋尊の戒律の煩瑣なのを厭がつたものもあつた[1]と傳へられて居るのであるが、さう云ふ煩瑣な戒律が釋尊と云ふやうな偉大な宗教家に依つて制定せられたとは考へられないことであり、又事實戒律は次第に後に發達増加せられたに相違ないから、この釋尊在世に煩瑣な戒律を厭がつたものもあつたと云ふ傳説も、その儘には承けとれないけれども、又一方釋尊は偉大な哲人的な大宗教家であつたと共に、又多種多様の非常に澤山の弟子を包含した教團を作り、これを率ゐられた大教育家であつたことを思ふと、强ちこの傳説を否定する譯には行かない。これは戒律に關する所で更に委しく研究せねばならないことであるが、相當に煩瑣な、人をして厭な規約だと思はしめるやうなものの制定もあつたであらうし、從つてその規約に對する或る種の不平の聲も洩れたに相違ないと思はれる。さうすると、師の入滅と云ふ悲痛な場合にあつても、比較的、師に尊敬を持たなかつたとか、又は個人的に嫌であつたとか、いろ〳〵の情緒からして師の入滅を喜ぶとまで行かずとも、結句善いことに思うて、それを言に顯し身振りに示したものがあつたかも知れないのである。かう考へることは釋尊に對する冒瀆ではなく、實際の世間はさうしたもので、それが實際の釋尊の原始教團の教會的事情であつたと思ふ。巴利大般涅般經 (Mahāparinibbāna S.) の年老いた須跋陀 (Subhadda) とは、釋尊最後の弟子となつた須跋陀 (Subhadda) でないことは明かである。さうすると、年老いた須跋陀 (Subhadda) とは誰のことか解らなくなる。四分律、五分律、毘尼母經、遊行經及びその異譯の經典では、この場合の「不如の比丘」を釋種子跋難陀とするが、この人は、

大品 (Mahāvagga) 八七、四分律三四 (大・二二・八一一上)　大品 (Mahāvagga) 九四、四分律三四 (大・二二・八〇六下)

大品 (Mahāvagga) 一七一、四分律三七 (大・二二・八三五上)　巴利法句經註 (Dhammapada A.) 三卷一三九頁

等に出てゐるいたづらもので、始終戒律を破つてゐた釋迦族の憍慢な男である。この比丘が不如の言を發したとか、或はさう云ふ態度を示したとかは考へられることである。然し勿論この跋難陀（Upananda）は歴史的人物であつたかどうかは疑はしい。戒律の因緣譚を作る時に違反者として創出されたか、又は極めて誇張された人物のやうである。それであるから、或る人物がこの場合或る反逆の言行を示したと云ふよりも、滅後の教團に責任を負ふべき人又は幹部が、かう云ふ狀勢も教團内に存在すると見て取つたことを示すものだと見た方が妥當であらうと思ふ。それで、私はこの考察から迦葉決意の動機の一として、この傳說を或る意味に於いて生かすことが當然であると思ふ。

第二の動機として、後者の傳說中、抽象的に、釋尊の入滅前からして舍利弗・目連の兩人を始め諸大弟子が死んでゐるし、師の入滅に依つて教團の統帥力に破綻とまで行かなくとも弱みを生じ、一人一黨風な個人主義を生じたことは考へられるのである。迦葉は勿論敏感にこの空氣を見てとつたに相違ない。さうして茲に教團の結合力を生む上からも遺法の結集を決意したものと思はれる。憍梵波提のことは經律共にこの人の記事が少く、その傳說を生むに至つた理由を發見するのに苦しむが、阿育王傳の製作年時前、何等かの引つかゝりからこの挿話を生じ、それがずつと後にまで用ゐられて來たものであらう。

それであるから私は、この二つの傳說を生かして、迦葉は、或は教團の幹部は、佛入滅後間もなく尨大な教團の、假令微細とは云へ、患ふべき狀勢に顧み、上足の弟子達の死と、師なき後の教團の統帥力の弛緩を豫見して、遺法の結集を決心したものと考へるのである。この理由に依つて私は第一結集を歴史的事實と考へるものである。

註 ① Vajjiputtaka

第二節　結集の內容

然らばその結集の內容は如何なるものであつたか。これは大問題であつて容易に決定し得ないものであるが、先づ茲では傳說の整理から始めて見よう。

傳說ではこの時、九分敎が結集されたとなすもの（島史 Dīpavaṁsa）と、十二分敎が結集されて、その中から經・律・論の三藏を作つたとなすもの（鼻奈耶序、大・二四・八五一上）と、法・律の二又は經・律の二を結集したと云ふものと、法・律・論の三又は經・律・論の三藏を結集したと云ふものと、その他種々あるが、此を表示して見ると左の如くなる。

Cullavagga Dīpavaṁsa Mahāvaṁsa	Dhamma （阿） Vinaya （優）
五分律三 摩訶僧祇律三二	經 （阿） 律 （優）
Suttavibhaṅg Petakopadesa	Dhamma Vinaya Upadesa （旃）
增一阿含序品 大衆部義	契經藏 （阿） 律藏 （阿） 阿毘曇藏 （阿） 雜藏 （阿）
三藏雜藏傳 義林三本	經 （阿） 律 （阿） 大法 （阿） 雜 （阿）
迦葉結經	正經 （阿） 戒律 （阿） 諸法解 （阿）
智度論二 十誦律六〇 四分律五四 毘尼母經（但し誦出者を出さず）	經 （阿） 律 （優） 阿毘曇 （阿）
西域記	經 （阿） 律 （優） 論 （迦）
阿育王傳四 阿育王經六 付法藏因緣傳一 Dulva 有部雜事三九 瑜伽論一三	經 （阿） 律 （優） 摩窒里迦 （迦）
部執疏 宗輪疏	經 （阿） 律 （優） 論 （富）
西域記九（窟外結集） 慈恩寺傳三	素呾纜藏 毘奈耶藏 阿毘達磨藏 雜集藏 禁呪藏
Dīpavaṁsa Ⅲ. 10	九分敎
鼻奈耶序（道安）	十二分經を結集し、その中より三藏を結集す。

本表中、（阿）は阿難、（優）は優波離、（迦）は摩訶迦葉、（旃）は摩訶迦旃延、（富）は富樓那の略なり。尙この表は同文館發行哲學大辭書、佛敎の下（二五二〇頁）椎尾氏說の修正なり。

以上表記する所に依つて、法・律の二藏がその結集の內容であることを云ふ傳說が最古なる事を知ることが出來る。經に非ずして法と云ふ所に、古傳であることが見えて居るのである。九分敎の形で結集されたとなすは獨り島史にあるのみであり、宇井博士はこの九分敎型の結集、即ち後に九分敎と纒まる原本的のものが纒められたものだと、その佛滅年代論（「印度哲學研究」第二卷六五頁）に云つてゐられるが、遺憾乍ら私はその說に承服することが出來ない。このことは後で委しく論じたいと思ふのであるが、九分の原形は決して第一結集に用ゐられた形式とは思はれない。それ故に、島史は後の知識を前の記事に用ゐたものに過ぎないのである。大史がその記事中、九分敎のことを云はないのは、其を訂正とまで行かなくとも默過したものと見る事が出來る。法（dharma; dhamma）とは敎理であり、律とは比丘・比丘尼の日常の敎團的生活の規定のことである。この法と律は暗記に便利なやうに簡潔な句に纒められてゐたから、印度傳統の文學的用語を用ゐて、共に經（sūtra）と呼ばれ、更にその經の中で律を別出して經を法の換名とし、經律と稱するやうになり、又一方、法の要項や數目的なものを簡單に集めたものが摩窒里迦（mātṛka; mātika）と呼ばれ、これも次第に法から獨立に取扱はれ、後には更に佛弟子が佛說を解釋したものも、この摩窒里迦に攝められ、次いでその中のやや大部のもの、一篇の書として認められるやうなものが出るに及んで阿毘達磨と稱せられ、經藏律藏と相並んで論藏なるものを出し、玆に三藏となつたのである。[1] それ故に、摩窒里迦又は論部の結集が玆にあつたものでは決してない。今論藏に關する記事を拾つて見ると左の如くになる。

四分律五四（大・二二・九六八中）……有難・無難・繫・相應・作處、集爲阿毘曇藏。

毘尼母經三（大・二四・八一八上）……有問分別・無問分別・相攝・相應・處所生五種、名爲阿毘曇藏。

善見律一（大・二四・六七六上中）……（初に七論を出し、後に）何謂阿毘曇。……有人意識法、讃歎斷截說、長法是故說、是爲阿毘曇。

智度論 二（大・二五・六九下）……如是我聞。一時佛在舍婆提城。爾時佛告諸比丘、諸有五怖五罪五怨、不除不滅、是因緣故、此生中身心受無量苦、復後世墮惡道中。諸有無此五怖五罪五怨、是因緣故、於今生種種身心受樂。後世生天上樂處。何等五怖應遠。一者殺、二者盜、三者邪婬、四者妄語、五者飲酒。如是等名阿毘曇藏。

十誦律六〇（大・二三・四四九上中）……智度論の文に略同じ。

迦葉結經……………………法藏（或は諸法解）。

分別功德論一（大・二五・三二上）……阿毘曇者大法也。所以言大者、四諦大慧諸法牙旗、斷諸邪見無明洪癡。故曰大法也。亦名無比法。八智・十慧・無漏正見、越三界閡、無與等者。故曰無比法也。迦旃延子撰集衆經、抄撮要慧呈佛印可。故名大法藏也。

撰集三藏及雜藏傳（大・四九・三下）……迦栴造竟　持用呈佛　佛言上法　當名上法　於中破癡　益於世間
此衆經明　故名大法　總持外道　斷於貢高　衆法牙旗　是名大法
譬如明燈　照於衆物　以見諸形　故名大法　此衆經義　如芒甘露
是諸法味　此大法義　諸經戒律　勤思惟持　勿令放捨　繫縛三藏
分別字義　比丘諸天　千萬稱善

增一阿含經序品 ……………………阿毘曇經爲三分

阿育王傳四（大・五〇・一一三下）	阿育王經六（大・五〇・一五二上）	有部雜事四〇（大・二四・四〇八中）	Dulva XI (Rockhill p. 160)
摩得勒伽藏者	云何說智母	摩窒里迦我今自說於所了義皆令明顯	The mātṛka is that which makes perfectly lucid the distinguishing points of that which ought to be known.
所謂四念處・四正勤・	謂四念處・四正勤・	所謂四念處・四正勤・	Thus it comprises (explanations of) the four smṛtyupasthāna, the four right renunciations,
四如意足・	四如意足・	四神足・	the four ṛddhipada,
五根・五力・	五根・五力・	五根・五力・	the five faculties, the five forces,
七覺・八聖道分・	七覺・八正道・	七菩提分・八聖道分・	the seven branches of Bodhi, the holy eightfold way,
四難行道・四易行道・	四辨・	四無畏・四無碍解・	the four kinds of analytical knowledge,
		四沙門果・	the four fruits of the virtuous man,
無諍三昧・願智三昧	無諍智・願智・悉皆結集	四法句・無諍・願智及	the four words of the dharma,

邊際定・空無相・無願・雜
修諸定・正入現觀・及世
俗智・苦摩他・毗鉢舍那
法集法蘊

absence of kleśa, the knowledge of what is desirable, perfection, the very void of very void, the uncharacteristic of the uncharacteristic, the samādhi by means of mixing, the emancipation of perfect understanding, subjective knowledge, the abode of pease, supernatural sight, the correct way to compile and put together all the dharma,

増一之法・百八煩惱・世論
記・結使記・業記・定慧等記

法身制說寂靜見等

これに依つて見ると、四分律と毘尼母經の解釋は同じいものであつて、後期の阿毘曇の諸門分別を指して云ふものであり、撰集三藏及雜藏傳も「迦栴造竟持用呈佛」[②]とあるから又後期の阿毘曇を云ふものであり、増一の序品も之に同じいのである。

智度論は之に反して佛說毘曇と後期の論藏を別に見るものであつて、佛說毘曇の例として五戒の文を出してゐる。然しそれが法數に關するものを論としてゐるものか、その五戒の解釋を論としてゐるのかはつきり解らない。或は阿育王傳等の如く摩窒里迦（mātika）を論とし、その一として五戒の經を擧げたものかも知れない。③

阿育王傳・有部雜事等は同じい文であるが、これは摩窒里迦（mātika）を出してそれを論としたものである。摩窒里迦（mātika）とは、先に云ふが如く暗記に便利なやうに法の要項を拔き出した、云はば目次的のものであるか、又は法の因緣（nidāna）・結果等を取り去つた法の主要な部分かである。それ故に、私は玆に第一結集についてから云ふ假定をして置きたいと思ふ。

第一結集は釋尊入滅直後である。釋尊の在世中は、中にはその師匠の言はれた言や又はその行狀を忠實に記憶し、記憶せんと努めた者もあつたに相違ないが、然し生きた人格を眼前にしてゐる時は、直接に人格から受ける處のものが大きいから、その糟粕である言行を記憶しようと云ふ考への動かないのが普通である。それであるから入滅直後の合誦にも、一言一行をかう言はれた、かうなされたと委しく言ひ出す筈がなく、その大體に亘つて精神を失はないやう、師匠の教が傷つかないで傳はり、敎團が維持されるやうに、考へて行くと云ふ事が自然だと云はねばならぬ。それでこの第一の合誦（saṅgīti）には、律の方の要目波羅提木叉（今の波羅提木叉をその儘の形で云ふのではない。今の波羅提木叉は各部派に依つて違ふところから見ても、後世の變化が加はつてゐることは明かであるから、それから推して、入滅後部派未分までの變化もあつたであらうことは考へられるから、それらの變化を除いた原形と云はねばならぬ）と、法の方の要目と、その意義の簡單な說明、即ち四念處・四正勤・四如意足・五根・五力・七覺支・八正道分・四沙門果・四無礙解・三三昧・奢摩他・毘鉢舍那・三明・四禪等の、重要にして且つ意義を明了にして置かねばならないもののみが結集されたものであらう。

これが現在經典中おきまり《ストック》文句《フレイズ》として同一文句で綴られて居るものであらう。この教義が對告衆に對して發動した一一の場合は、波羅提木叉一一の因緣譚の古いものと同じ樣に各個人の記憶に委せられ、それはそれとして傳へられたが、その本質的なものとして上に擧げるやうな重要な教義が、一定した文句に依つて僧伽に合誦せられたものであらう。この合誦せられた教義の目次が即ち摩窒里迦（mātikā）である。この摩窒里迦は第一結集の終に於いて、或る形をとつたかも知れぬ、又は取らなかつたかも知れぬが、この教義の實際に發動した、即ち因緣（nidāna）と結果のついた、具體的な教法も漸次に纒められ、その數を增し、又摩窒里迦も次第に增加し、遂に特殊の暗記者を要するに至つたものであらう。それで持法者（dhammadhāra）・持律者（vinayadhāra）と云ふものが最初に出で、後に持母者（mātikādhāra）と云ふことが言はれるやうになつたものと思はれる。[4]

次に雜藏と云ふ中には二種類ある。第一は巴利尼柯耶の小尼柯耶（Khuddaka-nikāya）に當るものであつて、

四分律五四（大・二二・九六八中）では、如是生經、本經、善因緣經、方等經、未曾有經、譬喩經、優婆提舍經、句義經、法句經、波羅延經、雜難經、聖偈經を雜藏とし、

五分律三〇（大・二二・一九一上）では、四阿含を擧げて、「自餘雜說、今集爲二一部一、名爲二雜藏一。」とし、

摩訶僧祇律三二（大・二二・四九一下）には、「雜藏者、所謂辟支佛阿羅漢自說本行因緣、如レ是等比諸偈誦、是名二雜藏一[5]」とあり、

毘尼母經三（大・二四・八一八上）には、「若法句、若說義、若波羅延如來所說、從二修妬路一乃至優波提舍、如レ是諸經與二雜藏一相應者、總爲二雜藏一」とある。

以上は凡べて所謂小阿含と稱せらるべきものである。

第二は、增一阿含序品（大・二・五五〇下）に、「方等大乘義玄邃、及諸契經爲㆓雜藏㆒」とあり、撰集三藏及雜藏傳（大・四九・三下、四上）には雜藏の解釋が四種出てゐるが、その第四の解釋は、

「中多宿緣　多出所生　與㆓阿含㆒異　是名㆓雜藏㆒　雜藏之法　讚㆓菩薩生㆒　此中諸義　多於㆓三藏㆒
都㆓合諸法㆒　結㆓在一處㆒　何等比丘　能盡持者　當來世時　比丘多愚　此輩不㆑能　盡持㆓三藏㆒
後當作㆑師　從㆑經出㆑頌　由㆑此益增　是故不㆑合……」であり、

分別功德論一（大・二五・三二中）には、「所謂雜藏者、非㆓一人說㆒。或佛所說、或弟子說、或諸天讚誦、或說㆓宿緣三阿僧祇菩薩所生㆒。文義非㆑一、多於㆓三藏㆒。故曰㆓雜藏㆒也。」とある。

これらは龍樹などの云ふ菩薩藏に同じいものである。[6]尤も龍樹は五藏說をも立て、雜藏の外に菩薩藏を云ふこともあるが、この時は分別功德論一（大・二五・三二中）が、先に引用した如く雜藏の外に、

「阿闍世王問㆓佛菩薩行事㆒、如來具爲說㆑法。設㆑王問㆑佛、何謂爲㆑法。答、法即菩薩藏也。諸方等正經皆是菩薩藏中事。先佛在時已名㆓大士藏阿難所㆑撰者、即今四藏是也。合而言㆑之爲㆓五藏㆒也」

と云ひ、雜藏と菩薩藏を分けて居るのに同じいのである。この雜藏と菩薩藏との區別は、はつきり解らないが、菩薩の前生を說く佛傳書は雜藏であり、他の大乘經典は菩薩藏となるのであらう。それで五藏說の法藏部所立の菩薩藏とはこの雜藏と菩薩藏を合したものであり、又今の雜藏も同樣である。さう云ふ雜藏が佛滅後、間のない時に結集される筈はないのである。

次の五藏中の禁咒藏に就いて一言すると、これは義淨（大唐求法高僧傳中か）の持明藏（Vidyādhara）に相違なく、又長老偈（Thera-gāthā）一〇〇六の誦マントラ者（mantabhāṇi）とか、Jātaka Nidāna 3 の Ajjhāyaka, Mantadhara と

同じいものである。後世攘災招福の功利的一面が佛教内に顯れた時に、經典中より適當なものを抜き出して守護（paritta）となし、これを manta となし、又は Vijja としたものである。この守護（paritta）集が即ち禁咒藏であつて、これも佛滅直後結集される譯はない。

それ故に第一結集には、法と律との重要なる敎義即ち今日のおきまり文句となつてゐる敎義に屬するものと、原始的な形の波羅提木叉とが結集され、この受持者即ち持法者（dhammadhara）と持律者（vinayadhara）の二者が生じ、法の目次、摩窒里迦（mātikā）の增廣と共に後には持母者（mātikādhara）が生じたものと思はれる。

次に法と經との關係を考へて見るに、法は初は經と呼ばれなかつたのである。其は阿含・尼柯耶の古いと思はれる部分に、多く法と律と云ふ語で出てゐることで云はれ得ることであり、その法と律とが結集された形式、及び口から口へと傳へられて來た形式が、當時の簡潔な經（sūtra）の形式であつた爲に、印度傳統の文學的術語を用ゐて、法も律も共に經と（sutta）呼ばれるやうになり、後に法は修多羅（sutta）律は毘奈耶（vinaya）と分けて呼ばれるやうになつたものであらうと思はれる。波羅提木叉が經（sutta）と呼ばれ、その解釋が經分別（suttavibhaṅga）と呼ばれるのはこの理由に依ると思ふ。

註 ① 國譯異部宗輪論（國譯大藏經論部第十三卷）、附錄二頁下註十八の意見を可として茲に採用する。

② 迦栴造竟とは智度論二（大・二五・七〇上）の「摩訶迦旃延、佛在時解二佛語一作二蜫勒一。（蜫勒秦言二篋藏一）乃至今行二於南天竺一」を言ふものである。

③ 智度論二（大・二五・六九下）の佛說毘曇は增支部三卷二〇四頁以下及び相應部に出て居り、法蘊足論の初品に引用され、又十誦律六〇（大・二三・四四九上中）にも出てゐる。智度論は十誦律によつたものであらう。

④ A. N. V, 156; A. N. VI, 51

四分律四六（大・二二・九〇八上）　持法 dhamma-dhara　持律 vinaya-dhara　持摩夷 mātikā-dhara

智度論一〇〇（大・二五・七五六中）	持修多羅	持毘尼	持摩多羅迦			
中阿含二〇〇經	持經	持律	持母			
大悲經二（大・一二・九五四下）	持修多羅	持毘尼	持摩多羅迦			
婆沙論一〇五（大・二七・五四六上）	持素怛纜	持毘奈耶	持阿毘達磨			
Culla-vagga Ⅲ, 4 (p. 149)	suttantika	vinayadhara		dhamma-kathika	jhāyina	tiracchāna-kathika
五分律三（大・二二・一五上中）	誦修多羅	持律		法師	坐禪、樂靜	少欲知足 唄嚦（讀經） 阿練若乞食
四分律三（大・二二・五八七中）		持律		法師	坐禪………	
十誦律四（大・二三・二二上）	讀修妬路	持律		説法………		
有部律一三（大・二三・六九五中下）	經師	律師	論師	法師	禪師	
僧祇律六（大・二二・二八〇上）		學律		法師………		
十住毘婆沙論八（大・二六・六三上）	讀修多羅者	持律者	讀摩多羅迦者	説法者………		

增支部註 (Manorathapūraṇi) 六八九頁には「持法者とは經藏受持者、持律者とは律藏受持者、持母者とは兩つの波羅提木叉の受持者」と解釋してゐるが、此は正しい解釋でない。後には三藏受持者 (tepiṭaka-dhāra) が現はれた (Dhp. A. vol. Ⅲ, p. 419 f)。又 gantha-dhura (書物を覺えてゐる人、學者) と vipassana-dhura (觀を實行してゐる人) との二つの種類の者が現はれて、その間に不和軋轢を生じた (Dhp. A. vol. Ⅰ, p. 154 etc.)。又法聚論 (Dhammasaṅgaṇi) では次の三種の摩窒里迦が見られる。

1　suttanta-mātika (最も原始的)　七―八頁に出で、二二五―二三四頁に説明する。

2　abhidhamma-mātika　一―七頁に出で、一八〇―二五五頁に説明する。

3　發達した論部を豫想する mātika　一二四―一三三頁に出で、一三三―一七九頁に説明する。

有部雜事四〇（大・二四・四〇八中）に次の如く出てゐるものは、この中 suttanta-mātika に相當するものである。

「摩窒里迦………所謂四念處・四正勤・四神足・五根・五力・七菩提分・八聖道分・四無畏・四無礙解・四沙門果・四法句・無諍・願智及邊際定、空・無相・無願・雜修諸定・正入現・觀・及世俗智・奢摩他・毘鉢舍那・法集法蘊」

十住毘婆沙論八（大・二六・六三上）「摩多羅迦・應利衆經・憂陀那・波羅延・法句………」

⑤ 佛五百弟子自説本起經（竺法護譯）の如きものである。

⑥ 十住毘婆沙論八（大・二六・六三上）律、修多羅、摩多羅迦、菩薩藏

同九（大・二六・六六上）所レ未レ聞經求レ之無レ厭、所謂六波羅蜜菩薩藏
同（暑八・四六右、編者未詳）經・律・論・雜・菩薩藏
智度論（往三・四四――五一、編者未詳）

第三節　結集の傳說的挿話

ついでに第一結集に含まれた傳說的挿話に就いて考へて置かう。この挿話に四つある。

第一は、迦葉が結集の意志を決定して五百の阿羅漢を選び、阿難を除いて四百九十九人を得た。阿難は長く佛に侍し多聞第一であるが、未だ證悟を得て居らないので阿難を除外したが、外の比丘の申し出でに依り迦葉は阿難をその數に加へたと云ふことである。

第二は、この五百人の一人とせられた阿難が、その結集の間近かに悟を開き、正當の入會の資格者になつたと云ふことである。

第三は、結集が終つて後、阿難が佛陀入滅前微細戒は止めても好いと仰せられたと曰つたので議論百出し、結局迦葉の戒律全守主義になつたこと。

第四に、富樓那が結集後遲れて來て抗議を申し込んだと云ふことである。

この中第一・第二・第三は或る種の傳說記述には連絡されて居るのであるが、第一の阿難を假りに加へたと云ふこと、及び第二の、後に阿難が開悟したと云ふことに就いては、次のやうに考へることが出來る。

結集となると、阿難を除いて出來ないことは云ふまでもない。然し阿難はその性格が餘りに美しく弱いので、悟を得な

いでゐた。迦葉はその結集の必要上からも、又衆人の希望からも阿難を加へるの便宜を思うて、阿難を五百人の一人とした。後、阿難はこの重大なる機緣に依つて悟を開いたと云ふことである。阿難が悟を得るに至つた動機に就いて諸傳說を集めると左の如くになる。[1]

一、四分律五四（大・二二・九六六下以下）阿難有學乍ら許されて五百人の列に入り、共に毗舍離に行き、悲泣せる四衆に說法しつゝありしを、跋耆子に罵られ、發奮して悟る。

二、五分律三〇（大・二二・一九〇下）同右。

三、摩訶僧祇律三二（大・二二・四九一上）迦葉に、疥瘙野干が師子群中に入るが如しと列中に入るを許されず、發奮して悟る。

四、毘尼母經三（大・二四・八一八上）阿難は學人なれども、羯磨して中にあらしむ。

五、阿育王傳四（大・五〇・一一二下、一一三上）四分律に同じ。但し處を婆利闍聚落とす。跋耆子を阿難の弟子とす。

六、[2]有部雜事三九（大・二四・四〇四上以下）迦葉、阿難をして僧伽の行水人として五百人に加はらしむ。王舍城に於きて阿難を發奮せしめんとて、その諸の罪を責む。[3]阿難泣く〳〵去つて增勝聚落に至り安居し、四衆の爲に說法す。侍者村中童子阿難を叱責し、悟らしむ。

七、Dulva　有部雜事に同じ。（增勝 Vrji, Vrjiputra）

八、十誦律六〇（大・二三・四四九）結集終り微細戒のことに關して阿難を責む。[3]

九、智度論二（大・二五・六七下以下）千人集れる中、大迦葉は阿難一人が學人なるを以つての故に排除し、且つその諸の罪を責む。[3]阿難發奮して悟る。

今これを點檢して見ると、四分・五分の記事が最も古く、且つ他の記事の中心をなしてゐるやうに思はれる。跋耆子の阿難教訓は中阿含三三經・侍者經にも出で、且つ巴利の方では長老偈（Theragāthā）一一九偈の註に出て居るので、相當根據あるものと思はれる。迦葉が六突吉羅罪を責めたと云ふことは少しくをかしいことで、女人教團の成立と云ふ四十年も前の罪を責めるとか、世尊に御存命を願はないのが悪かつたとか、女人に世尊の御身體を拜ませたとか、世尊の衣を足で踏み乍ら縫うたのが罪だとか云ふことは、頗る當を得ないことであり、戒律から云つても謂れのないことである。これは恐らく微細戒のことを阿難が云ひ出したのに對し、迦葉が、何が微細戒であるかを問はなかつたのに小言を云つたと云ふ事實と、前の阿難を學人乍ら教團に入れた事實と結合せしめて、他の五罪又は六罪を加へて生じた造話であらう。或は後の分裂の種子となつた王舍城派の大迦葉系と、吠舍離派（雞園寺）の阿難系とのいきさつを物語るものであるかも知れぬ。

それで第三の微細戒の申し出は、結集の終つた時に阿難が言ひ出したので、再び律の問題となり、微細戒の何物であるかに就いて議論が生じたので、迦葉が最後に總べての戒を皆守れば問題はないと提議して、茲に鳧を見たのであらうと思はれる。

第四の富樓那の記事は、④小品（Cullavagga）、四分律五四（大・二二・九六八下）、五分律三〇（大・二二・一九一下）、毘尼母經四（大・二四・八一九上）にも出で、その儘あり得ることと信ぜられるのである。富樓那の申し出が律の至極小さな問題であると云ふことが、やがてこの結集が先に云ふやうに教義の重要なるものと波羅提木叉であつたことを證明するものであると思ふ。

以上私の言ふ所は餘りに傳說を生かし過ぎる弊があると非難されるかも知れないが、然し古い傳說であつて純粹性を失はないやうに思はれるものは、それが周圍の事情と衝突しない限り生かしても差支ないことと思ふ。

以上は第一結集に關する傳說を整理して蓋然性のあるものを生かして考へて見たものであるが、これは勿論後に觸れるべき經典の內容自身が物語るものに證明保證されなければ、事實とする譯には行かないものである。たゞ經典の內容自身の語るものがこの傳說の示すものに近い場合に、經典の自傳に力を與へるものである事も忘れてはならない事である。

註 ① 五百人說。Cullavagga, 四分律、五分律、毘尼母經、Dīpavaṁsa, Mahāvaṁsa, Samantapāsādikā, 善見律、阿育王傳、阿育王經、Dulva, 付法藏因緣傳、撰集三藏及雜藏傳、迦葉結經、一切有部雜事。
千人說。智度論、西域記、三論玄義（迦葉の五百人と富蘭那の五百人を合して千人と云ふかとある。佛敎大系本四七九頁）

② 阿育王傳の記事を增廣したもの。婆利闍聚落と增勝聚落とは同名であらう。

③ 四分律も五分律も共に、迦葉の阿難叱責は、阿難が雜碎戒のことを口にした後（結集の前）とする。その叱責とは次の如きものである。

四分律	五分律（結集の後とす）	摩訶僧祇律（優波離阿難を責む）	毘尼母經（結集後雜碎戒を口にして）	阿育王傳（結集後雜碎戒を云うて）	有部雜事	Dulva	十誦律六〇	智度論
1 求㆑度㆓女人㆒得㆓突吉羅罪㆒	(3)	(1)	(1)	(6)	(1)	(1)	(5)	(1)
2 汝令㆓世尊三反請㆒、汝作㆓供養人㆒、而言㆑不㆑作得㆓突吉羅罪㆒			以下七事とすれども他を略して出さず					
3 爲㆑佛縫㆓僧伽梨㆒脚躡而縫得㆓突吉羅罪㆒	(2)	(3)	(1)の中に九事を出せり	(3)	(4)	(3)	(3)	(4)
4 世尊欲㆑取㆓涅槃㆒、三反告㆑汝汝不㆑請…得㆓突吉羅罪㆒	(4)	(2)		(4)	(2)	(2)	(2)	(3)
5 世尊在時從㆑汝索㆑水、汝不㆑與、得㆓突吉羅罪㆒	(5)	(4)		(2)	(5)	(4)	(4)	(2)
6 汝不㆑問㆓世尊何者是雜碎戒㆒得㆓突吉羅罪㆒	(1)	(5)		(1)	(6)	(5)	(1)	
7 汝不㆑遮㆓女人㆒、令㆑汚㆓佛足㆒、得㆓突吉羅罪㆒	(6) 汝聽㆓女人先禮㆓舍利㆒	(6) 汝以㆓佛馬陰藏㆒示㆓比丘尼㆒		(5)	(7) 陰藏相	(6)	(6)	(5) 陰藏相（六和突吉羅罪とすれども他になし）

(7)佛般泥洹已、力士諸老母臨ニ世尊足上ニ啼、涙墮ニ足上ニ

(8)女人…涙落露ニ汚尊儀ニ　(7)女人の涙衣を汚す

(3)世尊在日、爲說ニ譬喩ニ、汝對ニ佛前ニ、別ニ說其事ニ、

④ Cullavagga は内容を云はず、たゞ結集されたことは結構であるが、私は私で直接に聞いた通り記憶すると曰つたとしてゐる。

四分律は、佛　聽、内宿、内煮、自煮、自取食、早起受食、從レ彼持レ食來、若雜菓、若池水所出可食者（八あり）

五分律は、我親從レ佛聞、内宿、内熟、自熟、自持食、從レ人受、自取レ果食、就ニ池水ニ受、無ニ淨人ニ

淨果除レ核食レ之（七あり）

毘尼母經は、從ニ界裏宿食ニ乃至池邊種種草根等、如レ此八法親從ニ佛邊ニ聞。

第二章　現存五部四阿含の部派攝屬

第一節　各派所傳の經典

前章に云ふ所の經律典自身をして經律典の自傳を語らしめるには、先づ第一になさねばならぬことは、後世の佛徒が傳持して來た異系の經律典の比較である。傳持の系統を異にする同種の經律典の比較は、その比較に依つて異系の經律典間に共通な部分を見出さしめ、その共通な部分を調べることに依つて、傳持を異にする以前の經律典を顯し出すからである。この傳持を異にするに至つた以前の經律典に就いては別に考へることとして、先づそこまで漕ぎつける準備として、第一に同種の經律典にどれだけの傳持があるかを極めねばならぬ。

律典のことは後の機會に讓り、この章では經典に就いてのみ語らうとするのであるが、茲に經典と云ふのは云ふまでもなく原始經典と稱せられる五部四阿含のことである。この中、五部は巴利語の五尼柯耶（Pañca Nikāya）であつて、錫蘭上座部の所傳であることは云ふまでもない。これに相當するのが漢譯の四阿含であるが、四阿含は一派の傳承のものの翻譯ではなく、少くとも三派の傳承の阿含經を含んで居るのであつて、この點は異なる所傳を比較する上に便利もあれば不利もあるが、然し、これに依つて原始經典は總べての部派に同一のものが共通に用ゐられたのでなく、各部派にそれぞれ違つた所傳のものがあつたことが明瞭にされるのである。

勿論、今日我々は各部派に傳つた原始經典を持たないのであるから、部派毎にそれ〴〵異なる所傳の經典があつたと斷言する譯には行かない。資料の示す所に依つて、少くとも七派には各〻異なる所傳の經典があつたと云ふことは云ひ得るが、現存の經典がかなりにその部派的の色彩が濃厚であり、その特殊の教理を含んでゐる所から見て、他の部派ではそれ程違つた經典、その部派特有の別の經典を持たないにしても、その內容の小經典になると多少の出沒異同はあつた事であらうから、その部派と關係の深い部派の經典と多少の相異ある經典と云ふ意味で、それ〴〵違つた經典を傳持してゐたと云ひ得ると思ふ。衆賢も「諸部阿毘達磨義宗異故、非佛說者、經亦應爾。諸部經中、現見文義有差別故」（順正理論一、大・二九・三三〇上）と云つてゐるのである。

異なる所傳の經典を持つ七派とは、錫蘭上座部、有部、化地部、法藏部、大衆部、飮光部、經量部であつて、これは次の種々の記錄に依つて知ることが出來る。

善見律毘婆沙一（大・二四・六七六上）

「問曰、何謂修多羅藏。答曰、梵網經爲初、四十四修多羅、悉入長阿鋡、初根牟羅波利耶、二百五十二修多羅、悉入中阿鋡、烏伽多羅阿婆陀那爲初、七千七百六十二修多羅、悉入僧述多、折多波利耶陀那修多羅爲初、九千五百五十七修多羅、悉入鴦掘多羅。法句・喩・軀陀那・伊諦佛多迦・尼波多・毘摩那・卑多・涕羅涕利伽陀・本生・尼涕婆・波致參毘陀・佛種性經・若用藏者、破作十四分、悉入屈陀迦。此是名修多羅藏。」

善見律毘婆沙一 （大・二四・六七七上）

「何謂爲阿含。法師曰、有五阿含。何謂爲五。一者長阿含、二者中阿含、三者僧育多阿含、四者鴦掘多羅阿含、五者屈陀伽阿含。問云、何謂爲長阿含。三品中梵網經爲初、四十四修多羅、悉入三品中、是名長阿含。法師問、云何名之爲長。聚衆法最多故、名爲長。又問曰、何謂爲阿含。答曰、容受聚集義名阿含。如修多羅說、佛告諸比丘、我於三界中、不見一阿含。如畜生阿含、純是衆生聚集處也。以是義故、中阿含亦應知。不長不短、故名爲中。於十五品根學修多羅爲初、一百五十二修多羅、是名中阿含。」

有部毘奈耶雜事三九 （大・二四・四〇七中下）

「但是五蘊相應者、即以蘊品而爲建立、若與六處十八界相應者、即以處界品而爲建立、若與緣起聖諦相應者、即名緣起而爲建立、若聲聞所說者、於聲聞品處而爲建立、若是佛所說者、於佛品處而爲建立、若與念處・正勤・神足・根・力・覺・道分相應者、於聖道品處而爲建立、若經與伽他相應者、(於持伽他品、而爲建立)。此即名爲相應阿笈摩。舊云雜者取義也。

若經長、長說者、此即名爲長阿笈摩

若經中、中說者、此即名爲中阿笈摩

若經說一句事二句事乃至十句事者、此即名爲增一阿笈摩。」

有部毘奈耶雜事四〇（大・二四・四一三上）

「又於相應阿笈摩佛語品處、寶頂經中說。

又於長阿笈摩戒蘊品處說。

又於中阿笈摩相應品處、羯恥那經中說。

又於增一阿笈摩第四第五品處中說。」

五分律三〇（大・二二・一九一上）

——化地部の經典ありしを知る——

「佛在何處說增一經、在何處說增十經、大因緣經、僧祇陀經、沙門果經、梵動經、……此是長經、今集爲一部、名長阿含。此是不長不短、今集爲一部、名爲中阿含。此是雜說、爲比丘・比丘尼・優婆塞・優婆夷・天人・天女說、今集爲一部、名雜阿含。此是從一法增至十一法、今集爲一部、名增一阿含。自餘雜說今集爲一部、名爲雜藏。合名爲修多羅藏。」

四分律五四（大・二二・九六八中）

——法藏部の經典ありしを知る——

「梵動經在何處說、增一在何處說、增十在何處說、世界成敗經在何處說、僧祇陀經在何處說、大因緣經在何處說、天帝釋問經在何處說。阿難皆答、如長阿含說、彼即集一切長經、爲長阿含。

一切中經爲中阿含。

從一事至十事、從十事至十一事、爲增一。

雜比丘・比丘尼・優婆塞・優婆私・諸天、雜帝釋、雜魔雜梵王、集爲雜阿含。如是生經、本經、善因緣經、方等經、未曾有經、譬喩經、優婆提舍經、句義經、法句經、波羅延經、雜雜經、聖偈經、如是集爲雜藏。有難・無難・繫・相應・作處集爲阿毘曇藏。時即集爲三藏。」

倶舍論一三・一七左

「飲光部經分明別說於人天處各受七生。」(雜阿含一六・二三、別譯雜阿含八・二八)

摩訶僧祇律三二(大・二二・四九一下)

「尊者阿難誦如是等一切法藏、文句長者、集爲長阿含、文句中者、集爲中阿含、文句雜者、集爲雜阿含。所謂根雜・力雜・覺雜・道雜、如是比等名爲雜。一增二增三增乃至百增、隨其數類、相從集、爲增一阿含。雜藏者、所謂辟支佛・阿羅漢自說本行因緣、如是等比諸偈誦、是名雜藏。」

順正理論四五(大・二九・六〇〇上)　——經量部の經典ありしを知る——

「上座所持契經亦說、若緣欲界、起染、起貪、起阿賴耶、起尼延底、起諸耽着、是欲著相。」

この七部派の經典中、飲光部と經量部の經がどういふ分類と組織を持つてゐたか不明であるが、然し他から推して、同じく四又は五阿含であつた事は想像するに難くはない。今この各部派の阿含の順序及び種類を擧げて見ると左の如くになる。

善見律一(大・二四・六七五中)	長	中	雜(相應)	增一	雜
記法住經？					
Cullavagga XI	(Pañcanikāyā)				
Samantapāsādikā I. p. 16	D. N.	M. N.	S. N.	A. N.	K. N.

Sumaṅgalavilāsini	D. N.	M. N.	S. N.	A. N.	K. N.
五分律三〇（大・二二・一九一上）	長	中	雜	增一	雜藏
四分律五四（大・二二・九六八中）	長	中	增一	雜	雜藏
毘尼母經（大・二四・八一八上）	長	中	增一	雜	雜藏
同（大・二四・八二〇上）	增一	中	長	雜	
摩訶僧祇律三二（大・二二・四九一下）	長	中	雜	增一	雜藏
增一阿含序品（大・二・五四九下）	增一	中	長	雜	
分別功德論一（大・二五・三二上）	增一	中	長	雜	
撰集三藏及雜藏傳（大・四九・三上）	增一	中	長	雜	
有部雜事三九（大・二四・四〇七中下）	雜(相應)	長	中	增一	
瑜伽師地論八五（大・三〇・七七二下）	雜	中	長	增一	
智度論二（大・二五・六九下）	增一	中	長	相應	
般泥洹經（大・一・一九一上）	中	長	增一	雜	

この中、雜尼柯耶、若しくは雜藏（この時の雜は Kṣudraka, Khuddaka）を立てて五尼柯耶五阿含とするものは、錫蘭上座部と化地部と法藏部であることが解る。毘尼母經は、凝然は雲雨鈔に釋十誦律としてゐるけれども、明かに四分律を釋したもので、法藏部の書である。その理由は、第一に律に增一比丘經があるとする（大・二四・八一八上）。第二に五部經及相應等と立てる（大・二四・八一八上）。第三に雜藏の解釋が四分律に同じい。第四に第一結集の記事に於いて阿難の責めら

れた記事が四分律のそれに同じい。第五に阿難が有學ながら結集の人々に加へられた記事が四分律に同じい。第六に經典を擧げる順序が四分律に同じい（尤も表に見えるやうに毘尼母經には二つの順序を出してゐるが、前者が正しい順序であることはその出處で察することが出來る）。第七に、薩婆多部、迦葉惟部の異說を出してゐるから、これらの二部のものではない。これらの理由に依つて法藏部の書であることを確めうるが、從つて、その五藏說（五阿含說）は法藏部のそれであることが解る。大衆部、有部は四阿含說である。勿論四阿含說であつても四阿含以外の小尼柯耶に當る經典を認めない譯ではなく、經集（suttanipāta）中の八八品（aṭṭhakavagga）を倶舍論一（一〇右）に「義品中作₂如是說₁」として引いて居り、又有部の雜阿含が既に經集中の Pārāyanapañha を引用することに依つても知ることが出來る。

次に、この經典の順序は、必ずしもこの書の屬する部派の動かすべからざる順序を示して居るものではない。其は例へば、瑜伽師地論の如き、又、智度論の如き、いつも有部の經典を所用とするものが、その順序を有部のそれと異にしてゐるのに依つても知られるのであるが、然し決して無順序なのでもなく、相當その部派の五部四阿含の順序を示してゐるものである。かう考へて來て、茲に問題となるのは、第一に般泥洹經の示す順序である。この經典の中・長・增一・雜と次第してゐるのは外にない順序である。これは何れ他の部派の順序であり、從つて又、他の部派に屬する長阿含中の一經であつたのであらう。大衆部に屬するものも摩訶僧祇律のそれと增一阿含序に屬するものと異なる。分別功德論は現存增一阿含序の註釋であり、撰集三藏及雜藏傳は分別功德論と密接な關係のあるものであるから、その經典の順序は增一阿含序のものであるのは理の當然である。それで茲に大衆部の內にも增一阿含序の如き順序を取るものと、摩訶僧祇律の順序を取るものと、二つあると見ねばならないと思はれるが、このことは又、摩訶僧祇律が九分經を說くにかかはらず、增一阿含が十二分經を立てることに依つても、この想像を强めることが出來る。さうして、私はこの考から摩訶僧祇律は大衆部中の一說部の所傳であり、增一阿含は設假部の所傳のものではないかと思ふ。これは今日では猶想像の域を脫しないが、若し私の想像が許されるならば、私は大衆部に於いては少くとも二系統の經律の所傳があつたことを確めることが出來ると思ふ。

第二節　現存經典は何派の所傳なるか

前節に述べた如く、現今では異なる系統の所傳の經律典が少くとも七つあつたことが解るのであるが、今我々の持つ漢譯四阿含は果して何部派の所傳であつたか。今これを確めたいと思ふ。

然し、この漢譯四阿含の部派攝屬も今に始めて云はれることではなく、慈恩の法華玄賛一本（大・三四・六五七上）には「舊四阿含及僧祇律大衆部義」と云うてあり、義林章四末これに同じく、唯識述記集成編には、四阿含共に第一結集の時の窟外結集としてゐるのであり、これも窟外結集と云ふ以上、大衆部の經典とする意味である。この慈恩の說はこれを證明する何物もなく根據薄弱であり、四阿含を全體として一纏めにした處に取るに足らないものであることが知られる。そこへ來ると、法幢の俱舍論稽古の說は實に堂々たるものであつて、その上二丁には、

中阿含、雜阿含を薩婆多部の所傳

增一阿含を大衆部の所傳

長阿含を化地部の所傳

上十八丁、下二十二丁、四十三丁には、

と斷定してゐる。この俱舍論稽古の說は、俱舍論の部派の宗義及びその引用の經典から硏究したものであつて、今日でも多く依用せられ、長阿含を除いて他の三阿含に就いては異論がない處であらう。

第一、長阿含。長阿含については椎尾博士は「長阿含が何部たるかは議論あるも、譯人耶舍は十誦・四分兼傳たり。十誦は北地通習に基き、四分暗誦は彼の專攻に係ると云ふべし。四分を傳譯せる耶舍が譯出する所なるが故に、長阿含は曇無德部なるべし」（「宗敎界」大正三年・八一四頁）と云ひ、干潟龍祥氏も亦「佛敎學雜誌」第三卷第六號に於いて、その漢巴長阿含硏究概括中、左の三理由を擧げて法藏部所傳と斷定してゐられる。

（A）漢譯長阿含の編纂の仕方は巴利のそれと正反對なり。最初に佛を置けるは特に佛を尊重せるものと見るを得べく、修業道を最後に置き、從つて、佛と修業道との間隔を置けるは、修業は要するに我等が阿羅漢となるための修業道として佛が我等に敎へし所のものにして、佛はこの修業の完成者としての阿羅漢以上のものと見たる思想に據れるが如し。

（B）次に、遊行經に於いて塔供養の功德多きことをやゝ說けるは（巴利にては功德を說くこと全くなし、漢譯法顯譯はこれを一層高調せり）法藏部の說に近し。

（C）漢譯長阿含の譯者は佛陀耶舍にして、この人は法藏部の僧なりとは四分律の序に見ゆ（大・二二・五六七上）。而して、彼の譯せしものは虛空藏菩薩經を除いては、この長阿含と及び法藏部の四分律と四分戒本となり。故にこの人は法藏部の經、若しくは、少くとも法藏部の行はれ居りし地方の人なりと認め得。

以上、三根據により、漢譯長阿含は法藏部の徒の手によりて編纂されたるを見得べし。又、世記經を加へたるはこの部が俗信を取り入るること多き部なるを知らば承認し得べし、と。

先づ、この長阿含が有部の經典でないことは、第一に椎尾博士の所説（「宗教界」大正三年・四三一頁）の如く、この長阿含經の中の衆集經と、有部の集異門足論が釋する衆集經と異なることに依つて知ることが出來る。集異門足論の衆集經は、この經典四種（衆集經、大集法門經、巴利の衆集經 Saṅgīti-S.、集異門足論の衆集經）の中、最も巴利の衆集經（Saṅgīti-S.）に近く、衆集經、大集法門經と異なるのである。倶舍論五（一〇左）に「契經說、有二四得二自體一、謂有レ得二自體一唯可二自害一非レ可二他害一」と云ふは、瑜伽論五（大・三〇・三〇〇下）に出て居り、集異門足論（大・二六・四〇三下）の衆集經に依るものであつて、巴利の衆集經（Saṅgīti-S. D. N. vol. Ⅲ, p. 231）に、「cattāro attabhāva-paṭilābhā」として出てゐるが、長阿含の衆集經、大集法門經にはないものである。第二に巴利長尼柯耶一一經は長阿含二四經に相當するものであるが、この經の中の明咒が婆沙論一〇三（大・二七・五三二下、五三三上）及び倶舍論二七（一三左）[1]に引用してある。これを比較すると次の如くになる。

	D. N.	長阿含	婆沙	倶舍
神通神變を得る明咒	Gandhārī	瞿羅	健駄梨	健駄梨
他心通を得る明咒	Maṇika	乾陀羅	刹尼迦	伊刹尼

これによつて、婆沙論所引は長尼柯耶に近く、長阿含に遠い。それで長阿含が有部の經典でないことは確かである。[2]

有部の長阿含に就いては、十誦律二四（大・二三・一七四中）には諸大經として種々の經名を擧げてゐるが、今現存巴漢の相當經と共に列擧すれば次の如くである。

1.	波羅遜提伽	晋言清浄経	D. N. 29. Pāsādika	長阿含一七、清浄経
2.	波羅遜大尼	晋言一浄経	D. N. 28. sampasādanīya	長阿含一八、自歓喜経
3.	般闍提利劔	晋言三昧経		
4.	摩那闍藍（裯）	晋言化経		
5.	波羅小闍藍	晋言梵経	D. N. 1. Brahmajāla	長阿含二一、梵動経
6.	阿吒那劔	晋言鬼神成経	D. N. 32. Āṭānāṭiya	
7.	摩訶遜摩者劔	晋言大会経	D. N. 20. Mahāsamaya	長阿含一九、大会経
8.	阿羅伽度波摩	晋言蛇譬経	M. N. 22. Alagaddūpama	中阿含二〇〇、阿黎吒経
9.	室唼呴那都叉耶時月提	晋言索滅解脱経		
10.	釋伽羅波羅念奈	晋言釈問経	D. N. 21. Sakkapañha	長阿含一四、釈提桓因問経
11.	摩訶尼陀那波梨耶夜	晋言大因縁経	D. N. 15. Mahānidāna	長阿含一三、大縁方便経
12.	頻波遜羅波羅時伽摩南	晋言洴沙迎経		中阿含六二、頻鞞娑邏王迎佛経
13.	般闍優波陀那肝提伽	晋言五受陰却経		
14.	沙陀耶多尼	晋言六情部経	M. N. 137. Saḷāyatanavibhaṅga	中阿含一六三、分別六処経
15.	尼陀那散猶乞多	晋言同界部経		
16.	波羅延	晋言過道経	Suttanipāta Pārāyanavagga	中阿含一五六、梵波羅延経
17.	阿陀波耆耶修姤路	晋言衆徳経		

18. 薩耆陀舍修姤路 晉言諦見經　M. N. 141. Saccavibhanga　中阿含 三一、分別聖諦經

この中、同本を見出し得ないものがあるが、1. 2. 5. 6. 7. 10. 11. 等は有部に於いてもその長阿含中に收めてゐたものであらう。6のĀṭānāṭiya-S.を長阿含中に含んでゐたことは、常に有部經典を引くと思はれる龍樹が智度論（往・一・三五左、編者未詳）に「長阿含經に曰く」としてĀṭānāṭiya-S.中の毘沙門の讃頌を引いてゐる事に依つて知ることが出來る。

そこで、正しく問題となるのは、長阿含は倶舍論稽古が云ふやうに化地部の經典か、今日の學者に云はれてゐるやうに法藏部の經典かと云ふことであるが、五分律（大・二二・一九一上）には、[3]增一經、增十經、大因緣經、僧祇陀經、沙門果經、梵動經の順序とし、四分律（大・二二・九六八中）には、[4]梵動經、增一經、增十經、世界成敗經、僧祇陀經、大因緣經、天帝釋問經、の順序とし、共に今の長阿含の順序に一致しない。それで、この四分律・五分律の經の順序は、恐らくその所傳の長阿含の經の順序を正しく出したものではないと解釋せねばならないと思ふ。從つて、この順序からして現存長阿含經の部派攝屬をきめることは出來ないと思はれる。法幢が長阿含を化地部の經典と斷ずるに就いて用ゐた理由は、倶舍論世間品に引く化地部の經と指すその經典の文句が現存長阿含にあるからといふことであるが、これに就いて少しく調べてみよう。

一體、この長阿含の世記經は長尼柯耶になく、大樓炭經、起世經、起世因本經、立世阿毘曇論に同じい經典であるが、倶舍論の引用するこの場合の經典は何であらうか。化地部の經と指すのは、化地部の經に相違ないが、只「經に曰く」とか、「頌に曰く」として引用するものは何の經典であらうか。茲に倶舍論一一（六右）に引く「八地獄に各〻十六增がある」といふ偈文を見ると、これは長阿含一九（大・一・一二五中）、增一阿含三六（大・二・七四七下）、雜阿含四七・四（大・二・三四一上下）、中阿含一二（大・一・五〇四下）に出てゐるものであるが、この中、雜阿含に最も近く、長阿含とも增一阿含とも中阿

含とも餘程異なつてゐる。この偈文は一體何から引いたものか、もとよりこれだけでは解らないけれども、世記經の種類の經典からの引用であることは、引文の前後から推察しうる所であり、と言うて長阿含からではなく、長阿含のこの部分に相當する所の大樓炭經、起世經、起世因本經からでもないことは、大樓炭經にはこの偈文があるけれども大變に違つて居り、起世經、起世因本經には全くこの偈文を缺いてゐるのに依つて知ることが出來る。さうすると、只、立世阿毘曇論八（大・三二・二〇六上下）が引用偈の出處であるとせねばならないと思ふ。雜阿含四七・四は巴利に相當文がない。立世阿毘曇論の文は舊譯の倶舍釋論八（大・二九・二一五下）の所引に殆ど全同と云つて善い位同じいものである。これから見て、大樓炭經も起世經も起世因本經も有部のものではなく、立世阿毘曇論が有部のこの世記經であると思ふ。このことは次の圓生樹のことに依つても知ることが出來る。

倶舍論一一（一二右）に「化地部經說、此香氣順風熏滿二百踰繕那一、若無レ風時唯遍二五十一」と云うてある。これは三十三天の善見城の東北にある圓生樹の花の香が順風には百由旬、逆風には五十由旬薫ずると云ふのに就いての引用であるが、倶舍論の文が波利夜多樹即ち圓生樹の位地を善見城の東北角とする等のことが、全く立世阿毘曇論三（大・三二・一八九中）に同じく、有部の世記經が立世阿毘曇論であることを知ることが出來る。玆に、化地部の經と云ふのが又この處に關する限り立世阿毘曇論に近いが、今の長阿含世記經に、この記事のあるべき所にないところから見ると、長阿含は化地部の經ではないとせねばならぬ。

又、倶舍論一二（一六右）の「化地部契經中言、風從二他方一飄二種來一此」の文に依り、この記事が長阿含二二、世本緣品（大・一・一四七下）にある所からして、法幢は長阿含を化地部の經とするけれども、この記事は起世經一〇（大・一・三六一中）にも出で、又、起世因本經一〇（大・一・四一六中）にも出て居るもので、化地部の世記經その他の部派の世記經に出てゐるものであらう。それで、この二ヶ所の「化地部經說」は共に世記經の文であることは疑ひなく、この二個の文が出てゐる世記經が化地部の世記經であり、長阿含世記經には後者はあるが、前者がないから、化地部の經典であり得ない譯である。茲で一言して置きたいことは、四分律に長阿含の七經を擧げる中に、世界成敗經があり、五分律にはこれを缺くが、この世界成敗經のことを椎尾博士は長阿含の小緣經（D. N. 27. Aggañña-S.）のことであり、世記經は長阿含に含まず、恐らく譯出後混入したものであらうと云はれるが、然し私は、世界成敗とは世起のことであつて世記經の初にも出て居り、法藏部の長阿含には初から第四分として世記經を含んでゐたものであらうと思ふ。倶舍論が化地部の經と云ふのは、この長阿含に含まれない世記經を指すものであらうと思ふ。

さうすると、椎尾、干潟二氏の云はれる、佛陀耶舍が曇無德部の人であるといふ所からして、その譯出の長阿含は四分律と同じく法藏部の所傳とする說が勝つて來る。干潟氏の云はれる、長阿含經の編纂が佛を最初に出し、修業道を第三分に置き、佛と阿羅漢との間に間隔を置いたのは、佛の勝れたることを示さうといふ旨趣であつて、法藏部の義を顯してゐると云ふのは、異部宗輪論下（發軔四一丁以下）に、「佛雖在僧中所攝、然別施佛、果大非僧」と云ひ、「佛與二乘、解脫雖一、而聖道異」と法藏部の本宗同義を擧げてゐる所から云ふのであるが、法藏部の宗義はさうとして、長阿含の編纂の旨趣が果してさういふ意味かはつきりしない。第二の理由は、同じく異部宗輪論下（發軔四二丁）に、「於窣堵波興供養業、獲廣大果」とあり、一方長阿含遊行經に塔供養の功德を說くこと多く、これは長尼柯耶の大般涅槃經にないところから見て、法藏部の宗義に一致すると云ふのである。長阿含二分一二經（即ち一六經）善生經にも、最後の偈中「五當起塔廟」とあり、塔崇拜を重んずる法藏部の經典に塔廟の記事の多いことは當然であるから、或はこの記事が法藏部の經典たることを示す理由であるかも知れない。

又、十二部經、九分經の目も部派に依つて違ひ、その順序も部派的意味を有するから、長阿含が二ヶ所（遊行經、大・一・一六下、淸淨經、大・一・七四中）に、貫經、祇夜經、授記經、偈經、法句經、相應經、本緣經、天本經、廣經、未曾有經、證喩經（譬喩經）、大敎經の順序を有する所から見て、部派攝屬を定める一助になるやうに思はれるが、共に五分律（大・二二・一下）四分律（大・二二・五六九中）の十二部經に近く、譬喩を第十一とする事は共通である。然し、相應、本緣、天本の原語が不明であつて、相應は Itivuttaka、本緣は Nidāna とすれば、天本は Jātaka であつて、寧ろ五分律の順序に同じく、從つて、化地部の經典であるやうに思はせるものがある。それでこれを要するに、法藏部の僧である佛陀耶舍が、その法藏部の四分律及び四分律本を譯すると共に譯したものであるから、法藏部の所傳であるといふ理由が最も有力であり、然る限り法藏部所傳と決すべきであらう。

第二　增一阿含。次に增一阿含を考へて見よう。先に云ふが如く、法幢も增一阿含は大衆部所傳と云ひ、今の學者もこれについては異論がないやうである。

先づ今日解つてゐる各部派の增一阿含の形を云ふと、錫蘭上座部の Aṅguttara は一から十一、增一阿含も一から十一、四分律も「從㆓一事㆒至㆓十事㆒、從㆓十事㆒至㆓十一事㆒爲㆓增一㆒」と云ひ、五分律も、「從㆓一法㆒增至㆓十一法㆒、今集爲㆓一部㆒名㆓增一阿含㆒」と云つてゐる。只、有部の增一阿含のみは、

阿毘曇毘婆沙論一〇（大・二八・六五上）、「曾聞、增一阿含、從㆓一法㆒增、乃至㆓百法㆒。今唯有㆓一法增乃至㆓十法在㆒。餘悉亡失。」

婆沙論一六（大・二七・七九中）、「增一阿笈摩經、從㆓一法㆒增乃至㆓百法㆒。今唯有㆓一乃至十在㆒。餘皆隱沒。」

鞞婆沙論一（大・二八・四一八中）、「增一阿含從㆓一法㆒至㆓百法㆒今從㆓一法㆒至㆓十法㆒。」

有部毘奈耶雜事三九（大・二四・四〇七下）、「若經說一句事二句事乃至十句事者、此即名爲㆓增一阿笈摩㆒。」

分別功德論二(大・二五・三四)、

「此經本有百事。……各廢諷誦、……此經失九十事、……時所傳者盡十一事而已。……雖然、薩婆多家無序及後十一事。」

とあつて、一法から十法に至つたものであることを知ることが出來る。傳說は總べて上所引の文の如く、又、

摩訶僧祇律三二(大・二二・四九一下)、「一增二增三增乃至百增、隨其數類相從、集爲增一阿含。」

瑜伽師地論釋(大・三〇・八八四上)、「從一法增至百法。」

とあるが如く、一法品から百法品まであつたものが、散佚して今は一法品より十法品或は十一法品までになつたと示してゐる。然し、實際は椎尾博士の所論の如く(「宗教界」第十巻四二八頁)、初め一法から十法に至つて終つたものが後に十一法品を加へ、繼いで百增說を生むに至つたものであらう。

それで、現存增一阿含はその序分が示す如く一法品から十一法品に至るものであり、又實際十一法品があるから有部所傳のものではない。又、後に云ふ如く、雜阿含二一・二〇(大・二・一二下)に「鬱低迦修多羅、如增一阿含經四法中說」とあり、この經が現存增一阿含の四法中にないから、現存增一阿含は有部所傳でないことは明かである。又、攝大乘論(大・三一・一三四上)に、增一阿笈摩に阿賴耶を說くとして、「四德經中由此異門密意、已顯阿賴耶識」といつてゐるが、この四德經は增支尼柯耶四・一二七—一三〇の四未曾有法のことであるから、瑜伽系の論が有部の經典を用ゐる處から見て、又無性がその釋(大・三一・三八六上)に云うてゐるところで明かなるが如く、この四德經を含む增一阿含とは有部のそれであり、從つてこの點では有部增一阿含は增支尼柯耶に近く、現存の增一阿含は有部のものでない。今は散佚して傳はらない曇摩難提譯增一阿含が如何なる內容を持つてゐたか、如何なる部派所傳であつたか、今日知ることが出來ないが、後出、中阿含經記に依れば、內容の相違を多く云はずに、たゞ文章の善惡を云うてゐるから、同じいか若しくは左程違はない程度の

ものであつたであらう。この經典は特に序品を有することが目に立つ特色であるが、序品始め本文に入つて頗る大乘的色彩の加はつてゐることも亦著しい點である。それを拾うて見ると、

菩薩
菩薩發ㇾ意趣二大乘一……人尊說二六度無極一
方等大乘義玄邃
（以上 序品）

菩薩之心（一一・五）
無上正眞道（一一・二、七）
三乘（一一・二、七。三二・一。四五・五。四八・五）
如來有二四不可思議一、非二小乘所一ㇾ能知一（一八）
肉身雖ㇾ取二滅度一、法身存在ㇾ此（四八・二）
一生補處菩薩（二〇・一一）
彌勒六度を語る（二七・三）
發菩提心（三八・四）
一阿維越致之力、不ㇾ如二一補處菩薩之力一（四一・三）
現在の諸佛（七佛）（四八・四）

以上だけでも可成り他の阿含に比して異なる點があることが知られるのであるが、それに大寶積經中に含まれてゐる次の諸經說が含まれてゐる。

難陀優波難陀龍王のこと？
頂生王のこと
難陀のこと
奇光佛のこと

又、彌勒のことは彌勒下生經から、定光佛のことは定光佛事からの混入か、或は他の密接なる關係を思はせるものがあり、教義の特徵から云ふと、

「夫阿羅漢者、終不還捨法服習白衣行。」（四九・四）

は阿羅漢無退說であり、

「世尊有何因緣、使我求湯。如來諸結已盡、諸善普會。然如來復作是語、我今患風。」（三五・七）

は佛身無漏說であり、更に、

「如來身者眞法之身。」（三八・五）

「肉身雖取滅度、法身存在此。」（四八・二）

「釋師出世壽極短、肉體雖逝法身在。」（序品）

と法身說に進んでゐる。

これらから見て、この增一阿含は大乘教興起後、修飾增加されたことは明かであるが、その大乘化及び教義の特色から見て、大衆部の所傳とする事は當つてゐるであらう。然し松本博士が、增一阿含四八・二に、

「一會聖衆千二百五十人十二年中無有瑕穢……轉有二百五十戒。」

と云うてあり、律本中、二百五十戒を有するのは四分律のみであるから、法藏部の所傳ではなからうか、と推察せられる（「佛典の研究」三四九頁）のも强ち謂れない憶測ではない。この戒律の二百五十の數も重きをなす證據であるが、それに加へて、

(1)法藏部も增一阿含も共に十二部經を立てること（尤も順序は異なるが）。

(2)法藏部の菩薩藏の所立が增一阿含の方等大乘の雜藏說に同じいこと。

(3)先に擧げたやうに、佛を僧中より拔き出して尊重する風が共通なこと。

(4)法藏部が塔崇拜を重んずることは先に云うたが、增一阿含も、如來神廟（一五・八）、如來寺（一五・九）を禮すべしと說き、「能起偸婆」を四梵福の一とし（二九・三）「掃偸婆」に五つの功德を數へ（三三・六）、「諸佛神寺」（四二・三）の語を用ゐ、如來の神寺を禮拜する十一の心得を說く（五〇・一）等頗る塔崇拜の記事の多いこと。

(5)又、假令、增一阿含が大衆部の敎義を多く含んでゐても、宗輪論の言を信ずるならば、法藏部の立義は大衆部に同じいものが多くあること。

等で、法藏部所傳說も可成りに有力であらうと思ふ。然し、分別功德論がこの增一阿含の序品及び弟子品の一半を註釋したものであり、さうして、分別功德論が般若大乘經を肯定し、盛に空義を主張する所から見て、現存增一阿含は大衆部所傳と見るが至當であらうと思はれる。俱舍論稽古は、俱舍論四（四右）の「餘部經中有如是釋、能守護心名不放逸」とあるのを、現存增一阿含經四卷護心品第十の第一經の「云何爲無放逸行。所謂護心也」とし、その餘部と云ふのを大衆部を指したものとしてゐる。龍樹は智度論二六に、八十隨好も小乘佛教で說くものではあるが、それは三藏中にないものと云うてゐる。然るに、現存增一阿含には處々に三十二相八十種好と云つてゐるから、增一阿含は龍樹の見たそれではな

い（「思想」六〇號二三二頁）。たゞ茲に一、二注意して置かねばならぬことは、增一阿含を大衆部所傳として、增一阿含は前に云うた通り阿羅漢無退說であるが、これは異部宗輪論及び婆沙論六〇（收三・四〇右左、編者未詳）が裏書きしてゐる。しかし論事（Kathāvatthu I, 2）は佛鳴 Buddha-ghosa の註釋に依れば、大衆部は預流無退阿羅漢有退となつてゐることである。然し、これは他の場合と同じく、佛鳴の註釋の權威は婆沙論よりもはるかに劣ることを思へば足ると思ふ。それから、これも先に云つたことであるが、增一阿含を大衆部所傳としても摩訶僧祇律所傳の部派ではなく、他の大衆部の一派の所傳であらう。何となれば、增一阿含と僧祇律との間には左の相違があるからである。

增一	十二部經	二百五十戒	雜藏を方等大乘とす	增一・中・長・雜と配列す
律	九部經⑥	二百二十七戒	雜藏を阿羅漢辟支佛自說因緣とす	長・中・雜・增一と配列す

さうして、私の推察は先に云つたやうに、摩訶僧祇律は一說部所傳、增一阿含は說假部所傳でないかと思ふ。猶一言、この增一阿含は阿耨達池より恒伽河、新頭河、婆叉河、私陀河の四河を出すと云つてゐるから（增一阿含卅九・九）、この經典は北方迦濕彌羅（Kaśmīra）に於いて大いに改作されたものに相違ないことを言つて置きたい。

茲についでに、增一阿含に就いて、漢譯藏經中別に小增一阿含とも云ふべきものがあるのに就いて一言して置かう。それは出三藏記集二（大・五五・六上）に安世高譯出として、「七處三觀經二卷、九橫經一卷、八正道經一卷（安公云上三經、出雜阿含）雜經四十四篇二卷（安公云出增一阿含。既不標名。未詳何經。今闕。）」とあり、この中最後のものは開元錄一五（大・五五・六三九上）にも缺本としてあるが、實は七處三觀經及び九橫經の名に於いて保存されてゐたのである。此は姉崎博士の“The four Buddhist Āgamas in Chinese”の中に整理されてゐるが、この雜經四十四篇と云ふのが、これに七處三觀（S.N. 22, 57）、積骨（S.N. 15, 10）、橫九の三經が加へられて四十七經となり、後、二分されて前三十經は七處三觀經を首とし、この名で呼ばれ、後十七經は九横經を首とし、九横經の名で呼ばれるに至つたものであり、二法から九法までの增一的小集成であることが明かにされてゐる。この經典は西紀百五十一年頃安世高の譯出するところであり、比較して見ると、一一の經典は大體よく增支尼柯耶に合するが、內容は必ずしもさうではない。それ故に錫蘭上座部のものでなく、增一阿含に合はないから大衆部のものでもない。後に云ふところの一卷の雜阿含と恐らく同じい部派の所傳であらう。安息には法藏部が流行したやうであり、同じい安息人曇無諦は曇無德羯摩一卷を譯してゐるところから見て、或は法藏部の所傳であるかも知れぬと考へられるが解らない。かういふ短い增一阿含に當るものがどうしてどう云ふ意味で編纂されたかは不明である。恐らく抜萃とか讀本とか、さういふ意味で其の部派所傳から作られたものであらうと思はれる。

第三、中阿含。次に、中阿含は法幢初め皆有部所傳と云つてゐるが、この說は次の諸點の類似に依つて强みを有するものである。

1. 有部が六種阿羅漢、七種阿羅漢、又は九無學及び十八有學を立てることは、婆沙論六二一（大・二七・三一九下以下）及び七（大・二七・三三）倶舍論二五（一右）に出てゐるが、これが中阿含一二七經の福田經に出てゐて、尼柯耶には同本を缺いてゐる。

2. 身證（kāyasakkhi）の解釋が有部と上座部で違ふ。有部は不還果に配するが、上座部は預流果から阿羅漢向までに配する。この相違は巴利中尼柯耶七〇經 Kiṭāgiri-S の身證の解釋が「無色なる（八）解脫に身を以つて觸れて住せず」としてあるのに對して、同本中阿含一九五經・阿濕貝經に「八解脫身觸能成就遊」としてゐるのに基因するものであらう。

3. 倶舍論一（三一右）の「多界經說界差別」、有六十二」とあるのに對し、中阿含一八一經・多界經は六十二界を示してゐるのに、同本巴利中尼柯耶一一五經 Bahudhātuka-S は四十一界を示すのみである。

4. 倶舍論二（四右）の「契經所說彼無支缺不滅諸根」を中阿含一五四經・婆羅婆堂經とすれば、「若有衆生、生晃昱天、彼於其中、妙色意生、一切支節諸根具足」（大・一・六七四中）とあつて、引文に合ふが、同本巴利長尼柯耶二七經 Aggañña-S. にはこの文は全く合はない。

5. 倶舍論八（二五右左）の掌馬族經を中阿含一五一經・阿攝惒經とすればその引用文は善く阿攝惒經に合ひ、同本巴利中尼柯耶九三經 Assalāyana-S. に合はない。「爲東方來、爲南西北云々」が尼柯耶にない。

6. 倶舍論一六（四右）に故思經を引くが、これは中阿含一五經・思經であつて、巴利では增支尼柯耶（一〇・二〇七、二〇八）に出てゐる。然し其の文は思經に相當して尼柯耶に合しない。

7. 倶舍論二九（一五右）引用の頻毗婆羅經は中阿含六二經・頻鞞娑邏王迎佛經であつて、巴利中尼柯耶にない。

以上の比較に依つて、中阿含は有部所傳とすることが出來ようと思ふが、然しただ、

1. 例の置答記の問題が巴利長尼柯耶九、相應尼柯耶三三・一、中尼柯耶六三、七二、優陀那（Udāna）六・四等に於いて十問題であるのに對し、中阿含箭喩經（大・一・八〇四）も十問題であり、雜阿含（大・二・二四五―二四六）は十四問題であり、龍樹も十四置難と云ふ。長阿含二八經・希吒婆樓經は十六としてゐる。

2. 十二分經の順序が雜阿含と異なり、第六、第五を顚倒してゐる。雜阿含は婆沙論に同じい。

3. 中阿含一二一經・請請經は雜阿含四五・一五に全同である。全く同じい經を中阿含と雜阿含と二ケ所に出すは、一部派の經典としては不似合である。

4. 婆沙論一二六（大・二七・六六〇上）、順正理論四四（大・二九・五九五上）では、十二部經中の阿波陀那を解釋する中に長譬喩を擧げてゐる。この長譬喩は智度論三三（大・二五・三〇七中）に依れば、中阿含の長阿波陀那であつて、この長阿波陀

那は現存中阿含にない。

5. 智度論三三（大・二五・三〇七中）は、同じく阿波陀那を云ふ處で毗尼中の億耳阿波陀那と云うてゐるが、これは犍度分の皮革の處に出てゐると共に現存中阿含にも出てゐるものであるから、龍樹の見た中阿含にはこの阿波陀那經はなかつたものと見ねばならない。

6. 龍樹は無畏王子經を引いてゐるが（十住毘婆沙論、大・二六・七九中）、これは何處から引いたともないけれども、巴利中尼柯耶五八經 Abhayarājakumāra-S. に當るから、中阿含から引いたものとすると、現存中阿含にこの經がないから異なる。

7. 倶舍論一九（三右）に六六經を引用し、これを順正理論四五（大・二九・五九八中）に「如契經言、若觸樂受便生欣悅、慶慰耽著堅執而住、即於樂受有貪隨眠」と云ふ。これは巴利中尼柯耶（M. N. 148, vol. III, p. 285）Chachakka-S. に「phassapaccayā uppajjati vedayitaṁ sukhaṁ vā dukkhaṁ vā ......So sukhānaṁ vedanāya phuṭṭho samāno abhinandati abhivadati ajjhosāya tiṭṭhati; tassa rāgānusayo anuseti」（「觸を緣として樂或は苦の受を生ず。………彼は樂受に觸れつゝ喜び歡び執着して住す。彼に貪隨眠が隨眠す。」編者譯）とあるものによく契合する。此はこの同本、雜阿含一三・二二一—二九（大・二・九一下）には缺き、勿論類似經の中阿含八六經・說處經（大・一・五六二上）にない。故に六六經が含まれてゐた有部の中阿含は飜譯されなかつた譯である。順正理論四（大・二九・四五五下）にも六六經を引用してある。

8. 順正理論三五（大・二九・五四〇中）には象迹喩契經中に說くとして「有法處色、故彼經言、具壽此中有諸色法、唯意識境、體是色蘊、法處所攝、無見無對」を引用するが、此は、中阿含三〇經・象跡喩經（大・一・四六七上）の「諸賢、內意處及法意識、知外色法、是屬色陰」に當る。然し一致しないで大いに違ふ。これ中阿含の有部所傳でない證明である。

9. 順正理論四一（大・二九・五七三下）及び倶舍論一六（二右）に、「佛於彼大空經中告阿難陀、諸無學法純善純白一向

無罪」とあるが、この文は中阿含一九一經・大空經（大・一・七三八）に見當らない。

10. 順正理論四六（大・二九・六〇五上）に「又雨相外道於瞿博迦經作如是言。……彼經今時亦沒不現」とあるが、この經は中阿含一四五經・瞿默目揵連經（大・一・六五三下—六五六上）巴利中尼柯耶（M. N. 108）Gopaka-moggallāna-S. に當る。

11. 順正理論四六（大・二九・六〇五上）に、「又彼聖者護國經中、彼言……彼經今時亦已隱沒」とあるが、この經は中阿含一三二經・賴吒惒羅經（大・一・六二三上—六二八上）、巴利中尼柯耶（M. N. 82）Raṭṭhapāla-S に相當する。

12. 順正理論四六（大・二九・六〇五上）に、「又給孤獨於趣經中言、……彼經今時亦沒不現」とある。然るにこの經は增一阿含五一・八（大・二・八一九中）、巴利中尼柯耶（M. N. 143）Anātha-piṇḍikovāda-S. に當る。（編者曰く、この一條は茲には不相應か？）

13. 順正理論四六（大・二九・六〇四下）に「如佛於彼婆拕梨經告婆拕梨。……彼經今者已沒不現」とあるが、この經は中阿含一九四經・跋陀和利經（大・一・七四六中—七四九中）、巴利中尼柯耶（M. N. 65）Bhaddāli-S. に當り、その出すところの經文は大正藏經一卷七四九頁中段に當るものの様である。從つて有部の中阿含に屬する婆拕梨經は無くなつてゐた譯であるから、現存中阿含は有部の經ではない事になる。

14. 順正理論四六（大・二九・六〇四下）に「又佛於彼苦蘊經中、爲釋種大名說……彼經今者已沒不現」とあるが、この經は中阿含一〇〇經・苦陰經（大・一・五八六—五八七）であつて、巴利中尼柯耶（M. N. 14）Cūḷa-dukkhakkhandha S. に當る。

15. 順正理論四六（大・二九・六〇四下）に「又彼慶喜大空經中作如是言……彼經今者亦已隱沒」とあるが、内容よりすると中阿含一九〇經・小空經（大・一・七三七）、巴利中尼柯耶（M. N. 121）Cūḷa-suññatā S. に當る。

これらの相違があるので或は有部に最も近い經典を有する部派（飮光部・經部等）のものであるかも知れぬ。

龍樹は中阿含に屬すると思はれる經典を左の如く引いてゐる。

頻婆娑羅王迎經（大・二五・一九二下） 中阿含六二經であって、十誦律の十八大經の十二である。尼柯耶にはない。

大空經（大・二五・一九二下） 中阿含一九一經、巴利中尼柯耶一二二經、（雜阿含一二・一五？）

放牛譬喩經（大・二五・七三中） 雜阿含四七・九、巴利中尼柯耶三三經

多持經（大・二五・一一五中） 中阿含一八一經・多界經、巴利中尼柯耶一一五經

福田經（往二・八、編者未詳） 中阿含一二七經・福田經、巴利增支尼柯耶二・四・四

富樓那彌帝隸耶尼子經（大・二五・七九中）雜阿含一三・八？ 巴利中尼柯耶一四五經？

難陀迦經（大・二五・八二下） 雜阿含一一・四？ 巴利中尼柯耶一四六經？

毒蛇喩經（大・二五・一四五中） 中阿含二〇〇經・阿黎吒經、巴利中尼柯耶二二經、十誦律十八大經の八

箭喩經（往一・九七、編者未詳） 中阿含二二一經、巴利中尼柯耶六三經

羅睺羅敎誡經（往一・八九、編者未詳） 中阿含一四經、巴利中尼柯耶六一經

栰喩經（大・二五・二九五中） 中阿含二二一經、巴利中尼柯耶六三經

長爪梵志經（大・二五・二五四中） 雜阿含三四・三一、巴利中尼柯耶七四經

中阿含中說釋提桓因得須陀洹（大・二五・四五六中）

「中阿含本末經中、佛記彌勒菩薩汝等來世當得作佛號字彌勒」とあるのは、中阿含六六經・說本經の事で、尼柯耶にはない。

無畏王子經（大・二六・七九中） 巴利中尼柯耶五八經 Abhayarājakumāra-S. で中阿含にはない。

以上に依つて考へ、殊に福田經に依つて十八有學九無學を云ひ、又後に云ふ雜阿含の引用から見ると、龍樹の中阿含は有部の經典であつたことは確かだと思はれる。有部の中阿含として若し無畏王子經をもその中阿含から引いたものとすれば、有部の中阿含は龍樹時代には無畏王子經を編入してゐたものであらう。

第四、雜阿含。次に雜阿含に就いては有部の經典たることは疑ひない。雜尼柯耶は五品七千七百六十二經を含んでゐるが、雜阿含は首尾具足の經典約千三百經、例略經を加へると、一萬三千經にも上るのであるが、この雜阿含の現存の形は非常に崩れてゐるものであつて、姉崎博士はその "The Four Buddhist Āgamas in Chinese" に於いて原形を作り直さうとせられたが、未だ十分と云ふことが出來ず、支那の呂徵が「內學」第一輯に於いて再び之を試みて居るものである。この組織のことは更に後に至つて再び研究することとして、茲ではその結果を以つて、有部雜事三九（大・二四・四〇七中）が云ふ所の雜阿含の內容が現存雜阿含を原形に復せしめるべき祕鍵であり、かくして原形に復したものが瑜伽師地論八五（大・三〇・七七二下）の云ふ所の雜阿含であるから、雜阿含の形から見て、それは有部所傳のものであることを知ることが出來る、といふに留めて置かう。

次に、經典の內容に入つて云ふと、婆沙論、俱舍論等、頗る多くこの雜阿含を引用してゐるが、今一一それを經典に引き合はせる準備を有しないのは遺憾であるけれども、一、二、婆沙論・俱舍論及び智度論に引用するところの雜阿含と雜尼柯耶を比較して見よう。

1. 婆沙論二四（大・二七・一二四上以下）	雜阿含一二・五（大・二・八〇中以下）	S. N. 12, 65
十二因緣		
流轉門十支	十支	十支

	還滅門十二支	十二支	十支
2.	寂天の倶舍註釋西藏文 縁取故有、有能招當來有觸生、是名有。	雜阿含一五・一〇（大・二・一〇二上中） 同上	S. N. 12, 12 これに當る文なし。
3.	倶舍論二九（一四左）引用 人契經	雜阿含一三・三（大・二・八七下） 同上	S. N. なし
4.	智度論二八（往・二・四一、編者未詳）引用 婆梨耶聚落四十比丘	雜阿含三三・一九（大・二・二四〇中） 四十比丘	S. N. 15, 13 timsamatta 三十程
5.	智[6]度論三一（大・二五・二九五上）引用 第一義空經	雜阿含一三・三四（大・二・九二下） 同上	S. N. なし
6.	智[7]度論三一（大・二五・二九五上） 雜阿含中大空經說二種空、衆生空法空。	雜阿含一二・一五（大・二・八四、五）	S. N. なし
7.	智度論三（大・二五・八二下） 蜫盧提迦經	雜阿含三五・五（大二・二五一、二） 補縷低迦經	S. N. なし
8.	智度論五（大・二五・九九下） 處を莫拘羅山とす。	雜阿含六・一〇（大・二・三九中） 處を摩拘羅山とす。	S. N. 23, 1 處を Sāvatthi とす。
9.	十住論（大・二六・二五上） 法印經	雜阿含三・三一（大・二・二〇上中）	S. N. なし

猶、婆沙論、倶舍論のものを調べて見れば幾らもあるであらうと思はれるが、これだけの例でも、現存雜阿含が婆沙論、倶舍論の奉じてゐたものであつて、又龍樹の雜阿含であることは明かであらうと思ふ。さうすると、現存雜阿含が有部所傳であることは明白である。

現今發見の雜阿含梵文斷片（Hoernle："Manuscripts remains of the Buddhist literature found in eastern Turkestan" vol. I.）は

Candropama S.	雜阿含（大・二・二九九下、六―一四行）	S. N. 16, 3	Candupama
Śakti S.	雜阿含（大・二・三四四下、二四―二八行）	S. N. 20, 5	Satti
Pravāraṇa S.	雜阿含（大・二・三三〇下、二一―一九行）	S. N. 8, 7	Pavāraṇā

であつて、相應尼柯耶よりは雜阿含によく合する（成績は別出）點から見て、梵文斷片は有部雜阿含の梵本か、それに近いものと云ふことが出來る。

この雜阿含は佛國記（大・五一・八六五下）に「法顯住此國二年、更求得彌沙塞律藏本、得長阿含雜阿含、復得一部雜藏。此悉漢土所無者。得此梵本已、即載商人大船上。」とあり、開元釋經錄五（大・五五・五二八上）に依れば、「雜阿含經五十卷於瓦官寺、譯梵本。法顯齎來。」とあり、宋の元嘉十二年（A. D. 435）、即ち法顯が靑州に歸着した弘始十五年より數へて二十三年目に來支（廣州）した求那跋陀羅が、その後數年にして譯したものとなつてゐる。此の開元錄の記事を信じうるかどうか問題であるが、[8]信じうるとすれば、法顯は有部所傳の雜阿含を錫蘭に於いて得たことになるのである。

別譯雜阿含は十六卷[9]三百五十八經を含むもので、雜阿含としては巴利相應尼柯耶、漢譯雜阿含に比して頗る小さく、雜阿含の一部でないかとも思はれるが、[10]或は小いなりに纒つた一本の雜阿含であつて、或る派の所傳であるかも知れぬ。

倶舍論稽古（上一七、下二二、四三）に、この別譯雜阿含が倶舍釋論の所謂小分（雜）阿含であつて、飲光部所傳であると決定してゐる。その理由とする所は、

第一、倶舍論二三（一七左）に、「飲光部經分明別說於人天處各受七生」とあり、この經文は別譯雜阿含八・二九經（大・二・四三四中）に發見せられる。

第二、倶舍論八（五右）に、「餘部經中說十方」とあるのを、別譯雜阿含一七（現存本は一六巻一八經、大・二・四八八中）に、「南西北方四維上下亦復如是」とあるものであるとして、餘部を飲光部と解する。

第三、倶舍論二九（一五左）にある「世尊於雜阿笈摩中爲婆柁梨說」の偈文は、別譯雜阿含一六（丹本也）[11]に長行として出てゐるものであるが、倶舍論に雜阿含を引くときには、只經としてゐるに拘はらず、茲のみ「雜阿笈摩」としてゐるのは、いつもの雜阿含に非ざることを明かにしてゐる。而して舊譯の倶舍には之を「少分阿含」としてゐるのに依つて、今の別譯雜阿含と見るべきである。この別譯雜阿含の文を飲光部の經としてゐる所から、飲光部所傳であることを知るべし、と云ふにある。

この三の理由の中、第三は全く法幢の間違ひである。茲に云ふ雜阿笈摩は、眞諦譯に「少分阿含」とあり、Kṣudrāgama の譯であつて Saṁyukta āgama ではない。眞諦も少分の雜阿含と云つてゐるのではない。それから「婆柁梨」に關するこの文が別譯雜阿含十六巻（十丁）に出てゐるとしてゐるけれども、これも全く間違ひであつて、この相當文は別譯雜阿含にはない。それ故にこの第三の理由は成り立たない。然し、第一、第二の理由は正しいと思はれるから、別譯雜阿含を飲光部所傳と考へることは間違ひではないと思はれる。それなら、茲に云ふ「雜阿笈摩」「少分阿含」（Kṣudrāgama）とは何であるかと云ふに、類文を見出し得ないから今確かに云ふ事は出來ないけれども、恐らく義足經（大・四）に續くもの

で經集（Suttanipāta）に相當するものであらうと思ふ。⑫さうして恐らく有部に屬するものであらう。有部が五阿含を立てないことは周知のことであるけれども、然し、四阿含以外に雜小阿含を許さないものでないことは既に云つた通りである。その理由としては前に擧げた二つの理由、即ち、

一、倶舍論一（二〇右）に「義品中作二如レ是說一」として義足經を引く

二、雜阿含に經集（Suttanipāta）中の波羅延問を引く

に加へて、

三、今、雜阿笈摩を引く

ことを指摘し得るであらう。

猶、この外に我々は今日僅に二十七經を含む雜阿含經を有してゐる。この雜阿含經は失譯であるが、西紀二二二――二八〇年の吳代の譯出とせられ、出三藏記集三（大・五五・一六上中）に擧げる二十五經の一群が大體この雜阿含經一卷の內容をなしてゐることは、姉崎博士の"The four Āgamas in Chinese"に云うてある通りである。只、現存雜阿含は第九經が竺法護譯の身觀經（大・一五・二四二）に全同であり、第二十七經は安世高譯の七處三觀經に酷似してゐる（後部が少しく七處三觀經よりも簡單）。姉崎博士はこれに依つて、この經典はもと二十五經⑬であつたものが一經⑭（暑杜乘披羅門經）缺け、第九經第十經第二十七經が加へられて、今の二十七經になつたものであらうと云つて居られる。この雜阿含經に就いては何の部派の所傳であるか、今我々の有する知識では之を定めることは出來ない。

註　① 順正理論七六（大・二九・七五四中）に、「有二呪術一、名二健駄梨一。持レ此便能騰レ空自在。……復有二呪術一、名二伊刹尼一。持レ此便能知二他心念一。」とあり。倶舍論二七（一三左）これに同じい。

② 順正理論二四（大・二九・四七五上）に、「經に曰く」として七有經を引用してゐる。これは同論四（大・二九・三五二下）にも出てゐるが、この七有經は中有の存在を證明するもので、十報法經（大・一・二三六下）には出てゐるが、その相當經なる長阿含の十上經には無い。

③ 婆沙論五三（大・二七・二七七下）に「增一經」の名あり。原語不明であるが、若し長阿含增一經を指すとすれば、有部長阿含に增一經があつたことを知ることが出來る。
又 Hoernle: "Manuscripts remains" p. 16–24 の梵文斷片が巴利に近い點から見れば、これが有部の長阿含の斷片であるかも知れない。

④ 龍樹も梵動經を第一とす。

⑤ 摩訶僧祇律は九分經として列名してゐるが、又、名を擧げずに十二分經ともしてゐる。（列八・二右、列一〇・三三右、編者未詳）

⑥ 增一阿含卷三〇、六重品三七・七（大・二・七一三下）

⑦ 雜阿含一二・一五は大空法經と云ひ、十二因緣を明す經典であるが、無明滅して明となれば、十二因緣の一一の支分空（法空）、十二因緣を所有する「者」空（衆生空）と見得るであらう。

⑧ 出三藏記集一四（大・五五・一〇五）に求那跋陀羅は中天竺婆羅門種、阿毘曇雜心を見て佛教に歸し、後小乘を辭して大乘を學し、師子國に至り、後東航し、元嘉十二年廣州に至る。居ること幾もなく衆僧の請に應じ祇園寺に弟子諸僧を集め、雜阿含を譯出すとある。
出三藏記集二（大・五五・一二下）に、「宋元嘉中、於瓦官寺譯出」とある。

譯經圖記（大・五五・三六二中）に、「至宋元嘉二十年歲次癸未、於未楊都瓦官寺、譯雜阿含經五十卷」とある。

費長房三寶記一〇（大・四九・九一上）、大唐內典錄四（大・五五・二五八下）に、「雜阿含經五十卷於瓦官寺譯。法顯齎來。見道慧宋齊錄。」とある。

出三藏記集二（大・五五・一二上下）には、梵本雜阿含經を法顯が將來したことを語り、又、雜阿含經を求那跋陀羅が譯出したことを語つてゐるが、兩者の關係を云はない。然るに、出三藏記集の僧祐は元嘉十二年を去る僅かに五十年であり、五十年後のものがその兩者の關係を語らないのに、その後百年乃至二百年の三寶記、開元錄が二者の一致を云ふのは云何。こゝに疑はしいものがあるのである。

⑨ これは高麗藏に依る。明藏は未見である。更に詳細に數へると、本文を具足したもの三六三、經題のみあつて本文を缺くもの四、題あつて本文例同省略したもの三、無題例同經二、計三七二となる。而してこの別譯雜阿含に有つて宋譯雜阿含經に無いものは

僅かに三經である。

⑩ 開元錄（大・五五・六一〇下）に、「右此部經（別譯雜阿含）與₌前經文（宋譯五十卷本を指す）₁雖₌前後不次₁、仔細尋究、不₂出₌前經₁。此但撮₂要。故爲₌別部₁」とあり、貞元錄これに同じい。

⑪ 今見出さず。後丹本又は他の刊本を見よ。（十六卷十丁左）

⑫ 智度論五（大・二五・九九中）に、雜法藏經の中に偈を以つて惡魔の十二軍を述ぶとしてゐる。この文は經集（Suttanipāta）中に出てゐる。依つて龍樹は經集（Suttanipāta）を雜法藏經と呼んでゐた事を知る事が出來る。

⑬ 出三藏記集三（大・五五・一五、六）には、雜阿含三十章一卷とし、次に雜阿含中の二十二經及び今茲に擧げた二十五經をそれぞ゛一卷として出してゐる。

法經の衆經目錄三（大・五五・一三二）に、これらの經典を順序を違へて載せてある。

大周刊定衆經目錄九（大・五五・四三〇下）には、〇雜阿含三十章經一卷　〇雜阿含一卷二十一紙　〇滿願子經一卷出第十三卷　以前出₌長房錄₁。〇以下二十五經を出してゐる。

開元錄二（大・五五・四九一下）には、雜阿含經一卷見₌舊錄₁。出₌雜阿含中₁。異譯。とし、雜阿含三十章經一卷法經錄云、出₌雜阿含₁、異本。を開元錄一五（大・五五・六四〇上）に缺本としてゐる。

　この雜阿含三十章一卷といふのが雜阿含一卷二十一紙といふのと一か異か解らない。靜泰の衆經目錄二（大・五五・一九五中）小乘經重翻の下にも、「雜阿含經一卷二十一紙」とあり、其處にはこれら二十五の經目を出さない。依つて案ずるに、靜泰錄にも開元錄にもこの二十五經を一一出さないのは、雜阿含一卷二十一紙の內容である爲であつて、出三藏記集が安公の錄に依つて內容を出したのを、法經錄、大周錄はそのまま踏襲したものであらう。

⑭ Setayāna（白乘）にて、生聞のことでないか。

第三章　異譯單本經に就いて

第一節　安世高所譯

次に四阿含と纒つた大部の經典以外に、その四阿含の中の個々の經典が可成りに多く別譯されてゐる。この別譯經典の中、安世高、支謙、竺法護、法炬、竺曇無蘭等は相當多數の經典を飜譯してゐるが、その飜譯經典には何等かの系統がないものか、例へば、同一人の譯出した種々の經典は一派の所傳でなかつたかどうかを調べて見ねばならぬ。この研究は實は經典の所屬部派を定める標準がないので、甚だ困難を感ずるのであるが、先づ、安世高について見ると、次のやうな結果を見るのである。

安世高の譯出したものは、

長　阿　含

十　報　法　經	長阿含一〇經・十　上　經	D. N. 34	Dasuttara S.
人　本　欲　生　經	長阿含一三經・大緣方便經	D. N. 15	Mahānidāna S.
尸迦羅越六方禮經	長阿含一六經・善　生　經	D. N. 31	Siṅgālovāda S.

中　阿　含

一切流攝守因經	中阿含一〇經・漏　盡・經	M. N. 2	Sabbāsava S.

四諦經	中阿含三一經・分別聖諦經	M. N. 141 Saccavibhaṅga S.
本相猗致經	中阿含五一經・本際經	なし
是法非法經	中阿含八五經・眞人經	M. N. 113 Sappurisa S.
漏分布經	中阿含一一一經・達梵行經	A. N. VI, 63 Nibbedhika S.
婆羅門子命終愛念不離經	中阿含二一六經・愛生經	M. N. 87 Piyajātika S.
十支居士八城人經	中阿含二一七經・八城經	M. N. 52 Aṭṭhakanagara S.
雜阿含		
七處三觀經	雜阿含二・一〇（大・二・一〇上）	S. N. 22, 57
五陰譬喩經	雜阿含一〇・一〇（大・二・六八中）	S. N. 22, 95
轉法輪經	雜阿含一五・一七（大・二・一〇三下）	S. N. 56, 11–12
八正道經	雜阿含二八・三八（大・二・二〇三上）	S. N. 45, 21; M. N. 117
積骨經	なし	S. N. 15, 10
增一阿含		
雜經四十四篇（編者曰く、括弧の中の數字は現存の七處三觀經中に含まれたる是等諸經の順序ならん。四〇頁參照。）		
1-8（32-39）〔二人〕	A. N. II, 11 (1-5)	Dvepuggalā
9（40）〔白淨〕	A. N. II, 1, 9	Sukkā
10（41）〔無眼〕	A. N. III, 29	Andha

11 (42) 〔有　行〕 A. N. Ⅱ, 76. 77 Bhavacetanā

12 (43) 〔行　〕 A. N. Ⅱ, 42 Thāna

13 (44) 〔安善樂〕 ?

14 (45) 〔病　〕 増一阿含二一・七（大・二・六〇四上）

15 (46) 〔悪　本〕 A. N. Ⅱ, 69 Akusalamāla

16 (47) 〔賢　〕 A. N. Ⅱ, 45 Paṇḍita

17 (2) 〔家　〕 A. N. Ⅱ, 105 Kūṭā

18 (3) 〔無　眼〕 A. N. Ⅱ, 29 Andha

19 (4) 〔欲　着〕 A. N. Ⅲ, 13 Taṇhayoga

20 (5) 〔顚　倒〕 A. N. Ⅲ, 49 Vipallāsa

21 (6) 〔同　心〕 A. N. Ⅲ, 32 Saṅgāha 雑阿含二六・三二一（大・二・一八五上）

22 (7) 〔輪　〕 A. N. Ⅲ, 31 Cakka

23-24 (8-9) 〔自　護〕 A. N. Ⅲ, 98 Attahitā

25 (10) 〔雲　〕 A. N. Ⅲ, 102 Valāhaka 増一阿含二五・一〇（大・二・六三五上）、(同一七・九)

26 (11) 〔舍　〕 A. N. Ⅲ, 14 Padhāna

27 (12) 〔不自侵要〕 A. N. Ⅲ, 37 Abhabbo parihāyāna

28 (13) 〔賢　者〕 A. N. Ⅴ, 42 Sappurisa

29（14）	〔少　色〕			
30（15）	〔時　施〕	A. N. V. 36	Kāladāna	増一阿含三二・一二（大・二・六八一中）
31（16）	〔賢　者〕	A. N. V, 148	Sappurisa	
32（17）	〔法教得道〕	A. N. V, 157	Saddhammaniyāma	
33（18）	〔行　見〕			
34（19）	〔因　緣〕			
35（20）	〔歩　行〕	A. N. V, 29	Caṅkama	
36（21）	〔山上澤中〕	A. N. V, 181-183	Araññaka	
37（22）	〔悪　行〕	A. N. V, 241-244	Duccarita	
38（23）	〔人人相作〕	A. N. V, 250	Puggalappasāda	
39（24）	〔不忍辱〕	A. N. V, 215	Akhantiya	
40（25）	〔　悪　〕	A. N. V, 211	Akkosa	
41（26）	〔聞　受〕	A. N. V, 140	Sotarā	
42（27）	〔不依他〕			
43（28）	〔諸　畏〕	A. N. VIII, 56	Bhayā	
44（29）	〔九　孔〕			
45（31）	〔九　横〕			

阿難、同學？

婆羅門避死經（大・二・八五四）　增一阿含三一・四　Dhammapada v. 28

阿那邠邸化七子經（大・二・八六二）　增一阿含五一・七

この外に、

鬼問目連

父母恩難報

禪行三十七品

があり、阿難同學は增一阿含に出づとしてあるが、今の增一阿含にも巴利增支尼柯耶にもない。他は不明である。又、鬼問目連は文章が安世高のものではないやうに思はれる。阿支羅迦葉自化作苦經も "The four Buddhist Āgamas in Chinese" p. 18 には安世高のものにしてゐるが、これも安世高のものとは思はれない。

扨て、以上安世高譯出經典に就いて、その內容を檢して見ると、先に云ふが如く、先づ、小增一阿含とも云ふべき雜經四十四篇は善く巴利增支尼柯耶に合し、四十五篇（九橫經を加へて）の中、八經を除く外、同本を巴利增支尼柯耶に見ることが出來る。しかも增一阿含には一、二を除いてその同本を發見することが出來ない。この小增一が如何なる性質のものか解らない中は、斷定の限りでないけれども、兎に角、巴利增支尼柯耶に近い、即ち大衆部よりは錫蘭上座部に近い部派の經典であることは明かである。婆羅門避死經と阿那邠邸化七子經は現存大衆部の增一阿含に同本を見出しうるから、玆に增一の方に列したのであるが、假りに安世高所譯の經が增一阿含から拔き出されたものがあるとしても、實はこの二經が增一阿含に屬したものかどうかは解らない。增一阿含に屬したものとすれば、その增一阿含は巴利增支尼柯耶より可成り違つた形を有したものと見ねばならない。この後者の經典即ち阿那邠邸化七子經は增一阿含五一・七よりも原始的だと思はれる。何故なれば、この經典は長者が七子（增一は四人）を方便を以つて佛に歸依せしめて後、佛陀に詣でるのであるが、この經典は長者の問が、かく三寶に歸する七子の功德如何と云ふのであり、增一阿含の方はかく子供を三寶に歸せしめた私の功德如何と云ふのである。問の性質から見て前者がより正しいと思はれる。それから、佛の答に於いて、例の四寶藏が出るのであるが、前者には彌勒に何の關係もなく、後者には彌勒に關係せしめてある。それで、この經典が原形であつて、この四寶藏の一つが螺（saṅkha）である所から、長阿含の轉輪王經から引いて螺王（Saṅkha）を出し、從つて彌勒を出すに至つたものであるまいか。

次に中阿含で見ると、その七經ともに現存中阿含と類似し、テキストの同一を思はしめるものである。左にその大體の模樣を見よう。

1. 一切流攝守因經　中阿含一〇經・漏盡經　M. N. 2 Sabbāsava S.　增一阿含四〇・六
　（場所）倶留　同上　Sāvatthi　舍衛城
2. 四諦經　中阿含三一經・分別聖諦經　M. N. 141 Saccavibhaṅga S.　增一阿含二七・一（大・二・六四三）
　舍利弗・目連を叙する語が四諦經は中阿含と同じく、M. N. 增一阿含と異なる。
　生老等を説明する仕方が、生をそれ〴〵の生、それ〴〵の衆生とする所が共通し、四諦經・中阿含は更にその生が如何に苦であるかを説くに就いて一致してゐる。
3. 本相猗致經　中阿含五一經・本際經　緣本致經
　M. N. はこの經典を缺いてゐる。

4.

是法非法經	中阿含八五經・眞人經	M. N. 113 Sappurisa S.
比丘大姓自憍	豪貴族出家	uccākulāpabbajito
色像多端正	端正可愛	mahākulāpabbajito
善語言善說	才辯工談	ñāto yasassī
年大多知識	爲王者所識及衆人所知	lābhī
知聞經能說經	誦經持律學阿毘曇	bahussuto
一處坐一時食	著糞掃衣攝三法服	vinayadharo
土中塜間止但三領名	一食過中不飲漿	dhammakathiko
露中樹下空澤塜間	無事處山林樹下	āraññako
		paṃsukūliko
		piṇḍapātiko
		rukkhamūliko
		sosāniko
		ekāsaniko
四禪	四禪	四禪
空行・識行・非常行・無有思想意行有思想行意	四無色	四無色

5.

漏分布經	中阿含一一一經・達梵行經	A. N. VI, 63. Nibbedhika S.

拘　留　　同　上　　場所を擧げず

經の内容の順序漏分布經と中阿含と同じく A. N. は異なる。

6. 婆羅門子命終愛念不離經　中阿含二一六經・愛生經　M. N. 87　增一阿含一三・三

經典の内容をなす造語が安世高譯と中阿含と同じく、且つ使を遣はし佛意を問はしめるに就いて、前二經は王が遣はすとし、後二者は夫人が遣はすとする。

7. 十支居士八城人經	中阿含二一七經・八城經	M. N. 52 Aṭṭhakanagara S.
四　禪	同　上	同　上
四　無　量	同　上	同　上
四　無　色	同　上	三　無　色
十二甘露門	十二甘露門	十一甘露門

以上の比較に依つて、安世高所譯の中阿含諸經が現存中阿含に一致する事を知ることが出來る。人本欲生經は長阿含の方に列したが、それも次の比較によると、中阿含九七經・大因經に全く同じく、他と異なるものである。

8. 人本欲生經	中阿含九七經・大因緣	大生義經	長阿含一三經・大緣方便經	D. N. 15 Mahānidāna S.
五　因　緣	同　上	十支因緣	十二因緣	九因緣
九支註釋五支註釋十四支註釋	同　上	十支註釋	九支註釋	九支註釋

然らば全部の一致であつてテキストが一つなのであるかと云ふと、さうでもないやうである。例へば中阿含五一經・本際經と本相猗致經とを比較すると次のやうになる。

本際經	本相猗致經
1. 有愛	1. 有愛
2. 無明	2. 癡
3. 五蓋	3. 五蓋
4. 三惡行	4. 三惡行
5. 不護諸根	5. 不攝根
6. 不正念不正知	(缺)
7. 不正思惟	6. 非本念
8. 不信	7. 不信
9. 聞惡法	8. 非法聞
10. 親近惡知識	9. 非賢
11. 惡人	10. 非賢者人共會樂

此は有愛の原因を求めて行くものであるが、本際經は十一であつて、本相猗致經は十であり、9と10の順序が違つてゐる。この相違は譯の相違といふよりテキストの相違と見るべきであらう。然し、他にそれ程の相違もない所から見ると、これ位の相違は常に飜譯の相違であつてテキストの相違と云ふべきでないかも知れない。又、達梵行經と漏分布經、分別聖諦經と四諦經とは全同であつて、後者は僅かに「是名爲道德諦」の語が四諦經に多いのみである。さうすると、玆に我我は安世高所譯の中阿含諸經は現存中阿含に殆ど一致すると云ふことを記憶して置くべきである。

次に雜阿含に屬するものを調べて見ると、

五陰譬喩經　雜阿含一〇・一〇　S. N. 22, 95　水沫所漂經

に於いては、五陰譬喩經は孰れよりも雜阿含一〇・一〇に一致するが、

轉法輪經　雜阿含一五・一七　S. N. 56, 11-12　三轉法輪經

に於いては、轉法輪經のみ、佛の說法以前に輪が轉つて來て佛の前に倚り、佛之を撫で給うたといふ記述を有し、他にはない。內容に入ると、轉法輪經は巴利相應尼柯耶 (S. N. 56, 11-12) と同じく「比丘には二邊あり」から始つてゐるが、雜阿含一五・一七、三轉法輪經にはそれがなく、たゞ三轉十二行相のことのみを記るしてゐる。

八正道經　雜阿含二八・三八　S. N. 45, 21

に於いては、八正道經、雜阿含二八・三八は、同じく八邪道と八正道を擧げて後、八正道を註解し、巴利相應尼柯耶 (S. N. 45, 21) はその註解を缺いて居る。

七處三觀經　雜阿含二・一〇　S. N. 22, 57　小雜阿含二七

に於いては、七處三觀經と小雜阿含經第二十七經とは同經 (同じく安世高譯) であり、他の三本は大體同じいが、七處三觀經、雜阿含二・一〇は至誠知 (七處)、如實知 (小雜) の語を繰り返す點に於いて巴利相應尼柯耶と相違し、三觀を七處三觀經 (小雜) では身、五陰、六衰とし、雜阿含では陰、界、入とし、巴利相應尼柯耶は、界、入、緣起とすることに於いて異なつてゐる。

これに依つて、雜阿含所屬に於いては安世高譯は孰れかと云へば現存雜阿含に似てゐるが、叉可成りに違つてゐると云はねばならぬ。

最後に長阿含に就いて見ると、

尸迦羅越六方禮經　長阿含一六經・善生經　中阿含一三五經・善生經　D. N. 31 Siṅgālovāda S.　善生子經(支法度)

鷄　山　耆　闍　崛　山　饒　蝦　蟆　林　Kalandakanivāpa　耆闍崛山

最初父の遺言を出す形式に於いて、中阿含善生經と善生子經は同じく、全體に於いて尸迦羅越六方禮經は最も異なり、偈文の數が少く、且つ終の偈文（この譯にはこれ一つである）の中に六度を出し、天中天の語もある。①

人本欲生經は中阿含の處で旣に說明した通りである。

十　報　法　經　長阿含一〇經・十上經　D. N. 34, Dasuttara S.

祇樹給孤獨園　瞻　波　伽　伽　池　側　Campā Gaggarā

內容は今一一當ることは煩はしいから止めるが、互に錯綜して同一でない。この十報法經の中には七有を說いてゐるが、順正理論四（大・二九・三五二下）、一四（大・二九・四七五上）に「經に曰く」として之を引用してゐる點から見れば、この十報法經は有部の經典であらう。

以上の處を綜合して云ふと、

中阿含に於いて、現存中阿含に殆ど同じい。

增一阿含に於いて、現存巴利增支尼柯耶に類似點が多い。

雜阿含に於いて、巴利相應尼柯耶よりも雜阿含に似てゐるが、違ふ點も多い。

長阿含に於いて、巴利長尼柯耶とも長阿含とも異なり、又特殊の色彩を持つ。

といふことになる。それで、茲に安世高の所譯は、

一、一部派の所傳

二、中阿含、增一阿含に於いて一部派の所傳を傳へ、それに雜多のものを加へたもの

三、皆所傳部派を異にし、雜多なもの

と云ふ三つの假定が立てられるが、私は第一の假定は必ずしも無理だとも思はれないと思ふ。若し一部派に屬したものの傳來と見れば、有部でも大衆部でも法藏部でも上座部でもなく、現存中阿含の屬する部派即ち有部に、最も近い關係の部派の所傳といふ事になるが、何れの部派とも指す事は出來ない。然し恐らく第二の假定が最も事實に近いものであらう。

註① 後に說く法炬譯、恆水經と同じく小乘經典がそのまま大乘化したものである。

第二節　支謙所譯

次に、支謙の所譯經典に就いて見ると、中阿含に於いて、

1.	七知經	中阿含一經・善法經	A. N. VII, 64 Dhammaññū	增一阿含三九・一
2.	釋摩男本四子經	中阿含一〇〇經・苦陰經	M. N. 14 Cūḷa-dukkhakkhandha S.	苦陰因事經(法炬)
3.	諸法本經	中阿含一一三經・諸法本經	A. N. X, 58 Mūlā (A. N. VIII, 83)	
4.	弊魔試目連經	中阿含一三一經・降魔經	M. N. 50 Māratajjaniya S.	魔嬈亂經
5.	賴吒和羅經	中阿含一三二經・賴吒惒羅經	M. N. 82 Raṭṭhapāla S.	護國經
6.	梵摩渝經	中阿含一六一經・梵摩經	M. N. 91 Brahmāyu S.	

7. 齋　經　中阿含二〇二經・持齋經　A. N. Ⅷ, 43 Visākhā　優陂夷墮舍迦經、八關齋經

の七經があるが、

1. 七知經は中阿含善法經と最も善く一致し、巴利增支尼柯耶（A. N. Ⅶ, 64）とは最も異なつてゐる。① 七知經は中阿含の重複を除いたものである。

2. の釋摩男本四子經は互に小異し、その間の特別の關係を見出し難いが、然し孰れかと云へば矢張り釋摩男經は中阿含に近いと云へるであらう。

3. の諸法本經は中阿含と似、巴利增支尼柯耶と異なる。②（?）

4. の弊魔試目連經は、四本の中最も異なるものである。中阿含と魔嬈亂經とは全同である。即ち(a)目連、佛のために禪屋を作りつつあつた時とする點に於いて。(b)入定の場所を經行所とする點に於いて。(c)大地獄の名を四つとする點に於いて。巴利中尼柯耶（M.N. 50）は入定の場所を室とし、大地獄の名を三とし、弊魔經は夜の經行中の出來事とし、大地獄の別名を云はず、經後の偈を佛の偈としてゐる。

5. の頼吒和羅經に就いて言へば、中阿含と巴利中尼柯耶と護國經とは善く一致するに拘らず、頼吒和羅經は著しく異なつてゐる。即ち(a)初の佛のことを敍する所が阿含經典の常と異なつてゐる。(b)佛の跡を追うて舍衞城に到つて出家することになつてゐる。他經は皆故鄕に於いての出家としてゐる。(c)他の三本にある經後の偈がない。

6. の梵摩渝經は大體に於いて三本一致してゐるけれども、巴利中尼柯耶と中阿含は偈文の個所が四ケ所であるが、梵摩渝經は一ケ所であり、それに「天中天」の語があり、「作㆓十二部經㆒」、「掘㆓十二因緣根㆒」、「六十二見諸弊惱瘡」等の他經にない語があり、「四等大乘」等の語もあり、最も異なるものである。

7.の齋經に就いて言へば、五念（佛法僧戒天）の場所が巴利のみ先に出て居て異なつてゐる。優陂夷墮舍迦經は大體同じいが、牧牛齋と尼犍齋を缺き、齋經と中阿含と最も近いと云はねばならぬ。八關齋經は巴利増支尼柯耶八・四二に當り、これと別本である。

以上の比較に依つて見ると、支謙譯の中阿含の諸經は一系統、一部派所傳の經典ではないやうに思はれる。

長阿含に於いては、

1.　梵志阿颰經　長阿含二〇經・阿摩晝經　D. N. 3 Ambaṭṭha S.

2.　梵網六十二見經　長阿含二一經・梵動經　D. N. 1 Brahmajāla S.

であるが、阿颰經の場合は、長阿含と巴利長尼柯耶とが一致し、阿颰經が最も異なつてゐる。即ち、阿颰（Ambaṭṭha）が釋尊を訪問してのしぐさが全部他の二本と異なり、古の聖者（isi）の數が巴利長尼柯耶は十人、長阿含は十二人としてゐるに拘はらず、阿颰經は二十三人とする。又、「何々の中最勝」の偈が違つた形で終の部分に出てゐる。

梵網六十二見經も長阿含、巴利長尼柯耶と相違し、末尾經名を佛陀に問ふ人を那耶和留比丘とする（他の二本は阿難とする）。又、經名を名づけるのに就いて、拘樓孫佛、迦葉佛を出し、他の二本と異なり、殊に「天中天」の語が二ケ所も出てゐる。

増一阿含三〇・三に相當する支謙譯の須摩提女經は、増一阿含に比較すると偈文が少く、隨分違ふ點があるが、然し、この經典は錫蘭上座部では經典としてなく、増支尼柯耶の註釋 Manorathapūraṇī（p. 517–8）にあるものである。これが經典の形をとつてゐるのは、或る部派の主義から出てゐるものらしく、或は大衆部等數種の部派の主義であるかも知れない。前に云ふ如く、支謙譯はどうも系統を求めることが困難であり、或はばら〳〵のものかも知れないが、若し支謙が一部派所傳のものを持參翻譯したとすると、支謙は太子端應本起經を譯出したが、この本起經は五分律一五（大・二二・一〇二下）に依れば化地部のものであらうから、或は化地部の經律を傳へたのかも知れない。

一、支謙所譯經典が五道說なること。（大・一・二六二）

二、「羅漢有二輩。一輩爲滅、一輩爲護。所謂滅者、自憂得道、即取泥洹。護者憂人度脫天下。」（大・一・二六三上）とあり、自利一方の羅漢と利他の羅漢とを認めることが、他と異なつてゐる。

三、支謙譯には「天中天」の語が屢〻あり、又、「大乘」の語もある。

四、色界十九天となすが如く、梵志阿颰經（大・一・二六四）には「生十九天阿那含中」の語がある。

五、支謙譯は最も大乘化してゐる。

これらは支謙譯經典の特色ある語句とすることが出來る。

註 ① A. N. Ⅶ, 64

A. N. Ⅶ, 64	增一阿含	中阿含	七知經
dhammaññū	法	法	法
atthaññū	義	義	義
attaññū	時	時	時
mattaññū	自	節	節
kālaññū	足	己	自
parisaññū	入衆中	衆	衆
puggalaparoparaññū	觀察衆人	人勝如	人

②

〔中阿含一一三〕	欲本・	更樂和・	覺來・	思想有・	念上主・	定前・	慧上・	解脫眞・	涅槃訖・
〔諸法本經〕	欲本・	更習・	痛同趣・	念致有・	思惟明道・	三昧第一・	智慧最上・	解脫牢固・	泥洹畢竟・

第三節　竺法護所譯

次に竺法護の所譯本を調べて見ると、中阿含に關係ある經典は全部現存中阿含に全く同じいものであることが解る。

1. 離睡經　中阿含八三經・上尊睡眠經　A. N. VII, 58

場處が、巴利增支尼柯耶は Kallavāḷamutta であるのを、離睡經も中阿含も共に Kalyāṇamitra と見たものと見えて善知識村としてゐる。目連のうたたねを巴利增支尼柯耶は天眼通で見るとし、離睡經、中阿含は共に像三昧に入つて知るとする。目連の問に對し、釋尊の答教が離睡・上尊一致し、巴利增支尼柯耶は少しく異なる。

2. 受歲經　中阿含八九經・比丘請經　M. N. 15　Anumāna S.

場處を巴利中尼柯耶が Bhaggā の Suṁsumāragiri としてゐるのに對し、受歲經、中阿含共に竹林、迦蘭陀林とする。parivāra の求め方が受歲經、中阿含同じく、巴利中尼柯耶は簡單である。parivāra を求めて、求めた比丘の態度に依つて、擧罪する、せぬがあると云ふに就いて、受歲經、中阿含は全く同じく(反戾、難教、戾語法)、巴利中尼柯耶 (dovacassakaraṇa) は異なる。例へば、前二者には慚愧を入れるが後者にはなく、後者には自讃毀他があり前者には無い。其の他前二者は一致し後者は異なる。

3. 樂想經　中阿含一〇六經・想經　M. N. 1　Sabbadhamma Mūlapariyāya S.

樂想經と想經とは全く同じく、地水火風等その他に關し、我と思ふ沙門と、思はない沙門と、思はない我（佛自身）の三段にしてゐるのに對し、巴利中尼柯耶は凡夫と有學と阿羅漢（三）、佛（三）の四人に就いて語り、且つ餘程委しくしてゐる。想經の文は解し難いが、樂想經と對照すると意味が取れるやうになつてゐる。

4. 尊　上　經　　中阿含一六六經・釋中禪室尊經　　M. N. 134 Lomasakaṅgiya-bhaddekaratta S.

前二者は盧夷强耆 (Lomasakaṅgiya) 比丘が釋子の無事禪室に居たる時とするのに反し、後者は Nigrodhārāma とする。この比丘に偈を敎へた天人を、後者は Candana 天と初めから名を出すに反し、前二者はただ天とする。前二者は天から偈をきき、三月夏坐の後佛に詣でるとし、後者は天と別れて直ちに行くとする。前二者は天の名を般那末難天子、般那とするに對し、後者は Candana とする。

5. 意　　經　　中阿含一七二經・心　經　　A. N. Ⅲ, 186

內容は大體三者共に同じいが、多聞の內容として前二者は十二部經（順序も全同）を出すに反し、後者は九分經とする。

6. 應　法　經　　中阿含一七五經・受法經　　M. N. 46 Mahā-dhammasamādāna S.

三者共に、前苦後苦、前苦後樂、前樂後苦、前樂後樂の業の種類を敎へる經典で、その內容に相違はないが、巴利中尼柯耶のみ最初に、不多聞異生と敎に近づいた人のことを擧げてゐる。後者はこの四種の業に就いての喩を後に四つ並べて出してゐるが、前二者は別別に業の後に分けて出してゐる。

以上の比較對照に依つて、我々は、竺法護所譯の中阿含の種々の經典は全く現存中阿含に同じいことを知ることが出來る。殊に十二部經の名目順序が同じい所から見、前に調べた支謙譯七知經が中阿含善法經に同じいにも拘らず、十二部經の順序がまるで違ふ所から見て、全く竺法護の中阿含は現存そのものであることを知ることが出來ると思ふ。

猶この斷定を一層裏書きするものは、樂想經の最後にある「所因跋渠盡」の五文字であつて、これは想經が「因品第四竟」即ち因品の最後經であるのと同じく、因品の最後の經典たることを示すものである。それ故に竺法護のこの中阿含は現存中阿含と同じい組織を持つてゐたものであると想像しうるのである。

猶、この外に竺法護譯受新歲經と云ふのがあり、これは、

受新歲經　S. N. 8, 7　中阿含一二一經・請請經　雜阿含四五・一五　增一阿含三二・五

と五本あるが、この中、中阿含と雜阿含は同じく、受新歲經は增一阿含と全く同じい許りでなく、一字一句違はないものである。それでこの受新歲經は增一阿含から、譯出後別行して傳はつたもので、これを竺法護に歸するのは經錄の誤りに依るものであることを知ることが出來る。

又、大迦葉本經（大・一四）が竺法護の譯とせられてゐるが、これは巴利の長老偈（Theragāthā）の註に出てゐるものであつて、漢巴共に經典としては存在しない。

それに、當來變經（大・一二）も彼の譯とされてゐるが、これは會座に既に諸菩薩があり、中に、「廢深經教十二因緣三十七品方等深妙玄虛之慧、智度無極善權方便」云々と云ひ、又、「反習雜句淺末小經」等と云ひ、更に結尾に「六度無極」を云ひ、大乘經典中に列すべきものである。

聖法印經は雜阿含三・三一の法印經、及び施護譯法印經の同本であるが、巴利にはない。この三本では雜阿含と施護譯と同じく、竺法護譯は少しく異なつてゐる。

竺法護譯鴦掘摩經は少しくその趣を異にしてゐる。次に表を以つて示して見る。（次頁の表參照）

以上の表に依つて知られる樣に、雜阿含、別譯雜阿含は最も簡單であり、同じい一つの系統のものである。別譯雜阿含が場所を摩竭陀國とするのは奇怪であるのみである。巴利中尼柯耶と法炬譯は同一のもので、雜阿含の記事をもとにして鴦崛魔羅の歸佛後を書き加へたものである。今問題の竺法護譯、鴦掘摩經は鴦崛魔羅を賊とせず、この奇怪にして殘虐な

雜. 38, 16	別雜. 1, 16 摩竭陀國桃河樹林	M. N. 86	法炬譯 鴦堀髻經	竺法護譯 鴦掘摩經	增一. 38, 6	求那跋陀羅譯 央掘魔羅經	長老偈 (Theragāthā) 886–891 偈
賊	賊	賊	賊	師の妻に戀せられ且つ讒せらる 師の教に依り千人を殺さんとす	賊	明かに大乘經典なるが故に今暫く除外す	友達に憎まれ師に讒せられ師の怒りを買ひたり
				母を殺さんとす	師の教（簡單に後に出す）母を殺さんとす		母を殺さんとす
鴦の偈	鴦の偈	鴦の偈	鴦の偈	鴦の偈	鴦の偈		鴦の偈
佛の偈	佛の偈	佛の偈	佛の偈	佛の偈	佛の偈		佛の偈 （偈すべてM. N. 86に同じ）
		波斯匿王と遇ふ 鴦比丘を見て女難產	波斯匿王と遇ふ 鴦比丘を見て女難產	波斯匿王と遇ふ 鴦比丘を見て女難產	波斯匿王と遇ふ 鴦比丘を見て女難產		
		眞實誓	眞實誓	眞實誓	眞實誓		
		城中にて殉難	城中にて殉難	城中にて殉難	城中にて殉難		
應果を得	應果を得	應果を得	應果を得	應果を得	應果を得		
自得偈	自得偈	自得偈	自得偈	自得偈	自得偈		自得偈 巷に出で迫害受く偈
					本生譚		

る大事件の原因を脚色化して、外敎の師匠を責任者として持つて來たものである。供犠に血を見る外敎に多少のゆかりを以つて結び付けたものである。增一阿含はこの一段を省略してゐるが、然し母を殺さうとする時、師の敎云々と云うてゐるから、既に物語が竺法護譯程に發展して後、省略したものに相違ない。增一阿含は更に物語の結尾に加へて本生譚を創作したものである。それ故に、この物語は增一阿含までに四段の發展があつたものと知ることが出來るのである。

さうして見ると、竺法護の所傳所譯の經典は大小乘に分れて非常に多數に上つてゐる中、小乘經典はみな一部派の所傳のものであると云ふことは云ひ得ないが、少くとも中阿含に關するものだけは現存中阿含と同じいものであつたことが知られるのである。

第四節　法炬所譯

次に法炬の譯を調べて見ると、中阿含に相當するものに於いて、恆水經、頂生王故事經、求欲經、苦陰因事經、瞻波比丘經、數經、伏婬經の七經がある。

この中恆水經は、恆水經、法海經、海八德經、中阿含三七・瞻波經、巴利增支尼柯耶八・二〇、優陀那（Udāna）五・五、の六本、及び小品（Cullavagga）九・一、五分律二八（大・二二・一八〇下以下）の二本があるが、[1]開元錄（大・五五・四九九中）に從へば、恆水經も法海經も共に法炬譯となつて居るけれども、この二經は同人譯と見る事が出來ない。[2]法海經は失譯であり、海八德經は竺法蘭所譯であらう。この六本の中、巴利增支尼柯耶八・二〇と中阿含三七經・瞻波經は最も善く相應し、法海經、海八德經、みなテキストに於いて可成りの相違を有するものである。而して優陀那（Udāna. 5, 5）は、巴利增支尼柯耶に最後に四句の優陀那を加へるのみ。恆水經は、小乘經典がそのまゝ思想を變へずに、形に於いて大乘化された好標本である。[3]內容は全然他の五本に同じで、たゞ「菩薩俱行」、「阿羅漢、辟支佛、菩薩、佛、泥洹大道」「發意念度一切菩薩」「念度一切欲得佛道」「有得阿惟越致者」「有得佛泥洹道者」等の語に依つて大乘化したものである。

次に、頂生王故事經は中阿含六〇經・四洲經の同本であつて、曇無讖譯・文陀竭王經はその異譯、大事（Mahāvastu p.

210f.) の Māndhātāvadāna 及び本生譚 (Jātaka no. 258) の Māndhātu Jātaka はその類經である。この中 Mandhātu Jātaka は王名を Mandhāta として頂生と云はず。大事 (Mahāvastu) は非常にその記事が委しく、且つ Mandhāta 王が頂生 (Mūrdhāta) 王と名けられる所以をも說明してゐる。漢譯三經中、その頂生の名の由來を說明するものは、文陀竭王經だけである。それでこれら類經の中、最も接近してゐるのは、頂生王故事經と中阿含四洲經であるが、テキストは全然異なるものである。この經の成立から考へて見ると、Māndhātu Jātaka が最も古く、この本生譚 (Jātaka) 若しくはこれに類似のものがもとであつて、それが漢譯三經の各異なるテキストとなり、又、大に擴大されて Māndhātāvadāna となつたものであらう。

次に求欲經を見ると、この經には次の三本がある。

求　欲　經 (大・一・八三九)　　中阿含八七經・穢品經　　M. N. 5 Anaṅgaṇa S.

この中、中阿含は全く求欲經に同じく、巴利中尼柯耶のみ全く別本である。即ち、(1)場所を中尼柯耶は祇園とするに對し、中阿含と求欲經は鼉山怖林鹿野園とし、(2)中尼柯耶が、內に罪垢なくして罪垢なしと知らない人は、自分の氣に入つたものに思ひ耽り、それが墮落すると云ふのに對し、中阿含と求欲經は「不能護眼耳意法」とし、(3)罪垢そのものを說明する所で、中阿含と求欲經は「無量惡不善法從欲生謂之穢」とし、「所以者何」と徴して初めてゐるが、中尼柯耶は之を缺く。(4)罪垢を生じない場合の說明が中尼柯耶は簡單に略してゐるのに對し、中阿含と求欲經とは委しく說明する。其の他の同じい理由に依り、中阿含と求欲經とは全同のテキストであることを知ることが出來る。

次に苦陰因事經を見ると、この經も次の五本がある。

苦陰因事經　　中阿含一〇〇經・苦陰經　　M. N. 14 Cūḷa dukkhakkhandha S.　　釋摩男本四子經

増一阿含四一・一、参照。

この五本では、中阿含と苦陰因事經とは同じいテキストの譯であり、巴利中尼柯耶は少しく異なつてゐる。それは第一に五欲を説明する前に、巴利中尼柯耶のみ、欲には味樂少く、禍の甚しいもので、欲以外に幸福又はそれよりもよい狀態を知らない中は、欲を追ふことを止めないものであることを説き、自分の正覺前の經驗を物語つて居られるのである。第二に、經中尼乾子との會話があるが、巴利中尼柯耶は靈鷲山とし、中阿含と苦陰因事經は七葉窟としてゐる。他は三本全同であるからである。

次に、瞻波比丘經は中阿含一二二經・瞻波經と同本であり、巴利増支尼柯耶八・二〇の六節までに、同じく巴利増支尼柯耶八・一〇の二節以下を加へたものである。巴利増支尼柯耶八・二〇は舍衞城の出來事とするのに對し、中阿含と瞻波比丘經とは瞻波恆伽池畔とする。中阿含は瞻波比丘經に全同である。

次に、數經は中阿含一四四經・算數目揵連經と巴利中尼柯耶一〇七 Gaṇakamoggallāna S. の三本あるものであるが、この三本中でも數經と中阿含は同じく、巴利中尼柯耶は異なつてゐる。即ち(1)漸次の修養を語る中、巴利中尼柯耶には食に於いての心得を說いてゐるが、中阿含にも數經にもない。(2)目連が世尊の所說を讃嘆する所で、巴利中尼柯耶は出家に二種ある事を言ひ、不信の者は世尊と共住せず、信の者は共住すると云ひ、而して直に樹芯香の中では赤栴檀香が第一である等と、世尊の教誨を賞讃するが、中阿含と數經は、婆羅林を育てる用意を說いて出家に二種ある事を云ひ、香を擧げる所は同じいが、たゞ中阿含と數經は、水華の中では青蓮華が第一である事を云ひ、巴利中尼柯耶は之を缺いてゐる。

最後に、伏婬經を見ると、これは中阿含一二六經・行欲經と巴利増支尼柯耶一〇・九一 Kāmabhogī との同本であるが、これは伏婬經と行欲經と全同、巴利増支尼柯耶は異なる。其は、(1)十種の行欲人を出して、巴利増支尼柯耶はその一々について可毀と可讃を出してゐるが、中阿含と伏婬經は、直に第一と第十を比較して最下最高と斷じてゐる。巴利增支尼柯耶には偈なく、中阿含と伏婬經には最後に偈がある。

さうすると、この中阿含關係の經典の中、

恆水經は大乘化

頂生王故事經は中阿含に似てゐるが、テキストが違ふ。

求欲經
苦陰因事經
瞻波比丘經
數經
伏婬經
は中阿含とテキストを同じうする。

となる。漢譯中阿含にはないが、巴利中尼柯耶八六 Aṅgulimāla S. と同本の鴦堀髻經は、前述の如く鴦崛摩羅經中巴利本と結構を一にし、發達の道程を一にするものであるが、テキストは全然異なるものである。これに依つて、法炬も漢譯中阿含に屬する、又それと全同のテキストを多く手に入れて譯出したことが解る。

それから、頻毘娑羅王詣佛供養經は增一阿含三四・五の前半に同じいものであつて、恐らく中阿含六二經・頻鞞娑邏王迎佛經に依つて變作されたものであらう。中阿含六二經は釋尊が三迦葉を化して後、先の約束に依つて王舍城に入ると云ふ佛傳を描いたもので、十誦律の十八大經の第十二に當り、龍樹も頻婆娑羅王迎經として引いてゐる（大・二五・一九二下）ものである。然るにこの增一阿含の王詣佛供養經は、王が舍衛城に入つて、佛の王舍城遊化安居を願ふといふ事に初まるもので、あり得ないことである。法炬譯はこの增一阿含の供養經の前半である。而も完結してゐないテキストの翻譯である。そのテキストは幾らかづつ增一阿含のそれを增廣したものである。

それから雜阿含關係を見ると、

1. 波斯匿王太后崩塵坌身經　雜阿含四六・六　別譯雜阿含三・一二　S. N. 3, 3, 2

の四本の中、雜阿含と別譯雜阿含とは同一で、巴利相應尼柯耶と書き出しに於いて異なつてゐる。法炬譯は雜阿含を少しく增し變じて、後半に「老・病・死・恩愛別離」の四怖畏に就いて敎誨があつたことを附け加へたものである。

2. 難提釋經　雜阿含三〇・三〇　A. N. XI, 14　Nandiya

の三本の中、雜阿含は最も簡單で、法炬譯は巴利增支尼柯耶に殆ど同じいもので、十一法を敎へたものである。

3. 相應相可經　雜阿含一六・四八―五一　S. N. 14, 17–24　Asaddha etc.

の三本の中では互に異なる。雜阿含と巴利相應尼柯耶では幾經かに分れてゐるが、相應相可經は大體の意味は違はないが全く別に一經に纏めたものである。

4. 比丘避女惡名欲自殺經　雜阿含五〇・二〇　別譯雜阿含一六・三五　S. N. 9, 8　Ogālha

の四本の中では、巴利相應尼柯耶が最も異なり、ただ一比丘が或る家庭と特に懇意であつたと云ふだけである。偈も異なる。別譯雜阿含は少しく異なるのみである。法炬譯と雜阿含は全同であつて、譯文亦全く違はない（二字違ふが法炬譯の方が善い）。思ふに、これは法炬譯でなく、雜阿含のこの一經が別出したものであらう。

以上の處では、ただいろ〳〵の經典がその屬する所の尼柯耶・阿含を離れて浮遊し、その中に少しづつ變化してゐたものであることを知るのみである。

註 ① 增一阿含四八・二にはこの經の前半が出てゐる。
② 出三藏記集には次の如く出てゐる。
海有八事經一卷、（新集安公失譯經錄第二の下）、右一百四十二部、凡一百四十七卷、是失譯經（大・五五・一八上下）。

法海經一卷、（同右）、同右（同右）。

八德經一卷、（新集安公關中異經錄第四の下）、右二十四部、凡二十四卷、是關中異經（大・五五・一九下）。

海八德經一卷、（新集續撰失譯雜經錄第一の下）、右八百四十六部、凡八百九十五卷、新集所得、今並有二其本一、悉在二經藏一
（大・五五・二八下、三二上）。

恆水戒經一卷舊錄云二恆水經一（同右）、同右（同右）。

海水譬經一卷、（條新撰目錄缺經、未見經文者如レ左）、（大・五五・三二上、三七上）。
③ 前に出した安世高譯、尸迦羅越六方禮經が大乘化したのと同一である。

第五節　竺曇無蘭所譯

最後に竺曇無蘭を調べて見よう。

中阿含に於いて、

1. 鐵城泥犁經　中阿含六四經・天使經　M. N. 130 Devadūta S.　泥犁經の後半
閻羅王五天使者經（宋慧簡譯）　A. N. Ⅲ, 35　增一阿含三二・四、天子

の七本の中、中阿含と巴利中尼柯耶は殆ど同じく、閻羅王五天使者經は地獄を叙述する後半を缺き、鐵城泥犁經は泥犁經の後半と全く同じいもので、閻浮王の五問として五天使を云はず、地獄も中阿含及び巴利中尼柯耶と比較して、八地獄を出す點で全然異なるものである。① 泥犁經は二つの泥犁經を併せたものであるが、その後半は鐵城泥犁經と內容は全同であ

るけれども、譯語が多少違ふ。同一の譯が轉展する中に變つたものかどうか解らない。

2. 阿耨風經　中阿含一一二經・阿奴波經　A. N. Ⅵ, 62 Udaka

この三本の中では、阿耨風經と中阿含は全く同じく、巴利增支尼柯耶は異なるものである。第一場所を、阿耨風經と中阿含は跋耆の阿奴波（阿耨風《風は颰の誤寫》Anupiyā）に世尊が居られた時に、Aciravatī に水浴に行かれた時のこととし、巴利增支尼柯耶は、憍薩羅の Daṇḍakappaka 邑に在した時、Aciravatī 河に水浴せられた時としてゐる。この記事は勿論巴利增支尼柯耶が正しく、Anupiyā の傍に Aciravatī が流れてゐる筈はないのである。それから巴利增支尼柯耶では、記事の、最初世尊が提婆を一劫墮獄のものと何處かで（多分その邑で）記別せられたのを、水浴の時問題として比丘が阿難に尋ね、阿難之を世尊に申し上げて、茲に Purisindriyañāna の說明となるのであるが、中阿含と阿耨風經では、その記別と問題の起りが混亂して體をなして居ない。それ以下の記事は同じいが、中阿含と阿耨風とは同じいテキストで、巴利增支尼柯耶よりも記事の値は少いものである。

3. 頞波羅延問種尊經　中阿含一五一經・阿攝惒經　M. N. 93 Assalāyana S.

この三本はテキストが皆違つてゐるものであつて、巴利中尼柯耶最も整ひ、中阿含はこれと大分違ふが、然し大體に於いては一致し、頞波羅延問種尊經は最も新しい形跡を持つてゐる。例へば、Yona と Kamboja とある所を月支國とし、佛陀自ら、その宿生に於いてはいろ〳〵の種姓であつたことなどを語つて居られるのは、その證據である。

4. 泥犁經　中阿含一九九經・癡慧地經　M. N. 129 Bālapaṇḍita S.

この三本の中、中阿含と巴利中尼柯耶は大體に同じいが、中阿含は癡人を明す下で地獄の說明が委しく、巴利中尼柯耶は慧人を明す下で轉輪王の七寶を委しく說明してゐる。テキストが大分變つたものと見ねばならぬ。泥犁經は妙なもので、前半は癡人のみを明し（この部分が他の二經に相當する）、後半は全く獨立した經典で、前に擧げた鐵城泥犂經に同じいものである（譯語は少し違ふけれども）。泥犂經といふところから、二つを合したものであらう。

以上の中阿含關係のものではテキストの同一のものはただ一の阿奴波經、阿耨風經のみである。これから見て、その用ゐたテキストはばらばらのものであつたことが解る。

次に雜阿含關係を見ると、

1. 水沫所漂經　五陰譬喩經　雜阿含一〇・一〇　S. N. 22, 95 Pheṇa

この四本共に大體同じいが、長行の終りに巴利相應尼柯耶のみ「かく見て、比丘等よ、聖弟子は五蘊を厭ひ、離欲して解脱す。」と云ふ一節を加へてゐる。偈は雜阿含と巴利相應尼柯耶と同じく、水沫所漂經は半分である。

2. 新歳經　雜阿含四五・一五　別譯雜阿含一二・一五　S. N. 8, 7 Pavāraṇā　Pravāraṇa Sūtra (Hoernle: Manuscripts I, p. 36-40)　中阿含一二一經・請請經　增一阿含三二・五　解夏經　受新歳經（竺法護譯でない。而して、これは增一阿含三二・五に全同である故に今除く。）

この八本の中、巴利相應尼柯耶と增一阿含は場所を舍衞城鹿子母講堂とし、雜阿含、中阿含、解夏經は王舍城竹林とし、新歳經は舍衞城祇園精舍とする。而して、この八本の中では巴利相應尼柯耶が最もその簡單な形であつて、自恣の意味を持ち、これから中阿含と雜阿含と解夏經とが增廣されたものである。雜阿含と解夏經が會座の五百人を叙して「皆是阿羅漢、唯除二一比丘一、謂尊者阿難」と云ふのは、阿含經典としては珍らしいものであつて、小品般若は後にこれにならつて經の初を書き出し、やがて經典の初まる形式となつたものである。中阿含はこれを缺いてゐるが、他はみな同じい。只テキストに缺漏のあることを思はせるものがある。それは佛が自恣を請はれることがないから、全くこの經典の原意が失はれてゐる。「唯除一人」として置き乍ら阿難の名を出さないのも意味を失つてゐる譯である。増一阿含は巴利相應尼柯耶の原形に、自恣の意味が何であるか、自恣が辟支佛にはあらずして佛にのみあることを說く一節を加へたものである。今問題の新歲經は全くこれらとは趣を異にし、この自恣經をもとにして自恣を讃嘆したものである。經中、三乘・六度等の語があつて、方等經典として取り扱ふべきものであり、自恣を說いてゐるが、自恣が云何なるものかに就いては、殆ど云うてゐないものである。これら八本を比較しても經典の變化增廣の樣子が見られるのである。

3. 戒德香經　増一阿含二三・五　A. N. III, 79 Gandha　戒香經（法賢譯）　雜阿含三八・一二
別譯雜阿含一・一二

この六本の中、雜阿含と別譯雜阿含は少しく異なるが大體に同じく、[3]増一阿含、法賢譯亦少しづゝ異なつてゐる。最も異なるのが巴利增支尼柯耶であつて、經後の偈がこれのみ別であつて短い。戒德香經は偈の後で更に五戒の未來の果を說くところが餘經と異なつてゐる。

4. 自愛經は巴利相應尼柯耶三・一・四（Piya）、雜阿含四六・七をもととして、全く別に作られた經典のやうに思はれる。經中、四等六度と云ひ、後世の作であることを示してゐる。

次に増一阿含關係を見ると、

1. 四泥犁經　増一阿含五〇・五

は二本のみで他に同本なく、テキストは元來違ふものである。即ち、

（四泥犁經）	（増一阿含）
提舍　身出火焰、長二十肘	末伽梨　身出火光、長六十肘

瞿波離……………………　三十肘　　帝舍……………………　四十肘
締婆達兜…………………　四十肘　　提婆達兜…………………　三十肘
末佉梨……………………　六十肘　　瞿波離……………………　二十肘

2.　玉耶經　　玉耶女經（失譯、西晉）(1)　　玉耶女經(同上)(2)　　增一阿含五一・九　　A. N. VII, 59

この五本の中、增一阿含と巴利增支尼柯耶は最も簡單な形を有するものであるが、增一阿含の四婦が巴利增支尼柯耶では七婦となつてゐる。玉耶女經（1）は五婦であり、その婦の種類を云ふ前に女の三障十惡を語つてゐる。玉耶女經（2）と玉耶經は同じいもので、テキストは全く同一のものである。この二本は最も記事が委しく、最初に玉耶女が佛の威相に打たれた事を語り、女の十惡を出し、七種婦を說き、十戒を授けてゐる。④

3.　國王不梨先泥十夢經　　舍衞國王夢見十事經（失譯）　　舍衞國王十夢經（失譯附西晉錄）　　增一阿含五二・九
Jātaka, I, pp. 334-343

この中、Jātaka は十六夢であり、他はすべて十夢であつて、又その內容もよく一致してゐる。同一のテキストであつたに相違ない。⑤

次に長阿含關係を見ると、

寂志果經　　長阿含二七經・沙門果經　　D. N. 2 Sāmañña-phala S.

この三本は皆テキストを異にし、相異なる所が多い。六師外道の教理を說く所でも違ふことは、宇井博士の「印度哲學研究」第二卷三九一頁に標示してある通りである。寂志果經が何部派のものか不明であるが、中に二百五十戒と云ひ（大・一・二七二下）、法忍（大・一・二七二下）、生忍（大・一・二七六上）の語もあることである。尤もこの法忍、生忍も二忍として用ゐられてゐる術語の特別の意味は有して居らないやうであるが、兎に角二つの語が用ゐられてゐることは注意すべきであらう。

以上、大體四阿含以外の單本異譯經典の主なるもの、一人の譯者で數部を譯出したものに就いて調べたのであるが、望ましい結果を得ることの出來ないのは殘念である。結果として得たものを云ふと、

一、同一人が同一の部派の所傳經典を譯出したとは云はれない。

二、同一人が譯出した數經の中には、一部派所傳の經典と考へられないものが集つてゐるから、經典はばら〳〵に何部派のものとも解らずに傳へられて譯出せられたこと。

三、不思議にも中阿含關係に於いては、安世高、竺法護、法炬の譯出は多く現存漢譯中阿含と全同のものである。支謙のものは全く異なり、法炬のものもその中、二經は異なり、竺曇無蘭に於いては只一經（阿耨風經）のみ全同である。これは漢譯中阿含の部派の經典の流行の盛であつたことを示してゐる。

四、諸經典は色々の人の手で色々に傳持される中に、漸次に變化し次第に方等化大乘化を受けてゐる事を、この異譯單本經の比較に依つて明かに見る事が出來る。安世高の六方禮經、法炬の恆水經、竺曇無蘭の新歲經・自愛經は此である。

註 ①

(M. N.)	(中阿含)	(鐵城泥犁經)	(泥犁經)
1. Mahāniraya (catukkaṇṇa) (catudvāra)	1. 四門大地獄	1. 泥犁阿鼻摩	1. 阿鼻摩泥犁
2. Gūthaniraya	3. 糞屎大地獄	2. 鳩延泥犁	2. 同上
3. Kukkuḷaniraya	2. 峰巖地獄	3. 彌離摩得泥犁	3. 彌離摩德泥犁
4. Simbalivana	4. 鐵鏁林大地獄	4. 匑羅多泥犁	4. 崩羅多泥黎
5. Asipattavana	5. 鐵劍樹林大地獄	5. 阿夷波多桓泥犁	5. 阿夷波多洹泥犁

6. Khārodakā	6. 灰河	6. 阿喩操波桓泥犁	6. 阿喩慘波犁洹泥犁
		7. 槃蓰務泥犁	7. 熟徙務泥犁
		8. 墮檀羅泥渝泥犁	8. 檀尼愈泥犁

② 雜阿含四五・一四もこれに同じい。

③ 別譯雜阿含は「世尊昔來說三種香」と出してゐる。

④

(増一阿含)	(玉耶女經1)	(玉耶女經2)	(玉耶經)	(A. N.)
1. 似母	1. 如母婦	1. 母婦	1. 婦女母	4. mātusamā
2. 似親	3. 如妹婦	2. 妹婦	2. 婦如妹	5. bhaginisamā
	2. 如臣婦	3. 知識婦	3. 婦如善知識	3. ayyasamā
3. 似賊		6. 怨家婦	6. 婦如怨家	2. corīsamā
		4. 婦婦	4. 婦如婦	6. sakhīsamā
4. 似婢	4. 婢婦	5. 婢婦	5. 婦如婢	7. dāsīsamā
	5. 夫婦			
		7. 奪命婦	7. 婦如奪命	1. vadhakasamā

⑤

(増一阿含)	(舍衞國王夢見十事經)	(舍衞國王十夢經)	(國王不梨先泥十夢經)	(Jātaka)
1. 見三釜羅	1. 見三瓶	1. 三釜羅	1. 見三瓶	8.
2. 見馬口亦食尻亦食	2. 同上	2. 同上	2. 同上	5. 兩口馬………
3. 見大樹生華	3. 見小樹生華	3. 大樹生華	3. 小樹生華	2.
4. 見小樹生果	4. 見生樹生實	4. 同上	4. 同上	
5. 見羊主食繩	5. 同上	5. 同上	5. 同上	7. 牝豺が繩を食ふ
6. 見狐坐金床上食以金器	6. 同上	6. 胡虜………	6. 狐………	6. 金牀に尿す
7. 見大牛還從犢子嗽乳	7. 同上	7. 同上	7. 同上	3.
8. 見黒牛群欲闘	8. 同上	8. 同上	8. 同上	1. 四黒牡牛…

9. 見大陂池水中央濁四邊淸	9. 同　上	9. 同　上	9. 同　上	16……9.
10. 大溪水波流正赤	10. 同　上	10. 同　上	10. 同　上	

第四章　五部四阿含の成立

第一節　第二結集・第三結集の傳說に就いて

佛滅百年又は百十年頃、佛敎敎會に一つの爭亂の起つたことは諸傳說の一致する所である。錫蘭上座部傳、有部傳、化地部傳、法藏部傳、大衆部傳、皆共にその爭亂の骨子とも云ふべき點に於いて一致してゐることから考へて、この爭亂の骨子的なものが事實として起つたものであることは承認し得るものである。

この爭亂は何から起つたかと云ふと、戒律生活に關する嚴肅派と自由派の意見の相違に起因するものであつて、前記の第一結集後の富蘭那の抗議から相續くと見るべきものである。其は跋耆族（Vajji）である吠舍離（Vesāli）の比丘等が、大迦葉以來小戒微細戒をも佛陀の制定し給うた通り嚴肅に守つて來た律法主義に對して、或る程度の自由を要求したのが事の起りである。この自由の要求が十事となつて顯れたので、通常之を「十事の非法」と呼んでゐるが、非法とは後に嚴肅派がこの爭亂に勝利を占めて、非法と判決して「十事の非法」と呼んだのである。この十事は諸傳大體に一致してゐるが、中に二三解釋に異なるものがあるのである。先づ左に諸傳の十事を表記して見よう。

Cullavagga XII Dīpavaṁsa 4, 47 Mahāvaṁsa 4, 9–11	善見律毘婆沙一（大・二四・六七七下）	四分律五四（大・二二・九六八下）	五分律三〇（大・二二・一九二上中）	十誦律六〇（大・二三・四五一上）	有部雜事（大・二四・四一一下以下） Dulva. Rockhill p. 171–180
1. 角鹽淨 Kappati siṅgiloṇa kappo 鹽を角の器に蓄ふるは可なり。波逸提三八に反。	鹽淨	(7)得與鹽共宿	(1)鹽薑合共宿淨	(1)鹽淨	(4)以ㇾ筒盛ㇾ鹽、自手捉觸守持而用、和二合時藥一噉食隨ㇾ情。此即名爲二鹽事淨法一。
2. 二指淨 Kappati dvaṅgula kappo 太陽の影が横に二指並べた幅だけ移る間正午を過ぎても食事を取るを得。波逸提三七に反。	二指淨	(1)兩指抄食	(2)兩指抄食食淨	(2)指淨	(6)不ㇾ作二餘食法一、二指噉食。此即名爲二二指淨法一。
3. 他聚落淨 Kappati gāmantara kappo 食後他の聚落にて再び食するを得。波逸提三六に反。	聚落間淨	(2)得聚落間	(4)趣聚落食淨	(3)近聚落淨	(5)未ㇾ行二一驛半驛一、便別衆食。此即名爲二道行淨法一。
4. 住處淨 Kappati āvasa kappo 一處に住しても別々に布薩をすることを得。大品二・八・三に反。	住處淨	(3)得寺內	(3)復坐食淨	(5)如是淨?	(1)作二非法不和羯磨・非法和羯磨・法不和羯磨一、是諸大衆聞二此說一時、高聲共許。此即名爲二高聲共許淨法一。(Dulva は Alala と叫ぶも可とす。)
5. 賛同淨 Kappati anumati kappo 僧伽作法をなす時全員出席なくとも後に賛同を得る見込みにて決議するは可。大品二・八・三に反。	隨意淨	(4)後聽可	(9)求聽淨	(6)證知淨	(2)作二非法不和羯磨・非法和羯磨・法不和羯磨一、諸人見時悉皆隨喜。此即名爲二隨喜淨法一。
6. 所習淨 Kappati āciṇṇa kappo 先例あることは正としても善し。その時の事情に依つて或は罪となり或は罪とならず。	久住淨	(5)得常法	(8)習先所習淨	(8)行法淨	(3)自手掘地、或教ㇾ人掘。此即名爲二舊事淨法一。

7. 不攪搖淨 Kappati amathita kappo 未だ攪搖しない乳は呑むも可。波逸提三五に反。	生和合淨	(6)得和	(5)酥油蜜石蜜和酪淨	(4)生和合淨	(8)當以乳酪一升和水攪之非時飲用。此即名爲酪漿淨法。
8. 飲闍樓疑淨 Kappati jalogipātum 未醱酵の酒は呑むも可。波逸提五一に反。	水淨	(8)得飲闍樓羅酒	(6)飲闍樓伽酒淨	(7)貧住處淨	(7)和水飲酒。此即名爲治病淨法。
9. 無緣座具淨 Kappati adasakaṁ nisīdanaṁ 座具を作るに古い縁をつけず自由の大きさにしても可。波逸提八九に反。	不益縷尼師壇淨	(9)得蓄不截坐具	(7)作坐具隨意大小淨	(9)縷邊不益尼師壇淨	(9)作新坐具、不以故者佛一張手重帖、而自受用、此乃名爲坐具淨法。
10. 金銀淨 Jātarūparajataṁ 必要の場合金銀を受けて蓄へても可。尼薩耆波逸提一八―一九に反。	金銀淨	(10)得受金銀	(10)受畜金銀錢淨	(10)金銀寶物淨	(10)金寶淨法

右の表に依つて、十事の内容が諸傳に於いて大體一致してゐる事は明かであるが、この十事を主張する跋耆の比丘が布薩の日に銅鉢に水を盛り、參詣に來る優婆塞に金錢を中に入れて布施をするやうに勸めたのを見て、耶舍迦乾陀子（Yasa Kākaṇḍakaputta）が、比丘は金銀寶珠を受くべからざる故に、金銀を施すなと、優婆塞達に云つたのが事の初まりとなつたのである。跋耆の比丘等は、後に金錢を計算し、分配し、一分を耶舍に與へようとしたが、耶舍は受けない。比丘等は怒つて、信者を誹謗したものとして耶舍に謝罪刑罰（Paṭisāraṇiya kamma）を課した。耶舍は副使と共に信者に行き、謝罪の代りに正義を主張し、信者は却つて耶舍を信奉するに至つたので、比丘等は今度は耶舍を擯斥刑罰（Ukkhepaniya kamma）に處したのである。茲に於いて、耶舍は幡賞彌に行き、使を西方及び南方に派し、問題の解決を求めたのであ

Cullavagga XII	Mahāvaṃsa 4, 8 ff	Dīpavaṃsa 4, 44; 48	四分律五四(大・二二・九六八下以下)	五分律三〇(大・二二・一九二上以下)	有部雑事四〇(大・二四・四一一下以下) Rockhill p. 171	十誦律六〇(大・二三・四五〇上以下)	西域記七(大・五一・九〇九中)
百年	迦羅阿育の十年(百年)	Susunāga の子阿育の十年(百年)	百年	百年	一百一十年	一百一十歳	百一十年(法顯傳(大・五一・八六二上)參照)
毘舎離比丘十事非法、耶舎比丘金銀を受くるを見る。	Revata 問うて Sabbakāmi 答へ、十事の非法を決す。				耶舎(婆颯婆聚落に住し、薩婆迦摩の弟子)		
Ahogaṅga (Sambhūta-Sāṇavāsī) Soreyya (Revata) Sahajāti (Sāḷha Uttara)	後七百人を選出して、法を結集す。	八人の比丘十事を破却し、七百の比丘を選び、法を結集し、八ヶ月を要す。					
				達磨			
東 Sabbakāmi	同上	同上(阿難の弟子)	一切去	一切去	樂欲(廣嚴城阿難の弟子)	薩婆伽羅婆梨婆羅	
東 Sāḷha	同上	同上(阿難の弟子)	沙留	沙蘭	耆佉(安住聚落)	沙羅(毘耶離阿難弟子)	沙羅
東 Khujja-sobhita	同上	同上(阿難の弟子)	不闍蘇摩	不闍宗	曲安(波吒離子城)	級闍蘇彌羅(婆羅梨弗國阿難の弟子)	富闍蘇彌羅
東 Vāsabha-gāmika	同上	同上(阿那律の弟子)	婆搜村	婆沙藍	婆瑳(僧羯世城)	薩波摩伽羅摩	
西 Revata	同上	同上(阿難の弟子)	離婆多	離婆多	妙星(俱世城)(Sahajāta)	梨婆多	釐波多
西 Sambhūta-Sāṇavāsī	同上	Sāṇasambhūta(阿難の弟子)	三浮陀	三浮陀	善見(大惠城)	三菩伽	三菩伽
西 Yasa	同上	同上(阿難の弟子)	耶舎	長髪	耶舎	耶舎(阿難の弟子)	耶舎
西 Sumana	同上	同上(阿那律の弟子)	蘇曼那	修摩那	善意	須摩那	
Vālikārāma にて	若き Ajita 場を整理す				難勝 (Ajita)		

る。耶舍は自ら阿呼恆河山（Ahogaṅga）に三浮多商那和修（Sambhūta-sāṇavāsī）を訪ひ、茲に[1]西方から六十人、阿盤底（Avanti）及び南方諸國から八十八人、阿呼恆河山（Ahogaṅga）に集まつた。西方 Taxila に近い Soreyya の離波多（Revata）は兩派の爭奪となつたが、遂に耶舍派となり、携へて吠舍離に行つて會議をし、正否を決せんとした。沙蘭（Sāḷha）も亦耶舍を正しいとした。かくて諸比丘は吠舍離に集り、先づ委員制を取り、八人の委員を立て、婆利迦園（Vālikārāma）で離波多が問題を提出し、薩婆迦摩（Sabbakāmi）が意見を述べ、議決して十事を非法となし、改めて僧伽の大會議を開き、その非法非律を宣言したと云ふのである。この委員の八人の氏名は諸傳大抵一致してゐるが、只その東西の地方を異にしてゐるものがある。これをも加へて次の（前頁に出てゐる）表に出して置く。

以上の事項は諸傳皆一致してゐるのであるが、只大衆部傳のみが十事を出さず、吠舍離の諸比丘が哀聲を以つて金錢を求めたので耶舍が之を問題とし、爲に諸比丘に擯斥せられ、去つて摩偸羅國の陀娑婆羅に計り、僧衆を集めて陀娑婆羅をして再び律を結集せしめ、陀娑婆羅は五淨法・九法序を結集し、終りに、

「是中須鉢者求鉢、須衣者求衣、須藥者求藥、無有方便得求金銀及錢。如是諸長老應當隨順學」（僧祇律三三、大・二二・四九三下）

と云うてある。これは誰もが云ふが如く、[2]摩訶僧祇律は自派の祖先の事を記るすのを好まず、ただ事件の發端となつた金錢のことのみを記るし、その金錢も他の方便がなければ受けてもよろしいと辯護し、この問題に携つた人も中心人物となつた耶舍のみを殘して他を除去し、その代りに優波離系の陀娑婆羅を出したものと思はれる。

それであるから、この十事の主張と、金錢を受けて問題を起し、僧伽の大會議となり、僧團の長老達は悉く十事を非法として斥けたといふことは、歷史的事實であると承認せねばならないことである。

この事件が何時起つたかと云ふについては、先に云ふが如く百年說と百十年說との二種あるが、百年說は小品（Culla-vagga）一二、四分律五四、五分律三〇、島史（Dīpavaṁsa）、大史（Mahāvaṁsa）、法顯傳の云ふ所であり、百十年說は有部雜事四〇、ロックヒル佛傳一七一頁、十誦律六〇、ターラナータ印度佛教史四二頁、西域記七等である。宇井博士が云はれるやうに[3]、佛滅百年と云ふのは、百年――二百年の事であるから、百年說は大數を擧げ、百十年說は精數を擧げたものと見ることが出來る。然し、何故に百十年が正しいかと云ふことになると明證はない。島史（Dīpavaṁsa）五・二五の如きは、Susunāga の子[4] Asoka の時であると云ひ、大史（Mahāvaṁsa）四・八は迦羅阿育（Kālāsoka）の十年がこの百年に當ると云うてゐるので、百年が精數であつて大數でないとも云へる。今の處はつきりした說をなすことは出來ない。ターラナータが Nandin 王の時だと云ひ、島史・大史が阿育即ち迦羅阿育の十年の事件だと云うてゐるのがよい引つかかりであるが、然しこの迦羅阿育は或は Asoka 王の反映であると云はれ[5]、或は Kākavarṇa のことであると云はれ[6]、目下學界の定說がない。

又 Mahāpadma 王と云ひ、Nanda 王と云つても、その年代を明確にすることが出來ないから、此の王名から年時を定めることは出來ない。從つて百年か百十年かは、上座部系の傳說に從ふべきか、有部系の傳說に從ふべきかと云ふことになる。この十年の年數は、將來この邊の研究が更に緻密になる時、重要な論點になるであらうが、今はさしたる事もないのであるから、玆には缺疑に付して置く外はない。

次に、この十事の主張と否定の事蹟に附隨して或は律の結集があつたと云ひ、法・律の結集があつたと云ひ、この點が又種種異なつてゐるのである。大略して見れば、傳說が三種に分れて居ると見たら宜しからうと思ふ。

第一は十事の正否を決定しただけとなすもの。

十誦律六一（大・二三・四五三中以下）の如きはこの代表者で、その品の名も七百比丘集滅悪法品となつて居るだけである。小品（Cullavagga）、五分律三〇（大・二二・一九三下以下）、四分律五四（大・二二・九七〇下以下）は共に結集の語を用ゐて居るが、その文面から云ふと、すべて十事の論定のみになつて居る。委員會に決定したことを七百人の僧衆の前で報告し決議したと云ふのみで、改めて律を結集合誦したとはない。

西域記七（大・五一・九〇九中下）も「即召集諸苾芻、依毘奈耶、訶責制止、削除謬法、宣明聖教」と云うてあるだけである。

有部雜事四〇（大・二四・四一四中）ロックヒル佛傳一八〇頁も、耶舍が大衆の前に十事を廣陳して是非を論じ説いて、悉く皆之を共許したとあり、結語に「時有七百阿羅漢、共爲結集、故云七百結集」とあるのみである。この結集の語を文字通りにとつて、今迄に成立してゐた律典を合誦したものとすれば、次の第二に屬せしむべきであるが、この結集の語は、比丘等が集つてその是非を論説した事實のみを指して云ふもの、合誦の語通りに意味するものでなく、かう云ふ用語例を開いたものとみれば、前出の諸書は只十事の決定のみであつたとしてゐるものである。

第二はこの十事の決定後、律又は經律、又は三藏の結集があつたとなすもの。

摩訶僧祇律（大・二二・四九三）は陀娑婆羅が第一結集の時の樣に五淨法・九法序を誦出したとし、

法顯傳（大・五一・八六二上）は更に律藏を撿挍すと云ひ、

善見律（大・二四・六七八上）とSamantapāsādikā は、八ケ月を費し法及び毘尼を誦出したことを記るし、

眞諦はその部執異論疏（佛教大系本、三論玄義四八八頁）に於いてこれを第二の結集とし、三藏を合誦したものであると云つてゐる。

第三は島史・大史である。此は法（律をも含む）の結集があつて、これが上座・大衆の二派の根本分裂となつたものであり、この上座の結集に除外された邪比丘は一萬人相集つて大結集（Mahāsaṅgīti）をなし、上座に對して大衆部となり、茲に二派分裂することとなつたと云ふのである。

論事（Kathāvatthu）の註も同様である。[7]

それで茲に問題となるのは、この中孰れが正しいかと云ふことである。

實際を云うて、これらのことは傳說に殘されたものからは判斷出來ないのである。從つて非常に困難なことであるが、私はいろ〳〵のことを綜合して見て、第一の十事の正否の決定だけであつたか、或は結集があつたにしても、律だけの結集であつたと思ふのである。この時、經即ち法の結集があつたと見るべき材料はない。あればそれは長老達が心配のあまり、ついでに法の方も合誦したと云ふ想像に過ぎない。島史の記事を裏書きする權威ある文獻は何處にもないのである。法の結集すらなかつたと思はれるから、この結集に除外されたものや、十事の主張をして長老達に疎んぜられた人々が、別に大結集をして大衆部と云ふ一派を創建したとは考へられない。

宇井博士はその佛滅年代論中[8]、この所謂第二結集と稱せられる時に、

一、法と律との結集のあつたこと。

二、大結集のあつたこと。

三、上座大衆の二部の分裂のあつたこと。

を細かに論證して居られるが、私の考へでは、第一結集からこの時迄百年の間に、法と律とに增廣のあつたことは考へられることであるが、この時にその結集があつたと云ふことを證明しうるものはないと思ふ。島史・大史を除いては、大抵

さういふ意味の結集を云うて居らないことは前に云うた通りである。この七百人の大會議は十事の正否を決定することが目的であつたから、目的さへ果したら、將來の爲に法と律の結集をして置くといふ副產物があつたかなかつたかは、必然的結果でないから解らない。從つて、これに反對して大衆の大結集があつたといふことは論定されない。大結集のあつたといふ記事は島史のみに出て居るのであるが、宇井博士は、島史が自派に不利な記事を載せて居る所でもそれが事實であつたことを反證するものであると云はれてゐるが、これだけのことで、大結集が確實な史實であることを斷定することは出來ない。島史は西紀後四世紀の終りの作であつて、その頃の知識から、上座大衆の根本分裂をこの第二結集の時に置き、その大衆部の結集を第二結集に對して起つたものとしたものに外ならないと思ふ。

註 ① 大史 (Mahāvaṁsa) は波婆 (Pāvā) から六十人、阿盤底 (Avanti) から八十人としてゐる。大史は西方の代りに常に波婆(Pāvā)としてゐる。

② 國譯大藏經論部一三・異部宗輪論附錄十二頁參照。

③ 「印度哲學研究」第二、七一頁

④ この Asoka は勿論 Kālāsoka であり、Dīpavaṁsa 5, 80 には、このKālāsoka の十年に Siggava は Soṇaka から具足戒を受けたと云うてゐる。

⑤ 國譯大藏經論部一三・異部宗輪論附錄十一頁

⑥ 「印度哲學研究」第二、七一頁

Jacobi:-The Kalpasūtra of Bhadrabāhu. Introduction p. 2　Kālāsoka=Kākavarṇa=Udayin.

Oldenberg:-ZDMG. 34. pp. 751 ff　Kālāsoka=Kākavarṇa≠Udayin

Geiger:-Mahāvaṁsa. Introduction　Kālāsoka=Kākavarṇa≠Udayin

Kālāsoka と Kākavarṇa を同一人とするのは、Kāla が黑を意味し Kākavarṇa が黑色を意味すると共に、Kālāsoka も Kākavarṇa も共に Susunāga の子と云はれて居るからである。

⑦ 摩訶僧祇律三三 (大・二二・四九三中下)

「陀娑婆羅應結集。……五淨法……九法序……是中須鉢者求鉢、須衣者求衣、須藥者求藥。無有方便、得求金銀及錢。如是諸長老應當隨順學。是名七百結集律藏。」

十誦律六一（大・二三・四五六）

十事の非法の訂正のみ。

五分律三〇（大・二二・一九四中）

十事の非法を論定して「離婆多唱言、我等已論比尼法竟。若佛所不制、不應妄制。若已制、不得有違。如佛所教、應謹學之」

四分律五四（大・二二・九七一中下）

同上。十事を檢校して、「非法非毘尼非佛所教、於僧中檢校已、皆下舍羅。在毘舍離七百阿羅漢集論法毗尼、故名七百集法毘尼。」

有部雜事四〇（大・二四・四一四中）

同上。「名稱復爲大衆廣陳十事、論說是非悉皆共許。時有七百阿羅漢、共爲結集。故云七百結集。」

Rockhill p.171–

Cullavagga XII.

十事皆非律とする。かくて僧伽中に公開して再びそれを宣した。この律の結集には七百比丘がある。故に七百結集と稱する。

西域記七（大・五一・九〇九中下）

「即召集諸苾芻、依毘奈耶、訶責制止、削除謬法、宣明聖教。」

法顯傳（大・五一・八六二上）

「七百僧更撿挍律藏。」

Dīpavaṁsa 4, 52

これら七百の比丘は吠舍離に集り、佛教に置かれた律を了受した。

Dīpavaṁsa 5, 26–28; 5, 30–38

(a)八人の比丘十事を破却し、七百の比丘を選び、法の結集をし、八ヶ月を要した。

Mahāvaṁsa 4, 61–64

十事を非と決し、後七百人を選出し法を結集した。

Mahāvaṁsa 5, 2-4
(b)第二結集に除外せられた邪比丘一萬、大衆部 (Mahāsaṅghika) と云ふ一派を創建した。
Kathāvatthu の註
(a) と (b) とを併せ出す。
善見律一（大・二四・六七八上）、(Samantapāsādikā)
「律藏中斷十非法、及消滅諍法。大德。我等輩今應出法及毘尼、擇取通三藏者至三達智比丘。擇取已、於毘舍離婆利迦園中、衆已聚集、如迦葉初集法藏無異。一切佛法中垢洗除已、依藏更問、依阿含問、依枝葉問、依諸法聚問。一切法及毘尼藏盡出。此是大衆於八月日得集竟。」
三論玄義四九―五〇（佛教大系本四八八頁）
「至此時三藏已三過誦出。第一於七葉巖中誦出。第二毘舍離國內跋闍檀行十事、耶舍比丘是阿難弟子、其人集七百人、刊定重誦三藏也。第三即是此時也。」
⑧「印度哲學研究」第二、七四頁以下參照。

第二節　根本分裂

からなつてくると、一體大衆上座の根本分裂は何時であるかの重要な問題に入るのであるが、この根本分裂を第二結集の時、即ち十事の主張者を以つて大衆部の創建者とする說は、島史・大史の載せる所であり、五事の妄語を根元として二派の分裂が起つたとするのが有部の說（異部宗輪論等）であるが、この二つの說は共にその分裂を阿育王前に置くものである。宇井博士も亦これを阿育王前に置かれるのであるが、私は二派の教會的分裂は阿育王後に置かねばならないと思ふので、島史・大史の說も有部の說も二派分裂史としては當を得て居らないと思ふものである。

何故と云ふと、これにはいろ〳〵の理由を數へ擧げることが出來ると思ふが、第一には、二派の分裂は經典が四阿含（或は五阿含）の形に編成せられた後でなければならない。

第二には、燃燈佛思想の起つた後でなければならない。

第三には、九分經の名目の起つた後でなければならない。

第四には、阿育王の王子摩哂陀（Mahinda）が入團して錫蘭に傳道した後でなければならない。

第五には、阿育王の碑文には教團の分裂を誡める文はあるが、分派してゐることを思はせる文はないから、阿育王以後でなければならない。

第六には、阿育王の時、外國に傳道に派遣せられた高僧の中、大天（Mahādeva）は大衆部系の人であり、後の安達羅（Andhra）派の派祖であるとしてあるが、若しこの前に根本分裂があり、大天がその大衆部の人ならば、王の保護に依り、上座部系の目犍連子帝須（Moggaliputta Tissa）の命に依つて傳道に派遣される筈がなく、從つて大天は少くとも教會的に分裂した後の大衆部系の人ではないと思はれる。それ故にその根本分裂はそれ以後でなければならない。

これらの理由の中、第一の四阿含成立の後でなければならないと云ふのは、第二・第三等の理由とも同樣の傾向を持つものであるが、五阿含、少くとも四阿含の編輯形式は各部派とも共通である。然し分裂後互に同じい（四阿含と云ふ）編輯法を取つたと考へるよりは、四阿含と云ふ編輯法が成立して後分裂したものと見る方が妥當であるからである。若し分裂後同じい編輯法を取つたとすれば、暗合か或は眞似たものと見る外ないが、暗合はこんな場合考へられることでなく、眞似ると云ふことも部派的執着から出來るものではない。それ故に四阿含の編輯が成つて後に分裂したものと見るが當然である。さうすると、四阿含の編輯は何時出來たかと云ふことになるが、この問題は現今猶頗る困難な問題であり、輕輕に論斷することは出來ないが、バールフート（Bharhut）の「五尼柯耶に通じた佛護に對する施」（Buddharakhitasa pachanekāyikasa dānaṁ ZDMG. 40. p. 75）といふ碑文の以前であることは明かであり、從つて下は西紀前三世紀以前であり、上は第二結集に遡ること難く、恐らく阿育王前後となるであらう。バールフートのこの碑文は三世紀と云つても三世紀の終りとすれば、五阿含（或は四阿含）の編成は阿育王以後に持つて來ても差支ないと思ふ。然らば何時の時代にせよ、この後世の軌範ともなつた四阿含風の編成がなされた大事實が、何故に一つの紀念すべき結集として記錄されなかつたかと云ふと、これは第一結集の主要なる教義の結集から漸次に經典が增廣されて來て、自然に長い經典は長い經典として一處に、中位の經典は中位の經典として一處に、短かい經典はそれぐ内容的に相應分類し、法數數目的のものは增一風に纒める傾向を生じ、これが實際に行はれ、教團内に共許となつてゐたものであり、それが部派分裂となつても、この結集方法はその儘踏襲されて、この方法の下にそれぐ部派的に編纂されたものであらうと思ふ。これがやがて四阿含形式は各部派に共通であり、その内容が異なる所以であらうと思はれる。何れにせよ根本分裂がこの四阿含の編輯法成立の後であることは明かであらう。

第二は、燃燈佛を釋尊の授記佛とすることは各部派に共通であるが、凡べてから云ふ共通な思想は部派分裂前に生じたものであらねばならない。理由は先の第一の理由の場合に云うた通りである。燃燈佛を授記佛として考へ、燃燈佛の歷史を語ることは各部派大同小異であるが、その大同の骨子は前の理由で暗合又は眞似と見ることは出來ない。どうしても分派前から繼承したものでなければならない。さうすると、燃燈佛の思想は過去七佛或は彌勒を加へて八佛思想の後に出たものに相違ないから、時代としては佛滅後餘程の時を經て居らねばならない。阿育王が過去佛の塔を修繕したことが云はれて居り、サーンチー（Sañcī）の塔の東門の梁上には八佛の菩提樹崇拜があるから、阿育王の時迄に七佛又は八佛の思想のあつたことは明白であるが、燃燈佛の思想は阿育王前に遡つて求められるとは考へられない。この燃燈佛の研究は他の論文に讓るが、兎に角、私の所見では阿育王以後でなければならないと思ふ。さうすると、部派分裂も阿育王時代以後でなければならないことになる。

第三に、九分經のことは椎尾博士、宇井博士は九分經形式が經典結集の最初の形式のやうに云はれるが、これは出來上つた經典を內容的に形式的に分類したものであり、經典中に出てゐるものは後世の竄入である。而して集異門足論に出てゐるのが文獻上の最初であると云はれる。文獻上に顯れたるものは集異門足論の如き後期のものであらうが、これは分派以前教團に於いて聖教の範圍をどう定めるかといふ問題から生じたもので、各部派すべてこの九分經十二部經の分類を持つ點から云ふと、尠くとも分派以前の教團共通の財產であつたであらうと思ふ。さうすると、この九分經の名目を最大限度に於いて阿育王時代に運び、その以後の分派とせねばならないことになるのである。この他重要な教義及び名目の共通なるものに就いても同樣に云はれることであるが、今はこれはこれだけに止めて置く。

第四の理由については、阿育王は他の名王の如く自らの信仰を他に無理に强ひるものでなく、異教をも優遇したのであるから、兩派が分裂してゐても、必ずしも自分の信奉しない教派を迫害すると云ふことがなかつたのは勿論であるが、王子摩哂陀（Mahinda）・王女サンガミッタ（Saṅghamitta）の入團及び錫蘭傳道の上に、少しも部派分裂の影がさして居らない。大衆部が分裂してゐたものならば、宇井氏の新說に依つて三四十年、今迄云はれて來た說に依つて百三四十年を其の時から經過してゐたことになるから、王子王女の入團及び傳道の上に、いくらかでもその分派してゐたといふ影が見えねばならぬ筈であると思ふ。これは甚だ漠然たる言ひ方であるが、次の第五の理由及び第六の理由と相待つて分裂のなかつたことを示す一證左にはならうと思はれる。

第五の理由は今別に說明を要しないが、若し分派があり、その分派が互に排斥し批議し合ふ關係にあるならば、阿育王としては之を悲しみ、これを融和せしめる擧に出なければならない筈である。さうすると、それに關する詔勅が一つ位なければならない譯であるが、それがなくて、只これから起る分裂を未前に防がうとする詔勅のみがあるのは、又分裂がそれ以前になかつた事を物語るものではあるまいか。況んや第六の理由の如く、大天がマヒサマンダラ（Mahisamaṇḍala）に、王及び目犍連子帝須（Moggaliputta Tissa）の命に依つて傳道してゐるが、この大天が所謂安達羅（Andhra）派の開祖であり、大衆部的の人である限り、二派の分裂が教會的分裂でなかつたことは明白であると云はねばならない。茲に大衆部的の人とは所謂自由派に屬し、形式主義戒律主義に對して精神主義の人であつたことを云ひ、これが安達羅派を開くに至つたのであると云ふのである。

今迄云つて來た所で明かであるやうに、私は上座部的傾向大衆部的傾向が今迄對立してゐなかつたと云ふのではない。思想的には恐らく佛在世の時から、色彩の濃くなつた時から云へば、佛滅後の第一結集の時から、王舍城派の大迦葉系、毘舍離派の阿難系の思想的相違がもととなつたものであり、その系統的相違が十事の事件となり、この十事の事件は壓伏せられたものの、十事の主張者側及びこれに贊同するものは、依然として、否裏面にはもつと强い自由的精神に燃えてゐたものであらう。新舊の思想はいつでも並行して居り、いつでも互に軋り合つて居るものである。阿育王の時代もこの思想的爭闘、もつと具體的な上座大衆の二暗流が流れてゐたものに相違ない。只それが教會的に分裂して二教會とはならなかつたと云ふのである。二教會となつてゐなかつたから、大衆部の大結集は勿論なかつたと云ふのである。

然らば、その上座大衆の二派の教會的分裂は何時であつたか、何がそのきつかけとなつたか、又何がそれを助長したであらうか。私はその時期については阿育王の晩年か、その以後であらうと云ふ外何とも云ふことは出來ない。この分裂を助長したものは恐らく異部宗輪論に傳へる所の五事であり、きつかけは或は賊住の比丘事件でなかつたかと思ふ。

第三節　所謂第三結集に就いて

前節の終に述べた五事については、佛滅年代論（「印度哲學研究」第二卷八一頁以下）に宇井博士の細かい論證があるが、私はその大部分に於いて贊意を表するものであるから、今その所說を簡單に玆に紹介する。

一、異部宗輪論に三譯あつて、その最古の十八部論は羅什譯なる事。それはこの論の初めに、「文殊問經分別部品」の文が附加せられてゐるが、この分別部品の文と「羅什法師集」の五文字は後人の附加に相違ないことで知られる。

二、それでこの羅什譯と後の二譯を比較して見ると、羅什譯は最古であるために他の二譯に比して注意に價するものがある。

先づ發起偈を比べて見ても、部執異論の第二偈、「天友大菩薩、觀レ苦發ニ弘誓一、勝智定悲心、思ニ擇如レ此義一」、異部宗輪論の第二偈、「世友大菩薩、具ニ大智覺慧一、釋種眞苾芻、觀ニ彼時思擇一」は秦譯十八部論になく、後世の附加であることが解り、この第二偈があるために世友の著述と云ふことが疑はれてゐたが、三譯比較に依つて取り去れば、世友著として差支へない。

三、更にこの三譯比較に依つて、部派分裂の原因となつた所謂大天の五事についても、十八部論は只、「說有ニ五處一以敎ニ衆生一」とし、部執異論は、「此四大衆共說ニ外道所立五種因緣一」と云ひ、獨り異部宗輪論のみ「因ニ四衆共議ニ大天五事一不レ同分爲ニ兩部一」と云つてゐるのである。ワッシリエフに依れば西藏譯も十八部論の樣になつてゐるのである。して見れば大天の文字は明かに後世の附加であることが解る。

四、この大天の文字が挿入せられるやうになつたのは、婆沙論が船主兒大天のことを創出して非常に惡し樣に云つたことに歸因し、後世五事と云へば大天を思ひ出すに至つて加へられたものであらう。

五、五處又は五事を分裂の原因とするのは有部一派の傳說である。

六、この五事は發智論七（八犍度論一〇）に出で、論事（Kathāvatthu 2, 1-6）にも只戒禁取見又は邪見として、或は邪說として出てゐるものである。これを有部の人々が大衆部を惡む餘り、又大衆部の大天と云ふ人が勢譽があるものであるから、これを結び附けて所謂大天の五事としたものである。

七、眞諦の部執異論疏のいふ所では、大天の死後上座長老が重ねて結集を行ひ、その際所執が異なるために上座大衆と分れたとし、これを七百人結集に對して第三結集と稱し、又、五事の解釋も新譯婆沙論と異なつてゐる。此等の點を考へ、更にこの眞諦說がその所譯の部執異論の說とも違つてゐる點より見れば、この眞諦說は舊譯大毘婆沙論に基くものであらう。もし然らば、舊譯大毘婆沙論には不幸にして五種跋渠の釋の部が缺けて居るため解らないが、この五事の所は舊譯婆沙と新譯婆沙とは違つて居り、必ずしも玄奘所傳の一つのみではなかつたであらう。

以上の所斷は今日の所、明斷と云はねばならぬ。今先づ五事に關する諸傳說を左に表記し次に私見を述べて見たい。

發智論七（大・二六・九五六中）	有ニ阿羅漢一、天魔所レ嬈、漏ニ失不淨一。	有ニ阿羅漢一、於ニ自解脫一、猶有ニ無智一。	有ニ阿羅漢一、於ニ自解脫一、猶有ニ疑惑一。	有ニ阿羅漢一、但由ニ他度一。	道及道支、苦言所召。	
論事二・一―五 (Kathāvatthu)	Atthi arahato asucisukka visaṭṭhī ti (pubbaseliya, aparaseliya)	Atthi arahato aññāṇanti (pubbaseliya)	Atthi arahato kaṅkhā ti	Atthi arahato paravitāraṇāti	Samāpannassa atthi vacībhedo ti (pubbaseliya & others)	
婆沙論九九（大・二七・五一一下）	餘所レ誘	無知	猶豫	他令レ入	道因レ聲故起	是名ニ眞佛教一

異部宗輪論	同右	同右	同右	同右	同右	同右
部執異論（佛教大系本、三論玄義四八三頁参照）	餘人染二汚衣一	無明	疑	他度	聖道言所レ顯	是諸佛正敎
十八部論	從レ他饒益	無知	疑	由二觀察一	言說得レ道	此是佛敎
西藏譯異部宗輪論	gṣan-gyis ñe-bar-bsgrub-pa	mi-śes-pa	som-ñi	gṣan-gyi rnam-par-spyod-pa	lam sgra ḥbyin-pa daṅ-bcas-pa	saṅs-rgyas-kyi bstan-pa yin-no
榊氏還梵	pareṇa upa(saṁ)-hāraḥ (paropa-saṁhāraḥ)	ajñāna	kāṅkṣā	parasya vitāraṇā	mārgaḥ śabdena bhāvyate	etd buddhānāṁ śāsanaṁ
Bhavya	gṣan-la lan-gdab-pa	mi-śes-pa	yid-gñis-pa	yoṅs-su-brtags-pa	bdag-ñid gso-bar byed-pa ni lam-yin-te	
Vinītadeva	ran-rig ma-yin-no	dgra-bcom-pa-rnams-la mi-śes-pa yod-de	som-ñi	ḥbras-bu-la gṣan-gyi brda-sprad bgos-so	sdug-bsṅal smos-śin sdug-bsṅal-tshig-tu brjod-pas lam-skye-bar ḥgyur-ro	
Tāranātha	lha-rnams	ma-rig-pa-yis bslus	the-tshom-can rnams	gṣan-gyis ḥjug	lam-ni sgra-yi rgyun-las byuṅ	ḥdi ni saṅs-rgyas bstan-pa-yin
部執異論疏（佛教大系本、三論玄義四八八頁）	魔王天女、實能以二不淨一、染二羅漢衣一。	羅漢不レ斷二習氣一。不レ具二一切智一。即爲二无明一所レ覆。	須陀洹人、於二三解脫門一無レ不二自證一。乃無二復疑一。於二餘事中一、猶有二疑惑一。	鈍根初果、不四定自知三得與二不得一、問二善知識一、得二須陀洹一、有二若爲事相一。知識爲說レ有二不壞淨一。謂若於二四諦一無レ疑、於レ戒無レ失、於二三寶一得二不壞信一者、此人已證二初果一。因更自觀察、自審得レ知。	聖道亦有二因レ言顯者一。如二舍利弗等一。當二口誦レ偈時、即得二聖道一。若不レ如二此說一者、即名爲レ虛。	旣有二虛實一。故共思擇。因下思二擇此五事一所執不同上、分成二兩部一。

此の五事は發智論に出てゐるものが最も古い。論事も發智論の意味に於いて出したものであるが、佛鳴 Buddha-ghosa が Pubbaseliya や Aparaseliya の所執としたのは、古來の見を新しい宗派の所執としたもので、當を得てゐない。發智論が、我一切不忍とか、我一分忍一分不忍とかいふ釋尊當時の所見と竝べ上げて居るのに依つて知られる樣に、佛當時と言ふ事が出來ないならば後の時代の阿羅漢に對する一所見に過ぎないものである。婆沙論が發智論を釋するに當つて、偶〻大衆部の一英傑に向つて附會したのみ。宗輪論が偈を以つて之を顯してゐるのは、發智論の記述が婆沙の如く解せられた後、七佛通戒の偈に慣つて作偈したものであるから、若し解釋が婆沙に依つて初められたものとすれば、宗輪論は婆沙論以後のものとなる譯である。

又年代に就いては宗輪論は「般涅槃後百有餘年」とし、十八部論は「佛滅度後百一十六年」とし、部執異論は「過百年後更十六年」とし（ターラナータ五一―二は Vigatāśoka の子 Vīrasena の時 Maruṭa 國の大天の爲した事とし）、ロックヒル一八六頁は佛滅一三七年 Nanda と Mahāpadma 王の時代とし、Bhavya（ロックヒル一八二頁）は佛滅一六〇年としてゐる。然し此等の年代は阿育王の即位を言ふのであつて、五事の事件を指して言ふのではない（宇井博士の說の如し）。

又ターラナータは、大天の沒後、跋陀羅（Bhadra）が五事を會通し、(1)他に屢〻托せられる、(2)無知、(3)二心又は疑、(4)全く假托する、(5)我を救療するものは眞也、の根本五事とした事を記るしてゐる。

宇井博士の論證せられたやうに、五事と大天の關係のないこと、舶主兒大天が婆沙の創造であることは明かである。又五事が上座大衆分裂の原因であつたとすることも獨り有部のみが傳へる所である。しかし乍ら、五事は發智論にも論事(Kathāvatthu)にも全く同じい形で出て居るものであり、その解釋（發智論のものは婆沙論に於いて、論事のものはその註釋に於いて）が違つてゐるが、共に邪見邪說として排斥せられ、又その邪見邪說が措字の上から見ても佛教內のものであることは明かである。さうすると、上座部でも有部でも、この邪見邪說が他の佛教部內に行はれてゐたことを記錄してゐるものであるが、この五事を婆沙・論事のその儘で見ると、證果を形式化せず人間味を以つて見る自由的氣分から生じた所見であることが明瞭であるから、佛教內の自由思想派の所見であるとすることは强ち無理でもあるまいと思はれる。するとこれを上座部有部に對立せしめて大衆部的思想であるとしても差支へないやうである。さうすると、上座部の方ではそこまで言ひ及んでないが、有部系の傳說が、この五事を以つて上座大衆の分裂の因であるとするのも强ち否定すべきことでもない。十事の非法が分裂の原因であるとすることは島史・大史のみであるが、それと同價値のものだとすることが出來る。十事の非法が二派の分裂を敎會的に招致したものでないといふ私見は先に述べたが、それが思想的に保守派進步派、老年組青年組の決裂を示したと許し得るやうに、この有部傳說の五事の記事も保守派進步派、老年組青年組の決裂、形式派精神派のけじめを示したと見得るものであると思ふ。上座部の傳說を許し得たと同じ理由、同じ强さで、この有部の傳說も許し得るものである。況んや思想的に見ると、十事の非法は戒律的に自由精神の發露したものであり、この五事は證悟に關して、即ち法的に自由精神の發露したものであり、一貫した精神が顯れて居るのであるから、二つを結び付けることは決してなし得ないことでない。それで先に十事の非法で一度び衝突し、精神的に決裂したものが、再び或る年數を置いて五事に於いて衝突し、再びその決裂の期を早めたと見ることが妥當でないか、と云ふのが私の意見である。

然らばその年數はどれだけの隔りがあつたか。これは佛滅の年代にも關係ある問題であるが、宇井博士の佛滅年代に關する新說が出でて後未だ學者の議論が出でず、私も未だその點になると確とした意見を云ふ材料を持たないので何れとも決し兼ねるが、然し、傳燈相承に關する諸記事から推測して見ると、釋尊から阿育王迄に餘り多くの年時を隔てては居らないことは明かである。錫蘭上座部では、

Upāli——Dāsaka——Soṇaka——Siggava——Moggaliputta Tissa

とし、ソーナカ（Soṇaka）の時に十事の非法があつたとするらしく、目犍連子帝須（Moggaliputta Tissa）を阿育王の師とするから、其の間一代しか隔てて居ない。この傳燈の批判は宇井博士が詳細に亘つてして居られる。[①] 北傳の方では、舍利弗問經（大・二四・九〇〇上）、阿育王經七（大・五〇・一五二下）、付法藏因緣傳一―五（大・五〇・三〇〇―三一三）、摩訶僧祇

律私記（大・二二・五四八中）、三論玄義（五六丁右）、西藏傳・ロックヒル（Rockhill. p. 170）共に、

大迦葉――阿難――末田地[2]――舍那婆斯――優婆堀多

としてゐるので、舍那婆斯をネパール傳の如くサムブフータ・サーナワーシー（Sambhūta sāṇavāsi 又はサーナサムブフータ Sāṇasambhūta）と同一人とすると、直ぐ阿育王の師である優婆堀多が次へ來てゐる。達摩多羅禪經上（大・一五・三〇一下）は迦葉――阿難――末田地――舍那婆斯――優波崛――婆須密――僧伽羅叉――達摩多羅としてゐるが、婆須密を古い時代の人と假定しても、僧伽羅叉は馬鳴時代の人であるから、婆須密をそれ程古い時代に運ぶことは不可能であり、この傳燈說は受けとれないのである。毘奈耶雜事四〇（大・二四・四一一中）は、迦攝波――阿難――奢搦迦――鄔波笈多――地底迦とし、阿難の次に直ぐ奢搦迦を出してゐる。これは婆沙論一六（大・二七・七九中）が商諾迦衣を阿難の共住者とするのに通じ、その次は鄔波笈多となつてゐるから、十事の非法から阿育王迄は幾何もないことになつてゐる（婆沙の同處では、商諾迦衣に時縛迦と云ふ弟子があつたことになつてゐる）。して見ると、傳燈相承說は何れも不完全のものであり、さして權威ある證據とはならないが、それにしても十事の非法から阿育王迄は僅かの年數を經て居るに過ぎず、從つて五事の問題も左程年數を經て居るものとは思はれない。さうすると、阿育王を紀元前二七一年即位とし、佛滅を三八六年頃に置くのが當然のこととならう[3]。從つて十事の非法が二八六――二七六年頃になるから、五事の事件はそれより二七一――二三四年の間の事と定めて然るべきと思はれる。何故ならば、阿育王は島史五・一〇一、大史二〇・一――六に依れば三十七年の在位であるから、その在位中の出來事とすれば左樣になるのである[4]。

西紀前三八六年　佛陀入滅

西紀前二八六―二七六年　十事の非法

西紀前二七一年　阿育王即位

西紀前二七一―二三四年　五事の事件

かういふ具合に阿育王の即位間近く又は在位中に五事の事件が起つて、更に保守派の人達と進歩派の青年組との溝渠を深くした。阿育王が教團の分裂に就いて憂慮し、これに就いての詔勅を碑石に刻したのも故あることと云はねばならない。

〔Thus saith〕 His Sacred Majesty:—〔Both at〕 Pāṭa〔liputra and in the provinces His Sacred Majesty commands the officials that〕 the church may not be rent in twain by any person. But whosoever, monk or nun shall break the unity of the church, shall be compelled to wear white garments and to dwell in a place not reserved for the clergy.

1. Sārnāth Edict
2. Kauśambī Edict
3. Sañci Edict　(V. A. Smith Eng. tr.)

この詔勅は王が佛法に入り、熱心になつて以後でなければならない。さうすると王は西紀前二七一年に即位し、八年後に信者となり、二年半後に教團に入つてゐるから、其等を引いた二六〇年半、即ち西紀前二五九年以後でなければならぬ。スミス (Smith) の考へる如く三十年以後のものとすれば、西紀前二四二年以後のものとせねばならぬ。[5] 私はこの詔勅以前に、分派のあつたものとは思はぬから、五事の事件が分派のきつかけとなつたものならば、この西紀前二四二年以後でなければならないし、分派は勿論それ以後でなければならぬ。又、五事の事件は單に一つの思想的波瀾であり、これが詔勅を生ぜしめた原因であるとすれば、西紀前二四三年かそれより前一・二年の事とせねばならないと思ふ。玆に更に例の賊住の比丘のことに就いて一考せねばならない。

茲に云ふ賊住の比丘のことは、所謂第三結集を起すに至つた原因のことであるが、島史（Dīpavaṃsa）七・三四―四一には、

「佛滅二百三十六年を經て阿育王寺に六萬の比丘があり、中に賊住の比丘があつて正法を亂した。目揵連子帝須（Moggaliputta Tissa）はこれを破斥し、第三結集をなし、諸の異端を破して論事（Kathāvatthu）を造る。」

と云ひ、同書七・四四―五九には、

「佛滅二百三十六年に復た上座內に大爭亂が起つた。巴連弗（Pāṭaliputta）に法阿育君臨し、佛敎を篤く信じ、僧伽に多くの供養をなした爲、六萬の賊住（theyyavāsika）を生じ、阿育園寺に布薩が行はれず、王の大臣寺に行き、布薩を行はしめんとして拒みし者を殺した。王はその殺人の罪の所歸處を長老目揵連子帝須に問ひ、帝須は奇蹟を示して滿足を與へ、長老の敎に依り（分別說なりと云ふ事の出來るもののみを正しとして）異端の比丘を排除した。長老は彼等を撲滅し、自分の說を顯揚せん爲に論事と名くる論を造り、造り已りて後、自身の說を淨め且つ佛法を久住せしめん爲、千比丘を選び阿育園寺に結集をなし、九ヶ月を要した。」

となつてゐる。大史（Mahāvaṃsa）五・二二八以下、Samantapāsādikā 一序、善見律（大・二四・六七八中以下）は更に委しく說いてゐるが、畢竟島史の補說である。

この記述の中、何れだけ史實を含んでゐるかの問題になると、論事は今日何人でもこの阿育王の時の編纂になるものとは思はないから、この記述中から論事のことは刪除せねばならず、結集の千比丘とか九ヶ月とか云ふことも、第一結集第二結集に合したまでの事で、歷史的事實ではない。茲で若しこの記事を事實を記るすものとして見れば、「阿育王の保護

に依り、佛教の勢威が盛になるにつれ、不純の動機から入團するもの多く、爲に傳統的精神形式を保持することが出來なくなつた。これがため、王はその力を以つて、その統一整頓を計つた」といふことだけが受けとれるのである。

これだけのことは阿育王治下に於いて當然あり得たことであらう。王は事實上初めての全印度統治者であり、ギリシャ文化は恐らく著しく王治下の社會に浸潤したであらうし、王の精神文化に努めた政治は、必ずや舊套を脱して文化の新生面を開かうとしたであらうから、一面所謂賊住の比丘が加はつたと共に、他面佛教の革新を要求するものも現れたに相違ない。この革新の要求が、第一結集以來、殊に第二結集の十事の非法事件及び五事の意見の相違以後、鬱勃としてゐた進取主義の精神を奮ひ立たして、遂に新教會を樹立せしめるに至つたのではないかと思ふ。

この賊住の比丘事件に就いて、眞諦の部執異論疏（宗輪論述記發軔上四四右左所引）に、

「摩揭陀國有二好雲王一、大弘二佛法一、所在供二養諸大聖者一、多集二其國一。其國貴庶唯事二沙門一、不レ崇二外道一。外道之徒貧二諸四事一、遂私剔レ髮、賊二住出家一。或有二聰明一、受二持三藏一、能善説レ法、遂使二凡聖同流僞眞和雜一。王知二此事一、沙《ユリ》汰《ワケ》聖凡一、外道賊住多歸二本宗一。聖明博達猶有二數百許人一。同共佛法幽玄竝能通達。王問二聖者一、賊住外道猶自有無。聖者報曰、尙有二數百一、其彼外道朋黨極盛、若更剪除、恐其破二壞佛法一。王遂別造二伽藍一、安二置彼衆一。其此大天即彼頭首多聞博學。」

の文があり、三論玄義（佛教大系本五一六頁）に、

「於二二百年滿一、有二一外道一名二大天一。爾時摩伽陀國有二優婆塞一、大弘二佛法一。諸外道爲二利養一故、皆剃レ頭出家。」云云

と云うてあるが、共に所謂安達羅（Andhra）派の分派に就いて云ふものであつて、島史・大史等の記事とは異なるので

ある。

それで、この賊住の比丘の事件と五事の事件とはいかに關係するかと云ふに、これも不明である。五事の事件があつてその機運を早め、遂に賊住の比丘事件となつたものか、賊住の比丘事件の時に五事の事件が伴生したのか、孰れか解らない。然し兎に角、この賊住の比丘事件は島史では阿育王の一六年（西紀前二五六年）に起つて、これに依つて第三結集をしたと云ふことになつてゐるが、阿育王の晩年西紀前二四二——二三四年の間に置くのが適當でなからうか。

若しかくの如く考へて來て、阿育王の晩年に所謂賊住の比丘事件からして、上座大衆の二部が遂に教會的に分裂したとすると、この時各部派では各〻その經典を結集したであらう。上座部では結集の要がなかつたかも知れぬが、新興の大衆部では必ず結集の基本形式、即ち法と律、法の中に長・中・雜・增一を分つ形式に準じつゝ、自派に都合よき結集をなしたであらう。これが所謂大結集でなからうか。この大結集に對して上座部でも合誦が行はれたかも知れぬ。行はれたとすれば、これが第三結集と呼ばれたものであらう。

大天（Mahādeva）や摩哂陀（Mahinda）が諸國に傳道にやられたのは、詔勅一三・一四の記事がその模様を示してゐるのであらうが、この詔勅一三・一四は阿育王の即位十一年以後十四年までであらうとすると（スミス氏の說）、未だ教會的分裂以前であり、從つて大衆部の色彩が濃く、後にミソーレー（Mysore）地方に所謂安達羅派を開いた大天も、一高僧として選び出されたものであらう。摩哂陀も上座部系の人、目犍連子帝須に依つて受戒し、その分裂以前に錫蘭に渡つたものであらう。この時以來錫蘭に入つた經律は、勿論第三結集に結集せられたと見るべき上座部系の經律であつたのである。

註　①「印度哲學研究」第二卷二三頁以下

② 末田地 (Majjhantika) は、ロックヒル (Rockhill. p. 170) に依れば迦濕彌羅 (Kaśmīra) に傳道した人、西域記三に依れば佛滅五十年の人である。
③ 阿育王を佛滅一六〇年とするのは、ブハヴヤ (Bhavya) 說 (Rockhill. p. 182)、陳譯部執異論の元明兩本であるが、今は佛滅一一六年を阿育王の即位として計算した。
④ 五事の事件は異部宗輪論の三譯、西藏譯ブハヴヤ (Bhavya) 共に阿育王在位中とする。
⑤ V. A. Smith:–Asoka p. 74 國譯大藏經論部一三・異部宗輪論附錄二一頁

第五章　經典成立の順序及びその變化

第一節　法の型化及び持母 (mātikā)

前章迄の所論の如く、私は四阿含・五尼柯耶の成立は分派以前であつて、大衆部は分派して自分の方にもそれ相當するものを作つたものであるとするものであるが、此の章に於いては、その四阿含・五尼柯耶にまで成立するに至つた經路及びその後の變化に就いて研究して見たいと思ふ。

前に述べたやうに、釋尊の入滅に依つて遺弟等は敎團の結束のために、法と律とを合誦したのであるが、その合誦された法と律とが如何なるものであつたかは、明確には云はれないものである。律は波羅提木叉に相違ないが、その波羅提木叉も各部派の所傳に依つて可なりに相違し、叉その內容中にも後世附け加へられたものもあるに決つてゐるから、今日所傳の波羅提木叉が全部第一結集の時に合誦されたものと云ふ事は出來ない。法になると猶のこと、四阿含・五尼柯耶中に於いてこれがその法であると摘取することは困難である。然し前にも云つたやうに、釋尊滅後の敎團に取つて必要なことは、佛敎の敎理が何であるか、その敎理を十分に握つて亂れないやうにすると云ふ事であつたから、法が、敎理に關したもの、敎理的說法を、敎理の重心を失はないやうに把握したものであつたことだけは明かである。さうして勿論說法は生きたもので、その場〳〵の空氣があり、對手に依つて變り、繰り返され、說明され、順序が亂れ勝ちのものであるから、それをその儘に傳持することは出來ないから、その說法の大綱が摑まれ、要領が取られ、順序が立てられ、且つ自然に記憶傳持に都合の好いやうになされたものである。さうしてから云ふ敎法の大綱要領は、第一結集の時に初めてなされたものではなく、これは釋尊在世中から隨時隨處になされたものであつて、比丘等の間に相當纏つた形で傳持されてゐたものに相違なく、第一結集はそれらを統一して事務的に承認したと云ふものに外ならないのである。比丘達の中の有志のものが釋尊在世中に經を集めて步いたとか、釋尊が病氣の時に阿難に法を說かしめ、これを聞いて病氣に勝たれたとか、釋尊が阿盤底(Avanti)の遠い處からやつて來た輸盧那に法を說かしめられたとか、又阿那律が祇園精舍のコーサンバ・クティカ(Kosamba kuṭika)で經を誦して、その聲が門外にまで聞えたとかと云ふ色々の傳說のあるのは、それが後世出來たものとしても、釋尊在世中、既に或る形にその說法の大綱要領が把握傳持されてゐたことを、物語るものとも思はれるものがあるであらう。さうして、この把握傳持されたものは、先づ第一にその性質上型となるものであるから、今の四阿含・五尼柯耶中、型として、型のやうな形で保存されてゐるものが、その傳持された法の一つであると云ふことになる。

その型の一つ二つを出して見ると次のやうである。

S. N. 22, 56 etc.	S. N. 22, 48	雜阿含二・二三	Vibhanga p. 1	法蘊足論一〇 (大・二六・五〇〇下、五〇一上)
Katamañca bhikkhave	比丘等よ、五蘊とは何ぞや。	云何爲陰。若所有	其處で五蘊とは何ぞや。	有五種蘊。何等爲五。……

云何色蘊。謂諸所有色、一切皆是四大種、及四大種所造、是名色蘊。

過去、未來、現在、内、外、麁、細、劣、勝、遠、近、いかなる色も　それを一つに纏め　一つに集めて是が色蘊と呼ばる。

諸色、若過去、若未來、若現在、若内、若外若麤、若細、若好、若醜若遠、若近　彼一切總説色陰。

隨諸所有

受

想

行

識

亦復如是

過去、未來、現在、内外、麁細、劣勝、遠近のいかなる色も是は色蘊と呼ばる。

いかなる受………

いかなる想………

いかなる行………

過去、未來、現在内外、麁細、劣勝、遠近のいかなる識も是は識蘊と呼ばる。

比丘等よ、これが五蘊と呼ばる。

rūpaṁ. cattāro ca mahābhūtā catunnaṁ ca mahābhūtānaṁ upādāya rūpaṁ idaṁ vuccati bhikkhave rūpaṁ.

（比丘等よ、又色とは何ぞや。四大及び四大所造の色、是が比丘等よ、色と呼ばる。編者譯）

法蘊足論一一（大・二六・五〇五上）

依此有彼有、此生故彼生。

Vibhaṅga p. 135

雜阿含三〇・一八

是事有故是事有。是事起故是事起。

S. N. 55, 28

Iti imasmiṁ sati idaṁ hoti. imassuppādā idam uppajjati. Iti imasmiṁ asati idaṁ na hoti imassa nirodhā

idaṁ nirujjhati, yadidaṁ
avijjapaccayā saṅkhārā　如縁無明行、
saṅkhārapaccayā viññāṇaṁ　縁行識………
…………　老病死憂悲苦惱
Evam etassa kevalassa
dukkhakkhandhassa samudayo
hoti. Avijjāya tveva asesa-
virāganirodhā saṅkhāra-
nirodho………
Evaṁ etassa kevalassa
dukkhakkhandhassa
nirodho hoti.

（是く此有る時彼有り、此生ずるより彼生ず。
是く此無き時彼無く、此滅するより彼滅す。
即ち無明に縁つて行あり、行に縁つて識あり、……
是の如く此の純苦蘊の集有り。然るに同じ無明の
殘り無き離貪滅より行の滅あり……
是の如く此の純苦蘊の滅あり。編者譯）

avijjapaccayā saṅkhārā,　無明縁行
saṅkhārapaccayā viññāṇaṁ,　行縁識
…………　…………
Evaṁ etassa kevalassa　如是便集
dukkhakkhandhassa　純大苦蘊。
samudayo hoti

（無明に縁つて行あり、行に縁つて識あり………是の如くこの純苦蘊の集あり。編者譯）

この型は四諦・八聖道・四正勤・四念處・五根・五力・七覺分・三三昧等の教理の名目を擧げ、若しくは其を簡單に説

明したものであるが、又その型と共に型に附隨した幾らかの因緣（nidāna）をつけ、及び實際の教化として發動した形で、承認され傳持されてゐたものもあるであらうと思ふ。これは後で論じようと思ふのであるが、例へば、轉法輪經の如き、無我相經の如き、必ずこの時に承認されてゐたものと見ねばならぬ。無我相經は五蘊の一一について無我・無我所を說いた五蘊の教說の一面であるが、教說は只五蘊だけを擧げることなく、五蘊を擧げると共に五蘊が無常・苦であるとか、五蘊を我我所と思ふのは間違ひであるとか說かれる筈のものである。この實際の教說が眞實の法であつて、この眞實の法は、先に云ふ型にされた教理の標擧、又はその簡單な說明と共に、傳持された法の內容をなしてゐたものであらう。この主要な教理を說明し解釋する必要上、更に標擧したものを摩窒里迦（mātikā）と呼んだものである。前に摩窒里迦のことで言ひ足らない處があつたから、今改めて法と摩窒里迦と第一結集の三者を並べて、その關係を考へて見ようと思ふ。

旣に云ふが如く、釋尊在世の時から法と律とは相當に記憶傳持されてゐたものである。律は教團の大切な掟であり、法律であるから、この意味に於いて波羅提木叉（原始的な）は是非共傳持されてゐなければならず、法は未だ釋尊が在世してゐられるから、教團の教權とする必要はないが、一は尊崇する師匠の言行として、一は自分達の大切な修道上の指針として、比丘達の間に要約されて記憶傳持されたことは當然である。さうしてその要約され傳持された法は、釋尊成道以後順次に考案され組織されたもので、四諦・八聖道・十二因緣・四念處・四正勤・四如意足・五根・五力・七菩提分・三三昧・止・觀・五蘊・十二處・四食・四識住等であり、これに特に著しい場合の因緣（nidāna）とその教化の實際を附け加へて、記憶傳持されてゐたものである。かくして傳持されて來た法と律とを、釋尊の入滅に依つて合誦し權威づけ、以つて教團の中心とする必要のあつたところからして、その教團の有力者が相集つて合誦したのが第一結集であり、第一結集の合誦は今迄私的に傳持されて來たものの中から撰んで合誦し、今度は公的の傳持に移した譯であるから、合誦されたものは今迄の傳持されたものよりも數が少くなり、前より組織的になつたと云ふことは明かであらうと思ふ。それならこの第一結集に選び捨てられたもの、合誦し殘されたものは傳はらなかつたかと云ふとさうではなく、依然として私的には傳持され、其の他の記憶にある釋尊の色々の場合の言行と共に記憶せられて來た筈であつて、此が第一結集以後だん〳〵法（即ち經）が增加し又共と共に註釋（atthakathā）として傳はつた理由の一つでなければならぬ。それで第一結集の場合の結集と云ふ意味は、此と此と此とが法だと云ふ意味ではなくして、から云ふのが法だと云ふ意味の承認と權威づけであつた事を忘れてはならない。それから、かくして法が合誦されて後に法の解釋を必要とするに至つたのであるが、この解釋には勿論、既に釋尊に依つてなされ又は舍利弗・拘稀羅等の大弟子に依つてなされたものもあり、從つて第一結集以後次第に經が整備されて來る道中にその經の中に收められたものもあるが、滅後の教團に於いて、その意味を決定し解釋して置かねばならない處から、なされるやうになつたものが多い筈である。この解釋の中でも經中に挿入されたものも相當に多いに相違ないし、又ニッデーサ（niddesa）のやうに獨立したものもあるが、それと共に法（dhamma）の解釋（阿毘達磨 abhidhamma）となるべきものも多かつたのである。この阿毘達磨は解釋さるべき語の目次とその解釋から成るものであつて、その目次を摩窒里迦（mātikā）と呼び、摩窒里迦を直に阿毘達磨のやうな意味にも用ゐて、持法者・持律者と並べて持論者と云ふ代りに持母者（mātikādhara）とも呼んだものである。それであるから摩窒里迦は法の註釋解釋を要するものの標擧であつて、標擧だけで獨立したものでなく、標擧は既にその阿毘達磨的解釋を伴つてゐたものと私は思ふ。さうして阿毘達磨は初めは簡單な法の解釋であつたものが次第に複雜になつたから、摩窒里迦も亦阿毘達磨摩窒里迦(abhidhamma-mātikā）とか、スッタンティカ摩窒里迦（Suttantika-mātikā）とかと云ふ種類を生ずるに至つたのである。それで摩窒里迦には次のやうな種類と區別があるのである。

一、分別論（Vibhaṅga）二一六頁

「四神足。茲に比丘が欲定勤行具足の如意足を修める。乃至、思惟定勤行具足の如意足を修める。」

これは摩窒里迦とはないけれども、阿毘達磨的註釋解釋を伴うた標擧として、摩窒里迦と呼ばるべきものである。これは舍利弗阿毘曇論一三（大・二八・六一七上）の

「問曰、幾神足。答曰四。謂欲定斷行成就修神足……慧定斷行成就修神足。」

及び法蘊足論四（大・二六・四七一下）の

「一時薄伽梵在室羅筏……有四神足……觀三摩地勝行成就神足、是名第四。」

に當り（品類足論一一〔大・二六・七三九中〕に於いては省略せられてゐる）、巴利相應尼柯耶五一・一の經文が其である。分別論の各章（諦分別等）の初めにあるものがこの種の摩窒里迦であつて、論書とはこの法の解釋さるべきものを解釋するものであり、かるが故に古い論書及び古い論書に倣うた論書（法蘊足論の如き）は、この摩窒里迦を出し、その解釋をしたものに外ならないのである。分別論二四四頁の所謂修行道の大綱を摩窒里迦として出してゐるのはこの善い例である。

二、分別論（Vibhaṅga）一三八―一四三頁

茲では十二緣起の系列が色々に並べられて摩窒里迦としてあり、後にその解釋がある。これは諸經中の種々の場合を拾ひ集めて註釋し會通するためである。これは漢譯經典には見當らないやうである。

三、分別論（Vibhaṅga）三四五―三四九頁

名目法數の摩窒里迦である。舍利弗阿毘曇論一八（大・二八・六四六）がこれに當る。この中には後期の發達に依る名目法數もあるけれども、大體に經に顯れたものを拾つたものである。

四、法聚論（Dhammasangani）七—八頁

簡單な對語の名目集であつて、この說明解釋は同書二二五—二三四頁までにされてゐる。これをスッタンティカ摩窒里迦(suttantika-mātikā）と呼んでゐる。

五、分別論（Vibhanga）三〇六—三一八頁

智(ñāṇa）の摩窒里迦であつて、後に解釋があるが、四十四智七十七智など出してゐるから、勿論阿毘達磨風が發達してからのものであり、阿毘達磨摩窒里迦（abhidhamma-mātikā）に屬する。舍利弗阿毘曇論九（大・二八・五八九下以下）が之に相當する。舍利弗阿毘曇論八（大・二八・五八四下以下）、人施設論（Puggalapaññatti）の人の法數名目など皆これに屬する。

六、法聚論（Dhammasangani）一—七頁の受（vedanā）等の名目を列ねた摩窒里迦、即ち阿毘達磨摩窒里迦（Abhidhamma-mātikā）は、同書一八〇—二二五頁に說明せられて居る。猶、同書一二四—一三三頁に列記してある色法の種類見方等を示す摩窒里迦（これは一三三—一七九頁に說明せられてゐる）もこれに屬するものである。

それ故に、摩窒里迦（mātikā）は實は論そのもののことであつて、論は少くともその正しい形に於いては摩窒里迦とその分別（vibhajja）からなるものであり、論書的學風の發達に從つて摩窒里迦も次第に發達變化したものであることを見ることが出來る。

第二節　經典の原始的な形

說明が傍道へ入つたが、茲に再び元へ戾つて、進んで經典の原始的な形を研究して見よう。

旣に述べた如く、第一結集以前に旣に少くとも二つの形の經典（卽ち法）があつたと云ふ事が出來る。卽ちその一は型化せられたもので、他の語を以つて云へば、抽象的に敎理の法數的な形を取つたものである。卽ち「比丘等よ、茲に四如意足がある云々」と云ふが如きものであり、他の一つは轉法輪經の如きものである。型化されたものが一つの法であつたことは、現存經典中にも幾らも存在し、議論のないことであらうと思ふから、それはそれとして置いて、後者について少しく考へて見よう。それで、初轉法輪は佛敎の出來事として非常な意味を持つものであり、佛徒としては忘れてはならぬ歷史的場面であるから、それは可なり委しく傳へられたに相違ない。佛陀自身も語られたことであらうし、五比丘も追憶の話をしたことであらう。さうして、茲にそれが纒められて記憶傳持せられたのが、經及び律に殘された轉法輪經である。無我相經もその一聯の脈絡あるものと見るべきものであるから、茲にこの二つの經典を取り出して硏究して見ることとする。

初轉法輪は今も云ふが如く、釋尊自身に取つても忘れることの出來ない重大な出來事であつたに相違ないし、又釋尊の弟子達にとつても深い意味のある事件であつたに相違ないから、遊行經にあるやうに、敎祖の傳記中、特に記憶し追念すべき一契點とせられ、從つてその場合の模樣や、敎へられた語が、色々に語り傳へられたといふことは容易に考へ得られることである。それで、この初轉法輪にはその時の釋尊の敎の語と、敎の前後の模樣との二つがある譯であるが、今、轉法輪經として傳へられてゐるものは、釋尊の教の語であつて、前後の模樣を除いてゐることは、一つの注意すべき事であると思ふ。これは轉法輪經の最初の說法たるに對して、最後の說法であるところの涅槃經と比較して、著しい對照をなすものである。私はこの對照は、涅槃經が後の創作であるに對して、轉法輪經が比較的原始的な忠實な記錄であつた一つの證據であると思ふ。何故ならば、それは第一に法とか經とか呼ばれる最初の概念によくあてはまり、第二には其處に後に顯れたやうな脚色化神秘化がないからである。勿論初轉法輪を忠實に記錄したものだと云つても、語られた語をその儘に傳へたと云ふのではない。その語られた中から要領を取つて、肝要な處を組織したものであることは勿論である。それで轉法輪經は初轉法輪に於ける語を、要を取つて組織したものと云ふべきである。その前後の模樣は涅槃經のやうに經中に收められずに註釋としての意味で傳へられ、律典、それも犍度分（Khandhavagga）に至つて初めて記錄されるに至つたのである。それは先づ最初に、釋尊がベナレスの鹿野苑に入られる。五比丘はこれを見て「自分達が捨てゝ去つた男が來た、何の爲に來たのであらうか」と云ふ位の考へで歡迎しない。座について話が初まると、五比丘は「喬答摩」と呼び「友」と呼びかける。佛陀は如來を其の姓に依つて、又は友といふ語で呼ぶのは相應しからずと詰り給ふが、五比丘は容易に承知しない。最後に釋尊が、「汝等は私がこの樣に云ふのを嘗て聞いたことがあるか、こんなに權威ある態度で云ふのを見たことがあるか」と云はれて、初めて耳を傾けるやうになつた。この場面が終つて、玆に「比丘等よ」と說法になるのであるが、轉法輪經はこの場面を背景に殘して表には記るさないのである。この背景たる場面は大品（Mahāvagga）一・六・五、五分律一五（大・二二・一〇四）、四分律三二（大・二二・七八七下以下）、過去現在因果經三（大・三・六四四上以下）、中本起經上（大・四・一四七下以下）、佛本行集經三三（大・三・八〇九上以下）に記るすところであつて、釋尊の苦行拋棄を見て、嫌厭して去つた五比丘のことを考へて見れば、當然あり得ることとして許し得ることである。涅槃經が釋尊の語を主とせずして、釋尊の最後の三ヶ月の日程を主としたのに比して、この場面を經典化しなかつたことで轉法輪經は經典として古い權證を有すると見ねばならないものである。

かくの如き苦行主義の五比丘、苦行に居据つて容易に耳を傾けようとしない五比丘に對する最初の口開きであるから、轉法輪經が棄つべき二邊を說き、取るべき中道を宣べ、先づその宗教生活の誤謬を教へられたのは當然のことであつて、五比丘は茲にその坐つてゐる大地を搖がされたやうなものである。然しそれだけでは、何が故に中道が尊い中道であるのか、眞の宗教生活であるのかの證明はない譯であるから、次に四諦を說いて宗教生活が如何なる意味であるか、從つて如何にあるべきかを決定して、中道の權威を示し給うたものである。この中道と四諦との教說が轉法輪經であつて、この教說に教へられて、先づ憍陳如は眼をさまされ、佛教的な立場をとり得るやうになつたのである。①

かくて三人行乞すれば二人聽法し、二人行乞すれば三人聽法して、五比丘は引きつづいて順次に佛教徒となつたのである。中道と四諦との教說はその場合から見て無理でなく、初轉法輪として最も相應しいものであり、且つ佛教の最も重要な教理であるから、これは實際に於いてその初轉法輪の內容であつたであらうし、又それだけ佛弟子達に重要視されて記憶傳持されたであらう。② さうすると、茲に第一結集に形を取つた法、尠くとも法の一つは、この轉法輪經であり、轉法輪經のやうな形のものが法の一つであつたと云ふことは許されねばならないと思ふ。阿育王のブハーブラー詔勅（Bhābrā Edict）に出てゐる Vinaya-Samukase が、毘奈耶（vinaya）の中に出てゐる最勝法說即ち四諦說の意味であつて、大品（Mahāvagga）の最初の轉法輪經ならば、少くとも阿育王の時には最も大切な權威あるものと考へられてゐたことが解る。大品（Mahāvagga）では、五比丘がかくして完全に佛弟子となつてから、釋尊は改めて無我相經（Anattalakkhaṇa Sutta）を御說きなされたとしてゐる。巴利相應尼柯耶二二・五九、雜阿含二・二、五分律一五（大・二二・一〇五上）、四分律三二（大・二・七八九上）、佛本行集經三四（大・三・八一三中）、過去現在因果經三（大・三・六四五上）はこれに同じい。この無我相經は、色受想行識の五蘊が無常であり苦であり無我であることを說いたものであるが、これは前に我々の持たねばならぬ宗教が如何なるものか、從つて如何に進むべきかの了得の出來たものに、更に眞の立場を敎へるものとして至當であり、この教に依つて五比丘は初めて眞理にめざめたに相違ないのであつて、從つて轉法輪經に次いで說かれた說法と信じ得るものである。ただ玆に注意すべき事は、この無我相經は、五蘊の標擧とその一一の說明を前になされたものとして豫想してゐることである。それでなければ、「色は無我なり無常なり」と聞いたところで了得の行く筈はないのである。これは必ずこの無我相經の前に、雜阿含二・二三、巴利相應尼柯耶二二・四八の如き、「比丘等よ、玆に五蘊がある。五蘊とは何であるか。過去・未來・現在・內外・麁細・劣勝・遠近の、如何なる色も是は色蘊と呼ばる。……いかなる受……いかなる想……いかなる行……いかなる識も是は識蘊と呼ばる。比丘等よ、これが五蘊と呼ばるるものなり」と云ふ風な說法があつたものに相違ないのである。それでなければ、「色は無我である、受は無我である」との敎說はその儘には理解せられる筈がないからである。してみると、この轉法輪經と五蘊の說明經と無我相經との三つが相俟つて、五比丘は初めて完全に佛敎のさとりを得たものとなつたに相違ないのである。このやうに考へて來て、これらの經典は佛在世に既に記憶傳持されたものであり、第一結集に於いて合誦され保證されたものであらうと私は信ずるのである。

以上の推論は猶十分ではないが、若し大體が許されるとするならば、私はこれで以つて、所謂法と呼ばれるものの原始的形の一種を定め得たものと云ふことが出來ると思ふ。勿論かうは云つても、その法の原形が今日傳持されてゐるその經の儘であり、一字一句も違はないものだと云ふのではない。かう云ふ基礎的な經典も時代を經、部派を異にすると、書寫の際に自然に或は故意に幾らかづつは變更せられたに相違ないが、大體それと異ならない形に於いて原形經典であつたと云ふのである。

さうすると、第一結集以前に於いて、(1)釋尊の教の主要なものの型化せられたものと、(2)特殊の場合の特殊の教（それは前者の組み合せである。即ち、轉法輪經に於いては中道と四諦と八聖道の組み合せである）と、及び(3)それらの法の持つ因縁（nidāna）、結果等、更にそれに加へて後に佛傳の史料となつたもの（中には佛弟子に關するもの、信者に關するもの、異教者に關するもの等がある）などが傳持され、この中、第一結集に於いては(1)と(2)が合誦せられたものと考へることが出來ると思ふ。(1)と(2)の中、合誦し殘されたもの、及び(3)はその儘傳持され、合誦された(1)と(2)をめぐつて次第に變化し、次第に分裂して數を增して來たであらう。從つてこの中には立派な史實を含んでゐると共に、又後に考へ出され附け加へられた物語をも含んで居り、その史實も物語的な衣を著してゐる點からは、語り傳へられた物語と呼ばるべきことを否むことは出來ないと思ふ。それなら、この語り傳へられた物語とは如何なるものか。次に少しくそれに就いて考へて見よう。

釋尊の入滅を物語る大般涅槃經については、最近宇井・和辻兩氏に依つて勝れた考察がめぐらされて居る。和辻氏は大般涅槃經の諸異本の比較に依り、その各本毎に內容の異なる理由を求めて、それは統一的な一つの想像力に依つて作り出された作品ではなく、教團に於いて行はれた涅槃に關する說話の可成りに散漫な編纂であり、諸異本の一致に依つて見出される原形は、順序から引き離した箇々の說話に於いてのみ求め得られ、それは涅槃經といふ一つの大經が纏められる前に、教團の中で語りつがれた說話に外ならないと云ふ結論に達してゐられる。③

宇井博士はこの經の偈を持つ部分を取り出して、散文の部分が偈に依つて作られたものであり、その偈はあつた事として傳へられて來たものを、記憶の便利上簡單な偈の形に纏められたものと云つて居られる。④然し、この偈前散後の解釋は必ずしも總べての經に妥當するものでないことは、博士も承認する所であつて、⑤同時に作られたものもあり、偈が後に挿入されたものもあるであらう。兎に角、佛の入涅槃に關する教團の種々の說話が傳持されて來て、それが後に大般涅槃經に纒められたといふ意見になることは、和辻氏のそれと同一なのである。

それで、この大般涅槃經の資料となつた教團傳來の說話は、或る一定の時からあつた事は何人も疑はない所のものである。

一、世尊は耆闍崛山から王舍城の竹林を經て、巴連弗に入られた。其處で雨行に對して毘舍離との戰を諫止し、和合の七法を說かれた。
二、恆河を渡つて毘舍離に入り、奄婆波利の園に入られた。
三、毘舍離で入安居の時に病を得、入涅槃を決意せられた。
四、比丘等を集めて自分の死期の近きを語り、その修道を勵まされた。
五、瞻波、犍陀、婆梨婆の村々を過ぎ、法を說き、負彌城に入つて四大教法を說き給うた。
六、波波に入り、周那（Cunda）の供養を得、下痢を起し、遽かに衰弱し給うた。
七、猶進んで拘尸那羅（Kusināra）に進み給ふ途中、福貴に法を說き、その供養を得給うた。
八、拘孫河に至つて沐浴し、周那は佛に先立つて入涅槃した。
九、阿難佛に葬法を問ひ、佛これに教へ給うた。
十、拘尸那羅に入り、如來を供養するには香華を以つてすべきではなく、法を行じてなすべきを教へ給うた。
十一、阿難が、世尊に歸依者の多い大都會の近くに行つて入涅槃し給ふべきを云うたのに對し、拘尸那羅の適當な事を説き給ふ。
十二、最後に梵志須跋を化し給ふ。
十三、佛、阿難の悲泣するのを見て、阿難を賞め讃へ給ふ。
十四、教團のことに關し、種々の命令をし、又比丘等に自と法との歸依を敎へ、これを最後の教誡として涅槃に入り給うた。
十五、人天共に佛の入滅を悲しみ、拘尸那羅の人々は盛なる葬をなした。
十六、迦葉はおくれてその葬儀に列した。
十七、遺骨を各國の要求に應じて八分して與へた。

以上がその說話の要領であるが、この要領を中味として、種々の神秘的要素を以つてなるのがその說話の姿である。以上擧げた骨組は大般涅槃經の諸異本の大體一致する所であり、又、その主なるものが事實であつたことは今日疑はれないものとすれば、假令、それが神秘的な衣に包まれてゐるにしても、決して史實を孕んでゐないものとすることは出來ない。例へば、拘尸那羅がその入滅の地であつたこと、遺骨が分配せられて釋迦族は釋迦族としてその一分を奉安してゐたこと、大迦葉や阿難が生き殘つてゐたこと等は、他からしても證明せられることであるからして、これに關する大般涅槃經の記事は、その骨子だけでも信ぜられねばならぬものである。かう云ふ史實がその骨子となつて、語り傳へられたものが傳承の說話であつて、後幾何かの時を經て、この說話が偈の形に作り變へられ、この偈と傳承の說話とが後に纒められて一經とせられたものであるに相違ない。和辻氏は、この經典の前部は佛陀を世間的な偉大さを以つて裝飾しようとするものであつて、大臣雨行に對する敎誡は、佛陀の權威が如何に國王大臣を壓してゐたかを描き、華氏城のことは、後に印度の最大の都となつたものが、佛陀の祝福と警告の下になされたものである事を描き、菴婆波羅女と離車族の話は、毘舍離の權力と享樂の一切が佛の權威の下に屈してゐた事を示し、拘尸那羅が轉輪王の故地であるといふことも、佛を世間的榮譽に依つて莊嚴せんとしたものであると云つて居られるが、⑥ 經典作者の意圖にさういふもののあつたことは否まれないが、その材料となつた物語が、さういふ意圖に依つて創作せられたと共に、又既にあつた材料としての物語が、さういふ意圖に依つて利用せられたこともあつた事を考へねばならない。即ち、すべてさういふ意圖に依つて作り出されたものとすることは出來ない。

前述の如きかういふ說話はその數無數であつたであらう。それは直接に佛陀に關するもの、佛弟子に關するもの、信者に關するもの、その他である。もう少しその語り傳へられた說話の如何なるものかを見るために、經典を比較して見よう。先づ第一に鴦崛摩羅の物語を取つて見ると、これは前に既に比較して知つてゐる樣に、雜阿含三八・一六、別譯雜阿含一・一六が最も簡單なものであり、巴利中尼柯耶八六と法炬譯とはそれに入道後の物語を附加した同じい結構のものである。他はこれの增廣なるが故に今それらを除いて、これだけで考へて見ると、舍衞城の附近の森林に兇賊がゐて、人々を殺害し、追剝をしてゐたので人々がこれを怖れた。釋尊はこの兇賊を濟度するために自ら林に入り、切りつけて來る賊を調順して引きつけ、比丘となされたといふ事が芯であつて、この芯のめぐりに種々の增廣がつけ加へられたものである。その教化の刹那の光景は勿論不明には相違ないが、人々の感興を呼ぶ刹那であるから、想像されて、第一に、賊がいかに佛に迫らうとしても迫ることが出來ぬ。それで沙門よ止れよと呼ぶと、私は先から止つてゐると答へられる。歩いてゐて（それが賊には走るやうに思はれたのであるが）止つてゐるとは、どういふ意味かと尋ねられて、佛は、止るとは衆生に對して刀劍を捨てて居ることであると云はれる。この問答に依つて、賊の心の眼が開けたと考へられ、これがずつと敎團の傳說となつてゐて、やがて偈に作られ、後にこの偈と散文とを交ぜて編まれたのが、雜阿含の經となつたものである。巴利中尼柯耶はこの經に更に波斯匿王を配して一つの戲曲的場面を作り、更にそれに賊であつた比丘が托鉢に行つて受けた迫害を加へたものである。竺法護譯鴦掘摩經、增一阿含、長老偈（Theragāthā）註は、その佛との邂逅の刹那に母を拉し來つて、その場面を一層緊張せしめようとしたものであり、更にその茲に至つた徑路を描いて、異教の誤つた教理の影響、或は賊自身の業のなすところとしたものである。さうすると、この物語には簡單な鴦掘摩羅（Aṅgulimāla）の事蹟に關する物語の時代、次にその大切な場面が偈文化せられた時代の二つの時期を、この諸經中最も簡單な雜阿含の經典が作られる迄に有し、それ以後幾變遷を經たもののあることが解る。この第一のその事蹟に關する物語の時代の傳承は、決して新しいものとすることは出來ない。否、することを要しないのであつて、佛在世當時がその傳承の時代であつたとしても一向差支ないであらう。

次に賴吒惒羅經を比較して見ると、この經には先にも云うた如く、巴利中尼柯耶八二經、中阿含一三二經、賴吒和羅經（支謙譯）、護國經（法賢譯）の四本あり、支謙譯賴吒和羅經は少しく內容を異にするが、他の三本は殆どすべて一致する經典であつて、可成り著しい脚色化が施されてゐるものであるから、前出の鴦掘摩羅經のやうに比較的な原形も存在してゐないのである。然し、その經典を一讀すれば、次の如き核子をめぐつて增廣と脚色化が行はれたものであることが了解出來る。

一、世尊が俱流（Kuru）國の鍮蘆吒（Thullakoṭṭhaka）邑に行かれた時、世尊の名聲を聞いて多くの人々が集つて來た。
二、その中に富家の長子である一青年賴吒惒羅（Raṭṭhapāla）が、教に感動して出家を決心し、父母の許可を得るために絕食迄して、遂にその許可を得て一比丘となつた。

三、その後時を經て、賴吒惒羅は一度歸國して父母を省し且つ傳道しようと思ひ立ち、世尊又彼が退轉の危險がないのを見て之を許し給うた。

四、賴吒惒羅は鄕國に入り、托鉢をなし、自家の婢の知る所となつて、迎へられて家に入り、玆に父母が再び家に歸らんことを願ふ父母の誘惑を受けたが之を斥けた。

五、俱流國に滯在中、拘牢婆(Koravya)王の訪問を受け、何故に富と享樂を捨てて出家したかと尋ねられ、佛敎の要旨を說いて王に敎へた。

以上がこの經典の核であつて、經典は先づ到着せられた世尊の名聲の如何に高きものなるかを、長阿含・中阿含共通の型の文句を以つて描き出してゐる。この型は或る時期に作られ、其の後、常に用ゐられたものであつて、第一結集以前のものではないに相違ない。次に經典は賴吒惒羅の出家の許可を父母に願ふ所に筆を强めてゐるが、これはその許可が容易に得られなかつた事を告げてゐるものである。賴吒惒羅が歸國して自分の家の前に立つて托鉢してから、父母の誘惑を受けるところは非常に劇的に描かれたものに過ぎない。玆に又經の終りに一つ偈文があるが、この偈は大般涅槃經の時の偈とは異なり、事件を記憶の爲に偈文化したものではなく、その散文で云ふ所を、より效果あらしめんが爲に詩にしたものである。拘牢婆王との邂逅は、丁度世尊の出家の時、頻婆娑羅の訪問を受けられたものと相似てゐるが、其處には幾多の潤色があつたにしても、骨子は否定さるべきものではない。

かくの如く見て來ると、この四異本の中に、四異本のもととなる原形經はなく、一本を除いて他の三本は殆ど同じく、ただ巴利中尼柯耶以外の二本は、家庭の誘惑を破つて空に乘じて林に入つたとしてゐるのみであるが、これはこの經典が作られて以後、左程變化して居らないものであることを示してゐるのである。

今、この經典をその製作動機の方から考へて見ると、この經典は、富家の子がすべてを捨てて出家をした。出家して後その家庭の誘惑に打ち勝つた。正しく人生を見るものは世欲に貪り耽るべきでない、と云ふ事を示さうとするものであるに相違ない。この製作の意志からして、その作品を效果あらしめるために種々の脚色化が行はれたにせよ、骨子は決して創造でないことは、賴吒惒羅が舍利弗や目連と同じく、その歷史性を否定せらるべき人でないことで解る。然らば何故にその製作は賴吒惒羅を借り來つたものであらうか。富家の子であること、誘惑の意識的無意識的になされたこと、その誘惑に打ち勝つて動搖しなかつたことは、他の人々に於いて幾らも見得るところであるに相違ない。然るに賴吒惒羅をこの作品の主人公としたのは何故であらうか。から考へて見ると、この作品が作られる迄に、事實に根ざした物語、それは賴吒惒羅に對しての誘惑が强烈であつたこと、その誘惑を勇猛に突破したこと、拘牢婆王との會見及び談話が、相當に人々の心を引くものであつたこと等を含んだところの物語が、傳へられてゐたことを示してゐるのである。さうしてその物語は釋尊の敎團に於いて既に人々の記憶にあつたものに相違なく、それが程經て賴吒惒羅の死後作品となつて顯れたものに違ひないのである。

猶、この種の比較に依つて其の他の經典の原形たる物語を見出すことは出來ると思ふが、この試みはこれ位にして置いて、此に依つて結論すると、現存の阿含・尼柯耶には、第一結集以前既に纏められた法があつた。この法は二種の形があつた。一は敎義の型化せられたもの、二はその型化せられた敎義を組み合したものであつて、實際に敎化として發動したものゝ大綱要領であつた。この二つは多く雜阿含に含まれてゐるものである。それから法の說かれた前後の事情が第一結集以前に語り傳へられてゐた。これは後に法に添附されて經となつたものもあり、又註釋として採錄されたものもある。次に佛、佛弟子の傳記的のもの、これには全體的なものと部分的なものとがあるが、その傳記的のものが物語として第一結集以前から語り傳へられ、程度は違ふが傳承中にそれぐ〵變化し、後に經として纒められるに至つた。これには雜阿含に編入されてゐるものもあり、又多くは長・中二部二阿含のものがこれに屬する。

から考へて來ると、第一結集以前は前記の法と、後に經に纒めらるべき物語を傳承してゐたことになるが、第一結集以後は、著しくこの經典に關する活動が烈しくなつて來たものと考へられる。先に云ふが如く、前記の法に前後の事情が附加されて經となり、經が增廣され、物語が纒められて經となり、經典の數は漸次に非常な數に上ることとなつたのである。これは師匠既に亡き後に於いて師佛に對する追憶の情から、少しでも餘計に師佛に關するものを傳へて置きたいと云ふ意味もあり、師佛亡き後は經が教團の權威であるから、その權威となるものを集めたいと云ふ要求もあり、又教理の解釋が次第の變化に依つて增廣されると云ふこともあらう、兎に角種々の事情に依つて經典は非常な勢を以つて數を加へたのである。

阿育王のブハーブラー詔勅（Bhābrā Edict）には、阿育王は、佛陀の說き給うた善說の諸法の中、特に正法の久住の爲に、次の諸法を四衆が聽聞し思念せんことを要求してゐる。

1. Vinaya-samukase	Mahāvagga 初轉法輪
2. Aliya-vasāṇi	A. N. vol. Ⅱ, p. 27
3. Anāgata-bhayāni	A. N. vol. Ⅲ, p. 103
4. Muni-gāthā	Suttanipāta 1, 12. p. 36
5. Moneya-sūte	Suttanipāta 3, 11. p. 131
6. Upatisa-pasine	Suttanipāta 4, 16. p. 176

7. Lāghulovāde　　M. N. vol. I, p. 414

これら諸經典の中、2・3・4・5・6は漢譯中に今日見當らないものであるが、4・5・6は偈文から成るものである。7のLāghulovāde は巴利中尼柯耶六一經、中阿含一四經・羅云經であり、相當に長い經典である。竹林精舍に於いて世尊は羅睺羅の處に到り給ふ（漢譯は羅云其の時溫泉林にありとす）。羅睺羅、世尊を迎へて、洗足の水を呈する。世尊その水の少しを桶に留め置き、知りて妄語をなし恥づるなき者の沙門事は斯くの如く少しと宣ふ。その水を地に撒き捨て、知りて妄語をなし恥づるなき者の沙門事はかくの如く捨てられたりと宣ふ。又、水桶を覆へしてその空虛なるを示し、知りて妄語をなし恥づるなき者の沙門果はかくの如く空虛なりと宣ふ。かくて王象が戰に出でて敵と戰ふ時、善く鼻を守るを說いて不妄語を守るべきを說き、鏡の用を示し、身口意の三業、過現未共に自害害他にならざるなきやを反省しつつなすべきを敎へるものである。漢譯は、經中二ケ所に偈を有してゐるが巴利中尼柯耶にはない。偈は前者も餘りに必要とも見えず、後者もその中「正覺之子」の四文字あり、却つて經の結構を崩すを見るものである。偈のない方が善いであらう。ただ玆に注意すべきことは、阿育王が善說の諸法中、殊に大切なるものとして推稱する程の權威あるものであるから、阿育王以前少くとも五十年や三十年前から聖典と認められてゐた中に、この結構を有し、この長さを有してゐた經典があつたと云ふことである。すると、釋尊滅後五十年位の中に、羅云經程度の長さ即ち中阿含に普通な經典は、既に經典となつてゐたことが明かに知られるのである。

この時分になると、經典の種類は增して、第一に偈が顯れたことを知ることが出來る。それは前記の阿育王の詔勅の中に記るされて居る經典中に、偈の多いことでも知られるのである。勿論偈は古く釋尊在世中からなかつたといふ譯にはゆかない。佛弟子婆耆舍（Vaṅgīsa）の如き詩的感興の豐かな人や、又は卑疑（Piṅgiya）の如き在俗の弟子で、佛陀又は佛弟子の偉大なる行爲に打たれて詩興を湧かし、それを語にし、その語がずつと展轉して傳へられたことは否定すべきではないと思ふ。卑疑が佛を讃嘆した偈は、巴利增支尼柯耶五・一九五（vol. Ⅲ, p. 239）にある。即ち

「夜明けに開ける香かぐはしき蓮の如く（淸らかに）
空に輝く太陽の如く輝き給ふアンギーラサ（Aṅgīrasa）を見よ。⑦」

と云ふのであるが、長阿含遊行經（大・一・一四上）にはこの偈が四句に譯され、前に六句、後に八句、都合十四句を加へて幷饕の佛讃嘆の偈としてゐる。婆耆舍（Vaṅgīsa）の偈として傳はるものは非常に多いが、その中には勿論後世の作と思はれるものもある。例へば、巴利相應尼柯耶八・八、雜阿含五四・二二の如き、中に「第七の聖者也」の語があり、七佛思想が成熟して以後のものであることを示して居る如きこれである。然し、その巴利相應尼柯耶八・二、雜阿含四五・一一に

「雲なき空の月の如く、　曇りなき日の輝くが如く、
アンギーラサよ、大牟尼よ、　爾は榮光を以つて全世界を照し給ふ。」

と云ふが如きは、まのあたり佛陀に侍したものの實感であつて、詩興豐かな者の口を突いて顯れた韻律でないと云ふ譯にはゆかない。それであるから、積極的には證明出來ないにしても、釋尊在世中から佛教教團には相當の詩作があつたことは否定出來ないであらう。それと同時に又印度本來の古典中の詩が教養ある弟子達の間に傳へられ、佛敎化せられてゐたものもあつたと考へられるのである。然し、かう云い詩作又は傳へられた詩は、法の性質を持つて居らないから、法又は經とはならなかつたに相違なく、ただ自然に傳へられて居り、その中に次第に同種の偈が數を加へて來たものと思はれる。阿育王の數十年以前には、旣に前記の諸の偈經があつた譯であるが、さうすると、經集（Suttanipāta）中に含まれて居る他の諸偈經や或は法句（Dhammapada）の如き、如是語（Itivuttaka）中の偈の如き、その內容形式から見て、

その當時にあり得ないものではないことになる。

それに就いて考へられることは、滅後五六十年間に偈の數が非常に澤山になつて來たことであつて、この偈の數を加へた理由は、

一、事件を記憶するために、又は事件を美しく飾るために詩の形に記錄した。

二、教理を記憶するため、又は美しく莊嚴するために、詩の形にした。

といふことであり、さうして、以前とは違つて偈のみで經と呼ばれる（Moneya-sūte の如く）やうにもなり、これがその結果としては、

一、新たに長い經典を組み立てる素材となり、

二、簡單で適當な教理の表現である爲に、法句經の如きものとなる基を作り、

三、弟子達のものとして傳へられたものを增廣して、長老偈・長老尼偈の基となり、

四、この經集や如是語、優陀那（Udāna）の如きものとなる基となつた、

と想像しうる譯である。さうして、この偈は、偈そのものが單獨に存在する場合に於いては、偈即ち伽陀（Gāthā）と呼ばれ、長行と結び附いて「重ねて偈を說き給ふ」といふ風に長行の重說となる場合は、祇夜即ち重頌（Geyya）と呼ばれ、或る事件に關して悲喜の感懷を洩した形式となつてゐる時には、優陀那（Udāna）と呼ばれるものである。偈と云ひ祇夜と云ひ優陀那と云ひ、名は異なつてゐても詩の形式に異なる所があるのではなく、又その內容も、美濃晃順君がその「九分十二部經の研究」[8]に云うてゐるが如く、「伽陀は內容としては教法を說き、この點で優陀那との限界が立ち、又形式としては、特に散文の助を借らずに韻文自體で完全に思想を纒めるもの、この點で未了義の韻文即ち修多分の助をかる祇夜と

の限界が立つ」と云ふべきものではなく、只それは長行との關係に依つてのみ三種の別を生じたと見るべきものである。何故なれば、實際に於いて優陀那の多くが法句經の如く教法を說いて居り、法句經も實は優陀那と呼ばれたものであり、⑨祇夜の詩も長行の助を借つて祇夜となつて居るもの許りではなく、元來は却つて詩があつてそれが長行となつたものであるからである。

かくの如く詩の數が非常に多くなつたと共に、この滅後五六十年間に於いては、他の文學形式も亦活潑に活動したに相違なく、例へば本生譚の如きも盛に創作せられ、バールフート（Bharhut）の彫刻に旣に數十の本生譚が彫り込まれた程であるから、この形式の文學も餘程發達し成熟したに相違なく、又それと共に今日長阿含、中阿含中に收錄せられてゐる長い經典（suttanta）も作られたものと考へられるのである。これは前に擧げた羅睺羅教誡經に關しても考へられることであるが、何の經典と何の經典とが作られたかと云ふことは云ひ得ないけれども、それら及びそれらに同じい大きさの經典が作られたに相違ないとは、十分に想像し得る所のものである。一例を遊行經に取つて見よう。遊行經は阿含經典中の最長經であり、その中には佛陀に對する神祕化が可成りに強く顯れて居り、又、轉輪王物語が挾まれてあり、それに開卷第一には華氏城に對する豫言が載せてあるものである。從つて遊行經が阿育王以前に今の形に纏められたと云ふことに對しては、可成り多くの反對を聞くことであらう。この經典が何時頃の成立であるかに就いては、未だはつきりした考へを述べた人はないやうであるが、どちらかと云へば、以上の特色あるこの經典は、阿育王以後の成立と考へる人は多からうと思ふ。然し乍ら、よく考へて見ると、この經典を阿育王以後の成立としなければならぬ理由は全くないのであつて、阿育王以前の成立と見て一向差支ないものと私は考へるのである。

轉法輪經が第一結集以前から傳承せられてゐたものであることは、旣に云つた通りである。さうして、若し阿育王の詔

勅にある "Vinaya-Samukase" を、毘奈耶 (Vinaya) 所載の "Samukkhaṁsikā" と云ふ意味で、轉法輪經中の四諦說とするならば、轉法輪經は既に毘奈耶の中に收められてゐたことになり、このことは毘奈耶の犍度分の成立と、成道前後の佛傳の成立を示すことになるのである。滅後の遺弟が師匠追憶の情からして、師匠の傳記に注意することは當然であり、それが既に成道前後の傳記を作り、初轉法輪を記錄してゐたとすれば、その最も悲しむべき出來事である入滅に對しても、記錄を持たうとして、先に云ふ所の入滅當時の出來事の記憶とその傳承を中核として、茲に一つの經典を成立せしめたことは當然のことと云はねばならない。さうして、これを轉法輪經及びそれを含む毘奈耶の部分と對應して考へると、その成立の時期が決してさう遲いものではなく、滅後五六十年にはどうしても成立しなければならぬ筈のものである。そんなに遲く迄師匠の最後のこの悲しむべき入滅を記錄しない筈はないからである。

それでこの遊行經が長いと云ふことは、その入滅にまつはるそれ迄の傳承が多いと云ふことと、弟子達の師匠追憶の情の如何に濃かなものであつたかを示すのみであつて、それが爲にこの經典の成立を遲いものとする要はない。神秘的な色彩が勝つて居るから、師佛に對する神秘化想像化がずつと進んでからの成立と云ふことは出來るが、これは時代を考へ國柄を考へて見れば、左程時間を要するものではなく、滅後幾何かの時を經れば、佛陀は直ぐ樣神秘の霞の衣を纒はれたに相違ないのである。

それ故に遊行經の成立が遲い、阿育王以後でなければならないとする論據は、かう云ふ經典の內容にはなくて、轉輪王の記事と華氏城に關する豫言のみである。轉輪王の思想は普通考へられるやうに、實際の印度統一者を見てから生じたものとする必要は少しもなく、釋尊の以前からして次第に統一的の方向へ進んでゐたものであり、この傾向なり又は諸天の統率的な帝王的な性質が反映して、生じたものとも見られ得るものであるから、釋尊の以前に既に一般人の夢みる所の帝王として考へられてゐたものとするのに、毫も無理を見ないのである。又、華氏城のことは、當時强大な王國たる摩揭陀國と、高い文化を持つた共和國吠舍離との間が圓滿でなく、摩揭陀國は鴦伽を亡ぼした勢で吠舍離を征服しようとの野望を持つてゐた時であるから、華氏城はその吠舍離に對する要路に當り、玆に摩揭陀國が攻防の二つの意味を持つた城塞を築くことは當然のことであつて、少しく地理に明るいものならば、この城塞が恆河流域の要所に當ると云ふことだけでも、將來の繁榮を豫言することは困難でないのである。現に既にこの華氏城は阿闍世の子優陀耶跋陀羅（Udaya-bhadra）の時に摩揭陀・鴦伽・彌稀羅を包括する大王國の首都となつたものであつて、この繁榮は孔雀王朝を待たずして顯れてゐたのである。それ故に、これら經典の內容からして、この遊行經が阿育王以後に成立したものとする謂れは更になく、阿育王以前、この內容を有する經典が既に經として承認せられてゐたと見ることが、最も妥當な考へであるのである。

若しこの經典を阿育王以後の成立とすると、經典の終りに八大國の八大塔建立の記事があるが、八大塔建立の記事は、その諸塔が阿育王に依つて取り毀され、更に八萬四千塔の建立となつたのであるから、何等かの形でこの偉大な事實に迄筆を延ばしてゐたであらうと思はれる。この記述の少しもないことは、遊行經が阿育王以前の成立を物語る一つの傍證とならう。それから又若しこの經典の成立が、佛滅後百年を過ぎた後の編輯と云ふ程に遲いとすると、遺弟の追憶の情は、それ以前にそれよりも短い涅槃經を必ず持つてゐたのでなければならず、それが何れかの部派に殘つてゐなければならないと考へられるが、それがない所から見て、又今日遊行經の異本が六種も存在してゐるのに、その內容がいくらかづつは變つてゐても、皆經典としての層が同一である所からも、これ以前に別の涅槃經なく、この涅槃經が最初のものであり、分派以前のものであり、阿育王以前の成立に相違ないと思はれるのである。少くとも阿育王以後のものとしなければならぬ理由はないのである。

かくの如く考へて見ると、阿育王以前、それよりも三四十年前に大小種々の經典が作られた事は明かである。それで今度は逆にその大小種々の經典が作られ編まれた徑路模樣を考へて見ると、先づ茲に師弟相承して傳へて來た傳說がある。この傳說を資料として、その當時の敎團の精神傾向が生み出した一種の要求から、その要求に添ふべく作られるに至つたものであることは云ふ迄もない。例を取つて云ふと、先の遊行經の如き、前に云ふが如き傳承の物語と、その物語が佛陀につづられてゐるものは、これを再び散文に戾してその佛陀と並べ擧げ、これらを資料として茲に人天の師なる正等覺者の尊くして悲しむべき入滅を叙述したのである。遊行經一編は、正しく正覺者の尊い入滅が、如何に人天に取つて餘りに速かなる死であつたかと云ふ遺弟の悲痛の情を述べる事を中心とするものであるが、又それには同時に、如何に我等の師匠が人天の光榮を超えて偉大に在したかを示すにあつた。遊行經一編の精神はかくの如きものであるが、或はこの精神の表し方が、今の我々から見て立派であるとは云ひ得ないものがあるかも知れない。例へば、和辻氏が云ふやう⑩に、必要のない叙述のために著しくその表現の力が殺がれたり、無意味な挿入のために脈絡を見失はしめる程にしたりする事がないでもない。然し、これは今の文學的觀賞の力を以つて古を推さうとするもので、そのこと自身正しいことだとは思はれない。原始經典文學に於いては、繰り返しや挿入や長たらしい叙述は極めて有り勝ちであつて、善い表現方法ではなかつたけれども、それが當時に於いて普通に採られてゐたものであつたからして、效果はさ迄その時代の人々に取つては減少して居らないものであることを思はねばならぬ。勿論この場合普通以上になされてゐる叙述は、後世の增廣であることは申す迄もない。例へば、地動の八因を說く場合に八衆等の說明をなす如きこれである。

涅槃經に於いて、佛陀が處々に於いて弟子に對してなされた敎誨が、諸異本の間に一致を見ないのは、佛陀の敎誨は旣に四十五年間絕えずなされてゐたことであつて、入滅前特別なものがなかつた爲であらねばならぬ。これは初轉法輪の場合は全く違ふ立場にあることを忘れてはならぬ。ただ愈〻自ら立つ能はざるを知り給ふや、佛陀は教團が自分の死に依つて中心を失はないやう、統一をなくしないやうとの心から、「自歸依自燈明、法歸依法燈明」の教を垂れられたので、これだけは臨終なるが故になされた教誨であるから、その儘記錄されたものである。涅槃經の編著者はこの語を重大視したには相違ないが、和辻氏の云ふが如く、⑪涅槃經はこの核心（法燈明の力ある教）を內に藏しつつ常に末梢へ末梢へと發展したと考ふべきものではなく、この尊い事實をその一としつつ、幾多の史實を孕んで生じた色々の入涅槃前後の物語を、後に佛陀追憶の情緖を持つて編著されたものと見るべきである。諸異本の間の相違は、經典は常に書寫せられつつ行く中に變化することと、それに部派を異にする處から、自然傳承そのものに相違を加へたものと見れば何でもないことである。例へば、塔供養を重視する法藏部では、その所傳の涅槃經中に塔供養の記事を誇張して加へるであらうし、彌勒崇拜に傾く部派では、何處にか彌勒崇拜に關する記事を加へようとして、遂にその結果を見たことであらう。長い時の間に於いて、又各〻その部派を異にする事に依つて、かくして編著された遊行經は次第に諸異本を生じ變化を示したのである。

次に沙門果經を取つて考へて見ると、この經典は巴利長尼柯耶二經・沙門果經（Sāmaññaphala S.）、長阿含二八經・沙門果經、增一阿含四三・七、竺曇無蘭譯・寂志果經の四異本があり、巴利長尼柯耶でも長阿含でも佛教內の修行道を示す經典と見てゐるものであるが、內容としては寧ろ阿闍世王と釋尊の關係、六師外道の教理を示すものとして興味ある經典であるのである。これらの經典が或る傳承を中核としてはゐても、それを資料としての一篇の創作であることは、その書出しに於いて、佛が何々の場所に於いて千二百五十人の比丘と共にゐ給うたとしてゐることでも十分に知られるのである。一體この發起序はその形式からして、その經典の新古を見分けうる目安になるものであるが、今は十分このことを云つて居るべきでないから簡單にこの種々の形式を分別して見よう。

序分はその教が何處で說かれたかを示すものであるから、普通「一時佛何々に在しき」とか、「何々の國を遊行しつつ何々に到着し給うた」とかしてあるのを例とする。巴利相應尼柯耶、雜阿含、巴利增支尼柯耶、增一阿含の短經は大抵この形式である。ただ一一かくの如き敍述をするのは煩はしいから、多くは舍衞國因緣とか或は單に舍衞城とかしてあり、又、さう云ふ短經は何處で說かれたか解らず、或は何處でも、幾度も、說かれた筈のものであるから、全くこの序分を缺いて直に本文に入つてゐるものも多いのである。

それでこの序分を缺いてゐても實は序分のあるのと同じ事であつて、「何々に於いて佛はかく御說きなされた」と云ふのが、經典の普通の形であるとすることが出來る。

この何々に於いてと云ふ場合、遊行してその遊行中の出來事である場合、また遊行して到着せられた場所に於いてと顯した場合、遊行が最初に出してあるが、佛陀は遊行に於いて可成り澤山の比丘を連れて居られたであらうから、このことを顯して「或る時世尊は多くの比丘衆を率ゐて何々の國を遊行して居られた」と記るしてゐる經典も、巴利相應尼柯耶に二ヶ所程、巴利增支尼柯耶に五六ヶ所、巴利中尼柯耶に七ヶ所あり、雜阿含に少しく、增一阿含に可成り多く三十七八ヶ所顯れて居るのである。⑫ この記述も當然あり得る事の記述であるから、序分としては無理がなく、古い一形式であることは明かである。ところが、この大比丘衆とは何れ程の數かと云ふことになつて、大といふ以上相當の數でなければならぬと云ふ所から、大數を顯して五百とし、約五百程の比丘衆と共に遊行して居られたとする敍述が、巴利長尼柯耶に八ヶ所、中尼柯耶に一ヶ所顯れるやうになつたのである。この五百の數はただ大數を示すものではあるが、釋尊が遊行にかくの如き大人數を率ゐて步かれることはあり得ないことであるから、かくの如き綾を見せる序分は、前の序分の、序分としての發展であることは明かである。普通滯在の時にはただ滯在として、何れだけの數の比丘と共にと云ふ方は出さないのであるが、巴利長尼柯耶に二ヶ所（D. N. 20; 34）出てゐる。これも、假令大比丘衆を入れ得る祇園精舍に於いてもあり得ないことであるから、序分としては相當の增廣氣分から出でたものであることは疑ない。尤もこの五百人の比丘が佛陀と共に滯在してゐたといふことには、巴利相應尼柯耶八・七（雜阿含四五・一五）に源があり、又、同じく相應尼柯耶八・一〇（雜阿含四五・一四）には、目連が五百の比丘を連れて聖人山側黑曜岩にあつたと云ふ記事があるが、巴利相應尼柯耶八・七（雜阿含四五・一五）は經として古いものではない。何故ならば、その五百人が皆阿羅漢であると云うてあるが、斯くの如きことがあり得る筈はないし、又皆阿羅漢であると云ひ乍ら、後にはその中の六十人は三明者、六十人は六通者、六十人は倶解脫、他は皆慧解脫だと云うてある。阿羅漢に倶解脫・慧解脫を分つのは暫らく善いとしても、三明者・六通者を別に說くが如きは意味をなさないもので、六通者は語を換へれば三明者であり、三明六通者であつて初めて阿羅漢なのであるから、五百人は皆三明六通者でなければならないのである。勿論三明六通を精神的の意味にとつて云ふものである事は云ふ迄もない。から考へると、この經典は雜阿含、巴利相應尼柯耶中新しいものであることは明かであり、この序分は新しい形式に屬するものであることは云ふ迄もない。ただこの巴利相應尼柯耶八・七（雜阿含四五・一五）も、同じく相應尼柯耶八・一〇（雜阿含四五・一四）の、五百人が黑曜岩にあつたと云ふ如きは到底あり得ないことである。巴利相應尼柯耶八・一〇（雜阿含四五・一四）も、其の場の多くの比丘が皆立派な得達者であつたと云ふことを特に云ふ必要上、漫然と大數を擧げたのみである。この記述の序分が後に更にその系統を以つて發展することは、更に後に述べることとする。かくの如くして、五百の比丘と共に住し給うたとか、遊行し給うたとか云ふ序分が顯れた譯であるが、更にその五百人は增廣して巴利相應尼柯耶八・八（雜阿含四五・二二）には千二百五十人となつてゐる。その偈文の方では千以上となつてゐるが、千以上は千二百五十を豫想するものに相違ない。此の千二百五十と云ふ數はどうして出るかと云ふに、これは佛陀成道の初めに、優留毘羅迦葉等の三迦葉と及びその千人の子弟を教誡して弟子とし、更に間もなく舍利弗目連の連れて來た二百五十人を弟子となされたことから來るのであつて、正確に云へば千二百五十五人に、この前に六十人の弟子があるのであるから、千三百十五人となるのであるが、これも大體の處で、千人と二百五十人と云ふ處で千二百五十人とするのである。それでこの千二百五十人と倶に居給うたといふことには、佛傳の豫想せられるものがなければならず、殊にこの經の偈文中、前にも云ふやうに「第七の聖者也」とあつて、七佛思想が圓熟したことを示すものがあるから、この經典も相當に新しく、序分も新し い形式に屬するものである。それでかくの如く新しい形式の序分に、「五百人と倶也」、「千二百五十人と倶也」と云ふ二つがあるのであるが、巴利長尼柯耶は多く五百人說を取り、ただこの沙門果經（Sāmaññaphala S.）にのみ千二百五十人說を取り、長阿含の方は第一九經・大會經が五百人とあるのみで、他は千二百五十人で統一されて居る。それでこの沙門果經の序分は新しい形式のものであり、從つてこの經典が新しい時代の創作であることを知ることが出來るのである。

先に擧げた巴利相應尼柯耶八・七の、五百人皆阿羅漢であると云ふ序分は、雜阿含四五・一四、一五に於いては、「與₂大比丘衆五百人₁倶。皆是阿羅漢、諸漏已盡、所作已作、離₂諸重擔₁、斷₂除有結₁、正智心善解脫」（雜阿含四五・一五）

となり、更に後者に於いては「除₂一比丘₁、謂尊者阿難」云々と加へ、第一結集の記事から取つて來てゐることは明白である。この序分が後にはずつと續いて踏襲せられ、先づ阿閦佛國經これを用ゐ、般若經がこれを襲ひ、大阿彌陀經は少しくこれを變へて用ゐて居るのである。

それで沙門果經は漢巴及び寂志果經の三異本共⑬、その序分は新しい時代の新しい形式に屬するものであるが、本文に入つて阿闍世を拉し來つたのは、嘗て親殺しの罪人であり、提婆の保護者であり、後に佛法の外護者となつた大王が、如何に佛陀と關係したかを示さうとする興味に外ならない。これ迄、阿闍世はただ提婆の保護者として供養をしたこと、波斯匿王と不和になり、屢〻戰つたこと、吠舍離のことに就いて雨行をして佛陀に問はしめ、華氏城を築き、吠舍離に備へたこと、及び釋尊入滅後その舍利を奉安して大塔を築いたことに關して經典化せられて來たが、直接佛陀に面接してゐない。波斯匿王の如く頻婆娑羅王の如く阿闍世を釋尊に當面せしめることは、佛滅後の弟子達の異常の興味を呼び起す問題である。阿闍世は確かに釋尊に幾度も面謁したには相違ないが、それが如何なる場面を呈したかに就いては全く傳承がなかつたものと見えて、他に全く記事がない。又恐らくその面接は、全くこの沙門果經の如きものではなかつたに相違ない。ただ面接があつたといふ傳承は疑はれないだけであつて、その中味は何もなかつたものを、今或る意圖を以つてその中味を塡めたものが、この經典であると見て差支なからう。

阿闍世王には優陀耶跋陀羅（Udaya-bhadra）と云ふ子のあつたこと、雨行（Vassakāra）・須尼陀（Sunidha）と云ふ大臣のあつたこと、耆婆と云ふ名醫がゐたこと、無畏王子と云ふ異母の兄弟のあつたことは他の資料から肯はれるが、この知られうる人物を悉くこの舞臺に登場せしめた長阿含沙門果經、增一阿含四三・七は、却つてその舞臺の眞實性を否定することとなつてゐる。それは寧ろ巴利長尼柯耶沙門果經及び寂志果經の、知られた人物としてはただ耆婆をのみ出してゐる方が、出來榮えが善いとせねばならぬ。印度曆第八月、蓮華の咲くコームディー（Komudī）の滿月の夜と云ふ頗る劇的な時が選ばれてゐる。この夜は佛教では安居の最終日で、月前で布薩自恣をするのであるが、この聖日が時として選ばれたのは、多分懺悔の日と云ふことを茲に隱約の間に顯さうとしたのであらう。釋尊の教誨が終つて王の懺悔のある所から見ると、經典編作者の意志がそこにあつたことを想はしめるし、さうすると、この月明かき夜を喜び歌うて、沙門婆羅門を訪ひたいといふ考を起したとする巴利長尼柯耶沙門果經、長阿含沙門果經、增一阿含四三・七よりは、寂志果經の

「愁悒不ㇾ改、雖ㇾ得二此歳一、憒慘不ㇾ次、當何方便除二其怵惕一」とある方が首尾相契うて、六師外道を尋ねよといふ勸めが大臣達から出る意味がはつきりしてゐるやうに思はれる。增一阿含のそれは耆婆との問答の處へ、罪に依る悔に常に心を嚙まれてゐることを自白し、佛陀に教を請はうとすることを明かにしてゐる。この一節は明かに增一阿含のそれの增廣である。阿闍世王は旣に佛陀を訪はうと決心して、象に乘り、衆を率ゐ、炬を取つて城外の林に出た。佛陀は千二百五十人の比丘等に圍繞せられてその林に在します筈である。然も何と云ふ靜寂であらう。天地はこの時、寂然として聲がない。靜寂は寧ろ王を馳つて非常の恐怖を感ぜしめた程であつたが、佛陀の前に出ると、端然たる佛陀の威相、靜かに佛陀の發言を待つ比丘等の行儀は、王を非常に感動せしめ、王をして「我が子優陀耶にしてかくの如き靜寂を得たらんには如何なる喜びかこれに如かん」と言はしめた。この一節は親の子に對する自然の愛情を寫して、阿闍世の父を殺した大罪に照應せしめ、後に阿闍世の懺悔を力あるものになさしめようとする經典作者の意圖であることは明かである。四本共にこの一節は皆保存してゐる。

旣に王は佛陀の前に出た。王は先づ佛陀に對して、出家して沙門となり道を修めることの現報ありや否やと云ふことを問うた。この問は、日夜罪に責められて懊惱する人が、佛陀の前に立つての問としては、當を得てゐるものとは云はれない。然も四異本共にこの點に於いて何の相違する所のない所から考へて見ると、佛陀に對する王の何れかの對面に於いて、いつか實際にこの問が試みられ、この問に對して佛陀の教があつたと云ふことを物語つてゐるのではあるまいか。

この問に對する佛陀の答の前に、四異本共に六師外道がこの問を受けた場合の各〻の答を出してゐるが、六師外道を一一阿闍世王が訪問したと云ふこともあり得ないことであるし、又その答は答になつて居らずに、只佛教教團に語り傳へられてゐる六師外道の教理そのものを敍してゐるのである。六師外道を出すのは、釋尊の彼等に對しての優越を示すと共に、かるが故に阿闍世王の佛敎歸依を示さうとするものであるが、答が答になつて居らないのは、六師外道に關する資料としては別として、作者の構想上の缺陷を露出してゐることになつてゐる。王の問に對しての佛陀の答は極めて直裁簡明であつて「現に王の臣僕が出家して道を修め、王の處へ來たときに、王は捕へて再び臣僕たらしめるかどうか。決して然ることなく沙門として之を待つに尊敬を以つてするであらう。これその現報ではないか」と厭應云《いやおう》はれないところで答へ、更にその沙門の精神的得達の高い事を語つて、これがその現報であることを敎へて居られるのである。長阿含沙門果經は最も簡單に、その精神的得達を漏盡智證で總括して出し、增一阿含のそれは漏盡智證した比丘を、王の遇すること甚だ厚かるべきを言ひ、この厚遇が現報なりと語り、巴利長尼柯耶沙門果經と寂志果經とは、その得達を漸次修行道の大綱に合せて說き、その段階每にこれがその現報であると敎へて居る。增一阿含のそれは行文上適切でない所から見ると變改されたものであらう。巴利長尼柯耶沙門果經と寂志果經とは同一種の原本であつて、長阿含沙門果經は異なるものであるが、具略の相違である。恐らくこの經典は、巴利長尼柯耶沙門果經の四三―六二の二十節、即ち小戒と大戒を示す部分、この經の趣意から見てさまで重要でない部分が後から加へられたもので、これを除いた全部がオリヂナルなものでなからうかと思はれる。

沙門の修行の驚くべき明白な現在の報果を聞いて、阿闍世王は大いに喜び、三寶に歸依を表白し、且つ如法の父王を弑した重罪を懺悔して去り、佛陀は王去つて後、若し阿闍世が父を弑したと云ふ闇黑面がなかつたならば、此の場で汚れなきものとなり天眼を得たであらうに、と云ふ語を云はれたことで終つてゐる。

かくの如くに見て、この一經の構想は確かに、阿闍世が罪の自覺からして歸佛者の一人になつたと云ふことを描かうとし、遙かに大乘經典の大涅槃經に應じ、觀無量壽經にも照應するものであるが、六師外道に關する資料といふ點は別として、この構想にぴつたり嵌つた效果的なものではないのである。

然しこの經典は相當古いものには相違なく、阿育王以前の述作であることは疑なからうと思ふ。阿育王以前、かういふ構想を以つて全く新しく創作せられたかくの如き經典があつたことを考へても、强ち無理ではないと思ふ。

次に今一つ天部に關する經典を調べて見よう。梵天に就いては旣に宇井博士の周到な研究が「印度哲學研究」第三卷に出てゐるが、⑭梵天は宇井博士も云ふやうに必ずしも正統婆羅門の信仰のみではなく、正統婆羅門の主神であつた故に、一般毘舍種の廣く信じてゐた神でなければならぬと思ふ。勿論六師外道の如き、又順世派の如き無神論者は、かかる梵天の存在を否定するものであるが、これら哲學者宗教家の一般に及ぼす影響と云ふものは、甚だ遲くのろいものであるから、一般婆羅門及びその感化を受ける民衆は、依然として梵天信仰者であつたに相違なく、この信仰に對して六師外道や順世派は眞向からそれを否定し、佛教はそれを否定せずに誘引し、信じても信じなくても變りはない、それ以上の宗教的世界に引き上げるやうにしたのである。

それで現在阿含中に含まれてゐる梵天に關する資料が、全部釋尊の全くあづかり知られなかつたことだとすることは出來ない。經典として纏められた形では、釋尊の聞知せられないものでも、その形になる迄の資料の中には、釋尊の關係のものもあるに相違ないと思はれるのである。それなら、それはどんな資料かと云ふと、第一に梵天の存在問題はそつとそのままにして置いて、その梵天界に生れる修行の精神化されたものである。この梵天上生に就いては、第一に念誦とか、⑮常供食とか、⑯或は血腥い供犧があり、第二には四無量心があるが、四無量心は佛教の道の精神に契ふものであるから、この四無量心の修習を梵天上生と云ふ一つの方便に依つて勸めると云ふ事は、暫定的に差支ないことであり、これから佛教に入れるのであるから、梵天ありと信ずるものには信ぜしめて置いて、この四無量心修習を勸めて居られるのである。

次に更に、釋尊に對して、梵天は存在するものであるか、存在するとして此の世に下降するものであるか、と尋ねた者も實際にあつたに相違ないから、これに對する答として、存在するとせば無恚にして清淨なものだと云ふことを云はれた。例へば巴利中尼柯耶二卷一三二頁、中阿含七九五頁（大正藏經一卷）、長尼柯耶一卷二四七頁の如き、梵天ありとせば清淨にして無恚のもの、一切を制する主であらねばならぬとするものである。

又、梵天信仰を持つ所の婆羅門の誤つた考を破るために、その信仰を擧げて置いて、「梵天が最上の神であり、その世界が常住であると考へるが實はさうではない。梵天そのものが光音天から下降したものであつて、變化するものである」と、一應その存在を許して置いてその無常を示したものもあつたであらう。梵動經の六十二見中の第五見、一分常住論を擧げたのなども、この意を示すものと見ることが出來る。

それから、釋尊の上の如き態度は梵天の存在を肯定するものでなく、若し、その人が進み得るならば梵天を超えて眞の佛教的涅槃に進ましめたいのであるから、梵天・帝釋の如何なる世界にも心を動かさず、願はず、涅槃を求めよといふ教說があつたであらう。摩訶那摩に對しての教說の如きそれである。

それからもう一つ更に執拗に梵天信仰を主張し、その信仰から他を批評し否定しようとする所謂正統派の婆羅門に對しては、時としてその立場を失はしめんがために、辭を强めて梵天の存在の證明出來ないことを云はれたであらう。これは長阿含、巴利長尼柯耶にあるものがそれである。

この五つの形の資料は現存の阿含・尼柯耶中にも保存せられてゐるが、これらは釋尊に直接關係あるものとして考へて差支ないと思ふ。それは一言にして言へば、梵天の否定を含みつつその信仰を善用しようとしたものである。

この釋尊の態度からして進み得る道が二つあつて、一はその梵天の否定を强調するやうに行く道と、今一つは梵天を存在するものとして考へて行かうとする道であるが、釋尊以後の佛教は後者を採り、その三界說に於いて梵天の存在を確保せしめたことは人の知るところである。巴利中尼柯耶一巻二八九頁、三巻一〇〇頁、巴利增支尼柯耶一巻二一三頁、三巻二八七頁、三一三頁、三一六頁、五巻三三一頁、巴利相應尼柯耶一巻一三三頁などは皆三界を立て、色界に於いて十六天乃至十八天を立てるものであつて、既に三十三天があるならば帝釋は實在の神であり、他化自在天があるならば魔王は存在してゐる筈であり、梵衆・梵輔・大梵天があるならば梵天は實在してゐる神である譯である。これらの神々を實在者とすることは尠くとも釋尊の隱れた意志に反するものであつて、純粹佛教的ではないのである。然し表面上は釋尊が神々の存在を否定せられない限り、佛教教理に矛盾するものでなく、滅後の弟子達は第一に證悟の段階を實在的に細かに分けて行く必要上、第二に輪廻の世界をこれも實在的に見て行く必要上、その他の理由に依つて、當時の信仰を集めてこの三界の組み立てをしたものである。このために神々の數が非常に多數になつてゐるが、その神々の中に佛教者の創作にかかる神があるかと云ふに、さうではなく、總べて當時考へられ信ぜられてゐた神々の中から集めて來て組み立てたものであらう。それは佛教が有神教でなく、神を立てて信仰しようとするものでないからである。

それで梵天初め色々の神々はこのやうにしてその實在を佛教内に得たのであるが、佛教内に於いて神々が實在するといふ意味は、今云ふやうにその神々を信ぜんがためではなくて、第一には功德の報果として考へられ、第二には佛教の法が正法なるが故にその法を悟られたのが佛陀であるから、眞理に服從する意味で、神々は佛陀に事へ正法を護持するものと考へられたのである。第一の功德の報果と云ふ方面は、四無量心を修すれば梵天界に生れるとするものが皆その色彩を有するものであるが、又、別して瞿夷(Gopi)が自ら三十三天に生れ得たのに、他は同じく道を修め乍ら乾闥婆に生れただけであると云うてゐるのなどに依つて、はつきり知ることが出來る。後者の佛陀に事へ正法を護持するものとしての方[17]

は、一番多いのであつて、梵天で云ふと、その說法勸請から佛滅の時の哀歌に至る迄皆さうである。佛と法とに關する讃歌も、もとよりこの種に屬するものであり、この點では惡魔の妨害と相對比するものである。この形式のものは、すべて梵天の出現、從つてその實在が、表向きにいはれてゐるものであることは云ふ迄もない。かくの如く梵天初め多くの神々は佛陀に供養し正法の守護をなすものであつて、この意味に於いて佛陀以下のものであることは明かになつてゐるが、更にもつと强く佛陀以下であり、皆佛陀に事へねばならぬ地位にあり、その果報も佛教の最後のものでないことを顯すのが、梵天の邪見を示す經典である。即ち巴利相應尼柯耶六・一・四、雜阿含四四・一八、巴利相應尼柯耶六・一・五、雜阿含四四・一九、巴利相應尼柯耶六・一・六、雜阿含四四・一七がそれである。

これを要約して云へば、佛滅後の弟子達は、釋尊の無否定の否定を承けて神々の存在を肯定し、その神々を佛陀の會下に參ぜしめ、佛教をして當時の一般的信仰宗教の上にあらしめようとしたのである。

この神々について、又特に梵天に就いて云つて來たことを、更に帝釋天について考へて見よう。帝釋天は吠陀（Veda）時代の因陀羅（Indra）神であるが、佛教經典に反映してゐるこの神は、地位の下つた、梵天よりも數等落ちた時代の神であつて、Sakka-devānam Indo と呼ばれてゐる。Sakka は梵語の Śakra であり、「能力ある」・「偉大なる」の意味であつて、吠陀に於いては主として因陀羅及びその他の神々の形容詞として用ゐられたものであるが、佛教經典にこの名で呼ばれる以前、何れの書に於いてこの名で呼ばれたものであるか解らないが、前にも云ふ樣に、釋尊にせよ、その弟子達にせよ、神の信仰に熱心で神の名を作り出し屬性を定める樣な事はなかつたに相違ないから、Śakra の名も當時用ゐられてゐたものの反映であつたに相違ない。因陀羅の意味は「輝くもの」と云ふことであつて、主・帝・王の意味はないのであるが、諸神を統御すると云ふ意味から devānam Indo と、帝又は王を意味するやうになり、これが Vepacitti Asurindo

(S. N. vol. I, 221) となり、Manussindo (S. N. vol. I, 69)、Manujindo (Snp. 553)、Narindo (Snp. 836) として、佛陀を顯すに用ゐられるに至つたものである。幾何の諸神を統御するかと云ふと三十三天であつて、この三十三 (tāvatiṁsa, trayastriṁśat) の數は吠陀に於いて既に顯れてゐるものであり、後、この三十三は八[18]の婆藪 (Vasu) と十一の魯達羅 (Rudra) と十二の日神 (Āditya) に、天 (Dyaus)、地 (Pṛthivī) を加へたものであり、因陀羅はこれらの主として、Trayastriṁśapati 即ち三十三神の主といふ語は因陀羅を顯すのであるが、因陀羅の位の低下と共に三十三神の位も低下して、ただ因陀羅配下の神々となつたものである。それを顯して devānam Indo としたものである。又因陀羅が佛敎經典 (D. N. vol. II, p. 270; M. N. vol. I, p. 252) で憍尸迦 (Kosiya) と呼ばれるのはクシカ (Kuśika) 族の奉じた神であつた故であり、婆娑婆 (Vāsava) と呼ばれるのは (D. N. vol. II, p. 260, 274; S. N. vol. I, p. 223; 230; Snp. 384)、前に云ふ婆藪神の主であるが故であり、摩佉婆 (Maghavā) と云ふのは (S. N. vol. I, p. 230; J. vol. III, p. 403; vol. V, p. 137) magha 即ち贈物の與へ手と云ふ意味で吠陀時代に既に因陀羅を顯した語である (R. V. III, 30, 3; III, 16, 1; 31, 7; 42, 5 etc.)。巴利相應尼柯耶一一・二・二には、摩佉 (Magha) といふ者がその前生布施をし、その結果帝釋と生れたる故に摩佉婆 (Maghava) と呼ばれるとし、住居を與へたる故に婆娑婆 (Vāsava) と云はれ、尊敬して (sakkaccaṁ) 與へたる故に帝釋 (Sakkā) と呼ばれ、前生施與者であつた故に富蘭陀羅 (Purindada) と呼ばれるとしてゐる。富蘭陀羅はリス・デギッズ (Rhys Davids) が "Dailogues of the Buddha" II, p. 297 に云ふが如く、プランダラ (Purandara 市の破壞者) のもじりであらう。サハッサネッティ (Sahassanetti; Sahasranetra)、サハッサチャック (Sahassacakkhu; Sahasracakṣu)、サハッサッカ (Sahassakkha; Sahasrākṣa)、サハスラドゥリシュ (Sahasradṛś) 等と呼ばれるのは (S. N. vol. I, p. 230; S. N. vol I, p. 226; Snp. 346) 皆千眼を意味し、千眼を有すると云ふ處から名けたもので、吠陀以後の呼名であり、スジャムパ

ティー (Sujampati) と云ふのは (S. N. vol. I, p. 225; p. 234-236; Snp. 1024) スジャー (Sujā; Srucyā) の夫と云ふ意味であるが、これも吠陀以後のプラーナ (Purāṇa) 的の呼名であらう。因陀羅はこれらの名に依つて佛教經典中に於いて呼ばれてゐるのであるが、皆吠陀又は吠陀以後の彼の呼名が佛教經典に映つて來たものである。さうして彼が最勝 (Vejayanta) と云ふ宮殿に住すること (S. N. vol. I, p. 235-236)、歡喜 (Nandana) と云ふ園林を有すること (S. N. I, 2, 1; 雜阿含二二・一) も、經典中に記載することであるが、これも佛教外の奧義書以後叙事詩以前の正統派文學[19]の記載する所であつて、その映り來つたものに外ならない。

巴利相應尼柯耶第十一章は全章二十五經[20]悉く帝釋に關するものであるが、その中初の十經と一一・二・三經 (S. N. 35, 207; 雜阿含・四三・五) とは阿修羅との戰その他の關係を語るものである。これら帝釋と阿修羅との關係も正統派古典の物語であつたに相違なく、從つて阿修羅を惡とすれば帝釋は善であり、この戰と云ふことは因陀羅の吠陀以下の屬性を傳へて來たものであるが、善なる神の戰と云ふことで、吠陀時代の恐しい寧ろ亂暴な性格は次第に和げられて來たものであらう。此の傾向を受けて、佛教に入つては更に帝釋を、柔和にして慈愛に滿ち、眞實にして正法に順ふ正しい神と寫して來たものである。

然し乍ら帝釋天の場合は梵天の場合とは異なつて、當時の民衆の信仰したものではなく、物語としての興味に生きてゐたものであるから (このことは、梵天上生の思想は澤山あるが、帝釋天の世界へ願生するものの記事のなかつたことで考へることが出來る)、恐らく釋尊に結び附け得る帝釋に關する記述はなく、殆ど全部釋尊以後遺弟等の創作にかかるものと見てよからうと思ふ。先に出した巴利相應尼柯耶第十一章の二十五經にしても、決して釋尊に結びつけ得るものではなく、正法護持の神が如何なる性格を有するか、如何にしてかかる地位を占めるに至つたかを、佛教的立場から說かうとするものである。それ故にこそその中の一一・二・二及び二・三の二經㉑の如き、後世の註釋に見るが如き佛教的な語原的說明をなすに至つたのである。又、漢譯には缺けて居るが、巴利相應尼柯耶一一・二・七經の如き、帝釋と梵天の偈を並べ擧げて說法勸請をしてゐるが、これは明かに大品（Mahāvagga）一・五の佛傳に於ける梵天勸請に依り、巴利相應尼柯耶六・一・一に再錄したものに根據するものである。

斯くの如く私は帝釋天に關する記事中、釋尊に直接歸せしめ得るものを見ないものであるが、佛弟子の中に、梵天と相並べて神話及び物語に於いて興味多いこの帝釋を、正法護持の神として拉し來つたのが、佛教經典中に帝釋天の顯れる初めであつたであらうと思ふ。從つて帝釋は、

一、三寶歸依者として或は崇拜者として

巴利相應尼柯耶四〇・一〇　　目連忉利天に上る。帝釋數多の天子と共に目連より三寶の歸依と三寶の信を聞き、敎の如くす。

巴利相應尼柯耶一一・二・八、九、一〇

雜阿含四〇・二〇、八・二一

別譯雜阿含二・一七、一八、一九　　帝釋勝利殿を下り四方の佛歸依者を禮拜す。

二、佛陀を訪れて聽法するものとして

巴利長尼柯耶二一經（Sakkapañha S.）

長阿含一四經・釋提桓因問經

中阿含一三四經・釋問經

帝釋所問經（法賢譯、大・一・二四六）　以上同本
雜寶藏經六の初（大・四・四七六）　前の Sakkapañha S. を引用す。
巴利相應尼柯耶二一・四（Haliddikāni）　同右
雜阿含二〇・一六（大・二・一四四下）
巴利相應尼柯耶三五・一一八　佛所に至つて現法涅槃と不現法涅槃の如何にして起るかを問ふ。

三、正法を修むる善神として

巴利相應尼柯耶第十一章の諸經

四、善行の果報として生るることを得る天界として

巴利長尼柯耶一九經（Mahā-govinda S.）
長阿含三經・典尊經　これは大神等佛所に於いて梵行を修め忉利天に生れ、天群増し、帝釋これを喜び佛陀を讃す。
巴利長尼柯耶一八經（Janavasabha S.）
長阿含四經・闍尼沙經　頻婆娑羅王、毘沙門の子として生れ、佛所に來り忉利天と帝釋のことを語る。
巴利長尼柯耶二一經（Sakkapañha S.）
長阿含一四經・釋提桓因問經
中阿含一三四經・釋問經　これは釋女瞿卑迦（Gopikā）が修行に依り、變成男子して帝釋の子

として生る。

五、猶、輪廻を免れざるものとして

巴利長尼柯耶二一經（Sakkapañha S. 8）　再び生を受くべき運命にあり。

帝釋所問經（大・一・二五〇上）　願我壽終若生人間生富貴族云々。

雜寶藏經（大・四・四七八上）　得生人中豪貴之處云々。

長阿含一四經・釋提桓因問經（大・一・六五下）　我後若命終、捨於天上壽、處胎不懷患。

中阿含一三四經・釋問經（大・一・六三八上）　捨離於天身、來下生人間云々。

巴利增支尼柯耶三・三七　帝釋、我の如くならんと望む者は布薩を行へと歌ひ、佛陀、そは阿羅漢にして初めて歌ひうる偈なりと敎へ給ふ。

巴利增支尼柯耶六・五四　善眼（Sunetta）は三十五回帝釋として生る。

巴利增支尼柯耶三・三七（vol. I, p. 144）　帝釋は猶生死海中にあり。

六、三界說に於ける天界の一段階として

巴利長尼柯耶一一經（Kevaṭṭa S.）　鷄筏多（Kevaṭṭa）、四大滅する所を聞かんとして、順次に天界を經めぐる。

長阿含二四經・堅固經

この種の經典は猶他に多し。

以上帝釋に關する經典としては六種の記述を見ることが出來るのであるが、何れも佛陀の遺弟達に依つて、當時の興味ある神話物語を輸入し、これに依つて佛陀と正法とを莊嚴せんとしたものであることが伺はれる。これらの經典中、帝釋所問經は佛敎文學中最も整つた最も美しい經典であり、諸本の漢譯があり、且つ長・中兩阿含に含まれるやうな長經が、雜阿含に引用せられてあるといふやうな珍らしい一例でもあるので、帝釋所問經を少しく調べて見よう。(22)

嘗て釋尊が王舍城の東、菴婆參陀村の北なる、吠提耶山の因陀羅沙羅樹窟に居給うた時のことである。帝釋天は忉利の諸天を伴ひ、世尊を御訪ねしようとしたが、この中に乾闥婆の子般遮芝佉も邊流婆木の七絃琴（瑠璃琴）を携へてこれに從つた。この經典では說明して居らないが、この琴は嘗て惡魔の携へてゐたものであつて　佛陀成道の時、地神の湧出に驚いて惡魔が小脇から落して逃げ去つたものを、帝釋天が拾つて般遮芝佉に與へたものだと云はれて居るものである。

諸天は村と山とを全體光に包んでこの窟の前に來て見ると、世尊は禪定に入つてゐられる。帝釋は自ら近づき難いのを見て、般遮芝佉に命じて音樂を以つて先づ世尊を樂ませようとする。般遮芝佉は命に依つて適當な處に立ち、琴をかき鳴らして戀の歌を歌ふのであるが、この歌は十四個の首路迦（śloka）から成り、韻律頗る美しく、且つ切々たる戀情を歌うて、而も高雅に、法が阿羅漢に對して戀人たるが如く、御身は我に戀人なりと、佛陀に關し法に關し阿羅漢に關し、即ち三寶に關すると共に又戀に關する歌であつて、阿含・尼柯耶に於いて最も調うた最も美しい歌の一である。世尊はこの歌と琴との諧調によつて、快く禪定より醒め、歌と琴との音を賞めて、この歌を何處で學んだかと尋ね給ふのである。すると、般遮芝佉は、これは世尊が成道して間もなく、猶尼連禪河の邊りにゐ給うた時分、自分の戀心を歌うたものであつて、乾闥婆の王なる仁婆流（Timbaru）の姬、跋陀（Bhaddā）を戀したが、姬には帝釋天の御者摩多利（Mātali）の子芝佉提（Sikhaddhi）といふ戀人があつて、我が戀は容れられない。止むなくこの瑠璃琴を携へ、姬の家の前に佇み、琴を撥き鳴らし、この歌を歌うた處が、姬が家の中から出て來て、「誠に心地好き歌である、世尊のことに就いては自分は忉利天の正法殿の舞踏會の時に伺つて居るけれども、未だ御會ひしたことがない、その世尊のことをかほど美しく歌うてあるのであるから、一度あなたに御會ひしませう」と云ひ、この歌の爲に戀人に會ふ事の出來た歌でありますと説明する。

かう云ふ話が世尊と般遮芝佉の間に交はされてゐるのを知つて、帝釋天は般遮芝佉に自分の名に於いて世尊に御挨拶を申さしめ、許されて世尊の御前に出て、嘗て毘沙門天の妃、槃闍那（Bhuñjati）をして世尊の御氣嫌を伺はしめた事があることを語り、[23]又世尊の女の弟子であつた瞿卑迦（Gopikā）がその善行のために今生れて男性となり、我が王子となり、同時に天界に生れた世尊の男の弟子の二人を鼓舞せしめて梵輔天に生れさせた事を語る。瞿卑迦は後に佛傳に入つて釋尊在俗の時の妃となり、又入法界品などの大乘經典に於いても佛妃として取り扱はれるやうになつてゐる人であるが、今茲では單に三寶に歸依する釋迦族の女となつてゐて、妃としてはない。然し增一阿含（大・二・五五九上）になると、比丘尼であつたものとし、これ以後の經典・佛傳には皆妃としてゐるものである。首楞嚴三昧經（大・一五・六三五上）には、この經に依つて、瞿域天子に何故に汝は女身を轉じて男身となりしやと、他の菩薩をして問はしめて居るのである。

この瞿卑迦のことは、これより以前、何がその資料となつてゐるものか私には解らない。或は歷史的資料があつたものかも知れないが、或はインドラ・ゴーパー（indagopaka, indra-gopā）と云ふ語があつて、因陀羅に守られる蟲の名であるが、かういふ熟字のある所から瞿卑迦（Gopikā）と云ふ釋迦族の妃が考へ出されたのではあるまいか。

この瞿卑迦のことを語り終つて、帝釋は釋尊に平素の疑を匡し度いことを願ひ、「何故に、人間及び天上の神々は互に憎害することなしに睦じく生活しようと思ひ乍ら、互に憎惡の生活をなすのであらうか」と尋ねる。愛することを欲し乍ら、何故愛して生活することが出來ないかといふ、實際の人間の惱みを打ち開けた適當の問である。これに對して世尊は緣起系列中の別系と云はるべきものを出して答へ給ふのである。かう云ふ問答が數番つづいて、帝釋は教を受け終つて、

「他の沙門婆羅門は、私を見、私の語を聞くことを無上の光榮とする劣つたものであるのに對し、世尊は實に我が師であつて、私はこれに依つて預流果に入つた」旨を語つて喜び、次いで、かくの如き喜びは阿修羅との戰に勝つた時に得るものであるが、後者は離欲と涅槃の爲でなく、前者は離欲と涅槃の爲であることを云ひ、恰も阿育王の、戰の勝利と法の勝利について語るが如きを思はしめる。帝釋天は續いて、かくの如き喜びにある自分が猶生死界中にある事を語り、色究竟天に生れんことを願ひ、長く佛陀を求めて佛陀に會ひ得た喜びを述べ、般遮芝佉を呼んでその功を賞し、その戀人跋陀を與へることを約して、この經典は終るのであるが、その結構前後完備し、佛教文學に於いて最も重大な缺陥である表現も、相當巧みになされてゐるものである。

その五本を比較して見ると、巴利本が最も完備し、又最も長く且つ偈が多い。他の四本は最後に梵天が顯れて帝釋の歸佛を語つてゐるが、これだけを巴利本は缺いてゐる。この經典は帝釋が初めて佛陀に見え、歸依したことを語るものであつて、梵天を玆に出したのは、嘗て既に說法を勸請した梵天と並べて、二神共に玆に歸佛者となつたことを示すものと思はれる。

この經典には先に云ふ、帝釋が三寶歸依者たること、訪佛聞法者たること、正法を求め修める神なること、善行の果報として得る地位なること、その境界が猶生死界中なること、三界說に於いて四王天を統理する一天であつて、梵天界の下位なること等を合せ顯してゐるが、帝釋に關する經典として、他の短い經典の綜合としてあるのではなく、却つてそれらの經典よりも古く顯れたものであらうと考へられる。何時の時代、何時頃と云ふことはつきり云へないが、私は阿育王以前の經典たることは疑ないと思ふ。さうしてこの經典に於いて知られる重要なことは、先に云ふやうに、この經典が巴利相應尼柯耶二二・四、雜阿含二〇・一六（大・二・一四四下）に引用せられることから、雜阿含の材料が必ずしも他の諸經のそれよりも古いものでないと云ふことと、この經典中殊に巴利本の偈を見ると、遊行經の場合と異なり、偈があつて長行が作られ、その偈と長行とが並べ擧げられたものでなく、長行があつて後に偈が作られたものであると云ふことである。

以上述べて來たところで、佛滅後いろ〳〵の形の經典が徐々として數多く作られて來たことを知ることが出來るが、その數が多くなつたについて、玆にこれを如何に集錄するかといふ問題が生じて來たのは、當然のことと云はねばならぬ。然しこの集錄の必要が起つて、その實行に取りかかつたのが何時頃か、又如何やうに集錄せられたかに就いては、非常に異なる議論が行はれて居るものであつて、輕々に云ふことは出來ないものである。

その異なる議論を纒めて見ると、九分敎又は十二部經の纒め方が先にあつて、それから後に四部・五部・四阿含等の纒め方が行はれたとするものと、四部・五部・四阿含の纒め方が最初になされて後、九分又は十二部にその內容又は形式から見て分けて云はれるやうになつたと云ふ說とにすることが出來る。前者も勿論又其の中いろ〳〵に分れるのであるが、宇井、椎尾兩博士はこの說の主張者であり、最近林屋友次郞氏は、九分と十二部について、十二部が最初に云はれ九分が後に云はれたものであるが、兎に角十二部・九分の纒め方が先に行はれて後、四阿含の纒め方が起つたものだとせられる旨を發表せられた。後者は十分その說を主張する人もないが、美濃晃順君は「佛敎研究」（大谷大學發行）七卷・一―四號にその九分十二部經の研究を發表して、原始經典群が四阿含等に纒められ、後にその經の敎權の範圍を定めるため十二部經が最初に云はれ、後九分經が云はれたもので、九分・十二部は敎權の範圍を定め內容を規定したものとせられてゐる。私は今これらの諸說を參考とし且つ批評しつつ、私の意見を述べて見たいと思ふ。

佛敎經典が纒められた形が如何なるものであるかを推察する材料となる確實な史料は、今では三つしかない。これを時代順に後代の方から云ふと、彌蘭陀問經（Milindapañha）にはその一二一頁に、

Te ca tepiṭakā bhikkhū pañcanekāyikāpi ca catunekāyikā ceva Nāgasenaṁ purakkharuṁ.

「彼等三藏の比丘、及び五尼柯耶に通曉する比丘、及び四尼柯耶に通曉する比丘は、ナーガセーナを先達となしき。」

とあり、又その九〇頁には、

So pi āsi tipeṭako. 「彼も亦三藏者となれり。」

とあり、彌蘭陀問經の創作せられた時代には經・律・論の三藏が確立し、五尼柯耶又は四尼柯耶と云ふことが云はれてゐたこと、即ち經典が五部又は四部に編纂せられてゐたことは明かに知ることが出來るのである。この中、三藏は經・律・論であること明かであるが、四部・五部が何を指すか猶疑問がないとは云はれない。四部は長・中・雜・增一であらうけれども、五部がこの四部に小部を入れて五部なのか、小部を入れるとして其の小部の中へ何を入れたものかとなると、長部師（Dīghabhāṇaka）の說と中部師（Majjhimabhāṇaka）の說と異なり、それを論藏とするか經藏とするかに就いて異說があつて、一定しない。然し玆に三藏と云うて經・律・論の大區分をしてある以上、その論や律を又五尼柯耶中の小部と云はれる中へ收める筈もない譯であるから、三藏の區別のなかつた時の五部ならば、その小部に大きな動搖もあつたであらうが、今の場合は、五部は經藏中の分類であると見るのが至當であらうと思ふ。この場合もその五部の一が果して小部と云はれたか、又小部としても今の樣に十五種のものを含んでゐたかどうかは勿論問題である。

それで尠くとも彌蘭陀問經創作の時代には經・律・論の三藏に分たれ、その經が五部になつてゐたことは確實であるが、彌蘭陀問經は古い成立ではなく、西紀一世紀以後のものであることは大抵の學者の一致する所であるから、それに間違ないとして、西紀一世紀には三藏五部の區分がしてあつたことを知ることが出來る。

次の史料はブハールフート（Bharhut）の塔の玉垣に彫られてあつた寄附に關する刻銘であつて、

Aya-Jātasa peṭakino[24] suchi dānaṁ (No. 134)

「藏に通ぜる聖者ジャータの施」

Aya-Chulasa sutaṁtikasa Bhogavaḍhaniyasa dānaṁ (No. 95)

「ブォーガヴドハナの經師聖者チュッラの施」

Budharakhitasa pachanekāyikasa dānaṁ (No. 144)

「五尼柯耶に通ぜるブッダラッキタの施」

の三種である。[25] この刻銘は所謂阿育文字で書かれて居るものであつて、西紀前二世紀のものであるが、このスッタンティカ(suttantika)[26]は誦經者の意味であることは疑ふべくもなく、さうすると西紀前二世紀には誦經者及び誦經者に對する持律者があつた筈であり、經も律も專門の受持者を要する程になつてゐたことは疑ない。次にペータキノー(peṭakino)はピタカ(piṭaka)に精通するものを意味するが、ピタカは籠に入れて一かたまりにする意味で、大きな區分を示すものであるから、一藏といふことは意味がなく、少くとも二藏を意味することは明かであり、二藏を意味するとすると、經藏・律藏を意味することも明白である。又パチャ・ネーカーヰコー(pachanekāyiko)も四部と小部を意味し、その小部が何を包攝するか、前に云ふが如く問題であるが、兎に角四部には經藏の長・中・雜・增一を意味してゐることは確實であつて、西紀前二世紀には尠くとも四阿含が確立してゐたものであることを知ることが出來る。或はこの時代には論藏の發達は相當あつたが、未だ一藏として獨立する迄に至らなかつたから、小部に攝して五尼柯耶の一部となつてゐたものかも知れず、從つてペータキノー(peṭakino)は、先に云ふやうに經律二藏に精通するものを意味すると考へるのが確かであるかも知れない。何れにもせよ、史料に依つて西紀前二世紀に經藏・律藏は成立し、經藏は長・中・雜・增一の四部、又はこれに小部を加へて五部に分たれてゐたことを知ることが出來る。

次は西紀前三世紀の阿育王の詔文に顯れる史料であつて、その文は既に前（一二八頁）に出したから略するが、それに依ると、

第一にヴィナヤ・サムッカセー（Vinaya-samukase）といふ語を前に解するやうにすると、阿育王以前、犍度分大品の初めは成立してゐたことを知ることが出來、又、

第二に經典がばら〳〵に、經集（Suttanipāta）から三經、增支部から二經、中阿含から一經、引用せられて居つて、而も何部から引くとしてないことを見ることが出來る。宇井博士は、かくの如き引用の仕方は、尼柯耶があつて、その尼柯耶から引いたものとは思はれない。尼柯耶があれば何々の尼柯耶からと云ふ風に云ひさうなものであり、又尼柯耶を基として考へると餘りに雜然たる引き方であると云つて居られるが[27]、必ずしもさう見る必要はないと私は考へる。何故なれば、經典中相互に引用する場合でも、その尼柯耶の名は云ふ迄もなく、經名も出さないことが多く、後世婆沙・俱舍等の論部が經典を引用する場合でも、尼柯耶を云はない方が多い位であるから、阿育王の詔文に於いて尼柯耶の名がないとしても、尼柯耶の存在を否定することにはならず、又その經を擧げる擧げ方も、教理に亘り教誡に及び、相當適當なものであると考へることも出來るのであつて、「何等分類編集なく、個々別々に存在してゐた經の中から、四衆の聽聞思念に適切なものを擧げたもの」と考へることも出來ないと思ふ。前に述べた通り、阿育王以前には轉法輪經等の教理に關する短經、涅槃經の如き佛傳に關する長經等、其の他が既に編述せられてゐたことは考へられるから、阿育王の時代迄には經律共に非常の數に上つてゐたに相違なく、又さう考へないなら、ヴィナヤ・サムッカセーと云はれる筈もないと思はれるが、從つて何等かの編述がなくては到底傳持し得なかつたであらうと思ふ。尠くとも此に依つて阿育王は四部・五部・四阿含

の語を知らなかつたとは云はれない。誥文だけの僅かの史料ではさうは云はれないと思ふ。反對に知つてゐたが、其が誥文には顯れなかつたとも言ひうると思ふ。阿育王文字が用ゐられた期間を十分に知ることが出來ず、從つてブハールフート（Bharhut）の刻銘の正しい年代を知ることが出來ないから、言ひ切ることは出來ないが、旣に阿育王の即位が西紀前二七一年であり、四部・五部の名が刻銘に顯れてゐるのが西紀前二世紀とすると、その二世紀を必ずしも二世紀の初頭でないと云ふことも出來ないから、それから七八十年を遡つて、阿育王が四部五部の名を知つてゐたといふ事も必ずしも言ひ得ない譯ではない。然し阿育王が知つてゐたかゐないかは、これだけでははつきりすることの出來ないものであるから、このことは暫く茲で打ち切つて、以上三種の史料からすると、西紀前二世紀には經律二藏及び四部の分け方が成立して居り、西紀前三世紀阿育王の時には細かいことは知り得ないが、ヴィナヤ（Vinaya）の佛傳も成立する程度に、經律の數が多くなつてゐたと云ふことを知ることが出來ると云ふに留めて置かう。

次に宇井博士が「つまり阿育王當時には經は其の一半は九分敎に纒められたものであり、一半は全く此の如きことなくして別々に（ばら〳〵に）存在して居るものもあつた」と云はれることを吟味して見ようと思ふのであるが、私も先に云ふが如く、阿育王迄の時期に相當な纒め方なくしては到底傳持し得なかつたに相違なく、又纒める後から新經が發見せられたり、作られたりして、ばら〳〵に存在してゐたものも相當あつたであらうと云ふだけは一致してゐるのである。宇井博士の場合は、そのばら〳〵の中から增[23]一阿含の二經、中阿含の一經及び律の一經を阿育王が指示した事になつてゐる。何故なれば、纒められたものは九分敎であつて、九分敎に相當經を當てはめた中に、すべてこれらは洩れて居るからである。

そこで茲に初めて九分敎・十二部經の問題に入るのであるが、九分敎・十二部經が法又は經と云はれるものを分類したものである事は議論のない處であつて、此は宇井博士も云はれるやうに、島史も第一結集の記事に法と律とを結集したとし、その法とは九分教であるとなし、巴利中尼柯耶（一卷一三三頁）、增支尼柯耶（二卷七頁、一〇三頁、一七八頁、三卷八六頁、一七七頁、一七八頁、三六一頁）は又法を九分教とし、中阿含（大・一・四二一上）は法を十二部經としてゐる事に依つて知ることが出來る。然し、この法を九分十二部とすると云ふことに就いては、法の概念に於いて混亂があるのであつて、一は法即ち經が九分であるといふ事を意味し（島史のそれ）、二は所詮の義に對して能詮の教法といふ意味で經律、もつと廣く云へば論をも含むものである（中阿含一經・七知經、增支尼柯耶七・六四、增一阿含三三・一）。この時は法は法と律とを含むものであるから、それで經の中に二百五十戒を含ませることもあり得る譯である（智度論三三、大・二五・三〇七中）。それで茲に我々の知ることの出來るのは、法の廣狹に亘つて九分十二部に分けることが行はれたことがあると云ふだけであつて、それ故に、九分十二部が古い分類であると云ふことは決して云はれないものである。何となれば、島史では法を九分教とし乍ら直ちに、ヴッガ（vagga）、パンニャーサカ（paññāsaka）、サムユッタ（saṃyutta）、ニパータ（nipāta）と長・中・雜・增一の編名を出して四尼柯耶に言及して居り、中部、增支部、中阿含などで法を九分十二部としてゐるのは、後に（四阿含編成の後にとしてもよい）九分十二部の名目が出てから、其處に云はれた迄のものであるからである。このことは注意して置かねばならぬ。

それで佛鳴（Buddhaghosa）の註釋に就いて云ふ場合、彼は九分教を三藏に亘るものと解してゐるが、もし假りに九分教・十二部經を狹くとつて法即ち經の分類と見たものだとすると、茲にこの九分教・十二部經の經に、兩分別解釋即ちスッタ・ヴィブハンガ（Suttavibhaṅga）を入れてゐるのは頗るをかしい事になるのである。初め法と律とに分けて、後それを暗記に便なるやう——實際はその中の或るものは必要上既に行はれてゐたのであるが——簡單なスートラ（sūtra）的文格に直したから法は經と呼ばれ、律もスートラ的文格の波羅提木叉は經と呼ばれたのであつて、波羅提木叉が經と呼ばれるからと云うて、この九分十二部の經の中に波羅提木叉を入れるのは不合理である。況んやその波羅提木叉の解釋分であるスッタ・ヴィブハンガを入れるのは非常な不合理と云はねばならないのである。これはスッタ（經）の字に迷うてした解釋である。又法を廣い意味に取つて、經律又は論を含めての分類だとして、兩分別解釋をその經（sutta）だとすると、ヴィブハンガ（vibhaṅga）の中のニダーナ（Nidāna）とかジャータカ（jātaka）とか云ふものも經となる非理が起り、何れから見ても佛鳴の解釋が妥當でないことは明かである。然るに、茲の解釋にのみ佛鳴を重用しようとすることはをかしなことと云はねばならない。

　それで九分十二部そのものの精査は更に後ですることとして、經律の纏め方の最初になされたものに就いて私の考へを述べようと思ふ。私は阿育王以前數十年、佛滅を去る三四十年の時分に、既に相當の數の經典が製作されたものと信ずるのであるが、それは既に前に云つたことである。この時分からそろ〳〵經律の或る纏め方を要求して來たに相違ない。阿育王の直前になると、經律の製作は益〻多くなり、相當の大きな經典、長阿含・中阿含に含まれるやうな經典が顯れたことは、既に云つた通りである。又律の方ですると、スッタ・ヴィブハンガ（Suttavibhaṅga）の或る形が出來、犍度分の大品の初めも出來てゐたことは、阿育王の語文に依つて知ることが出來る。宇井博士は、この時は大品は初轉法輪から初まつてゐたものだと云はれるが[29]、必ずしもさう見るべき必要はなく、或は成道から初まつてゐたと考へても差支ないと思ふ。茲に考へねばならぬ優陀那（Udāna）との關係は後に論ずるとして、兎に角律典は相應の形に編まれてゐたことが考へられるが、さうすると、經典の方でも大きなものになつてゐたであらうし、內容の方から考へても、前に云つたやうな經典、及び阿育王語文に顯れてゐる經典のやうな地位內容の經典は、その成立を許される譯であるから、相當な數に上つてゐたのでなければならぬ。九分教初成立說を取る宇井博士は經集（Suttanipāta）中の經典や優陀那（Udāna）や又は相應尼柯耶有偈品の經典を古いものとせられるが、多くは偈であるから語は古いには相違ないが、內容は必ずしも、その他のそれに含まれない經典より古いことはない。天部の研究にも云つたやうに、それらの偈中には天部に關する後期の思想が顯れ、佛陀に對しても相當な神秘化が行はれてゐるから、これらを古いとすれば、只簡單に教理を說いたり又は佛陀と異教者の間の出來事を顯したりする經典は、より古いものとせねばならない。さうすると、第一に經典の數が非常に多くなり、どうしても或る纒め方をせねばならないやうになつてゐたことと、第二に今云はれてゐる九分教初成立說の九分教の內容では、盛り得ないものが非常に多いと云はねばならない。それで私はその纒めることが何時頃かと云ふことは、もとよりはつきり云はれないが、尠くとも阿育王以前、勿論分派以前に或る纒め方が行はれつつあつた。さうして、それは長・中・雜・增一の四阿含流の纒め方であつたと考へるものである。即ち長い經典は長い經典として一つに、中位の經典は中位の經典として一つに、短い經典は短い經典として組み〳〵に分類して一つに、數目的のものは數目的に一つに纒めようとして來たと思ふ。この纒めようとして來た期間は相當の年月の間であつたであらう。さうして相當の年月を經て、阿育王以前、分派以前、四部・四阿含の編纂は完了してゐたと考へるのである。さう考へることが妥當であるか否か、更に項を分けて考へて見よう。

第一に、九分教・十二部經初成立說を何故に取らないかと云ふについて論じて見よう。

九分教初成立說は、九分十二部の關係を、九分が先に顯れて十二部が後に云はれるやうになつたと云ふことに立脚し、十二部初成立說はその反對に、十二部經が最初云はれて九分が後から十二部中のものを除いて云はれたと見るところに立脚するものであるが、此の九分十二部の關係に就いて前後を判ずる理由の中、

一、「九分十二部の出典箇所を檢して見ると、九分十二部何れも經典に顯れてゐるものは、後世の挿入を思はせるもの

である。どうしても其處になくてはならない、其處から除くことの出來ない出典は發智論だけである。さうすると、發智論に於いて初めて十二部經が云はれて、これが他派にも用ゐられて、或は十二部・十一部・九分となつたものである」とする美濃君の說があるが、然しその說を檢して見ると、必ずしも發智論が最初に十二部と云ふことを發明して云ひ出したと云ふ風ではなく、發智論も既に云はれてゐたことを茲に應用したと云ふ具合であるから、十二部が最初に云はれて後、九分となつたと云ふことは、此の理由では斷じ得られない。何時と云ふことははつきり云ひ得ないことであるけれども、恐らく部派未分以前に此の九分十二部は云ひ出されてゐたものに相違ないと思ふ。それはこの九分十二部の出てゐる漢巴の經典が、合致しないものもその數は多いけれども、又その場所に於いて合致するものも次に掲げる如くその數の多い所から見て、若し後に云はれ出したことを茲に挿入すると云ふことになれば、かくの如き合致は決して起るものでないと云ふ點から云はれ得ると思ふ。

中阿含一經・善法經（大・一・四二一上） A. N. VII, 64 增一阿含三九・一、七知經（大・一・八二〇上）
中阿含一七二經・心經（大・一・七〇九中） A. N. III, 186 (vol. II, p. 178) 意經（大・一・九〇一下）
中阿含二〇〇經・阿梨吒經（大・一・七六四中） M. N. 22
增一阿含二五・一〇（大・二・六三五上） A. N. III, 102
增一阿含三九・一（大・二・七二八下） A. N. VII, 64
雜阿含四一・二〇（大・二・三〇〇下） S. N. 16, 6 別譯雜阿含六・七（大・二・四一五上中）
長阿含二經・遊行經（大・一・一六下） D. N. に缺く。般泥洹經（大・一・一八八上〔一七六下、一九〇下、一九一上參照〕）大般涅槃經（昃一〇・二四、編者未詳）

この論據は極めて消極的であるけれども、かくの如き諸本の一致は、九分十二部が後にそれだけ挿入されたものと見るよりは、初めから法ならば法の說明として云はれてゐたものが、諸部派間に別々に傳へられ來つたものと見る方が至當であらうと思ふ。ただ茲に殘る問題は、それらの經典が分派以前の成立かどうか、その分派と云ふは何時頃かと云ふことであるが、分派の時期に就いては、旣に前に云つた通り私は阿育王以後であると信じて居るものであり、さうしてそれらの經典は、それ以後のものであることを云はねばならぬ內容は持つて居らないと思ふ。勿論、それ以後その內容に多少づつ變化があり、その變化されたものが部派に傳へられた譯であるが、大體に於いてその內容を以つて分派以前に成立したものと考へて差支ないと思ふ。さうして、もし九分十二部が部派未分前の所唱であるとすると、十二部中の優波提舍（Upadeśa）を現存小部中のニッデーサ（Niddesa）の如きものと見ても、かくの如きものがこの時代迄に製作されたとは考へられないから、最初の所唱は尠くとも十二部でないだけは明白であり、阿波陀那（Apadāna）も龍樹が例示してゐるやうなものとすると、多く律典中にあり、經藏中には少く、僅かに巴利長尼柯耶十四 Mahāpadāna S.（長阿含一經・大本經、增一阿含四八・四）と中阿含・長阿波陀那だけであるが（智度論三三、大・二五・三〇七中）、後者は何の經典か解らない。それで初めは獨立に考へられてゐなかつたものであり、後、律藏をも九分十二部の中に入れる考へが盛になつてから、別立したものでないかと思はれる。さう云ふ譯で、九分敎の所唱が原始的でないかと考へられて來るのである。「宗敎研究」新五卷第一號所載の林屋氏の所說を見ると、氏は十二部經なる經典が最初成立した後、その部派的立場から任意に三個の經典を除去して、部派的に異なつた各種の九部經を生じたと云はれて居るが（一〇二頁）、この所說も謂はれのないことで、そんなに古い時代に優波提舍などの目があつたとは到底考へられない。又氏が云ふ十二部經から南方九部經の生じた徑路、法華經九部經の生じた徑路などは、全く獨斷であつて論ずる價値がないと思ふ。この外に氏は十二部初成立の論據を示して居らないからただ十二部經が古いものだと云つてゐるに過ぎないのである。

それで九分教が分派以前唱へられて、それから九分教そのものに動搖を生じ、次いでそれを纏め、更に優波提舍を加へて十二部經としたものであると考へた方が妥當であらうと思ふ。

その最初の九分教は如何なるものかと云ふと、それは巴利系の經說と僧祇律（大・二二・二二七中）の所說と一致するそれであつて、本事經五（玄奘譯、大・一七・六八四上）も同樣であり、大般涅槃經金剛身品第二（大・一二・三八三下）、同如來性品第四も同樣である。即ち、

經、祇耶、記別、伽他、憂陀那、如是語、本生、方廣、未曾有

の九であり、これが十住毘婆沙論九（大・二六・六九中）所載の犢子所說と考へられてゐる九分教では、「本生」を除いてその代りに尼陀那を入れ、大集法門經（大・一・二二七中）の部派では憂陀那の代りに尼陀那（緣起）を入れ、法集經（大・一七・六一二上）は尼陀那を加へて十部としたものである。尤もこの法集經は後期の大乘經であつて譬喩と優波提舍を除くつもりかどうかは不明である。林屋氏が法集經は阿浮陀達磨を除いて九部としてゐるやうに云つてゐるのは（「宗教研究」新五卷第一號一〇〇頁）誤りである。かくて種々の九部が出來、この九部を全部生かして（即ち十部に）、それに譬喩（Apadāna）と優波提舍を加へて十二部としたものであると考ふべきである。法華經（大・九・七下）はこの中、授記（Veyyākaraṇa）、憂陀那（Udāna）、方廣（Vedalla）を略し、因緣、譬喩、優波提舍を加へて九部法としてゐるが、これは大乘經典であり、十二部經成立以後のものであるから、今茲に加へることは出來ない。

巴利系	十住毘婆沙論	大集法門經
（本事經、大般涅槃經）	（犢子部所說）	

Sutta	修多羅	契經
Geyya	祇夜	祇夜
Veyyākaraṇa	授記	記別
Gāthā	伽陀	伽陀
Udāna	憂陀那	
	尼陀那	緣起
apadāna		
Itivuttaka	如是語經	本事
Jātaka		本生
Vedalla	斐肥儸	方廣
Abbhutadhamma	未曾有經	希法
upadesa		

それで九分十二部の關係は九分成立が早いが、然し此のことは九分が分類聖典として成立したことを意味するものではない。その最も明かな證據は、例へば方廣（Vedalla）の如き、又未曾有法（Abbhutadhamma）の如き、分類聖典として決してあり得たものではない。今日多く云はれてゐる所から見て、方廣は、

M. N. 9, Sammādiṭṭhi S.　増一阿含、四九・五・因衆法
〃　21, Kakacūpama S.　中阿含一九三經・牟犁破群那經

〃 43, Mahāvedalla S. 同 二一一經・大拘絺羅經
〃 44, Cūlavedalla S. 同 二一〇經・法樂比丘尼經
〃 109, Mahāpuṇṇama S. 雜阿含二・二六
〃 110, Cūḷapuṇṇama S.
D. N. 21, Sakkapañha S. 長阿含一四經・釋提桓因問經

等であり、未曾有法は、

A. N. III, 127 佛出現時四未曾有法（神秘的）
〃 III, 128 同 （精神的）
〃 III, 129 阿難の四未曾有法
〃 III, 130 同（轉輪王を例に引く）
〃 VIII, 19 海の八德 中阿含三五經、增一阿含四二・四
〃 VIII, 20 同 中阿含三七經、增一阿含四八・二の前半
〃 VIII, 21 郁伽長者の八德 中阿含三八經
〃 VIII, 22 同 同
〃 VIII, 23 手長者の八德 中阿含四〇經の後半、四一經
M. N. 123 Acchariyabbhutadhamma S. 中阿含三二經・未曾有法經
世尊の八德（神秘的）

等であるが、[30]方廣として擧げたこれらの經典が相當古いとして、これらの經典だけで分類せられた聖典として存したものではあり得ない。これらの經典は方廣といふ字義に相應する内容を持つてゐるけれども、分類別出されて方廣となつてゐたものであるとは考へられない。方廣として一纏めになつてゐたものが、後に長阿含・中阿含に編入されたと考へるよりは、長阿含・中阿含の中、方廣の字義に當て嵌まるやうな性質のものを、方廣といふ名で呼んだものと考へる方が妥當であると思ふ。このことは未曾有法に於いても同樣に云はれることであつて、前揭の未曾有經の中、最初の巴利增支尼柯耶四・一二七、同中尼柯耶一二三の如き、佛陀に關する神秘化の非常に著しいものであつて、到底古いものであることが出來ず、その他も種類がいくつもなく、これだけで分類別出されてゐたとは考へられない。これも阿含・尼柯耶の大きな分類に含まれてゐたものを、未曾有の名のあるところから、九分十二部に於いて、それらの經典を考へつつ未曾有法といふ一名目を立てたものと思はれるのである。授記にしてもさうであつて、宇井博士は、授記はもと解釋の意であり、現今巴利相應尼柯耶の第二聚因緣聚（Nidāna-vagga）の初め八聚であらうと云うて居られる[31]が、この考へはただ考へであつて、何物もそれを證定するものはないのである。傳統解釋の方で云ふと、婆沙論は「諸經中諸弟子問ひ、如來記說し」云々と問答に依つて義を記說するものだと云ひ、佛鳴（Buddhaghosa）は「諸經中、論藏と偈のない經と及び九分中この三分に入らざるもの」としてゐるから、偈がないといふことを條件とし、論藏的な經典と云ふことになるであらう。この佛鳴の釋は甚だ不得要領のものであるが、兎に角簡單な經でないことを示してゐるから、この南北の傳統解釋に從つても宇井博士の如く考ふべきでなく、巴利相應尼柯耶第二聚初八聚は寧ろ經となすべきもので、授記は長阿含・中阿含等にある、問に依つて多少論藏的に說かれた經を指すものと見るのが正しいと思ふ。さうすると、これも一群の經典として別立して居らず、さういふ種類の經典が散在する事を豫想して名けたものと見るべきであらう。祇耶（Geyya）、伽陀、優陀那に就いてもかく云はれると思ふが、それらは何が祇耶か伽陀かを論定することが困難であるから、茲に省いて置かうと思ふ。

以上、九分教はその全部でなくても尠くともその二、三は分類別出せられたものでないとすると、これだけでも九分が四阿含以前に成立したと考へる說は崩れる譯であるが、更に宇井博士の云はれる經とか偈とか祇夜とか云はれるものを調べて見ると、經とは經集(Suttanipāta)の初の四聚であると云はれてゐるが、此は經集が古いといふ豫想に囚はれて居るものであつて、それらは多く伽陀であり、中に稀に祇夜があり、從つて經と伽陀・祇夜の區別がつかなくなるのである。經が伽陀化せられることはあつたことでもあらうし、又差支ないが、すべて伽陀とせられたものである筈がなく、經集のそれらよりは、轉法輪經の如き、又巴利相應尼柯耶因緣聚初八聚の如きは遙かに古いと云はねばならぬものであり、短くして記憶に便なるやう略詮されたものである。婆沙論では、經中に散見する諸行無常・諸法無我・涅槃寂靜の如き簡潔に教理を纏めたものを指すとしてゐるが、これはそれらのみが經だと云ふのではなく「さう云ふものを經と呼ぶ」と、その著しい例を擧げたもので、轉法輪經の如き、因緣聚の諸經の如き、簡潔に作られた略詮體の散文はみなこの經と云ふべきであると思ふ。尠くとも經が散文であることは傳統解釋も支持するし、又偈や祇耶とも紛れないで至當であるが、經集の初め四聚とするのは傳統解釋の支持がない許りでなく、何に依つて偈及び祇耶と分つべきかを苦しまねばならない譯で、不合理である譯である。それに經集のそれらの諸小經は佛陀に對しても相當神秘化の行はれたものであつて、其が相當古いものであるにしても、それ以前既に多くの經典がなければならない譯であつて、それらを除いて其が經たり得ないものである。次に祇夜について考へて見ると、先に云ふが如く、實際は祇夜と伽陀(Gāthā)と優陀那(Udāna)には內容上の區別はなく、ただそれは長行に望めての相違だけであつて、長行との關係の相違上優陀那と祇夜とあるとすると、初めから長行なしの偈も存在してゐたであらうが、主としてその優陀那と祇夜から散文を拔き去つたのが伽陀であつて、さういふ伽陀集が法句等であるのである。さうして法句はもとより、長老偈や長老尼偈は、後の抜き出し又は創作の編輯であるから、それよりも古いものは祇夜又は優陀那だと云はれ得るであらう。九分教はその名稱から見ると、現存小部と非常に關係があるやうに思はれるものであり、優陀那は現存聖典の優陀那であるかの如くにも見えるが、聖典としての優陀那は可なり新しい要素があり、又私の考へでは阿含・尼柯耶から借り來つたものが多く、小誦（Khuddakapāṭha）と同じやうに、沙彌などに對して用ゐた教科書の感がするものであつて、古い九分教の優陀那があつたとしても、決して其でないことは明かであらうと思ふ。かういふ偈が阿育王以前にその數が非常に多くなつてゐたことは、前に既に云つた通りであるが、その偈が、中には全く長行なしで存在してゐたり、又短い長行を持つてゐたり、或は相當長い長行と結び付いてゐたものもあるであらう。この短い長行を持つた偈の中、優陀那形式を採らないものが一つに纏められて、巴利相應尼柯耶の第一聚有偈品（Sagātha-vagga）となつたものであつて、有偈品は祇夜には相違ないが此のみが祇夜でなく、他にも長短種々の長行を持ち、殊に長い長行を持つ爲に玆に採用されず他に集錄せられたものも多數あつたであらうし、又從つて有偈品は九分教の祇夜として編まれたものでなく、四阿含中の相應尼柯耶中の有偈と云ふ品類の同一で編纂せられたものと見ることが出來る。略言すれば相應尼柯耶の有偈品は祇夜には相違ないが、九分教の祇夜ではなく、阿含中の祇夜であり、それを九分教に於いて、其を含め、他の祇夜をも攝して大きく祇夜と呼んだものである、と見る方が宜しいと思ふ。

伽陀に就いては、それ故にそれらの祇夜も伽陀であるのであつて、現にその中の相應尼柯耶七・二・一〇、雜阿含四・一〇（大・二・二七上）の二偈の如き、法句の二六六―二六七として採用せられて居るのである。それであるから、九分教中の伽陀は、後の編纂である法句とか長老偈長老尼偈を指さぬ許りでなく、宇井博士が考へて居られるやうな經集（Suttanipāta）の彼岸趣品（Pārāyana）ではないであらう。宇井博士はこの彼岸趣品を以つて、第一にそれが三度も相應尼柯耶・雜阿含に引用せられて居るから、第二に文字が簡古であるから、佛教經典中最古のものであると云はれるが、靜にその內容を檢して見ると、決してさまで古いものであるとは考へられない。第一にこの彼岸趣品の含む內容は、ゴーダヴリー（Godhavari）河畔に住む波婆梨（Bāvari）梵志が、佛陀の名聲を聞き、道にその十六人の弟子を送つて、佛陀がいかなる人であるかを見させる。弟子達は佛陀を見、各〻質問を呈して佛陀の解釋を得たといふ記錄であるが、このことを他の經典中に保證しうるもののないのはどうしたことか。舍利弗・目連・阿難のことは經典中その實在を證しうる幾多の資料があるが、波婆梨に就いても、阿耆多（Ajita）、帝須（Tissa）、彌勒（Metteyya）に就いても、又その他の人々のことがただ此處だけで、他に殆どないのは、頗る疑はしいことと云はねばならぬ。もとよりこれだけで波婆梨以下の人々の歷史的人物たることを否定することにはならず、この彼岸趣品が相當古いものであることは否定出來ないけれども、若しこれが佛教最古の經典だとして、最古の經典たらしめた程の內容あることだとすると、これらの人々のことはもつと教團に資料がなければならないと思ふ。さうでない所を見ると、玆に第一我々の疑問が起るのである。

第二にその記述が頗る神秘的である。（A）波婆梨を憍薩羅の人としてゐるが、憍薩羅の人がこんな遠い南方に來ないとは云はれないが、實際に來たことを示してゐるのではなく、この人の生地を憍薩羅とすることに或る便宜があつたからと思はれる。卽ち世尊をその生地の人たらしめ、其處に兩者の間に關係を結ばうとしたことと思はれる。（B）天子を借り來つて波婆梨が佛陀の名を聞いたことにしてゐるが、これも最初期經典としては神秘に過ぎてゐる。（C）波婆梨が弟子達を使ひせしめるときに云つた「三十二大人相の人は轉輪聖王か佛陀ならん」と云ふのも、佛傳の後期の神秘化である。（D）波婆梨を百二十歲の老人とし、廣長舌相を有することを語るのも普通ではない。（E）十六人で世尊を逐ふは善いとして、十六人が各々問を呈し、その記錄が殘つたと云ふのも可笑しい。而してその質問と應答も必ずしも適當であるとは云はれず、さう云ふ最古のものであれば、多少、佛陀教說の中心的なものが纒つて說かれてありさうなものであるが、さうではない。それは兎に角善いとして、九分敎の偈であり、且つ最古のものであるものが、どうして佛弟子の中に於いてもさまで重要な地位になく、又事件もさまで重大でないこの波婆梨師弟のことで盡されてゐるのか、それは偶然であると云へばそれでお仕舞であるが、これは解き難い謎であると云はねばならぬ。これらの內容のものよりは、轉法輪經とか緣起・四諦を說いたものとか、さういふ重要な經典で遙かに古いものがあり、又偈でも、「諸行無常、是生滅法、生滅滅已、寂滅爲樂」の偈とか、「諸惡莫作、衆善奉行」の偈とか、其の他これらよりも古い偈は澤山にあると思はれる。要するに彼岸趣品（Pārāyana）は決して經典として考へられてゐるやうにそんなに古いものではなく、後期の、偈の創作の盛になつた時代に、出來上つたものであると思はれる。彼岸趣品がその名で相應尼柯耶・雜阿含に引用してあるのも、必ずしも古いことを示すものではなく、それは長阿含の梵動經、帝釋所問經が、その名で雜阿含・相應尼柯耶に引用せられてゐるのと同じやうに、その雜阿含・相應尼柯耶のそれらの經が、彼岸趣品より、又帝釋所問經、梵動經より新しいことを物語るに過ぎない。

このやうに見て來て、九分敎が他の經典編纂方法より古いといふ說は到底成り立たないと思ふのであるが、更に九分敎で編纂分類せられてゐたとして、先に云ふ樣に、轉法輪經の如き涅槃經の如き、その他頗る重要な經典がその九分敎に收められてゐないことになり、ばら〳〵に存在してゐたと云はれ得るかも知れないが、それには餘りに重要な經典ではなからうか。九分敎と云ふと、その性質から云うて可成りに複雜なものであるが、それであるから、この九分敎編纂があつたとしても、さう早い時代に持つて行くことが出來ないであらうと思ふ。さうすると、九分敎の組織を以つて編纂した時代には經典の數は非常に多くなつてゐて、到底九分敎では纒められないものであつたと思ふ。收め切れない、纒め切れないものであつたであらうと思ふ。それ故に九分敎は何處から考へても最初の編纂方法として考へられたものでなく、編纂されたものの形式內容兩方からする所の種類分けに過ぎなかつたものと思ふ。その編纂された形と云ふのは所謂四阿含そのものであるが、それに就いてその說の持つ難點を次に考へて見よう。その前に一言茲で、九分敎はそれを經藏に限るのと（島史）、經律二藏又は經律論三藏に亘らせるのと二種の說があるが、私は元來九分敎の趣意は、所謂經藏家がその經の硏究上考へ出したものであつて、もとの意味は經藏のみに限つたものであるが、後には律藏にも更に論藏にも行き亘らしめたものであらうと考へる旨を云うて置かう。

さて四阿含初成立說を採ると、如何なる難點があるか。それに就いて考へて見ると、第一に考へられるものは、相當に古いと考へられて居る經典、經集（Suttanipāta）、優陀那（Udāna）、如是語（Itivuttaka）等は、どうして四阿含に含まれてゐないかと云ふことである。茲でよく考へて置かねばならないことは、當時の四阿含が今の四阿含でないこと、今の四阿含はそれから變化し增補せられたものであつて、その中には前に云ふが如く經集のものをも引用して居る程であるが、經集が四阿含に含まれて居る古い經典よりも、決して古いことはなく、旣に前に云ふ通り、經典の順位から云ふと、皆、佛滅後相當の時期を經、佛陀に關して神秘化が行はれ、天部に關しても實在的存在と考へられる樣になつた時代のものであつて、比較的新しいものだと考へられるのである。この經集（Suttanipāta）が四阿含の中に含まれなかつたのは、可成り早くから偈を以つて作られた經典群があつて、それが內容形式から見て、四部四阿含に編入し得なかつたので、小部集として獨立させて置いたものであらうと思はれる。かかることは全く想像に過ぎないことであるけれども、今の處これより外に說明のしやうがないのである。私はこれによつて、經集が四阿含といふ編纂方法の取られた以前のものであつて、しかも右に云ふやうな理由で四阿含以外に置かれたものであると思ふのである。優陀那といふ聖典は、その優陀那がもと偈の一種であるが、それが優陀那と呼ばれることにより、九分教の一種と考へられるやうになつてから後、四阿含中のものを拔き出し、それに更に新作を加へて一聖典としたものであると思ふ。本生譚（Jātaka）も優陀那と同じく、自然に出來た釋尊前生物語、例へばジョーティパーラ（Jotipāla, Ghaṭīkāra）物語の如きものが經中にあつて、それを本生經と呼び、九分教としてから遽に其の數を增し、阿育王の時代には二十八種はその存在を證明せられるし、以後次第に數を加へて遂に本生譚集《ジャータカ》となつたものであらう。如是語（Itivuttaka）に就いては、九分教の伊帝目多迦（Itivuttaka）といかなる關係のものか論議があつて定め難いが、恐らく今の聖典如是語は、錫蘭系上座部の作であつて比較的新しいものであらうと思はれる。かう考へて來ると、四阿含編纂の初まつた頃には、經集（Suttanipāta）其の他僅かの纏つた別行のものを見るだけであつて、大體は四阿含に纏め得たものであり、四阿含に纏め得ない小部のものもあつたから、それを四阿含以外雜部として一括しようとしたものであらう。これが、後に多くの部派が四阿含は四阿含として共通してゐるが、この外に內容不明の雜部を云ふ所以であらうと察せられる。その四阿含以外にあつて、しかも經典として認められてゐた經集中の一、二の經をもととした經典が後に作られて、阿含中に收められたものもあつたのである。

次にこの四阿含と九分教との關係はどうかと云ふに、初めは四阿含が編纂されて、その四阿含に就いて、その內容及び形式の上に種々の種類があるものであるから、その研究の結果として九分教が制定せられたのであつて、九分教は制定せられたと云ふものの、九分教として各〻獨立した經典となつたものではなく、ただ四阿含等の內容となつてゐるものを、こういふ風に眺めたに過ぎないのである。後にこの九分教に依つてその名に依る經典も編纂されたが、然しその編纂されたものと、もとの九分教の其とは全く異なるものである。阿波陀那（Apadāna）の如き、本生譚の如き、如是語の如き、又伽陀としての法句（Dhammapada）、長老偈長老尼偈（Thera-Therī-gāthā）の如き、皆異なるものである。優陀那の如きも、先に云ふが如く、他の部では法句を優陀那としてゐるやうな有様である。阿波陀那は九分敎にはないが、後、十二部經に顯れ、元來英雄の功蹟を記るす傳記文學の意であり、龍樹の例示する所では、長阿含の大本經の如き七佛の傳記であり、又、中阿含一二三經・沙門二十億經[32]の如き二十億の傳記であつて、本生譚（Jātaka）が佛等の前生に關した物語であるのに對して、此は今生又は他生の傳記文學である點に於いて異なるのであるが、現存阿波陀那は全く阿羅漢等の本生譚及び傳記文學となつてゐる。その上梵語系統の佛教ではこれをアヴダーナ（avadāna）と見、譬喩說話とし、百喩經（Avadānaśataka）、天喩經（Divyāvadāna）等を作つてゐる。次第にその意味する所が違つて來たことを見ることが出來る。かくの如く九分敎及び十二部經の意味する所と似通つてゐ乍ら異なる小尼柯耶があり、現存雜阿含[33]を傳へる有部では、(1)憂陀那、(2)波羅延那、(3)見眞諦、(4)諸上座所說偈、(5)比丘尼所說偈、(6)尸路偈、(7)義品、(8)牟尼偈、(9)修多羅を四阿含以外のものと見て居るらしく、法藏部[34]では、(1)生經、(2)本經、(3)善因緣經、(4)方等經、(5)未曾有經、(6)譬喩經、(7)優婆提舍經、(8)句義經、(9)法句經、(10)波羅延經、(11)雜難經、(12)聖偈經を雜藏としてゐるのは、かくして九分又は十二部が編纂された經の名でなく、經又は經律のただの名目的種類であり、後に部派時代となつて、それらの名目のあるものに依つて拔粹し、新作し集めたのが、その他の理由に依つて出來上つたものと一つになつて、雜藏又は小尼柯耶となつたのであるから、雜藏又は小尼柯耶が九分十二部に一致せず、雜藏又は小尼柯耶が互に違ふ所以であると解した方が妥當であらう。林屋氏は、十二部經が經律に三部を取られて各派の九分敎になり、その九分敎がその儘に（經集は多くその儘に）、又變化して（阿波陀那 Apadāna の如き）今の小部になつたものであると云ふ意見らしく、宇井敎授も、九分敎と云ふ成立經典が變化して小部になつたもので、前に擧げた雜阿含四九・二八の優陀那・波羅延那は丁度その成りかかる頃のものだと云はれてゐる[35]が、それなら、九分敎は九分敎としての形だけでもその儘に殘つてありさうなものであるのに、因緣（Nidāna）もなく、授記（Veyākaraṇa）も方廣（Vedalla）も未曾有法（Abbhutadhamma）もなく、他の編纂法の中に吸收せられ、それに代つて解釋（Niddesa）、餓鬼事（Petavatthu）、天宮事（Vimānavatthu）、小誦（Khuddakapātha）等、他のものが加つたことは變なものであると思ふ。それよりも、四阿含と云ふ編纂法が採られて出來た成立經典の中に、九分教と云ふ區別を見、その中、優陀那と伽陀と本生譚と阿波陀那と如是語と、それ〴〵違ふ理由に依つて撰集し、製作增補し、獨立の成立經典となつたものと考へる方が妥當であると思ふ。

それから次に四阿含初成立として、四阿含は同時の成立か異時の成立かといふ問題があるが、私は同時成立說を採るものである。何故ならば經典の數が夥しくなつて來て、何等かの編輯法を採らねばならなかつた時、之を大體に四種類に分けて編輯されたと考へる事は、逐時に雜阿含・中阿含等と編輯されたと考へるよりも自然であるからである。長阿含に長い經典を集めたものであるから、短い經典を集めた雜阿含より新しいもののやうにも考へられるが、事實は決してさうでなく、長阿含は釋尊と異教者の關係を記るした經典が多く、この種の經典は幾らかづつ經典作者の意樂で變化はされて居るものの、可成り史實に近いと考へられる事實を含んでゐるのである。この長尼柯耶の相當に古いものである事は宇井博士も認めて居られる處である[36]。それであるから、勿論大體から云へば短いスッタ（sutta）は長いスッタンタ（suttanta）より古いものであるが、其は經典の作られた最初の時期だけの事であつて、後には經の新古を意味するものではなく、全く長短を顯す語となつてしまひ、スッタンタの後で作られたものでも、短いが故にスッタと呼ばれたもののある事は明かである。それであるから、長・中・雜・增一の四阿含に就いて新古を定めることは出來るものではなく、この點から同時成立說が非難を受ける筈はないのである。況んや先に既に述べた通り、一方轉法輪經の如き短い經典が編まれると共に、佛滅後には間もなく傳承の物語に依つて涅槃經等の長經も編まれ、それからは長短共に並んで數を增して行つたのであるから、編輯の必要の生じた頃には長短精麁種々の經典があつた譯で、其を、初めて短い經典のみを集めて雜阿含とし、後に中・長と編んで行つたとは考へられないからである。編輯の必要に迫られると共に、長い經典は長い經典として一つに、短い經典は短い經典として一つに、中位の經典は中位の經典として一つに、さうして數目的な敎條も澤山あつたから、此は一纏めにして增一的に編輯したと考へる事がどうしても自然であると思ふ。勿論その時の四阿含が今の四阿含でない事は云ふ迄もなく、一一その形を今指摘する事は出來ないが、雜阿含で云へば第二の因緣聚の如き、又第一の有偈聚の如き相當古いものであらう。長阿含ならば沙門、涅槃、梵動及び阿摩晝、種德等婆羅門と釋尊の關係を物語るものなど古いものであらう。中阿含も鋸譬喩、蛇譬喩其他みな又相當古いものである。增一阿含になると、長尼柯耶中に衆集（Saṅgīti）、十上（Dasuttara）、長阿含中に衆集、十上、增一、三聚の增一的經典があつて、その關係如何との問題になるが、恐らくこの長尼柯耶・長阿含中の何れかの經典、その中の最も簡單なるもの、例へば增一經とか三聚經とかが釋尊によつて說かれ、又はその後發達した法數を纏めて置く爲に說かれ、續いて他の增一風の經典が作られ、後編輯の必要の起つた時、これらの經典は長阿含に攝せられると共に、更に長・中・雜と並べて置くべき、より完全な包含的な增一的編輯法を採つて增一阿含を作つたものであらう。增一阿含は巴利本は整備したものであるが、かかる整備したものでない事は勿論であり、又大衆部所傳の現存增一阿含の如き雜駁で種々の要素の入つたものでなく、簡單であつて單純なものであつたであらう。以上述べて來たところで、私は四阿含初成立說を採つても決して無理がなく、さ程この假定で通し得ないものもないと思ふ。少くとも九分敎初成立說よりも、況んや十二部經初成立說よりも難點はないと思ふ。かう云ふ四阿含の纏め方が分派以前、阿育王以前に行はれて一先づばら〳〵になつてゐた經典を整理し終つたのである。この外に經集（Suttanipāta）の諸經及び其の他多少はこの纏められたもの以外にあつたであらうが、大體に於いて四阿含として編輯されたのである。

宇井教授は、「漢譯には安世高以來、通常は四阿含中に入れられて居る經が夥しく單獨の經として譯されて居るが、此の多數の經は、凡べて四阿含中から一一抽出して別行させたものを傳譯するに至つたのであるとしては、到底了解し得らるるものでない。四阿含と纏まる前に分離してゐた經が傳はり、一方四阿含の何れかに編入せられた以後にも別本として存し、その間には多少の變化も受けたのが傳譯せらるるに至つたのが多いであらう」[37]と云つてゐられるが、私は四阿含と纏められて以後、それが傳はる際に、ばら〳〵になつて傳つたものであると考へて一向差支ないと思ふ。今日でも錫蘭緬甸等に於いては長阿含・中阿含と纏めて得ることは極めて困難であつて、梵動經、轉法輪經等と別々に流行してゐるのであるから、安世高の古い譯でもその通りであつて、長阿含・中阿含としてでなく、その中の經典がばら〳〵に流傳して翻譯せられたものと思ふ。それは、四阿含が纏めて翻譯されて以後も、法顯・法賢等に依つて單經が幾つも翻譯されてゐることで確かである。よし四阿含初成立説を採らないにしても、西紀二世紀にはどうしたところで四阿含の成立を見てゐるのであるから、安世高の時分に、四阿含と纏まる前に別離してゐた經が傳はつたとするのは、謂はれないことである。

次に、然らばこの四阿含編輯といふ方法はいかなる精神でなされたものであるかと云ふに、宇井博士は薩婆多毘尼毘婆沙一（大・二三・五〇三下、五〇四上）に、

「爲諸天世人、隨時說法、集爲增一。是勸化人所習。爲利根衆生、說諸深義、名中阿含。是學問者所習。說種種隨禪法、是雜阿含。是坐禪人所習。破諸外道、是長阿含。」

とあるのを引き、「長部・（長阿含）の目的は比丘をして佛陀並に佛教が婆羅門沙門等の諸外道より優れて居ることを知らしめ……中部・中阿含は佛陀の教義の凡べての點を說明解釋的に示してゐるものを集むる方針になつたもの……相應部・雜阿含は……互に相關係するものを分類し集めたもの……增支部・增一阿含は各經の說明解釋の主題となつて居

る數目の順序に依つて增上的に分類編集せられたもの」㊳として居られる。明の智旭はその閱藏知津二六に、

「增一者明㆓人天因果㆒。
中者明㆓眞寂深義㆒。
雜者明㆓諸禪定㆒。
長者破㆓外道㆒。」

としてゐるが、智旭は薩婆多毘尼毘婆沙に依つたものであることは明白である。然しこの毘婆沙の言ふ所は、出來上つた四部四阿含を見て大體の印象からさういふ氣持がするといふやうなもので、適當な解釋でないことは、增一及び雜の說明が妥當でないことで明かである。これは矢張り、

有部雜事三九（大・二四・四〇七中下）の

「若經……相應者、……此即名爲㆓相應阿笈摩㆒。
若經長長說者、此即名爲㆓長阿笈摩㆒。
若經中中說者、此即名爲㆓中阿笈摩㆒。
若經說一句事二句事乃至十句事者、此即名爲㆓增一阿笈摩㆒。」

五分律三〇（大・二二・一九一上）の

「此是長經、今集爲㆓一部㆒、名㆓長阿含㆒。
此是不長不短、今集爲㆓一部㆒、名爲㆓中阿含㆒。
此是雜(相應)說……今集爲㆓一部㆒、名㆓雜(相應)阿含㆒。

此是從一法增至十一法、今集爲一部、名增一阿含。」

四分律五四（大・二二・九六八中）の

「彼即集一切長經、爲長阿含、

一切中經爲中阿含、

從一事至十事、從十事至十一事、爲增一、

雜(相應)比丘比丘尼……集爲雜阿含。」

尼母經三（大・二四・八一八上）の

毘「諸經中所說、與長阿含相應者、總爲長阿含、

諸經中所說、與中阿含相應者、集爲中阿含、

一二三四乃至十一數增者、集爲增一阿含、

與比丘相應、與比丘尼相應、與帝釋相應、與諸天相應、與梵王相應、如是諸經、總爲雜阿含。」

摩訶僧祇律三二（大・二二・四九一下）の

「文句長者集爲長阿含、

文句中者集爲中阿含、

文句雜(相應)者集爲雜阿含………

一增二增三增乃至百增……集爲增一阿含」

善見律毘婆沙（大・二四・六七七上）の

「聚衆法最多故名爲長、……

中阿含亦應知、不長不短故名爲中、……」

等各部派所傳の一致してゐる說を採用する方が穩當であらうと思ふ。宇井博士の如く、偶然長經のみが集まつた故に長阿含、偶然中位の經が集まつた故に中阿含と名けたとするのは、餘りに偶然に依り過ぎると思ふ。諸傳の一致には然るべき理由があるのであつて、この一致してゐる所に、部派以前の編輯方針の精神が失はれずに傳へられたと考へ得るのである。當時聖典として考へられてゐたものの中から長經・中經・短經と分け、その短經を相應關係といふ立場から分類編纂して雜阿含とし、又數目的名目を並べてこれを增一阿含としたものである。これがその編輯の第一段であつて、次にその長經・中經を適宜に並べたのが第二段である。かう考へた方が初期の編輯として相應しいと思ふ。適宜に並べたと云ふのは、その長經の中、更に似通うたものを一つにしたといふ事であつて、この第二段の編輯精神になると、各部派間に相違が生じて來てゐる。それは思ふにその分派未出時代のものを繼承して來て、次に各々自派に都合のよいやう經典に手入れすると共に、又その並べ方を換へたものであらう。この時、個々の經典を四阿含に於いて入れ換へたり、又除いたり、新たに入れたりしたものであらう。これが各部派に於いて各阿含に經典の出沒があり、又經典そのものにも多少づつの相違ある所以であらう。今、巴利長尼柯耶と長阿含とを例に採れば次の如き相異がある。

長阿含
- 第一分（四　經）　佛を明す。
- 第二分（十五經）　佛の自覺內容として法を明す。
- 第三分（十　經）　修行道を明す。

尼柯耶
- 戒品十三經　修行道を明す。
- 大品十經　佛を明す。
- Pāṭika品十一經　佛の自覺內容として法を明す。

註 ① 巴利相應尼柯耶五六・一一（vol. V, p. 420–424）、雜阿含一五・一七、轉法輪經（安世高譯）、三轉法輪經（義淨譯）、佛本行集經三三（大・三・八〇九上以下）、過去現在因果經三（大・三・六四四上以下）、中本起經（大・四・一四七下以下）、五分律一五（大・二二・一〇四中以下）、四分律三二（大・二二・七八七下以下）
佛本行集經は前後を非常に誇張してゐるが、轉法輪經に於いては只初めの部分に偈頌二つを入れてゐるのみである。

② 宇井氏は四諦説は五比丘濟度後王舍城に入る迄の間の組織だと云はれるが（「印度哲學研究」第二卷、二一〇頁）、さう云ふ理由を私は見出すことが出來ない。

③ 「原始佛教の實踐哲學」八八頁以下

④ 「印度哲學研究」第三卷、三三一頁以下

⑤ 同右三七四頁

⑥ 「原始佛教の實踐哲學」一〇六頁以下

⑦ Padumaṁ yathā kokanadaṁ sugandhaṁ pāto siyā phullaṁ avītagandhaṁ
Aṅgīrasaṁ passa virocamānaṁ tapantam ādiccam iv' antalikkhe ti

⑧ 「佛教研究」（大谷大學）第七卷第一――四號

⑨ 法句經（Dhammapada）は優陀那跋渠（Udānavagga）と呼ばれ、又龍樹は優陀那の釋の下に法句經を出してゐる（智度論三三、大・二五・三〇七）。

⑩ 「原始佛教の實踐哲學」九二、九三頁

⑪ 同右一一一、一一二頁

⑫ 巴利長尼柯耶には全く無い。

⑬ 增一阿含四三・七のそれは雜阿含四五・一五のものに同じい。

⑭ 「印度哲學研究」第三卷、六三頁以下

⑮ 念誦――祈願・懇請・願望・讃嘆（D. N. 13. Tevijja S.）

⑯ 梵天（Brahmadeva）の母、

⑰ 長阿含一四經・釋提桓因問經（大・一・六三下）、D. N. 21 (vol. II, p. 272)

⑱ 婆藪（Vasu）の十神の名が PVA. p. 111 に出てゐる（"Dialogues of the Buddha" II, p. 297. note 2）。而して八の婆藪とは Āpa, Dhruva, Soma, Dhava or Dhara, Anila, Anala, Pratyūṣa, Prabhāsa である。

⑲ Rāmāyana, Mahābhārata, Purāṇa

⑳ 雜阿含四〇、別譯雜阿含三。

㉑ 雜阿含四〇・三、別譯雜阿含二・一二、雜阿含四〇・二、別譯雜阿含二・一一。

㉒ D. N. 1, Brahmajāla S. は S. N. vol. Ⅲ, p. 286 に引用闕說せられてゐる。

㉓ 雜寶藏經六（大・四・四七六下）「具毘耶寶女……先是佛弟子。」
帝釋所問經（大・一・二四七中）「昔有釋女、名曰密行。從佛出家、持於梵行。」

長阿含一四經・釋提桓因問經（大・一・六三下）「此有瞿夷釋女、於世尊所淨修梵行。」

中阿含一三四經・釋問經（大・一・六三四中）「瞿毘釋女是世尊弟子。」

㉔ suchi は梁 (Querbalken) か。

㉕ ZDMG. 40, p. 70–75

㉖ Cullavagga Ⅲ, 4, 4 中阿含二〇〇經

㉗ 「印度哲學研究」第二卷、一四九頁

㉘ 聖種經 (Ariya-vaṁsa) 增支尼柯耶（二卷、二七頁）
當來怖經 (Anāgata-bhayāni) 增支尼柯耶（三卷、一〇三頁）
羅睺羅經 (Rāhulovāda) 中尼柯耶（一卷、四一四頁）
毘奈耶中最勝法說 (Vinaya-samukase) 大品初の轉法輪經

㉙ 「印度哲學研究」第二卷、一六四頁

㉚ これは宇井博士の意見に依る（「印度哲學研究」第二卷、一六一頁）。

㉛ 「印度哲學研究」第二卷、一五九頁

㉜ 龍樹は毘尼中億耳阿波陀那としてゐる（智度論三三、大・二五・三〇七中）。A. N. Ⅵ, 55. 雜阿含九・三〇、增一阿含一三・三

㉝ 雜阿含四九・二八（大・二・三六二下）

㉞ 四分律五四（大・二二・九六八中）尙、前註の雜阿含の九分と對照すれば左の如くなる。

四分律五四	雜阿含四九・二八
生經 (Jātaka)	1. 憂陀那 (Udāna)
本經 (Itivuttaka) (Sutta)	
善因緣經 (Nidāna)	3. 見眞諦（薩耆陀舍修妬路晉言諦見經也。十誦律二四、大・二三・一七四中）

方等經 (Vedalla=Vaipulya)
未曾有經 (Abbhutadhamma)
譬喩經 (Apadāna=Avadāna)
優婆提舍經 (Upadesa=Upadeśa)
句義經 (Arthavarga ?) (Geyya)
法句經 (Dhaṃmapada) (Udāna)
波羅延經 (Pārāyana) (Gāthā)
雜難經 (Veyyākaraṇa=vyākaraṇa)
聖偈經 (Thera-Therīgāthā) (Itivuttaka)

8. 牟尼經 (Munigāthā)
7. 義品 (Aṭṭhaka=Arthapada)
6. 尸路偈 (Silokagāthā=Ślokagāthā)
2. 波羅延那
4. 諸上座所説偈　5. 比丘尼所説偈
9. 修多羅

㉟「印度哲學研究」第二卷、一五四頁
㊱ 同右、一六五頁
㊲ 同右、一四七—一四八頁
㊳ 同右、一四五—一四六頁

大乘經典史論

序論

釋尊の宗教の根本精神が何であつたか、その宗教が全體として如何なるものであつたかは、今茲に委しく說くを要しないであらう。只それが飽く迄も現實的であり、又同時に人間的なものであつたことを心に留めて置く必要がある。釋尊に從へば、人類の生活は、それ〴〵その心を基とし、その心に相應した「銘々の世界」を作ることであつた。それ故に正しい善い生活は、一心の源頭に立ち返つて、その心を革命の火で燒き、その心を調御し、その心を淨め、その心を改めて、その心の造り出す「自分の世界」を淸めることでなければならぬ。「眼ある者は見る。」眼を開いて見れば、ものみなは移り變るものである。然るに人は第一にこの實相を知らない。第二に期待の欲望を持つ。さうして顚倒の見解を起して、無常を常と計らひ、無我を我と計らひ、惑を起し、業をなし、自分を汚し、愁ひ、悲しみ、歎き、苦しみ、惱みの自分の世界を造り出してゐるのである。

それ故に如實の相を知る如實知見が眼をさませば、諸行無常、諸法無我の眞理が輝き出し、顚倒の妄見が滅びる故に、期待の欲望も轉じ、惑も起らず、業も果を結ばず、愁ひ、悲しみ、歎き、苦しみ、惱みの世界が消えて、寂靜の涅槃生活が現れて來るのである。涅槃生活を開く爲には、戒定慧の三學が要求せられる。この戒と定とは如實の相を知る所の慧を得る爲である。如實の慧を生じて、非望を期待する欲望を轉化し、この欲望を動力として生じ來る愁悲苦憂惱の世界を滅して仕舞ふのである。

如實の慧を得ることが慧解脱と云はれる。その慧に相應して心が働き、不合理の活動をなさないのが心解脱と云はれる。言ひ換へれば理性を明かにすると共に、その情意を正しく訓練するのである。更に換言すれば、理性的には、無明を轉じて明となし、情意的には、渇愛を轉じて慈愛のこころ、後期の表現法を用ゐれば菩提心となすことである。三十七道分と云ふも、畢竟この二つにして一つの修養をなすことに外ならぬ。

斯くの如く現實的實際的であり、この人間の生活の上に大悲の生活を創造せんとする宗教は至極簡明である。さり乍ら、この簡明は人間に取つて最も容易ならぬ簡明である。印度傳統の觀念主義は猶理解に容易である。耆那教の教理の根本をなしてゐる生氣説は抱くに頗るたやすい。觀念と空想とローマンスとは、弱い性の、さうして本質的に享樂的な人間の惠まれた隱れ家ではないか。この隱れ家から叩き出して、强ひて現實の露地に立たしむる釋尊の教の簡明さは、喩へば空を劈んざく高峯の如く、自ら近づき難い風情がある。堪へられない淋しさと、賴りない淋しさとをさへ、一般の人々に與へる。この哲人の簡明は、小數の簡ばれた人々、批判の心の高い人々にのみ許されてゐる天地であるから、精神的に貴族的であつたと曰はねばならぬ。現に釋尊はその在世中、多數の民衆のためには、施福生天の宗教を許し給うた。さうしなければ一般民衆との間に餘りに大きな隔りがあり、何ともすることが出來なかつたからである。然し釋尊はかう云ふ方便誘引の手があつても、その現に在ます人格の光が、その飽く迄簡明にして飽く迄現實的な教を輝かすに十分であつた。私は茲に、釋尊の宗教の簡明さに、弱い人間性といふ理由からして、後年幾多變化すべき要素が含まれてゐたと思ふ。

釋尊、ひとたび、涅槃の雲に入り給ふや、遺弟の四衆はその目標たる人格を失うた。その人格は教の純一を持つ唯一の偉大な力であつたのである。我が亡き後は我が所説の法が汝等の師匠であるといふ教勅は、或は餘りに冷たい手剛い眞理に見えたかも知れない。況んやその法は餘りに簡明に餘りに實際的であつて、空想の夢を織り込むよすがも與へない程のものであつた。從つて玆に、佛弟子等の多くの人々は、自然に「自歸依自燈明」の教勅から離れて、亡き師匠への追慕と、その遺物の崇拜と、さうして徐々に生天得樂の一般的の思想に慰めを見出すやうになつたのである。

釋尊の宗教には、その宣教の當初から比丘・比丘尼の出家と、優婆塞・優婆夷の在家との二元的なものがあつた。今釋尊の滅後に於いて、この出家と在家とによつてその態度が違つて來ることは云ふ迄もない。もとよりこの二者の中で、比丘・比丘尼の團體が中心であるが、數から云ふと在家の信奉者の方が遙に多いのであるから、傍系とは云へ、この在家の人々の態度・考へ方も、佛教の將來には大きな影響を與へたものであつて輕視することは出來ない。

私は大師佛陀の滅後、正系である所の出家の教團に三つの系統が流れてゐたものと見ることが出來ると思ふ。一は宗教的實踐的なものであつて、師匠の教の如く種々の戲論を離れて、專ら淨行にいそしみ、論議教說を云々せず、ただ禪定に依つて涅槃生活を實現せんとしたものである。經典に記載せられる住禪者（jhāyī）がこれであつて、正しく行へば一番釋尊の教に契ふものである。第二は、教團の實際問題として、師匠の教を失はないやう結集して憶持する責任がある。これが持法者（dhammadhara）持律者（vinayadhara）といふ專門家がかつたものを生じた理由であつて、彼等は教團員として各々その能力に應じて經と律とを憶持したのである。この經と律との傳持は後にその經律の解釋を必要とするに至り、持母者（mātikādhara）を生じ、それが發展して阿毘達磨者（abhidhamma-kathika）を生ずるに至つたのである。この阿毘達磨者は佛教內の哲學的方面を代表するものである。第三には前二と並んで、教團の內に師匠の生涯・爲人等が硏究し集錄せられる傾向を生じたのである。亡き師匠追憶の念が佛傳の編成となつて顯れることは人情の自然であるからである。

かういふ具合に、佛滅後の出家敎團には、宗敎的實踐的の住禪と、哲學的の理論と、歷史的の佛傳編成との三系流を生じて來た。三系流と云つても、固より互に錯綜し交入してゐたことは云ふ迄もないが、この三系流が流れ〳〵て部派佛敎の淵となり、大乘佛敎の大瀑布の盛觀をも生み出すに至つたものであると思はれる。猶この外に敎團の主要な人々の性格に依つて、その系統の差異をも生じて來たに相違ない。例へば謹嚴嚴肅な大迦葉は戒律の嚴守を以つて敎團の統制力となさうとし、優しい性情の阿難は涙もろい人情を以つて相互の間の平和と一致を得ようとしたであらう。さうしてこの性格と態度の相違が滅後の敎團に種々の渦を起し、迦葉の王舍城系、阿難の華子城系を生ずるに至つたことも見られるのである。然しこの性格と態度の相違から系統の相違を起した事よりも、後世の佛敎の發達史から振り返つて見ると、前に擧げた三系流の生み出したものはもつと根本的であつたと思はれる。從つてこの三系流の變化發展を見ることは、やがて又佛敎史の一面を見ることになると思はれる。

住禪者のことは、そのことが實踐的であるために、それの變化發展を見ることは困難である。それはただ師佛の殘し給うた足跡を踏んでその儘に實行して行く許りであるからである。然し又その間に自然の變化がない譯ではない。禪觀が次第に組織的に整理せられ系統づけられ、後には修行道地經、達磨多羅禪經等、所謂禪觀を主として明す經典の製作を見るに至り、遂に祖師禪を招來するに至つたものである。この實際的住禪の傾向は、佛陀の跡に從ひ自身の解脫に向けられたのであるから、その限り消極的である。然しこの消極は決して後世に云ふやうな自利一方、他利を知らない小乘的なものでないが、この境地から研き出した人の數が少く、從つて對社會的活動が足らなかつた爲に、社會的意義が次第に薄れて行き、其處へ嚴肅過ぎる律法主義と世間から隔離した僧苑生活とが相からんで、だん〳〵社會的意義を失ひ、人生を生かして行く原動力たる慈愛が働き出さなくなつたのである。これは次に云はんとする哲學的傾向とも縺れ合うて、漸次に退隱的・僧苑的・自利的・小乘的と云はれるやうなものにならうとしつつあつたのである。

哲學的傾向は釋尊在世の時から佛弟子の間に行はれてゐたもので、佛陀の法に關して論議を交し、その微意を闡明してゐたものである。①この哲學的傾向とは所謂阿毘達磨（阿毘曇）のことであつて、法に關する研究といふ程の意味である。釋尊の教法は第一義的の因緣生の道理等を除いては他は皆隨機隨宜の說法であり、聽者の頭腦の整理に向けられたものであるから、其の間矛盾のない譯には行かない。そこでこれら數目的教法を整理し、相互の關係を尋ね、その矛盾を除く方法が講ぜられねばならない。これが所謂阿毘達磨である。阿毘達磨の初期に於いては、法の要目を擧げて說明を加へたものに過ぎず、形式も經典の形を取つたものであつたが、自然にさうして次第に說明は論議となり、問題は普遍化し、形式も論書として獨立するに至つたものである。又その論議の題目も初めは多く修養上の德目が多かつたのであるが、それが次第にその德目から離れて、從つて經典から離れて、人生及び世界を種々の方面から問題とするに至つたのである（木村博士著「阿毘達磨論の研究」五四頁參照）。阿毘達磨は法を說明解釋するものであり、これに對して律を解釋する阿毘毘奈耶といふものがあつたのであるが、これも大きく包んで云へば阿毘達磨の內に收まるものであり、經律共に一定の解釋に依らなければならぬことになり、阿毘達磨は遂に經律と並んで三藏の一となり、上座部の方では有部、大衆部の方では鷄胤部が特に論書を重要視するに至つたのである。斯う云ふ具合に釋尊の教說は漸次に教理化され論理化されて來て形を整へたが、その形を整へてゐる中に、少し言ひ過ぎのやうではあるが、不幸にして漸次に釋尊の精神を殺すやうに立ち至つたのである。（編者曰く、この所及び次の一節は教授自らの書き込みに依り、少しく文を改めた。）

前にも云ふやうに、釋尊の宗教は一心源頭の淨化がその始めであり終りである。この爲に釋尊は空理空論を排し、現實直接の問題をのみ取り扱はれた。その法相の分類は我々の頭腦を整理し、問題になるものとならぬものとを分つ爲のものである。喩へば釋尊以前奥義書などでは、一切（sabbaṁ）といふことが一つの問題であつた。一切といふと何もかもといふことであるから、一切といふ概念には、我々の思惟の對象となるもの總べてを含ませて、法界涯を包含するものである。然しかうなると既に一切は思辨の世界のものとなり、形而上學的哲學的となり、戲論の境のものとなり、我々にとつて緊切なものでなくなる。釋尊は之に對して、「我れ一切を說かん。一切とは六根と六境也」と、主觀と客觀とが一切であるとすぱりと決定して、問題を直接現實のものとなし、戲論の境を離れて實際生活上のことにせられたのである（木村博士「原始佛教思想論」一一八―九頁參照）。六根六境は我々の一切である。これが十二處と呼ばれ、開けば六根六境六識の十八界である。それで十二處十八界は我々の緊切の問題としての一切を說明したもので、所詮は思辨の遊戲を離れて、直接現實の問題とした處に生きてゐるのである。然るに阿毘曇に來つてはこの生きてゐる意味を綜合的に見得ないで、再び奥義書が一切を取り扱うた思辨的態度を以つて十二處十八界を取り扱うたのである。この思辨の勞苦は相當の成績を擧げ得たに相違ないが、然し乍らその如何なる成績も、出發點の態度が戲論であるから、人生問題とは觸れる處がなかつたのである。釋尊で云ふと諸行無常・諸法無我は宇宙の眞理である。この二句は名辭と名辭の間を切り離すことの出來ないものであつて、諸行は諸行なるが故に無常であり、諸法は諸法なるが故に無我である。これが人生及び世界の實相である。處が阿毘曇は解釋の爲とは云へ、この名辭相互の連絡を切つて、諸行及び諸法の詮索にかかり果てて、種々に分類し分別したのである。然しかかる態度からしては、諸行無常・諸法無我といふ生きた事實が生れて來ないから、畢竟人生にとつて無效無力の戲論となつて、精神に訴へるものがなくなつたのである。②

次に滅後教團の歴史的傾向について云へば、亡き師匠思慕の情は必然的にその人の歴史を纒めよう知らうといふことになる。これが傳記を作る心理である。滅後の遺弟が釋尊に對して取つた態度の一つも亦この傳記の作製であつた。入滅前三ヶ月間の記錄が最初に長阿含に集錄せられ、成道前後の記錄が律の犍度分に集錄せられた。而もそれは只の傳記や記錄でなく、教祖を神聖にしようと云ふ心理に依り、當時の瑜伽禪の神秘を用ゐて教祖を、神的に超人的に神秘の衣を以つて包んだものであつた。この佛傳の集錄は漸次その歩みを續けて行く中に、過去の諸佛傳となり、佛身論に轉化し、法身の意味に變化を生じ、佛陀に對する觀念は全く變形するに至つたのである。

この佛傳の神秘化、佛身論の觀念化は釋尊の精神を生かすものではなかつた。神秘主義を排斥し、神通を婉曲に否定し、無神論の基調に立ち、飽く迄地の上に立つ一個の人間として、その人間の持つ生老死の約束の下に、生老死以上に超越した涅槃の生活を創作せられた釋尊を、白象托胎、右脇誕生、七步行步、梵釋奉仕、上生說法、金棺出現等に依つて裝飾することは、釋尊の喜び給ふ所でなかつたに相違ない。のみならず、その精神の基調が反釋尊的であつた爲に、結果として佛教の生命を殺すことになつたのである。原始教團に於ける生々の氣は次第に消耗して、民衆をその人間的解脫に引き入れる力が無くなり、かくて民衆は教祖に對して傳奇的に本生譚を喜び、遺物崇拜に熱中し、生天得樂を希ふに至つたやうである。

本生譚は、もと釋尊の對機說法上、時に用ゐられた昔物語を引き延ばし擴大して、師佛の人格を語るものであつて、共が物語を好む印度人の性質に契ひ、教團から云へば一般教化法として採用せられ、民衆から云へば神秘を好む性癖が生み出したものである。それ故に本生譚はこれを文學として見る時、美しい人道主義に立つ大衆藝術であるが、宗教として見ると神話の宗教へ逆轉した嫌ひがあるのである。神話は昔へ〳〵と遡つて遂に燃燈佛物語（Dipaṁkara vastu）を生み出すに至つた。

この本生譚を喜ぶ民衆は、釋尊の簡明な人間的宗教に堪へ得ない人々である。茲に於いて彼等が施福生天の憧憬にこびりついて行くことは、當然と云はねばならぬ。嘗て釋尊の教へられた處は、生天といふ憧憬を憧憬としてその儘に置いて、これに至る道の四無量心の修養とか施福とか云ふ道德の實行と、その實行から生ずる豊な溫い情を起さしめんとせられたのであつた。今や形勢は逆轉して功利的な生天が中心となり、重みをなし、梵天帝釋崇拜の多神教となつたのである。ただ以前の多神教と異なるのは、佛陀がその最高神として顯れたといふに過ぎない。この心情が、彌勒菩薩といふ次の時代に顯れる佛陀を生み出す一つの理由であつて、茲に又兜率上生の信仰を生み來つたのである。もとよりこの生天思想は只、この內部的理由を持つ許りでない。それには毘濕奴を最高神とする婆羅門教の有神教系が、瑜伽思想と混じて生み出した信仰瑜伽の影響の大なることも、忘れてはならない。

かくの如く民衆は傳奇的な本生譚を喜び、施福又は信奉に依る生天を希つたが、同時に彼等は又師尊佛陀の遺物崇拜に走つたのである。遺跡の巡拜、遺骨・遺髮・佛牙・衣鉢を異常に崇拜するに至つた。それはただ先師の記念なるが故に懷しみ尊むといふ許りではなく、其處に神秘力を認め、崇拜に依つて生天等の功德を得んとしたのである。增一阿含はこの種の信仰の記錄を最も豊に保存してゐるのである。時代が下るにつれて、起塔供養の功德が過大視せられつつ行はれたことは人の知る所である。勿論かういふ傳奇的好尙、生天憧憬、遺物崇拜は必ずしも出家の教團に關係がなかつた譯ではないが、ただ分量の上から又その性質の上から、一般民衆的であると云ひうるのである。

それで私は、釋尊の教團の四五百年の流れは前揭の六つの潮流（編者曰く、住禪者、阿毘曇の成立、佛傳の集成、本生譚の愛好、施福生天、遺物崇拜）を姙んでゐたと見ることが出來ると思ふ。その中には無論一進一退があつたであらう。

停滯飛躍いろいろの場面があつたであらう。然しそれらの事情に拘らず、六つの潮流は流れ〳〵て互に相もつれて、次第に原始教團の生命を稀薄にし、かてて加へて、數次の分裂は意味のない教派の幾多の對立を作り、活力の消耗と共に、その教團人の生活態度が消極的に傾き、人生を否定する態度を取らしめるに至つたもののやうである。

然らば大乘の經典は、この歴史の流れに於いて、果して如何なる意味を有し、如何なるはたらきをなしたであらうか。③

註 ① M. N. 32 (vol. I, p. 214)、中阿含一四八經、M. N. 140 (vol. Ⅲ, p. 238–239)

② 阿毘達磨は、如何なる意味に於いても釋尊の語を説明するだけで、人生の苦惱に當面しない。釋尊の苦惱と解決を自分の胸で自ら新しくすること無しに、又人に新しくせしめること無しに進んだ。

③

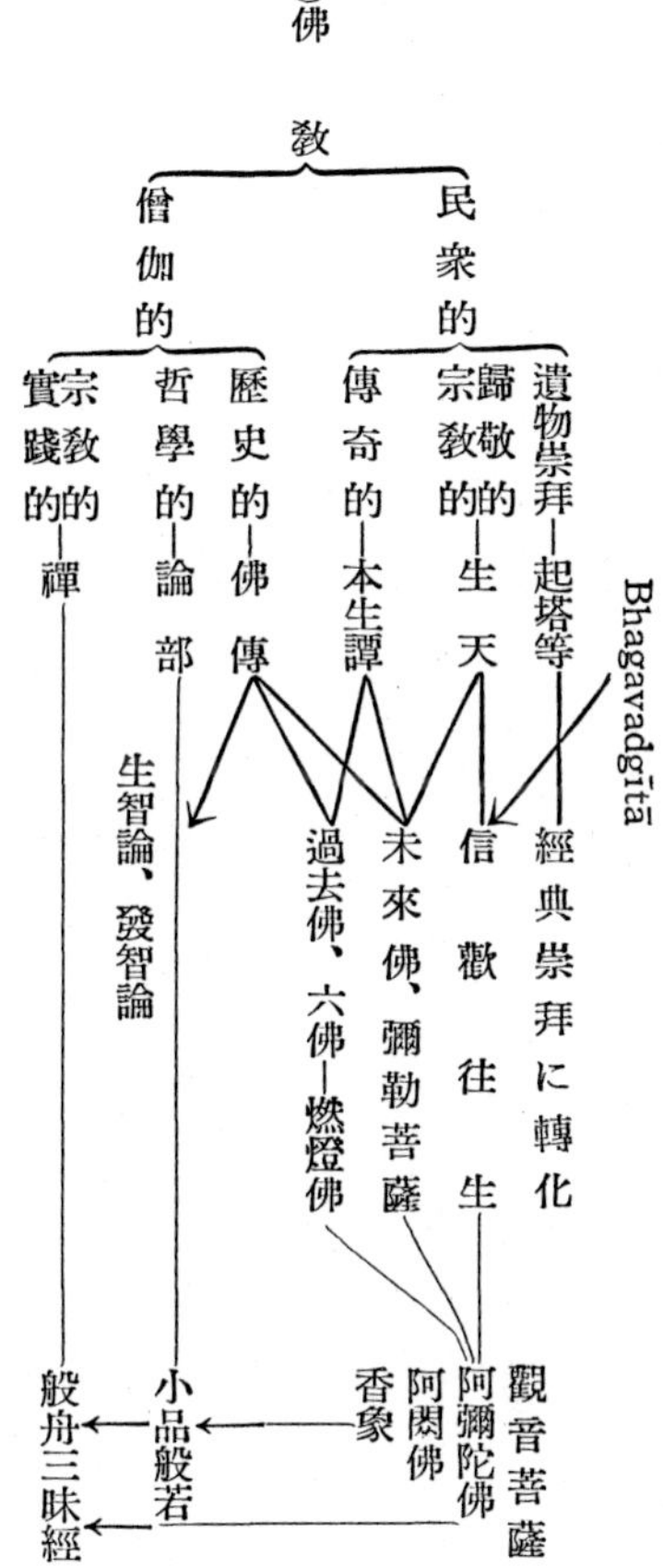

(編者曰く、以上の註は「現代佛教講座」所載のものには無く、教授のノートから補つたものである。以下この論の終まで同樣である。)

第一章　諸佛經典

第一節　彌勒經典

一

釋尊滅後三四百年に亘り、佛教は上述のやうに、次第に推移して來たのであるが、その極、遂に大乘教徒の活動となり、茲に新生面を開き、新光輝を發揮するに至つたのである　然し、勿論初めは大乘小乘の名稱もなく、又經典作者或はその運動者も、初めは自ら大乘教徒であり、自分達は大乘教を宣傳してゐるのであると云ふやうな、さういふはつきりした考を持つてしてゐたのではなく、その運動が次第に重大な意味を持つやうになつて、自然に大乘教といふ自覺命名を見るに至つたのである。大乘教徒といふ特殊の人又は團體があつて、この運動が起つたのでなく、大衆部を本系として、その人人、及び上座部の或る部派に屬する人々が、今迄の佛教の推移にあきたらない所から、自然に今迄とは違つた味ひ方、考へ方、表現法を生み出し、それが自ら一種の同じい方向を持つ運動となつた時、方廣道人と呼ばれ、大乘の人々と呼ばれるに至つたのである。それであるから、一編の經典が成立する背後には、どれだけ既成宗團の人々の更新への惱み悶えがあつたか知れないのである。このことは豫め注意をして居らないと、自然の推移を見る上に困難が伴ふのである。

二

今日、所謂大乘經典と呼ばれるものの成立に至る迄に大きな橋梁となつたものが二つあつたと私は思ふ。その一つは菩薩思想の發展と彌勒經典の成立であり、その他の一つは過去佛の最後として描かれた燃燈佛事である。後者のことは茲に暫く措いて、今茲では菩薩思想の發展の經過を略述して、一括して彌勒經典を論じて見たいと思ふのである。

菩薩といふ語の最初に用ゐられた、從つてその最初の意味であつたものは、雜尼柯耶[1]、雜阿含等に屢々顯れる所の「さとりを求むる人」の意味である菩薩であらう。釋尊が自ら「私が未ださとりを得ず、菩薩であつた時に」と言はれる所のその菩薩である。この菩薩の語には未だ神秘化が色濃く施されて居らず、單に軍人にならうとする士官候補生といふ意味しか含まれて居らない。菩提を求むる人といふ意味しかないと解して善いと思ふ。處が佛滅後、佛傳の神秘化が行はれると共に、兜率天に下界降下の時を待つ「菩薩」が顯れた。この菩薩は既に菩提を求むる人ではなくて、菩提を得るに定つてゐる人を指すのである。茲へ來ると、菩薩の稱號は限定された一人に與へられるものであり、他へ通じないことになり、聲聞に對して、特異な一人、即ち釋尊の前生及び今生、佛果に至る迄の時期の呼稱にのみなつたのである。本生譚の「菩薩」は皆この特別の呼稱であるが、本生譚の物語が、その數を增せば增すほど、菩薩の屬性は次第に高く、次第に尊く、全く超人間的になり、神秘的になつて來るからして、菩薩と聲聞との距離が、次第に離れ隔たるに至つたのである。佛滅後の遺弟達はかうして、師佛に對する尊崇の念からして、佛(その因位が菩薩)と聲聞とを離して來たが、この佛と聲聞との間に、更に獨覺といふ聖者を加へて、茲に聲聞、獨覺、佛(菩薩)と云ふ三種の聖者の型を作るに至つたのである。聲聞は佛陀の敎を信じて出家し、その敎を奉じ、敎通りに實踐する一群の聖者の名であり、獨覺は自ら觀法に依つて、證悟を開き、多く法を說くことなく、從つて教團を作ることなく、獨覺同志で群居するか、又は獨棲し、多く社會との交涉を持たない聖者であつて、所謂隱遁者、仙者といふやうな型の聖者である。菩薩は獨覺の如く自らの思惟に依つて證悟を開き、佛陀となり、積極的に人生に働きかけて教法を說き、從つて教團を統率する社會の大師となる人である。かうして三種の聖者の型が作られたが、人間には性格能力の大小の別があるから、聖者にも自ら異なる型もあらうが、これが定型化されると、其處に佛教の大切な師弟同一趣道の眞意が害はれる危險があつたのである。

上述の如き徑路を以つて移つて來たのであるから、菩薩は初めはただ一人、佛陀の前身のみを呼ぶ名であつたのである。絕大の慈悲と一切智を有する佛陀の前身、從つて人間として出來難い修行の極致を實行する人であつた。この修行も初めはただ困難な種々の行爲であつたが、後には佛教の通義に依る戒定慧の三學の完成といふ所からして、所謂六波羅蜜行の完成といふことになるに至つたのである。さうしてかかる修行の實行は非常な長時を要するものであり、釋尊の修養の依つて來る所の頗る遙遠なるを示すものである。さうして此の世に斯くの如き偉大な人格者があつたと云ふことは、又同時に遠い過去にもさういふ人格者があつたであらうといふ考を引き起し、この考は釋尊の相承意識とからんで、遂に過去六佛の考を生じたのである。

然し現在の世に於いて佛陀は一人であるから、菩薩も一人であり、過去の六佛と共に釋尊も旣に佛陀となられたのであるから、最早菩薩と呼ばるべき人は無くなつたのである。此處へ、未來、再び釋尊の樣な方が顯れ給ふであらうといふ、佛遺弟の憧憬の心理から顯れて來たのが彌勒菩薩である。(2) この彌勒菩薩といふ場合の菩薩は、先に云ふさとりを求める人の意味ではなくて、さとりを得るに決つてゐる人の意味である。茲に私は、彌勒經典に轉じて、その一類の經典の內容と關係とを調べて見よう。

三

大乘經典中、最古の成立の部類に屬する阿閦佛國經は、或る種の彌勒經典を豫想してゐることは明かである。さうするとこれだけでも、或る種の彌勒經典が阿含聖典から大乘經典への橋梁の一つであつたことが云はれると思ふ。その意味で彌勒經典の研究は、興味も深く又頗る大切なものであることは爭はれない。

この彌勒經典に就いては、旣に明治四十四年に松本博士の立派な著書「彌勒淨土論」の中に十分に纏つた研究がなされてあるのであるが、今日から見ると博士の御說の變つた點もあらうし、又私からしても遺憾ながら承服の出來ない點もあるので、博士の研究を賴りに、自分の意見を加へて見たいと思ふのである。

彌勒經典といふのは、同博士の云はれるやうに、博士所引の三十七種の經典を擧げれば、大抵餘す所なく、又それだけで十分に彌勒に關する研究の資料を擧げ得たものといふことが出來るが、この中、終りの七經は旣に古來の目錄中、僞書として錄せられてゐるものであるから暫らく之を除き、左に擧げる經を點檢して見よう。

(1) 增一阿含序　東晉瞿曇僧伽提婆(384—5)
2 增一阿含二〇・六　同右
Anguttara Nikāya II
3 增一阿含二七・五　同右
(4) 增一阿含三八・七　同右
(5) 增一阿含四一・五　同右

6 增一阿含四三・一、二　東晉瞿曇僧伽提婆（384—5）
7 增一阿含四八・三　同右
(8) 增一阿含五一・七　同右
9 中阿含六六經・說本經　同右
10 長阿含六經・轉輪聖王修行經　後秦佛陀耶舍共竺佛念（412—413）
(11) Dīgha Nikāya 26
12 Sutta-nipāta V, 2
(13) Divyāvadāna p. 61-6, 122, 480-1
(14) Mahāvastu I, p. 51, 58-9, 63
(15) 佛本行集經一（大・三・六五六中）
(16) 六度集經（大・三・二、三四、三八等）
17 生經一（大・三・七五）
17′ 菩薩本行經（大・三・一〇八）
17″ 前世三轉經
17‴ 最勝問菩薩十住除垢斷結經一（大・一〇・九七〇）
17⁗ 大集經九・海慧菩薩品（大・一三・五六）
18 大乘方等要慧經（大・一二・一八六）　後漢安世高（148—170）

19 彌勒菩薩所問本願經（大・一二・一八六以下） 西晉竺法護（303）

(20) 彌勒菩薩爲女身經 同右

21 彌勒經（Mettiya Sutta 原本巴利、西藏譯）

(22) 彌勒成佛經 同右

❻ 23 彌勒菩薩下生經（大・一四・四二一以下） （法護）

(24) 彌勒當來生經 （失譯）

(25) 彌勒作佛時事經 （失譯）

❻ 26 彌勒來時經（大・一四・四三四以下） （失譯）

(27) 彌勒所問本願經 東晉祇多蜜（317—420）

❻ 28 彌勒成佛經（大・一四・四二八以下） 後秦鳩摩羅什（401）

❻ 29 彌勒下生經（大・一四・四二三以下） 同右

(30) 彌勒菩薩本願待時成佛經 同右

(31) 彌勒下生經 （失譯）

❻ 32 觀彌勒菩薩上生兜率天經（大・一四・四一八以下）北京沮渠京聲（455）

(33) 彌勒成佛經 釋道標譯、道政改刪（480—500）

(34) 彌勒下生經 陳眞諦（554）

(35) 彌勒菩薩所問經 後魏菩提流支（509—37）

36 大寶積經彌勒菩薩問八法會（大・一一・六二七以下）後魏菩提流支（509—37）
37 彌勒菩薩所問經論（大・二六・二三三以下）同　右
⑥ 38 彌勒下生成佛經（大・一四・四二六以下）唐　義　淨（703）
39 彌勒菩薩所問會（大・一一・六二八以下）唐菩提流志（693—713）
40 慈氏菩薩所説大乘緣生稻䕸喩經（大・一六・八一九以下）唐不空（746—771）
41 了本生死經（大・一六・八一五以下）
42 大乘舍黎娑擔摩經（大・一六・八二二以下）宋　施　護
(43) 彌勒菩薩爲女人經　（法　護）
44 慈氏菩薩誓願陀羅尼經（大・二〇・六〇〇）宋　法　賢（982—1001）
45 慈氏菩薩陀羅尼（大・二〇・六〇〇）同　右

この中（ ）印のものは松本博士の所引になく、私の加へたもの。（ ）印は今日現存しないことを示し、⑥印のものは所謂彌勒六部經と稱し、彌勒經典中の主要なものである。

この外、經名に彌勒の名を出さず、又彌勒がその經典の主人公でもないが、然し他の菩薩と共に、佛の會座に參して、相當の役割を演じてゐる經典は頗る多い。而してこれらの經典に於いても、彌勒思想の變遷を知る上に相當の資料となるものが多いのである。

大阿彌陀經　阿閦佛國經　諸品般若
三律儀會（大・一一）　授幻師跋陀羅記會（大・一一）　摩訶迦葉會（大・一一）

發勝志樂會（大・一一）　阿闍世王子會（大・一一）　密迹金剛力士會（大・一一）
淨居天子會（大・一一）　菩薩見實會（大・一一）　菩薩藏會（大・一一）

などその一例である。

このやうに經典の數は多いが、然しこの中には同本異譯も可成りに多いので、これを漢譯經典中で整理すると左の如くになるのである。

長阿含六經＝D. N. 26
中阿含六六經
增一阿含三八・七、四一・五、四三・一、二
增一阿含序
Sutta-nipāta
增一阿含四八・三＝彌勒菩薩下生經（大・一四）—彌勒成佛經（缺、竺法護）—彌勒成佛經（大・一四、羅什）—彌勒經（Pali, Mettiya Sutta 西藏譯）
彌勒下生經（大・一四）—彌勒來時經（大・一四）—彌勒當來生經（缺）—彌勒作佛時事經（缺）—彌勒菩薩本願待時成佛經（缺、抄）—彌勒下生經（缺）—彌勒成佛經（缺）—彌勒下生經—彌勒下生成佛經（大・一四、義淨）
觀彌勒菩薩上生兜率天經（大・一四）
六度集經（大・三・三八）—彌勒菩薩爲女人經
增一阿含二七・五—大乘方等要慧經（大・一二）—彌勒菩薩所問經

增一阿含二〇・六（A. N. Ⅱ）―彌勒菩薩所問本願經（大・一二）―彌勒所問本願經（缺）―彌勒菩薩所問會（大・一一）
慈氏菩薩所說大乘緣生稻䕸喩經―了本生死經―異了本生死經―稻稈經―大乘舍黎娑擔摩經
慈氏菩薩誓願陀羅尼經―慈氏菩薩陀羅尼

松本博士は更に此等の經典を整理して左の五類となし、

1　問八法會、要慧經類
2　稻　䕸　喩　經　類
3　慈氏菩薩誓願陀羅尼類
4　所　問　本　願　經　類
5　彌　勒　六　部　經

この中第一類が最古のもので、第一類より第四類となり、更に轉化して第五類となり、彌勒の宗教を玆に成立せしめ、傍系として第一類より第二類を生じ、この四種は共に龍樹以前に成立したものであり、第三類の密教化したものは、西紀六七世紀以後のものであらうと云うて居られる。第三類を後期のものとするに就いては異存はないが、他の四類の順序に就いて、私は遺憾ながら根本的に意見を異にするものである。それに博士は、阿含部の記錄を悉く第五類中の成佛經以後のもの、成佛經に依つて作られ挿入されたとせられるのであるから、彌勒思想は所謂小乘教徒の手に依らず、大乘教徒の手に依つて成立したものとせられるに至るのであるが、この順序も私は全く反對に取るものである。私は、彌勒思想は所謂小乘教徒に依つてその成立を見たもので、それは現存の經典に就いて云へば、左のやうな發展をしたものと思ふのである。

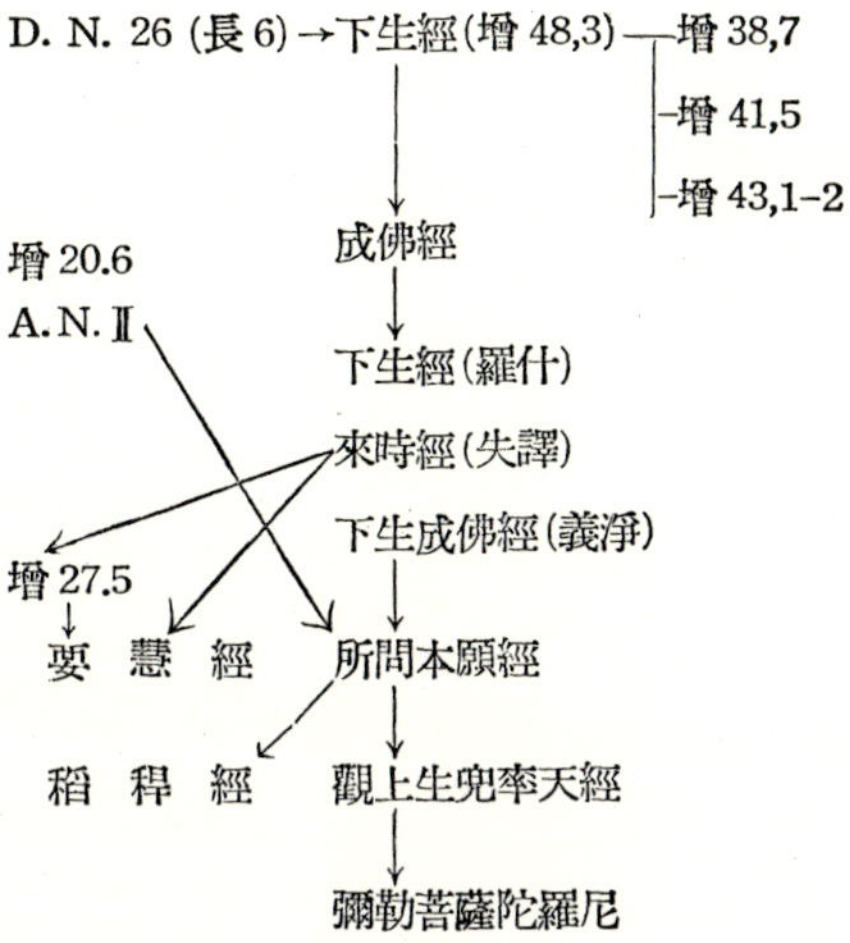

四

先に菩薩思想の發展經過を略述した時に既に言つたやうに、私は彌勒菩薩の思想は、早く既に釋尊の滅後、程遠からぬ頃に顯れ、大乘經典に顯れて來る諸菩薩中の最初の方であると思ふのであるが、この事は阿閦佛國經にも、香象・寶幢のその國の二菩薩の外には彌勒のみであり、大阿彌陀經でも觀音・勢至のその國の二菩薩の外には彌勒のみであり、小品般若も菩薩列衆の處で彌勒一人である（一本にのみ文殊が顯れて來る）ことに依つても知られると思ふ。若し斯くの如く、彌勒が現在この土の菩薩として最初のものならば、次に彌勒は、第一に釋尊の大切なる第一の弟子として記載せられる方面と、第二に菩薩たる意味から（この場合の菩薩の意味は補處の菩薩、即ち續いて佛となるべき人の意味しかないから）その成佛の場面を豫言的に畫かれる場合との、二つの場合がある譯である。

この第一の場面としては、對告衆又は質問者として阿難尊者に似た地位を取ることと（增一阿含二七・五及び要慧經の如き）、法を付屬せられる人として顯れる場合（摩訶迦葉會、大・一一・五〇三）とがある。

第二の場面には、愈々下生して成佛するところを豫言的に描かれる（下生經）場面と、斯くの如き補處の菩薩となるに至つた遠い因源が尋ねられる場面（增一阿含二〇・六、所問本願經其の他）などがありうるのである。

それで一度、彌勒の思想が生れると、彌勒は次第に上記の四つの場面に描かれて進んだと考へることが出來るが、第一の場面の二つは、さういふ意味で生れたものではあるが、次々に他の多くの菩薩が顯れ、活動するに至つて、其の必然の理由がだんだん薄らぎ、ただ菩薩中の一大菩薩として活動してゐるやうにも考へられて來るのである。それであるからこの種の經典は、その實は純粹の彌勒經典なのであるけれども、實際の處は第二の場面の經典程、彌勒經典の特色を有しないのである。從つてかういふ形式に於ける彌勒の出場は、漸次に他の菩薩に地位を讓つてゐるといふことになつて居るので、これは般若の諸品の中にも既に見られる處である。

それに、この第一第二の場面があるとしても、彌勒を誕生せしめた釋尊遺弟の動機は、將來佛としての要望であるから、彌勒佛としての記載が重要であり、緊切であることは云ふ迄もなく、かるが故に下生經の經典の形式が一番最初に顯れて來るものであることも、自然のことと云はねばならぬ。それで茲に下生經の種類の經典を調べて見よう。

彌勒が將來、釋尊に最も近く佛陀となるであらう、其の時には斯く斯くの事があるであらうといふことは、彌勒關係の經典中、最もその數多く、これに、

(1)　長阿含六經・轉輪聖王修行經（長尼柯耶二六）の如く、他のことを說いて居る中に、彌勒の成佛が編み込まれてゐる

ものがある。

(2) 彌勒の成佛を主題として書かれた經典、即ち下生經、成佛經の如き經典がある。この種の經典中現存のもので見ると、増一阿含の下生經が一種、原本巴利西藏譯の彌勒經が一種、羅什譯の下生經、失譯の來時經、義淨の下生成佛經が一種、羅什譯の彌勒下生經が一種、四種類ある。

(3) その成佛の一部分を書いたもの、即ち増一阿含三八・七、四一・五、四三・一―二、及び他を說く途中、彌勒の成佛に關說したもの、即ち増一阿含五一・七。

の三種がある。婆沙論や智度論は、この第三種に屬するもので、種々に又處々に散說してある。増一阿含五一・七の如きは、可成りに四大藏と城の狀態と螺王と彌勒佛のことを纏めて說いてあるけれども、畢竟、給孤獨長者のことを說く爲であつて、彌勒は正所明ではない。此は明かに下生經を前驅としてゐる。この三種の中、第三種は全體としてのもの、假令それが簡單であつても纏つたものを豫想してゐるから、最初にはあり得ない。さうすると第一種と第二種の中何れが最初のものであるかの問題となるのであるが、私は直接、彌勒を主題とするものよりも、今の世界はかういふ有樣であるが後にはかうなる、この後の世に彌勒佛が出世せられるといふ轉輪聖王修行經が、一般に早く顯れ易いものであり、從つて聖典として編入されるに相應しいものであると思ふ。此のことは轉輪聖王修行經が化地部の長阿含、上座部の長尼柯耶に共通に存在する事實に依つても知られると思ふ。彌勒下生經は大衆部の増一阿含に收めてあるが、上座部の増一尼柯耶に收めず、上座部にも彌勒經のあつたことは、現存してゐる西藏譯に依つて知ることが出來るが、內容から見ると小乘經典中の最後期に屬するものであり、恐らく聖典としては視られなかつたものと思はれる。松本博士は、轉輪聖王修行經は文面上、彌勒佛と儴佉王との關係が明かでなく、王が誰について如何に出家したか明瞭でない。これは成佛經を豫想しなければならぬものであり、これが成佛經の古いことを證明するものだと云はれるが、それは漢譯長阿含に就いて立論したもので、長尼柯耶では簡單乍らその關係がついて居り、決して他經を豫想せずとも解釋に困難を感ずるやうなことはないのである。況んや成佛經は後に云ふが如く、その內容を有する儘では、決してそんなに古い成立とすることは出來ない。

右の理由で、私は轉輪聖王修行經が最初に、恐らく部派佛敎の最初かその以前に成立し、この經典の中から取つて、彌勒を主題として書き直したものが彌勒下生經であらうと思ふ。この下生經が大衆部、錫蘭上座部の徒にのみ所有せられたか、又他の部派にもあつたかは、今遽かに知ることは出來ないが、恐らくその部派その部派で、彌勒信仰に促がされて製作したものであらう。

五

茲で私は暫らく筆をとめて、この轉輪聖王修行經に出づる彌勒が、もといかなる人であつたか、いかにして次佛としての尊崇を得るやうになつたかを見ねばならぬ。

彌勒がもと經集（Sutta-nipāta）に出づる Pārāyana-vagga の帝須彌勒經の Mettiya であることは、松本博士の云はれる通りである。これは一切智光明仙人慈心因緣不食肉經（大・三・四五七下）にも迦（婆の寫誤か）波利婆羅門の子とし、觀彌勒菩薩上生兜率天經にも、波羅捺國劫波利村の波婆利婆羅門の家に生れたとあり、龍樹も智度論二九（大・二五・二七三上）に「彌勒菩薩白衣時師名跋婆犁」として居り、皆 Mettiya が Potali 村の Bāvariya の弟子であることを記るしてゐるのでも、證明出來る事である。この Mettiya は名を Tissa と云ひ、波婆利の十六人の弟子の一人であり、師匠の命により、阿逸多（Ajita）等の同門の人々と共に佛陀を尋ねて、王舍城で歸佛し、阿羅漢果を得たものである。それで彌勒菩薩が經集[③]

に出て居る釋尊會下の一比丘 Mettiya であることは明白なことで、中阿含六六經・說本經では、阿逸多は轉輪王とならんといふ志願を起して釋尊に叱責せられ、彌勒は後の彌勒佛とならんと大志願を起して稱讃を受けたとある程であるから、議論の餘地はないが、果して彌勒といふ佛弟子があつたか、歷史的人物の歷史的事實が經集に記載せられて居るのかどうかは、容易に決定し難い問題である。[4] 經集は私はそれ程信賴しうる經典であるとも考へてゐないし、Mettiya 比丘のことは經集と上座偈註に二ヶ所しか出て居らず、四尼柯耶には全く出て居らないから、その歷史性は頗る疑はしいと思ふ。後期の大乘經典にはこの阿逸多と彌勒を全く一人の名と姓としてゐるのであつて、大事(Mahāvastu)一卷五一頁には Ajita 菩薩は私の滅後、名に依つて Ajita、氏に依つて Maitreya と云ひ、Bandhumāya 城に成佛すべしと言うてある。佛陀の一弟子であつた歷史的人物が、補處の菩薩の地位を得るに至つたのか、補處の菩薩とせられた彌勒が、釋尊會座の一比丘とせられたのか、私には今斷定出來ないのである。

六

それでもとへ戻つて更に筆を進める。第四の終りに云つたやうに、第一種から第二種を生じたものとして、この第二種の中では、增一阿含四八・三の下生經が最古のものであるといふ意見を私は有するものであるが、松本博士は、反對に成佛經は一番委しいから古く、成佛經から羅什譯の下生經、來時經、下生成佛經が抄出せられ、又成佛經から增一阿含の下生經が分出したものと見て居られるのである。然し若し仔細に成佛經を見るならば、その結構が最初のものとしては餘り整ひ過ぎてゐる許りでなく、六度、五濁、賢劫千佛等の後期の佛教語が用ゐられて居るので、決して他經典の模本となつたものでなく、他經典に依つて後に整備せられ、加へられたものであることを知る事が出來る。況んや經中、彌勒が釋迦牟尼佛の五濁の世に出世し、甚難の事をなすのを讚嘆するが如きは、後に說く所問本願經の所說や小阿彌陀經の「爲甚難希有之事」を想起せしめ、又悲華經の釋尊の讚說を思ひ起させるもので、この經典が最初期のものでないことを物語るものである。中阿含六六經・說本經は阿那律の因緣談と阿夷多・彌勒の發願及び記別を合せた經典であるが、上座部の中尼柯耶にはない。阿那律の因緣談は別として、後者に就いて云ふと、この經典は阿夷多と彌勒を別人と見る所に古い成立を示してゐるが、阿夷多と彌勒が佛の說法を聞き、その如く我れ螺王となるべし、我れ彌勒佛となるべし、と發願し記別せられる所は、其の前に彌勒下生經のあることを示すものである。兎に角、彌勒經典を含むかも知れない有部の長阿含、增一阿含が今日現存してゐないのであるから、この說本經を有部の彌勒經を代表するものと見るべきであらう。茲に今、長阿含六經、長尼柯耶二六經、中阿含說本經、上座部彌勒經、增一阿含四八・三及び五一・七、彌勒來時經、成佛經等の、彌勒出世の時の此の世の相狀を示す所を比較し、次に來る淨土思想の發展を見る一徑路とすべきであるが、印刷の不便の爲に全體の比較表は除き、その一部を出す⑤こととする。

	長阿含六經	D. N. 26 中阿含說本經	巴利西藏譯　彌勒經
一	人壽八萬歲	八萬歲	人壽八萬歲
二	五百歲女嫁	五百歲女嫁	五百歲女嫁
三	寒・熱・飢・渴・大便・小便・欲・饕餮・老の九種病	欲・食厭・老の三種病	渴愛・貪欲・老の三病
		寒・熱・大小便・欲・飲食・老の七病	
四	大地平坦無坑丘墟荊棘		地平整凹凸なく荊蕀なし
五	無蚊虻蛇蚖毒蟲		

六　瓦石沙礫變成瑠璃　　　　　　　　　　　　　　　　　　耕やさず縫はず……

七　人民熾盛五穀平賤豊樂無極

八　當起八萬大城村城隣比鶏鳴相聞　　　　　　　　　　村城相接鶏屋根を傳ふ

それでこれら諸經典を比較して見ると明かになることであるが、彌勒の淨土は未だ他方佛の思想の起らない時に描かれたものであるから、此の世界の最善の時を以つて顯されたものである。從つて淨土としては餘り善美を極めたものと云ふことは出來ぬ。一度この淨土の原形が描かれてから後は、漸次に淨土の莊嚴の記述の發展が起り、阿閦佛國經へ來ると三惡道なく、人皆十善を行ひ、便利不淨なく、女人の過失なく、出產の苦なく、市易商買田業の苦なく、歌詠遊戲、ただ法樂を受けることを示してゐる。これらは皆彌勒の淨土にあつては見る事の出來ないものである。而して特に著しく相違する點は、阿閦の淨土、彌陀の淨土が本願力に依るものであるに反して、彌勒の淨土は未だその本願力の莊嚴を云はず、世の自然の興廢に依つて然るものであることである。尤もこの本願莊嚴はやがて彌勒の淨土にも應用せらるべきものであつて、現に所問本願經（彌勒菩薩所問會）には二種の攝取、二種の莊嚴のある中、彌勒は莊嚴佛國・攝取佛國のみをなし、釋迦は莊嚴衆生・攝取衆生のみを修めたと云はれるやうになつてゐる（大・一一・六二九下）。然しこの記事は彌勒菩薩所問會が阿閦佛國經や大阿彌陀經の成立後修飾せられたことを示すもので、初めから彌勒の淨土が本願莊嚴に依つた事を示すのではない。それ故に、要するに彌勒の淨土は淨土としての記述の原始的なものであり、その最先驅をなすものである。それ故に、又最も簡單にして原始的な記述を有するものが、彌勒淨土中の最古のものと決定し得られると思ふ。この様に眺めて見て、長阿含六經、長尼柯耶二六經が最古であり、それから增一阿含の下生經が成立し、次いで成佛經系の聖典が成立したものと云はれうるのである。成佛經系の聖典とは、一體この下生成佛を記述する經典に、㈠增一阿含の下生經、㈡羅什の下生經、來時經、義淨の下生成佛經、羅什の成佛經、(三)上座部西藏譯彌勒經の三系があるので、第一は所說の地が舍衞國祇園精舍、問者が阿難、第二は所說の地が摩揭陀國、問者が舍利弗、第三は所說地が迦維羅城、問者が舍利弗であり、その他記述が種々の點に於いて相違してゐるのである。第二系の經典は、松本博士は成佛經最も古く、他の三經はその抄出と決定して居られるが、その見方は正しいであらう。其は抄出と見ねば意味が通じない個所がある位であるからである。

茲に彌勒の下生成佛の經典が出來上ると、次に釋尊と彌勒の關係が求められて來るのは當然である。この中の一つが、增一阿含二〇・六の、彌勒は釋尊より早く發願し乍ら、釋尊の精進力が勝つて九劫超越して釋尊が早く成佛せられた、といふ記事である。この九劫超越の理由にも種々の說が立てられ、精進とするものが最も多く、施捨の勝れた爲とするもの、七日七夜立ちづくめにした爲としてゐるもの等がある。

佛本行集經（大・三・六五六）　Mahāvastu I, p. 59　Divyāvadāna p. 481
菩薩本行經（大・三・一〇八）　前世三轉經（大・三・四四九）　六度集經（大・三・三八、三四）
生經（大・三・七五）　十住斷結經（大・一〇・九七〇）　海慧菩薩品（大・一三・五六）
寶髻菩薩品（大・一三・一八三）　所問本願經（大・一二・一八八）　彌勒菩薩所問會（大・一一・六二九以下）
觀佛三昧海經（大・一五・六七九）　心地觀經（大・三・二九五）　婆沙論一七七（大・二七・八九〇）
智度論四〇（大・二五・三五〇）

等皆これを記るしてゐる。此も精細に比較すると興味ある問題を提出するのであるが、餘り微細に入るを避けて茲には省略する。ただ一言して置きたいのは次のことである。釋尊と彌勒の關係を一番多く記るすのは六度集經であるが、その中に彌勒が女人となつてゐるのを見て、時に帝釋であつた釋尊は、來つて彌勒を皷舞激勵すると云ふ事がある。これが彌勒經典中の第二十、彌勒菩薩爲女身經となつたものに相違ないことである。

七

次に、斯くの如く釋尊と彌勒と相續く佛であり乍ら、何故にその佛國が違ふかと云ふ問題に關して本願論が起つて來るのであるが、この前に、先に云つたやうに彌勒は補處の菩薩として、釋尊の大弟子であるといふ處から、釋尊に要法を問ふ地位が與へられ、この地位に應へて顯れたのが、増一阿含二七・五の菩薩の四法を明す經典、要慧經（大・一二・一八六）、異譯の問八法會（大・一一・六二七以下）である。さうしてこの釋尊と彌勒との關係に於ける九劫超越と、本願の相違と、要法の問尋とを含めて成立したのが、所問本願經（大・一二・一八六以下）異譯の彌勒菩薩所問會（大・一一・六二八以下）である。松本博士は、反對にこの所問會が最も古く、それから問八法會、増一阿含二七・五が續いたと云はれるが、私はその反對であると思ふ。何故ならば、所問本願經には、(1)空を明すこと多く、(2)不可得空を談り、(3)五濁の語を出し、(4)不起法忍即ち無生法忍を出し、(5)菩薩の列衆多く、中に觀世音・大勢至・水天・文殊その他の菩薩を列するからである。異譯の所問會の方には十地迄も出してゐるが、この經典は般若經以後、所問會は十地經以後の竄入さへあると見ねばならず、決して般若經以前のものとすることは出來ない。

この中、要法を問ふと云ふ彌勒の位置は必ずしも此等の經典許りでなく、他の多くの大乘經典に於いても、この位地を占めた彌勒を見るのであるが、この中、比較的濃厚に彌勒に關係のあるのがこれらの經典なので、彌勒經典と分類せられうるのである。然し、この位置が彌勒に振り當てられたのは下生經に比して見ると新しく、その最も簡古な増一阿含二七・五でも、幾法を具へたら六度を具足し無上正眞道を成ずることが出來るか、といふ問であり、釋尊は、施時不擇人、頭目妻子不著想、施功德一切廻向、一切衆生中菩薩爲上首之思惟の四法本を具へ、六度を具足し無上正眞道を成ずると答へられるのである。故に六度の名目が完備して後の經典であることは疑ひない。要慧經、問八法會も簡單な經典で、菩薩は幾法を成就すれば、道に於いて退轉せず、菩提を得るかの問に對し、

成就深心　成就行心　成就捨心　成就善知廻向方便心
成就大慈心　成就大悲心　成就善知方便　成就般若波羅蜜

の八法を成就すべきを教へたものである。要慧經は右の八法の名目を出しただけで說明しないが、問八法會は一一を說明してゐる。この經典（同本二譯）は小品般若と略同時代に置くことが出來ると思ふ。

八

所問本願經、所問會は、先にも云ふやうに、小品般若よりはずつと後世のものであるが、幾法を具足すれば惡道惡知識を離れて菩提を得るかといふ問であり、これに對し、釋尊は增一法に依つて五十五法を擧げられるのである。五十五法とは、菩提心を起し、止觀を凝し、大慈悲を具へ、空に住し、七覺支・八正道を具へ、禪定三昧を得ることである。それでこれらの要法を問ふことと要法とは、彌勒その人に特別の關係があるのではなく、彌勒が釋尊唯一の後續者であると云ふ意味だけである。茲にただ所問本願經の本願が、彌勒の個性に對し特別の意味を持つてゐるのである。既に知る如く、釋尊の世は人壽百歲に滿たず、十惡が行はれ、貪瞋癡等の煩惱の瀰漫してゐる時である。之に反し、彌勒佛の世は人壽八萬歲（或は八萬四千歲）、人間の美德の完全に發揮せられた時である。このことは世界の興廢の順序として定つてゐるのであるが、これをその結果から推して因位の源に遡り、釋尊と彌勒の本願の相違が說かれるやうになつたのである。

釋尊の本願は、「願我當於五濁惡世、貪瞋垢重、諸惡衆生不孝父母、不敬師長乃至眷族不相和睦、我
　　於爾時、當成阿耨多羅三藐三菩提。」

彌勒の本願は、「若有衆生薄婬怒癡成就十善、我於爾時、乃成阿耨多羅三藐三菩提。」

と云ふのである。それ故に釋尊の成道も說法も難中の難事であり、釋尊の赴き給ふ所の城邑聚落には、多くの衆生あつて釋尊を毀罵し迫害を加へるのであるが、釋尊は成し難きを成し、忍び難きを忍んで、罪垢の衆生を荷負して說法なされるのである。これはその本願の然らしむる處であつて、この本願に依つて、釋尊は多く莊嚴衆生・攝取衆生に傾き、彌勒は多く莊嚴佛國・攝取佛國に傾かれたのである（大・一一・六二九下、一二・一八八）。

私はこれ迄に至る彌勒經典の發達は正當の徑路を取つてゐるものと思ふ。處が茲に彌勒思想は一轉して、彌勒の現在住む兜率天を叙し、兜率上生の志願を盛ならしむるやうになつたのである。茲に至る迄に、もう一つ慈氏菩薩所說大乘緣生稻䕨喩經があるが、この經典は十二因緣を明したもので、十二因緣は法である、法を見るものは我れを見るといふ佛語に端を發し、緣生に內の緣生と外の緣生を說き、この二つの內外の緣生に因と緣とありとし、一切法緣生なるが故に自性空寂であり、常に非ず、斷に非ず、來に非ず、去に非ず、生に非ず、滅に非ず、この道理を知らば一切智を得べし、と說くものである。この經典は松本博士が云はれるやうに、中觀の思想を帶び、十二門論の語を想起せしめるものであるが、經典それ自身は元來彌勒に關係あるものでない。この經典は先にも云ふが如く四譯あり、年代に依つて並べると、

了本生死經　（大・一六）　吳　支謙譯　（二二三―二五三）
稻　秆　經　（大・一六）　失譯附東晉錄　（三一七―四一九）
大乘緣生稻䕨喩經　（大・一六）　唐　不　空　（七四六―七七一）

大乘舍黎娑擔摩經（大・一六）　宋施護（九八〇）

であるが、この經典が彌勒と關係しだしたのは、第二譯以後である。第二譯から、稲䕸を見て世尊が、十二因緣を見るものは法を見るもの、法を見るもの我れを見ると言はれたとし、この義を舍利弗が彌勒に尋ね、彌勒の開說を得たことになつてゐる。第一譯では稲䕸も彌勒もない。然もそこにはあるべきものが除かれたと云ふ感がなく、それだけで完本のやうに見える。さうすると第二譯から稲䕸と彌勒が加へられたもので、元來彌勒には關係がないものとなる。

觀彌勒菩薩上生兜率天經は、彌勒がこれより十二年後に命終して、兜率天宮に生れることを說き、その兜率の天樂を明かにして、兜率上生を勸める經典である。下生經・成佛經の類は、彌勒が下生して成佛することと、その土の有様を說くものであるが、上生經は、彌勒が一生補處の菩薩として生天し、五十六億萬歲、諸天を教化し、晝夜六時に說法する事を教へるものである。而してその天宮のことを說くや、文字は遙かに下生經のそれよりも華麗にして、感覺的に人間に訴へるものがあり、又その生天の道が十善を行ふを中心とはするが、只大悲の名字を聞き、誠心懺悔し、或は形像を作り、禮拜觀念すれば足ることを教へ、一念彌勒の名を稱すれば、千二百劫の生死の罪を除くとか、合掌恭敬すれば五十劫乃至百億劫生死の罪を除くとか云ひ、來迎を得て往生することを教へてゐる。

この經は、これだけでも、阿彌陀佛信仰に於ける觀無量壽經と似通ふものの多いのを知り得るが、それのみならず、共に觀の字を經題に冠し、正觀を勸め邪觀を誡めてあることも同一である。その他一一の寶宮に七重の垣あり、一一の垣は七寶所成、一一の寶は五百億光明を出し、一一の光明五百億蓮華あり、一一の蓮華は化して五百億の七寶行樹をなし云々、と疊んで行く敍述は、全く觀經のそれと同型であることに依つて、如何に密接の關係があるかを知るべきである。これは既に松本博士の云はれた通りである。

さうすると、この上生經と觀無量壽經とは略同時代の經典であることが解る。獨りこの兩經のみならず、

觀佛三昧海經　（大・一五）　心地觀經　（大・三）

觀藥王藥上二菩薩經（大・二〇）　觀普賢菩薩行法經（大・九）

觀虛空藏菩薩經　（大・一三）

等皆同種の經典であり、稱名、懺悔滅罪、化佛顯現、觀佛等を主要な構成要素となすものである。然しそれがいつ頃の成立であるかは輕々に定め難い。龍樹がその何れの著書にもこの種の經典を引用して居らない處から見て、龍樹以後の成立と信ぜられるが、支那譯經史の方から云ふと、五世紀の初頭からの翻譯があるから、印度には四世紀の末葉には行はれてゐたものと見ねばならぬ。

この上生經の成立に依つて、彌勒の信仰は頓に勢力を增し、一般佛敎徒の歸向を得たものと思はれる。もとよりずつと古くから、大迦葉の如くこの世に留まつて龍華三會の曉を待つといふ信仰のみでなく、生天願生者もあつたには相違ないが、この上生經の成立はいろ〳〵の要素を以つて民衆の心にぴたりと訴へるものがあるから、彌勒信仰の一大變化を來し、爾來印度に於いては觀音と相並んで盛な歸向を得たのである。婆須蜜が彌勒に次ぐ佛（師子如來）として現に兜率天宮に居るとか、僧伽羅刹は兜率に上つて彌勒菩薩と語り合うたとか、無著・世親・淸辨・皆兜率信仰に關係あり、法顯・玄奘皆この彌勒信仰を記述し、印度錫蘭に於いて今日多數の彌勒像の發見せられるのに見ても、彌勒信仰と兜率上生の願求がいかに印度に於いて盛であつたかを知ることが出來る。支那日本の同信仰の流傳は今の問題でないから之を略する。

これを要するに彌勒信仰は非常に長い歷史を有し、又變化のあつたものであるが、阿閦佛國經の出來る以前、その成立の要素となつたものは、長阿含六經・轉輪聖王修行經（長尼柯耶二六經）及び增一阿含四八・三の下生經であつて、他のもの

はその後漸次に他經と並んで相影響しつつ製作せられたものと思はれるのである。因みに婆沙論は下生に關するもの、轉輪聖王修行經に關するもののみを引用し、智度論は下生經と所問本願經をも知つてゐたやうに思はれる。⑤

註 ① 雜尼柯耶に約八ヶ所あり。増一尼柯耶には vol. I, p. 258; vol. II, p. 82; p. 240; vol. III, p. 302; p. 439 に出づ。
② Sāñchi の東門の七佛崇拜の彫刻、Ceylon 王の彌勒崇拜の記事等注意せよ。
③ 阿逸多 (Ajita) は正梵音でない（「新佛教」九卷九號、七九七頁の荻原氏の論文參照）。Rhys Davids の "Buddhism" p. 200 の note では、Ajita は personal name とする。
④ 増一阿含序品、同二七・五、中阿含六六經・古來世時經、等皆彌勒を歷史的人物とする。
⑤ 下生に關するもの、婆沙論八三（大・二七・四三〇）、同七六（大・二七・三九五）。
轉輪聖王修行經に關するもの、婆沙論五三（大・二七・二七七）。

下生經よりの引用、智度論九二（大・二五・七〇八）、同三四（大・二五・三一一）、同六四（大・二五・五一四）。

所問本願經よりの引用、智度論四〇（大・二五・三五〇）、同四六（大・二五・三九四）。

第二節　阿閦佛國經と大阿彌陀經（上）

一

前節に說くが如く、阿含・尼柯耶經典と大乘經典との間の橋渡しをしたものは、一方には菩薩思想の發展とそれに依つて作られた彌勒經典であり、他方には佛陀傳の神秘化の究極として、過去佛の最後として描かれた燃燈佛事であつたのである。前者に就いては前節に既に云ひ終つたから、次に燃燈佛事に就いて言はねばならぬのであるが、燃燈佛のことも、既に「佛教研究」（大谷大學發行）第六卷第三號（本集第一卷所載）に、私自身の研究を發表して置いたから、茲には省略して、簡單に結論だけを出して置かうと思ふ。

燃燈佛事といふのは Dipaṁkara-vastu の翻譯であり、Dipaṁkara-vastu は Mahāvastu（大事）の一卷一九三頁以下に出て居る燃燈佛に關する纒つた記述を指して云ふのである。この燃燈佛は佛陀傳の方面から云つても、大乘經典へ關係する意味から云つても、頗る重要な地位を占められる佛陀であるから、既に「佛敎研究」（大谷大學發行）第六卷第三號の「燃燈佛の研究」中に記るしたやうに、大小乘の經典中殆どこの佛陀に關說してゐないものはない程であるが、然し燃燈佛を主人公とした纒つた經典は全くなく、僅かにこの燃燈佛事があるだけである。「大事」は說出世部の典籍であり、漢譯されなかつたものであるが、然し他部派にも、これと等しい獨立の纒つた燃燈佛物語があつたことは、有部の婆沙論一八三（大・二七・九一六中）に燃燈佛本事を言ひ、法藏部の佛本行集經（大・三・六六四中）に「如上因緣然燈菩薩本行經說」とあるので知ることが出來る。

この燃燈佛の思想は、部派分裂以前のもので、部派の共通財產の一つであるが、阿育王以前の發生ではなく、阿育王以後、部派分裂迄の間の發生であらうと考へられる（私は部派分裂は阿育王滅後相當の期間を經ての事であると思うてゐることを玆に斷つて置く）。

この燃燈佛の記事は、輪廓的に見て云ふと、釋尊の本生譚の究極として、從つて過去佛の最初として考へられた佛陀であり、この物語を生ずるに至つた動機から云ふと、釋尊がその佛陀の許に志願を起し、授記を受けられたといふことを示さうとするのであつて、授記佛の使命を以つて顯れた佛陀であることは明かである。それであるから、物語創作の動機から云ふと、「過去久遠の昔に燃燈佛出世し給ひ、その佛の時に」として釋尊の前生譚を物語れば善いのであるが、一つは過去へ過去へと遡つた創作意志の惰性から、又諸佛にはすべて釋尊の生涯の形式を與へるといふ佛陀論の常法からして、燃燈佛自身の佛傳が作られ、更にその燃燈佛の授記に迄遡つて、一方燃燈佛が値遇せられた佛陀、他方釋尊が燃燈佛以前に値遇せられた佛陀と、限りなく過去へ〱と延びて行つたのである。

然し、かくの如く、限りなく過去へ〱と延びては行つたけれども、過去佛は燃燈佛に至つて一期を劃したのであつて、茲に佛陀論は一つの轉回をなして、現在說法の佛陀を描き出すやうになつたのである。阿閦佛國經の阿閦佛、大阿彌陀經の阿彌陀佛がこれである。

この佛陀論の轉回、現在佛の創造はどういふ徑路を取つて來たものであるか、今日では明瞭につきとめることは出來ないが、內因と外緣のあつたことは云ふ迄もないことであると思はれる。その內因といふは、時漸く釋尊の在世と遠く、一方佛陀に對する觀念が次第に變化して來て、神秘化され偉大視された佛陀は、いつの世、如何なる時にも存在し給ふであらうといふ考へ方となり、又さう云ふ現在佛を考へることでなくては滿足出來ない情操上の問題となつたのであらう。この考へ方の變化と要求とが、佛敎の世界觀を擴大して、他世界の他佛を創定するやうになつたであらうと思はれる。外緣といふのは婆羅門敎中の有神敎系の影響であつて、紀元二世紀に流行したと云はれる婆伽梵歌などは、最も大きな影響を佛敎徒に與へたに相違ないのである。今章では、この內因外緣に催されて顯れた大乘最初期の阿閦佛國經と大阿彌陀經に就いて研究を試みようと思ふ。

二

いろ〱の點から考へて見て、阿閦佛は阿彌陀佛よりも古く、阿閦佛國經は大阿彌陀經よりも古いと思はれるから、先づ阿閦佛から初めたいと思ふのであるが、この佛陀に對する關說は、諸品の般若、維摩經・見阿閦佛品、悲華經、華手經九（大・一六・一九六）、小阿彌陀經、首楞嚴三昧經上（大・一五・六三六）、菩薩處胎經三（大・一二・一〇二八等）、文殊師利授記會（大・一一）、文殊師利佛土嚴淨經（大・一一）、觀佛三昧海經九（大・一五・六八九）、觀普賢菩薩行法經（大・九・三九〇）、勝天王般若（月八・八五、編者未詳）、阿閦如來念誦供養法（大・一九）、智度論四〇（大・二五・三五四、往二・一〇九、編者未詳）等であるが、一經全體をこの佛のことに捧げて居るのは阿閦佛國經である。さうしてこの經典は左の如く支那に三度翻譯せられてゐる。

第一譯	阿閦佛國經	後漢	支婁迦讖	西紀一四七年	（大・一一・七五一以下）
第二譯	阿閦佛刹諸菩薩學成品經	東晋	支道根	太康年中	
第三譯	大寶積經第六不動如來會	唐	菩提流志		（大・一一・一〇一以下）

この中第二譯は缺けて傳はらない。第一譯は上下二卷五品より成り、第三譯は上下二卷六品より成るが、それは次の如き開合の相違をなしてゐるものである。

	阿閦佛國經	不動如來會	
上卷	一、發意受慧品	一、授記莊嚴品	上卷
	二、阿閦佛刹善快品	二、佛刹功德莊嚴品	
	三、阿閦佛國經弟子學成品	三、聲聞衆品	
下卷	四、諸菩薩學成品	四、菩薩衆品	下卷
	五、阿閦佛國經佛般泥洹品	五、涅槃功德品	
		六、往生因緣品	

ただ不動如來會はその最後に於いて、縮刷藏經で二十四行を加へて居るが、これが著しい相違をなしてゐる。

この經の大意は、耆闍崛山に於いて舍利弗が、過去の菩薩の所願と行と精進の甲《よろひ》を問うたのを嘉みして、世尊が語り給ふやう、「是より東方千世界を經て、阿比羅提（Abhirati 妙喜）國がある。昔この國に大目（廣目）如來出現し給ひ、六度の行を說き給うた。その時、一人の比丘が如來を拜し、敎の如く菩薩の行を學ぶでありませうと申し出した。如來告げ給ふやう、『菩薩の修行は誠に難い。何故なれば菩薩は諸の衆生に對して、瞋恚の心を起すべきでないからである。』比丘は之を聞いて次の樣な誓を立てた。『世尊、私は今日菩提心を發して以後、眞實に一切智を求めます。正覺を得る迄決して瞋恚の心を發しません。聲聞緣覺の心を起しません。愛欲を起しません。惛沈貢高の心を發しません。狐疑の念を發しません。若し此等の心を發すならば一切の如來を欺くものであります。』この比丘はこの誓を起てたことにより、瞋恚に動亂せられることが無くなつたから、茲に阿閦（Akṣobhya）即ち不動の名を得た。不動菩薩は、更に進んで、

『私がこの意を發して以來、

1　念佛及び一切智と相應せず、

2　生々在家にて出家せず、

3　生々出家して出家の戒行を守らず、

4　若し無碍の辯才を成就し諸の妙法を說かず、

5　行坐經行の三威儀以外に臥の威儀をなし、

6　衆生に對し根本の罪を犯し、妄語をなし、餘の世俗憒鬧の言をなし、

7　婦人に說法の時、彼の相を取り、齒を露はして笑ひ、

8 説法の時、顧視輕躁、或は餘の菩薩を見て大師の想を生ぜず、
9 外道の沙門婆羅門を禮し、法を聽き、
10 法財を施す時に彼此簡異の心があり、
11 諸の罪人の刑罰せられんとするを見て救護せず、
12 他の罪を語り、
13 我が佛國に於いて諸の聲聞衆に過失があり、
14 夢中に於いても漏洩があり、
15 我が佛國の菩薩に夢中の漏洩があり、
16 我が佛國の女人に女の過失がある、

ならば、これは私が諸佛世尊を欺き奉るものである』との誓を立てられた。大目如來は茲に不動菩薩に未來成佛の記別を與へ給うたのである。」

世尊は以上を說いて、不動菩薩の初發心時の功德を廣略に說き給うたが、次に又舍利弗の問に答へて、不動如來の國土の功德莊嚴を左の如く說き給うた。

1 佛正覺の時、一切の衆生に婬欲あることなし。
2 至誠に合掌して、不動如來に向ふ。
3 その國の功德莊嚴、無量の佛國に比なし。
4 佛正覺の時、一切世界の衆生、不動如來を見ることを得。

5 佛正覺の時、一切惡魔、障碍の想を生ぜず、諸天、香を降らす。
6 佛正覺の時、光明三千世界に遍し。
7 佛刹中の菩提樹の高さ一由旬。
8 佛刹中には三惡趣なし。
9 一切の人唯善事をなす。
10 溝坑荊棘瓦礫なく、其地柔軟にして兜羅綿の如し。
11 三種の病なし。
12 一切の有情に虚妄の語なく、醜陋の身なく、臭穢なく、貪瞋癡薄し。
13 牢獄囚繫の衆生なし。
14 劫波樹より五色の衣を出し、須ゐるに委す。
15 須ゐる所の飮食、念に應じて來り、便利不淨なし。
16 八功德水、受用の心に隨ひ、園觀淸淨にして、衆生その中に法樂す。
17 人に嫉妬なく、一切の女人、皆女寶を超ゆ。
18 不動如來を法王として、人々之に奉事す。
19 女人に女の過失なく、懷孕より誕育に至り、母子安適にして穢汙なし。
20 市易、商買、田業、農作なし。歌詠遊戲、唯法樂を受く。
21 微風吹いて和雅の音を出す。

22　彼の佛土の中、黑闇なし。
23　千葉の蓮華、自然に足を承く。

經典に示された妙喜世界の特徵を擧げようとすれば、略右に盡きると云つてよいであらう。又阿閦佛國の聲聞は、四果の區別はあるけれども、預流・一來・不還、皆この現生に於いて滅度し、この世界のそれらの聖者の如くではない。又その菩薩衆も皆不退轉菩薩である。それは阿閦佛の本願に報いて、妙喜國には總べて惡魔の難がないからである。

經典は、斯くの如く阿閦佛の因位果上と、その國土の功德とを說き、筆を轉じて、次に國中第一の菩薩である所の香象に未來成佛の記別を與へ、香象を次佛として阿閦佛の入涅槃し給ふことを語り、阿閦佛の入涅槃の日、及びその入涅槃に依つて大化益をなし給ふことを示してゐる。

最後に、この妙喜世界に往生するには、

1　阿閦如來が往昔、行じ給ひし菩薩行を修め、弘誓願を發すこと。
2　六度を修め、それと相應する善根を菩提に廻向すること。
3　阿閦如來の光明を見、大菩提を成じ、身光を以つて世界を遍滿すること。
4　阿閦如來の聲聞衆を見んと欲し、見て佛の菩提を證すること。
5　阿閦如來の菩薩衆を見んと欲し、菩薩の行と倶ならんと欲す。佛の名を聞いてさへ生を得るなれば、況んや菩薩の行を具ふれば必ず生を得。
6　東西南北四維上下の佛を念じ、佛の說法の如くならんと念じ、その佛の如く聲聞衆あらんと念じ、この三隨念の善根を菩提に廻向する。

7　諸佛に超勝したるその國土と菩薩を見、その如く攝受せんと欲す。
8　增上樂欲の心を發す。
9　阿閦如來の功德法門を聞いて、受持讀誦通利する。

等の功德を修するを要することを示し、この稱讃の法門を受持讀誦通利し、他の爲に廣說することの功德大なるを說き、最後にこの經卷の書寫流行の功德を說いて終つてゐるのである。

三

以上經典の內容を略叙したことに依つて明かになることは、

A　この經典が、六波羅蜜を度々言ふことからして六波羅蜜經を、賢劫千佛を出すことからして賢劫經を、燃燈佛を出すことに依つて燃燈佛事を、彌勒佛の出世を物語ることに依つて彌勒經典を、先出經典として豫想しうること。

B　最初期の般若經と密接な關係を有すること。

C　大阿彌陀經との關係に於いて、阿彌陀經は佛に重きを置き、本願が整備し偉大であり、往生思想が進步し易往であり、淨土の說相が完備してゐるのに對し、阿閦佛國經は、菩薩に重きを置き、本願が戒律に關し原始的であり、往生思想が幼稚で、淨土の說相が又幼稚なことを見ることが出來る。

等である。以下順次にこれらのことを明かにして見よう。

A　この經典には、先づ大目如來が諸菩薩の爲に六度の行を說き給ふのを聞いて、阿閦佛も因位の發願があつたことを示し、阿閦の名がその六度中、忍辱波羅蜜を修習し、衆生に對して瞋害の心を起さない處から生じてゐることを明してゐる。さうしてその修行は、精進の甲を被むり、與へ難きを布施し、諸波羅蜜と相應するものであることを說き、又彼の佛國に往生するには、六波羅蜜を行じ、此と相應する善根を菩提に廻向すべきを敎へてゐる。この六度が佛果を求めるものの修行であつて、その佛果が二乘と異なるもの、從つて佛教に三乘の別があることは、「皆與₂波羅蜜₁相應、少與₂聲聞地₁相應」(大・一一・一〇四中)と云ひ、「捨離二乘心」(大・一一・一一〇上)等とあるのに依つて知ることが出來る。さうすると、この經典は多くの大乘經典と共に聲聞の外に菩薩の階級を立てて、その修行を六波羅蜜となすものである事を知る事が出來る。換言すれば、六度の思想が完成した後に成立した經典であることが解る。それは大阿彌陀經に於いても同じことであつて、大阿彌陀經の中には、「奉行六波羅蜜經」(大・一二・三〇一中、三〇九下)等の文句をすら見ることが出來る。この六波羅蜜經といふ語は、大阿彌陀經に關係ある太子和休經にも「行六波羅蜜經」(大・一二・一五五下)とあり、從つて阿閦佛國經、大阿彌陀經の成立以前に六波羅蜜經の成立を考へたい誘惑を感ずるが、今日の藏中、斯くの如き早い成立の六度を說いた經典はない。六度集經(大・三・一以下)、菩薩內修六波羅蜜經(大・一七・七一四)、大乘理趣六波羅蜜多經十卷(大・八・八五五以下)の三經があるが、第一は內容から言つて古い成立ではなく、第二者は餘りに簡單で、阿閦佛國、大阿彌陀の兩經の六度の記事のもとをなす內容を具へて居らず、第三者は餘程後世のものであることは、陀羅尼品があり、十地を立ててゐるので解るのである。それであるから、今日藏中六度說をなしてゐる經典を見ることは出來ないが、然しこれら阿閦佛國經、大阿彌陀經以前に、六度思想が完成してゐて、これを記錄した經典のあつたことは確實であると思はれる。

次に阿閦佛國經中賢劫のことは五ヶ所に出で、賢劫の千佛の出世を物語つて居るが、この賢劫千佛のことは、大阿彌陀經には出て居らない。この千佛の中既に四佛は出世し給ひ、彌勒佛以下九百九十六佛は、これより後に出世し給ふのである(大・一一・七五八中、一〇七中)。而してこの賢劫千佛は、過去七佛中、毗婆尸、尸棄、毗舍浮の三佛を前劫即ち莊嚴劫

（Alaṁkāra-kalpa）の最後の佛とし、拘留孫、拘那含牟尼、迦葉、釋迦牟尼の四佛を今の賢劫（Bhadra-kalpa）の佛とし、後の劫、星宿劫（Nakṣatra-kalpa）にも千佛出世し給ふと、三劫に亘つて三千佛を立てるものであつて、過去佛を立てて、漸次に未來にも多佛を見、縱に佛陀の出世を見る最も發達したものであるが、現在十方佛建立以前に既にこの形に到達してゐたものと見ねばならないから、この阿閦佛國經の前に賢劫千佛を記載する經典がなければならない筈である。今日我我が大藏經中に持つ賢劫經（大・一四）、千佛因緣經（大・一四）は、阿閦佛國經などよりはずつと後世のものであり、三世三劫三千佛名經（大・一四）もその形式が、喜王菩薩を對告衆として出したり、八萬四千の波羅蜜を說いたりする事から見て、後世の成立と斷ずることが出來るから、不幸にして茲にも亦阿閦佛國經に、賢劫千佛の材料を提供した經典を見ることは出來ないが、然し先の六度經とこの賢劫經の存在は十分設定することが出來ると思ふ。その如何なる形の經典であつたかは言ひ得ない。けれども、六度集經か六波羅蜜經のやうに、釋尊を中心にしたやうなものが最初にあつて、それから菩薩內修六波羅蜜經の如く一般に菩薩に就いて云つたものが、後にあつたに相違ないと思ふ。賢劫經に就いては、現存賢劫經の簡古なものを想像することが出來る。

次に彌勒菩薩に就いては、彌勒佛として取扱ひ、「彌勒如來諸聲聞衆」（大・一一・一一〇下）と云ひ、賢劫千佛を出してゐるから、茲にも賢劫第五佛として彌勒佛を出してゐる譯である。彌勒菩薩のことは前に既に云つた所であるが、釋尊の次佛として彌勒佛が考へ出されたことは可成りに古いことであるから、阿閦佛國經に於いて、彌勒佛として記載されてゐるのに不思議はなく、既にこの時、彌勒佛の經典が成立してゐたことは疑ない。

次に燃燈佛のことが「如然燈佛與我授記」と、廣目（大目）如來が阿閦菩薩に授記を與へ給ふ所に出してあるから、當時菩薩が授記を得て後佛となること、釋尊は燃燈佛から授記を得給うたことが、一般の佛に關する常識となつてゐたものであることが解る。それ故燃燈佛事（Dīpaṁkara-vastu）が當時存在して阿閦佛國經成立のための一資料となつてゐたことは疑ない。

以上の所を要約して云ふと、

ある形の六波羅蜜經
ある形の賢劫經
彌勒佛經典の數種
燃燈佛事

の四種類の經典が阿閦佛國經成立の資料となつてゐるのである。

B　最初期の般若經といふのは小品般若のことであるが、この小品般若と阿閦佛國經との間には、その記述の形式に於いて、又その含む內容に於いて、著しい類似のあることは何人も氣のつく所のものである。先づその類似を列擧して見ると、

1　六成就の場所の形式が兩經共に聲聞及び菩薩の列名を缺いてゐる（小品中にも彌勒及び文殊の列名をしてゐるものもあるが、それは變形せられた小品であつて、このことは般若の所で說くつもりである）。

2　同じくその場所の形式が、第一結集の時の列衆の形式であつて、餘は皆大阿羅漢であるのに阿難獨り未だ學地にありとしてある（布薩の形式の小品もある）。

(3)　天中天の語がある。

4　僧那、僧涅 saṁnāhya の語がある。

5　六度の思想及び語がある。
6　薩婆若心の語が共通してある。
(7)　賢劫の語がある。
8　燃燈佛の記事がある。
(9)　彌勒佛のことが出て居る。（大・八・五五二下）
10　兜率天のことが出て居る。（大・八・五七七下）「生兜率天」
11　弊魔隙を得ること能はずとの語がある。
12　三乘を説き、二乘心を捨離するとか、二乘地に墮せずとか云ふ語がある。
13　菩提に廻向するといふ語がある。（月六・六八右、編者未詳）
14　不退轉を説く。
(15)　在家菩薩を説く。（大・八・五六五上）
16　欲生他方清淨佛國の語がある。（大・八・五六五中）
(17)　阿閦佛國。（大・八・五六八中）
(18)　空を説くこと。
19　經典崇拜がある。
(20)　須菩提、長老須菩提の辨才の力を用ゐて居る。（大・一一・一〇八下）
(21)　如來行をいうてゐる。（大・一一・一〇八上、大・八・五七七下）

(22) 寶幢菩薩のことが共通してゐる。

等の共通の語及び思想がある。この中( )のしるしをつけた3・7・9・15・17・18・20・21・22等は大阿彌陀經には見出し得ないものであつて、それだけ阿閦佛國經と小品般若經の類似を示してゐるものである。相當に長い經典であるからこれ位の類似は當然だと云へば云へるものの、大阿彌陀經と阿閦佛國經と小品般若とを比較して見ると、これらの類似が表面的な又偶然的なものでなく、前後の因果關係をなす類似であることに氣がつくであらう。しかのみならず、小品般若に於いては阿彌陀佛及び安樂世界のことが一度も出ないで、その間何等の關係のないことを示してゐるのに反し、阿閦佛及び妙喜世界のことは二度も三度も出して、阿閦佛思想と切つても切れぬ關係を持つことを物語つてゐるのである。それで茲に問題となるのは、阿閦佛國經と小品般若經との何れが早い成立かと云ふことである。これに關しては、

1 阿閦佛國經は小品般若よりも早い成立である。

2 阿閦佛の思想は小品般若よりも早く顯れたものであるが、現存の阿閦佛國經は小品般若より遲いか、又は小品般若によつて改竄せられたものである。

といふ二つの假定が成り立つのである。私は次の研究に依つて第一の假定を事實と判定するものである。それは、第一に、阿閦佛國經は二卷であり、小品般若は十卷であり、小品般若の如き、大部の經典は大乘經典の最初のものとしては顯れ得ない。これはこれだけでは確實な一證左とすることが出來ない。けれども、次の諸點が云はれ得る時に一つの證左となりうる。

第二に、大乘の語は小品般若に出て居つて、阿閦佛國經には大阿彌陀經と同じく出てゐない。これは後者の二經が小品般若よりも古い證據である。何故なれば初め三乘と並べ(菩薩思想の發展に依つて)、菩薩乘又は佛乘としたものを、漸

次褒貶を加へて大乘と呼んだものであるからである。阿閦佛國經が小品般若よりも後の成立か又は後の竄入ならば、この語のなからう筈はない。

第三に、阿閦佛國經には經典の書寫が勸められてゐる位で、未だ經典崇拜が盛になつてゐないが、小品般若には非常に誇大な文字で記るされてゐる。

第四に、小品般若は大乘教理の發祥の源で、阿含や阿毘曇に比べて非常な大發展を遂げ、佛教の一轉回を劃したものであるが、阿閦佛國經にはその影もない。「諦住於空」（不動如來會には「安住眞實空性」とあり）の文字があるが、空に關する記述は唯それだけで他にない。若し阿閦佛國經が小品般若よりも後の製作であるか、または後の竄入を受けたものならば、小品般若に倣つてこれだけで濟む道理がない。

第五に、阿閦佛國經には、その國土に女人がゐて唯苦しみなくして懷妊し分娩することを記るしてゐるが、小品般若には「不作女人身」とか又は「捨女身生阿閦佛刹」としてあつて、明かに小品般若が燃燈佛物語と阿閦佛國經を合糅したことが解るのである（恆河優婆夷品）。變成男子の思想は後の大乘經典通有の思想となつたものであるが、これの無いことに依つて阿閦佛國經の古いことを知ることが出來る。阿彌陀佛の世界には女人なく、般若經以後は頻りに種々の形で女人問題を取扱つてゐるが、阿閦佛國經が後の製作か竄入を許したものならば、この女人問題も「女人の過失なし」「産の時苦なし」で留まる筈がない。

第六に、阿閦佛國經は大阿彌陀經と共に菩薩の不退轉に重心を置いてゐるが、小品般若は不退轉を云ふと共に無生法忍を得ることを說くのに努め、以後の大乘經典の得忍の源流をなしてゐる。阿閦佛國經にはこの影響がないこと大阿彌陀經と同じい。

第七に、般若經の成就衆生淨佛國土及び常樂欲生他方清淨佛土の思想は、大阿彌陀經や阿閦佛國經の他方淨土建立思想の影響である。

第八に、寶幢菩薩のことは兩經共に意義が不明であるが、阿閦佛國經に寶幢菩薩のことの出てゐる方が自然であるから、自然に出てゐる方の阿閦佛國經が古いに相違ない。即ち阿閦佛國經の方では、不動如來の精進は、寶幢菩薩のそれに勝るといふことで出て居り、小品般若の方では、我れ今寶幢菩薩の般若波羅蜜の修行を稱讃する如く、他方の佛も我が國の菩薩の般若波羅蜜を修行するのを稱讃するといふ意味で出てゐる。さうして施護譯小品では、此の菩薩を阿閦佛國中の菩薩とし、阿閦佛國經では寶幢（寶英）が阿閦佛に從つて學行してゐることを云うてゐるから、阿閦佛國の菩薩に相違ない。

第九に、小品般若に出づる「犍陀訶尼菩薩阿閦佛刹中最尊第一」とあるのは、阿閦佛國經の成文中佛般泥洹品を基としてゐるものと見た方が善い。

以上の樣に考へて來ると、阿閦佛國經は明かに小品般若經以前の成立であり、小品般若はその構成に於いて阿閦佛國經をその重要なる要素中の一としたものである、と云はねばならぬ。

C　大乘經典中、この阿閦佛國經と大阿彌陀經とは最古の成立に屬するものであるが、この兩經を比較して見ると、他方の淨土を建立し、その本願に依つて衆生を引接する往生思想を含む所謂淨土門の經典たることに於いて一であるが、前に述べた樣に左記の諸點に於いて重要なる差異を示してゐるのである。

1　阿閦佛國經は、舍利弗が菩薩の行願と發心を聞くのに初まつてゐるだけに、全經菩薩のことを說くことが多く、大阿彌陀經は阿彌陀佛の因位果上を說き、佛の果力を說くのに力を注いでゐる。

2　阿閦佛の本願（praṇidhi）は多く自分のことに關係し、且つ戒律的條項が多い。阿彌陀佛の本願は多く他に關係し、偉大にして莊麗である。本願は遙かに阿彌陀佛の方が勝つてゐる。

3　阿閦佛の本願は多く自分のことに關するため、衆生を自分の淨土に引接することに力がない。阿彌陀佛の本願は他に關するため、衆生を引接する力が强く、佛陀の大慈悲を示す方面では遙かに大阿彌陀經が勝れて居る。

4　その淨土の妙喜世界は安樂世界に劣つてゐる。第一前者には女人があつて、現實の世界と異なるのは女の過失・出產の苦痛がないと云ふだけであるが、安樂世界には女人はない。皆男子として生れ出る。その他その淨土の說き示し方に著しい優劣がある。

この二つの經典は同じ目的を以つて書かれたものに相違なく、佛菩薩の所謂大乘的精神、偉大なる利他精神を高潮すると共に、他方佛の淨土を描き、濁惡の世のこの土の衆生は、その佛國土に往生することに依つてさとりを得るが善いといふことを敎へるものであるが、これを心に入れて置いて上記の相違點を考へて見ると、明かに阿閦佛國經は大阿彌陀經よりも古い成立であることが斷言し得られるのである。而して若しこのことが關係的に云はれるとすれば、阿閦佛の妙喜世界が東方に位するのに對して、彌陀の極樂世界は西に位地づけられたのである。

以上の考察に依つて玆に阿閦佛國經の地位を左の如く定めることが出來る。

この經典は燃燈佛事、彌勒下生經、或る形の六波羅蜜經、或る形の賢劫經を先行とし素材として成立し、一方大阿彌陀經の成立に影響し、又最も深く小品般若を引き起す一動力となつてゐるものである。

と。

更にこの經典を大阿彌陀經に比較して、その文學的價値を見ると頗る劣つてゐるものとせねばならぬ。大阿彌陀經は先づその法藏神話といふ偉大なる文學に初り、その二十四願は悉く痛切なる大慈悲の活躍であり、淨土の說相も順序が整然として頗る美事な叙述であり、三輩段に來つては、現實の動きの取れない人生にあるものが、容易に往生を得るといふ易往の道を示し、五惡段に來つては、その現實の人生の相を說くこと詳密精確にして、人生に光となり力となる信仰を讃美する文學としては、最善を盡してゐるのである。阿閦佛國經には到底この大と美と統一がない。この文學としての優劣が、やがて又東洋の信仰史に於いて、阿閦佛と阿彌陀佛の勢力の消長を示すことになつたのである。

故に其の後の成立の大乘經典には阿彌陀佛のことを說いた經典は非常に多いに拘らず、阿閦佛のことを說いた經典は割合に少く、又阿彌陀佛信仰は彌勒信仰と並んで印度・支那・日本と流傳し大勢力を張つたに拘らず、阿閦佛は殆ど信仰せられずに終つたのである。

第三節　阿閦佛國經と大阿彌陀經（下）

佛教の教理の變化發達は、一面から云ふと佛陀に對する考の變化發達であつて、その初めは釋尊傳の組立て及び增廣であり、その傳記を過去へ延して過去佛を考へ、過去佛の數を次第に增して、燃燈佛以前に迄遡つたが、燃燈佛から玆に諸佛觀に一轉回を生じて、現在佛を立てるに至り、佛教の教理に大變化大發展を見るに至つたのである。

この現在佛を立てるやうになつた理由はいかなるものか。それは今日明瞭に突き留めることが出來ないが、それに內因と外緣のあつたことは前述の如くである。即ちその內因といふは、時漸く釋尊の在世と遠く、釋尊の宗教の生々たる現實性が失はれて來たので、一方佛陀に對する考が次第に變化し、著しく神秘化された偉大なる佛陀は、如何なる處にも何時の世にも存在し給ふといふ風に考へられて來た所から、かういふ異常の神的の存在の力の加被が要求欣求せられるやうになり、一方佛教の世界觀の擴大に依り、他世界の他佛が法相上矛盾のない所からして、他世界の他佛が考へられるやうになつたのであらうと思はれる。その外緣といふのは、波羅門教中の有神教系の信仰瑜伽の教理と、その最高神である毗濕拏の宗教の影響である。婆伽梵歌は紀元前二世紀には明かに流行してゐたと認められるから、その影響が佛教內に紀元前一・二世紀に相當の力を與へたといふことは推斷しうることと思ふ。

今日現存してゐる佛教經典の上から云ふと、この種の現在佛の中、最古の佛は阿閦佛であらうと思ふ。阿閦佛及び阿閦佛國經のことは前節に論じたから、今は阿閦佛に次いで佛教內の最古の現在佛で在ます阿彌陀如來及び大阿彌陀經について論じて見ようと思ふ。

阿彌陀佛の思想的起原については、レギー氏のゾロアスタ教の影響說があり、松本博士の大善見王經說があり、その他種種の說があるが、今日私の依らうとする說は荻原博士の婆伽梵歌影響說である。博士の說は雜誌「佛教」に顯れ、婆伽梵歌の毗濕拏、梵天、濕婆の三位一體が、この儘佛教に入つて、觀音、阿彌陀、大勢至の三位一體說となつたものであると論定してある。

觀音と阿彌陀佛との間にその發生上思想上の關聯のあることは否定の出來ない事實であるが、それが如何にして、如何に關聯するかとなると、遽かに斷定することの出來ないものである。現に觀音菩薩のことに就いても近來種々の說が行はれ、同文館の哲學大辭典、「觀音」の下には、吉田修夫氏は自說と合せて六說を擧げて居られるが、荻原博士の說を加へると茲に七說を數へることが出來る。この七說の中、私は荻原博士の說が一番善いと思ふので、六觀音七觀音等のことは密教時代の所產であるから今の問題ではなく、觀音の原始的な形は荻原博士の云はれるやうに、毗濕拏神の變形であり、その變形當初に餘り變らない形に於いて、法華經普門品に記錄せられて居るのであると思ふ。即ちこの觀音の形は、可成りに異教的であり、慈悲を中心生命とし、人々の災厄を救ひ、危難から保護するのを役とし、極めて現世的であり、この爲に三十三の變身をなすといふのである。

後にこの菩薩から阿彌陀佛の思想が生ずるに及び、阿彌陀佛が中心となり、勢至と共に彌陀の脇侍となり、彌陀の入滅後は成佛して彌陀の後を繼ぎ、更にその位地を勢至に讓つて入滅すると云ふことになつたのである。この第二の變化の形が、大阿彌陀經や、觀音菩薩授記經（大・一二）に記錄せられてゐるのであると思ふ。他は皆密教關係の經典であつて、今の問題となるものではない。

それで觀音の信仰は、その儘では頗る異教的であつて、

第一に現世の攘災招福主義の信仰となり、

第二に阿彌陀佛思想の發生の溫床となり、

第三に南方マラヤの補陀落山に住することになつて全印度の信仰を得、

第四に密教時代に入つて、その異教的にして且つ現世的なる所から、大いに勢力を張り、遂に西藏佛教の本尊的地位を占めるに至つたのである。

その印度に於ける觀音信仰の盛であつた事は、法顯傳、西域記の記錄する所に依つて十分に知る事が出來るのである。上來說き來つたやうに、觀音菩薩の思想は婆伽梵歌の毗濕笯神の影響であり、それだけその原始の形に於いては異教的であり、攘災招福の現世的のものであるが、この菩薩から阿彌陀佛が誕生せられたと見るのが、荻原博士の說であり、又今日に於いて私の依用せんとする所のものである。

いま阿彌陀佛に關する經典を研究して、阿彌陀佛信仰發生の當初の姿と、その變遷とを知りたいと思ふのであるが、如何せん、その最初の狀態を知るべき經典がない。阿彌陀佛のことを直接に說いたものは所謂淨土の三部經であり、この中最も古く成立つたものは無量壽經である。この無量壽經は、支那譯經史の上で云ふと紀元百四十八年から百七十年代に第一譯が出來、それ以來十二譯を重ねたけれども、今日殘つてゐるものはその中の五譯である。この五譯の中、後漢の支婁迦讖譯の平等覺經が殘存してゐるやうに云はれてゐたが、現存の平等覺經は魏の白延譯平等覺經であらうと云はれるやうになり、さうすると紀元二二三―二五三間に譯された大阿彌陀經（內題、佛說阿彌陀三耶三佛薩樓佛檀過度人道經）が、現存中最古譯と云ふことになるのである。この大阿彌陀經も內容から見ると、この信仰の幾度かの變遷を經たもののやうである。大乘經典及びその推移を如實に知ることの出來ないのは、遺憾と云はねばならぬ。然しこの大阿彌陀經は譯出年代が康僧鎧譯の無量壽經と大した隔りがないに拘らず、無量壽經のやうに他の大乘經典の影響が尠いものである。それで私は次の二つの理由に依つて、大阿彌陀經が現存藏經中、原始阿彌陀佛信仰の最古の記錄であり、又この經典が阿閦佛國經と共に、最古の大乘經典であることを決定するのである。二つの理由とは、

第一、阿彌陀佛の神話は藏經中十六種を數へることが出來るが、その中最古の神話は、大阿彌陀經及びその異譯に傳へるところの法藏菩薩物語である。

第二、大阿彌陀經の五存中最も古い譯が大阿彌陀經であつて、又最も他經の影響竄入を受けて居らない。

といふ二つである。

以下少しくこの二つの理由を說明しよう。第一の理由については阿彌陀佛の神話が藏經中十六種ある。これは加藤智學君の研究に依るものであつて、大正五年出版の「阿彌陀佛の研究」に發表せられたものである。今便宜上その十六種神話

の一覧表を借用してみることとする。

分類	經目	彌陀ノ因位	因位ノ關係	經說ノ正所明
王	1 無量門微密持經 出生無量門持經 阿難陀目佉尼訶離陀經 無量門破魔陀羅尼經 舍利弗陀羅尼經 阿難陀目佉尼訶離陀鄰尼經 一向出生菩薩經 出生無邊門陀羅尼經 出生無邊門陀羅尼經	無念德首 無念德道 無念名聞具足 不思議功德最勝 不可思議功德吉 無念名聞具足 不思議勝功德 不思議功德最勝 不思議功德寶吉祥	然燈佛ノ師	入無邊門陀羅尼
	2 賢劫經 觀察諸法行經	淨福報衆音 福報淸淨多人所愛鳴聲自在	大月佛ノ化益スル所	了諸法本三昧
子	3 正法華經 妙法蓮華經 添品妙法蓮華經 梵本法華經 聖妙法蓮華大乘經	(第九ノ王子)	釋迦阿閦等ノ兄弟	妙法蓮華經
王	4 決定總持經 謗佛經	月施 月得	阿閦佛ヲ供養ス	十菩薩
	5 如幻三摩地無量印法門經	勝威	觀音勢至ノ父	觀音勢至
	6 賢劫經	德華	賢劫千佛ノ父	了諸法本三昧
	7 慧印三昧經 如來智印經 大乘智印經	慧上 慧起(轉輪王) 福上	賢劫千佛ノ父	如來智印三昧
	8 德光太子經 大寶積經護國菩薩會 護國尊者所問大乘經	頰眞無 焰意 發光	釋尊ノ父	釋尊

	9	10	11	12	13	14	15	16
		比丘						
經典	大乘悲分陀利經 悲華經	生經	濟諸方等覺經 大乘方廣總持經	賢劫經 觀察諸法行經	觀佛三昧海經	大乘寶要義論	大法炬陀羅尼經	無量淸淨平等覺經 大阿彌陀經 無量壽經 大寶積經無量壽如來會 大乘無量壽莊嚴經 Sukhāvatīvyūha 聖無量光莊嚴大乘經
因位	離諍 無諍念（轉輪王）	惟先	淨命 淨命	無限量寶音行 無邊寶振聲淨行聚	（第三ノ比丘）	等觀諸所緣	明相	曇摩迦留 曇摩迦 法藏 法處 作法 Dharmākara 法ノ出ヅル處
關係	釋尊ノ主君、觀音勢至 文殊普賢阿閦等ノ父	釋尊ノ嫉ム所	釋尊ノ嫉ム所	阿閦及び賢劫 千佛ノ師	阿閦佛等ノ道友	一切義佛ノ救フ所		
果	釋尊	釋尊	釋尊	了諸法本三昧	觀佛像ノ功德	一切義佛	阿彌陀佛	阿彌陀佛

この十六種の因位說の中、正しく阿彌陀佛の事を說かうとしてゐるものは、十五の大法炬陀羅尼經（大・二一）と大阿彌陀經及び其の異譯だけである。他は皆正所明は別にあつて唯阿彌陀佛に關說した迄である。この關說の中、積極的の意味即ち阿彌陀佛の名を擧げねばならぬものと、阿彌陀佛でなくてもどの佛でも宜しいものとある。例へば1の無量門微密持經等の如き、2の賢劫經等の如き、6及び12の賢劫經の如き、7の慧印三昧經の如き、14の大乘寶要義論の如き、何等積

極的に阿彌陀佛を名指すべき必要はないのである。かういふ神話が阿彌陀佛の原始的神話であるべき筈はない。又4の決定總持經等（12の賢劫經も或は然るべし）、13の觀佛三昧海經及び3の法華經は、阿彌陀佛と阿閦佛の關係を成り立たせるためであり、3の法華經、8の德光太子經、9の悲華經、10の生經、11の濟諸方等覺經等は、總べて阿彌陀佛と釋尊の關係を物語らうとするものである。この中、生經は經典が經典だけに、即ち今迄小乘部に編入せられてゐただけに、相當注意を要する樣であるが、實際はさうでなく、生經は大小乘に通ずる經典で、それ自身は決して早い成立のものでない。又阿彌陀佛はほんの關說であつて釋尊が正所明である。それ故に阿彌陀佛の神話として注意すべきものは、矢張り阿彌陀佛を正所明とする大法炬陀羅尼經と大阿彌陀經及びその異譯であるが、大法炬陀羅尼經の因位譚も、阿彌陀佛の前生の一節にかういふことがあつたと云ふに留まり、阿彌陀佛の本質に關するものではない。その上この經典は字門陀羅尼を說くもので早い成立でないから、彌陀神話を語るものとして價値が少い譯である。さうすると矢張り彌陀神話の中心は大阿彌陀經及び異譯のそれでなければならぬ。彌陀敎に關する重要な因位譚が、大阿彌陀經のそれであるといふ許りでなしに、彌陀思想發生のもとの神話は大阿彌陀經に記錄せられてゐる其か、其に近い、其れのもととなつたものと云はねばならぬ。

矢吹博士の舊著「阿彌陀佛の研究」では、この十六種の因位說を皆或る連絡あるものとし、同じ光明と音聞との內容を有し、一類の因位說の變化であるやうに云つてあるが、それは憶測である。若しさう云ふ風に云ふならば、諸佛の因位說は皆一種のものであると云はねばならぬ。矢吹氏のものは、明相經と奇光如來經と明相芥本生譚とを關係あるものといふ憶斷から、强いて連絡があるやうに見たものである。

第二の理由。次にこの大阿彌陀經及び異譯の中で云ふと、現存譯中最古譯は大阿彌陀經であり、又他の異譯經の如く他經の影響を受けて居らぬ。最古譯のことは今更云ふ迄もないから、五存譯比較上、他經の影響が他の異譯經に及ぼしてゐるものを見よう。

1　先づ第一に梵本には菩薩として彌勒を列ねて居るだけであるが、魏譯・唐譯・宋譯は普賢文殊をも出してゐる。して見れば般若經系・華嚴經系の影響を受けて居ると見ねばならぬ。

2　魏譯・唐譯は菩薩の列名に賢護等十六正士とだけ擧げて居る所を見ると、これは般舟三昧經から、法華經及び大品般若に影響したものを受けて居ると見ねばならぬ。

3　普賢之德の語は明かに華嚴經の影響である。

4　魏譯を中心としていふと、その第三十四の聞名得忍願、第四十八の得三法忍願及びその成就文には、或は無生法忍、或は柔順忍・音響忍・無生法忍の三忍を出してゐる。この無生法忍は法の無生無滅を諦忍することであつて、これ般若經以後の經典に出づるものである。この他法の不生不滅を云ふ所があるが、これ明かに般若經の影響である。

5　梵本四十三章には經典書寫のことが出て居るが、これも大阿彌陀經・平等覺經にはなく、唐譯・宋譯に出て居る。般若經の影響であることは明かである。

6　梵本四十一章・魏・唐・宋譯には胎生化生のことが出て居るが、これは何の影響か今は不明である。

7　梵本十九章及びこれに相當する魏・唐・宋譯には、極樂の池水より無生忍聞、甘露灌頂衆妙法聞（灌頂地進得聞 Abhiṣekabhūmipratilambha śabda）を出すことが出てゐる。これも般若經の影響であらう。

かういふ具合に、魏譯以下は明かに大阿彌陀經・平等覺經が受けて居らないところの般若經と華嚴經と般舟三昧經及び法華經の影響を受けてゐるのである。これら他經の影響を除き去つて大阿彌陀經に歸ると、第一大乘小乘の語がないので、この語の初めて顯れた小品般若以前のものと見られる一面がある。尤もこの經典の魏譯には「大乘衆菩薩倶普賢妙位」

とあり、宋譯には「得聞無量壽佛名號、發一念信心、歸依瞻禮、當知此人、非是小乘」とあり、大乘小乘の語は既にこの經典に顯れてゐるやうに見えるが、諸異譯對校して見ると、さうでないことは十分に解るのである。

菩薩の大切な地位を無生法忍とせずして、不退轉位としてゐる處にも、般若經以前の大小乘紛淆時代とも云ふべき時期の原始的面影を見ることが出來る。この故にこの大阿彌陀經は、經典としても大乘經典の最古の部分に屬するものであり、法藏菩薩の最古の神話を含むものであることは明白であらう。

依つて茲にその大阿彌陀經に依つて、彌陀神話と、彌陀神話に關する經典の含む教理を見て行かうと思ふ。

大阿彌陀經に記るされて居り、かるが故に最も原始的であり根本的である彌陀神話は左の如きものである。

燃燈佛より數十の佛以後に、世自在王佛（Lokeśvararāja buddha）出世し給ひ、其の時、國王であつて後に出家した法藏菩薩（Dharmākara）は世自在王佛に詣でて說法を乞ひ、それに依つて淸淨の國土を選擇莊嚴し、成佛せんとの志願を發し給うた。如來は此の菩薩の爲に廣く二百一十億の佛土を見せて、人天の善惡、國土の麁妙を說き給うた。法藏比丘は茲に於いて五劫の思惟の後に、佛土を莊嚴し淸淨にする願を發し、再び佛にその誓願を述べ、佛の證誠を乞はれた。その後、法藏比丘は、非常に長い間の修行をなし遂げ、成佛して十萬億土の彼方の西方に極樂世界を建立し、茲に衆生救濟の約束を果すこととなつた。それ以來今日迄、既に十劫を經て居る。佛はその別願に酬いて、無量光佛、無量壽佛といふ二つの名を持ち給ふといふのである。

大阿彌陀經はこの物語を記るす經典であつて、二卷に分れ、他の經典と同じく、序分、正宗分、流通分の三分に分れて居る。

世尊の所謂五德現瑞に依つて、阿難は特別の佛意がはたらいて居るのではないかといふ疑を發し、謹んで佛意を問ひ奉つた事からこの經典は初まり、佛陀はこの問に對して、燃燈佛以來の過去佛の世自在王佛に至る迄を擧げて、この世自在王佛の時、法藏菩薩が大誓願を發し、二十四願を建て、六波羅蜜の修行をして作佛せられ、別願に應じてその光明が他の諸佛の光明に勝れてゐることを御說きなされた。この時、この說法を聞いて、阿闍世王太子以下五百の長者の子も、同じく誓願を發し、阿彌陀佛と同じい佛陀となりたいと願ひ、佛陀は彼等に成佛の記莂を授け給うた。この五百の長者の子の發心と授記とは、太子刷護經（竺法護譯、大・一二・一五三以下）、太子和休經（失譯西晉、大・一二・一五五）、阿闍世王子會（菩提流志譯、大・一一・五九三以下）の別本となつて流行してゐる所である。

次に釋尊は、阿彌陀佛の世界即ち極樂國土を說明せられるのであるが、その特徵は女人往生の願に依つて、生れる女人の男子と成ることと、第六天の魔王の宮殿と同じいといふ壯麗な莊嚴とである。

釋尊は轉じて、この阿彌陀佛の世界へ他の東西南北の世界から菩薩の來集聽法することを說き、又彌勒の問に對して、その世界の阿羅漢は入涅槃して去るものがあつても、聖衆の數を減ずるといふことなく、又得道するものがあつても、その數を增すといふ事のないことを說き、進んで觀音勢至の二菩薩が彌陀如來の脇侍として左右に侍し、世間の人々の恐怖災厄を除き、彌陀如來の光明の無量なるが如く、その壽命も亦無量ではあるが、然し遂にこの如來の入滅し給ふ後には、觀音菩薩が代つて成佛して化益し給ひ、觀音菩薩の入滅の後には、勢至菩薩が成佛して、その後を承け給ふことを說いて上卷は終つてゐる。

次に下卷になると、釋尊は彌勒に對して、この彌陀の淨土に往生を願ふものに三輩の別あることを說き、その相狀を示し、誰でも一日一夜、至心に佛を念ずれば、彼の淨土に蓮華化生することを說き、極樂世界の聖衆の姿を示すと共に、この世界の人々の薄俗なるを說き、轉じて世の五惡を說いて五善を勸め、又阿難をして阿彌陀佛及びその國土を見せしめ、この世及び他方の佛國から、不退轉の菩薩が多數に彌陀の淨土に往生することを明し、法滅の後に特にその經を留めることを說いて、この經を付屬して終つてゐる。

これが大阿彌陀經上下二卷の梗概である。して見ればこの經典一部の有する宗教的生命は、これを大乘佛教の精神に照して見れば、第一に菩薩の偉大な利他行の高潮であり、第二に涅槃の生活の積極的具體的說明であり、第三に、その涅槃の積極相を再び實人生におろして、善惡相雜はるこの世間の中に、生活の統制原理の把握に依つて、力丈夫にこの人生生活をなすべきことを說いた點にあると思ふ。文殊經典が文殊の大悲爲首の利他行を示すものであると同じく、普賢經典が普賢の偉大な行願の世界を打ち開いたものであるやうに、この大阿彌陀經一部の敍述の生命は、法藏菩薩の利他故の發心と誓願の大精神を謳うた所にあると云はねばならない。この法藏菩薩の利他行の大精神を感激に依つて我が胸に誕生せしめ、その精神を生活の統制の原理たらしめようとした所に、大阿彌陀經一部の大乘經典たる生命が宿つてゐるものと見ねばならないと思ふ。

大阿彌陀經一部はかくの如くして、龍樹の所謂、苦盡解脫門の利他の大精神を高潮して、これから大乘精神の大きな潮流を作つたものであるが、若しこれを形式の上から見ると、我々は茲に第一に淨土對穢土の思想を見ることが出來、第二に超人的なる佛陀の救濟力に依る往生思想を見ることが出來るのである。

第一の淨土對穢土の思想のことは、阿閦佛國經を除いて、これ迄の經律論の何れにも全く見ることの出來なかつたものであつて、原始佛教の世界觀に於いて、人界と天界の區別はあつても淨穢對立のものではなく、涅槃の生活に對して一括して迷妄の世界とせられるものであつたが、今やこの世界は人天界を含んで共に穢土であり、惡に滿ちた世界であり、淨土に對立するものとなつたのである。と云つても勿論、この淨土穢土の對立も、後世の淨土教家の考へるが如き絕對的のものでなく、西方淨土が彌陀如來の佛國であれば、この世界は釋迦如來の佛國であつて、佛國たることに變りはないが、程度上の淨穢の相違が、彌勒經典の彌勒の世界を通じ、阿閦佛の妙喜世界を過ぎて來て、明瞭に描かれ出したのである。さうして一度この對立が意識せられ出して見ると、段々その對比は烈しくなり、一方この世界に關して、世紀末的な思想と交渉し、「時下り人拙なし」といふ痛烈なる罪惡觀を生み來ることは理の當然なところである。

佛世を去ること五百年、偉大な釋尊の人格的感化は全く消失し、佛教は部派的宗教となつて互にその非をあげつらひ、宗我に固着して相爭ひ、哲學的思想的には假令その出發點は善かつたにしても、今は極端に煩瑣で無生命な法相決判に終始し、從つてその宗教は社會に働きかける力を缺き、僧苑閉居の僧侶專門となり終つたのであるから、心ある人々には、これではならない、この儘では行けない、といふ悲觀と焦躁の氣持が起つたに相違ないのである。この悲觀と焦躁の氣持とはやがて新しい運動を起す原動力となるものではあるが、それが表面に表はれた所から云ふと、世紀末的な感情と言語文字の表顯となるのである。像法と云ひ、像似の沙門と云ひ、五濁惡時と云ひ、この世を娑婆といふが如き、皆この表顯と云はねばならぬ。大乘經典は頗る多くこの五百年代を罵り、沙門は悉く像似の沙門にして、その說く所は皆像似の教法であり、彼等は唯佛像を安置し或は畫き、舍利や塔を供養して、自活のためになしてゐることを物語つてゐる。

「於二當來世後五百歲一、有二相似沙門一。衣服形貌似二像沙門一、戒不二相似一、定不二相似一、慧不二相似一。」（摩訶迦葉會、大・一一・五一二上）

「後五百歲正法滅時、當レ有二比丘性懷二貪著一、猛利貪欲、映二蔽其心一、樂三離間語毒二害於他一、言詞麁獷、慘勵犟蹩、住二三法中一。何等爲レ三。所謂醫道、販易、親二近女人一。」（三律儀會大・一一・一〇中）

かういふ狀態であるから、一般に佛教に對して悲觀の考を起すのは當然であつて、法華經の如き、之を「於二後五百歲濁惡世中」（大・九・六一上）と云ひ、又「若後世後五百歲濁惡世中」と云うてゐるのである。この濁惡をもつと具體的にすれば五濁であり、五濁とは小阿彌陀經に云うてあるやうに、劫濁・見濁・煩惱濁・衆生濁・命濁であつて、この五濁の名目はこの佛滅五百年代に生じたものに相違ない。[1] 尤もこの名目は雜阿含三十二卷の第二經（大・二・二二六下）に命濁・煩惱濁・劫濁・衆生濁・見濁の五濁が出てゐるが、同本の巴利雜尼柯耶一六・一三には「衆生の衰へに於いて」とのみあつて、五濁の事は出て居らないのであるから、この名目は各派共通のものではなく、從つて後に生じたものを、有部の徒がその經典に挿入したものと思はれるのである。それで私は大乘智印經（大・一五・四八〇）、賢劫經（大・一四・四五上）、維摩經（大・一四・五四二上）、寶幢分（大・一三・一四一中）、大悲經（大・一二・九七二中）及び小阿彌陀經等に顯れる五濁世界とか五滓世界とかいふ文語は、佛滅四五百年代の悲觀の情緒を寫した語であると信ずるのである。この情緒には又一方、婆羅門教の方で云ふ所の Kali 時代といふ觀念もはたらいてゐたことを考へねばならぬ。かういふ具合であるから、この世界を顯す娑婆（sabhā）といふ語でも、もとは六道の衆生が雜會するといふ意味であつたのが、後に sabhā は俗語で sahā となり、sahā は saḥ（忍ぶ）といふ語原から來た語と見る事が出來る所からして、堪忍土、忍土などの意味を有するやうになり、悲華經では、この中の衆生の貪瞋癡等の過は梵王之を忍ぶが故に娑婆と名く、といふやうになつたと思はれる。勿論、阿閦佛國經や大阿彌陀經には、これらの像法時とか五濁惡世とか娑婆世界とか云ふ考は顯れて居らないが、これらの成立の時代の教團中の有識者間の悲觀と焦躁の心がもとになり、漸次にこれらの文字を見るやうになつたものであらう。大阿彌陀經や阿閦佛國經にこれらの文字のないことが、それらの經典の古い成立であることを物語つてゐるものと思はれる。

「若如來滅後五百歲中、若有女人聞是經典、如說修行、於此命終、即往安樂世界阿彌陀佛……我滅度後後五百歲中、廣宣流布於閻浮提、無令斷絕」（法華經六、大・九・五四中下）

「於後末世五百歳中、法欲滅時、還於邊地下劣家生、匱乏饑凍、爲人誹謗………汝等從彼五百歳後、是諸業障彌乃消滅、於後得生阿彌陀佛極樂世界、是時彼佛當爲汝等授阿耨多羅三藐三菩提記」（發勝志樂會、大・一一・五二〇上中）

とあるのは、彌陀思想の成立の時と意味とを物語るものとして見ることが出來るであらう。

この像法時代といふのが所謂部派時代であることは、龍樹が幾度もその智度論[2]に云ふ所であつて、青目も亦その中論疏[3]に、その部派佛教の思想見解を述べ、その改革を要する理由を擧げてゐるが、その改革を要する狀態にあるといふのが、先に云ふやうに、一方に悲觀と焦躁の念を引き起し、其處に一面現實否定、自己否定、世界否定の厭世的な考を呼び起し、穢土惡土の觀念を色濃くなさしめる理由を持つのである。旣にこの世界が穢土なるが故に、穢土ならざる淨土を反對に考へ、淨土往生の志願を生じ來ることは當然の理と云はねばならぬ。

かういふ淨土經典は、二つに流れて、一は先に云ふ菩薩の利他行の大精神を述べたものであるから大乘精神の勃興を促し、一は他土得生といふ考になつたものと私は思ふが、兎に角、大阿彌陀經の淨土は遙かに阿閦佛の妙喜世界に勝れ、欣求淨土の考を呼び起した力は偉大であつたに相違ない。然しこの欣求淨土は、これらの經典が佛教の經典である限り、又大乘精神を呼吸してゐる限り、決して現實の否定、人生の否定となつてはならないものである。その危險は極めて多く、又その經典の捲き起した長い流れの中には、その危險に陷つたことは度々あるが、それは常に佛教の眞面目、大乘の眞精神に依つて、正され直されて行かねばならぬものである。この淨土の喜が一方から云ふと彌勒經典を承け、阿閦佛國經を繼ぎ、文殊の經典につながり、又維摩經の淨土觀を呼び起し、同時に又悲華經の穢土成佛の難事を果し遂げた釋尊禮讃となつてゐることは、頗る興趣の深いものと云はねばならぬ。

第二の往生思想に就いては、淨土といふ以上當然ついて來るものであるから、今茲にわざ〳〵云ふを要しないと思ふ。

要するに大阿彌陀經は、法藏菩薩の利他行の大精神を謳ひ、佛陀の大慈悲を高潮し、一方大乘精神の興起を招くと共に、佛教を民衆的になし、佛教に復活の大活力素を與へた經典と云ふことが出來る。

次にこの大阿彌陀經の成立年代に就いて一言すれば、松本博士はその「極樂淨土論」に於いて紀元前三世紀の末葉から、同二世紀の中葉位で、前四世紀に遡ることはあるまいと云はれ（一七二頁等）、望月博士も雜誌「宗教界」一一・四に於いて、佛滅第二・三世紀の發生としてゐられるが、私は以上の考察に依つて、決してそれ程早い時代に置くことは出來ないと思ふ。紀元前二・三世紀といふと、上座大衆の分裂が起り、續いて大衆部は分裂したが、上座部の分裂の未だ起らない時代である。從つて有部の六足發智の未だ製作されない時代である。かういふ時代に、法藏菩薩の發心修行に關する物語や、他土往勤の思想が生れる筈がないから、私は阿毘曇佛教が盛時を過ぎ、部派佛教の弊に惱む年月が相當の長さを經、菩薩思想も圓熟し、六度の名目を生じた後でなければならないから、早くとも紀元前一世紀の末葉を遡るまいと考へる。ワッデル氏は、パタンヂャリが西方教義を知らないから、彌陀思想は紀元一世紀後、或は二・三世紀に下るかも知れぬと云つてゐると云ふが、この一世紀といふは最上限度に近いといふ意味で正しいと思ふ。又最下限度を考へて見ると、この大阿彌陀經は阿閦佛國經と共に、小品般若以前のものであることは既に云ふが如く明白であり、小品般若は遲くとも紀元一世紀の末葉にはならないから、大阿彌陀經・阿閦佛國經はそれ以前、紀元一世紀の中葉を下ることはないと信ずるのである。

註 ① 過去現在因果經三（大・三・六四二下）、「五濁世」
② 智度論三〇（大・二五・二八〇）、同四四（大・二五・三七七上）、同六三（大・二五・五〇三中下）、同七九（大・二五・六一五上）、同八八（大・二五・六八一中）
③ 中論一（大・三〇・一中下）

第四節　文殊系經典

一

大藏經中、文殊菩薩を主人公として說いてゐる經典は非常に多いが、今茲ではその文殊系の經典を全部纏めて論じようとするのではない。文殊には、佛陀としての文殊の淨土の莊嚴を說く文殊師利佛土嚴淨經と云ふ經典があり、それが阿閦佛の妙喜世界、阿彌陀佛の極樂淨土に關係を持つてゐるから、その意味に於いて、茲に阿閦佛、阿彌陀佛と合して諸佛といふ意味に於いての文殊の經典として論じて見たいと思ふのである。もとよりこの文殊師利佛土嚴淨經を見るには、文殊菩薩に就いて大體知つて置かねばならぬ道理であるから、勢ひ文殊菩薩の誕生から生ひ立ちまで、全般に亘つて一應研究して見なければならぬ。文殊が主人公として、叉重要な役目を帶びて、顯れる個々の經典の思想內容及びその位置等は別に研究するとして、茲には專ら文殊個人の人體に就いて、その誕生と生ひ立ちを見、その建立の淨土に論及したいと思ふ。

文殊菩薩の名が經典に顯れた最初は小品般若經である。それも小品般若の原本諸譯全べてにあるのではなく、九本中唯三本に出てゐるだけである。九本といふのは、

1　梵本八千偈
2　その西藏譯
3　摩訶般若波羅蜜經（大・八・二二七以下）　後秦　鳩摩羅什

4 大般若波羅蜜多經第四會（大・七・七六三以下） 唐 玄奘
5 佛母出生三法藏般若波羅蜜多經（大・八・五八七以下） 宋 施護
6 摩訶般若鈔經（大・八・五〇八以下） 前秦 曇摩蜱共竺佛念
7 大般若波羅蜜多經第五會（大・七・八六五以下） 唐 玄奘
8 大明度經（大・八・四七八以下） 南呉 支謙
9 道行般若經（大・八・四二五以下） 後漢 支婁迦讖

であつて、この後の三本、即ち789にのみ、次の文句で列衆の場所に出てゐるのである。

1「復有無量無數菩薩摩訶薩得無礙辯、慈氏菩薩妙吉祥菩薩而爲上首。」
2「及大衆菩薩無央數、敬首爲上首。」
3「摩訶薩菩薩無央數、彌勒菩薩、文殊師利菩薩等。」

彌勒菩薩はその1と3に顯れ、2には出てゐないけれども、經典の舞臺には九本共に總べて登場して活動してゐるのである。文殊はこれに反して、123共に名は出てゐるけれども、經典の内部には何の關係もない。このことは大品に來ても同じであつて、列衆出名のところでは名が出てゐるけれども、經典の内部では何の活動も見ないのである。それであるから小品般若には菩薩としては彌勒のみであつて、文殊は關係がないとも云へるのである。この點から考へて、九本中ただ三本のみにあるところから見て、上の引用の菩薩列名は後の挿入と考へられ、小品般若成立の時には、文殊は未だ菩薩として名を成すに至らなかつたと思はれるのである。小品般若は種々の點から見て、紀元一世紀中葉の成立と思はれるから、若し前の私の推論が許されるならば、文殊の菩薩としての誕生は尠くとも紀元一世紀中葉以後でなければならぬ。

もう一つ文殊菩薩の誕生の時期に就いて考へられることは、その名の Mañju-śrī といふ śrī の使ひ方である。一體姓名の造り方にも一種の時代共通の慣習といふものがあり、大體に於いて時代を同じうするものの間にはさう極端な相違がなく、從つて姓名が多少その時代を顯すものと云ひうるならば、śrī 即ち吉祥天の名が名の前後に附け加へられる事も、或る時代の好尙に依るものとも云はれうるであらう。實際に於いても、印度に於いてはこの śrī の名を附けてゐるのは、さう長い時代に亘つて居らないやうである。少くとも釋尊迄の印度にはない。然るに紀元前から紀元後の二百年に亘つて、安達羅王統中の Śātavāhana 王朝の諸王は、皆この śrī を用ゐて居る。Śātakarni の子 Vedeśri, Śaktiśrī, Hakuśrī を初めとして、Gotamaputraśrī Śātakarni とか Yajñaśrī Śātakarni とか、十數を數へることが出來る。若し他の時代に於いて、有名な宗教家政治家などの中に śrī の名を附ける事がないとすると、この文殊師利も師利の名を附ける事に依つて、南方のこの安達羅王統に何等かの關係がなかつたかと考へられるのである。文殊師利が般若經に特殊の關係があること、般若經が南方印度の成立であると思はれること、文殊師利に關して、佛教が南方に榮へるであらうと佛陀に依つて曰はれたこと（央掘魔羅經、大・二・五四二上）などを考へると、さうではないかと思はしめる暗示的誘惑を感ずるのである。これは今日にあつてはただ想像の域を脫しないもので、何等の根據らしいものを見ることを得ないが、私は上述の想像に依つて、文殊思想の發生地は南方印度であり、何等かの形で安達羅王朝に關係し、その時期は紀元一世紀末葉以後であらうと思ふのである。

この文殊菩薩が、事實菩薩として活躍し初めるのは、諸般若の中では所謂文殊般若に初まるのである。文殊般若は、

大般若七會（大・七・九六四—九七四）

文殊師利所說摩訶般若波羅蜜經二卷（曼陀羅仙譯、大・八・七二六以下及び大・一一・六五〇以下）

文殊師利所說般若波羅蜜經二卷（僧伽婆羅譯、大・八・七三二以下）の三譯あり、その成立は小品大品よりは遲れるが、他の諸品より早いことは、その內容が明かに證明するところのものである。然し般舟三昧經よりも遲く、一行三昧を明す點に於いて、それに連る經典であることも明白である。或はこの經典以前に、文殊の活躍する經典があつて、それからこの文殊般若に移つたものかも知れないが、文殊に關する現存の經典中では、私はその經典を見出すことが出來ないのである。

この經典に於いては、文殊は前行般若の須菩提に代り、般若波羅蜜の說き手であり、佛は唯その證誠者である。彌勒も少しは口を出すけれども、文殊の所說を讃嘆するに過ぎない。文殊は舍利弗、迦葉、佛陀、帝釋等と問答して、反復して般若波羅蜜を說くのである。

この文殊が般若の說者であるといふことは、文殊師利所說不思議佛境界經（大・一二・一〇八以下）、その異譯善德天子會（大・一一・五六六以下）に於いても同じく、これより後は、般若の說かれるところに文殊があり、文殊のあるところに般若が說かれ、文殊と般若とが、經典の正所明であると否とに關係なく、必ず不離の關係に置かれるに至つたのである。この種の經典は藏中數十部を數へることが出來るのである。

二

般若經は部派佛敎の論部に對して特種の意味を持ち、その小乘的なのを轉回して佛陀の大精神に歸せしめんとするものであるから、般若經の立場に立つ者は部派佛敎の徒が仰いで師宗とする所の、所謂聲聞の阿羅漢を貶して小器とせねばならぬ譯である。佛陀の根本精神の般若が、小乘化した論部の敎法に對して卓越するが如く、その般若の人格化である文殊は、小器の阿羅漢に對して超勝するものである。この文殊の超勝を顯すのが、文殊尸利行經（大・一四・五一二以下）である。この經典は異譯の文殊師利巡行經（大・一四・五一〇以下）を有し、次のやうな結構を有するものである。

或る日五百の比丘は、各々佛弟子の行儀に於いて自房の前に坐禪してゐた。文殊は彼等に自分の法を知らしめ、大利益を與へようといふ心から、先づ立つて房舍をめぐり、舍利弗の三昧に入るのを見、その他の樣子を見屆けて、彼等の出定を待ち、佛陀の前で舍利弗に向ひ、何が故に禪定に入るかを尋ねた。舍利弗は見法樂行（現法樂住）のために入禪すると語り、更に問はれて、佛陀が我等弟子のために、寂靜離欲の法を說いて下されたのに依つてその敎に依つて入禪すると答へると、文殊は三世に如來なし、若し三世に依所ありと說かば、それは却つて如來を謗るものである。實際（bhūta koṭi）を離れて、一法の得べきものはない。これを空と說くのであると、般若の敎說を宣べて、不可得、無住、無爲、無分別、無說が、阿羅漢の義であり、煩惱と解脫とは一相であると喝破する。この舍利弗等の坐禪するのを見て、彼等が坐禪の眞諦を得ざるを道破することは、維摩經の、維摩に依つて宴坐を詈しられたるが故に維摩の病を問訊するを得ずといふ舍利弗の辭退の語を想起せしめるものであるが、之を聞いて五百の比丘は驚いて座を立ち上り、かかる亂暴な說を聞くの要もなく、亂暴な說をなす文殊を見るの要もないと譏謗して去らうとする。文殊は之を聞いて却つて讃嘆して云ふやう、「善い哉〳〵、實に文殊を見るの要もなく、文殊の法を聞く要もないのである。何故なれば、文殊は何處にも可得でないからである。文殊にはもと〳〵住處がない、又無であるから、近づくべからず離るべからざるものである。」

之を聞いて、去らうとした五百人の比丘は立ち歸り、是くの如き法は我々の了解出來ない法であると云ふ。文殊又これを讃嘆して云ふやう。「善い哉〳〵、實に是くの如き法は識の知る所でなく、智の知る所でない。何故なれば法界法爾であるから、法界は無念無想である、斯くの如く知るのが、最勝法を得たものであつて、世の福田である。」文殊は彼等の云ふ所を取つて、追ひかぶせ〳〵、般若の玄理を說破するのである。この說法に依つて證りを得るもの四百人、說法の意を得ないで惡心を起して地獄に墮ちるもの百人であつた。

舍利弗はこの有樣を見て、文殊に向ひ、「汝は法を說いて衆生を護らざるものである」と語ると、世尊初めて口を開き、「否、舍利弗よ、彼の百人は若し文殊の法を聞かなければ、猶永劫に地獄の苦を重ねなければならぬのであるけれども、今文殊の法を聞くに依つて、一劫地獄の苦を受け終ると兜率天に生れ、後に彌勒の出世に遇うてさとりを得るであらう。」と敎へ給ひ、文殊も亦、舍利弗に向つて、法界の不增不滅不可得なるを說き、煩惱と解脫と一相なるを敎へ、分別を離れたところが涅槃であると說いて經は終つてゐるのである。

三

文殊が舍利弗等の阿羅漢に卓越する所以は、先に說くやうに、般若の法が小乘化した石の如き敎法に卓越する爲であるが、般若を高潮する限り、文殊は獨り阿羅漢に卓越するのみならず、又諸佛にも卓越して來るのである。

何故なれば大乘經典の殆ど總べてがみな、般若皆空の一門を通過して出たものであり、この般若が佛陀の根本的立場であり、さとりの生活の原理であり、又この般若を高潮することに依つて佛敎の復活が完成されたものであるならば、般若波羅蜜が佛母と呼ばれ、一切諸佛この般若波羅蜜より出生すと云はれるのも道理のないことではないからである。又このやうに般若波羅蜜が諸佛の母なるが故に、又この般若波羅蜜の人格化であるところの文殊師利が一切諸佛の母と呼ばれるに至ることも、道理あることと云はねばならぬからである。

「今我れ佛を得、三十二相八十種好威神尊貴なる有り、十方一切の衆生を度脫するもの、皆文殊師利の恩なり。本是れ我が師とす。前の過去無央數の諸佛皆是れ文殊師利の弟子、當に來る者も亦是れ其の威神恩力の致す所とす。譬へば世界の小兒に父母あるが如く、文殊は佛道中の父母なり。」(放鉢經、大・一五・四五一上)

「善い哉〱、汝は今眞に是れ三世の佛母、一切如來修行地にあるとき、皆曾て引導し、初めて信心を發さしむ。是の因緣を以つて十方の國土、正覺を成ずるもの、皆文殊を以つて其の母と爲す。」(心地觀經、大・三・三二六下)

文殊は般若の說者であり、般若の人格化とも云ふべき菩薩であるから、一切の佛母とさへ呼ばれるに至つたのである。猶このことは更に後へ行つて、再び說きたいと思ふ。

四

大乘經典に顯れるところの菩薩にも、種々の種類のあることは何人も知るところである。彌勒の如き尠くとも原始經典に出處を有する菩薩もあり、德目そのものをそのままに人格化した菩薩もあり、阿閦菩薩・法藏菩薩の如く阿閦佛・阿彌陀佛の因位を描かんがために說かれた菩薩もあり、又觀音・勢至・香象の如く他方の佛陀の脇侍として顯れた菩薩もあり、いろ〱種類があるから、菩薩もその種類に隨つて性質を異にし、描寫を違へてゐるのであるが、今文殊菩薩はその菩薩として描かれる素材が何であつたかは明瞭でないが、兎に角般若の說き手として、從つて般若の最も完全な體驗者、寧ろ先から云ふ如く般若の人格化として說かれてゐることは明白な事實である。

それであるからして、文殊の正しい描寫は文殊の未來ではなく、文殊を描いて益々高潮に達すれば、文殊は現に果上の人として、假りに菩薩の形に於いて活躍するとなすべきのみであるが、又一方、阿閦佛國經・大阿彌陀經等の淨土建立の經典の影響を受け、菩薩なるが故に當然將來佛陀となり、淨土を建立するであらうといふところからして、文殊師利佛土嚴淨經二卷（大・一一・八九〇以下）が製作されるに至つたのである。

この經典は文殊師利授記會（大・一一・三三六以下）、大聖文殊師利菩薩佛刹功德莊嚴經（大・一一・九〇二以下）の異譯を有し、次の內容を有してゐるものである。

釋尊は王舍城外の靈鷲山に於いて、比丘の大衆、文殊・觀音・勢至等の菩薩及び龍王・鬼神等に圍繞せられて在したが、やがて阿闍世王の請待に應ずるために座を立ち、七寶の蓮華に坐して世尊を讃へ奉る化菩薩を隨へて城中に入り給うた。市民はその化菩薩の讃歌を聞いて大いに喜び、自分等も歌を以つて之に唱和し、長者の子の棄惡（摧過咎）は佛を見て信を生じ、佛足を禮拜し、菩薩は幾何の法を成就してさとりを得、その淨土を莊嚴するかと問ひ奉つた。世尊は市中ながらもこれに答へて、一切衆生に大悲を行じて菩薩心を起し、微惡をもなさず、在家の威儀調戲を遠離し、出家所修の行、即ち蘊處界無所有の空理に悟入し、一切衆生を棄てず、叉同時に法に著しないといふ一法を修めて、さとりを得べきことを敎へ給ふ。棄惡はこれを聞いて無生法忍を起し、世尊より、遠き世に佛果を成就し、その世界は阿閦佛の妙喜世界と同じい、といふ記莂を受けたのである。

世尊はこれより進んで阿闍世の宮殿に赴き、供養を受けて後、忿恨瞋惱が我我所より生ずること、法に生滅去來なく、能知を離れれば知と名くべきことを敎へて、靈鷲山に歸り給うたのである。

靈鷲山に於いて、舍利弗は再び市中の說法を說き給はんことを願ひ、世尊は十方の世界より諸菩薩を招き寄せ、彌勒をして座を布かしめ、阿閦佛の菩薩たりし時の修行、即ち出家をなすといふ一法をなし、或は二法三法四法乃至十法を修めて、所願を離れず佛土を莊嚴することを說き給うた。この中には二乘地を離れ、人の爲に二乘を說かず、衆生に勸めて佛道を成ぜしめるといふことがあつて注意を引くのである。畢竟因位に於いて修めるものに依つて佛土を莊嚴するものであるから、一切の衆生に二乘の法を說かず、ただ佛乘を讃嘆すれば、成佛の時にその國土に二乘がないといふのである。即ち、成佛と佛土の莊嚴は、殊勝の大願を起し、不放逸に住し、聞く所の法を正しく修めることに依るを示すのである。世尊がこの敎を垂れ給うた時、四萬の菩薩が座を立ち上つて、如說修行せんことを誓ひ、世尊はかれ等に記莂を與へ、その佛土が唯壽命の有量を除いて、餘は無量壽佛の安樂世界と同じいと云ふことを示し給ふのである。

この時に、師子勇猛菩薩が、文殊師利が久しく既にさとりを得べき地位に達してゐることを語り、その淨土の相を問うたのに對し、文殊は文殊一流の般若の皮肉を以つて、「我は菩提に趣向せず、どうして菩提を成じよう、衆生不可得なれば、衆生のために菩提に趣かず、諸法もと漏もなく繫もなく、無形無相である故に、佛に趣向し、佛法に趣向するといふ意味はない。色受想行識はその性も如も菩提を求め菩提を得ることなく、色受想行識を離れて菩提を求め菩提を得るといふこともない、と空不可得の理を以つて答へる。更に發菩提心以來、幾何の時を經て居るかといふ問に對し、無生法の中に、菩提心を發すとか菩提の行を行ずるとかと云ふのは、大邪見であると叱咤し、菩提を見ないから心を發すといふことなく、心を發さないから平等であり、諸法はみな染淨・斷常・生滅・我他・取捨なく一味であるとて、發菩提心の時を語らないのである。それで世尊は文殊に代り、文殊が昔、雷音如來の下に普覆王となり、菩提心を發し誓を立て、自ら授記し、今日十地を具へ十力を有し、諸地の諸法は悉く圓滿してゐながら、未だ嘗て一念も成佛の念を發さず、文殊に從つて發心した二十億の菩薩は既に成佛し、入涅槃したと語り給ふのである。

師子勇猛菩薩は之を聞き、文殊に、何故にかくの如く一切佛法を圓滿しながら菩提を成じないかと問ひ、文殊は、既に圓滿平等なるが故に求むるところなく、性空にして生滅なきを平等となす旨を答へる。師子勇猛菩薩は更に文殊の成就する佛刹を說かんことを求めると、文殊は菩提を求めず、何ぞ佛刹あらんや、求むるところあるはこれ染著、染著は貪愛、愛あるところ生あり、生ある所に愛あり、愛ある所には出離なきを以つて、菩提を求めざることを語つたが、佛命に依つて佛刹を莊嚴する願を說いたのである。これが所謂文殊の十大願なるものであつて、この文殊の本願は文殊師利發願經（大・一〇・八七八）や、聖者文殊師利發菩提心願文（大・二〇・九四〇）及び悲華經（大・三・一八七）にも出てゐるが、この經典（大・一一・三四七）が最も善く大願の内容を示してゐるのである。十大願文は長いけれども、願文がやがて佛土の莊嚴であるから、茲に書き出すことにする。

一、「我以二無礙天眼一、所レ見十方無量無邊、諸佛刹中、一切如來、若非レ是我勸發決定菩提之心敎授敎誡、令レ修二布施・持戒・忍辱・精進禪定・智慧一乃至令レ得二阿耨多羅三藐三菩提一、我於二菩提一終不レ應レ證。滿二此所願一然後乃證二無上菩提一。」

二、「我有二是願一、以二恒河沙等諸佛世界一爲二一佛刹一、無量妙寶間錯莊嚴。若不レ爾者我終不レ證二無上菩提一。」

三、「我復有願、令二我刹中有二菩提樹一、其量正等十大千界一、彼樹光明遍二此佛刹一。」

四、「我復有願、我坐二菩提樹一已證得二阿耨多羅三藐三菩提一乃至涅槃、於二其中間一不レ起二此座一、但以二變化一遍二於十方無量無數諸佛刹土一爲二諸衆生一而演說法。」

五、「我復有願、令二我刹中無一レ女人名、純菩薩衆、離二煩惱垢一、具二淨梵行一、初生之時、袈裟隨レ體、結跏趺坐忽然而現、如二是菩薩一遍二滿其刹一、無二有聲聞辟支佛名一。唯除二如來之所變化一、往詣二十方一爲二諸衆生一說二三乘法一。」

六、「我復有願、如二阿彌陀佛刹一以レ法喜爲レ食。而我刹中菩薩初生起レ食念時、即便百味盈滿二於鉢一、在二右手中一。尋作二是念一、若未下供二養十方諸佛一及施中貧窮苦惱衆生餓鬼等類上、令二其飽食一、而我決定不レ應二自食一。」

作此念時、得五神通乘空無礙往於十方無量無數諸佛刹中、以食供養諸佛如來及聲聞衆、又於貧苦諸衆生類亦皆周給、復爲說法令離渴愛、於一念頃還至本處。」

七、「我復有願、於我刹中、諸菩薩等初生之時、所須衣服、於其手中隨意皆出……還至本處方自受用。」

八、「我復有願、我佛刹中、諸菩薩衆所得財寶及諸資具、要先分施諸佛聲聞、遍供養已然後受用。又我刹中、遠離八難及不善法、既無過咎亦無禁戒、無有苦惱諸不悅意。」

九、「我復有願、我佛刹中、積集無量妙寶所成復以無量摩尼妙寶間錯莊嚴……彼諸菩薩皆以自身光明照於千億那由他刹、又彼刹中以花開爲晝、花合爲夜、隨諸菩薩所樂、時節皆應之。然無寒暑及老病死……此佛刹中無有涅槃……。」

十、我復有願、如我所見無量無數百千億那由他諸佛世尊、而彼諸佛所有佛刹功德莊嚴、如是一切皆令置我一佛刹中。唯除二乘及五濁等。」

この願文に就いて一言すれば、文殊師利發願經のそれは、實は文殊自身の願ではなく、普賢の行と文殊の願とを並べて、その如くならんと願ふものであつて、普賢行願讃の舊譯であり、六十華嚴の譯者覺賢の譯である。四十五偈あつて普賢行願讃の古形である。そして普賢行願讃は「普賢の行と文殊の願」と云ふから、文殊の願を細說した佛土嚴淨經を知つて居らねばならない筈である（編者曰く、この處は教授自らの書き込みによつて、訂正を加へた）。又聖者文殊師利發菩提心願文は、極めて短い七言二十二句のものであつて、「聖者文殊師利往昔爲啞馬國王時、於雷音王佛處發此菩提心願文」とあり、これは明かに佛土嚴淨經（大・一一・八九七）の一節を抄出したものに過ぎない。抄出なるが故に、佛土嚴淨經の全體の存在を豫想するものである。悲華經の願文は、文殊師利佛土嚴淨經のそれから見ると、頗る混亂してゐるものであるが、この混亂に就いて、「印度佛教」の著者手島文蒼氏は、「兩者を比較して見ると、悲華經の素朴にして文段不分明なるに反し、文殊授記會の文章著色して、意義整序せられたるは、恐らく前者から發展して、後者に遷つたものであらうと思はれる」と云つてゐられるが、私はこの見解を取らない。元來悲華經は、大阿彌陀經及びその異譯の原本、阿閦佛國經及びこの文殊師利佛土嚴淨經を臺本としてその本願と淨土を畫き、これらに對して穢土成佛の大難事をなし遂げた釋尊の本領を示した經典であつて、後出のものである。普賢菩薩の本願が說かれてゐることに依つてもこのことは知られるのである。それであるから、この文殊師利佛土嚴淨經が文殊の十大願を云ふ最初のものであつて、これから他に變化したものであると見ねばならぬ。

扨てかくの如き大願に酬報する淨土であるから、文殊の未來、普見佛の淨土(隨願積集淸淨圓滿國)は阿彌陀佛の安樂世界に勝ること、大海と一分の一滴水の比であり、現在東方の普光常多功德海王佛の住最上願國のみがこれに等しいのである。又この文殊の淨土に等しいものを作りうる菩薩は、光明幢(東方無憂德佛世界)、智上(南方智王佛刹)、諸根寂靜(西方慧積佛刹)、願慧(北方那羅延佛刹)の四菩薩に過ぎないのである。

經典は更に進んで、說一相法門といふのを各菩薩各〻その領解する所に從つて述べ、更に文殊が菩提を取らざる所以を說明し、文殊の成佛の時の菩薩衆の多いこと、阿彌陀佛國の聲聞菩薩の量に比較にならないことを述べ、文殊の德を讃嘆して終つてゐるのである。

以上の敍述に依つて何人も氣づくやうに、この經典が阿閦佛の行と阿彌陀佛の安樂世界とに對比せしめて書かれ、その中心をなす思想としては、般若の無所得の敎義を以つてしてゐることである。十の數字を喜び、十法を重ね、又十地を出してゐるが、この十地が何の十地を指すか明瞭でない。十地品の十地と解するのが妥當であるかも知れぬ。さうすると十地品との前後關係が問題になつて出て來るが、今はこの問題に觸れないで、只茲では、文殊の淨土がその本願に依つて二乘の名もない純菩薩の淨土なること、これが阿彌陀佛の安樂世界に比して勝れた最重要の點であること、彌勒の淨土から阿閦佛の妙喜世界に進み、阿彌陀佛の安樂世界と向上し、茲に文殊の淨土の崇嚴が說かれるに至つたことを知るに留めて置かうと思ふ。

五

菩薩としての文殊の偉大さは、斯くの如くその未來の成佛と、淨土の相を語ることに依つて示されたが、旣に云ふが如く文殊は佛母である。この佛母たる地位に於いて文殊と釋尊との關係を示すものが左の經典である。

六度集經（大・三・七以下）
放鉢經（大・一五）
普超三昧經（大・一五）
阿闍世王經（大・一五）
未曾有正法經（大・一五）
菩薩處胎經（大・一二）

先づ六度集經の中の薩和檀王經にあつては、釋尊は前生に於いて薩和檀王となり、一切施の名聲頗る高きを得られた。文殊師利はこれを試みんがために、その妻子を乞ふと王は惜氣もなくこれを與へ、文殊師利はその誠實の布施に感じて、大いにこれを賞讚すると云ふことになつてゐる。

放鉢經、普超三昧經、阿闍世王經、未曾有正法經は同本の異譯であつて、西紀一六七年の支婁迦讖譯阿闍世王經が最古譯であり、放鉢經はその第二譯であるが、實際は放鉢經がもとになつて、それに數倍の分量の經典が附加されて、普超三昧經等が成立したものである。さうして釋尊と文殊の關係を語る部分はこの古い放鉢經の部分にあるのであつて、今その要領を示すと左のやうなものである。

釋尊が多くの菩薩や弟子や天人達に取り圍まれて修行の勞苦を說き給ふと、忉利天上の二百の天子は、その修行の難いことを知り、及び難しと思うて、二乘に退轉せんとした。世尊は天人達の心の中を洞察し、一人の化人を作つて百味の飲食をととのへ、世尊に供養せしめ給うた。世尊がこれを受けて食べようとなされると、文殊師利が進み出でて世尊に向ひ、「當念故恩」と言ふ。座中の人々これを聞いて怪しみ、世尊又彼等の意中を知り、「當念故恩」の意味を知らしめるために、鉢を地に棄て給ふと、鉢は地中に沈み入つて、波陀沙國、即ち賴毘羅耶佛の國に至つて、空中にかかつたのである。世尊はこの鉢を求めて來るよう、目連・舍利弗・大迦葉に令し給うたけれども、もとより聲聞達の善くするところでない。彌勒菩薩も命令を受けたが、自分は佛に次するものであるけれども、文殊には及ばないと斷る。茲に文殊は佛命に依り、鉢を求めて、座を動かずして手を諸佛の國に顯すと、手指の光に光明輝き、その光明の中に蓮華があり、蓮華の上に一人の化菩薩があつて鉢を求めた。かくて文殊はその鉢を得て世尊に奉ると、世尊は舍利弗の問に答へて、左の本生譚をなされるのである。

往昔、羅陀那祇佛の時、惹那羅耶（知王）といふ菩薩があつた。この菩薩が托鉢の時に、一人の小兒が乳母に負はれてゐるのを見て餅を與へ、順次にあやして精舍に連れて來て、佛を見せて、菩提心を發させ、佛道に入らしめた。この小兒は維摩羅波休（離垢臂）と云ひ、今日の釋尊であり、惹那羅耶は今の文殊師利である。釋尊はかくの如く、文殊に依つて佛道に入り、佛果を得られたのである。獨り釋尊のみならず、他の諸佛も亦かくの如く導かれて成道なされたので、文殊は實に佛道中の父母、佛母と云ふべき菩薩である。ただ永遠に廣く方便を以つて衆生を濟度する願のために、かかる身を持ち乍ら成佛しないのである。

これが一經の綱要である。菩薩處胎經七（大・一二・一〇五〇上）はこれを承けて、文殊は「本爲能仁師今乃爲弟子」と云うてゐるのである。

文殊は旣に佛の本師である。佛母である。かくの如き大菩薩である故に、佛と等しいのである。否佛そのものである。この考を具體化したものが、文殊の古佛說である。首楞嚴經下（大・一五・六四四上）には、文殊はこれより南方千佛の國土を過ぎた平等國の龍種上佛であり、假りに衆生に示して涅槃に入つたのであると云ふ。この龍種上尊佛のことは、心地觀經三（大・三・三〇四）、佛說觀藥王藥上二菩薩經（大・二〇）にも出で、その別行の三劫三千佛緣起經にも過去千佛の中にその名を列ねてある。又菩薩瓔珞經四諦品（大・一六・三八下以下）には、文殊は昔、大身如來として空寂國に成佛し、無量聖諦、行盡聖諦、速疾聖諦、等聖諦の四諦を說いて敎化し給うたことを述べてゐる。菩薩處胎經七（大・一二・一〇五〇上）には、「佛刹名無礙、佛名升仙尊」、及び「刹土名究竟、佛名大智慧」と、二國に二佛たりしことを云つてゐる。

又文殊がかくの如く古の佛陀である許りでなく、又現在も歡喜藏摩尼寶積如來として、北方の常喜世界に住し給ふと云ふのが、央掘魔羅經四（大・二）の所說である。

このやうに文殊師利菩薩はその未來過去現在を晝かれ、すべて皆佛陀となされてゐる。佛陀ではあるが、善巧方便のために菩薩として永遠に活動する人である。菩薩として活動しつつ、一切衆生を誘導して佛とならしむるのである。それ故にこの文殊思想の完成した時期のこの菩薩の最も善き表現は、佛母の語であると云はねばならぬ。「其行廣大、其願無邊………常爲₂無量百千億那由他諸佛母₁、常爲₂無量百千億那由他菩薩師₁（大・一〇・四四）は、實によくこの完成した文殊菩薩を畫き出してゐる語である。

以上大體に於いて、私は文殊經典のすべてに亘つて記述を終つたつもりである。振り返つてこの文殊思想の開展の迹を辿ると、左の如く云ふことが出來ると思ふ。

一、文殊は、佛教史上釋尊に關係ある菩薩としては、彌勒につづいて顯れた菩薩である。

二、文殊は、或る特殊な關係を般若經に持つらしく、種々の點に於いて般若經と密接な關係があり、般若思想の人格化の如き取り扱ひを受けてゐる。

三、それ故に般若が佛母であるやうに、文殊も佛母である。佛母なるが故に、古佛としても顯され、現在佛としても顯されてゐる。

四、文殊の未來成佛とその淨土の莊嚴に關する經典は、般若經の系統を引くと共に、他方淨土を說く阿閦佛國經、大阿彌陀經の系統を引き、特にこの二經の中、淨土の說き方に就いて勝れてゐる大阿彌陀經を標準として說かれて居る。

五、文殊は彌勒の後に顯れて、漸次に彌勒の地位を奪ひ、放鉢經、法華經序品等明かにこれを示してゐる。かくて彌勒をしのいだ文殊は維摩經の維摩、入法界品の普賢にその地位を讓らうとしてゐる。

第二章　般若經系の教理

第一節　諸般若經典の發達經路

茲に般若經と言ふのは非常に尨大なる一系統の經典を指すものであつて、大は玄奘譯六百卷の大般若から、小は般若心經に至る數十の同一思想、同一傾向の經典を總べて一纏めにして呼んだものである。般若經に關する研究は先に渡邊海旭氏の「新佛教」第九卷に發表せられた研究があり、椎尾博士は「哲學大辭書」及び「國譯大藏經經部」第二卷解題にこの研究を發表せられ、最近干潟龍祥氏は「宗教研究」新第二卷第四號に「般若經の諸問題」としてその研究を發表せられてゐるので、經典に關する研究としては最も盛であり、從つて各方面からこの系統の經典は明かにせられつゝあるのである。

これら諸方面の研究に依つて、大體般若經中の一經典が大乘經典創作の先驅をなすもの、大乘經典はその般若經所說の般若皆空說の洗禮を受けて生れて來たものであることは、今日學界の定說になつてゐると言ふべきである。私の見解では先に述べたやうに、阿閦佛國經・大阿彌陀經等は般若以前の成立であつて、此に就いては疑ふべき餘地はないと思ふ。然し、それら諸佛經典は、般若經が後出の大乘經典全體に持つ意義程重大な意義を持つて居らない。般若經は實に漸次に勃興し來れる菩薩思想、諸佛思想、及びその包容する所の積極的大愛の精神を受けて、阿毘曇教學に對し其の根本的態度の更改を迫り、失敗を發き、直ちにその牙城を屠つたものであり、此に依つて佛教の完全なる一轉回を起し、佛陀の精神に歸れる大乘を成立せしめたものであるから、大乘經典の、從つて大乘教の先驅をなすものといつても差支ないのである。

それにこの經典の研究は他經典に比しては可成りに盛になされたが、猶未だ幼稚の域を脱したといふ譯には行かない。それに學者の間に種々の異論が行はれ、この系統の經典相互の前後關係に就いては、全然反對の兩說が行はれてゐる程であり、從つて佛敎敎理史等の研究をなす上に非常な困難を感ずるのである。大乘佛敎の研究はどうしてもこの般若經を精査し、それが阿毘曇の部派佛敎に持つ意味を見、進んでその開展を見ねばならないものであるから、從つて佛敎聖典史に於いても最要な一ポイントであるのである。

茲では先づ大體初出の般若經の時代を見て、次いでその種類及び前後關係を調べ、進んで阿毘曇の敎學に對する地位を定めたいと思ふ。

大體般若經は、これを根本般若經典と雜部般若經典とに分類するのを常とする。この二類の中、後者は後期の成立であることは學者の總べて承認する所のものである。前者にも十萬頌から八千頌に至る五類があるのであるが、この關係に就いて大より小に縮小されたと見る學者と、小より大に增廣せられたと見る學者とある。これは餘程重大な問題であつて、十分の精査を要するものであるから、委しいことは後段に讓るとして、大部のもの即ち大品が、小部のもの即ち小品よりも、早い成立であり得ない理由のみを茲に擧げるに止めよう。それは第一に小品の般若は絕對的のものであつて、謂はば六度を超越した般若であるのに對し、大品のそれはこの六度超越の般若と共に、六度相對の般若が明してあることとである。第二に小品では否定の一本筋で運んで居り、空不可得の劔を縱橫に振り廻して居るに過ぎないが、大品に來るとその消極的否定と共に現實の積極的肯定が顯れてゐることとである。即ち般若に加ふるに、般若の實現して行くべき方便が加味せられてゐることとである。この二箇條はもとより逆に見ることが出來ない譯でなく、大品の二種の般若が一種に略され、大品の積極的肯定が消されて、否定に集中されたとすることが出來ないでもないけれども、それはホンの表面の觀察からいはれることであつて、實際の經典を精査した上からは言はれない所のものである。何故なれば、般若經の般若がこのやうに高潮せられる所以のものは、それ相當の理由があるのであつて、その理由は一般に考へられてゐるやうに、阿毘曇の智慧に對し、その觀察の態度に對するのであるから、六度と言つても、六度を修する根本的態度を定めるのが主となり、その態度を般若に依らねばならぬとするのであるから、初出の般若經は般若を高潮する結果、六度超越の般若即ち總般若を說くのみでなければならないのである。よし初出の般若に於いて總別の二般若があるとしても、それより後に總般若のみを說く經典が出たとすることは無理であるからである。般若に於いて然るが如く、初出のこの系統の經典では否定が先となり、その否定から肯定が生み出されて來るべきことも明かである。況んや、いかに見ても般若經の洗禮を受けて生れ出た維摩・法華・華嚴經は、般若の否定と方便の肯定との中道を唱導するものであるから、否定の純一の態度をとるものから、更にその上に方便の現實肯定をなす經典、即ち大品が顯れたとするのは、思想開展の上から見て當然過ぎることでなければならない。これと聯關して第三に、諸佛經典の影響が小品になく、大品にあることも同樣な證據となるものである。即ち大品には成就衆生淨佛國土の思想が顯れて、大いに大乘利他の精神(これは淨土敎流に解釋すれば選擇淨土、衆生救濟の佛行であるが)を鼓吹してゐるが、それが小品にない。この大品に顯れた淨佛國土或は淨土が、維摩經に來つては心淨土淨の解釋を得たものと見ねばならない。これもあつたものが略少されたのではなくて、ない處へ積極的現實肯定の態度から加へられたものと見ねばならない。それに本文の比較をするならば、大品の大なる所以は增廣註釋の態度に依るものであつて、決して完本を略少して大なるものから小なるものを作つたのでないことが見られるのである。かういふ風に考へて來ると小品般若は初出であつて、それから大品が增廣せられたものであることは明かである。猶このことは更に委しく後に證明する所があるであらう。

さて小品般若が初出般若經典たることは疑ふ餘地がないとして、然らばこの大乘運動の意識的活動の最初はいつ頃であつたであらうか。これを文獻的に見て行くと、龍樹の智度論に、

大般若品十萬偈		智度論一〇〇（大・二五・七五六上）	
中般若波羅蜜品二萬二千偈	同	一〇〇（大・二五・七五六上）	
光讃	同	六七（大・二五・五二九中）	同 七九（大・二五・六二〇上）
放光	同	六七（大・二五・五二九中）	同 七九（大・二五・六二〇上）
道行	同	六七（大・二五・五二九中）	

が引いてある。尤も漢譯智度論は羅什の加筆が疑はれてゐるものであるから、これを龍樹と直接關係せしめるのはいかがと思はれる點がないでもないが、然しこの諸品の般若のあつたことは明白である。次に婆沙論一二六（大・二七・六六〇上）に發智論の十二分教を釋する下に次の文句がある。

「方廣云何。謂、諸經中廣說種種甚深法義、如五三經梵網幻網五蘊六處大因緣等。脇尊者言、此中般若說名方廣。事用大故。」

この脇尊者の般若と言ふのは何れかの般若經を指すものではないかと思はれる。般若學系の人を方廣道人といふことは龍樹の敎へる所であり（大・二五・六一上）、更に廣く大乘經典を方廣と呼ぶことは法華經の示す所であるところからして、この方廣を釋する下では、方廣とは般若經のやうなものと脇尊者が解釋したものと見て差支なからうと思ふ。若しさうとすれば、般若經の存在は文獻的に婆沙論中に確めることが出來るものと言つてよからうと思ふ。婆沙論が西紀一二〇年より一五〇年迄の間のものとすれば、その時代に般若經の成立が阿毘曇派の人達にも知られてゐたといふことは、他の說明に

依つて、この文と合せて知ることが出來るのである。

而して他面この初出の般若と他の論書を比較して見ると、更に般若の初出年代を狹めることが出來るのである。それは前にも言ふやうに、般若が阿毘曇教學に對する挑戰書、決戰書たることは明かであるが、主として如何なる論書を相手としたものか容易に言ふことは出來ない。然し阿毘曇教學の最も代表的にして諸部派中最も勢力があつたものは有部であるから、有部中にその對手を求めることは强ち不當なことではない。さうすると、有部の阿毘曇中、法蘊足論や品類足論、又は集異門足論の經典解釋の形式をとり、論書として未だ完成の境に達しないものを對手とせず、精密にして煩瑣を極めた論書を向ふにまはしたものであることは言ふ迄もないことであるからして、この點から見て、界身・識身・發智等の整備した論書を擇び出すことが出來る。その上般若といふ事が阿毘曇の分別智論に對する反抗であり、眞般若の開顯だとすれば、以上の諸論書の中でも發智論を特に擧げねばならないことになる。錫蘭上座部の分別論（Vibhaṅga）、世友の生智論（婆沙論引用）及び發智論が、方廣道人の所破として擇ばれたものであらう。

而してかく見ることが正しいとすれば、般若は有部の發智論よりも後の作とせねばならぬ。發智論は言ふ迄もなく婆沙の所釋の書であり、有部の煩瑣的哲學の大成であり、且つそのために諸部派間に大きな影響を與へたもので、發智出でて後、種々なるその註釋書が顯れ、その註釋書の大成が婆沙論であるから、婆沙論と發智論との間には相當の年月が經つてゐなければならぬ。若し普寂の言ふ樣に、發智の後百年にして婆沙ありとすれば、發智は紀元の前後に跨り、西紀五十年を下らないものでなければならぬ。さうすると、般若はそれよりも二〇—五〇年後のものとせねばならないが、餘り後にもつて來ると婆沙との距離がつかなくなる。從つて、

B. C. 10—A. D. 40　發智　　A. D. 10—60　般若　　A. D. 120—150　婆沙

と略推定し得ると思ふ。さうして若しこの推定にして大體正しいとすれば、所謂方廣道人の有意識的大乘運動である所の般若經の引き續いての製作は、西紀一〇—二〇年から始められたものと見ねばならない。

それで次に般若叢書の種類を檢べて見ることにする。次の表は椎尾博士のものと干潟氏のそれを合糅して作つたものであるが、これに依つて般若系統の經典のいかなるものであるかを知ることが出來ようと思ふ。

	(異譯)		
1 大般若初分(十萬頌) 一—四〇〇(四〇〇巻) 七八品 (大・五・一以下)		Śatasāhasrikā	Stoṅ-phrag-brgya-pa
2 同 第二分(二萬五千頌) 四〇一—四七八(七八巻) 八五品 (大・七・一以下)	摩訶般若波羅蜜經(大品) (大・八・二一七以下)	Pañcaviṁśatisāhasrikā	Stoṅ-phrag-ñi-śu-lṅa-pa
3 同 第三分(一萬八千頌) 四七九—五三七(五九巻) 三一品(大・七・四二七以下)	放光般若經 (大・八・一以下) 光讚經 (大・八・一四七以下)		Khri-brgyad-stoṅ-pa
4 同 第四分(八千頌或は一萬頌) 五三八—五五五(一八巻) 二九品(大・七・七六三以下)	道行般若經 (大・八・四二五以下) 摩訶般若波羅蜜經(小品) (大・八・五三六以下)	cf. Aṣṭasāhasrikā	Khri-pa

5 大般若第五分(八千頌) 五五六—五六五(一〇卷) 二四品(大・七・八六五以下)	大明度經 (大・八・四七八以下)		
	摩訶般若鈔經 (大・八・五〇八以下)	cf. Aṣṭasāhasrikā	Brgyad-stoṅ-pa
以上根本般若	佛母出生三法藏般若波羅蜜多經 (大・八・五八七以下)		
6 同　第六分(勝天王般若) 五六六—五七三(八卷) 一七品(大・七・九二一以下)	勝天王般若波羅蜜經 (大・八・六八七以下)		
7 同　第七分(曼殊室利分) 五七四—五七五(二卷) 一品(大・七・九六四以下)	文殊師利所說摩訶般若波羅蜜經 (大・八・七二六以下)	Saptaśatikā	Bdun-brgya-pa
	文殊師利所說般若波羅蜜經 (大・八・七三二以下)		
8 同　第八分(那伽室利分) 五七六(一卷) 一品(大・七・九七四以下)	濡首菩薩無上淸淨有衞經 (大・八・七四〇以下)		
9 同　第九分(能斷金剛分) 五七七(一卷) 一品(大・七・九七九以下)	金剛般若波羅蜜經 (大・八・七四八以下)	Vajracchedikā	Rdo-rje gcod-pa

10 大般若第十分（般若理趣分）
五七八（一卷）
（一品）（大・七・九八六以下）

11 同　第十一分（布施波羅蜜多分）
五七九―五八三（五卷）
一品（大・七・九九一以下）

12 同　第十二分（淨戒波羅蜜多分）
五八四―五八八（五卷）
一品（大・七・一〇一九以下）

Adhyardhaśatikā
or Naya-śatapañcaśatikā
Tshul-brgya-lṅa-bcu-pa

同（大・八・七五二以下）
同（大・八・七五七以下）
同（大・八・七六二以下）
金剛能斷般若波羅蜜經（大・八・七六六以下）
能斷金剛般若波羅蜜多經（大・八・七七一以下）
實相般若波羅蜜經（大・八・七七六以下）
金剛頂瑜伽理趣般若經（大・八・七七八以下）
徧照般若波羅蜜經（大・八・七八一以下）
大樂金剛不空眞實三麼耶經
般若波羅蜜多理趣品（大・八・七八四以下）

13 大般若第十三分（安忍波羅蜜多分） 五八九（一卷） 一品（大・七・一〇四四以下）			Pha-rol-tu-phyin-pa lṅa bstan-pa (13–15)
14 同　第十四分（精進波羅蜜多分） 五九〇（一卷） 一品（大・七・一〇四九以下）			
15 同　第十五分（靜慮波羅蜜多分） 五九一—五九二（二卷） 一品（大・七・一〇五五以下）			
16 同　第十六分（般若波羅蜜多分） 五九三—六〇〇（八卷） 一品（大・七・一〇六五以下）		Suvikrānta-vikramī-paripṛcchā	Rab-kyi-rtsal-gyis rnam-par-gnon-pas-ṣus-pa
17 佛母寶德藏般若波羅蜜經 （大・八・六七六以下）		Ratna-guṇa-sañcaya-gāthā	Sdud-pa-tshigs-su-bcad-pa
18 聖八千頌般若波羅蜜多一百八名眞實圓義陀羅尼經 （大・八・六八四以下）			Mtshan-brgya rtsa-brgyad-pa
19 仁王護國般若波羅蜜經 （大・八・八二五以下）	仁王護國般若波羅蜜多經 （大・八・八三四以下）		
20 了義般若波羅蜜多經 （大・八・八四五）			
21 五十頌聖般若波羅蜜經 （大・八・八四五以下）			Lṅa-bcu-pa

22 帝釋般若波羅蜜多心經 Śer-phyin kauśika
(大・八・八四六以下)

23 般若心經 (七本、大正藏經第八卷所載) Prajñāpāramitā-hṛdaya Śer-phyin-sñiṅ-po
(大・八・八四八)

24 聖佛母小字般若波羅蜜多經 Śer-phyin yi-ge-ñuṅ-ṅu
(大・八・八五二以下)

25 觀想佛母般若波羅蜜多菩薩經
(大・八・八五四)

26 開覺自性般若波羅蜜多經 Śer-phyin lṅa-brgya-pa
(大・八・八五四以下)

27 大乘理趣六波羅蜜多經
(大・八・八六五以下)

28 最上根本大樂金剛不空三昧大教王經
(大・八・七八六以下) (西藏譯あれども題名長ければ略す。)

29 Ḥphags-ma śes-rab-kyi pha-rol-tu-phyin-pa de-bẓin-gśegs-pa thams-cad-kyi yum yi-ge-gcig-ma
(一切如來一字般若)

30 Śer-phyin sgo-ñi-śu-rtsa-lṅa-pa (二十五門般若)

31 Śer-phyin ñi-maḥi-sñiṅ-po (日藏般若)

32 Zla-baḥi-sñiṅ-po (月藏般若)

33 Śer-phyin kun-tu-bzaṅ-po (普賢般若)

34 Śer-phyin lag-na-rdo-rje（金剛手般若）
35 Śer-phyin rdo-rje-rgyal-mtshan（金剛幢般若）
（これらは西藏にありて他になきもの、然し乍ら未だ盡さず。干潟氏のものによる。）

一より五迄は所謂根本般若であつて、六以下は雜部般若である。干潟氏の言ふが如く、根本般若經類は皆同一のものの廣略であつて、其の間に密接の關係があるが、後の雜部般若經類は各獨立したもので、相互の間に關係がない。而して前の一類のものは全部散文であるが、後の一類は多くは偈を多分に混入した散文である。後の一類のものが、その內容から見て前一類を繼承したもの、即ち後期の成立であることは、學者間の大抵一致する所であつて、多くの異論を見ないのである。もとよりこれは、前の一—五が全部出來上つて後に、後の一類が成立し初めたといふ意味ではない。後の一類の中でも相當古いものがあるのであるが、前一類に比して後出であることを言ふのである。

それで前一類の中に十萬頌、二萬五千頌、一萬八千頌、一萬頌、八千頌の五分があるのであるが、この中第四分と第五分の兩者は至極近い關係にあるものであり、何れも今の梵本に大差ないものであつて、一本とするを妨げないものである。ただ玄奘譯第四分は常啼品と法涌品の二品を略し、第五分は隨順品・常啼品・法涌品の三品を缺いてゐるが、これは玄奘が譯出の場合、前分に具さに說いてあるので省略したものと見られてゐるのである。それで五分と言つても十萬頌、二萬五千頌、一萬八千頌、八千頌の四分の關係を見れば足る譯であるが、この四種類の關係について、小から大なるものが出たとする說と、大なるものから小なるものが作られたとする人と、二說ある事は前に言つた通りである。干潟氏は、支道林の大小品對比要抄序の說を、最大なるものから他の各々が獨立にそれぞれ縮小されたものとせられるが、「今此二抄亦興于大本」云々とあるから、さう見ても善からうと思ふ。然し何れにせよ大より小への縮小か、小より大への增廣かといふ二途を出でない。干潟氏はこの二說を擧げて各々その學術的根據を檢べ、今迄の所論が本文の精査の不十分といふことには同一であると難じ、自分の本文精査の結果、大より小への縮小であることを結論してゐられる。今茲に簡單に干潟氏の所論を檢べて見よう。干潟氏の言ふ所に依れば、小なるものより大なるものへの擴大說は椎尾博士の所論であつて、その有力な根據は支那譯經史上の事實である。即ち小品道行經は西紀一七二年に譯出され、一萬八千偈に當る放光・光讃はそれより百年（二八六年・二九一年）を遲れ、大品は西紀四〇三年譯出、十萬頌は玄奘に依つて初めて六六〇―六六三年に譯出せられてゐる。この支那譯經史上の事實は明かに小品先出、大品後出を物語つてゐるものであるといふのである。

干潟氏は、この支那譯經史上の事實の示す所は相當有力な根據にはなつたが、これのみで先出後出を論ずることは出來ないとして、次に大より小への縮小說に移り、今迄の此の說には

一、經典傳播史の考察。經典を崇拜し、受持傳播を勸めたこの般若經は、傳播の必要上漸次に經典の縮小が行はれたものであること。

二、古傳が皆この縮小を物語つてゐること。即ち道安の道行經序（大・五五・四七中）に「佛泥曰後、外國高士抄二九十章一爲二道行品一」云々と言ひ、支道林の大小品對比要抄序（大・五五・五五中）に「嘗聞、先學共傳云、佛去二世後、從二大品之中一抄二出小品一」とある。

三、小品の文は前後首尾備はらない處が往々あり、抄出を思はせること。

の三論據ありとし、次に自分の本文精査の結果を擧げてこの縮小說を取つてゐられるのである。この結果と言ふのを氏の要約に依ると左の如くになる。

一、玄奘譯を以つてすると初分二分三分は全く同一のものの廣略に過ぎない。第四分はこれと異なつてゐる。それ故に

前三分の何れかと第四分の比較をすれば足る。

二、第四分が前三分の何れかから縮小されたとも、又その反對とも解し得る點が屢々ある。之に二種がある。

(a) 第四分が前三分に比し文章簡潔なるため、文章の結構を異にし、説者問者の位置を變へ、又は略せること。

(b) 前三分には第四分に全く無い部分があり、それが必ずしも必要でないこと。

三、第四分が前三分の何れかから縮小されたとしか考へられない點。

(a) 一文の精神を徹底させる爲に、法數名目の羅列を略する代りに、結辭を前三分よりも丁寧にし、力を注いで居ること（例へば大・五・二三一上、三行以下と之に相當する第四分との比較）。

(b) 法數名目の羅列に於いて、第四分は中を省略し、前三分は省略しない（例へば大・五・四五四下の「色非甚深」以下の所と第四分のその部分との比較）。

(c) 文章の首尾不完全にして、最初より一經として草せられたものと思はれない點、例へば方便善巧のことを屢々説くけれども（その第十一品には「甚深般若波羅蜜多相應經典中、廣説二菩薩摩訶薩道方便善巧一」とある）、その方便善巧の何なるやを第四分は說かず、初分六十三品以下に說く。

(d) 第四分及びこれに相應するもののみにあつて、前三分の何れにも無き部分のあること。例へば第四分第二十八品の終りに香象菩薩不動佛國にて般若を修す云々とあり、同第二十九品隨順品全部がこれである。

(e) 前三分が第四分を擴大したとしか考へられない點は發見し得ない。

以上の所論に依つて、十萬頌より漸次の縮小であると結論してゐられるのである。

然し乍らこれだけの論議に依つて大から小への縮小であることを結論することは、頗る早計と言はねばならぬ。干潟氏の言ふが如く、支那譯經史は直に印度經典成立史でなく、兩者がうまく並行してゐるものではない。早く成立したもので餘程後に輸入翻譯せられてゐるものもあるが、又兎もすれば誤つて考へられるやうに、經典の移入は非常に困難であつて、成立後百年も百五十年も經て初めて輸入せられるといふ樣なものでもない。小野玄妙氏が言ふやうに、大體に於いて經典の成立と移入翻譯は同時代か、近き時代であると言ふを妨げまいと思ふ(「佛教文學概論」九三頁以下)。勿論これは幾多の例外があることであるから、一概に何々經は何時代に初譯があるから、その時代の成立だとすることは出來ないけれども、或る時代に翻譯せられた經典群に依つて、その成立地の佛教の傾向を髣髴する事は出來るのである。今般若譯經史に於いてもこの原則は誤つて居らない。大體に於いて翻譯の早いものから成立したといふことは明かに言へるであらうと思ふ。左に美濃君の作製せられた般若譯經史の一覽表を出して見よう。(次頁參照。數字は譯經の年代―西紀―を示す。)

表に依つて明かであるやうに、小品般若は二世紀の中葉から既に翻譯を見、大品は三世紀の末葉に初めて其の初譯を出してゐる。金剛般若は五世紀、心經は、摩訶般若波羅蜜大明咒經が開元錄の言ふが如く羅什のものならば、四四六―五〇一年のものであるが、羅什の翻譯とは思はれない。般若理趣經の如き、玄奘譯が最初であるから七世紀のものである。この般若支那譯經史は大體に於いて般若印度成立史を寫してゐるものと見てよからう。智度論に依ると、十萬頌も二萬二千頌も八千頌も、龍樹時代即ち三世紀の初頃には既に存在してゐたのであるから、その三本の成立は遲くとも二世紀の末葉であつたであらうが、大品が少しく遲れて三世紀の末葉に支那に輸入され、大本は遲れて玄奘に依つて初めて顯れたことになつてゐるのである。その大本十萬頌の支那傳來が何故に遲れたか、その理由は解らないが、この十萬頌移入の遲いといふことを以つて、大體に於いての支那譯經史の描き出す所を抹殺することは出來ない。十萬頌支那傳來の遲れたのは、或は所謂經典傳播史の示す所の大部移入の困難な爲かも知れないが、曖昧な經典傳播史を以つて支那譯經史の示す所を覆

		小品	大品	金剛	濡首	文殊
舊譯時代（部類般若期）	後漢	—一七二 道行經（竺佛朔） —一七九 道行品經（支讖）				
	三國	二二二—二二八 大明度無極經（支謙） —二五一 吳品經（康僧會）				
	六朝前期	二六六—二七四 更出小品（竺法護） 二九〇—三〇六 略出道行經（衞士度） 三一七—四二〇 大智度經（祇多密）	二八六 (甲)光讚經（竺法護） 二九一 (甲)放光經（無羅叉・竺叔蘭） 三八二 (甲)鈔經（曇摩蜱・佛護）			
	六朝後期	四〇八 小品（羅什）	四〇三 (乙)大品（羅什）	四〇二 金剛般若（羅什） 五〇九 同（流支） 五六二 同（眞諦）	四二〇—四七八 濡首菩薩經（翔公）	五〇二—五〇六 文殊摩訶般若（曼陀羅） 五〇七—五二四 文殊所說般若（婆羅）
	隋			六〇五—六〇六 金剛能斷（笈多）		
新譯時代（密化般若期）	唐	六六〇—六六三 第四會 第五會（玄奘）	六六〇—六六三 (乙)第二會 (甲)第三會（玄奘）	六四八 能斷金剛（玄奘） 六六〇—六六三 第九會（玄奘） 七〇三 能斷金剛（義淨）	六六〇—六六三 第八會（玄奘）	六六〇—六六三 第七會（玄奘）
	宋	九八〇—一〇〇〇 佛母出生（施護）				
	例外					

勝天王	大本	理趣	心經	備考	
				原始般若輸入時代	（舊譯）上期　根本及び部化般若輸入期
				發展（增廣）般若輸入時代	
五六五 勝天王般若（首那）			四四六—五〇一？ 大明咒（傳羅什）	部化般若輸入時代	
六六〇—六六三 第六會（玄奘）	六六〇—六六三 初會 六度｝（玄奘）	六六〇—六六三 第十會（玄奘） 六九三 實相（留志） 七一九—七四一 瑜伽理趣（金剛智） 七二〇—七七四 不空理趣（不空）	六四九 心經（玄奘） 六九三 那經（留志） 六九五—七一〇 隨心經（實叉難陀） 七三〇—七三四 普偏智藏（法月） 七九〇 心經（般若・利言） 八四七—八五九 心經（智惠輪）	密化般若輸入時代	（新譯）下期　密化般若輸入期
		九八〇—一〇〇〇 偏照（施護）	九八〇—一〇〇〇 聖佛母（施護）		
			傳寫心經（傳義淨）	四四六—五〇一？ 仁王護國（傳羅什） 七六五 護國仁王（不空）	

へすことは出來ない。

古傳の一致とか、小品が抄出を思はせるとか言ふことは、今かれこれ言つてゐる迄もないことであるが、次に干潟氏の所謂本文精査の結果なるものを調べて見よう。

三の(a)に於いて、法數名目の羅列を略する代りに結辭を前三分よりも丁寧にし、力を注いで居るといふのは、大正藏經[1]五巻二三一頁上段三行以下に對する大正藏經七卷七六五頁中下段の「所以者何。若菩薩摩訶薩能如是學、乃名眞學甚深般若波羅蜜多」の二十六字のことであるが、實際は「眞」の字を一字加へてゐるだけで、結辭を丁寧にし、力を注いでゐるとはいはれない。大本の方では、後では「眞」の代りに「正」の字を措いてゐるのである。更にこれを諸本小品に比べて見ると、次のやうになる。

道行經 (大・八・四二六下)	大明度 (大・八・四八〇上)	小品 (大・八・五三八中)	佛母出生 (大・八・五八九上)	大般若第四分 (大・七・七六五下)
何以故、不知不了。須菩提言、亦不得三昧、亦無有三昧。亦不得字。	所以者何。無所明故。是以定者、非想非不想。	善男子、不分別是三昧。所以者何。三昧性無所有故。	何以故。彼三摩地性無所有、離諸分別及所了知。	
佛言、善哉、須菩提、如我所説。	佛言、善哉善哉。善業説山澤行爲第一辯。	佛讃須菩提言、善哉善哉、我説、汝於無諍三昧人	爾時世尊讃言、善哉善哉、須菩提、如是如是。	

空身慧作、是爲諸菩薩爲隨般若波羅蜜敎。菩薩作是學爲學般若波羅蜜也。

菩薩大士當以學此。如此爲學明度無極。

中最爲第一。如我所說、菩薩應如是學般若波羅蜜。若如是學者、是名學般若波羅蜜。

須菩提、如佛世尊。威神辯才及加持力、如是宣說。諸菩薩摩訶薩當如是行、如是修學。何以故。若菩薩摩訶薩如是學者、是爲修學般若波羅蜜多。

以無所得爲方便故。時舍利子復白佛言、若菩薩摩訶薩能如是學、以無所得爲方便耶。佛告舍利子、若菩薩摩訶薩如是學時、於一切法以無所得而爲方便。

玄奘本小品には後世の訂正に依つて竄入の多いことを知るのみで、毫も干潟氏の言ふ所に當らないのである。

又、三の(b)に於ける、法數名目の羅列に於いて第四分は中を省略し前三分は省略しないといふ事も、前三分の法數の羅列が根本であるといふ筈はなく、寧ろ第五分、第四分、前三分と並べて見ると、第五分甚深微妙の二句が第四分に於いて註釋的に増廣せられ、前三分に更に極端に増廣されたと見ることが出來るのである。[2]否さう見るべきであると思はれる。

三の(c)に於ける、第四分には「般若中廣說方便善巧」とあるに拘らず、その善巧方便の解釋なく、これは大本に委しく出てゐるから、それを豫想しなければならないといふのは、これも道行・大明度の古い小品及び佛母出生では、「方便は般若の中にこそ求むべけれ、聲聞經に求むべからざるものである」[3]といふてあるので、寧ろその變化と見なければならぬ。變化したものは廣說せられた方便說を豫想するかも知れないが、古本は決して大本を待つものではない。

三の(d)に就いては、干潟氏の言ふが如く、羅什の小品で云ふと、その第九卷（大・八・五七九上）の「亦能具足方便力」[4]以下及び次品隨順品の全部を大品以上のものが缺き、その代り多くの品を加へてゐるのである。これも必ずしも大品に無いものを加へて小品が出來たといふ證據にはならない。反對に、寧ろ小品にあつたものを他の諸品を增廣するために除いたと見た方がよいのである。

これを要するに、干潟氏の所論の積極的證據は一つも大品から小品への縮小を物語つて居らない。反對に、假りに羅什譯の小品と大品を初めの方から比較して見るならば、どう考へて見た所で、大品が小品の增廣でなければならないことは疑ふ餘地がないと思ふ。

第一に、小乘經典又は律典の佛傳に根據を有する在會の比丘數千二[5]百五十人が、大品に來ると增廣氣分に依つて五千人とされてゐる。

第二に、小品には彌勒又は文殊を除いて菩薩の列衆がなかつたのに、大品には賢護等の十六正士其の他種々の菩薩が在會してゐられる。かう言ふ菩薩名なども決して突如として茲に顯れるものではなく、必ず何處かに引つかかりがなければならない。賢護等の菩薩は恐らく般舟三昧經の影響を受けたものであらうと思はれる。かういふ菩薩の列衆の有るものが初にあつて、それから原始的な形を有する小品の發起序が作られたとは考へられない。

第三に、この菩薩列衆の處から大正藏經にして十四頁餘が全く小品にないのであるが、序品、奉鉢品、習應品、往生品、歎度品、舌相品は必ずしも般若を說くものではなく、寧ろ次の三假品以下の正說を助ける序曲である。それも可成りに誇張と莊嚴を持つた序曲であつて、到底初出のものとは考へられない。大品般若に於いて、大正藏經八卷二三〇頁下段七行以下二三二頁中段二三行までは、「菩薩と名くべきものを見ず」の語の註釋說明であり、同二三二頁中段二六行以下二三三頁下段一四行までは「不驚不畏不怖。心亦不沒不悔」の註釋であり、かくの如く小品に無くて大品にある部分は、その附近若しくはその直前の文句の註釋的說明的增廣であることは明瞭である。殊に大品般若に於いて、大正藏經八卷二三四頁上段二七行以下この頁の終までの、大品にのみある部分は、「是字不住亦不不住」を大本般若流に反覆說明したその增廣であることは明かである。椎尾博士が「廣文は略說を豫想す、一一略說を徵して解釋するを常とすれば也」と言はれたのは明斷であると思ふ。既に大品すら小品の增廣であるとすれば、四百卷を收める大般若の初分がその最大なる增廣の結果であることは言ふ迄もない。

かういふ風に、小より大への增廣であると解釋しなければ通れないことは、序品の菩薩列衆、四方四佛、十地殊に大本には十地經の十地迄が擧げてあるが、かういふ教理がすべて一度に突如として般若經に顯れるものではない。六度を增して十度とし、この十度を十地に配するが如きことが、大乘經典の最初のものに顯れ得べき道理はないのである。若し大本から小品への縮小であるといふことになれば、大乘思想發達の徑路は全く譯が解らないことになるであらう。余は以上の論據に依り、且つ既に前に申し述べた理由[6]を加へて、小品より大品、大品から大本へ增廣され、それから更に金剛經等の小品を生ずるに至つたものと信ずるものである。

上の理由に基いて、小品般若經を般若經類の初出とし、その意味深い成立に就いて以下少しく考へて見たいと思ふ。

註 ① 大般若初分（大・五・一三一上）
「菩薩摩訶薩、欲レ學二般若波羅蜜多一、應二如レ是學一。
欲レ學二靜慮・精進・安忍・淨戒・布施波羅蜜多一、應二如レ是學一。………
欲レ學二四靜慮……四無量……四念住……十八佛不共法・一切智・道相智・一切相智一、應二如レ是學一。」

② 初分（大・五・四五四下以下）「深妙、五蘊・六根・六境・六識・六觸・六受・四大・十八空・六度・四禪・四無量・四無色・八解脫・八勝處・九次第定・十遍處・十力・四無所畏・十八不共佛法・四果・獨覺・佛、不二甚深一不二微細一。」（取意）
第四分（大・七・七七〇下、一四行以下）「深妙、五蘊・四果・獨覺・佛、不二甚深一不二微細一。」（取意）
第五分（大・七・八七〇下、二八行以下）
羅什小品（大・八・五四〇下、一行以下）「轉深妙………」
佛母出生（大・八・五九三上、一二行以下）

③ 佛母出生（大・八・六二六下、五行以下）、道行（大・八・四四七下、一五行以下）「方便善巧は般若波羅蜜中に求むべし。聲聞經中に求むべからず。」
羅什小品（大・八・五五六下）「我於二般若波羅蜜中一廣二說方便一。應二於レ中求一………」
大明度（大・八・四九〇下、四九一上）「闓士大士欲說變謀明慧、從明度索之而今逮得。復棄去。於應儀道中索變謀明慧、是闓士黠不。」

④ 道行（大・八・四六九下、二七行以下）、大明度（大・八・五〇三中、五行以下）、佛母出生（大・八・六六六下、二〇行以下）

⑤ この形式は雜阿含（四五・一四、一五）等にも顯れてゐて、經典の發起序としては最も原始的なものである。

⑥ 二六五―六頁

第二節　小品般若に顯れ、阿含經になき名目と教理

「羅馬は一日にして成れるに非ず」といふ諺はすべての事に當て嵌る原則を示すもので、小品般若の成立に就いても同様に言はれることである。小品と言つても可成りに大きい。その上に整備した且つ種々の思想を盛つて後代に大影響を及ぼしたこの經典も、卒爾として出來上つたのではない。[1]思ふに、

一、相應に發達した佛傳書（本緣文學）

二、燃　燈　佛　事

三、本緣文學の脱化であつて、佛陀觀に大變化を與へたであらう阿閦佛國經や其の他の大小未分の經典

四、當時の部派佛教の教學、阿毘曇書の哲學と、その部派佛教の教會的事情

五、部派佛教中の進歩主義であつた大衆部の思想

等のいろいろの内緣外緣の中に生れたものに相違ないのである。この經典の一括した見方、主張は後で考へるとして、茲には部分部分に解剖して、この經典が呱々の聲を擧げるに至つた迄の事情を見て置かうと思ふ。

般若經が佛教經典としてその資格を要求したとしたら、いかなる意味に於いて佛教經典であらうか。菩薩のことを說くから菩薩經ともいふことも出來るし、般若を取り扱つてあるから論書たり得るとも言へる。又これを九分教十二部經といふ形式的の方面、範圍から言ふならば、方廣（Vaipulya）に屬することは言ふ迄もない。婆沙論に「此中般若說名方廣」といふは、婆沙論時代一方に般若が佛教經典としての地位を要求し、又方廣として一部には認められてゐたことを示すも

のであらう。又内容的方面から言ふと、所謂佛教の三法印を含み、且つ法華經の言ふ所の實相印を有することも疑ない所であるから、それが佛金口であらうとなからうと、佛教聖典としての資格と內容とは十分に具へてゐる譯である。それで問題はただそれが佛陀所說であるかないかといふだけになるのであるが、般若經典作者は、之を佛陀の思想その儘の內容を有するものであると言ふ等②流說に依つて、この問題を解決せんとしたことは、その開卷第一品に示す所に依つて知ることが出來るのである。

扨て斯くの如く般若經を佛教聖典とすることに異存がないとして、この般若經を何人も聖典として疑はぬ阿含・尼柯耶に比べて見ると、何人も驚くべき相違が其の間にあることを氣づかずに居られないのである。今此處にその大きな相違を擧げて見よう。

一、阿含に發見することの出來ない六波羅蜜の語と思想とがある。
二、廻向（pariṇāmana）の思想。
三、三乘道を說き、聲聞緣覺を貶しめてゐること。
四、般若波羅蜜を經典の中心生命とし、それに相似と如實の二種を分けてゐること。
五、空の教理を高潮してゐること。
六、如に關して說く所多きこと。
七、心性清淨、自性清淨を說くこと。
八、性不決定、性無性を說くこと（此は第五に收める事も出來る）。
九、阿閦佛の現在佛を說くこと。

一〇、未來佛の授記の多きこと。
一一、菩薩の意味の變れること。
一二、他方淨土の往覲を言ふこと。
一三、非佛說の辨明があること。
一四、經典崇拜の思想の多きこと。
一五、呪術（mantra）明呪（paritta）の記事多きこと。

猶この外にその形式に於いて內容に於いて種々の相違があるが、以上擧げた大きな相違に依つて、又この相違を調べることに依つて、般若經發生の源と意味とを知ることが出來ようと思ふ。

第一に六波羅蜜といふことは、阿含・尼柯耶には顯れて居らないものであり、その增一阿含十九卷に顯れてゐるのは、偶〻それが大乘經典成立後附加竄入せられたことを示すものであつて、六波羅蜜の名目が古くからあつたことを物語るものではない。又雜阿含二六・一二に「是名比丘根波羅蜜因緣知果波羅蜜、果波羅蜜因緣知人波羅蜜」とあるのは、相應尼柯耶四八・一五、一六、一二四に對するもので、波羅蜜は vemattatā となつてゐる。相應尼柯耶の方が意味が通ずる所から見て、雜阿含の方はテキストの間違ひがあるのであらうと思はれる。

然らばその六波羅蜜とは一體何であるか。何時頃、さうして如何にして出來上つたものであるか。少しく玆に調べて見よう。六波羅蜜とは布施、持戒、忍辱、精進、禪定、智慧の六種の大行であつて、この大行を修めて佛果を得るといふので、菩薩の修行とせられてゐるものである。波羅蜜とは pāramitā の音譯であるが、巴利語では pārami (completeness, perfection, highest state) の女性名詞に tā といふ性狀、狀態を顯す後置詞を附加した女性名詞と解するのであるが、この時には parama といふ形容詞から引き出された語と見るのである。然るに梵語の方では、pāra (彼岸) の業格 pāram に √i (行く、到る) の動詞を加へ、更に合成語法に順じ t の接尾語を加へて pāramit とし、「彼岸に到る」といふ形容詞とし、この形容詞の接尾語 t を略し、狀態を顯す tā の接尾語を加へて、彼岸に到達せる狀態、圓滿終了の義ある名詞としたと見てゐる（「哲學大辭書」波羅蜜の下、荻原博士說）ものである。

枳橋易土集第十八卷に依るに、古來この波羅蜜の語に度彼岸③（到彼岸）、度無極、事究竟の三譯がある。度彼岸は先の梵語釋名に相應し、度無極の無極の意味がはつきりしないが、矢張り pāram＋itā と見たものであることは明かである。事究竟は圓滿終了の意で、その第二義をとつたものであらう。して見ると支那翻譯家は皆この梵語の解釋に從ふものと言はねばならないが、天譬喩 (Divyāvadāna) 六三七頁五行に pāramiṁ gatāḥ とある所から見、又マヌ法典 (Mānava-dharma-śāstra) 六・九三に、佛教の波羅蜜行を思はせる堅固 (dhṛti)、忍辱 (kṣama)、調順 (dama)、不偸盜 (asteya)、清淨 (śauca)、克己 (indriya-nigrahā)、聰敏 (dhī)、明 (vidyā)、眞實 (satyā)、不忿 (akrodha) の十法相を行ふものは、最勝の趣に行く (yānti-paramāṁ gatiṁ) とあり、これと波羅蜜行とが何等かの關係があると見ると、必ずしもこの梵語解釋が正しいとは言はれないと思ふ。この pāramiṁ gata といふ形は佛史 (Buddha-vaṁsa) にもあり、本生の因緣 (Jātaka-nidāna) 三頁一八行にもあり、「究竟に達した」「完全に達した」の意味で、pāramitā と同義である。然れば少くとも梵語にあつては pāramī＋tā といふ形もあつたと言はねばならぬ。この外に又 pāramippatta といふ形もあり、中尼柯耶一一一經 (Anupada S. vol. Ⅲ, p. 28) には、

vasippatto, pāramippatto ariyasmiṁ sīlasmiṁ……samādhismiṁ……paññāya ……vimuttiyā

とあり、彌蘭陀問經 (Milinda-pañha) 二一、二二にも、

pāramippatto jinavacane paṭisambhidānaṁ pāramippatto

とある。この中尼柯耶の經は、中阿含其の他に同本を有しないので、權證としてはそれだけ價値が乏しくなるが、然し同形の語としては參考にする十分の資格を有するのである。大事 (Mahāvastu) にも pāramiprāpta の形があり (一卷一五二頁等)、pāramitāprāpta (三卷二二六頁) と同じい樣に用ゐられてある所から見て、pārami+tā と解する方が有力であると思はれる。それと同時に又 pāram-gata とか pāragā 或は pāragū とかいふ形も尼柯耶中に發見せられ、智度論にも波羅伽 (秦言度彼岸) を佛の異名の一としてゐる (大・二五・七三中)。この pāragā 又は pāram-gata は「彼岸に達せる」「海の向ふ岸に達せる」「熟達せる」「完成せる」の意味で、或る場所の意味では pāramiṁ gata と同義である。それであるから、

pāram-gata—pāramiṁ gata ＜ pāramiṁ gato (paramippatto) / pāramitā

となつたのか、pāram-gata には關係なく、

pāramiṁ gata ＜ (pāramippatta) / pāramitā

となつたのか、又は pāramitā から pāramiṁ gata としたものか、或は梵語釋名の如く、

pāram+i+tā

と初から他に關係なく出來たのか、今判明しないが、恐らく pāramitā は pārami+tā であり、pāramiṁ gata 或は

pāramippatto の語から出來たものと思はれる。

かくの如くこの語の構成は何れとも決定し難いが、然し語の意味は度彼岸ではなく、完成、圓滿、極度を意味するものであることは明瞭である。布施に依つて生死の岸を渡つて涅槃の彼岸に達するとか、「究竟通別二種因果一切自行化他之事」とかいふことは、教理解釋の上の註釋であつて、布施の極度、布施の完成といふことが原始的意味であらねばならぬ。

この波羅蜜の造語の歴史は以上言ふが如くはつきり解らないが、波羅蜜の思想が部派佛教の末期に成熟してゐたことは明かであり、それは前に阿閦佛國經、大阿彌陀經の二經を論じた所でも言つたやうに、これらの經典は既に六波羅蜜に關する聖典をさへ豫想してゐる樣に思はれるのである。今この般若經も亦六波羅蜜の思想があり、その六波羅蜜を說いた何かの聖典があつて、その聖典の內容に就いての批判であると思はれる節が多いのである。然らば一體六波羅蜜とは何であるか。その聖典とは如何なるものであつたであらうか。

私は六波羅蜜はもと戒定慧の三學の完成といふ事に基礎を置いてゐると思ふ。戒定慧は根本佛教以來涅槃に至る一本道である。戒の完成に依つて定があり、定の完成に依つて慧があり、慧の完成に依つて解脫又は涅槃の實現がある。釋尊と雖もこの三學の完成者に外ならないのである。ところが茲に釋尊に對する追慕憧憬の念から其の偉大なる人格に對し、偉大なる修養を偲び、本生譚を生ずるに至つて、釋尊は茲に理想化され、或はその大いなる心は慈愛の布施となり、堪へ難き侮辱の忍辱となり、極度の精進となり、又偉大なる抛擲となり、虛僞を離れて眞實に從ふこととなつた。これらの勝れた行業は枚擧に暇がない。この多數の偉大な行業も、戒定慧の三學に收めて收まらないこともないが、猶そこにそれでは盡さぬものがあるやうにも感ぜられ、茲に最も人の心に訴へる所の、さうして積極的な菩薩の利他精神を表してゐる布施が加へられ、又その困難なる修養に缺くべからざる忍辱と精進とが加へられて、茲に六度が成立したものと思はれる。これらの勝行が戒定慧以外に數を加へ、且つそれが波羅蜜（pāramitā）と呼ばれるに至つたについては、或はマヌ法典の前記の記述が動因をなしてゐるかも知れない。それ故に六度といふのは戒定慧の三學を基礎として、本生譚を取り入れて作られたものと考へられるのである。このことは先に引用した中尼柯耶一一一經（vol. Ⅲ, p. 28）の文が、幾らか證明してくれると思ふ。然しその最初の形が六度であつたか、何度であつたかは今日解らないが、部派佛教では、

大衆部が六度說（增一阿含十九卷及び分別功德論、大・二五・三五上）

大衆部中の說出世部が六度說（大事三卷二二六頁）

法藏部が六度說（佛本行集經、大・三・六五六下）

化地部が六度說？（修行本起經、大・三・四六三上）

天譬喩（Divyāvadāna）の屬する部派が六度（二六二頁）

有部は施・戒・精進・慧の四度を正義とし[4]（婆沙論二五、大・二七・一三一中、同一七七、大・二七・八九〇下、同一七八、大・二七・八九二上）、外國師說としてこれに忍と靜慮を加へるものと、聞と忍とを加へるものとを出してゐる。（婆沙論一七八、大・二七・八九二中）

錫蘭上座部は布施（dāna）、戒（sīla）、出離（nekkhamma）、慧（paññā）、精進（viriya）、忍辱（khanti）、眞實（sacca）、決意（加持 adhiṭṭhāna）、慈（mettā）、捨（upekhā）の十度であるが、これは佛史（Buddha-vaṁsa）、本生の因緣（Jātaka-nidāna）に出づる所である。

他の部派のことは今知ることは出來ないが、六度說が一番普遍的であることは知ることができる。この外菩薩本行經（大・三・一〇九）にも六度を出し、馬鳴[5]の僧伽羅刹も亦六度を述べてゐる。この他初期の大乘經典は勿論、後期の經典も多

く六度を明してゐるのである。さうすると恐らく六度説が最初のもので、それが部派に依つて增減せられたものであらうと思はれる。既に言ふが如く、阿閦佛國、大阿彌陀の諸經及びこの小品般若は、完全な六度の解説のあるものを豫想してゐるが、それが何であつたかは今日定めることはできない。察する所、前述の如く戒定慧を中心に本生譚《チャータカ》を整理して六度説が生れ、六度集經に似た、もつと原始的な經典があつたものと思はれる。それが更に菩薩内修六波羅蜜經（この經は西紀一八三年頃の飜譯であるが、小品般若經よりは後期のものである）の如き、六波羅蜜を、釋尊だけではなく一般菩薩の修行とした經典を成立せしめたものと思ふ。かういふ二つの六度を取り扱うた經典があつて、佛傳書の記事に加はると共に、小品般若經の成立要素の一をなしたと思はれる。試みに六度集經のもつと原始的なものを捕へ來つて、この小品般若と並べて見たとする。其處には自ら一脈の連絡が流れてゐることを見ざるを得ないであらう。六度集經は、佛陀が六度の一一をその因位に於いて實行せられたことを記載する。言ひ換へれば、菩薩は六度を一一實行すべきことを勸めるものである。[6]而もこの六度は戒定慧の精神から言つて、又佛教の通義から言つて、慧にその重心のあることは明白な事である。然るに若し六度を並べて平等にその勝れてゐる點をいふならば、この佛陀の般若主義は或は見失はれて、形式の難行主義に堕するかも知れない。この危險に一つの警告を與へて、六度は般若に依つて總べられねばならぬ、般若に依つて統一せられ、着想なき六度でなければ眞の六度でなく、佛陀の精神でないといふことを明白にしたのが、小品般若だと言へるのである。斯ういふ意味で小品般若は釋尊の六度修行の記述と、一般菩薩の六度修行に關する記述を前提としてゐるに相違ないと、私は信ずるのである。

因みに、六度思想のその後の發展について一言して置かう。この六度が小品般若經に説かれてから、眞智の開顯は自らに表現の手段を生み出すといふ意味で、方便善巧が言はれることは當然過ぎることである。それで、小品には六度と方便であつたが、大品へ來ると方便が波羅蜜となつて七度となる。この七度を明すものは、[7]首楞嚴經、富樓那會（大・一一・四四八中）、護國菩薩會（大・一一・四六三上、四七〇中）、大集經（大・一三・三九中、五六上）等であるが、菩提心經（大・一〇・九六一下）、同本の菩薩十地經（大・一〇・九六四中）は十度を明すと共に、又七度をも出してゐる。又六度と四無量心を菩薩の大行として並稱するもの[8]が顯れ（文殊師利授記會、大・一一・三三九中、華嚴經淨行品）、更にこの四無量心をも波羅蜜とするものも出來るに至つた（菩薩藏會、大・一一・二三五中）。然しこの四無量波羅蜜を言ふものは、必ずしもこの四度を六度に加へて十度とする意味ではなく、六度を中心として置いて、重要な行業を同じく波羅蜜と呼ぶだけである。それ故に或は法身波羅蜜（出現光明會、大・一一・一七二上）、或は神通波羅蜜（菩薩藏會、大・一一・二一四下、法華經二、大・九・一一下、賢劫經、大・一四）など呼ばれるものも顯れ、華手經（大・一六・一二八中）などは六度の上に三昧、功德、行願、方便、解脫、解脫智見の六度を加へ、十二波羅蜜としてゐるのである。然しこれらの經說は、波羅蜜說を述べるものとしては氣まぐれといふ樣な風があつて、しつかりしてゐないのであるが、六度が方便を加へて七度となり、更に願・力・智の三度を加へて十度となるに及んで、茲に波羅蜜說の終極に達したのである。

一體この十度說は修行の段階である十[9]地に配當せられるものであるが、この配當は既に大品般若發趣品（第二十品）に始まるのであつて、この品では所謂般若の十地なるものに六度を配當してゐるのである。明確に配當してゐる譯ではないが、乾慧地から離欲地迄の六地に大體六度を順次に配當してゐるのである。この傾向を逐うて更に之を明確にしようとしたのが大方廣菩薩十地經である。この經は左の六譯がある。

1　菩　薩　十　地　經　竺法護譯
2　大方廣菩薩十地經　聶道眞譯

3　十地經　東晋祇多蜜譯
4　莊嚴菩提心經　羅什譯
5　大方廣菩薩十地經　後魏吉迦夜譯
6　無盡慧菩薩會　唐菩提流志譯

前三は缺け、後三が殘つてゐるのである。この經は十地を出してゐるが、その一一の名を出さぬ故に、それが般若の十地か、菩薩內修六波羅蜜經の十地か、大事（Mahāvastu）の十地か、或は十地經の十地か解らないが、察する處十地經の先驅をなすものと思はれるが、この十地に一一波羅蜜の行を當ててゐるのである。三本を對照すると左の如くになる。

菩提心經	菩薩十地經	無盡慧菩薩會
發第一心　成就衆善本	初發心因　施	初發心　爲施波羅蜜因
發第二心　行施	第二心起因　戒	第二發心　爲戒波羅蜜因
發第三心　行戒	第三心起因　忍	第三發心　爲忍波羅蜜因
發第四心　行忍	第四心起因　精進	第四發心　爲精進波羅蜜因
發第五心　行精進	第五心起因　禪	第五發心　爲禪波羅蜜因
發第六心　行禪定	第六心起因　智慧	第六發心　爲般若波羅蜜因
發第七心　行智慧	第七心起因　方便	第七發心　爲方便波羅蜜因
發第八心　行方便	第八心起因　滿所願	第八發心　爲力波羅蜜因
發第九心　欲滿足本願遊淨佛國土	第九心起　所作休息	第九發心　爲願波羅蜜因

發第十心　喩若虚空其智無窮盡	第十心起　究竟彼岸	第十發心　爲智波羅蜜因
初地行　施	初地行　施	初歡喜地　圓滿施波羅蜜
二地行　戒	第二地行　戒	第二離垢地　圓滿戒波羅蜜
三地行　忍	第三地行　忍	第三明地　圓滿忍波羅蜜
四地行　精進	第四地行　精進	第四焰地　圓滿精進波羅蜜
五地行　禪定	第五地行　禪	第五難勝地　圓滿禪波羅蜜
六地行　智慧	第六地行　智慧	第六現前地　圓滿般若波羅蜜
七地行　方便	第七地行　方便	第七遠行地　圓滿方便波羅蜜
八地行　智	第八地行　願	第八不動地　圓滿力波羅蜜
九地　行衆生滿足波羅蜜	第九地行　力	第九善慧地　圓滿願波羅蜜
十地　行諸願滿足波羅蜜	第十地行　智	第十法雲地　圓滿智度
七度各〻十法成就	七度各〻十成就	十度各〻十法成就

この現存の三譯對照に依つて知られる樣に、古譯程十度の記事が明瞭でない。菩提心經の如きは七度說を出でない。菩薩十地經に至つて初めて十地に完全に十度を當ててゐるが、初めの十發心の所では未だ十度が揃はず、十法成就の所では七度しか出してゐない。無盡慧菩薩會はこの三本中一番完全であるが、それでも十度の順次に力・願・智とあり、十地の一一の名稱の如きは諸品比較に依つてこの部分の挿入であることが解るから、この經典は時代を經る每にテキストが變更せられ、增補せられたことを知ることができる。さうすると恐らくこの經典は、その古形は菩薩の十地といふ段階に波羅

蜜を當てたといふこと、この十地は般若や菩薩内修六波羅蜜經及び十住除垢斷結經を承けて、華嚴十地品につながる意味のものであつたであらうと思はれる。この傾向を承けて、更に今迄に言はれなかつた初歡喜地より法雲地に至る十地を出し、これに完全なる十度を配したのは、十地品が最初のものであらうと思はれる。この十地品の所説があつて以來、六度は十度となり、六度と十度の關係は開合の相違と言はれ、大乘智印經（大・一五・四七八下）、大集經・瓔珞品（大・一三・五上）、寶幢分魔苦品（玄二一・二右、編者未詳）、勝天王般若（大・八・六八八上）、心地觀經（大・三・三二二下）、藥王藥上二菩薩經（大・二〇・六六四中）等皆十度を出すに至つたのである。諸般若に十度を説くのもこの影響であり、八千偈般若に十度を出し、施護譯佛母出生經（大・八・六〇八上）が十度であるのも、その影響を受けた後世のテキスト改變でなければならない。それ故羅什小品（大・八・五四七下）、大明度經（大・八・四八六上）、道行經（大・八・四三八上）皆これを缺き、玄奘本（大・七・七九一上）は六度に神通波羅蜜、甚深般若波羅蜜、大願波羅蜜を加へてゐるのである。

波羅蜜はその義、その行廣大なるもの故、六度とか十度とかに限るべきものでないといふ點から、「二千一百諸度無極、八萬四千諸波羅蜜」[10]などと言はれるに至つたこともあるが、これはただ波羅蜜の讃嘆であつて、波羅蜜思想の發展と直接の關係を持つものではない。その他、空・苦・無常・無我諸波羅蜜[11]など言ふことも別に問題とするには足らないのである。

第二に廻向の思想も阿含・尼柯耶には全くないものであるが、六波羅蜜所修の功德を菩提に廻向して（pariṇāmeti 差し向けて）、正覺を成ずるといふことは、一度本生譚を通過して見れば容易に言はれ得ることであり、この廻向の思想のあることは、般若以前に本生譚の一般化と、長時の修行の功德を積んで今日の正覺を招いたといふ佛傳書の存在を裏書きするものである。

第三に聲聞乘、緣覺乘、菩薩乘(佛乘)の三乘の區別は根本佛教にはあり得ない。原始佛教時代に於いても、釋尊に對する記憶が新しく、釋尊の歴史性が勝つてゐる間は、師匠と弟子とを峻別する考は起り得ないのである。釋尊がだんだん神秘化され、構想上の佛陀の色彩が濃厚になるにつれて、師佛と弟子團との距離が本質的のものになつて來たのである。阿育王の碑文を通して見る王の宗教にはこの三乘の區別はないから、佛陀に關する構想が益〻神秘化されると共に、教理や言教が硬化した部派佛教時代に至つて、三乘の區別が出來たものであらう。もとよりかく言へばとて、私は獨覺の語なり思想なり、又本生譚が、部派佛教時代に至つて顯れたといふのではない。獨覺の原始形は必ずしも三乘の一としてではない。それは恐らく隱者的聖者を意味したものであらう。本生譚の或るものの成立も原始佛教時代に見受けるが、其が直ちに佛陀と弟子との溝を越え得ないものとするものではない。これらが助緣となつて、部派時代に三乘又は三道の區別が成り立つたものと思はれるのである。增一阿含二四・六に聲聞・緣覺・佛の三乘の記載があるのは、いつも言ふ如く大衆部の增一阿含が新しい竄入のあることを示してゐるに過ぎないのである。阿毘曇文學の古い處では人施設論(Puggala-paññatti)や舍利弗阿毘曇論の人施設にその萠芽を見ることが出來る。何れにも正覺人・菩薩人・緣覺人及び聲聞の種々の階段を出してゐる。さうして彌勒思想の興起は明かにこの三乘並列の考を助長するものである。菩薩は菩薩の因行に依り、獨覺は獨覺の因行に依り、聲聞は聲聞の因行に依つてさとりを得る。解脱そのものに變りはなくとも、因行に相違があるから、その報果に大小の區別があるのである。かう言ふ考が部派時代を通じて流れて、漸次に濃厚になりつつあつたのである。然し實際問題として見れば、部派佛教に於いては一世一佛の法相が嚴然としてゐるから、現在の菩薩は唯彌勒のみであり、從つて三乘の別は大した問題ではなかつたのである。ところが茲に所謂諸佛經典が成立し、現在十方に諸佛が在しますことになり、從つて菩薩も多數現存するやうになり、茲に三乘觀に大變化を來し、何人もその意向に依つて三乘の何れをも取りうることとなつたのである。般若はこの地位に立つて菩薩道を勸め、聲聞・緣覺の二道を貶しめたのである。茲に聲聞・緣覺に對して菩薩道を大乘と言ひ、菩薩を大乘に發趣するものと賞讃するに至つたのである。即ち部派佛教に於いて、菩薩たる人は限られた一人であつたのであるが、般若經に於いては、何人でも菩薩とならなければならぬ。菩薩とならぬ者は卑しむべき卑怯の者となつたのである。同じい菩薩でも、菩薩の含む意味が變つて來たのである。尤もこれには當時の教會的事情もあり、部派佛教が一方その分別の學に忠實であると共に、教理の硬化その他の理由に依つて空寂化された涅槃を憧憬し、生活に於いて他律的であり、且つ自利的であつたのに對しての覺醒運動でもあつたのである。これは前に大阿彌陀經の下で言つたかも知れないが、大乘といふ語はこの小品般若に來つて初めて顯れるのである。大無量壽經の魏譯に大乘の語があり、宋譯に小乘の語が出で、現存梵本に「極樂莊嚴大乘經典」と經題が出してあるが、異譯對校の結果は何れもその存在を否定せざるを得ない。まして增一阿含序品の「發趣大乘意甚廣」の文は阿含的ではなく、序品は大衆部のみのものであるから、大乘興起後大乘精神を入れたのである。これはこの增一阿含の註釋書の分別功德論が、盛に般若經を引用するところに依つても知られるのである。長阿含・遊行經に「大乘道之轝」といふ語があるが、之もその異譯の般泥洹經に、同じく「大乘道之典」とあるだけで、巴利長尼柯耶、大般泥洹經、有部毘奈耶雜事にもないので、その存在が疑はれる。くどい樣であるが、更にこの無存在を證明するものは、ヤーナ（yāna）といふ語が道（magga）とか、教（sāsana, buddhavacana）の意味で尼柯耶に用ゐられてゐる處はないのである。人々はよく一乘の語が阿含に出てゐるといふけれども、實際は一乘（ekayāna）でなく、一趣道（ekāyana）であつて、玄奘は婆沙論にも法蘊足論（大・二六・四六三中）にも一趣道と譯してゐるのである。大無量壽經にも一乘の語はないので、原本はエーカーヤナ

(ekāyana) であることは、現存のテキストに依つて知ることができる。一乘の語は法華經に來つて初めて顯れるので、法華經には顯るべき理由があつて顯れたのである。それであるから大乘の語は小品般若が初出である。かうして、小品般若では菩薩乘(佛乘)を大乘と呼び、二乘を貶しめてゐるが、然し未だ二乘を小乘とは呼んでゐない。羅什譯小品(大・八・五七八上)に「汝若因₂小乘法₁爲₂小乘人₁說」とあるが、大小品の諸本を對校して見ると、この譯を肯定することは出來ない。小乘の語はもつと遲く、或は法華經あたりに至つて初めて顯れたものであらう。さうすると、かう言ふことが出來るのである。阿閦佛國經や大阿彌陀經は事實大乘經典として見られ、又その精神が利他の偉大な如來心の高潮であり、實際に於いて大きな影響を引き起したのであるが、經典作者の創作意志から言ふと、未だその新運動に對する意識がはつきりしてゐないのであつて、小品般若に至つて、初めて有意識的に佛敎の轉回運動、大乘運動が起つたのである。この點から見ても阿閦佛國經、大阿彌陀經は小品般若の先驅者である。

第四に般若を說き、第五に空を高潮してあること。これは前記の大乘運動の根本骨子となるのである。般若は主觀の觀智であり、空は客觀の實相である。正しい主觀の智慧に依つて實相に隨順し、無住心を得るのがこの經典の精神である。印度の宗教は吠陀以來、殊に奧義書に於いては殊更に自主的であり、主智的である。自己の人格を完成し、叡智に依つて實相隨順の心境を開拓するのである。釋尊の宗教が慧解脫(paññā-vimutti)を說くのは、蓋しこの叡智に依つて開かれた心境が何物の繫縛をも斷ち切つて自由なる事を示すものである。然しその叡智とは多くを學んで得る積集の智慧、分別計度の智慧を指すものではなくて、靜な心の中に顯れる、即ち定中出現の體驗の智慧、眞實の正しい認識を指すものであるから、慧解脫は又同時に心解脫(ceto-vimutti)であつて、兩者は不可分の俱解脫(ubhato-vimutti)であるのである。

慧（paññā）が三學に於いて戒・定・慧と次第し、五分法身に於いて戒・定・慧・解脫・解脫智見と次第するのは、この理由に依るのである。釋尊のさとりとは、この深い叡智に依つて苦・空・無常・無我の實相に隨順し、離着自在の一境を打開せられたことである。この境地はあらゆるものからの自由である。然し無常を無常と取れば（pariganhāti）無常に囚はれ、苦を苦と取れば苦に囚はれる。釋尊のさとりを逐ふものも、形は似せることが出來るが、其の眞諦は得ることが容易でない。爲に多くその敎の指に禍されて、無常を無常と取り、苦を苦と取り、空を空と取り、無我を無我と取つて、茲に相似の般若に墮するのである。「壞色故觀色無常」、壞受想行識故觀受想行識無常」（大・八・五四六下、大・八・六〇五上）、これが相似の般若である。「分別色空分別受想行識空。是名著相」（大・八・六一六下）、これが自由なりと思ひ乍ら自由ならざる相似の般若である。相似の般若は一つの縛めを解いて、他の一つの縛めを受けるのである。部派佛敎の般若は畢竟この相似の般若を出てゐない。この相似の般若を破つて如實の般若を示すのが般若經の使命である。

又一方から阿毘曇の所論を考へて見ると、その眼は餘りに外へ向けられた傾きがある。心を對象とし、法を對象として、その對象の分別分析に注がれたのである。これは深い物の奧を見得ない、淺い表面の生活をするものの、常になす所であるが、阿毘曇者は又釋尊のよくなされたところの分別（vibhaja）に從つたといふ點もある。然し乍ら釋尊の分別は分別のための分別ではなくて、眞智開顯のために道を開かんとしてである。從つて其處には隨宜（pariyāyena）であつて不徹底の嫌ひがあつたが、隨宜であり、不徹底である所に寧ろその長所があつたのである。阿毘曇者はこの不徹底を見出して、どこまでもそれを究明せずには置かなかつたのである。了義不了義の問題は之を言ふのである。この分別は漸次複雜になり、或は善惡無記、或は有漏無漏等、種々の立場から眺めるやうになり、分別論（Vibhaṅga）では六十七分別、舍利弗阿毘曇論では四十三分別、品類足論では六十三分別をなし、讀むに堪へ難い程に煩瑣になつてゐるのである。彼等はこの認識的分別智を般若となし、三昧發得の眞智を忘れたのである。從つて彼等は智慧迄も種々に分別して十智・四十四智・七十七智等としてゐる。即ち舍利弗阿毘曇論の非問分智品（大・二八・五八九下以下）、分別論（Vibhaṅga）、發智論の智蘊（大・二六・九六二上以下）、品類足論の辯諸智品（大・二六・六九四中以下）、無礙解道（Paṭisambhidāmagga vol. I, p. 1; vol. II, p. 185）等皆この例に洩れないものである。わけて無礙解道はその般若品に於いて、

捷　慧（javanapaññā）　貫　慧（nibbedhikapaññā）　大　慧（mahāpaññā）
鋭　慧（tikkhapaññā）　博　慧（vipulapaññā）　深　慧（gambhīrapaññā）
無隣慧（assāmantapaññā）　廣　慧（haṇḍiccaṁ puthupaññā）　速　慧（hāsapaññā）

をいかにして得べきか、その般若がいかなるものなるかを示し、四道智、四果智、四無礙智、六通、七十三智(?)、七十七智がこれらの般若を得るに至る事を說いてゐる。世友の生智論がいかなるものか今日知ることが出來ないが、矢張り發智論の程度に於いて、或は無礙解道（Paṭisambhidāmagga）の如く智や般若を取り扱うたものであらう。然し乍ら斯くの如く客觀化せられ、分析的に取り扱はれたものが果して眞智（paññā）であらうか。眞智はかくの如く取り扱はるべきものであらうか。彼等は分別して（vibhajjeti）分別する（kalpyate）ものである。從つて何れも般若より遠しとせねばならぬ。般若經は一面この阿毘曇の諸智辨別の風潮に對して意味を持つものであらねばならぬ。

かういふ風に考へて來ると、般若經は當時流行の般若論に對して、般若の解釋の革命をなし、佛教の眞骨頂を輝かさんとしたものである。然らば般若經の般若とは如何なるものであるかといふに、それは先づ認識上の分別智でなく、內心の奧底より生じて、直ちに實在に迫る所の根本智、即ち眞の認識であることは既に言つた通りである。龍樹が言ふ所の「入諸法實相則無所覺知。自捨知相」（智度論三一、大・二五・二九四中）の實相を體驗する智である。それ故に內に我念なく、

從つて我念の赴くところ可意の相を愛し、不可意の相を惡む取相（lakṣaṇaṁ parigṛhṇāti）の智慧ではない。相を取らざるが故に相に囚へられることもない（na parigṛhitaḥ）。我執を拂うて相を取らざるが故に執せず（na abhiniviśate）、着しない（na sajyate）。それ故に又三界に繫縛せられないものである（aparyāpannaḥ）。要を取つて言へば、それは實在實相を掴む根本智であり、般若經の表はし方を用ゐれば、一切智（sabbaññā, sarvajñā）である。この智慧を得れば、水の流れる儘を眺め、火の燃え上る儘を眺め、冬は寒く、夏は暑く、其處に心住まらず（na sthiti）、都合のよきやう、釋尊の語を以つてすれば、晝を夜と思ひ、夜を晝と思ふやうに分別せず（na kalpyate）、所謂無心無念、任運自由の境地を打開するのである。それ故に小品般若は「如來無所住」。無住心（apratiṣṭhitamānaso）名爲如來」と言ひ、金剛般若は之を更に强めて「應無所住而生其心」（apratiṣṭhitaṁ cittaṁ utpādayitavyaṁ）と言ふのである。この境地に立てば、任運自爾、自然法爾である。「毒不能傷。火不能燒、終不橫死」（羅什小品、大・八・五四三下）である。それ故に般若は阿修羅の惡心をも滅せしめる大明呪・無上呪・無等等呪と言はれるのである（大・八・五四三中）。

かくの如くこの心境は任運自爾であると共に、又一切の眞と善と美とはこの心から生れるのでなければならぬ。何故なれば、眞と善と美とは、我執と分別との霜には直ぐさましぼむ儚ない花であるからである。これ蓋し般若の敎主が五波羅蜜を讃說せずして、般若波羅蜜を讃說し、五波羅蜜の種子は般若波羅蜜の大地の中に育ち、五波羅蜜は般若波羅蜜の保護に依つて增長すると言ふ所以である（羅什小品、大・八・五四四上）。般若經の般若は、實にかくの如く我々人間が人間としての眞實の生活を得る根本の基礎であるが故に、諸佛の一切智の大寶は般若の海中に得べく（羅什小品、大・八・五四四上）、般若は諸佛の母と言はれるのである。

次にこの般若所觀の世界を何と表はすべきであらうか。眞人の見てゐる世界はいかなる姿を持つてゐるであらうか。換言すれば諸法の實相はいかなるものであらうか。それは美でもない、醜でもない、善でもない、惡でもない、眞でもない僞でもない、正でもない、邪でもない、有でもない、無でもない。あらゆる對立概念の一一の四句が、何れも當てはまらない世界である。それ故に强ひてこれを表はせば空である。空と表はすことすら許されないならば、維摩の默して雷の如き表現を取らねばならない。維摩の默不二は實相の表現に於いて般若に一歩を進めたものと見るべきであらう。

かくの如く空は實相の表現であるから、般若の空は頗る多含的である。その上に先行の思想である阿毘曇敎學に對する態度も含まれて居り、佛陀の敎說から續く傳統の一面もあるので、其の意味で般若の空は可成り混亂してゐると見ねばならぬ。以下少しくこの空の意味を解剖して見よう。

私は既に大正十二年の「合掌」十一號に發表して置いたのであるが、阿含・尼柯耶に於ける空の意義は決して一定してゐない。可成りな混亂を見せてゐるのである。このことをよく知つて置かないと、般若の空は決して容易に了解できないと思ふ。佛敎の研究に於いては、この語の持つてゐる意味、歷史的變遷に依つて起る意義の變化といふことが考へられない爲、隨分無理な解釋が起るのである。如、實相、涅槃等皆これである。

然らば阿含・尼柯耶には如何なる種類の空が說かれてあるか。龍樹は此に就いて次のやうに言つてゐる。

「空有種種。如火中無水、水中無火亦是空。五衆中無我亦如是。或有衆生空。或有法空。法空中或有人言、諸法雖空亦不盡空、如色空中有微塵根本在。是故須菩提問、以何等空故一切法空。佛答、以無所得畢竟空故遠離一切相。是故此中說衆生空・法空。是二空故一切法無不空。」（智度論九六、大・二五・七二九中）

これは空に無と同じい意味の說き方があること、我空・法空の二種あること、般若は無所得空を說くことを示すものであるが、未だ阿含・尼柯耶の空を盡しては居らない。從つて龍樹が般若經の空を解釋する場合にも混亂を來してゐる嫌ひがある。私は阿含・尼柯耶には左記の四種の空があると思ふ。

一、思慮せざれば空無の空
二、實體そのものの無き空
三、實義なき意味の空
四、無所得の空

第一の思慮せざれば空であるといふ空は、第二の空と同じやうに無の意味であつて、龍樹の言ふ水中無火、火中無水の空である。それで思慮せざれば空とは、その事を考へなければ空であるといふので、阿含・尼柯耶全部を通じて一番多く顯れてゐるものである。中尼柯耶一二一經・小空經（Cūḷasuññatā S.）、中阿含一九〇經・小空經、中尼柯耶一二二經・大空經(Mahāsuññatā S.)、中阿含一九一經・大空經の空はこの第一の空である。小空經の言ふ所では、

「例へばこの鹿子母講堂は象・牛・馬・羊に依つて空であり、金銀に依つて空であり、男女の集りに依つて空であるが、ただ僧伽一つが不空である。かくの如く、若し比丘が町や人を思はないで森のみを思へば、森の思ひに心は勇み、靜まり、確立し、解脫する。町や人についての氣苦勞がなくなり、森についての煩ひが一つ殘る。この場合、町や人は空であり、森は不空である。其處に想ひがないから空、あるから不空である。この原理を應用して漸次に思ひを高める。森から地へ、地から空無邊處、識無邊處、無所有處、非想非非想處と進んで、最後に無想定に入る。無想定に入れば何も思はないからすべてが空になる。ただ想はない狀態といふ一つの心境が殘るが、この心境も作り出し考へ出したものであるから無常であり、滅ぶべきものと知つて、かくしてあらゆる煩惱から解脫する。」

といふのが一經の骨子である。つまりその物を考へなければ、その物に煩はされ、縛られることがない。從つてその物はその主觀に對して空無であるといふので、楞伽經では之をその七種空の最麁なものとし、彼彼空と呼んでゐる。これは阿含經典に最も多い空觀であつて、事に携はるな、事に煩はされるなと、無事を教へ給うた釋尊が、今我多く空住(suññavihāra)に住すと言つて、その空住の說明に用ゐられたのであるから、釋尊自らこの心境を喜ばれたものに相違ない。

大空經もこの通りであつて、先づ「交際を好む比丘は輝かず」と言ひ、一切の諸相を思念しないで、內空に入り住することが、如來に依つて證られた「住」であると說いてある。大空經は更に進んで、外空、內外空、無移動に就いても同様に言つてゐるのである。諸相を思念しないといふことは、諸法を緣じて相も取らず、隨相も取らない(na nimittagāhi hoti nānuvyañjanagāhi)といふことであつて、一寸見ると般若の無所得空に通ずる様であるがさうでない。心を取着せしめるやうな誘惑點を見ないといふことである。楞伽經から見たら最麁な修養法であるが、最も手近な適切な修養の手段である。巴利中尼柯耶四三經・大方廣經(漢譯雜阿含九・二〇)には、摩訶倶稀羅の問に依つて、舍利弗は無量心解脫、無所有心解脫、空心解脫、無相心解脫、不動心解脫の五心解脫を出し、一一說明を與へてゐるが、無所有心解脫は何もあることなしと思うて得る心解脫、空心解脫は森や空屋に入つて我も我所もなしと觀じて得る心解脫、無相心解脫は一切の諸相を思念せず、無相界(涅槃)を思惟して得る心解脫であつて、この中、無所有心解脫と無相心解脫は、明かに思慮せざるが故に空といふ空の修養に依つて煩累から離れる解脫法である。巴利中尼柯耶九經(Poṭṭhapāda S.)、長阿含二八經に、「知覺の頂點に達した時にかう考へる。『考へるといふことは劣つたことで、考へないことが勝れてゐる。考へたり、想つたりすれば、粗雜な知覺が生ずるやうになる。それ故に私は考へたり想つたりすることを止めよう。』かうして考へと想ひを離れると、粗雜な知覺は消滅し、知覺なき境に入るのである。」

と言ふのも、亦この思慮せざるが故に空無といふ空の修養法を示すものである。舍利弗が空定に住すると言ふのも、この修養法に達したことに外ならない。それ故に婆沙論四〇（大・二七・二〇九中）は增支尼柯耶四卷七十六頁を根據として、

「若有苾芻、於一切相不復思惟、證無相心三摩地具足住。是名第六無相住者。」

といひ、進んで、

「然無相聲說多種義。謂、或說空、或說無相、或說不動心解脫、或說非想非非想處。」

と言うてゐる。兎に角この「思慮せざるが故に空無」といふ空觀は、徹底しない消極的なものであるけれども、實際的な極めて有效なものには相違なく、釋尊始め諸比丘の行うたものである。三三昧の一である空三昧の空はこの空無である。又莊子の坐忘を想はせるものである。

第二に體空無[12]の空は、先に出した空心解脫がそれであつて、我と我所とないこと、我と我所の體のないことである。內空、外空、內外空など言ふのは、みなこの我と我所の體無を示すものである。內法にも外法にも又內外法にも、我と我所と言はるべきもののないことを言ふのである。巴利相應尼柯耶四卷五十四頁に、

「阿難よ、世間が空であるといふのは、我と我所とが空であるから空と言はれるのである。根、境、識の三は三和合の觸と共に我と我所との空に依つて空である。」

と言ふのもこれである。空屋（suññāgāra）の空、空村（suññagāma—Dhammasaṅgaṇi, Vibhaṅga 等にこの語あり）の空に同じく、內にもののないことを示してゐるのである。この內空、外空、內外空等の分け方は、空の語の用例の種類を示したものではなく、少くともこの三つは、私の言ふ第二の「體空無」の空を物について分けただけのもので、即ち說明の方法であるのに、この分類の仕方が空の種類であるかの如く考へられ、時を經るに從つて非常に複雜になり、空の種類を分

類したものも加へられ、却つて空の義を了解するのに困難ならしめるに至つた。舍利弗阿毘曇論の六空、施設足論(?・)、大毘婆沙論の十空、般若經の七空、十六空、十八空、二十空、二十二空、楞伽經の七空、瑜伽論の十七空、顯揚聖教論の十六空等、みな種類と説明に用ゐる方法とを混同して雜多に分類せられるに至つた。佛教の典籍にはこの種類のものが多くて、修學者を迷路に引き込むのである。又修行が進んで解脫を得れば、貪瞋癡の煩惱がなくなる。煩惱のないことに依つて空であるといふのも (S. N. vol. III, p. 297; 雜阿含二一・九、大・二・一五〇上「無諍者空二於貪一空二於恚癡一」)、亦この第二に屬するものである。無礙解道 (Paṭisambhidāmagga) はその多くの空を殆ど此に依つて解釋せんとしてゐる。

第三の實義なき意味の空、これは宗教的實踐の上に重大な意味を持つ空であつて、虚假とか不實とかいふ義を内容とするものである。「生じ、成り、作られ、敗壞する法のこはれざる理なし」、かう言ふ法は虚假である。「まことあることなし」である。賴みにならない、空である。世間の實相を無常、苦、無我、空とする場合の空がこれである。これは現象否定の無宇宙論的思考であつて、宗教には必ずなくてならぬ一種の情操である。先に第二の空に引用した「世間の空」の經文でも、文面から見て第二の空に入れたけれども、その惹き起す感情は、世間虚假、そらごと、たはごと、「まことあることなし」の感じである。「他の沙門に依つての空論」(suññã-pāpa-vāda samaṇehi aññehi) といふ空の字は、この虚假の意味を持つものであらう。

以上の三つは總べて修行者をして執着を離れしめる爲のものであることは言ふを俟たない。さうしてその執着を離れた處に開顯した境地を第四の無所得空と言ふのである。

勿論第四の無所得空の名稱は阿含に出てゐない。けれども先に引用した文の中にある「無相界」とは涅槃のことであるが、涅槃を無相と言ふのは、所謂無相の故に相ならざることなしといふ無相であつて、積極を消極で顯すものである。第一義空、畢竟空など言はれるものがこれである。これは涅槃の光景、即ち「唯佛是眞」、「念佛のみぞまことにておはします」の境地の光景が、彼れ此れと表顯することの出來ないものであることを示すのである。本來無一物のその無が無でなくて、月あり花あり樓臺ある無盡境であるのと同樣である。般若の無所得空と同一なものである。ただ涅槃の內景に就いて飽く迄沈默を守られた釋尊は、この第一義空に就いても同樣に沈默主義であつた爲に、積極的の說示がないのである。增支尼柯耶五・七九の「如來所說の深妙にして深義ある超世の空に關する經典に耳傾けない」云云とある所の空は、恐らくこの第一義空・無所得空を指すものであらうと思はれる。

以上大略阿含・尼柯耶に顯れてゐる四種の空を述べたのであるが、もう一つ阿含・尼柯耶を通じて顯れてゐる否定の表現法があるが、これは吠陀に既に neti, neti と說き、奧義書に至つて盛に用ゐられたもので、空の一つの表現である。阿含・尼柯耶のこの表現法が涅槃の境地を表はすにのみ多く用ゐられてゐることは、否定に依つて無相空・無所得空を顯してゐるものに外ならない。

以上阿含・尼柯耶の空を略說したから、次に阿毘曇の空に就いて語らねばならぬ。阿毘曇の空も亦この四種類の空を繼承してゐることは明かである。三三昧中の空三昧はその中に第一の「思慮せざるが故に空」の空を含み、內空、外空、內外空、空空、大空、第一義空等の說明は常に實體の無を用ゐ（舍利弗阿毘曇論一六、大・二八・六三三上は總べての空を說明するに我・我所の無を以つてしてゐる）、第三の實義なき空は多く第二に攝してゐるが、その我・我所なき所に虛假の感じが伴つてゐるのである。十空の中の散壞空も、その效果は虛假であり、幻事、健闥婆城、施火輪、鹿愛等の空幻を顯す喩も亦これである。第四の無所得空（この場合、涅槃の無相を意味することは先に言ふ通りである）は勝義空に當るのである。ただ今日我々の有する所の阿毘曇は多く上座部系であり、上座部系は實有思想即ち實在論的思想が勝つてゐる所からして、多くの阿毘曇は自性決定をその哲學の基礎として居り、その結果として第三の「實義なき空」と第四の「無所得空」の影は薄い。殊に無所得空は發展すべくして發展せず、發展しない許りでなく、餘り重要な意味を持つことが出來ない様になつてゐる。殊に有部系では無所有とか無所得とかいふことは斷見に墮するものとして誡めてゐる（大毘婆沙論八、大・二七・三九上）。又大毘婆沙論九（大・二七・四五上）には、「非我の行相は決定してゐるが、空の行相の義は決定しない。それは一切法みな有義であるからである。他性に約すれば空であるが、自性に約すれば不空である。それ故に一切法皆無我とは言はれるが、諸法皆空と言ふことは出來ない」とあり、更に「善說法者唯說實有法我。法性實有如實見故不名惡見」とも言つてゐる（婆沙論九、大・二七・四一上）。

この自性決定は大乘の性不決定に對して大小乘の分水嶺をなすとも見られるものであつて、佛教を停頓せしめ、宗教的情味を失はしめたのもみなこの自性決定である。[13]

「諸法決定、無有雜亂。恒住自性、不捨自性。」（大毘婆沙論三三、大・二七・一七一中）

「以一切法自性定故、諸有爲法皆有勝劣。自體決定。」（大毘婆沙論三〇、大・二七・一五四中）

と言ひ、「自性は自性に於いて是れ有、是れ實、是れ可得」とし、「法我」を許し、進んで諸法の性は不待時、不待因として、

「諸法無時不攝自性。以彼一切時不捨自體故。………諸法無因而攝自性。以不待因緣而有自體故。」（大毘婆沙論五九、大・二七・三〇七上）

と言うてゐる。茲に明かに佛教の一切法因緣生の原理を破壞してゐる。それ故に有部系阿毘曇が積極的に空と言ひ得るものは、一切法無我のみである。「一切法は唯空行聚、是の故に補特伽羅あることなし」と我を否定し、從つて我所を否定す

るのみである。この部派では十種の空を立てて說明してゐるが、それは後に纏めて表記することとしよう。

[14]錫蘭上座部の所說は大體、無礙解道（Paṭisambhidāmagga）に依つて知ることが出來るが、無礙解道が五蘊皆空を主張したので、聖典としての價値が問題になつたといふ位であるから、有部ほどに法有の見を骨張しないにしても、矢張りそれに傾いてゐたものであることは考へることができる。この空のことになると大衆部は何と言つても一歩進んで居る。異部宗輪論には之に就いて何の記るす所もないが、眞諦はその部執異論疏（三論玄義頭書五十一丁所引）に大衆部中の一說部の主張として「世出世法悉是假名故、言一切法無有實體」と傳へてゐる。この眞諦の記事は異部宗輪論述記にも、三論玄義にも其の儘採用されて居り、これが大衆部の敎理の綱格を示すものとされてゐるが、然し實際は古傳に於いて此を證明すべきものはない。ただ餘程後期に出來たと思はれる增一阿含の註書の分別功德論には、般若經をさへ引用して（大・二五・三八上に大品本無品を引く）、一切諸法空、十二因緣空を說いてゐるから、大衆部は有部に對して際立つた對照をなしてゐたものであることは、爭はれないことである。

般若經は阿含・尼柯耶の傳統の流れの中に於いて、かう云ふ部派佛敎を負うて立つものである。從つて般若經の中にも上述の種々の空の義を含んでゐる譯であるが、「思慮せざるが故に空」の義と「體の空無の義」は影をひそめて、第三の「實義なき意味の空」と第四の「無所得空」が說かれてゐる。例へば幻、夢、旋火輪等の喩に依つて顯されるものは、第三のものであり、その他多くの場合、殊に大品に至つての十八空の說明の如き、無所得空の精神を以つてしたものである。それにもう一つかういふ事が考へられる。般若經の有意識的大乘運動者は、當時最も有力であり、又敎學的であつた發智の徒にあきたらなかつたことは明かであり、これがその運動精神を刺激したものであるが、有部發智の徒の最大の缺點は、釋尊の無我の說明の五蘊を捕へて來てその實體を突きつめ、自性決定の結論に達し、これから三世實有論の極端に奔つたことである。般若の人々は先づこの阿毘曇者の實在論に立つ諸法分析の態度を否定したのである。その否定が、色に非ず受想行識に非ずと、いつも鮮かに顯れて來るのである。この點から見て般若にもその說き方の上に誇張のあることは免がれない。然し、とは言へ、般若の般若たる所以は、ものの裏にくぐり、その意味を見て、意味の世界の神秘を聞いたことに外ならない。この神秘、實相、實在、いづれの語でもよからう。この實相は不可得である。故に空である。無の空ではない。神秘無限の空であると說いたのである。それ故に般若經は取相分別の阿毘曇を斥け（大・八・五三七下）、又主觀の見方に依つて生ずる空を斥け、實相無相の空不可得の空を說くのである。龍樹の次の二文は善くその消息を傳へてゐると思ふ。

「聲聞論議師說內空。於內法中無我無我所、無常無作者無知者無受者、是名內空。外空亦如是。不說內法相外法相即是空。大乘說內法中無內法相、外法中無外法相。如般若波羅蜜中說、色色相空。受想行識識相空。」（智度論三一、大・二五・二八七中）

「若不得般若波羅蜜法、入阿毘曇門則墮有中。若入空門則墮無中。若入蜫勒門則墮有無中。復次菩薩摩訶薩行般若波羅蜜、雖知諸法一相、亦能知一切法種種相。雖知諸法種種相、亦能知一切法一相。」（智度論一八、大・二五・一九四上中）

既に空を論ずることが餘りに長きに亘つたやうであるから、次に簡單に諸經論に說かれて居る空の種類の一覽表を作つて、この項を終らう。

中阿含一九一經 中尼柯耶一二二經	舍利弗阿毘曇論（大二八・六三三上）	婆沙所引施設論（大二七・五四〇上）	婆沙論（大二七・三七上）	Paṭisambhidāmagga vol. I, p. 177	般若經第三會（大七・四四九中）	般若經第二會（大七・二三〇下、大七・[illegible]四中）		般若經初會（大五・一〇七下、大六・五〇八上）	瑜伽論（大三〇・七二六下）	顯揚聖教論（大三一・五五六上）	中邊分別論（大三一・四五二下）	楞伽經（大一六・五九八下）
1 內空	1 內空	1 內空	1 內空	11 ajjhatta s.	1 內空	1 1 內空內空	1 adhyātmā ś.	1 內空	4 內空	1 內空	1 內空	7 彼彼空
2 外空	2 外空	2 外空	2 外空	12 bahiddha s.	2 外空	2 2 外空外空	2 bahirdhā ś.	2 外空	6 外空	2 外空	2 外空	
3 內外空	3 內外空	3 內外空	3 內外空	13 dubhata s.	3 內外空	3 3 內外空內外空	3 adhyātmā-bahirdhā ś.	3 內外空	7 內外空	3 內外空	3 內外空	
		4 有爲空	4 有爲空		7 有爲空	7 7 有爲空有爲空	7 saṁskṛta ś.	7 有爲空	10 有爲空	7 有爲空	7 有爲空	4 行空
		5 無爲空	5 無爲空		8 無爲空	8 8 無爲空無爲空	8 asaṃskṛta ś.	8 無爲空	15 無爲空	8 無爲空	8 無爲空	3 無行空
		6 無邊際空	8 無際空（無始空）		9 畢竟空	9 9 畢竟空畢竟空	9 atyanta ś.	9 畢竟空	11 畢竟空	9 畢竟空	9 畢竟空	

2 自性空	12 性空	12 性空	8 本性空	13 本性空	13 prakṛti ś.	12 性空	12 本性空	12 本性空		7 本性空	7 本性空		
6 第一義勝 智大空	6 第一義空	6 勝義空	14 勝義空	6 勝義空	6 paramārtha ś.	6 第一義空	6 勝義空	6 勝義空	25 paramaṭṭha s.	9 勝義空	9 勝義空	6 第一義空	4 勝義空（智度論三一、往二、六二引用—編者未詳）
	5 空空	5 空空	17 空空	4 空空	4 śūnyatā ś.	4 空空	4 空空	4 空空	1 suñña s.	10 空空	10 空空	4 空空	
	4 大空	4 大空	9 大空	5 大空	5 mahā ś.	5 大空	5 大空	5 大空				5 大空	
				11 散空	11 anavakāra ś.	11 散空	11 散無散空	11 (無)散空	3 vipariṇāma s.	6 散壊空	8 無所行空		
1 相空	13 相空	13 相空	2 相空	14 自相空	14 svalakṣana ś.	13 自相空	13 自共相空	13 (自)相空	2 saṅkhāra s.				
									5 lakkhaṇa s.				
									6 vikkhambhana s.				

				7 tadaṅga s. 8 samuccheda s. 9 paṭippassaddhi s. 10 nissaraṇa s. 14 sabhāga s. 15 visabhāga s. 16 esanā s. 17 pariggaha s. 18 paṭilābha s. 19 paṭivedha s. 20 ekatta s. 21 nānatta s. 22 khanti s. 23 adhiṭṭhāna s. 24 pariyogāhana s. 4 agga s.	10 無際空	10 無際空 10 無始空	10 anarga ś.	10 無際空	3 無先後空	10 無初後空	10 無前後空	

					14 一切法空	14 一切法空 14 諸法空	12 sarvadharma ś.	16 一切法空	1 一切法空	14 一切法空	14 一切法空	
						15 不可得空 15 不可得空	15 anupalambha ś.	17 不可得空	5 無所得空		15 非有空	5 一切法不可說空
					15 無性空	16 無性空 16 無法空	16 abhāva ś.	18 無性空	12 無性空	15 無性空	16 非有性空	
						17 自性空 17 有法空	17 svabhāva ś.	19 自性空				
					16 無性自性空	18 無性自性空 18 無法自法空 （此の項編者未詳）	18 abhāva-svabhāva ś.	20 無性自性空	13 無性自性空	16 無性自性空		
								12 無變異空	16 無變異空	11 無損盡空	11 不捨空	

15 共相空

19 法法相空 ‖有爲空

20 無法無法相 空‖無爲空

21 自法自法相 空‖自性空

22 他法他法相 空‖如如空（日・三・ 二九右一 編者未詳）

原始經典に發した三種の空が、舍利弗阿毘曇に來つて六種となり、有部では施設論に始めて十空を明し（現存施設論にはなし）、婆沙論之を襲用し、それが大品以後般若に流入してゐることを見ることができる。この空の種類は般若から施設・婆沙に入つたものでなく、施設・婆沙から般若に入つたものであることは、今多く言ふを要しないであらう。もしさうだとすると、大品成立の時期を婆沙以後龍樹の間にせばめ得るであらう。瑜伽系の十六空は般若を襲ふものである。無礙解道(Paṭisambhidāmagga)の二十五空は全く系統を異にしてゐる。

かく有部の十空と般若の十八空は全く同じい名を有して居るが、その說明に至つて全然違つてゐる。これは、その精神生命の相違からである。その說明がいかに違ふかは、先に引用した大空經の內空・外空・內外空の解釋と、羅什大品の同じい內空・外空・內外空の解釋（大・八・二五〇中）とを比較して知るべきである。般若は斯くの如く聲聞經やその阿毘曇の空の種類を採用しつつ、聲聞經の空に留まらず、眞實の空義に到るやう、この中から性空、自相空、諸法空、無所得空、無法空、有法空、無法有法空の七空を習應すべきことを勸めて居る（羅什大品、大・八・二二二下）。

以上の所論に依つて、佛教教學上に於ける阿毘曇の地位と、その阿毘曇に對して般若經系の人々が起した運動の精神を知ることが出來るであらうと思ふ。それ故に般若經はその先行思想として阿毘曇、殊に發智系の論書を持つて居ると見ねばならぬ。

次に第六の如に就いて言へば、干潟氏の「般若經の諸問題」中に說明があるが、未だ盡して居るとは言へない。氏が言はれるやうに、般若の tathatā は道行、大明度、鈔經共に本無と譯し、羅什の大小品、放光は如と譯し、玄奘と施護は眞如と譯してゐる。本無の意味は干潟氏の言はれるやうに本來空の意味であることは、「諸法本無、如來亦本無、無異」（大明度四、大・八・四九四上)、「怛薩阿竭本無諸法亦本無」(道行五、大・八・四五三中) と言うてあるので、本よりなしと讀むべきものであることから知れると思ふ。支讖の道行經が一度本無と譯してから、支謙の大明度經、曇摩蜱の摩訶般若鈔經も之に從つたのであらう。玄奘、施護が眞如と譯したのは意味の上から眞の字を加へたものである。正譯は如である。何故なれば、この字は tathā (如くに) といふ副詞からの抽象名詞であるからである。巴利聖典の方には tathā+tva の tathatta と言ふ形になつてゐる。

小品般若に於いてこの如の明してある所は、

道行經	大明度經	羅什譯
照明品	照明十方品	小如品
本無品	本無品	大如品

を主とし、その他處々に出てゐる。今この般若の如の意味を知らうとするには、その承けて來たところでは阿含・尼柯耶の源を探り、その影響してゐる所では後世の眞如説を見、前後に照してその意義を探るべきである。

私は tathatā と言ふ語の出來上るに就いては三つの源があつたやうに思ふ。一つは法性⑯ (dhammatā) であつて、法の本性とか、性質とか、當然の事とかを意味するものである。第二は釋尊の敎に於いて一特質をなしてゐる如實觀の如實であつて、物さながらを見るといふ yathā……tathā の tathā である。第三は「四眞諦は如にして不如に非ず、不異に非ず cattārimāni tathāni avitathāni anaññathāni (S. N. vol. V, p. 430)」の眞 (saccāni) と同じ意味の如 (tathāni) である。この三つが相依つて物の本性、物さながらを意味し、それが又同時に眞實であるといふやうな色合を持つに至つたものであると思ふ。それで阿含・尼柯耶に顯れて居る tathatta といふ語は the state of being so の意味で、

tathattāya paṭipajjati　S. N. vol. II, p. 199; p. 209; D. N. vol. I, p. 175
tathattāya upaneti　S. N. vol. III, p. 294;[16] S. N. vol. V, p. 90
tathattāya upasaṁharati S. N. vol. V, p. 213[17]

の三つの場合しかないのであるが（Pāli Dictionary）、何れもその狀態といふ意味である。その狀態といふことから、第二義として眞理とか涅槃とかいふ意味も生れて來るのであるが、釋尊にあつては決して本體と現象とを分けて見るとか、形而上學的な原理、創造的原理と言ふやうなものを立てられたことはなく、物そのものをさながらに見、現前直下の事相を如實にその儘に見、其處に解決を得るといふ風であつたと見ることは、殆ど總べての學者の一致してゐる所である。

ところが阿毘曇時代になり、有爲無爲を分別することから、この如をも無爲とするの說を生じて來たが、この如をも無爲法とするのは、大衆部、分別說部、化地部の如きがこれであり、論事（Kathāvatthu 19, 5）にも「一切法如無爲」（sabbadhammānaṁ tathatā asaṅkhatā）の說を出してゐる。この場合、如（tathattā）は本性であり、善法眞如といふと善法の善法たる本性といふやうな意味であるが、この如を無爲とする考は、物と物の本性を分ち、現象と本體とを分つ考に傾いてゐるのである。即ち相と性とを分つ考へ方に屬してゐるのである。有部などでも分別說部の緣起無爲を破して、緣起も緣起性も有爲であるとしてゐるが、三種の無爲（虛空、擇滅、非擇滅）を立てたり、法蘊足論（大・二六・四六四下）が四沙門果に有爲無爲を立てる精神を考へて見ると、矢張り相と性とを分ち、現象と本體とを別つて見る見方を、どこか背後に持つてゐるものと見ねばならない。この傾向はそれが微弱である中は目立たないが、極端に進んで來ると事を離れて理に就き、現實を離れて空談になり、從つて實際の生活と絶緣してしまふやうになるのである。それ故にこれら部派佛教の傾向は、明かに釋尊の如實觀から離れようとしてゐるのである。

今般若はこの如を捕へ來つて阿毘曇の誤れる傾向を矯め、釋尊の如實觀に返し、大いにその眞意を發揮發展せしめたものである。羅什小品小如品に「如來因般若波羅蜜知色相。云何知色相。知如如……五陰如即是世間如、五陰如即是一切法如、一切法如即是須陀洹果如……阿羅漢果辟支佛道如、辟支佛道如即是如來如。是諸如皆是一如。……諸佛知世間如、如實得是如故、名爲如來」（大・八・五五八中）とあるが、色を知るとは色如を知ること、この色如は一切法の如であり、如來の如[18]であり、一切の如は皆一にして別なく、この如を知るが故に如來となすと言うてある。色を知るとは色の如を知ること、色の本質を知ることである。本質とはその意味と價値とのことである。一を知るとは一の本質である意味と價値とを知ることとである。猫に小判とか馬の耳に念佛とか言ふことは、この意味と價値とに盲目である時に、そのものの存在がないことを言ふのである。この意味と價値とが見えて來ると、その物は生きて來る。この生命の世界は批判分別の及ばない所であつて、生滅・去來・一異・斷常の我々の常識の範疇にあてはまらず、對立のあらゆる概念を拒否するから、「諸法以空爲相、以無相・無作・無起・無生・無滅・無依爲相」（大・八・五五八中）と言はれるのである。そこで色・受・想・行・識は何れも無縛無礙である。その何れの如も亦無縛無礙である。何故なれば、無所有の故に（asatbhūtatvāt）、離の故に（viviktatvāt）、不生の故に（anutpannatvāt）、無縛無礙である。玄奘譯第四會は更に、寂靜の故に、無作の故に、無生滅の故に、無染淨の故にと加へてゐる。かくの如く如を通して見たる法――通して見ると言つても如と法と離れてゐるのではなく、如即法、法即如であるが――この法は無縛無礙である故に、之を「心相本淨」（大・八・五三七中）、「衆生從本已來常清淨」（大・八・五四一中）、「一切法本清淨相」（大・八・五七四中）といふのである。清淨と言つても染淨對立の清淨ではない。染淨を越えた所の清淨である。所謂畢竟淨である（大・八・五五一下）。この淨は大品の平等品等に委しい解説がある。因みに言ふ、この心性清淨は、もとより大衆部説であつたといふ心性本淨説、その他尼柯耶（A. N. Ⅴ, 9, 10; Ⅵ 9, 2; Ml. Ⅲ, 72;

Dhampd. A. vol. I, p. 23) に出てゐる本淨說を承けてゐると言ひ得るが、又その如觀の當然の歸結でもあり得る。如觀の歸結であるから客塵煩惱の爲に染せられるとも言ひ得るし（智度論一九、大・二五・二〇四上、勝天王般若、大・八・七〇一上、大集經・陀羅尼自在王菩薩品、大・一三・一五下）、又同時に染せられないとも言ひ得るのである（智度論一九、大・二五・二〇四上、大莊嚴法門經下、大・一七・八二九中）。何物の價値も意味も各〻無限であるから、一と十とは等しくして異なることなく、一の中に十を含み、十の中に一を含むのである。賢首が五敎章中卷に於いて相即相入を語る本據の華嚴經の數十錢喩は、この意味を開闡するものに外ならない。それ故に意味と價値とにあつては、部分は即全體であり、少は即多である。哲學的に顯せば相對即絕對であり、現象のその儘が實在だといふ事になる。宗敎生活とはこの意味と價値の世界に入る事であつて、この世界に入つて初めて現前當相の境に落在して、其處に充實した自分を見出すのである。何故なれば、現前當相のものが無盡の意味と價値を注ぎかけてくれるからである。之を顯して般若經・阿惟越致品には、阿惟越致の菩薩の相として、

「以是如入諸法實相、亦不分別。是如此是如相。隨是如入諸法實相。出是如已更聞餘法、不疑不悔不言是非、見一切法皆入於如。是菩薩凡有所說、終不說無益事。言必有益。不觀他人長短。須菩提、以是相貌當知是阿惟越致菩薩。」（大・八・五六四上）

と言うてゐるが、この語は體驗の文字として讀む時非常の興味を湧かすものである。諸法實相とは、すべてのものがある儘の姿で、すべて生滅・去來・一異・斷常の對立概念を離れ、盡きぬ意味と價値づけられぬ價値とを有することである。この如を見るものは諸法の實相を見るものである。諸法の實相を見るものは出でて他の言を聞いて動搖せず、歡喜せず、是非を言はず、いかなる法を見ても深い意味と不盡の價値を讀み、口を開けば必ず他を利することになり、他人の長短を見て悲喜しない、不動の境地にあることになる、と言ふのである。かくして見る般若經典は驚くべき體驗の書であると私

は思ふのである。又、

「是菩薩因般若波羅蜜、世間諸事皆同實相、不見資生之事不應般若波羅蜜者。」（大・八・五六四中）

と言ふのも非常に興味ある語である。これは「資生産業悉是佛道」をいふものである。

般若以後諸大乘經を通じて龍樹に及び、この如及び法性、實相に關する考へ方の著しい相違を見ない。龍樹が如と法性と實際に就いて、

「聲聞法中觀諸法生滅相是爲如。滅一切諸觀得諸法實相。是處說法性。……無因緣故不說實際。」（智度論三二、大・二五・二九八上中）

と言つてゐる意味は明瞭に解らないが、實際（bhūtakoṭi）が般若へ來て初めて顯れてゐるのは確實である。龍樹の如觀は般若の開顯と言ふ外はない。所が解深密經に來るとその眞如觀が俄然變化し、左の七[19]眞如を立ててゐる。

解深密經	深密解脱經		十八空論
流轉眞如	（無始有爲行相眞如）	一切法が流轉するは眞實と言ふこと。	（生眞如）
相眞如	（相眞如）	我空法空が眞實なること。	（相眞如）
了別眞如	（唯識眞如）	一切法一心作の眞實なること。	（識眞如）
安立眞如	（執著眞如）	四聖諦の眞實なること。	（依止眞如）
邪行眞如	（邪行眞如）	〃	（邪行眞如）
清淨眞如	（清淨眞如）	〃	（清淨眞如）
正行眞如	（正修行眞如）	〃	（正行眞如）

この解深密經の七眞如は、見るが如く般若の如とは大變に意味が變つてゐて、眞理眞實といふ義であり、先に出した「四聖諦は如にして異に非ず」といふ系統を引いてゐるものである。成唯識論ではその第十卷に十眞如を擧げてゐるが、これは二空所顯の一眞如をいろいろの方面から異名を與へたに過ぎないものである。ただその二空所顯の眞如とは何であるか。二空の理を悟つた時に、その悟つた人に見える、物をして物たらしめる理法といふやうな意味であらうと思ふ。これが唯識家の眞如は「眞如凝然不作諸法」、動かぬもの、作用なき無爲法と言はれる所以である。かくて次第に如の意味に變化を來し、又事を離れて理を、現象を離れて本體を求めんとする傾向が多く、般若の如の意味を失ひ、徒らに高遠な誇張的文字に禍されて來たやうに思はれる。されば般若の如は矢張り阿毘曇教學を承けて、釋尊に歸り、佛陀の哲學を展開し、發揮せしめたもと言ひうるであらう。

次に第七の心性清淨、自性清淨は旣に前項に於いて說明したから略し、第八の性不決定は空の所で說いたから略する。第九に阿閦佛に關する記述の多い事は、明かに阿閦佛國經の存在を思はせる。阿彌陀佛のことは小品・大品全く記事なく、僅かに玄奘譯大品（第二會二萬五千偈）に「猶如西方極樂世界」（大・七・二下）とあるだけであるが、阿閦佛のことは小品中處々に說かれ、殊に見阿閦佛國品がある位である。阿閦佛國經との關係に就いては旣に前に述べたから今は省略し、ただ小品般若が阿閦佛國經をその材料の一としてゐることを言へば足るのである。

燃燈佛は過去佛であるが、阿閦佛は現在佛である。この現在佛の記事のあることは、小品般若をして全然阿含・尼柯耶から別種のものたらしめる一の理由であつて、三寶の一たる佛寶に對する考へ方がまるで變つて來るのである。阿含・尼柯耶に顯れる佛陀は、理想化されたと言つても猶十分の歷史性を持つた地上の佛陀であるが、般若へ來ると全然色彩の違つた理想化の佛陀である。その冥々の力に依つて須菩提をして獅子吼せしめ、その力に依つて突然として會座の人々に阿閦佛國を見せしめるのである。私はかかる記事を單なる象徴として見てはならないと思ふ。何となれば、我々がこの記事に依つて或る意味を味ふ以外、この記事は更に他の記事を呼び出して、だん〳〵その勢を增して行くからである。既に大品般若になると、佛陀の偉力は益〻神秘を加へ、諸佛の國々の往返は自由になり、他世界の菩薩迄が釋迦牟尼佛の會座に集まるに至つてゐるのである。それでかういふ經典のさういふ記事は、單なる象徴として味ふ以外に、その佛陀觀の變化を見て、その變化が次に佛教教理の上に、將又その教徒の上に、どういふ影響を與へたかを見ねばならぬ。般若は單に阿閦佛を出してゐる許りでなく、十方諸佛のことを言つてゐる。現在十方に衆生救濟の大行をなしつつある諸佛が在ますのである。我々の世界には釋迦牟尼佛が出世して教を垂れ給ふが、他の世界には他の佛陀が在ます。さうしてこの各〻の佛陀は各〻違つた環境と果報を有し給ふのである。現に釋迦牟尼佛と阿閦佛は異なるのである。茲に於いてその佛陀觀は、自然に佛陀に二身を考へ出して來るやうになる。此の二身が何であるかは別問題として、兎に角二身を立てなければ、この偉大に超人間的に描かれたる佛陀の說明がつかず、佛陀相互の相違を解釋することが出來なくなるからである。もとよりこの佛陀の二身觀は般若經に顯れてゐるのではなく、般若經を說明する上に、又この般若經が作り出した佛陀の描寫の傾向の進んだ諸經を說明する上に、顯れるのである。即ち龍樹に來つて二身說が起つたのである。龍樹の二身說に就いては、既に「宗教研究」新第三卷第三號に宇井博士の周密な研究の發表があるから、今更繰り返して言ふ迄もなく、すべて省略するが、龍樹をしてこの二身說を立てしめるに至つた動機の一つは、明かにこの般若經の佛陀に對する描寫であることは爭はれない事である。然らばどうして般若經はさういふ描寫をなすに至つたか。般若經の佛陀觀はどうしてさういふ變化を受けるに至つたか。これを少し考へて見ねばならぬ。

釋尊のやうな曠世の大偉人に對しては、その在世中から人々が異常な考へ方をなすものであることは言ふ迄もないのであるから、況してその滅後となれば猶の事、種々の想像をめぐらして神秘化することは當然である。部派分裂前迄はそれでも大した變化はなかつたやうであるが、部派が分裂して、その間の思想傾向に著しい對立を見せてからは、部派に依つては、その佛陀觀に非常な變化を與へたのである。異部宗輪論の傳へる所に依れば、大衆部は、

諸佛世尊皆是出世。
一切如來無有漏法。
諸如來語皆轉法輪。
佛以一音說一切法。
世尊所說無不如義。
如來色身實無邊際。
如來威力亦無邊際。
諸佛壽量亦無邊際。

等の主張をしてゐたといふ事である。婆沙論一七三（大・二七・八七一下）に從へば、分別論者も亦「佛生身無漏」を主張してゐる。大衆部の佛陀論は、若し異部宗輪論の所說を信ずる事が出來るならば、慈恩がその述記卷中（一七丁）に、「此部意說、佛經多劫修得報身圓極法界無有邊際、所見丈六非實佛身。隨機化故」と言ひ、報身・化身の二身を立ててゐたとする事は、その儘肯定し得られないとしても、頗る進んで來てゐるものと考へることは出來るであらう。この事は又現在の增一阿含が他の阿含及び尼柯耶とは異なつて、奇光如來の如き現在佛を說き（增一阿含三七・二）、彌勒佛を始めとし、

師子應、承柔順、光焰、無垢、寶光等の未來佛を說いてゐる（增一阿含四八・四）ことに依つて、裏書きせられるであらう。大衆部を急先鋒として、旣に一二の部派では斯ういふ樣にその佛陀觀に大變動を來し、現在多佛を立てるに至つたとすると、般若は他の場合と同じい樣に、この場に於いても大衆部的傾向を踏襲して、それを發展せしめたものと言はねばならぬ。旣に現在他方佛を立てる以上、さうして又その他方佛が阿閦佛の如く色相の上に威力の上に偉大である以上、般若經主たる釋尊も亦阿含・尼柯耶の佛陀の如く小身小威力の人であつてはならないので、自然その描寫に變化を來したのである。それで茲に聲聞經の說者たる釋尊と、般若經主たる釋尊とは、異なる描寫を有するに至つたので、聲聞經の釋尊が龍樹の言ふ父母所生の生身佛であるならば、般若の經主は多劫に積み重ねた功德に依る報身たる意味の法性身であるのである。この描寫が一度釋尊の上に與へられると、以後の大乘經典は皆それを擴大し、增大するに至つたのである。それ故に般若に於いては阿閦佛も釋尊も、又名は出してないが他方の諸佛も、報身たる意味の法性身として描かれて居るのであつて、之を文字の上に二身としてはつきり分けたのが龍樹であつたのである。

かういふ風に佛陀觀が變つて來たから、佛寶に對する僧寶の考へ方も違つて來て、佛陀の會座には多くの菩薩がゐられることになり、嘗て阿毘曇の佛敎に於いて一世界一佛一菩薩であつたのが、何人も發心に依つて菩薩たり得ることになり、菩薩にして初めて佛道修行者、佛敎徒たり得ることとなつたのである。從つて亦授記思想も發達し、會座の種々の菩薩に對して未來成佛を記別せられる記事を、多く有することになつたのである。他方淨土往觀の考も亦これらの當然の歸結として顯れて來たのである（大・七・五七九下、大・八・五六五中、大・八・六四三上等）。

第十、第十一、第十二は前項中に略說したから、次に第十三の非佛說の辯明の記事に就いて一言しよう。

釋尊の在世中は、法を體得し究明した人格の存在に依つて、人と法と相依り相俟つて教團の權威となつてゐたから問題はないが、その滅後漸く年時を經ると、教團の統制上教權といふことが次第に考へられるやうになるのは、自然のことである。これは既に第一結集の時の大迦葉の意中に見ることが出來るものである。時が經ると共に又問題も起る。十事の非法、五事の新說、これらは直接教權に對する一種の反逆であるが、又一方から考へると教權たる經と律との說明に就いての見解の相違である。見解の相違に依つて經と律との解釋に差異を見た結果である。これらが分派の直接原因であるが、かうなると說明解釋といふことが大切なことになつて來て、律に於いては廣律を生じて解釋し、經に於いては論を以つて說明し、この解釋說明に依る經・律を正統とするに至つたのである。然し既に一度分裂した後であるから、解釋に急げば急ぐほど猶意見の相違を來し、分裂を重ね、到底全佛教を一團とする教權の樹立は出來ないことになつたが、今度は宗派宗派で教權を樹立して、遺法の護持と分裂の防護に努めたのである。而もその宗派內にあつても、猶その宗派の典籍に就いて幾多の異解異論の論議を生じたに相違ないのである。經・律の中で四阿含を立てるもの（有部）、五阿含を立てるもの（上座部・化地部・法藏部・大衆部）、三藏を立てるもの（有部・上座部等）、四藏を立てるもの（大衆部・法藏部等）のあるなども、この聖典に關する見解の相違を示すものであり、島史（Dīpavaṁsa V, 32）に依れば、大衆部は分裂後パリバーラ（Parivāra）と六論と無礙解道（Paṭisambhidāmagga）と解釋（Niddesa）と本生（Jātaka）の一種を聖典に非ずとして、新しい聖典を作つたことを示してゐる。この島史の擧げてゐる聖典名は、その儘信ずることの出來ないものであるが、聖典に關して部派間に既に種々の異論のあつたことは、此に依つても知ることが出來るのである。九分教・十二部經も、この教權問題の爲に教權の範圍を形式內容の上から分けたものであると言はれてゐる。兎に角、部派時代には教權問題は非常にやかましかつたのである。

今般若經の製作者がこの偉大なる革命的述作を製作するに當つて、如何なる用意を以つて之に對したか。この間のことは今日窺知することの出來ないことであるが、前にも言ふやうに、般若經は菩薩の修行の一に關する說明書として、菩薩藏中に攝せらるべき資格があり、又阿毘曇敎學に對しては論藏的資格を有するものであるが、製作者は之を以つて十二部經の論議、方廣に屬するものとして、その地位を要求したことは明白である。從つて製作者はその要求に對する反對を豫想して、羅什の小品ですると二ヶ所にその危惧を顯してゐる。一は大正藏經で云ふと八卷五五〇頁下段以下（佛母出生、大・八・六一五中下）で、此れ非佛說といふ者のその罪は五逆罪よりも重く、長時地獄に苦しまねばならぬことを誡め、この謗法が魔所使と宿業無知と得惡知識と執著我見の四因に依ることを示してゐる。第二は大正藏經の八卷五六四頁中段（大・八・六四二上）の、惡魔が沙門の相をして來て、「汝所聞者非佛所說。皆是文飾莊校之辭。」であると言ふと云ふのである。小品般若には餘り多くこの非佛說の攻擊を記るして居らず、法華等の經典及び龍樹が多く言うてゐるのは、小品般若以前これらの聖典に對する非難が少なく、小品般若以後、非佛說の聲が高くなつて來たことを示すものである。般若以前の經典――今日大乘經典と言はれてゐるもの――はその創作の意志が般若程明確でなく、直接攻擊的でない所からして、比較的非難を受けることが少なかつたに相違ないのである。さうしてこの般若は後間もなく大衆部の徒からしては聖典視せられたものであらう。このことは前に出した分別功德論に依つて窺ひ得ることであり、又眞諦三藏が大衆部の徒は華嚴・般若等の大乘經をその三藏中に收めてゐると傳へてゐる[20]ことでも知られるのである。之に依つて經中非佛說云々と言つてゐるのは、般若が世に出でて後受けるであらうものを豫想して示して居るものと私は解するのである。

第十四の經典崇拜の文字の多いことも目につくのであるが、これには二つの意味があつたことを見ることが出來る。第一は阿育王以後盛になつた佛塔の建立に對して、肉身の舍利に對する崇拜よりも法の舍利に獻身せよ、生身を見るものは佛を見ず、法を見るものは佛を見るからである、といふ一の警告であり、第二はその經典そのものを偉大にし、崇高にし、以つて一般の尊崇心を高めて聖典的地位を確立すると共に、經典の傳播を希つたものである。當時の如き、且つ印度の如き、紙のない地方にあつては、經典を傳播せしめる事は容易の業ではない。經典を書寫し、傳播するものの功德を說くのは、その意のある所、畢竟教法の流通を欲するにあるのである。さうして書寫とは成文經典に關する文字であるから、般若經典は初めから成文經典として成立したもので、これなども全然阿含・尼柯耶と異なつてゐる。この成文經典としての成立と言ふことは、又自然に小品般若が紀元後の成立であることを示すものである。何故なれば、阿含の書寫は島史第二十章の示す所では、西紀前一世紀の末年（B. C. 44―17）、錫蘭のヴッタガーマニ・アブハヤ（Vaṭṭagāmaṇi Abhaya）王に依つて初めてなされたものであり、これが記錄すべき大事件であるだけ、よし大陸に於いてこれより以前成文經典が出來たにしても、餘り古い時ではない筈であるからである。

最後にこの般若經には、「般若波羅蜜が大呪術、無上呪術であつて、この般若波羅蜜を持てば自ら惡を念はず、他をして惡を念はしめず、菩提を得、一切智を得る。又この般若波羅蜜を受持讀誦して軍陣に入れば、若しは住、若しは出、惱害せられることはない」と記るしてある（大・八・五四二中）。明呪品には更に一層之を强めて、大明呪、無上呪、無等等呪也とし、この經典を讃嘆してある。呪は vidya, vija であつて、vidya の秘密の術、その秘密の術の時に唱へる文といふ意味で mantra, manta と同意義に使はれるものであり、又これが自身を防ぐに用ゐられる時は paritta と言はれるのである。長阿含二一經・梵動經、長尼柯耶一經、長阿含二四經・堅固經、長尼柯耶一一經、一三經等に種々の vija 及び paritta

を出し、律典又多くこの呪と守護について言ふ所あるを見れば、正見・正思・正命の佛陀の宗教に、餘程早い以前からこの種の信仰が浸入してゐたことを知ることが出來る。特に paritta は本生譚《ジャータカ》に多く顯れてゐるのであるから、佛教の影にかくれて咲いてゐるこの暗の花をつんで來て、般若の創作者はその經典を莊嚴し、呪や mantra や paritta の意味を換骨脫胎して、經典の意味を體得する要を說いたものである。猶、大品に至つて盛に說かれてゐる陀羅尼が、今この小品には少しも影を見せない事は注意を要するのである。

以上論ずる所に依つて、私は般若以前の思想とその聖典とを知り、これら思想及び聖典に對する般若の意味を知ることが出來ると思ふ。而して般若經には小品・大品及び諸般若經典の種々の經典があるが、前にも言ふが如く、大品は小品の增廣であり、諸般若もそれぞれ般若思想を中核に多少の說相を異にするのみであるから、次に小品般若の梗概を敍して般若經の組織と性質を知らうと思ふ。

註
① 小品般若の序分は雜阿含四五・一四、一五に同じい。
② 等流說——般若　一音說——維摩經　秘密說——大般涅槃經、龍樹
三藏外結集說——菩薩處胎經、首楞嚴經、涅槃經、龍樹　眞理說——無著、世親、訶梨跋摩
③ 支謙は度無極（大・八・四七八下）、法顯は度彼岸（大・八・六七六下）、度（大・八・六七八下）と譯してゐる。
④ 婆沙論九三（大・二七・四七九下）は六度。
⑤ 馬鳴の佛所行讚には六度はないが、南海寄歸傳に依れば「摩哩里制吒……初め四百讚を作り、後一百五十讚を述べ、總べて六度を陳べて、佛世尊の所有の勝德を明す」とある。僧伽羅刹、修行道地經（大・一五・二二六中、二二七下）には六度を列名してゐる。
⑥ 阿閦佛國經は六度の中、忍辱を中心にし、阿閦菩薩が忍辱を修して阿閦（不動）の名を得たことを示してゐる。
⑦ 般舟三昧經は古いから六度を明すのみ。

⑧ 自愛經（大・一七・五四八下）は「四等六度」と言つてゐる。

⑨ 文殊師利問菩提經（大・一四・四八二下）「智道者初地至七地、斷道者八地至十地。」
伽耶山頂經（大・一四・四八五下）同右
象頭精舍經（大・一四・四八八下）同右　智行・定行
大乘伽耶山頂經（大・一四・四九一中）同右
　此の十地は十地經の十地の樣である。さうすると此等の經典は十地經よりは後出であらう。

⑩ 賢劫經（大・一四・四四下）、千佛因緣經（大・一四・六六上）、觀佛三昧經（大・一五・六八二中）

⑪ 小品般若（大・八・五五三下）、觀佛三昧經（大・一五・六八四下）

⑫ 起信論義記中本一〇丁「無明亦二義、無體即空義、有用成事義。」

⑬ 譬喩部師は境相不成實、有部は境相成實。（順正理論五三、大・二九・六三九中、六四〇中に出でて、倶舍論二〇・一三右には缺く。）

⑭ 錫蘭上座部の空に就いては、法聚論（Dhammasaṅgaṇi）の一二一一―一四五項までが空章（Suññatavāra）といふのであるが、此の空章とは、茲には法のみ有であつて、その法を一一擧げ、我が無いといふ意味である。又法聚論註（Atthasālinī）の四七一―四七二項には、
　1. 無常・苦・無我と隨觀するより來ることに依つて、その道を空といふ。
　2. その道に貪・瞋・癡が無いから空と言ふ。
　3. その貪・瞋・癡の無い空なる道・涅槃を對境として起るが故に空と言ふ。
と言ふ說明を與へてゐる。

⑮ 「法性者諸法實相」（智度論三七、大・二五・三三四上）

⑯ 「前に其の如く心が修めてあれば、その心をその狀態に導く。」（S. N. vol. Ⅲ, p. 294）

⑰ 「比丘等よ、是が比丘が苦根の滅を知り、その狀態に心を運んだと言はれるのである。」（S. N. vol. Ⅴ, p. 213）

⑱ 「如衆生如即如來如、如來如即衆生如、衆生如來無二無別」（善住意天子會、大・一一・五八九下）

⑲ 解深密經三（大・一六・六九九下）、深密解脫經（大・一六・六七六中）、十八空論（大・三一・八六四）。七眞如に就いては辯中邊論（大・三一・四六八以下）を見よ。七眞如は差別眞如の下の開顯である。

⑳ 三論玄義檢幽集五・六八所引の部執異論疏（佛教大系本五〇三頁）

第三節　小品般若の梗概

茲に小品と言ふのは八千偈般若のことで、この漢譯に十二譯あつたことは前に出した表で明かであるが、今茲ではその中現存の漢譯及び梵本に依つて、この般若系統經典の最古出なる小品の梗概を見ようとするのである。先づこの經典の序分を見るに、小品の中既に二種類がある。一はこの經典の說時を布薩說戒の日にするものであつて、十五日說戒の日、佛は比丘衆と菩薩衆に圍繞せられて王舍城の靈鷲山に在まし、この時須菩提をして法を說かしめんとなされたと言ふのである。道行般若、大明度の二古譯がこの形式を存して居り、この原形は阿含・尼柯耶にも見出し得るものであつて、大衆を對手に佛が深法をお說きなされるとしては最も相應しい時であり、かるが故に經典作者はこの舞臺を選んだものであつて、大乘經典の序分形式としては最も古いものと言ふことが出來るであらう。第二は第一結集記事から來るものであつて、其の佛の會座は總べて大聖者達であるが、ただ阿難のみ未だ證果を得ないものであつたとするものである。然し阿難有學といふことは、別に序分にも正宗分の本義にも何も影響のないものであつて、ただ結集記事のその形式をその儘に依用した迄のものである。比丘衆の數を千二百五十人とするのは、阿含・尼柯耶に於いて、多數の比丘と共に、五百人程の比丘衆と共に、千二百五十人と共に、といふ風に數が多くなつて來た、その最後の段に依るものであり、千二百五十人は佛傳道の最初の三迦葉濟度に依つて得られた弟子數を擧げるものである。これは小品般若、佛母出生及び梵本の有する形式である。古譯が前者を持つてゐる所からして、前者が小品般若の古い序分形式であつたことは考へられると思ふ。前者の形式に於いて道行經が文殊と彌勒を列名し、大明度が文殊（敬首）を列名するのは注意すべきものである。

世尊はこの日須菩提をして、菩薩のために般若波羅蜜を成就すべき道を説かしめんとなされた。茲に須菩提を拉し來つたのは、原始佛教に於いて須菩提が無諍第一（aggaṃ araṇānaṁ）と言はれ、紛々たる諍論を離れて寂靜を樂しみ、空・無相・無願の三三昧に卓越せる性格であつて、今茲に展開せんとする空の教理を拈出するに最も相應しい人物であるからである。それ故に智慧第一・神通第一と言はれた舍利弗・目連を棄て、佛滅後の傳燈の保持者であつた大迦葉、律の權威の優波離、論議第一の迦旃延、及び性格が溫和で不徹底であつた阿難を避けて、根本佛教及び原始佛教に於いてさまで重要でなかつた須菩提を、教理の中心人物として選出し來つたものである。經典は、佛の須菩提に對する勸誘を聞くや、舍利弗は直ちに、今この須菩提の説かんとするところは自らの力で説くものか佛の威神を受けて説くものか、何れであるかの疑問を起したとし、その意中を知つて、須菩提が、弟子の所説は總べて師佛の教を信奉し、その如く修行して證つて説く所なれば、佛力に依つて説くもの、即ち佛説に外ならざることを主張したことを記るしてゐる。これは極めて巧みに、この般若經をして經典としての地位を確保せしめんとするものであつて、所謂等流の教説と言ふ意味で困難を除却せんとするものである。師説の等流なるが故にそれは又眞實説なりとする意を含み、大乘の佛説を主張する最初の而して最も完全なる説である。

般若經はかくの如く、先づその所説が佛説なることを確保して、次に直ちにその所説の大綱、根本要點を擧げんとする。曰く、

「須菩提白佛言、世尊、佛使我爲諸菩薩説所應成就般若波羅蜜。世尊、所言菩薩、菩薩者何等法義是菩薩。我不見有法名爲菩薩。世尊、我不見菩薩。不得菩薩。亦不見不得般若波羅蜜。當教何等菩薩般若波羅蜜。若菩薩聞作是説、不驚不怖不沒不退、如所説行、是名教菩薩般若波羅蜜。」（大・八・五三七中）

佛は菩薩に般若波羅蜜を說けといふ。然し乍ら菩薩とは何ぞや。般若波羅蜜とは何ぞや。菩薩と言ひ、般若波羅蜜と言ひ、畢竟不可得である。それが可得ならば、それは般若ではない。佛はこの不可得の菩薩に對して、不可得の般若波羅蜜に關して說けと宣ふ。それは實に不可說の說をなせと言ふことでなければならぬ。般若經はかくして最初にその不可得の眞理を示したのであるが、この理は常人の心理に容易に上るものではなく、その常識に當てはまるものでないから、理解されない許りではなく、奇矯にして且つ危險なる破壞思想と考へられるであらうが、かくの如く驚き恐れて危險呼ばはりするものは、この敎に緣なきものと思はねばならぬ。常識の徒及びその常識に立脚して智識の批判を持たない阿毘曇の人人は、この緣なき衆生であらねばならぬ。この眞理をぶつつけに聞いて、而も驚かず怖れず、耳傾けるものであつて、初めて般若波羅蜜を敎へらるべき人と言ひうるのである。般若經はかくの如くして、先づ般若の敎理を理解しうる機を擧げ、次にかくの如く般若を理解し般若を行ずるも、それを誇つて特別の心なり、菩提心なりと考へてはならないことを言つてゐる。諸譯の此の箇所は稍不分明であるが、原典から推して見ると、菩薩はかくの如く般若波羅蜜を行じ修めても、それは菩提心に依つて考へるのではないと學ばねばならぬ。何故なれば心は非心であり、本心その儘淸淨なるが故である(prakṛticittasya prabhāsvarā)と言ふことになつてゐる。即ち、

施護譯「彼菩薩雖如是學、不應生心我如是學。何以故。彼心非心、心性淨故。」(大・八・五八七中)

羅什譯「應如是學、不念是菩薩心。所以者何。是心非心、心相本淨故。」(大・八・五三七中)

迦識譯「當念作是學。入中心、不當念是菩薩。何以故。有心無心。」(大・八・四二五下)

玄奘譯(第四會)「應如是學。謂不執著大菩提心。所以者何。心非心性、本性淨故。」(大・七・七六三下)

玄奘譯(第五會)「應如是學。謂不執著是菩薩心。何以故。是心非心、本性淨故。」(大・七・八六六上)

支謙譯「不當念是我知道意。所以者何。是意非意、淨意光明。」（大・八・四七八下）

玄奘譯と支謙譯が意味が通つてゐるやうである。心性本淨と言ふ事は今暫らく措いて、「心は非心」といふ事は解し難い事である。それ故に經典はこの事に就いて、舍利弗をして須菩提に、「心にして非心なる心と言ふものがあるか」と問はしめてゐる。これに對する答は、茲に非心といふが、非心性の有無は可知不得であるか、可知不得に非ざるべし。不可知不可得ならば心にして非心なる心ありやと言ふ問が意味をなさないと言ふ事である。この問答は心が非心なりと言ふ意味をはつきり說明してゐないが、心はその他の一切と同じく不可得であるから、その儘に反對の名辭をつけても差支ない譯であつて、畢竟、心は不可得なりと言ふ事を言つてゐるに過ぎないのである。心は不可得であるから、我こそ菩提心を起せり、菩提心に依つてかくの如く般若を了解せり、との思ひをなしてはならない。何故なれば、本心その儘に淨明のものであるからと言ふのである。即ち陰妄介爾の一心その儘に菩提淸淨の心であるからと言ふのである。もう一歩進んで言へば心は不可得である。不可得なればその儘に心を安んじ畢つたといふ意味である。それを顯して次に、非心性とは不壞無分別（avikāra, avikalpa）なりと言つてゐる。不壞は本來寂靜なること、無分別は分別の一念の動かざることである。迷悟の閑葛藤を抛擲すれば、その儘に無所住の如來心なることを示したのである。さうして、かくの如き無住心を得ようとするには、何物の上に住してもいけない。住する（tiṣṭhati）とは、摑むこと、取ること、受ける（gṛhṇāti）ことであるから、無住心は何物をも受けない。これを一切諸法不受三昧（sarvadharmāparigṛhita-samādhi）と言ふのである。三昧とつけたのは、その無住心が眠つてゐるとか、ぼんやりとしてゐるとかいふことでなく、活潑な活動狀態にある事を言つてゐるのである。この一切諸法不受三昧は、又一切諸法無執取三昧（sarvadharmānupādāna-samādhi）とも言ふのである。一切法はこれこれと確定して摑受すべからざると共に、それを取つて執る可からざるが故である。この摑受せず、執取せざるものこそ、實相に順ふが故に一切智を成ずるものであつて、此の一切智はこれを得ること困難と言へば困難であるが、然し相に依つて得（parigṛhṇāti）べきものでなく、仙尼迦（Śrenika）遊行者の如きは信解してこの諸法實相を得、この一切智に悟入したのである。Śrenika は巴利の Seniya であつて、もとは犬戒行者であつたが、佛の教を聞き信解してさとりを得た人である（M. N. 57; S. N. 44, 9）。この實例を出したのは、これに依つて、一切智が困難なる阿毘曇の教へるが如き性相の研究に依つて得られるものでなく、信解に依つて却つて直入するものなることを言ふのであらう。かくして經典はしばしば繰り返して實相の無所有無所得なることを言ひ、從つて無念無分別の心境を說いてゐるが、この諸法の無所有を了解せざるを無明と言ひ、これに依つて分別して二邊に墮し、凡夫數に入つてゐることを說いてゐる。凡夫とはいかなるものかと言ふに、それは無住心の如來に對して住心のもの、憶想分別するものの謂である。分別するが故に名色に著し、如實の道に於いて知らず見ず、三界の生死を出離することが出來ないのである。故に菩薩は之を逆にして分別を離れ、無所有の法に執着せず、法の性相の無所有に通達するものの謂になる譯である。それ故に凡夫と聖者の差は千里よりも遠くして、又一毫の差よりも近いものだとも言へるから、道は易いとも言へるのである。易いとはいふものの又一方から言へばこれほどの困難事はないから、茲に菩薩をして道に進ましめる善知識のことが考へられる。善知識を得れば道に進み、惡知識を得れば道に退く。然らばその惡知識とは何であるか。茲に經典は世俗の學と二乘の教を出してゐる。世俗の學は外道の教を意味し、二乘の教は阿毘曇の學を意味するものに相違ない。それは共に取相といふところで、根本の間違つた教學であるからである。經典は茲では、異學と阿毘曇が何が故に取相の學であつて、それを教へるものが惡知識であるかを委しく說明して居らないが、相を取るのは佛陀の因緣の道理に昏く、佛陀の根本精神に立たない爲であるとすることは、以下順次に說き來るところである。眞の道に進むには善知識を得るを先とする。然しその善知識を得て道に進むには、當人自身大心あるを要することは言ふ迄もないから、菩薩は摩訶薩と呼ばれ、大功德の鎧を着て利益群生の大行をなさねばならぬ。否、利益群生の大行それのみが菩薩の菩薩たるところであつて、而も又その群生を見ず、利益を見ず、作して作さず、作さずして作すのでなければならぬ。

般若經はかくの如くにして、般若とその般若波羅蜜の行とをその初品の中に說いてゐるのである。それ故に大品般若に於いて、菩薩摩訶薩は般若波羅蜜を何處に於いて求むべきやの問に對し、須菩提品の中に於いて求むべしと言はれてゐるのである(散華品二十九)。

經典は第二章に入つて先づ梵天帝釋等の諸天を出し、帝釋をその代表者として、諸天子のために般若波羅蜜を說かんことを須菩提に請はしめ、須菩提は佛の加持(adhiṭṭhāna; adhiṣṭhāna)に依つて說くべしと承諾し、先づ初めに「未だ無上正菩提心を起さざるものは起すべし。正性離生(samyaktvaniyāma)に入りしものは輪廻の流れと障隔するが故に(baddhasimāno hi te saṃsārasrotasaḥ)、無上正菩提心を起すことなし」と語り、それまでの佛敎に全然言はれてゐない變つた言ひ方をしてゐるのである。これは佛敎の積極的方面を顯さうとするものであつて、この積極的な社會への働きかけの精神から見れば、二乘のさとりは消極的な不具なものとして貶せられるものである。般若波羅蜜は斯くの如き不具者の得るものでなく、先づ菩薩の大心を起すものでなければ、聞くことも出來ないものであることを言つたものである。須菩提は次に自分がかくの如く言ふ所以は知恩報德のためであつて、嘗て世尊は、如來の弟子の般若波羅蜜を說くのを聞いて今日佛果を得、我等その佛益を蒙むるが故に、今我ここに般若波羅蜜を說いて、これを聞く菩薩の正覺を得るものあらんことを望むのである、と言ひ、帝釋に向つて改めて大心の菩薩の般若波羅蜜に住すべき樣を說くのである。その言ふ所は、空に住して般若波羅蜜に住すべし。何となれば菩薩は大なる鎧にて鎧はれねばならぬからである。色受想行識に住すべからず。眼耳鼻舌身意に住すべからず。一切の物、一切の事に住すべからず。又一切の思念に住すべからず。何となれば、無住の心是れ如來なるが故であるからと言ふのである。して見ると、空に住するとは一切に住せずといふことであるが、この樣な言は容易に了解し得ない所であるから、寧ろ聽いて聽く所なく、證つて證る所なき幻人が、この語の善き聞き手といふべく、押し進めて言へば、幻夢と涅槃とは二なく別なしと言はねばならぬのである 經典は更にこれが例以つて示さんが爲に、玆に帝釋をして天華を雨らしめる。須菩提が法雨を雨らしてゐ やうに、我等も華の雨を降らさうと、帝釋は化作の華を散らす。須菩提、こ 華を見て、この華は樹より生じた華ではない 心より生じた華でもない 生じたものでないから華とは名けられない。華であつて華ではない。一切の諸法皆かくの如く、諸法であつて諸法でない。華といふは假名であり、假名の儘に實相である。假名に偏計し執着するから實相が顯れない。假名を假名と知れば、假名その儘に實相である。この實相の摑む可からず、取る可からざるを譬へて顯せば、幻夢と言ふより外はない。經典は、この假名を離れずして、その儘に實相なる微妙の味を寫して、これを無邊無量と言つてゐる。緣無邊なるが故に般若波羅蜜無邊、衆生無邊の故に般若波羅蜜亦無邊と言つてゐる。緣無邊とは、色受想行識の前中後の三際不可得にして無邊なるを言ひ、その緣の無邊の故に般若波羅蜜も無邊であり、又衆生無邊とは、法の衆生と名くべきものなく、假名の故に衆生と名け、その假名の衆生の本性は清淨なるが故に、これを强いて顯せば衆生無邊と言ふべく、衆生無邊の故に波羅蜜も亦無邊と言はれるのである。

　諸天はこの深妙なる法を聞いて歡喜し、菩薩にして若しこの般若波羅蜜を離れなければ佛の如しと言ひ、佛はこれを承けて、我れ昔燃燈佛のみもとにてこの般若波羅蜜を離れなかつた故に成佛の授記を得たと、玆に燃燈佛事を引用し來つて、このことの證據とせられた。

第三章の塔品（大・八・五四一下以下）、第四章の明呪品、第五章の舍利品、第六章の佐助品は、この般若經が般若波羅蜜を說くが故に尊く、この經典の書寫、受持、讀誦が無量の功德あることを顯すのである。第三章の塔品に於いては、先づ般若波羅蜜の經卷を受持讀誦すれば、魔天も便を得ず、橫死せず、如何なる處にあつても恐怖なく、諸天の護念を受け無益の語なく、貪欲瞋恚に破られることなく、業報の必ず受くべきものを除いて、他の惱害を受けることなきを言ひ、次に何故に佛舍利が塔に安置せられ、供養せられるかと言へば、それはこの身が一切智の依止であるからである、而してその一切智は般若波羅蜜より生ずるもの故に、この經卷を受持し、讀誦し、供養するは舍利を供養するよりも勝る事を顯し、茲に千萬の塔供養よりも、一卷の般若波羅蜜を受持讀誦するに如かずとなし、第四章の明呪品に來つて、この般若波羅蜜が一切の明呪に勝る大明呪・無等呪・無等等呪なることを言ひ、帝釋もこの明呪を持てば阿修羅は戰意を失ふとし、その功德を示さんがために、その會座に魔王、大軍を以つて來襲し、帝釋般若波羅蜜を誦して魔軍道を返し、諸天天華を雨らすとし、進んでこの般若波羅蜜が他の五波羅蜜を導くことを言ひ、五波羅蜜は薩婆若に廻向して初めて波羅蜜たることを得るものなれば、一切智を生ずべき母胎の般若波羅蜜は、五波羅蜜の導者なりと言ひ、般若波羅蜜は大地の如く、餘の五波羅蜜は種子の如しとなし、若し此の般若波羅蜜を受持讀誦し供養する時異香を聞かば、必ず諸天の來れるものなれば、常にその住處を淸潔ならしめて、諸天をして歡喜せしめよと敎へ、若し般若波羅蜜を受持讀誦することが出來なければ、經卷を書寫し、供養せよと敎へてゐる。第五章の舍利品に至り、再び佛舍利を出して、佛舍利の尊いのは般若波羅蜜に依止するが故なるを示し、般若波羅蜜を無上寶珠に喩へ、佛舍利をその寶珠を入れた筺に喩へ、轉じてこの經卷を書寫して自ら受持するよりも、自ら受持すると共に他人にも與へ、叉は解說することの功德の甚大なる事を言つてゐる。この第三第四第五の三品は、先にいふが如く般若經成立當時の佛敎敎界を反映するものであつて、舍利の崇拜と佛塔の建立供養が盛に行はれてゐた事を示し、かくの如き狀態に對して法舍利の崇拜と經典の書寫傳播を勸めたものである事が解る。第六の佐助品は、この品の終りの utsāhaṁ dadāsi の utsāhaṁ から來たもので、他本原本は福門（guṇa-paryāya）としてゐるが、如何なる善をなすよりも叉功德を積むよりも、この般若波羅蜜を受持讀誦し、他にも傳へ敎へ解說するに如かざることを言つてゐるのである。この品中、般若波羅蜜にも相似の般若波羅蜜ありとし、それは色壞するが故に色無常、受想行識壞するが故に受想行識無常（rūpavināśo rūpānityatetyupadekṣyanti evaṁ vedanāsaṁjñā saṁskāravijñānavināśo vijñānānityatetyupadekṣyanti）と說くものであるとしてゐる。眞の般若波羅蜜は色を壞せずして色無常、受想行識を壞せずして受想行識無常と觀ずるものである。これは阿毘曇の般若を非難するものであることは言ふまでもない。

第七章に入り、經典は轉じて彌勒菩薩を點出し來り、先づ菩薩をして、菩薩摩訶薩の隨喜廻向（anumodanā pariṇāmanā）の俱行の諸の福業事（sahagataṁ puṇyakriyāvastu）は、餘の一切の衆生の施・戒・修（定）等に依つて作れる一切の福業事に勝る事萬々なるを言はしめる。隨喜は人間の感情として最も困難なものであるから、隨喜の福德の大なることは言ふ迄もない。さうして總べての福德は何等かの爲と言ふならば、無上菩提の爲のものたることも言ふ迄もないから、今彌勒菩薩をして、かくの如く隨喜とその福德の無上菩提への廻向は、何物よりも勝れたものと言はしめたのである。この事は叉當時の佛敎の狀態を反映するものであつて、佛敎の第一義に立てば、罪業も恐れなく功德も要なしであつて、「此處には福業も罪業も

共に（なく）、著を伏し
憂なく汚なく清淨なるもの、
この人を婆羅門といふ。」（法句　四一二偈）

であるが、然しこの第一義に立つことの出來ない人々にとつては、せめて功徳を積んで善い結果を得たいと希ふ事は、又止むを得ないことと言はねばならぬ。佛在世の時から、殊に佛滅後には、この結果を豫想する修福は盛に行はれてゐたものであつて、先に言うたところの舍利供養・塔崇拜の如き皆この修福であり、多く生天を希ふところのものである。第三章に於いては暫く借してその修福を許し、その修福中般若波羅蜜の經卷の書寫・讀誦・傳持の勝れたことを示したのであるが、この章に來つてその修福の內容を精神化して、隨喜の心を尊重すると共に、修福の意味は現世の物質的幸福に非ず、未來の生天得樂に非ず、一に無上菩提を得ることにある事を示して、玆に修福とその菩提廻向を出したものである。然し勿論此だけではなほ般若の心に添ふものではない。それ故に以下その眞義を出さんとして、先づ須菩提をして彌勒菩薩に問はしめる。「玆に隨喜廻向が勝れてゐる事を言はれたが、全法界のあらゆる功徳（玆に經典は諸佛・菩薩・辟支佛・聲聞・凡夫の一切の功徳を擧げて長い語を費してゐる）を合集し、それに隨喜し、その勝れたる隨喜と倶行する福業を無上の菩提に廻向して、この福業が無上の菩提を齎すものであれと言ふ。然し乍ら、その場合、その菩薩乘の人がその福業事（vastu）を以つて、所緣（ālambaṇa）を以つて、標相（ākāra）を以つてその心を起す所の、その事と、所緣と、標相とは、彼が相を取るが如く可得であるか否か」。答は勿論「否、不可得である」といふにある。もしその事も所緣もないならば、それを所緣として相を取り、隨喜廻向するは想顚倒（saṃjñā-viparyāsa）、心顚倒（citta-v.）、見顚倒（dṛṣṭi-v.）ではないか。何故なれば、無常を常と謂ひ、苦を樂と謂ひ、無我を我と謂ひ、不淨を淨と思うて、想・心・見の顚倒を生ずると同じいものであるからである。この事、所緣、標相の不可得であるやうに、菩提も[1](廻向)心も、一切法一切界皆その通りである。もしさうとすれば、如何なる心で如何なる事を隨喜し、いかなる菩提に廻向すると言ふことが出來よう。勿論かくの如き事は初心のものの前に說くべき事ではない。何故なれば、初心のものは此を聞いて、その少し許りの信(śraddhā)と愛(prema)と信樂(prasāda)と尊重(gaurava)とを失ふであらうからである。又、更に進んで言へば、隨喜心[2]廻向心を起したとして、その隨喜し、廻向するところの心は、刹那に盡(kṣiṇa)滅(niruddha)し、變(vigata)壞(vipariṇata)するものであるからである。隨喜し、廻向するといふのは、何の心を以つてなすのであるか。心を以つて心を菩提に向ける(廻向)として、この二心が俱起すること(samavadhānaṁ)はないし、心の自性(citta-svabhāvatā)は向ける(廻向)ことは出來ないものであるから、廻向の義は成り立たない。然しかく言へばとて、般若波羅蜜の立場に於いて隨喜廻向がないといふのではない。若し隨喜し、廻向して、その心に心の想なく、その心が刹那に盡滅し變壞するものであり、これがこの心の法性である、廻向せられる法もかくの如き法性であり、其の處に廻向するその法の法性もかくの如きものであると知れば、それは正廻向と名けられるのである。その心の如く、所廻向の法も盡滅變壞するものであると知れば、それは正廻向と名けられるものである。それは何故なれば、その廻向せられたものに執着がないからである。これを無上廻向と名けるのである。それであるから、若し廻向に相を取つて分別すれば廻向ではなく、相を取らず、分別を離れて、廻向と名けられるのである。取相分別の廻向は雜毒の廻向であつて、やがてその毒に倒れてしまふのである。

般若經はかくの如く一切功德の中から隨喜の德を出し、その功德を菩提に廻向すべきことを教へ、その隨喜も廻向も、取相分別は雜毒の善なりとして、茲にそれらの善も、悉く般若無所得の洗禮を受けなければならぬものであることを示し、次に長々とその無分別の廻向の功德を讚嘆してゐるのである。

第八章の泥犁品は大品に入つて、

(第　二　會)	(大　品)	(放　光)	(十萬頌(第一會))
大師地獄	照明信毀	照明泥犂	讃般若謗般若難信解

と分れるものであつて、初め前章を承けて般若波羅蜜を讃嘆し、般若波羅蜜が一切智を生ずるものであり、光明であり、盲者に眼を與へるものであり、菩薩の母であり、諸法の實相を敎へるものであることをいひ、轉じて「かくの如き般若波羅蜜を聞いて信受することとの出來ないものは、先世師佛のみ許に於いてこの法を聞いて信受せず、障法の因緣を作つたものであつて、そのために今の世この勝法を聞き乍ら信受せず、尊重せずして去り、遂に般若經は是れ佛說に非ずと誹謗するに至るのである。この破法者の罪は重大にして五無間等の比に非ず、從つて永劫に大地獄の中に苦惱を受けねばならぬ」と說いてゐる。而してかくの如き誹謗を生ずるに至る四種の因として、

一、爲魔所使。
二、自所積集無智業因破壞所有淸淨信解
三、隨順一切不善知識、於非法中生和合想
四、執著我想、不生正見隨彼邪心作諸過失、(大・八・六一五下)

を擧げてゐる。

第九章歎淨品は、實は第八章泥犁品の終り、羅什[3]の小品の大正藏經で八巻五五一頁中段七行から始まるものとするのを善しとする。大明度、道行、施護譯、玄奘第四會、皆そこから始めてゐる。玄奘第五會は羅什譯と同じくなつてゐる。その上その方が分段の分ち方がはつきりして來るからである。それでこの章では、先づ須菩提が、この般若波羅蜜は愚かにして精進努力の足らないものには非常に難解なものであるが、それは何故であらうかと問うてゐる。これに對して佛は、その難解なる所以は、般若が諸法の實相を說くものであつて、その諸法の實相が了解し難いものであるからと教へ給うたのである。諸法は總べて無縛無解である。何故なれば、その性無所有であるからである。無所有なるものは淨であつて、小乘の教へる所の不淨觀に反する。無所有なるものは不二無別であつて、小乘の說く所の自性各別に反する。故に愚かにして懈怠であり、小法に滯るものは解了することが困難なのである。この淨は言ふ迄もなく染淨を超えた淨であるから、畢竟淨（atyantaviśuddhatva）と言ふのであるが、一切法は皆その性畢竟淨である。然し乍ら又畢竟淨とさへ取れば、それも般若波羅蜜を棄て、般若波羅蜜より遠きものとせねばならぬ。何故なればそれは名より起る著、相より起る著（namato api saṅgaḥ; nimittato api saṅgaḥ）であるからである。總べて著は分別から起るのであつて、色空と分別すれば著、受想行識空と分別すれば著、三世の法それ〴〵三世の法と分別すればそれも著、初發心の菩薩が幾許かの福德を得、此は大菩提心、これは福德、これを菩提に廻向すると考へるならば、それも著である。何故なれば心性本空にして不廻向のものであるからである。それであるからこの菩薩乘のものが、我れ大乘に進む趣くなど思ふのは皆この著である。それでもし他人に無上菩提を教へようと思ふ時には、[4]實相に從つて（bhūtānugamena）教へなければならぬ。かくすれば自ら傷くこともなく、諸佛の印可し給ふ所であり（anujñātayā）、人々も著を離れるのである。それで著は分別であるから、相を取つて諸佛を念ずるのも、取相あるが故に著であり、諸佛の三世の功德を隨喜し廻向するのも亦著である。これは既に先の廻向品にも出たところであるが、法性は三世に非ず、相を取る可からず、縁ずべからず。見・聞・知を離れて廻向すべきものでないからである。かくの如く法の本性は甚深である(gambhīrā prakṛtir dharmāṇāṃ)。何故甚深であるかと言へば、離の故に(viviktatvāt)である。離の故に淨であり、淨の故に甚深なのである。離とは一切相對の諸相を絶してゐることであつて、佛の悟り給うたのはこの諸法の無作(akṛtā)である。故に諸法に於いて證得のないのが佛のさとりであると言はねばならぬ。それであるから、一切法はすべて本性なく、その非本性(aprakṛti)が自性であり、自性が非本性であり、さう云ふ一相であり、又無相(alakṣaṇa)である。かくの如く諸法は一性であり(eka eva prakṛtiḥ)、無二であり、總べての著を離れてゐる清淨なものである。それ故に又般若波羅蜜は虚空の如く甚深であり、知り難く、了知するものなく、心に依つて知られず、心の行くべき境でないから不可思議であり、作者不可得であるから又無作であると言はれるのである。かくの如く般若波羅蜜は諸法の實相に隨ふものであるから、般若波羅蜜を行ずる(carati)と言つても、他の修行とは全然その趣を異にし、色を行ぜず、受想行識を行ぜず、一切諸法を行ぜざる事を般若波羅蜜と言ふのである。この場合、色等を行ぜずと言ふのは、色等を分別して無常なり常住なり等と差別を見ないことであつて、その差別を離れて妄見を去つたのが、般若波羅蜜を行じたことになる意味である。經典にはこのところに諸の法とその法の種々相を出して、これらの法とこれらの相を行ぜざる事が、般若波羅蜜を行ずることである事を言つてゐるが、其の處に色受想行識の不滿足相、滿足相(aparipūrṇa, paripūrṇa)を言つてゐる。梵本一九四頁、施護譯(大・八・六一七中)、第二會(大・七・一九七上)はこの不滿足相・滿足相の二を出し、玄奘譯第四會(大・七・八〇三上)、羅什譯小品(大・八・五五二中)、羅什譯大品は不滿足のみを出してゐる、智度論六四(大・二五・五一〇中)には不具足のみを出し、解釋の方では具足・不具足として二説を出してゐる 即ち第一説は、具足とは常・無常等の憶想分別、不具足は無常觀を以つて常觀を破ること、第二說は、具足とは菩薩の如實觀及び一切種智、不具足はその餘のものとしてゐる。今兩句を存して、具足は常・樂等　不具足は無常・苦等と解すべきであると思ふ　色を常・樂　具足）と見るのも、無常・苦（不具足）と見るのも色を得ないもので、色は常・無常・樂　苦でないからである。要するに一切の分別を離れ、一切の著を離れることが、般若波羅蜜を行ずることであつて　この著と縛とを離れて一切を超えたのが一切智である。

般若波羅蜜とそれに依つて得る一切智はかくの如きものであるから、極めて深妙なものである。又それを得るのに甚だ困難なものである。故に經典はそれを顯して、次に般若波羅蜜は丁度虛空の如く、これを得んとするのは鎧を着て虛空と戰つてゐるやうな難事であり、この難事を行ふのは容易ならない事であるから、その實行者は非常な勇者（śūra）と言はねばならぬと言つてゐる。

經典は更に玆に帝釋をして、この般若波羅蜜はかかる勝れた法門であるから、この法門を受持する人を守護するであらうと言はしめて、又須菩提をして、「然し般若波羅蜜の立場に立てば守護すべき法はないではないか。守護は他からのものではなく、理の如く般若波羅蜜を行ずる事がそれ自らの守護であり、般若波羅蜜を離れる時、即ち各自が分別と執著を生ずる時に非人が便を得るものである」と言はしめてゐる。さうして又更に筆を轉じて、十方の世界から各〻その世界の梵天帝釋等の神々を來らしめ、佛力に依つて、一千の佛陀が各〻其の佛國に於いて般若波羅蜜を宣說してゐ給ふことを見せ、更に彌勒菩薩が後この世界に於いて成佛せられる時、同じくこの般若波羅蜜を說き給ふ事を語つてゐる。此は言ふ迄もなく彌勒下生經から來たものであつて、彌勒下生經が小品般若以前に存在した事を示すものである。さうして最後に經[5]典は又繰り返して般若波羅蜜の淸淨なることを語り、布薩の日に般若波羅蜜を說けば、其の福の大なることを說き、これを大波羅蜜とし（大・八・六一九中）、この般若波羅蜜を大波羅蜜と言つたのを承けて、種々の名を擧げて般若波羅蜜を讃嘆してゐる。即ち、施護譯では五十五名、玄奘譯第四會では五十一名、羅什譯小品では四十三名、道行般若では四十一名、Aṣṭasāhasrikā では五十一名、大明度は頗る數へ難くなつてゐる、又羅什譯大品では九十一名を出し、百波羅蜜編數品としてゐる。玄奘譯第二會（大・七・二〇二上以下）は百一名を出してゐる。

第十章の不可思議品は道行般若の持品、大明度の悉持品、施護譯の讃持品、第四會の總持品であつて、梵名の品名が Dhāraṇaguṇaparikīrtana であるやうに、聞持の功德を讃嘆するものである。

一體如何なる法でも、その法を聞きうることは、宿縁深厚なるものでなければならぬことは言ふ迄もない。況んや、この甚深微妙にして了解し難い般若波羅蜜の法を聞いて了解しうるといふ事は、餘程の宿縁あるものとせねばならぬ。それは前世に於いて佛を供養し、善知識に相從うたものでなければならぬ。過去生に於いて既に幾度かこの法を聞き、この法に就いてその義を問うたことがあるから、その宿縁の重なりに依つて、今この法を聞いても驚かず怖れないのでなければならぬ。若しこの法を聞いてこれを拒み、之を謗るものは、前世既にこの法に因縁なく、これを拒み之を謗つたものであらう。故に何人もこの法を聞くならば一切智を敬禮するが如く、この法を敬禮しなければならぬ。この法は實に一切智を生ずる母であるからである。この法を聞いて驚かず怖れないものは實に不退轉の菩薩であり、未受記の菩薩もこの法を聞く事を得れば、やがて大乘の心を發し、遠からずして佛に依つて成佛の授記を得るであらう。それは丁度沙漠の危險を脫せんとするものが、牧牛者を見たり、家を見たりすれば、やがて城邑も近く、間もなく沙漠を脫するであらうと知る如く、この法を聞く事を得れば、それはやがて自分の成佛の近いしるしである事をさとるに至るであらう。それ故に、何人も速かにこの般若波羅蜜に結縁すべきであるが、この法に結縁するとして、この法には又次（次品）に說く樣な留難があるから、早く結縁せねばならぬ。この經卷を書かうと欲する時に早く書くべく、讀誦し思惟し修行する時も、速かに讀誦し思惟し修行せねばならぬ。珍寶には留難のあるのが普通であるから、この大珍寶の法に於いては一層その邊に心を留めなければならぬ。それ故に一月で書寫讀誦しようと思ふものは一月で速かに出來るやうに、一年で書寫讀誦しようと思ふものは一年で完全に出來上るやうに努めねばならぬ。然し實際この法には留難多しとは言へ、この法を書寫し讀誦する者をば佛力が加護するが故に、魔障もその便を得ることの出來ないものである。否その人をして限りなき福德の果を得せしめるものである。何故なれば、この般若波羅蜜は第一義勝妙の法門であつて、普く衆生を攝して眞實の際に住せしめるものであるからである（大・八・六二三上）。

この法は佛涅槃の後、初め廣く南方に行はれるであらうが、それから西方に移り、更に北方に傳はつて、漸次四方に傳播されるであらうと。この地理的な記述は幾分の眞理を含むものであつて、般若經が南印度大憍薩羅の或る地に於いて編述せられ、その當時既に佛教の隆盛であつた北方の將來に、この經傳播の望みを置いたものと見ることが出來ようと思ふ。

次に魔事品は、下の第二十一品恭敬菩薩品に於いて、修道上の危險を警告するものにつながるものであつて、前章（品）に於いて、般若波羅蜜を受持讀誦する善男子善女人の功德を說いたから、玆に寶があれば賊難がある如く、この功德がある故に魔事留難のあることを示すのである。さうして玆に魔事として擧げられたものは次の種々なものである（佛母出生を先に出し、羅什譯を括弧に入れて出す）。

欲下爲二他人一說中此法上時、不レ即爲レ說。（說法者不レ即二樂說一）

說不止。（說法者樂說不レ止）

說法者於二說法時一（羅什譯は書讀般若となつてゐる）生二其我慢貢高心一。
書二持讀誦此法門一時生二輕慢心戲笑一。
諸持法者心生二散亂一。（其心散亂）
諸持法者互相非說。羅什譯になし。
諸持法者記念不明多所二忘失一。（心不專一）
諸持法者互相障礙、不レ能二和合一。於二此法門一不レ生二敬信一。
人、書二持讀誦此法門一時、於二自諸根一不レ能二調伏一。
諸聽法者……不レ得二其味一、無レ所二解了一。棄二捨此法一從レ座而起。
聽法者若作二是念一。此……法中不下爲二我等一說中授記事上。……不レ說二我名一。不レ說二我等所住城邑聚落方處一。及
不レ說二我所生族姓父母名字一。……我當二棄捨一。……起二退失心一。
棄二般若一返於二二乘經中一求二一切智一。（取意）
書二寫受持讀誦演說此……法門一時、若進若退、其心散亂。（多說二餘事一妨二廢般若波羅蜜一）
書二寫文字一作二是念一。我書二寫般若波羅蜜一。（取意）
書寫讀誦……時、心不二專一一。起二諸思念一。（憶念餘事、供養事起）
惡魔現二苾芻相一、來敎二他法門一。（取意）
此法門中可レ求二方便一、却於二二乘經一求二方便一。（取意）
說者與二聽者一種種不二合致一。（取意）

聽レ說ニ示三惡道一、若不レ加ヨ於ニ此身一涅槃上。(取意)

聽レ說ニ天上樂有爲無常一勸レ取ニ四果一。(取意)

以上擧げた所のものが所謂般若に對する留難であつて、惡魔の所爲と稱せられるものである。珍寶のある所には賊難が多く、妙法には留難が多い(羅什譯と第五會はこの語を次章小如品に出してゐる)。況んや般若は諸佛の母であつて、これから一切の佛法、一切の善法が生ずるのであるから、惡魔が苦惱の心を抱いて種々の障難をなすのは當然と言はねばならぬ。此の魔事品の一品は又以つて我々の修道上の困難を示すものと見ることが出來る。

次の小如品は道行、大明度では照明品、照明十方品とあり、第四會、施護譯に於いて現世間品、顯示世間品とあるものであつて、般若波羅蜜が諸佛の母として諸佛を生じ、諸佛の法を生ずるが故に、この般若波羅蜜は能く世間の相を示すといふ所から、顯示世間品といひ、その世間の相を示すとは、世間の如を示すことであつて、この品にその如を說いてゐるから、下に來る眞如品(大如品)に對して小如品と稱したものである。

此の品は先づ前品との關係に於いて、前品に說く所の魔事はかくの如く多いけれども、これに對して、諸佛は護念して魔の便を得ることなからしめ給ふ。何故なれば、般若は母であり、諸佛は子であるから、母の疾ある時に子は各〻方便を求めて母の回復を計るやうに、この般若の留難に對しては、諸佛は各〻その神力を以つて加持護念し給ふのである。かくの如く般若波羅蜜は諸佛の母であつて、一切の悟、一切の善の源である。諸佛はこれに依つて善くさとり、又善く世間の相を示し給ふのである。如何に示し給ふか。五蘊を世間と示し給ふのである(pañca skandhāḥ tathāgatena loke ityākhyātāḥ)。一體この五蘊を世間と稱することはどう言ふことであらうか。世間といふ一般的概念から言つたら一切の生類を包んだ天地・山河・草木すべてを總稱して言ふのであるが、佛教ではその關心事の焦點が自己の心にあるが故に、世間と言へば衆生に限つたのである。阿毘曇になるとその法相分判の上から、佛教的の純粋の立場を離れて、世間に有情世間、非情世間と分ち、非情世間の考察に入つたのであるが、今般若はその阿毘曇に對して、再び佛教の立場に歸つて、五蘊是れ世間なりと言つたものと見るべきである。

五蘊是れ世間といふのは、五蘊が一切の存在の範疇であるといふ意味ではなく、五蘊は有情の構成要素として考へられ、從つて有情の異名であり、その有情が是れ世間なりといふ意味である。今佛教に於いて、世間といふのはこの有情のことであるが、この世間を、阿毘曇は阿含・尼柯耶の敎説の表面に滯つて、壞するが故に世間と言はれるもの、世間は無常の義であると考へてゐるが、それは佛意を得たものではない。佛陀に於いて、無常とは變化に名けたものであつて、變化は生命の潑剌たる進展に外ならない。世の人々はこの生命の進展を知らないで、すべてのものを死物としてゐるから、それが生命であることを示さんために無常と言はれたものである。故に實は世間は五蘊として壞せず、敗壞しないのである (na lujyate na pralujyate)。何故なれば、五蘊は無自性の故に空自性であり、空は壞せず、敗壞しないからである (śūnyatāsvabhāvā hi pañcaskandhā asvabhāvatvāt)。又無相、無願、無造 (anabhisaṃskāra)、無生、無 (abhāva)、法界は壞せず、敗壞しないからである。般若經はかくの如く、これ迄の佛教が無常の敎説を誤解して、消極的に歪曲してゐるものを正して、その變化こそ生命の流動であり、言ふが如く敗壞しないものであることを明かにし、續いて衆生心が貪・瞋・癡の心の儘に無貪・無瞋・無癡の心であること、この衆生心の秘密を如實に知つて示し給うたのが佛陀・如來であるから、如來は般若波羅蜜に依つて世間を示し給ふと言ふのである、と明してゐる。人の貪るのを見て、貪る相に囚はれて、貪る心のみを見るものは、未だ貪る心を如實に知つたとは言はれない。貪る心の如實相が貪らざる心だと知つて、始めて貪る心を知つたのである。貪らざる心もその通りであつて、貪らざる心を貪らざる心とのみ見てゐるのは、貪らざる心を知つたのではない。貪らざる心の如實相は、貪らざる心の相を離れてゐると知つて、始めて貪らざる心を知つたのである。

「又須菩提よ、如來はこの般若波羅蜜に依つて、無量の衆生の有貪の心を有貪の心と如實に知り給ふ。如何に……知り給ふか。須菩提よ、心の有貪性は心の如實相（性）ではない。心の如實性は心の有貪性ではない。かくの如く……知り給ふのである。

又須菩提よ、如來はこの般若波羅蜜に依つて、衆生の離貪心を離貪心と如實に知り給ふ。如何に……知り給ふか。須菩提よ、心の離出（vigama）は心の有貪ではなく、離貪の心の如實相は心の有貪ではない。かくの如く……知り給ふのである。」(p. 261)

この梵本の末尾は意味頗る曖昧であり、且つ適切でない。施護譯は、

「云何如來知二衆生離貪心一耶。須菩提、所謂了二知心如實相一。若貪若離貪、倶不可得。由二不可得一故即無二離貪心相一。」（大・八・六二九中）

と言ひ、羅什譯は、

「云何如來離染心如實知二離染心一。……離染心中無二離染心相一。」（大・八・五五七下）

玄奘譯第四會は、

「如實證二知無量無數無邊有情諸有貪心一、如實之性非二有貪心一故。……如實證二知無量無數無邊有情諸離貪心一。如實之性非二離貪心一故。」（大・七・八一五中）

と言つてゐる。漢譯の方が何れも意味がはつきり通じて適切であるやうである。原典の絶えざる動搖はこれに依つても見ることが出來ると思ふ。

經典は茲に衆生の種々の心、即ち、

施護譯（大・八・六二九上以下）	**第四會**（大・七・八一四下以下）	**梵本**	**第五會**（大・七・八九三中）	**羅什譯小品**（大・八・五五七下以下）	**道行**（大・八・四四九上）
亂心	（散心）	saṁkṣipta-citta	散心	亂心	亂心
攝心	略心？	vikṣipta-citta	略心	攝心	疾心
無盡心		aprameyākṣaya-citta			
染心	染汚心	saṁkliṣṭa-citta			
離染心	不染汚心	asaṁkliṣṭa-citta			
能緣心	下心	līna-citta			
能取心	擧心	pragṛhita-citta			
有漏心	有漏心	sāsrava-citta			
無漏心	無漏心	anāsrava-citta			
貪心	有貪心	sarāga-citta	有貪心	染心	愛欲心
離貪心	離貪心	vitarāga-citta	離貪心	離染心	無愛欲心
恚心	有瞋心	sadoṣa-citta	有瞋心	恚心	瞋恚心

離恚心	離瞋心	vītadoṣa-citta	離瞋心	離恚心	無瞋恚心
癡心	有癡心	samoha-citta	有癡心	癡心	愚癡心
離癡心	離癡心	vītamoha-citta	離癡心	離癡心	無愚癡心
過失心	有對心	sapratigha-citta			
離過失心	無對心	apratigha-citta			
廣心	廣心	vipula-citta	廣心	廣心	廣大心
非廣心	狹心	avipuia-citta			
大心	大心	mahadgata-citta	大心	大心	廣大心
非大心	小心	amahadgata-citta			
無量心	無量心	apramāṇa-citta	無量心	無量心	不可計心
	有量心				
現心	有見心	sanidarśana-citta			
非現心	無見心	anidarśana-citta	無見心	不現心	
勝上心	有上心	sottara-citta			
無上心	無上心	anuttara-citta			
定心	定心	samāhita-citta			
非定心	不定心	asamāhita-citta			

解脱心	解　脱(心)	vimukta-citta			
非解脱心	不解脱心	avimukta-citta			
不可見心	不可見心	adṛśya-citta	不可見心	不可見心	不可見心

を擧げて、上に出した貪心の場合の如き理由に依つて、如來にして初めて如實にこれらの心を知り給ふことを明し、これに依つて如來が世間を知り、世間を示し給ふ方であることを言つてゐる。

又これと共に、人間にはいろいろ見解があつて、この見解のために苦惱するのであるが、經典はこれを異見人・異見補特伽羅の出沒として、如來がこれを明かにしてゐ給ふことを示してゐる。經典は茲に阿含・尼柯耶に言ふ所の置難を出してゐるが、梵本はこの置難を、

一、如去は死後あり。
二、如去は死後なし。
三、如去は死後有つて無し。
四、如去は死後非有非無なり。
五、我及世間常住。(śāśvata)
六、我及世間無常。
七、我及世間常而無常
八、我及世間非常非無常。
九、我及世間有邊。

一〇、我及世間無邊。
一一、我及世間有邊而無邊。
一二、我及世間非有邊非無邊。
一三、身與命同。
一四、身與命異。

と十四に數へ、⑹施護譯、玄奘譯(第四會)、羅什譯等は皆十四置難にしてゐる。この十四置難を擧げて、これらは悉く五蘊に迷うて依着(niśrita)し、五蘊に關して(gataṁ)起す癡見であり、如來は、衆生がかくの如き不要の癡見を生じ、出沒苦惱することを明瞭に知つて、世間を示し給ふことを述べてゐる。

又更に一歩を進めて言へば、如來が衆生の出沒を知り給ふと言ふのは、如來が衆生の五蘊を明かに了知し給ふことであつて、それは如來が如の如く五蘊を知り給ふことを言ふのである(tathā tathāgato rūpaṁ jānāti yathā tathatā)。即ち五蘊の如を知ることが五蘊を知ることであり、五蘊を知ることが衆生の出沒を知ることであり、衆生の出沒を知ることが世間を知ることとなのである。一切諸法は相として見ればみな異なつてゐるが、如として見ればすべては平等であり、一切法同一如である。如は非一性・非多性であり、種々性であつて種々性を離れてゐるからである。如來は般若波羅蜜に依つてこの如を證り、正覺を得給へるが故に、般若波羅蜜は諸佛を生ずるもの、諸佛の母であり、能く世間を示すと言ふのである。換言すれば、この眞如を見て始めて世間を知り、世間を示すと言はれるのであつて、如來は、般若波羅蜜に依つて能くこの諸法の眞如を知り給ふから、如來と言ふのである。かくの如く如來は如を證つて世間の如を知り、不異如を知り、不異を知り給ふ。斯くの如く如來は如を證つて、その如に到つたものと言はれるのである(saṁstathāgata iti ucyate)。

次の相無相品は、施護譯等の顯示世間品の終りの一部分と、不思議品を含むものであつて、羅什譯と第五會とは前者に就いて名け、他の諸譯は後者に就いて名けたものである。即ち前者の示すところは左の如きものである。佛所說の法は甚深にして、それは空・無相・無作・無生・無滅・無染・無淨をその相となすものであつて、虛空の如く所依なく、作者なきものである。この相を得るのが如來であつて、それ故に如來は住する所なく（この無所住は羅什譯にない）、しかもこの諸相即ち如を說き、又この如を示す般若波羅蜜を說き給ふのである。如來がこの般若波羅蜜とその行相とを說くのは、是れ如來が恩を知り、報恩を知るものであることを示すものであつて、阿含・尼柯耶に言ふところの所證の法を尊重・供養・恭敬し給ふことを示すものである。即ち如來は般若波羅蜜を行じてさとつたが故に般若波羅蜜を說き、法の空・無相・無作の相を知つてさとつたが故に法の空・無相・無作を說くのであつて、此は皆如來の知恩者・報恩者たる事を示すものと言はねばならぬ。先に言ふ所の、般若波羅蜜に依つて世間を知り、世間を示すと言ふのも亦この謂れであつて、如來はその般若波羅蜜の恩を知るが故にかくの如く說くのである。然しここに知ると言ふのも、示すと言ふのも、又これは一應の知見ではなく、一應の顯示でないことを忘れてはならない。知るは知らぬことであり、知らぬは知ることである。一切法は空なるが故に實に知者も見者もないのである。それを我れ知る、我れ見ると言ふならば、その人は實は知らず見ない人なのである。知らず、見ずして、始めて眞に知り見たと言はれるのである。色に緣つて識を生じ、受想行識に依つて識を生じて、五蘊を見たと言はれるのであるが、かくの如き知見は眞の知見ではない。眞の知見は色に緣つて識を生ぜず、受想行識に緣つて識を生ぜず、即ち五蘊を見ないことである。五蘊を見ないから世間を見ない。この不見世間が眞見世間と言はれるのである。何故なれば、世間は空であり、離相（vivikta）であり、寂靜（sānta）であり、無染（viśuddha）であるからである。これが般若であつて、この般若を如來は說くのである。要するにこの品の前半はかくの如く諸法の無相・離相を說き、表面的な認識を否定するものであるから、この前半に依つて羅什譯小品は無相品と名けたものである。

後半は再び般若波羅蜜の讃嘆に移り、般若波羅蜜は大事(mahākṛtya)に依つて顯れ(pratyupasthita)、不思議事に依つて顯れ、不可量事、不可數事、無等等事に依つて顯れると言ひ、如來性(tathāgatatva)、佛性(buddhatva)、自在者性(svayambhūtva)、一切智性(sarvajñātva)は不可思議にして不可量・不可數、又佛に等しきものなく、況んや勝るもののなき故に無等等、この如來に依つて出づるが故に不思議事乃至無等等事に依つて顯れると言ひ、この如來性・佛性等が不可思議・不可量・不可數なるが如く、色受想行識の五蘊も亦不可思議・不可量・不可數である。何故ならば、法性は如來性と同じく、佛性と同じく、我等の思量を超えてゐるからであると言つてゐる。即ち先の小如品に於いて既に言つてゐるやうに、如來の如と諸法の如は平等であつて、共に不可思議・不可量・無所得なのである。これを有所得とするは我我の分別であつて、分別は我々の識の迷妄の業なのである。經典はこの佛の說法を聞いて、五百の比丘と二千の比丘尼と取着なく、諸漏より心解脫し、六千の優婆塞と三十の優婆夷は遠離塵垢淸淨の法眼を生じ、二十の菩薩は無生法に於いて忍を得(anutpattikeṣu dharmeṣu kṣāntiḥ pratilabdhā abhūt)、且つ成佛の授記を得たのである。又先に大事に依つて顯れると言つたが、大事とは何であるかと言ふに、佛地・獨覺地・聲聞地のことであつて、此の三地のことを成辨するのが般若波羅蜜であるから、大地に依つて顯れると言つたのである。大臣が王の命を受けて國事を統攝するが如く、般若波羅蜜は佛陀法王の命を受けて三地のことを統攝するのである。又般若波羅蜜は五蘊を攝受せず(aparigrahāya)、執着せず(anabhiniveśāya)、四果・緣覺果・一切智を攝受せず、執着せず、顯れたもので、彼の五蘊の不可得なるが如く、一切の證果も亦實は不可得なものである。不可得なる證果を悟つたやうに言ふのは般若波羅蜜ではなく、般若波羅蜜に於いては實は證悟のないのが證悟なのである。かくの如き一見奇なる般若波羅蜜を聞いて驚かず、怖れず、信解を退失しないものは、前生實に佛のみ許にあつて聞法して、善根を植ゑたものでなければならぬ。されば般若は實に甚深である。故に隨信行（信行地）の人が一劫の間功德を積むよりも、一日般若を聞くの功德は遙かに勝ると言はねばならぬ。

次の船喩品は羅什譯と第五會を除きみな譬喩品とあるものであつて、梵本もただ譬喩品となつてゐるのである。前品の終りを受け（施護譯は前品の終りから、玄奘の第四會はその前から譬喩品に入れてゐる）、般若を聞くと言ふことは宿因深厚の爲であり、般若を聞くことの功德は何ものの功德よりも勝つてゐるものであり、前世般若波羅蜜を聞いて淨信を起し、請問したものは、その宿因と功德に依つて、今生この世界に於いて般若波羅蜜を聞いて淨信を生じ、疑悔を離れ、又その義を請問するのであるが、假令前生に般若波羅蜜を聞いても、その義を請問することのないものは、今生にこの法を聞いても、或は聞くことを樂しみ、或は聞くことを樂しまず。其の心輕動して心淸淨ならず。般若波羅蜜の護る所とならず。遂に聲聞・獨覺の二地の中何れかへ墮するのである。丁度海に出でてその乘船が難破した場合、若し木板か浮囊か何等かを取れば水死しないが、何物かを得なければ水死を免れ得ないやうに、菩薩も、假令無上菩提に對して信忍と愛樂を持つて精進してゐても、般若波羅蜜の護念を得なければ遂に退失を免れ得ないのである。又火に入れない生の瓶を以つて水を汲まうとすると、しまひには瓶が融けて水を汲むことが出來ない。熟瓶を以つて始めて水を汲むことが出來る。般若波羅蜜の護念を得ると得ざるとの相違もこれに同じいものである。又譬へて言ふならば、完全に出來上らない船で珍寶を積んで海に出れば、遂には難破して珍寶を失ふことは明白であるが、船を完全に艤裝して出れば目的地に樂々と達することが出來る。茲に中道の難破とは二乘地に墮することであり、珍寶とは一切智に名けたのである。般若波羅蜜の護念を得れば一切智を得、護念を得ざれば一切智を得ることが出來ないのである。更に譬へて言へば、百歲以上の老人があつて、病魔に犯されてゐるとする。この人は自分の力では牀から起き上ることも出來ないのであるから、到底十里二十里の道を行くことの出來る筈はない。然し二健人があつて、兩腋をかかへて助けてやれば、目的の處へ達することは出來ないことはない。茲に言ふ二健人とは般若波羅蜜のことであつて、この般若波羅蜜の護念を得てのみ、一切智の目的地に達することが出來るのである。これが船喩品の梗概である。

次の大如品は他諸本の賢聖品（道行・大明度は分別品とし、梵本は Deva-parivarta とする）と眞如品とを合せたもので、賢聖品は先づ前品（船喩品）の說く所を受けて、かくの如き偉大なる般若波羅蜜を、初學者は如何にして學ぶべきかと問を起し、これに答へて、善知識の般若波羅蜜を說くものに親近すべきことを言つてゐる。さうしてその般若波羅蜜を說く善知識は次の樣に敎へる。汝の布施の功德は無上菩提に廻向せよ。持戒・忍辱・精進・禪定・智慧の功德はみな無上菩提に廻向せよ。しかも菩提に着せず、菩提の相を取つてはならない。一切智・聲聞獨覺道に執着してはならない。かう言ふ風に敎へて段段に般若の深理に導き入れるのである。一體菩薩が菩提心を起して菩提を求めるのは甚だ困難であつて、それは決して自分のためではなく、それは、

羅什譯小品（大・八・五六一上）

一、爲レ安二隱世間一故。

二、爲レ安二樂世間一故。

三、爲二世間一作レ救。

施護譯（大・八・六三五下）

一、爲レ欲レ利二益安二樂悲四愍諸世間一故。

二、爲二世間一作二大救護一。

四、爲世間作歸。
五、爲世間作舍。
六、爲世間作究竟道。
七、爲世間作洲。
八、爲世間作導師。
九、爲世間作趣。

三、爲世間作所歸向。
四、爲世間作所住舍。
五、爲世間作究竟道。
六、爲世間作廣大洲。
八、爲世間作善導師。
九、爲世間作眞實趣。
七、爲世間作大光明。

のためである。さうしてこの場合、衆生の生死の苦惱を斷ずるために說法することが救である。衆生をして生・老・病・死・憂・悲・苦・惱から解脫せしめることが歸となることである。一切の法の不縛・不解・不著を說くのが舍となることである。法の究竟相（色は色に非ず）を說くのが究竟道となることである。諸法の前後の際斷じて究竟寂滅であることを說くのが洲となることである。諸相の實相の不生不滅を說くのが導師となることである。一切の法皆空に趣き、不去不來であることを說くのが趣となることである。求道とは畢竟自覺のためではなくして、全く覺他のためであらねばならぬと言ふ大乘精神が、茲に示されてゐるのである。

經典はかくの如く初心の菩薩の用意と、その求道の意義を說いたのであるが、茲に筆を轉じて、この甚深なる波羅蜜を誰が信解するか。さうしてその信解の相はどうであるかを尋ね、それは既に幾度か言ふ所の宿緣あるものにして始めて信解することを得るものであり、又その信解の相は貪・瞋・癡の斷離であることを言つてゐる。

それであるから、般若波羅蜜は之を說くことも容易でなく、又これを聞くことも極めて困難であると言はねばならぬ。

況んや之を修することは猶更困難であると言はねばならぬ。之を修して修するとするものは、修したのでなく、修して修する事を忘れて、始めて之を修すると言ふことが出來る。即ち修する所なく、著するところなきものが修するのであつて、言ひ換へれば、一切種智に隨順する心で修して始めて之を修したと言はれるのである。然らばその一切種智に隨順する心とは如何なるものかと言ふに、それは畢竟空に隨順する心であつて、猶虚空に隨ふ心と言つてもよいのである。要するに、法の本性に契うて取着なき心が、一切智に隨ふ心であり、この心で修して修することを知らないのが、般若波羅蜜を修するのである。

次にこの品の後半、即ち他の諸本の眞如品に當るところは、かくの如く佛所說の法は一切法の本性に契ふものであつて、畢竟、諸法の不可得を談ずるのであるが、その會座の天子達が、この高談をなすところの須菩提は實に如來より生じたものと言はねばならぬ、と言うたところから、再びここに眞如を取り出して、その眞如が平等にして一であり、無二無別なることを物語るのである。如來の子といふことは屢〻阿含・尼柯耶に出づるところであつて、中尼柯耶一一一經（M. N. vol. Ⅲ, p. 29）に舍利弗を讃じて、佛自ら「世尊の口より生じた自身の子、法生法化のもの」(Bhagavato putto oraso mukhato jāto dhammajo dhammanimmito) と宣ひ、又、相應尼柯耶 (S. N. vol. Ⅲ. p. 83) に、「五蘊を知り、七正法を行ひ、善人に賞讃せられる人こそ佛の自身の子なり。」⑦とあるのを、茲に般若經に於いて應用したものと見ることが出來る。

須菩提を如來の子と言ふが、如來の如が不去不來であるやうに、須菩提の如も不去不來である。如來の如の本來不生なるが如く、須菩提の如も本來不生である。何故なれば、既に小如品に於いて說いたやうに、如來の如と一切法の如とは同一であるからである。この眞如の意味に於いて適確に須菩提は如來の子であると言ふことが出來るのである。經典は茲に幾多の語を費して居るけれども、要するところは一切法は皆如に於いて同一であり、その如は不生・不滅・不去・不來であり、相として取るべきものなく、言ふべからざるものであると言ふに過ぎない。この眞如は甞て言つたやうに、阿含・尼柯耶に顯れた所の佛陀の微意を取つて、この般若に來つて始めて形を取つたものであるから、般若經に於いては非常に重大な意味を持つものであり、又、後來の大乘敎に偉大な影響を與へたものである。經典は茲に、この眞如の說を聞いて幾多の聲聞が心解脫を得、幾多の菩薩が無生法忍を得ると共に、多數の菩薩が取着なく心解脫した事を語つて、それら心解脫した菩薩は、甞て過去に於いて前諸佛の御許に五度を修行したけれども、般若波羅蜜を修せず、般若の方便の守護を受けないために、實際（bhūtakoṭi）を證して聲聞乘の人となつたことを言つてゐる。茲に我々の見得ることは、般若經の所說に依れば、六度が般若波羅蜜に依つて完成すること、實際を證して涅槃に入ることが大乘の立場に於いて非難せられることである。後者は後の大乘經に於いては、却つて煩惱を殘して生死に留まることが眞の佛道であると言はれるやうになつたのである。般若經はかくの如く、般若波羅蜜の眞意を得ることが容易でないことを示して、一方聞法の上の危機を語り、眞如を聞いて二乘に退轉し、五無漏根のことを念じて取相して退轉し、諸法空の名字を聞いてその音聲を取つて退轉することを說くと共に、又轉じて退轉するものなきが故に退轉なきことを示し、二乘に墮することを說き乍ら、三乘の差別の不可得なることを示して、退墮のないことを言つてゐる。言ふまでもなく、般若は無所得を說いて我々の執着を斷じ、無住心を得せしめようとするのであるから、言ふ所があれば直ちにその言ふ所を切り返して置いて、つかまる所の無いやうにし、右から攻め、左から攻めて、我々をしてその不可說の妙諦を體得せしめんとするのである。故に經典は眞如品を結んで、「行者若し般若波羅蜜を行ぜんとせば、正に一切衆生に於いて平等心・慈心・不異心・謙下心・安穩心乃至父母心・兄弟心を行ずべし」と言うてゐるのである。

次に第十六阿惟越致相品は、標題の示すが如く、菩薩の不退轉相を示すものであつて、退轉不退轉は佛道修行者に取つて頗る重大な意味を有する所からして、阿毘曇佛教に於いても種々の異說を生じたものであり、今初期の大乘經典に於いても、特に一品を設けてまでその相狀が論ぜられたのである。一體退轉といふことは、その原始的意味に於いては、一度佛陀に歸したものが、再びその信を失うて異教に走るといふことであつたと思はれる。還俗（vibbhamati）もこの意味に於ける一種の退轉であるが、然し還俗は必ずしも三寶に對する信の消失を意味しないから、還俗そのことを直ちに退轉と同視することは出來ぬ。增一阿含四九・四には質多御象子（Citta Hatthirohaputta）が幾度も還俗しては出家したことに就いて、外道が、佛敎の聖果を得たものにも退墮があると言ふ缺點を擧げて、非難したことを載せてゐる。それで還俗は必ずしも退轉ではないが、退轉の還俗もあり、又在家信者の離れ去つて行く退轉も實際に於いて相當あつたに相違ない。この退轉は既に成立せる教團に取つては頗る重大なことであるから、又頗る重大視され、退轉しない人、離れ去らない人といふことが考へられ、此が如何なる地位に達すればさうなるか、反對に言ふと、再び離れ去ることのない人の達した地位と言ふことが考へられて、それが預流果とせられたものと見ることが出來る。それ故に預流果の語義からして、流れに入つたものを意味し、其處に既に離れ去らない意味が含まれ、又預流果とは、三寶に對する不壞の信（avecca-pasāda）と、缺け目のない戒を具へると言ふこの四不壞淨を具することだと言はれ[8]、又、再び外道の師に赴くことなき者とも言はれてゐるのである。更にこれに輪廻的の考へを加へて見ると、次の樣になる譯である。即ち正しい教を知らないものは惡趣に墮して輪廻する、正しい教に歸したものは惡趣に墮することなく、輪廻を免がれる。この考へからして預流果は又不墮惡趣（avinipāta-dhamma）と言はれ、惡趣に墮せざるが故に、之を積極的に言ひ顯せば、必ず佛陀と同じさとりを得るに定つた人と言ふことになる譯である。それ故に預流果の人は必定に入り、必ずさとりを得るもの（niyato sambodhipārāyano）と言はれるのである。退轉と言ふことは、原始佛教に於いては、斯くの如く不墮惡趣に至るまでに既に再轉してゐると思ふ。然し此處に來て更に考へられる事は、この不墮惡趣であり、必定入證であつても、その上に進修が一時停頓したり、又は逆戻りすると言ふことはないか、預流果に入れば極七返生と言はれて、人間天上界を七生づつ經歷する中に證るのであるが、その間に於いて進修の退轉がないかと言ふことである。巴利增支尼柯耶三卷一七三頁、五卷三三六頁等に、「時解脫の比丘が業を好み、話を好み、眠を好み、會を好み、解脫した如く心が觀察しないと退轉する」と言ふのはこのことを示すものであり、さうして茲に部派佛教に考へ出されたのが、四向四果の退不退である。異部宗輪論等に依ると、大衆部・一說部・說出世部・鷄胤部は「預流者有退義、阿羅漢無退義」と主張し（述記發軔中、三八左）、化地部（發軔中、三五左）・上座部（順正理論六九）・分別論者（婆沙論六〇、大・二七・三一二中）又同じい主張をなし、これに對して、有部は預流無退、後の三果有退を主張し（異部宗輪論述記發軔下、一四右、婆沙論六〇、大・二七・三一二上、同一八六、大・二七・九三三下、倶舍論二五、三左）、經量部は預流と阿羅漢の二果には無退義、他の二果には退義ありと主張してゐる（倶舍論二五、四左、光記二五、七左）。これは論事（Kathāvatthu）一・二（Buddhaghosa's Com. p. 35）の記るすところと少しく異なり、論事は犢子部・正量部・有部と及び大衆部の一派とは阿羅漢有退としてゐると記るしてゐるが、兎に角、有退無退で異部間に種々の說が行はれてゐたことを知ることが出來る。有部が預流不退とすることは、既に經典に不墮惡趣であり必定入證であると記るされてゐるから、その意味に於ける不退であり、それから進修する上に種々の困難と共に退轉あることを示すものである。大衆部・化地部では、預流果は初果であるから不墮惡趣は確實でも、その進修に於いて退轉があり、阿羅漢果は最高の第四果であるから、茲には退轉がないとするのであつて、中間の二果に就いて言ふところがないから、經量部はそれを折衷して、初後二果無退、中二果有退としたものに相違ない。かういふ種々の說を生じたのは、畢竟證果への進修とその退轉が非常に重大な問題であるからであつて、この重大な問題は菩薩思想の興起後もずつと繼續せられて來たものである。それ故に大阿彌陀經の中にも既にその本願中、第七願に不退の菩薩たらしめんとの誓願を說き、その成就に於いても同樣に不退の菩薩を言ひ、又「阿惟越致菩薩者皆當レ有二三十二相紫磨金色八十種好一。皆當レ作レ佛、隨二所願一、在レ所二求欲一。於二他方佛國一作レ佛。終不レ復二更泥犁禽獸薜荔一。隨二其精進求道一、早晚之事同等爾」（大・一二・三一一上）とあり、阿閦佛國經にも「甫當レ生者皆得二阿惟越致一」（大・一一・七五八下）、「所以者何、其人不三復墮二弟子緣一覺道一。所以者何、其人即爲立二不退轉地一、從二一佛刹一復至二一佛刹一。目常悉見二諸佛一、皆悉諷二誦佛道行一。當レ成二無上正眞道最正覺一」（大・一一・七五九上）といひ、又「其人如レ是得レ爲二阿惟越致一。譬如二天中天一。有レ人、持二王書及糧食一、以二王印封書一、往二至他國一。其人行至二他國縣邑一。中道無レ有二殺者一。亦無レ有二能嬈者一。獨自往還無レ他」（大・一一・七五九下）等と言つてゐるのである。大阿彌陀經の示す所は、阿惟越致の菩薩が地獄・餓鬼・畜生の惡趣に墮せざることであり、阿閦佛國經に於いては二乘地に墮せざることを不退轉と言つてゐる。兩經に於いで兩義兼用のことは言ふ迄もなからう。後世この不退に就いて或は位行念の三不退を說き（窺基の西方要決）、或はこれに處を加へて四不退とし、又は信位證行の四不退（法華玄贊、群疑論）、これに煩惱を加へて五不退とする等、種々の分類が行はれるに至つたが、要するに佛道より退墮して邪見の徒とならないこと、從つて三惡道に退轉しないこと、二乘地に退いて菩薩の大心を失はないこと等を意味し、積極的には必定成佛を意味するものであることは明かである。

今般若經は、この佛教の行道に於いて重大視された退轉不退轉といふ問題を持つて來て、此の品に於いて、その不退轉位に入つた菩薩が如何なるものかを示さうとしてゐるのであつて、

一、以レ是如入二諸法實相一亦不二分別一。

二、出二是如一已更聞二餘法一不レ疑不レ悔不レ言二是非一。

三、有所說。終不說無益事。言必有益。不觀他人長短。

四、實知實見……不禮事餘天。

は、菩薩が至るべき所へ至つて、退轉の原始的意義に於いて異教に走らざることを示すものであり、

五、不墮三惡道、不受女人身。

は不墮惡趣を示し、

六、離十不善道行十善道。（取意）

七、法施如法滿願。

八、若來若去心常不亂……安庠徐步。

九、心淸淨身淸淨。

十二、入諸禪不受彼果。（取意）

十三、於諸衆生……生安隱利益之心。

十四、在居家不染著諸欲。

十五、修賢善行。

はその平生の生活の內景を示し、

十、聞深法時其心不沒。

十一、及び十九、聞惡魔誘惑不迷。（取意）

は二乘に墮せざることを示し、

十六、不レ樂レ說二世間雜事一………心不レ樂二鬪訟一………。

は阿含に退轉の一因として擧げる多辯を好むこと (bhassarāmatā)、事を好むこと (kammarāmatā) なきを顯し、

十七、生二他方清淨佛國一………常得レ供二養諸佛一。

は既に大阿彌陀經、阿閦佛國經の記るすところであり、

十八、來二生中國一……少レ生二邊地一、若生二邊地一必在二大國一。

はその必然的にかかる人に來る心身の幸福を示し、さうしてこれらを結んで、「佛のみならず、聲聞等の說法を聞いても心に疑ひがない。それは無生忍を得てゐるからである」としてゐる。不退轉とは畢竟無生忍を得ることであつて、無生忍を得て不退轉となるのである。般若經はかくして大乘の菩薩の不退轉の相狀を示すと共に、その何が故に不退轉となるかの理由を示して、それが無生忍を得ることにあることを明したのである。爾來大乘經典はこの般若經に依つて得無生忍を重大視して、常にそれを書き表はしてゐるのである。

第十七深功德品は施護譯の性空品と甚深義品に當り、梵本はただ Śūnyatā-parivarta とするものである。前の不退轉品を承けて、菩薩の不退轉相は菩薩の甚深の勝相であり、その甚深の勝相とは般若波羅蜜の相であり、般若波羅蜜の相とは空の義、無相・無願・無作・無性・無染・涅槃・寂靜等の義なりとして、空に歸つたのである。然もこの品に於いては、空と言つても空が空として滯るべきものでない事を顯して、空の義は一切法の義、一切法の義は亦是れ甚深の相 (sarvadharmānām api etad adhivacanaṃ yaduta gambhīraṁ) と言つてゐる。甚深は甚深と滯れば其の儘至淺であり、尋常茶飯の處にむしろ甚深相があるからである。これを顯して色は甚深、受想行識は甚深といふ。然しその色受想行

識の五蘊の甚深なる所以は、それが眞如に裏づけられてゐる故であるから、次に色受想行識の甚深なる所以は、其の五蘊の如が甚深であるからであるといひ、言ひ換へれば、色の如が甚深なるが故に色が甚深であるとは、色が色その儘でない處に甚深相があることであるから、次にこれを、色のない所に色の甚深相があり、受想行識のない所に受想行識の甚深相があると言つてゐるのである（yatra na rūpam iyaṁ rūpasya gambhiratā）。更に言ひ換へれば、色を超えて、色に歸つて色の甚深相があり、受想行識を超えて、受想行識に歸つて受想行識の甚深相があるので、この甚深相の體驗はさとりであり、涅槃である故に、經典はこれを、色を遮遣して微妙なる方便に依つて涅槃を示現し、受想行識を遮遣して微妙なる方便に依つて涅槃を示現すると言つてゐるのである。さて斯くの如く般若は甚深である。其は最も淺くて最も深いものである。平常の事に違はずして其處に深味があるのである。それ故にこの甚深の般若波羅蜜が敎へるが如く、說くが如く、思惟し、學習し、戀するものが戀人を思ふが如く思念すれば、退轉の過はないのである。經典は斯くの如く、般若波羅蜜に依つて退轉を免がれ得るものである事を敎へて、茲に再び般若波羅蜜がその他の一切行に勝ることを說き、般若波羅蜜に依る功德の大なるを說き、直ちに又空の立場に歸つて起作（玄奘は諸行とす。abhisaṁskāra の譯）が憶想分別（vikalpa）なることを語り、菩薩は般若波羅蜜を行ずる時、功德の起作は空なり、無所有なり、虛妄なり、不實なり（sūnyaka, riktaka, tucchaka, asāraka）と了知し、從つて般若波羅蜜を遠離せず（avirahita）、離脫せざるが故に、無量無數の功德があるのであると示してゐる。茲に無量無數と說いて、この二語から再び端を起し、無量が量を超え、無數が不可數盡なることを言つて、その無量が色無量、受想行識無量と言はれる意味に於いて空なることを言ひ、再び一切法がその儘空にして不可說なることを示してゐる。要するに空性に隨順することが菩提に近づく、又菩提を得る所以であるのである。而してその空性に隨順するとは、諸法の如を體驗し、一切諸法は不可得・不可說・增減なきことを知り、而も一切の法に執着しない事である。菩薩はこの法に依つて無上の菩提を得ると考へない。何故なれば、この法と取る處に執着があり、空性に離れるからである。この法に依つて未來成正覺の記を受けると思はず、この法に依つて無上正覺を得ると思はず、この般若波羅蜜に契ふ心を以つて修行してさとりを得るや否やに就いては疑惑なく、ひたすらに勤行精進するのである。菩薩はこの心に於いて一切の怖畏を離れてゐるものである。この般若の深法を聞いても驚かず怖れず、曠野に惡獸を見ても、一切の所有を捨てるが故に驚かず怖れず、却つて我が身を捨てて布施波羅蜜を滿足することを喜び、成佛の時その佛土中一切の傍生餓鬼なからんことを願ふのである。又曠野に群賊を見ても怖れず、我が身命を害するならば害せよとし、これに依つて瞋恨を抱かず、布施と忍辱の波羅蜜を滿足して、成佛の時その國土に一切の劫害怨賊なきことを願ひ、曠野無水の處、饑饉の處、かくの如き處に行つても恐れず、法水を注いで有情を濕さんことを願ひ、成佛の時その佛土に一切の資具備はつて、一切の災橫疾疫なきことを願ふのである。この故にこの如來の眞淨空敎（第四會、大・七・八三三中にのみある語）に隨うて、功德の鎧を被つて精進するものが、速かに無上菩提を得るのである。

第十八恒伽提婆品に於いて、經典は、佛陀がかくの如く種々に說法してゐ給ふ時、その座に恒伽提婆といふ女があつて、佛に對して、我れこの說法を聞いて驚かず恐れず、未來世我れ亦一切衆生の爲に斯くの如く說くべしと述べ、佛陀より汝は壽命終つて阿閦佛國に生れ、一佛の世界より一佛の世界に至り、世々佛を離れず、未來星宿劫に於いて成佛し、金華如來（Svarṇapuṣpa）となるべしとの記別を受けたことを記るしてゐる。この婦人は經典自身も記るすが如く、燃燈佛事に、釋尊の前生物語と共に出づるものであつて、燃燈佛物語の原形に於いては釋尊の妃の前生であり、耶若達（Yajñadatta）の女蘇羅婆提（Sūravatī?）と稱せられ、釋尊が燃燈佛を布髮供養する時、五莖の蓮華を釋尊に與へ、世々釋尊の妃となるべしと發願したものである。今般若經に於いては、茲にこの女を拉し來つて、妃としての關係には少しも觸れず、ただその深厚なる宿因と誓願とに依つて、茲にその婦人の結末をつけたものである。この物語に依つて知ることの出來ることは、般若經がその數多い資料の中に、燃燈佛事と阿閦佛國經を有してゐたといふことであつて、般若經は、この恒伽提婆女が命終の後に生れる世界を阿閦佛國として、燃燈佛事と阿閦佛國とを關係づけたのである。而してこの般若經が何の必要があつてこの女を連れて來たかと言ふに、そこには必然的な意味はなく、般若經がその般若と空とを表顯するに取つた詩的表現の態度からして、遙かに先に出した燃燈佛の御許に於ける釋尊の受記物語に應ぜしめて、戯曲的な效果を擧げようとしたに過ぎないのである。それ故に經典は直ちに再び教理の說明に歸つて(道行・大明度は守空品、施護譯と梵本は善巧方便品)、先づ般若波羅蜜は空を習ひ、空を觀じ、空三昧に入るべきも、空を證せざるべきを言つてゐる (śūnyatāṁ na sākṣāt kuryāt)。空を觀じ、空三昧に入るとは、鳥の空を飛んで墮ちないことであり、空を證せずとは、鳥の空に止まらざることである。更に譬へて言へば、射法を善くするものの矢が、矢に矢をついで停まらず、空を行くのと同じく、相續いて停まらず行くのは學ぶことであり、入ることであるが、空にでも停まれば墮ちざるを得ない。それが證ることである。茲に證るといふことは原語 sākṣāt karoti であつて、語の意味は、眼の前に明かになすと言ふ程度のものであらう。sākṣa は「眼を持つ」であるからである。この語を諸本皆「證」で譯してゐるが、眼の前に明かにする、其處に凝着する、傍住すると言ふ意味であらう。超越はそのままに隨順でなければならず、隨順のない超越は逃避と別に異なるところがない。涅槃は生死に歸ればこそ涅槃であるが、涅槃のみの涅槃は眞の涅槃でない。その意味に於いて、大乘では不住處涅槃といふ名目まで出來てきてゐるのであるが、この意味が茲に語られてゐるものであつて、空無所得は觀じ學ばねばならぬが、滯つてはならない。何故なれば一切衆生を捨ててはならないからである。一切衆生を捨てて自己のみの得脫に据つたのが聲聞・

緣覺であるから、空を證し、實際を證することは、二乘地に墮することであつて菩薩道でない。般若經は茲に方便（upāya）と言ふことを持つて來て、般若に依るが故に生死の迷妄に住せず、方便に依るが故に涅槃の宮殿に住せず、般若と方便とに依つて、生死を超越して生死に隨順する眞生活あることを教へるのである。さうしてこの超越と隨順の生活を得るものを、經典は茲に不退轉の菩薩と呼んでゐるのである。

第十九阿毘跋致覺魔品に於いては、經典は、先に言ふ超越と隨順との生活を得るもの、これ不退轉の菩薩なりと言ふを承けて、更に再び不退轉の菩薩の相貌を擧げ、第一に二乘地を愛樂せざると共に、住三界心を生ぜずと言ひ、この菩薩は夢にでも佛が大衆に圍繞せられて說法し給ふを見、又自ら虛空に住して說法度生する相を夢み、又夢に地獄を見、或は餓鬼界を見、畜生趣を見て、我れ成佛の時、この三惡道我が佛國の中になかるべしと發願し、又市城の火に燒けて行くのを見、又は人の非人につかれて苦しむのを見て、我れ必ずこれ不退轉の菩薩、このこと實ならば火は滅し、非人は離るべしと言つて火を消し、非人を離し得べき事を記るしてゐる。然し茲に注意すべき事は、菩薩はかくの如く夢にだにも佛道を離れず、衆生の幸福を思念するものであり、その實語の力善く不思議を顯し得るものであるが、茲に又惡魔が誘惑の顏を顯すことのあることである。經典は、惡魔の力に依つて非人を離したのを、實語力に依つて非人を離し得たと考へて、增上慢を起すのは魔道に墮するものであると言つてゐるが、實語力に依つて非人を離し得たことを憍れば、それが惡魔の誘惑にかかつたもので、魔道に墮したことになるのである。佛魔一紙の修道上の際どいところを、斯くの如く顯して警告し、次の第二十深心求菩提品に於いて、それ故に佛道の行者は常に善知識に親近すべきことを語り、その善知識といふのは、一、諸佛世尊、二、六波羅蜜、別して、分けて般若波羅蜜なることを教へてゐるのである。

第二十一恭敬菩薩品は、梵本の Abhimāna-parivarta と Śikṣā-p. 兩品に當り、道行、大明度、施護譯はこの分け方に一致し、第五會は單に修學品とし、第四會は前者を無雜無異品、後者を迅速品としてゐるものである。それでこの品の前部即ち他經の增上慢品に於いては、修道上の心得に就いて警告を發したものであつて、前の魔事品が總括的に般若に對する魔事留難を記るすのに相應すると共に、前の阿毘跋致覺魔品に言ふ所の憍慢の魔道に墮することの警告につながるものと見ねばならぬ。經典は先づ、菩薩が般若波羅蜜に離れない時には、惡魔は箭に射ぬかれた樣に憂惱することを述べ、次にこの惡魔が便を得て喜ぶ機會を左の如く述べてゐる。

一、先世深般若波羅蜜を聞いて信受することの出來なかつた菩薩。
二、この般若波羅蜜を聞いて、この般若波羅蜜ありや否やと疑惑を生ずる菩薩。
三、善知識を離れて惡知識に近づき、般若波羅蜜を聞かざる菩薩。
四、邪法を受持する菩薩。
五、「般若波羅蜜の底を我等と雖も得ることが出來ない、況んや汝等聞いて何の用があらう」といふ菩薩。
六、同じく自分の遠離に就いて高ぶり、「この功德なき汝、般若を聞くも解せず」といふ菩薩。
七、惡魔がその名を稱讚するのを聞いて高ぶり、他の菩薩を輕んずる菩薩。
八、菩薩と諍ふ菩薩。

この八類の菩薩に對して惡魔は大いに喜んでその便を得るものであるが、要は前世の宿因と、修道上の善友と、修道上の謙虛なる態度に就いて教へるものである。經典はつづいて言ふ。若し未受記の菩薩が已受記の菩薩に對して瞋恨の心を起せば退轉は免がれず。起一念、退一劫である。それ故に菩薩は正に一切衆生に對して慈忍を行じ、一念の瞋心をも起さないやうに心がけねばならぬ。善を見て喜び、恨み、嫉む情を生ずる事のない樣にせねばならぬ、聲聞乘の人に對しても輕侮の心があつてはならず、菩薩に對して佛の想をなし、大師の想をなし、同一乘同一道の考を以つて向はねばならぬ。

この品の後部即ち他の經典の學品は、再び般若波羅蜜を學ぶことのいかなることかを示すものであつて、經典は茲に次の樣に言つてゐる。

「若盡學則學㆓一切智㆒。若離學則學㆓一切智㆒。若無生無滅無起無染無性如虛空法界寂靜等學則學㆓一切智㆒。」（大・八・六五八中）

sacet kṣaye śikṣate sarvajñatāyāṁ śikṣate. evam anutpāde anirodhe ajātau abhāve viveke virāge ākāśe dharmadhātau·……nirvāne śikṣate sarvajñatāyāṁ śikṣate.

何故に（kiṁ kāraṇaṁ）盡を學び、不生・不滅・離・寂靜等を學ぶことが一切智を學ぶことであるかと言へば、如來の如來たる所以は如を證つたことであるが（原文は「如來の如、その如に依つて如來が如來たる」Yā tathāgatasya tathatā yayā tathatayā tathāgatas tathāgata iti とあり）、その如は生ずるか、又は盡きるか。否生ぜず、盡きない。何故なれば、盡は不盡であり、不盡は盡であるからである（na hi kṣayaḥ kṣīyate, akṣayo hi kṣayaḥ. p. 424 諸譯この所皆異なる）。それ故に、如は不盡なりと學ぶことが一切智を學ぶことであり、般若波羅蜜を學ぶことであると言はねばならぬ。初めに、盡を學び不生・不滅・離・寂・靜を學ぶと言つたのは、不盡・不生・不滅のことであるが、其を否定的に顯し、離執の意味から、盡を學ぶとか離・寂靜を學ぶとか言つたものである。斯くの如く學ぶことは法の實相を得ることであり、從つて般若波羅蜜に契ひ、無生法忍を得るに至る所以であるから、經典は、斯くの如く學ぶのは佛地を學ぶことであり、如來の諸功德及び一切智智を學ぶことであり、三惡趣に墮せず、下賤に生れず、不具とならず、非法に近づく事の無い者になるのであり、如來の清淨力、清淨無畏を得ることであると言つてゐる。而して茲に清淨と言つて、その清淨に就いて一切法本性清淨の教理を出してゐるのであるが、この自性清淨說 (svabhāva-pariśuddhi) は元來優波尼沙土の思想であつて、それが佛教に依つて採用されたものであり、本來は心性の清淨なることを言つたものに相違ないのであつて、我々の心性が奥へ進んで行けば、染淨を超え、善惡を離れてゐることを示したものである。ところが茲に般若經系の無所得空の教理からして、それが押し廣められて、すべての諸法の無自性の自性が、即ち無所得なるところが、有無・染淨等あらゆる相對を否定する意味に於いて清淨とせられるに至つたものであつて、部派佛教に於いては、既に大衆部に於いて著しくその萠芽を見得るものである。既に本來清淨と言ふならば、何故に、今ここに是くの如く學んで清淨を得るといふやと提起して、本來自性の清淨なるを知るもの少く、今、理の如く學んでこの自性清淨なるを覺了するが故に、諸法の清淨を得ると言つたのであると通じてゐる。斯くの如く學び得るものは實に選ばれたるものであつて、實に少中の少と言はねばならぬ。丁度大地は荊棘に包まれること多く、閻浮檀金を藏すること少きが如きものである。

次に第二十二無慳煩惱品に入つて經典は言つてゐる。斯くの如く學ぶものは、慳貪の心を生ぜず、破戒の心を生ぜず、瞋惱の心を生ぜず、懈怠の心を生ぜず、散亂の心を生ぜず、愚癡の心を生ぜず、諸の煩惱を起さない。何故なれば般若波羅蜜は六波羅蜜を攝し、すべての善行の根本であるからである。丁度六十二見が身見に總括せられ、一切の諸根が命根に根本を有するが如きものである。然し般若波羅蜜は斯くの如く一切の善と行との根本なりとは言へ、又斯くの如く分別すれば般若波羅蜜とはならない。分別なく、知らず、見ず、得る所なき狀態に於いて、始めて般若波羅蜜を修學すると言はれるのである。他經は茲から幻喩品になつてゐるが、經典は、ここに再びこの甚深の教理を隨喜する天帝釋を點出し來つて、天華を佛の上に雨らして、その隨喜の心を顯さしめ、般若波羅蜜を聞いてすら大利あり、況んや行ふものは言を俟たないと言はしめてゐるが、再びもとへ戻つて、般若波羅蜜は分別のない所にあるものとして、虚空の、是は近し、是は遠しと分別せざるが如く、幻人の、幻師に近く、觀者に遠しと分別せざるが如く、般若波羅蜜にも亦かくの如く分別のないものであることを言つてゐる。般若波羅蜜は分別なく、憎愛なく、行うて行ふことを忘れ、成つて成つたことを知らないものである。羅什譯ではこの所は既に第二十三品稱揚菩薩品になつてゐる(以下他品では堅固義品)。

かくの如く行うて行ふことを忘れ、成つて成つたことを知らないのが般若波羅蜜であるから、この般若波羅蜜を行ずるものは、これは堅固の義(精要 sāra)を成行するものと言はねばならない。猶進んで言へば、菩薩は一切衆生を度する意味のものであるが、その度する衆生に目のつくものは度することの出來ないものであつて、衆生畢竟不可得、衆生も亦、一切法が離(vivikta)なるが如く、離なるものであることを知らねばならぬ。度すべき衆生のなきに至つて始めて衆生が度せられるのである。この心の菩薩を一切の天も稱揚禮念し、諸佛も護念し給ふ故に、この菩薩は不退轉となるものであつて、全世界の惡魔が擧つて來ても、一指もこの菩薩に觸れることが出來ないのである。即ち菩薩は二法を成就するものであつて、惡魔に襲はれない。それは一は觀一切法空(sarvadharmāś cānena śūnyatāto vyavalokitā)、二は不捨一切衆生(sarvasattvāś cāsyāparityaktā)である。一は自已の解脱であり、一は他への活動である。又如說能行(yathā-vādī tathā-kārī)と諸佛稱讃(buddhaiś ca bhagavadbhiḥ samanvāhriyate)とである。經典は最後にこの實例を出して、阿閦佛世界の實相(寶幢 Ratnaketu—施譯)菩薩を我れ今稱揚するが如く、十方の諸佛も今我が世界に於いて般若を行ずる菩薩を稱讃し給ふとして、再び阿閦佛國經への關係に歸り、佛は阿鞞跋致の菩薩を稱讃するが如く、又阿閦佛が、因位修行の時の忍辱行を修するものと、實相菩薩の今現に修するが如く修するものをも、稱讃すると言ひ、未だ無生法忍を得ずとも一切法空を信解するものを稱讃すると添へ、而してかくの如く諸佛の稱讃と護念を得るものは必ず不退轉地に入ると言つてゐる。

第二十四囑累品は、道行、大明度及び第五會に於いて累教品、付囑品と名けられ、正しくは梵本、施護譯、第四會に於いて散華品（Avakīrṇa-kusuma-p. 施護—散華緣品）と呼ばれるものであるが、實際は前の堅固義品（堅固品 Sāra-p.）の後半から含んでゐるものである。それで初めの部分は一切の所說皆空に因り、空に根據することを言ひ、般若波羅蜜は不可得であるから其を行ずるものもなく、菩提も不可得であるから其を得るものもなく、一切智も不可得であるから其を證するものもなく、如も不可得であるから如に住するものもなく、斯くの如き般若を說く須菩提は、一切法の無所得行を行じてゐるものであるが、菩薩の般若波羅蜜を行じてゐるものに比しては、その幾萬分の一にも足らずとし、般若の空理を說くと共に、この空理に根據する菩薩の大行を稱說してゐるのである。この說法があつた時、諸天が天華を雨らすと、座上の比丘六百（施護譯）が、これを受けて佛の上に撒き散らして菩提心を起し、佛から、未來星宿劫（施護譯）に於いて成佛し、同じく散花と名ける如來となるべし、との記別を受けることを記るしてゐる。これが梵本等に於いて散華品と呼ばれる所以であり、茲に般若廣說の座上に於いて、六萬の比丘が發心し記別を受けた譯であるから、般若廣說の意義があつた譯で、從つて茲にこの經典の說法は終つた譯である。それでこの以後はこれ經典の囑累となつて、この故に菩薩最上行を行ぜんと欲せば般若波羅蜜を行ずべしと言ひ、人間と兜率天がこの般若波羅蜜行を行ずる最適の地なることを言ひ、又この般若波羅蜜を行ずるものは諸佛の護念を受けるものなることを言つて、この法を阿難に付囑してゐるのである。この付囑の語も頗る慇懃であつて、この般若波羅蜜を除いて他の受持する所を忘れても、其の過はなほ小さいが、この般若波羅蜜は三世の諸佛の法藏であるから、この法を忘失すればその過は頗る大である。若し何人でも我れを恭敬供養せんと欲するものは、この般若波羅蜜を供養するがよい。これは啻に我れを供養するのみならず、三世の諸佛を供養することである。又もし何人も、佛・法・僧の三寶及び一切諸佛の菩提を愛重するものは、この般若波羅蜜を愛重するがよい。何となれば、佛・法・僧も一切諸佛の菩提も、皆この般若から生ずるものであるからである。經典は最後に、六波羅蜜は般若波羅蜜に依つてのみ六波羅蜜であるが故に、六波羅蜜が菩薩の母であり、諸佛を生ずるものなるが故に、この六波羅蜜の無盡の法藏を付囑すると言ひ、二乘の證果を得る小法に對して、佛果を得るこの大法の德を擧げて、付囑の意味を一段重からしめて終つてゐるのである。

小品般若はこの囑累品で一應終つたのであるが、前から屢〻見るが如く、小品般若が阿閦佛國經と特別の關係のあるところからして、玆に再び、佛力に依つて阿閦佛の世界を見るといふ一場面を畫いて、これに依つて再び般若の理を說いて一品を作つたもののやうに見える。第二十六品の隨知品は第五會に缺き、大品般若に見ることの出來ないものであり、且つ大明度、道行のこの品の內容と、他經のこの品の內容とは異なつてゐるのであるが、この品は何れからかは解らないが、他から早い時代にこの小品に附加せられたものでなからうかと思はれる。或はこの場合、法華經が二十二品囑累品にて終つて後に、藥王菩薩本事品以下六品が加へられたのと同じく、この囑累品で小品般若は終つたものであり、第二十五品の見阿閦佛品以下四品は附加物と見られないこともないやうであるが、この小品般若に於いては、絕えず阿閦佛に關係を持たうとする動機から考へても、各本の比較對照から見ても、見阿閦佛品は初めからあつたものであつて、羅什譯小品がその品を「説₂是法事₁、諸比丘衆・一切大會・天・人・阿修羅皆大歡喜」と結び、第五會が同じく「一切大衆聞₂佛所説₁、皆大歡喜信受奉行」と結んでゐるのが、その原始形を持つてゐるものの様に思はれる。隨知品は先に言ふが如く附加であり、常啼・法上の二品も、その種々の三昧を多數に擧げて來るところから見ると、小品よりは明かに後期のものであり、後に附加せられたものに相違ない。それでなければ、第一に囑累が一經典に二度なされることになり、頗る可笑しなことになるからである。施護譯、第四會、梵本は、この矛盾を除く爲にこの囑累といふ品名を缺いてゐるのである。然しこの附加も既に道行、大明度が有してゐる所から見れば、紀元二世紀の中葉には既になされてゐたものであつて、それ以前にそれらの經典が獨立に存在してゐたことを考へなければならぬわけである。

次に第二十五の見阿閦佛品は、上に言ふが如く、囑累品に續いてこの小品般若の最後となるものであるが、世尊は斯くの如くこの法を阿難に委囑し終つて、その神力に依つて、會座の人々に、阿閦佛が菩薩・聲聞の大衆に圍繞せられて說法し給ふ有様を見せ、やがてその神力を納めて再び見ることの出來ないやうになされたのである。「今迄見えてゐたものが見えなくなつた」。この事實に依つて再び次の般若の說法が始まるのである。佛の神力に依つて見えたのであるから、神力を攝め給へば見えなくなる。それはその世界が眼の境界に入つて來ないのである（cakṣuṣa ābhāsam āgacchati）。かくの如く一切の諸法は眼の境界に來らず、法は法の境界に來らず、法、法を見ず、法、法を知らないのである。それは何故なれば、法は不知者（ajānaka）、不見者（apaśyaka）、不作者（akāryasamartha）であるからである。更にその故を求むれば、一切法は虛空の如く、無貪著（nirīhika）、無執取（agrāhya）であるからである。實に一切法は幻人の喩の如く、不可思議であり、感覺なく（avedaka）、不堅實（asadbhāvatām upādāya）である。菩薩が斯くの如く行ずるのを般若波羅蜜を行ずると名けるのであつて、かくの如く見るものは、法に於いて著する所なきが故に心に於いて自由無礙であり、法に於いて無盡（akṣaya）を見るものである。經典は茲に十二緣起支の各〻の無盡を說いて、菩薩は道場に坐して、斯くの如く十二緣起を觀じて二邊を離れ給ふ事を言ひ、これを菩薩不共之法（āveṇika-dharma）と呼んでゐるが、要は施護譯の言ふが如く、緣生の法が幻人の如く不堅實にして、しかもそれ故に無盡なるを觀じて有無の二邊を離れ、又その中道にも住せざることを言ふのである。

「菩薩摩訶薩能如是觀諸緣生時、即不見有法非因緣生。亦不見有法是常是究竟是堅牢。亦不見法有作者有受者。」（大・八・六六六中）

とあるのはこの意味である。この般若波羅蜜を得るものは、繰り返して前に幾度も言ふが如く、他の五波羅蜜を成就するものであり、又一切の善と一切の方便力を具足するものである。從つて菩薩の不退轉位に上り、三惡道に墮せず、諸佛を離れず、必ず菩提を得るものである。それは香象菩薩（Gandhahasti）が阿閦佛國に於いて今現に然るが如く、我が佛國に於いてもそれに同じいのであるとして經典は終つてゐる。

次の二十六品隨知品は、先に言ふが如く、一度經典の終つた後へ附加せられたもので、さまで重要なものとは思はれない。原語は Anugama であつて、隨從の意味であり、「又須菩提よ、般若波羅蜜は菩薩摩訶薩に依つて隨ひ（知）らるべきなり。一切諸法は無礙、般若波羅蜜もかく隨ひ知らるべきなり。」とある處から出た品名である。今その隨ひ知らるべき相を下に出して見よう。それはその儘に諸法の實相を示すこととなるものであるからである。

一、一切諸法無礙。(asaṅgataḥ)

二、一切諸法無分割。(asambhedanataḥ)

三、一切諸法無壞。(asambhavataḥ)

四、一切諸法無變異。(nirvikārasameti)

五、一切諸法無我無表示、慧所覺了。(anātma-vijñaptitaḥ prajñānubodhanataḥ)

六、一切諸法はただ名と字にて得らる。(nāmamātreṇa vyavahāramātreṇa abhilapyanta iti)

七、一切諸法は施設にして何物もなく、何處にもなく、少しもなし。施設されず、施設されざるもの。(vyavahāraś ca na kvacin na kutacin na kaścid vyavaṅāraḥ. sarvadharmā avyavahārā avyāhārā avyavahṛtā avyāhṛteti)

八、一切法無量。(apramāṇataḥ)

九、一切法無相。(animittataḥ)

一〇、一切法自性清淨。(prakṛti-pariśuddhitaḥ)

一一、一切諸法寂默。(avacanataḥ)

一二、一切諸法の滅は斷に等し。(anirodhataḥ prahāṇa-samatayā)

一三、一切諸法の涅槃に達したる如は等し。(nirvāṇa-prāptitas tathatā-samatayā)

一四、一切法は不來・不去・不生・不被知。(nāgacchanti na gacchanti ajānānā ajātā atyantājātiteti)

一五、一切法重擔を捨つ。(apahṛtabhārā bhārānāropaṇatayeti)

一六、一切法無方無處。(adeśāpradeśataḥ)

一七、一切法寂滅安樂。(nirodha-prahlādanatvāt)

一八、一切法無喜樂。(aratyaviratitaḥ)

一九、一切法無染。(araktāviraktatayā)

二〇、一切法無着離結。(asaktāḥ saṅgāsaṅgavigateti)

二一、一切法は菩提にして、佛智の覺了する所。(bodhiḥ sarvadharmā buddhajñānāvabodhanatayeti)

二二、一切法、空・無相・無願。(śūnyānimittāpraṇihitatayā)

二三、一切諸法藥慈を上首となす。(bhaiṣajya-maitrī-pūrvaṅgamatayeti)

二四、一切諸法は慈・悲・喜・捨に住す。(maitrī-vihāriṇaḥ karuṇā-vihāriṇo muditā-vihāriṇa upekṣā-vihāriṇa iti)

二五、一切法梵有過失を離る、一切の過失を離る。(sarvadharmā brahmabhūtā doṣānutpādanataḥ sarvadoṣānutpādanataḥ)

二六、一切法無願から。(sarvadharmāṇām apraṇihitato 'pratihatiteti)

二七、大海無邊。(samudrāparyantatayā)

二八、虛空無邊。(gaganāparyantatayā)

二九、須彌莊嚴。(meruvicitratayā)

等である。

第二十七薩陀波崙品と第二十八曇無竭品とは、薩陀波崙菩薩が曇無竭菩薩の許に般若の法を聞くといふ一連のものであつて、華嚴經入法界品の善財童子の求道物語と共に、佛敎經典を莊嚴する熱烈な求道譚である。薩陀波崙は梵名 Sadāprarudita であり、常啼と譯され、佛を見ることを得ず、法を聞くことを得ず、しかも熾熱な求道心が燃え上つてどうすることも出來ず、身の薄運を嘆いて悲泣する所から名けられたものである。善財童子物語は、明かに天譬喩(Divyāvadāna)四三五頁以下に出づる Uttarapañcāla 國 Hastināpura の王 Mahādhana の子 Sudhana が Manoharā といふ kinnarī と戀に落ち、一旦 Manoharā を妻とすることを得たが、Manoharā が人間でない悲しさに、王宮を去つて深山に入らねばならぬことになり、密かに逃げ去つたのを忘れることが出來ず、野山にこれを逐うて遂に行き暮れ、木に草に石に、邂逅するあらゆるものに切なる情を投げかけて、戀人の行方を尋ねるといふ哀切なる戀物語を轉化して、あの莊嚴無比な求道物語が出來上つたものであるが、この常啼菩薩物語の原形がいかなるものかは今日知ることが出來ない。然し恐らく六度集經七卷に載せるところの常悲菩薩物語(大・三・四三上)は、尠くともこの般若經のこの二品に先行するものであらうと思はれる。尤も前に旣に言ふが如く、現存六度集經は決して小品般若以前のものでなく、般若經の影響を受けて出來上つたものではあるが、然しその中の箇々の物語は、古い形の六度に關する經典と共に、可成り古い時代に出來上つてゐたと想像することは、決して無暴なことではないと思はれる。

今この六度集經七卷の常悲菩薩物語は、常悲は明かに Sadāprarudita であり、無佛の世に生れて、世に佛なく、經典悉く隱沒し、沙門賢聖なく、人々皆穢濁にして正に背き、邪に向ふのを悲泣する、佛滅後の佛徒の哀切の情を寫してゐるものである。六度集經に依ると、常悲菩薩は我が釋尊の前生であつて、影法無穢如來王の滅後、敎法すべて盡きた時代に生れた菩薩である。小品般若の諸本では、皆常悲菩薩を釋尊の前生とせず、今現に諸佛の御許に般若を行じてゐる菩薩としてゐる。影法無穢如來王のことは僅かに道行と大明度とに出てゐるだけであつて、道行はこの佛名を曇無竭阿祝竭羅佛

（大・八・四七一上）とし、大明度は景法自穢來王（大・八・五〇四上）として居り、原語は一寸導き出せないが、同じい佛を意味することは明かであり、この佛の滅後、經法滅盡の世に生れて、身の悲運を啼泣するので、常啼と名けられたのであつて、かくてこそ常啼の名の理由も立つので、他の小品及び大品の樣では常啼は常啼たる理由が頗る不明又は薄弱になるのである。六度集經では前に言ふが如く常啼を釋尊の前世とするのであるが、般若經では今現存の菩薩とするのである。さうしてその所在を左の如くにしてゐる。

大明度	香積	衆香國（大・八・五〇三下）
道行	揵陀羅耶（Gandhālaya）	尼遮揵陀波勿（大・八・四七〇下）
羅什譯小品	雷音威王佛（大・八・五八〇上）	
施護譯	雷吼音王（大・八・六六八上）	
放光	雷音（大・八・一四一中）	
羅什譯大品	大雷音（大・八・四一六上）	
大般若（第一會）	大雲雷音（大・六・一〇五九上）	
Aṣṭa.	Bhīmagarjitanirghoṣasvara (p. 481)	

道行、大明度は同一のものであり、その他諸經は諸經だけで、又この名に關する限り同じいものであることが解るのである。常啼といふことが佛滅後の佛徒の哀切の情を寫したものとすると、六度集經と道行・大明度の記述を、それに契ふものとしなければならないが、さうすると尠くとも六度集經の物語は、道行・大明度に先行するか、又は共に依つたものかであり、その他の諸本を知らないものとしなければならぬ。般若諸本の如く、常啼を今現にある菩薩とするものが古い

形であるか、六度集經の如く、常啼を釋尊の前生とする方が古い形か、これだけは論定することが出來ず、六度集經はその性質上、常啼を釋尊の前生としなければならないのではあるけれども、後に言ふこの物語が見佛三昧に關係する所多い點から考へて見ると、六度集經のそれが先行であつて、道行、大明度の如く變化され、更に他の諸本の如くなされたものであると想像する方が、妥當の様に思はれる。このことは後へ行つて明かになるであらうと思ふ。

それで道行、大明度を除く般若の諸本では、常啼菩薩が一切を放擲して般若波羅蜜を求めた時、此より東行して一切を思はず、一切を求めず進めば、般若波羅蜜を聞くことを得べしとの、空中の聲を聞いたとするのであるが、道行、大明度では、夢に天人が大法を求めよと語るのを聞いて、覺めて後求めたけれども、その大法を得ることが出來ず、啼き悲しんで常啼と名けられるに至り、又天人より、先に入滅し給うた曇無竭阿祝竭羅佛のことを聞き、出家して深山に入つたけれども佛を見ず、法を聞かず、菩薩所行の法を得ず、啼哭して、玆に空中より、般若波羅蜜と言ふ大法があり、若し守れば疾くに佛たる事を得るから求めよと聞かされ、玆に東方へ進むことを敎へられたと言ふのである。六度集經も亦之に同じい。玆に東行とあるが、東方と言ふことは別に意味がある様にも思はれない。佛鳴 (Buddhaghosa) の尼柯耶 (Nikāya) の註には、印度には古く東方進出の信仰のあつたことを思はせる記事があるが、それに似てゐる所は多いけれども、今は勿論そのことを意味するものではない。幾度も言ふが如く、般若と阿閦佛國經との特殊の關係から、東方が言はれたやうに考へられないこともないやうであるが、常啼菩薩品以下は阿閦佛國經に何の關係もなく、又この二品が小品般若以後の作であつて、同一の意志で作り出されたものでないことも明白であるから、東方妙喜世界を豫想してのものでもない。思ふにただ何となしに東と言つたものであらう。强ひて言へば法上菩薩所住の地衆香 (Gandhavatī) が東方に位してゐたためだと言ふより外はなからう。

常啼菩薩は東方へ進めと言ふ空中の聲を聞いて勇み進んだが、數日にして又忘然としてなす所を知らない悲境に陷つた。それは空中の聲はただ東方と敎へるのみで、それが幾何の距離であるか、何といふ國か、敎へる人は誰かと言ふことを告げてくれない。暗澹たる前途を望んで、又猛烈な悲哀に打たれて慟哭したのであるが、茲にその誠心の感ずる所として空中に化佛が顯れて、東方五百由旬（施護譯、梵本、羅什小品、羅什大品、第一會による　放光、道行、大明度、六度集經は二萬里）にしてGandhavati（六度集經は揵陀越、大明度は香淨、道行は揵陀越、放光は香氏、第一會は妙香、羅什大品は衆香、施護、羅什同じ）城があり、其處の菩薩中の最高尊曇無竭（Dharmodgata）が汝の爲に般若波羅蜜の法を說くべし、と敎へ給うたのである。六度集經では、常悲菩薩はこの語を聞いて大いに喜び、法喜を得ると共に三昧を發得し（得現在定）、衆想都べて寂し、悉く諸佛を覩、見佛三昧を得、定より覺めれば又諸佛を見ずといふことに終つて、この物語を禪波羅蜜の下に出してゐるのである。即ち六度集經に於いては見佛三昧といふ事が主となつてゐるのである。大明度もこの處は六度集經のその儘の語になつてゐて、「心大歡喜、不自勝。用歡喜故即得悉見十方佛定。……寤則不見」（大・八・五〇五中）とあり、道行又之に同じい（大・八・四七二上、「得見十方諸佛三昧」）。然るに羅什譯小品、施護譯等諸本は、ここの處に觀一切法自性三昧等の數十の諸三昧を出し、見佛三昧も終りに出てはゐるが、他の多くの三昧に力を奪はれてゐる氣味がある。前に言ふが如く、常啼と言ふことが、無佛の世に出で悲泣する求道者の名であり、佛涅槃後年久しくして既に佛を見ず、法を見ず、經典の求むる所なき狀態に、悲痛なる哀切の情を訴へたものとすれば、換言すれば、佛世を去る遠き滅後の遺弟の情を寫し出したものとすれば、茲にその求道の熱誠が、夢にさへ佛を見奉らんと欲するの情を生み出す事は申す迄もない。從つて茲に見佛三昧が高潮せらるることは當然であつて、此の物語は見佛三昧を主眼點とするものであるといふ事が出來る。それであるからして、六度集經はこの物語を禪波羅蜜の下に列したものである。揵陀越國を畫き、法上菩薩を言ふ理由は、今この世界こそ無佛の世、三寶の滅盡した處ではあれ、廣い世界には佛在して大法が輝き、經卷の自由に求め得られる世界のある事を、畫かうとしたものである事は明白である。この物語は玆で一應終つたものであつて、般若經はこの物語の增廣せられたもの、即ち常啼菩薩が進んで法上菩薩の處へ進趣する道程を畫いた部分を增し加へたものを、その後部に附加して、その後へ囑累品（Parindanā）を再び添加したものと見るべきである。六度集經所載の常悲菩薩物語が佛有大法。名明度無極之明。……諸佛……由斯成。」云々（大・三・四三中）と言ひ、「敷演明度無極之經、反覆教人」（大・三・四三下）云々と言ふ所より見れば、この物語の原形も小品般若の製作であると見た方が妥當であらう。

般若經所載の常啼菩薩品は、常啼菩薩がそれより進んで東行し、一城にて師匠法上菩薩に奉るべき施物を得んため身を賣らうとし、帝釋の試練に依つて身血を出し、長者の娘の隨喜を得、進んで衆香國に入り、法上菩薩に見え、見佛三昧の佛が何處より來り、何處に去るを知らず、常時に佛を見奉るを得せしめよと願うて、如來に關する般若一流の如と實相とが如來にして、不來不去の如來は色聲・語言・名字を以つて求むべからずとの、金剛般若の法身非相分につながる說を聞くことを畫き、法上菩薩に對する常啼菩薩の至誠の奉仕を寫し、最後に法上菩薩が常啼菩薩等に對して、一切法無分別の故に般若波羅蜜無分別等の隨知品に同じき說法をなし、而して常啼菩薩等が、その說法の如き一切無分別三昧等の三昧を得た事を記るして、囑累品に移つてゐる。この隨知品に等しき說法は、或は隨知品がこれから別出せられるに至つたもとであるかも知れないが、それは今斷言することは出來ない。

註 ① 羅什の大品は廻向心としてゐる。玄奘の第二會（大・七・一七五上、三行）は菩提を略して隨喜廻向心としてゐる。玆の處は玄奘譯第四會（大・七・七九一中、一九、二〇行）が梵本とよく一致する。

② この處、須菩提をして彌勒菩薩に言はしめて居るのは、施護譯（大・八・六〇八下、二〇行以下）と梵本（一四〇頁）のみである。

③ 羅什の大品は羅什の小品に同じい。

④ 施護譯は「如理、如實」（大・八・六一六下）、羅什譯小品は「如諸法實相」（大・八・五五二上）、玄奘譯第五會は「隨實相」（大・七・八〇二下）とする。
⑤ 以下施護譯の歎勝品、玄奘譯の第四會の讃嘆品、道行般若の歎品である。
⑥ 長阿含二八經・布吒婆樓經では十六、D. N. 9 Poṭṭhapāda S. では十、中阿含二二一經・箭喩經では十、雜阿含三四（大・二・二四五―六）では十四を數へてゐる。
⑦ M. N. vol. II, p. 84; S. N. vol. II, p. 221
⑧ S. N. vol. II, p. 68; V, p. 362

第三章　諸三昧經典

特に般舟三昧經 (Pratyutpanna-samādhi-sūtra) に就いて

一

大乘經典の成立の最初の時期に於いて、可成りに相違した意義と方向とを有する二系統の經典が顯れたと思はれるが、その一つは阿閦佛國經、大阿彌陀經であり、他の一つは般若經（小品般若）を指すのである。前者は後世の淨土教を生むに至つた源泉であり、後者は大乘經典の殆んど總べてを一貫する空無所得の思想を初めて唱へ出した經典である。阿閦佛國經と般若經とは前出後出の關係にあるもので、般若經が阿閦佛國經に負ふ所のある事は、余が既に他に於いて說いた所であるが、[1] 大阿彌陀經も般若經より古出であることは明白であるけれども、兩者の關係は表面に何も顯れてゐない。[2]

大阿彌陀經はこれを、菩薩の活動的利他精神、大乘の大慈悲精神を高潮したものと見るにしても、般若經の主智的であり、寂默の觀智に重心を置くものとは異なり、主情的であり、利他の活動に重きを置くものと見ねばならず、異なる傾向を代表するものであるが、後世の影響と云ふ點から眺めて見ると、この兩經典は龍樹をして、その十住毘婆沙論易行品に於いて、難行・易行の二道判をなさしめた主なる根據であり、やがて支那・日本の聖道・淨土の二大教系を開展せしめた源流であるから、相對して異なる方面と意義とを有する經典と云はねばならぬ。この異なる二系の經典が、實際はさ程隔たらない、同時代と云つてもよい西紀一世紀前半に顯れたのであるが、この二系統の經典を眼前に見た當時の教界の一つの問題は、かういふ異なる系統の二種の經典をいかに調和融合せしむべきかと云ふ事にあつたと思はれる。この問題に答へて顯れたのが、菩薩念佛三昧經（大・一三）、般若三昧經（大・一三）、觀佛三昧經（大・一五）、及び文殊師利所說摩訶般若波羅蜜經（大・八）等であると見ることが出來ると思ふ。勿論これらの三昧經典はこの目的のみを有するものではなく、一種の三昧境、大乘化された三昧を說くことが主要目的であり、如幻三昧經（大・一二）、首楞嚴三昧經（大・一五）などと、明かにそれを示して居り、現存の藏經中、十數種の三昧經典を見ることが出來るが、初出の三昧經典に關する限り、異なる兩系統の經典の調和融合といふことが著しい創作動機であつたと思はれる。

それで茲に、般舟三昧經を取り出して云ふならば、この經典は、大阿彌陀經と般若經の調和融合といふ所に創作動機を持ち、形に於いて大乘化された三昧の高潮である。さうしていかに兩系經典を調和融合しようとしたかと云ふに、大阿彌陀經系統の經典は佛陀及び佛陀の慈悲を說くことを主とするものであるから、その佛陀が我々衆生に如何に關係するか、その關係を原始經典以來の念佛に求め、念佛を三昧化して、その念佛三昧の意義を、般若の思想を以つて說明したものであると見ることが出來ると思ふ。以下このことの證明のために、原始經典に於ける念佛と三昧の思想を探り、それを跡づけて、般舟三昧經の地位を見ようと思ふ。

二

念佛（buddhānussati）は、その語が示すやうに、佛陀を憶念することである。さうしてこの念佛は、阿含・尼柯耶に於いて、六念十念となつてゐるものの一つであつて、六念十念は次に出すものである。

念佛（buddhānussati）　同上
念法（dhammānussati）　同上
念僧（saṅghānussati）　同上
念戒（silānussati）　同上
念施（cāgānussati）　同上
念天（devatānussati）　同上
念休息（upasamānussati）
念安般（ānāpānasati）
念身（kāyagatāsati）
念死（maraṇasati）

この六念は、雜阿含三三・一三（大・二・二三七下）に依れば、「學地にあるものが、未だ得ざる所のものを得、安穩涅槃に至るためのものである。」と云ひ、同本增一尼柯耶六・一〇に依れば、「沙門果を得、師教を了知した聖弟子が、多く住する所の住である。何故なれば、聖弟子が、如來を應供・正等覺・善逝・世間解・無上士・調御丈夫・天人師・佛・世尊に在ますと憶念する時、貪欲と瞋恚と愚癡に纒はられず、心は眞直に如來に行く。かくて義の解と法の解を得、法に伴ふ喜悅を得、その喜悅に依つて歡喜を得、歡喜に依つて身が靜まり、身が靜まるに依つて、心の集中を得るからである。これが爲、聖弟子が兇嶮の人々に對して平らに怒りなく住し、法の流れに入り、念佛を修すると云はれる。」と云うてある。雜阿含三三・一四及び一五經（同本增一尼柯耶一一・一一及び一二）に依れば、常に如來及び比丘を見んと欲すれば、信と戒と聞と施と慧を具へ（一五經は空を加へて居る）、この五法を具足して、六念を修すべきを敎へて居る。又雜阿含二〇・一八（大・二・一四五中）には、加旃延尊者が訶梨聚落の村長に、四不壞淨とこの六念を修すべきを說き、村長が敎の如く成就せる旨を語るのを聞いて、それは自ら阿那含果（不還果）を記剜せるものであると語つたことを載せて居る。③

十念は上に記るす樣に、六念に念休息、念安般、念身、念死を加へたものであるが、この十念を明す增一阿含四七・一（大・二・七八一上、增一尼柯耶一〇・二一〇）には、この十念を修めるのは、涅槃に至る道であると語り、增一阿含の十念品には、各〻その一念を修すれば、便ち神通を成じ、衆くの亂想を去り、沙門果に逮び、自ら涅槃に到ると示し、增一尼柯耶一・一六では、一向に厭離、離情、滅、寂靜、上智、正覺、涅槃に轉ずるとしてゐる。增一阿含二卷廣演品は先の十念品を廣釋するものであり、巴利聖典に同本を見出すことの出來ないものであるが、十念品に明す念佛の相を演べて、次の如く云うてゐる。

「若し比丘ありて、正身正意、結跏趺坐して、念を繫けて前に在り、他想あることなく、專精に佛を念じ、如來の形を觀じ、未だ曾て目を離さず。已に目を離さず、便ち如來の功德を念ず。如來の體は金剛所成、十力具足、四無所畏、衆に在つて勇健、如來の顏貌端正無雙、之を視て厭くことなく、戒德成就し、猶、金剛の如くにして毀つ可からず。淸淨にして瑕なく亦琉璃の如し。如來の三昧、未だ始めより減あらず、已に息み永く寂かにして他念なし。……解脫ある

もの、解脱なきもの、皆具さに之を知り給ふ。」（大・二・五五四上中）

又增一阿含三九・五（大・二・七三九中）には、毗舍離の慳貪なる長者毗羅先（Virasena）が、七日の後に死して墮獄すべしとの記莂を聞き、大いに驚き出家して十念を修め、死して生天したといふ記事を傳へ、牛を犛る間も信心絶えず、十念を修行せば、その功德計るべからずと云ふ佛語を載せて居る。以上の記事に依つて見ると、六念又は十念中の念佛は、出家在家に通じ、涅槃に至る必要な一種の行法であつて、佛陀は應供・正等覺・明行足・乃至・佛・世尊なりと信じて、屢〻これを憶念することであり、即ち佛不壞淨（信佛）に依る憶念なることを知ることが出來る。上に出す增一阿含の二文は、共に同本を巴利經典に發見することが出來ないものであり、又增一阿含の性質上、比較的新しい經語とせねばならないものであるが、六念乃至十念が追〻に重要視され、次第にその間に發達變化のあつたことを思はせるのである。

然らば何故に、念佛は涅槃に入る一つの必要な行法であらうか。この問に答へるものが、上に出した雜阿含三三・一三の文であつて、自分の信ずる師佛を憶念することは、心の汚れを洗ひ、從つて心身の安穩・平和・奮起を見得るからである。一體佛教は他の宗教と違つて、超自然力を信ずるとか、絶對神を信ずるとか云ふものでなく、所謂自燈明法燈明、自己と自己の批判に依る眞理を信ずるものであり、さうして自己の人格を完成する爲の修養を積むものであるが、然しその自己と自己の批判に依る眞理を信ずるその底には、師匠としての佛陀、この道の開顯者説示者に對する信が動いてゐる筈である。この信が動力となつて、佛弟子の修養の歩みを踏み出さしてゐる譯である。それ故に四不壞淨（佛不壞淨・法不壞淨・僧不壞淨・戒不壞淨）は、佛不壞淨を根基とし、法・僧を信じ、佛教の示す戒を守ることであつて、波斯匿王も「我於佛而有法靖、因此故我作是念、如來無所著正盡覺所説法善、世尊弟子衆善趣向也」と云つてゐるのである。[4] かくの如く佛教に於いては、佛陀に對する信が中心となり、根基となつてゐるものであるから、佛陀を屢〻思ふこと（anussarati）が、その心垢を洗ひ、修道の力を増し、奮起せしめるに至つたことは、十分に考へることが出來る。殊に在家の人々にとつては、この佛陀に對する信が唯一の生命であるだけ、又佛陀を憶念することが唯一の力でもあり、勵ましでもあり慰めでもあつたに相違ないのである。このことは上に出した經文を見ても、この多くが在家の人を對告衆とすることに依つても知ることが出來るのであるが、摩訶那摩（Mahānāma）が、「世尊よ、私は世尊に近づき世尊に御給仕申し上げてゐる時は善いが、世尊を離れて、城内の雜踏に歸つた時、その雜踏に心が亂れて、三寶を念ずることを忘れ、その時死せば惡趣に墮ちはせぬかと云ふ怖れがある。」と申し上げた時、「恐れること勿れ、平生三寶を信ずれば命終の時如何にあらうとも、安樂處に生ずることが出來る。丁度東に傾いてゐる木が倒れれば、必ず東に倒れるやうなものだ。」と教へられて居ることに依つて、明かに知ることが出來る。[5] してみると念佛は信佛に根據を持ち、信佛の內容であり、比丘の修道の原動力であつたと共に、在家の信者にとつては、殆んどその全分の宗教的要素であつたと云ふことが出來る。

論部に於いては念佛に關說するものが割合に少いが、法蘊足論では四證淨を明す下に、佛證淨の中で隨念諸佛を出し、念佛を信佛に攝し、[6] 婆沙論一〇三（大・二七・五三四下）も亦、「以自體以隨念建立應知」と佛法僧の三不壞淨が隨念建立であることを云ひ、同じく念佛を信佛に攝してゐる。念佛も信佛も、佛陀觀の變化、即ち神秘化の深まるに連れて、內容を變へるのが當然であるが、阿毘曇の性質上、餘り多くその方の問題を取り扱はないので、從つて念佛に關する記事に、大した變化を見ないものであらう。那先比丘經下（大・三二・七〇一下以下）に次の文がある。

「王、又那先に問ふ。卿曹沙門は言ふ。人世間にあり、惡を作つて百歲に至るも、死なんと欲するの時に臨み念佛すれば、死後は皆天上に生ずと。我れ是の語を信ぜず……那先、王に問ふ。もし人小石を持ち水上に置かば石浮ぶや沒するや。王の言はく其の石沒す。那先言はく、もし百枚の大石を持して船上に置かしめば、其の船寧ろ沒するや否や。王言はく、沒せず。那先言はく、船中百枚の大石船に因るが故に沒することを得ず。人もと惡ありと雖も、一時念佛すれば是を用て、泥犁の中に入らず、便ち天上に生ず。其の小石沒するは、人惡を作つて佛經を知らず、死後便ち泥犁に入るが如し。王の言はく、善い哉善い哉。」

この文は Milindapañha にも出て居り（編者曰く、教授の訂正に據る）、若し文字通りに解するとすれば、念佛の功德に關する考へ方が頗る神秘的に發展したものと見ねばならぬ。此の文はよく淨土教史上の都合の善い文と考へられる事があるけれども、其とは直接の關係あるものでなく、原始經典以來の念佛が可成り進んだ形で神秘的に考へられた迄である。

今大阿彌陀經は、阿閦佛國經の後を承けて、⑦西方に淨土を建立し、衆生をその國に迎へ取つて救濟せんとする阿彌陀如來の大悲を傳へるものである。而して既に阿閦佛國經には、東西南北四維上下の佛を念じ、その佛の說法の如くならんと念じ、その佛の如く聲聞衆あらんことを念ずると云ふ三隨念（大・一一・七六二上）を出し、大阿彌陀經には、その三輩段に「常念至心不絕」と云ひ、「續念不絕」と云うてある。これみな云ふ迄もなく念佛である。茲に於いてこの優れた偉大な美しい文學經典、如來の大悲を極度に迄唱道した神聖な經典が、民衆に訴へ民衆を勵まし、民衆に要求する所のものは、その佛陀の大悲を信じ、その佛陀を憶念することでなければならぬ。かくて初期佛教以來、出家在家の四衆に通じ、最も一般的であり且つ有力であつた所の念佛は、茲にその强固な根據を得て、高められ、深められ、重要な教理的背景を持つたと言はねばならぬ。

三

以上說くが如く、念佛は次第に發展し、高められ深められて來たものであるが、茲にもう一つこの念佛の力を强め、意義を有力にしたものがある。それは何かといふに、三昧の思想の變化である。三昧（samādhi）とは云ふ迄もなく、三學の一つである定であつて、心寂靜にして一點に集中することである。この三昧と禪那の關係はどうかと云ふに、錫蘭上座部では、三昧を瞬間定（khaṇika-samādhi）、準備定（upacāra-samādhi）、究極定（appanā-samādhi）の三種に分ち、第三の定から禪那に入るものと、段階の差別の如く解することもあるが、⑧ 有部では、

末　至　定（anāgamya-samādhi）

初禪根本定（prathama-dhyāna-mūla-samādhi）

中　間　定（dhyānāntarā-samādhi; antarādhyāna）

近　分　定（sāmantaka-samādhi）

二禪根本定（dvitiya-dhyāna-mūla-samādhi）

等と、三昧と靜慮と混入して居るに拘らず、倶舍論二八には三昧は心一境性にて定散に通じ、禪那は寂靜審慮にて寛狹の相違ありとしてゐる。唯識の方でもこれに同じい解釋を取つてゐる（述記六本二五、義燈五本三三）。然し實際は定が散位に通ずるなど云ふことはある筈なく、三昧は集中を意味し、禪那は靜慮を意味し、その意味する所は違つても、大體同義語であると見てよいと思ふ。それは經典が既に三昧と禪那とを區別しないで使つて居り、⑨ 吠陀の苦行の一種であつた定が奥義書になつて瑜伽となり、瑜伽に於いては禪那も三昧もその六分瑜伽の第二と第六となつてゐたものが、原始佛教に採用せられたのであるからである。然し昔からあつたものを原始佛教が採用したと云つても、原始佛教の用ゐた意味は違ふのであつて、以前では三昧又は三昧の功德が目的であつたが、釋尊にあつては三昧は常に目的ではなく、手段であり、定に依つて正しい智慧を開き、善惡を見分けて善に就くといふ道德意志と、如實の智見を開いて繫縛を絕つところの解脫を得

る爲のものである。更に委しく云へば、三昧は二つの意味を有するものであつて、第一は觀察を明かにし、正しい智慧、如實智見を得るためであつて、觀の爲の止と呼ばれる三昧である。阿毘曇で、不淨觀と數息觀を入修の二門とし、茲に精神統一を得て、次に四念住を觀ずるやうに說くのは、この三昧を中心としてその準備と結果を云ふものである。第二は安念安慮を絕滅して無念無想の境に入り、その境地を樂しむ現法樂住であつて、四禪四無色と呼ばれるものがこれである。禪宗などから云へば、この二つは分ち得べきものではなく、無念無想なるが故に審慮も顯れるのであらうが、原始經典及び阿毘曇の佛教に於いてはこの二つは分れて居ると思はれる。吠陀や奧義書の瑜伽は後者の義が强く、佛教ではだん／＼觀のための止といふ前者の義が餘計に言はれるやうになつて來たものと思ふ。處が不思議なことには、集中を意味する所の三昧が觀のための止に用ゐられ、審慮を意味する所の禪那が現法樂住を顯すこととなつてゐたのである。

それで今は靜慮の方は暫く置いて、三昧の方を云ふと、阿含・尼柯耶に顯れて居る三昧の種類は空・無相・無願の三三昧のみである。四念住、十遍處、四無量心等も三三昧と同じ意味で三昧と呼ばれ得ない事はないが、三昧の文字は用ゐてない。然し心身寂靜になつて後に修するもの、即ち定中の修行である意味に於いては三昧である。十念は必ずしも定中のものではなく、散位の憶念もあるが、後世これを業處（kammaṭṭhāna）とする限り、三昧の憶念も考へられてゐたものとせねばならぬ。雜阿含にはこの外、無相心三昧（雜阿含二〇・二〇、二一、大・二・一四五下）があるが、これは巴利に同本を缺き何に當るか解らないけれども、後に出るものから云ふと animittacetovimutti 即ち無相心解脫であると思はれる。火三昧（雜阿含二八・一五、大・二・二八〇下）、火光三昧（雜阿含二一・一三、大・二・一五一下）は、普通火定と譯してゐるが、原語は tejodhātu であつて三昧と云ふべきものではなからうと思はれる。この外、無量三摩地（雜阿含一五・五、大・二・一〇一中）、無量心三昧・無相心三昧・無所有心三昧・空心三昧（雜阿含二一・九、大・二・一四九下）等があるが、同本雜尼柯耶四一・七で見ると皆三昧ではなくて、解脱である。それであるから私は、阿含・尼柯耶に於いて三昧の名に於いて呼ばれてゐるものは、空・無相・無願の三三昧の外はないと思ふ。[10] この三三昧の解釋も倶舍論二八等では隨分面倒になつてゐるが、Abhidhammattha-saṅgaha 九・九では、順次に無我の觀、無常の觀、苦の觀を當ててゐる。斯くの如く觀と三昧とをはつきり當てはめる事は無理であつても、兎に角、無常、苦、無我を觀じて離執の境地を得る事であるから、かういふ風に見た方が三三昧の原意を得てゐるものと思はれる。即ち心を一點に集中して我と我所なきことを觀じ、善惡美醜の相を取らず、外境に對して欲願なきやう觀ずるのが三三昧であると解せられる。雜阿含三・三一（大・二・二〇上）の經はこの意を示してゐる。

それで私の知る限りに於いては、阿含・尼柯耶に於ける三昧の敎說は、かくの如きものであつて、これ以外にはないが、小乘阿毘曇もこれを繼承するだけで何等の發展を示さない。大乘經典初期のものも亦、三昧と云へば空・無相・無願の三三昧であつたことは、阿閦佛國經・大阿彌陀經に何等の三昧なく、小品般若も常啼菩薩品を除いては、三三昧を除くの外、全く他の三昧のないことに依つても知られると思ふ。處が常啼菩薩品に至つて俄然種々の三昧が顯れ、或は六萬の三昧を得るとか、三昧より立つとかとあるのは、この三昧と云ふ方から云ふと、小品般若の他の諸品と常啼菩薩品との間の差異不統一を示すものであつて、他の方面から見ても、可成りに毛色の變つた常啼菩薩品の後期の添加であることを思はせるものである。大品般若に至ると、首楞嚴三昧以下百八の三昧その他を擧げることに依つても、又このことは、大阿彌陀經、平等覺經に三昧のことがなく、魏譯大無量壽經に至つて、これも俄然、百千三昧・華嚴三昧・清淨解脫三昧・普等三昧・滅盡三昧・不生不滅諸三昧門等を云ふことに依つても知られると思ふ。觀無量壽經に至つては、その十三觀が悉く定中の觀であるが、「若得三昧見彼國地了了分明」と云ひ、「即見十方一切諸佛」、以見諸佛故名念佛三昧」といふ程轉化してゐるのである。それであるからして三昧思想に關する轉化は、小品般若と大品般若の間、更に委しく云へば小品般若の前諸品と常啼菩薩品の成立し附加せられた時代に行はれたと見ることが出來る。それ以來三昧は神秘の色彩を帶び、三昧の發得は偉大なる得達を意味することになり、無數の三昧を見るに至つたのである。

かくてこの三昧はその轉化の道程に於いて、前に說く所の念佛と結び付き、念佛三昧の名に依つて先に述べるが如く、所謂慈悲系の經典と智慧系の經典とを結び付ける繩となつたのである。

四

今主として念佛三昧を明す三昧經典を現存藏經中に求むれば、旣に說くが如く菩薩念佛三昧經（大・一三）、般舟三昧經（大・一三）、文殊般若（大・八）、及び觀佛三昧海經（大・一五）等とせねばならぬ。この中、觀佛三昧海經は觀無量壽經等と一群をなす經典であつて、最後出であり、文殊般若も內容から見て後出であることは明かであり、又菩薩念佛三昧經も諸佛現前三昧菩薩摩訶薩と云ふ菩薩を出す（大・一三・八〇一上）ことからしても、般舟三昧經を豫想せしめるから、般舟三昧經がこれら經典中の最古出であらねばならぬ。勿論この般舟三昧の語があると云ふだけで前出後出を定めることは出來ないが、この般舟三昧經を考へしめる般舟三昧の語は、首楞嚴經、菩薩念佛三昧經、觀佛三昧經、觀無量壽經、觀普賢菩薩行法經、阿彌陀經等に出で、その語の出づる場合の前後關係に依つて、これらの經典の後出を知ることが出來るのである。例へば首楞嚴經に於いて十地を立て、第八地に入つて諸佛現前三昧を得、十地に進んで首楞嚴三昧を得るといふことによつて、首楞嚴經が般舟三昧經よりも後出であることを知ることが出來るが、これと比べて菩薩念佛三昧經の後出であることを知ることが出來るのである。猶、勿論後出の證明はこれだけで出來るのでなく、經典の內容結構、菩薩の列衆等から定めねばならぬのであるが、それは可成りに明瞭なことであり、又後にも何れ觸れねばならぬ處もあらうと思はれるから、それらは茲では一切省略することとする。

以上云ふ所に依つて、三昧を明す經典では、般舟三昧經が最も古出であることが明白になつたと思ふから、次にこの經典の內容に入つて硏究を進めて見よう。

般舟三昧經には現存四譯がある。

拔陂菩薩經　後漢　失譯　僧祐錄云安公古典[11]
般舟三昧經一卷　後漢　支婁迦讖譯
般舟三昧經三卷　同　右
大方等大集經賢護分五卷　隋　闍那崛多譯

又後漢の竺佛朔（開元錄一、大・五五・四八二中）、西晋の竺法護（出三藏記集二、大・五五・一四中）も譯出したと云ふことであるが、後者は今傳はらない。現存四譯中、拔陂菩薩經は後漢失譯で且つ經典の初めの部分が存して居るのみであるが、第二の般舟三昧經一卷は或は竺佛朔の譯出で、月支沙門支讖傳語、河南孟福張蓮筆受（開元錄一、大・五五・四八二中）と云ふものであるかも知れない。この四譯を對照すると次のやうになるのである。

般舟三昧經一卷	般舟三昧經三卷	拔陂菩薩經（縮藏玄九）	賢護分
1 問事品	1 問事品	1 四十二丁右	1 思惟品
2 行品	2 行品	2 四十三丁右	2 三昧行品
3 四事品	3 四事品	3 四十四丁左	3 見佛品

4 譬喩品 →	4 譬喩品 →	4 四十五丁右 → 4 正信品、5 受持品
	5 無著品 →	6 觀察品
5 四輩品 →	6 四輩品 →	7 戒行具足品
	7 授決品 →	7 戒行具足品
6 擁護品 →	8 擁護品 →	8 稱讃功德品
	9 羼羅耶佛品 →	9 饒益品
	10 請佛品 →	10 具五法品、11 授記品、12 甚深品
	11 無想品 →	13 十法品
	12 十八不共十種力品 →	14 不共功德品
7 勸助品 →	13 勸助品 →	15 隨喜功德品
	14 師子意佛品 →	(大・一三・八九四下、二六行)
8 至誠品 →	15 至誠佛品 →	16 覺寤品
8 至誠品 →	16 佛印品 →	17 囑累品

この中拔陂菩薩經は前四品のみの譯であり、全譯でないが、内容略三卷本と同じいものである。一卷本は最も簡單であ

るけれども、比較對照して見ると、三巻本を簡單にし、比較的緊要でない諸品を除いたものである。普通は簡單なものが先出であつて、それに後で追加するものであるが、今の場合は反對であつて、三巻本から一巻本が省略されたのである。譯語の體裁の同じい所から見ても、三巻本と同じく支讖に關係あるものであることは明かである。賢護分はその譯出年代が、西紀六世紀の末葉であるだけ、最も整うた原典に依つたものであり、譯語も善く、讀み易いもので、三巻本般舟の原典を更に修飾し增廣したものであると思はれる。それであるから私は三巻本般舟がこの經典としての古形であると信ずるものである。

この般舟三昧經は賢護菩薩の「いかにすれば智慧、海の如く廣く、心門、闇の如く堅く、常に佛を見奉るを得るか」と云ふ問に依り、「汝の云ふが如き種々の功德を得んと欲すれば正に般舟三昧を發得すべし」と宣ひしに初まり（門事品）、この三昧を發得するに就いて西方阿彌陀佛を念ずべきを敎へ、續いてこの般舟三昧が空三昧なるを明し、その空三昧の內容を示し（行品）、轉じて再び四種の四法を行うてこの三昧を得べきを說き、この三昧に依つて自由に三世の諸佛を見奉るを得るを示し（四事品）、又この三昧を成就すれば自然に六度を滿足する事を說き、進んでこの三昧の經典の功德を說き、この經典に非佛說の俗難多かるべきを豫言し、從つてこの三昧を聞き受持し之を宣布することの利益の大なるを示し（譬喩品）、更にこの三昧を修めるものの佛を見ることが、般若皆空の理を離れざるを示し（無著品）、次に三昧發得を欲するものの戒行を說き（四輩品）、佛滅後賢護等の八正士この經典を護持せんことを誓ひ（授決品）、佛も亦、この經典護持の八正士を諸天擁護すべきを說き給ふのである（擁護品）。經典は茲に轉じて、この般舟三昧が過去の諸佛の成佛の道なりしことを說いて、燃燈佛の修行に及び、再びこの三昧を無所得の空義を以つて說明する（羼羅耶佛品）。茲に於いて賢護は他の七正士と共に佛をその家に請じ、佛は招請を受け了つて住所に歸り、再び五法を具へて三昧を得べきを說き、自らも亦燃燈佛の許でこの三昧を證し、成佛の授記を得たことを述べ（請佛品）、再びこの三昧を學び之を他に說かんとするものの成就すべき十法を說き、この十法を修めることに依つて、八事（無想品）と十八不共之德と佛の十力を得べきを說き（十八不共十種力品）、轉じてこの三昧を得て正覺を得るには四隨喜の德を要するを示し（勸助品）、師子意佛の時の本生話を以つて之を說明し（師子意佛品）、又昔、自ら至誠佛の弟子和輪比丘に從つて三昧を聞き、三萬六千歲師事して初めて魔障なかりしことを述べて、この三昧の聞持し難きを述べ（至誠佛品）、最後にこの三昧を尊崇し、三昧の經典を書寫傳持し、如來印を以つて之を封じ、永く世に傳ふべきことを、迦葉初め賢護等の八正士に囑累して結んでゐるのである（佛印品）。

以上がこの經典の梗概であるが、この經典を讀むものは、この經典を通貫する思想が般若經の說く所のそれであることを知るであらう。經中の文句と云ひ、語と云ひ、思想と云ひ、般若經を出づるものは多くない。只それに加へるものは、念佛と般舟三昧と阿彌陀佛であると云ひ得るであらう。

先に云ふが如く、念佛は原始經典以來、佛徒の必然な尊い行業であつた。それ故に佛陀の說かれる所、其處には必ず念佛があり、佛陀觀が進めば進む程、念佛の內容も進んで來る道理である。嘗ては佛陀は師佛であつて、この師佛又は亡き師佛を憶念することが念佛の內容であつたが、今や佛陀は他方とは云へ現在の佛陀であり、さうして慈悲そのものであり、偉大に表顯されてゐるのであるから、念佛の內容もすばらしく變化發達したものであつた。その上、これ迄云うて來たやうに、三昧の思想の發達と結び付いて念佛三昧となつたのであるから、今や念佛は佛道修行の菩薩の根本的な行業となり、諸善の源であり、自然に六度を成滿するものとなつたのである。大方等大集經菩薩念佛三昧分七（大・一三・八五五下）には次のやうに云うてある。

「是くの如き三昧、既に能く修習し、此の三昧を觀察思惟し已れば、則ち現前の安樂法行を增廣成就することを得るが故に、則ち無貪の善根……無瞋の善根……無癡の善根を増廣することを得るが故に、則ち慚愧を具足することを得るが故に、則ち神通を成就することを得るが故に、則ち一切佛法を圓滿することを得るが故に、則ち一切淨土を淸淨にすることを得るが故に、則ち天降下生具足を得るが故に、則ち入胎具足を得るが故に、……則ち生ずる所、諸佛世尊を離れずして常に恭敬供養具足を得るが故に、則ち邊地を離れて生具足を得るが故に、……則ち菩提樹下道場莊嚴具足を得るが故に。」

驚くべき偉大なる念佛の功德の表現ではないか。異譯の菩薩三昧經（大・一三・八一四下）はこの文の簡單なものを載せて居るのである。又賢護分（大・一三・八七八上中）に云ふ所の、

「若し菩薩摩訶薩、亦既に菩薩思惟一切諸佛現前三昧を成就し已れば、自然に彼の檀波羅蜜・尸波羅蜜……般若波羅蜜を滿す。」

といふのは、念佛三昧に關係ある所の般舟三昧を成就すれば自然に六度を成滿することを示すものである。觀佛三昧經に至れば念佛を伊蘭林中の栴檀に比し、「念佛の心亦復かくの如し。是の心を以つての故に能く三種菩提の根を得。」と云ひ、龍樹は更に偉大に念佛の功德を讃へて次の如く云うてゐる。⑫

「問うて曰く、菩薩の三昧の如きは種々無量なり。何を以つての故に但だ是の菩薩念佛三昧の常に現在前するを讃するや。答へて曰く、是の菩薩、念佛の故に佛道の中に入ることを得。是を以つての故に念佛三昧常に現在前す。復次に念佛三昧は能く種々の煩惱及び先世の罪を除く。餘の諸三昧能く婬を除くものあるも瞋を除く能はず……能く三毒を除くものあるも先世の罪を除く能はず。是の念佛三昧は能く種々の煩惱種々の罪を除く。復次に念佛三昧に大福德あり、能く衆生を度す。是の諸の菩薩衆生を度せんと欲すれば、諸餘の三昧、此の念佛三昧の福德の能く速かに諸罪者を滅す

るに如くは無し。」

甚だ飛び〳〵の引用であるが、念佛の功德が時代を追うて漸次に高潮せられてゐるのを見ることが出來る。

一體念佛は何の爲に修するものか、又それには如何なる功德があるかと云ふに、又再び前へ戻るやうであるが、原始佛教の立場から云ふと、道の先覺者又は理想の實現者としての師匠佛陀への歸依と憶念であつたから、念佛に依つて、

1　修道の勵みを得、實效を擧げる、と云ふことを正意としたに相違ない。菩薩念佛三昧經の文の如きはこの意味を偉大に書き顯したものに外ならない。又これを更に強めて行けば、念佛することがやがて涅槃に入り正覺を成ずることになるとも云へる。先に引用した雜阿含の涅槃に至る爲のものと云ふのはこれを顯し、文殊般若（大・八・七三一上）の、

「復た一行三昧あり。若し善男子善女人是の三昧を修すれば、亦速かに阿耨多羅三藐三菩提を得。」

とあるのもこれを示すものである。この念佛には又、

2　生天の得益、も上述の如くあつたには相違ないが、これは純粹佛教的なものではなかつたのである。然るに阿閦佛國經とか大阿彌陀經に至れば、經典が、自分の淨土に迎へ取らうと云ふ佛陀の慈悲を顯すものであるから、その念佛は

3　往生淨土の得益、のあるものとなつてゐるのである。これはその佛陀の本願と成就の然らしむる所である。更に念佛を神祕的に考へるやうになれば、念佛に依る

4　罪障の消滅、と云ふことが考へられ[13]、觀佛三昧經に「一切諸惡皆得消除」（大・一五・六六二下）とあるのも、觀無量壽經に「作是觀者除無量億劫生死之罪」（大・一二・三四三中）とあるのも、又龍樹が「能速滅諸罪」と云ふのも皆それである。今我が般舟三昧經に於いては、この三昧を修するものには①不中毒 ②不中兵 ③火不能燒 ④入水不死 ⑤帝王不能得其便の五種の功德ありとし（大・一三・九一二下）、又他の猛獸惡人に害せられず、病まず、諸天の稱譽を得、諸佛を見る

ことを得る等の利益を擧げてゐる。この般舟三昧經の三昧所得の利益は、小品般若に既に顯れた經典受持の利益に同じいものであつて、從つて念佛の功德を語る上に於いても、早い層に屬するものと見ねばならぬものである。

五

以上說くが如く、念佛は三昧と結びついて大乘化せられ神秘化せられて居るが、又念佛は發達佛敎に於けるその性質からして、即ちその三昧化されて居る所から、念は單なる散位の憶念ではなく、十遍處の如き定中の行となり、從つて見佛をその一つの大いなる目的とするものとなつたからして、この目的とからんで、般舟三昧、一行三昧、觀佛三昧に發展する性質を具へてゐるのである。それであるから經典には早くから念佛と見佛とを次のやうに結びつけてゐる。

「至誠に阿彌陀佛國に往生せんと願欲し、常に念じて至心斷絕せざれば、其の人便ち今世求道の時に於いて、即ち自然に其の臥止夢中に於いて阿彌陀佛及び諸の菩薩阿羅漢を見奉る。其の人壽命終らんと欲する時、阿彌陀佛即ち自ら諸菩薩阿羅漢と共に飜つて飛行して之を迎へ、即ち阿彌陀佛國に往生す。」⑭（大阿彌陀經、大・一二・三一〇上）

「彼れ當に此の三昧を證る時、已に菩提に於いて缺減なく亦十方一切佛を見奉る。………若し一切佛現在未來及び十方を盡く見奉らんと欲し、或は復た妙法輪を轉ぜんと求むれば亦先づ此の三昧を修習すべし。」（念佛三昧分、大・一三・八六五上中）

「念佛三昧は必ず見佛。命終之後、佛前に生る。彼の臨終を見て念佛を勸む。」（華嚴賢首品、大・九・四三七中）

「若し念佛して定んで不可壞ならば、則ち常に十方佛を覩見す。」（同右、大・九・四三三下）

「恒に諸佛世尊に値遇することを得、念佛三昧を得、三昧力の故に諸の衆生をして罪惡を遠離せしめ、罪滅するを以つ

ての故に、現に諸佛を見奉る。」（觀佛三昧海經、大・一五・六九一下）

又これを逆にして云へば見佛に依つて念佛三昧が確立するのであるから、

「是の如來を見已つて即ち念佛三昧を得。」（華嚴經盧舍那品、大・九・四一八上）

「諸佛を見ることを得て堅固に念佛三昧に安住す。」（同右、十迴向品、大・九・五一三下）

「此の事を見る者即ち十方一切諸佛を見る。諸佛を見るを以つての故に念佛三昧と名く。」（觀無量壽經、第九觀）

とも云うてあるのである。斯くの如く念佛三昧は當面の目的として見佛を豫想するものであるから、見佛を目的とする意味を多分に含む般舟三昧が、この念佛三昧から發展し出づることは容易に見得られるのである。般舟三昧は經典に依ると左の四種の四行を具するを要する。

賢護分（大・一三・八七七中）	般舟三昧經（大・一三・九〇六上）
1 不レ壞二信心一	1 所レ信無レ有二能壞者一
2 不レ破二精進一	2 精進無レ有二能逮者一
3 智慧殊勝	3 所レ入智慧無レ有二能及者一
4 近二善知識一	4 常與二善師一從レ事
1 乃至於二刹那時一無二衆生想一	1 不レ得レ有二世間思想一、如二指相彈頃一三月
2 於二三月內一不二暫睡眠一	2 不レ得二臥出一三月、如二指相彈頃一
3 三月經行、唯除二便利一	3 經行不レ得二休息一不レ得レ坐三月、除二其飯食左右一

4 若於食時布施以法、不求名利無望報心	4 爲人說經、不得望人衣服飯食
1 勸他見佛	1 合會人至佛所
2 教人聽法	2 合會人使聽經
3 心無嫉妬	3 不嫉妬
4 勸他發菩提心	4 教人學佛道
1 造佛形像勸行供養	1 作佛形像若作畫、用是三昧故
2 書寫是經令他讀誦	2 用是三昧故持好疋素令人寫是三昧
3 慢法衆生教令發心	3 教自貢高人內佛道中
4 護持正法令得久住	4 常護佛法

第四種の第一行は、佛の形像を作り或は此を畫くことであるが、これが見佛の目的であることは申す迄もない。

「菩薩摩訶薩、彼の法性の虚空を思惟して觀じ、想成るを以つての故に諸の如來を見る。」(大・一三・八七八上)

「是を菩薩、諸佛現前三昧を思惟具足し成就すと爲す。此の三昧に因りて佛を見るを得るが故に。」(大・一三・八七六上)

「若し諸の菩薩、彼の念諸佛現前三昧を成就せんことを得んと欲して、何《いづれか》の方處に隨つて先づ彼の佛世尊を見んと念欲すれば、所念の處に隨つて即ち如來を見る。何を以つての故に、三昧に因緣して如來を見ることを得るか。彼の佛を見るを得るに三因緣あり。何者か三となす。一者此の三昧に緣る。二者彼の佛の加持、三者自らの善根熟す。」(大・一三・

八七七上）

これらの文に依つて明かであるやうに、般舟三昧は見佛を目的とする三昧である。諸佛の現前し給ふことを目的とする三昧である。それ故に念諸佛現前三昧とか、思惟諸佛現前三昧とあるのである。

「若し比丘・比丘尼・優婆塞・優婆夷ありて、清淨に持戒し諸行を具足し、獨り空閑に處し、是くの如く思惟す。一切處に於いて何の方處に隨はん。即ち若し西方阿彌陀如來・應供・等正覺ならば、是の人、爾の時、聞き已る所の如く、即ち應に自ら是くの如き想念を作すべし。我が所聞の如く彼の阿彌陀如來・應供・等正覺、今西方に在し、途を經、此を去る百千億の諸佛國土を過ぎて、彼《かしこ》に世界あり、名けて安樂と云ふ。是くの如き如來今彼《かしこ》に現在し、諸の菩薩の爲に周匝圍遶せられ、大衆の中に處して說法教化し給ふ。然して此の人、所聞に依るが故に繫念思惟觀察して已まざれば、了了分明に終に彼の阿彌陀如來・應供・等正覺を見奉るを獲る也。」（大・一三・八七五中下）

「聞くが如く繫念一心相續次第して亂れず、或は一日を經、或は復た一夜、是くの如く或は七日七夜に至る。先の所聞の如く具足して念ずるが故に、是の人必ず阿彌陀如來・應供・等正覺を覩奉る也。若し晝時に於いて見る能はざれば、若しは夜分に於いて或は睡夢の中、阿彌陀佛必ず當に現はれ給ふべき也。」（大・一三・八七五下）

かくの如く般舟三昧は、念佛三昧の當面の目的であつた見佛を、より一層强めて表面に出した見佛目的の念佛三昧であるといふことが出來る。經典はこの爲に鄕土を偲ぶ遊子の心情を以つて喩へ、又は隨分思ひ切つた婬女の例を以つてこれを表はして居る。私は般舟三昧經をかくの如く考へて、この經典に至るべき念佛三昧を正所明とする經典があつた筈であると考へるものであるが、その經典とは先に出した菩薩念佛三昧經のやうな經典であつたらうと想像する。現存の菩薩念佛三昧經は、內容から云へば般舟三昧經以前のものと見て差支ないが、菩薩列衆その他の構造から云ふと後出のものである。

既に念佛三昧からその當面の目的である見佛を表面へ押し出して、般舟三昧が云はれるやうになつたのであるが、次にはその般舟三昧を一層強く內容づけた三昧が顯るべきである。これが觀佛三昧經等の觀佛三昧と、文殊般若の一行三昧とであると思ふ。既に見るが如く、般舟三昧の一行業は佛の形像を作ることであつた。佛の形像を作るのは佛の形像を觀ずる爲であることは申す迄もない。さうとすれば般舟三昧の中に、既にその行業の一要素として觀佛があつたと云はねばならず、從つてこれから觀佛三昧が出て來ることは又自然の理と云はねばならぬ。

尤もこの佛を觀ずる (anupaśyati) といふことは、その生ずる道に二つの徑路があつたやうに思はれる。第一は原始經典の「肉身を見る (passati) ものは我れを見ず、法を見るもの我れを見る」といふ教語から流れて、金剛般若の所謂「色受想行識を以つて佛を見る可からず」といふのに糸を引くものである。小品般若の見阿閦佛品の、佛力に依つて阿閦佛を見、後、佛神力を攝め給へば見ることが出來ず (編者曰く、此の一句は教授のノートより補つたものである)、この見不見が、「法不見法、法不知法」と云ふ無分別の謂れを示してゐるといふのはこれで、この見佛と四念住の觀 (anudarśana; anupassanā) とが結びついて、維摩經の見阿閦佛品に於ける觀如來となつたものである (この觀如來の文は文殊般若、大・八・七二八にその儘に顯れて居る)。この方は無の理形佛として觀ずる意味が勝つてゐる。

他の一つは念佛三昧、般舟三昧から發展した今の佛形を觀想することで、これは佛の形像に加へて佛の國土莊嚴等を觀ずるのである。さうしてこの觀佛も般舟三昧の延長、その內容の開展である限り、見佛を當面の目的として強く有するものである。さうしてこの觀佛三昧を取り扱つた經典にも、釋尊を主として所觀の體とするものと、彌陀如來その他他方の佛陀を所觀とするものとあるが、觀佛三昧經は前者であつて、觀彌勒上生兜率天經、觀無量壽經、觀藥王藥上二菩薩經、觀虛空藏菩薩經、文殊師利般涅槃經は後者に屬するものである。觀佛三昧海經には次の樣な語が處々に出てゐる。

「此の觀を作す者（佛の上天を觀ずるもの）は一億劫生死の罪を除き、命終の時に臨んで十方の佛を見、必ず他方の淨佛國土に生ず。」（大・一五・六七八上）

「若し能く諸事を割損し、諸悪を捐棄し、繫念して佛の常光を思惟すれば、佛現在せざるも亦佛を見ると名く。佛を見るを以つての故に一切諸惡皆消除を得。」（大・一五・六六二下）

觀佛は畢竟見佛の爲であることはこれに依つて知ることが出來るが、觀佛三昧經は更に佛滅後の衆生が如何に佛を觀ずべきかを教へ、佛なきが故に佛像を觀じ、一七日至心にして佛像を、逆觀して足指より髻に至り、順觀して髻より足指に至り、かくして六十億劫生死の罪を除却すべきことを說き、これを「亦名見佛」と云うてゐる。

「如來の大悲、衆生を慈愍し、願くば來世盲冥の衆生の爲に觀像相法を具足演說し、諸の衆生をして、佛の所說に依つて恒に諸佛世尊に値遇することを得、念佛三昧を得、三昧力の故に諸の衆生をして罪惡を遠離せしめ、罪滅を以つての故に現に諸佛を見せしめよ。」（大・一五・六九一下）

と梵天が釋尊に勸請してゐることを記るすのは、念佛と觀佛と見佛の關係をよく顯すものと云ふべきである。觀無量壽經定善十三觀も亦この念佛と觀佛と見佛の關係を示してゐる。

以上纈れてゐる所を纏めて見ると、この種の經典を貫く基本的の思想は念佛又は念佛の三昧であつて、大慈悲の佛陀を憶念する心境に宗教的意義を置いたものであり、漸次にその念佛の內包を開いて、當然佛陀を憶念することは佛陀を見奉ることを一の目的とする所から、般舟三昧と觀佛三昧を生じ來つたものである。

六

茲にもう一つ觀佛の助縁として、從つて見佛を得せしむるに便利な稱名がある。一體稱名は汎爾に云へば南無佛であつ⑯て、釋尊に歸依信敬を表する語であり、既に中尼柯耶二七（中阿含一四六、大・一・六五六下）に、生聞梵志が乘より下り右膝を地につけ、叉手して祇園精舍に向ひ「南無如來無所著等正覺」と叫んだ事を傳へ、又增一阿含三四・二（大・二・六九二下）には、かの迦維羅城の悲劇を記るす中に「五百釋女自歸稱喚如來名號」とあり、同じく增一阿含四九・九（大・二・八〇四下）には「由提婆達兜最後命終之時起和悅心稱南無故後作辟支佛、號名曰南無」とあり、同經に、

「皆稱南無佛、釋師最勝者、彼能施安隱、除去諸苦惱」。（大・二・八〇五下）

と云つてあつて、最初佛敎徒が釋尊以外の佛陀を知らず、よし過去の七佛、未來の彌勒佛を知る時期に來ても、一世界一佛の考に支配せられてゐた間は、南無佛、又はかの佛・世尊・應供・正等覺者に歸命し奉ると云ふ型のみであつたのである。處が今十方現在の諸佛を見奉るに及び、茲に初めて南無阿閦佛・南無阿彌陀佛といふ形式を生じ、從つて其の名を稱するといふ稱名が顯れたのである。前掲の增一阿含に既に「稱喚如來名號」等とあるは增一阿含が他の場合でも常に然るが如く、餘他の阿含に比して後代の要素を含んでゐる證據を見せてゐるのである。既に阿閦佛國經には、

「諸佛の名等、諸の如來の名等、薩芸若の名等に於いて、諸法の名等に於いて、衆僧の名等に於いて、常に諸の名等を念ぜよ。諸の菩薩摩訶薩の如く、若し善男子善女人有りて名を聞かば阿閦佛刹に生ずることを得ん。」（大・一一・七六一下）

と云ひ、大阿彌陀經にはその第四願及び第五願に、

「使某作佛時、令我名字皆聞八方上下無央數佛國。皆令諸佛各於比丘僧大座中說我功德國土之善。諸天人民蜎飛蠕動之類聞我名字莫不慈心歡喜踊躍者。皆令來生我國」（大・一二・三〇一中）

「若前世作惡聞我名字欲來生我國者、即便反正自悔過爲道作善……。」（同右）

と云ひ、又經の終には、

「善男子善女人前世宿命作善所ㇾ致、相祿魏魏、乃當ㇾ聞ニ阿彌陀佛聲一者、甚快善哉、代ㇾ之喜。佛言、其有ニ善男子善女人聞ニ阿彌陀佛聲一、慈心歡喜、一時踊躍。」（大・一二・三一七中）

と云うてある。本願と成就に分れてゐるが、何れも阿彌陀佛の名號を聞いて歡喜すべきことを教へるものである。大品般若に至ると稱佛名の功德を高潮し、

「但だ人有つて能く南無佛と稱すれば其の功德福亦畢苦に至る。」（放光、大・八・一一三下）

「下至一稱南謨佛陀大調御士、是の善男子善女人等の善根無盡、乃至最後に苦邊際を作す。」（大・七・三三六中）

と云うてある。小阿彌陀經は、その菩薩列衆の具合からいふと、乾陀訶提菩薩を出すのは、阿閦佛國經、般若經を豫想し、常精進菩薩（Nityodyukta）を出すのは、大品般若又は法華經を豫想するものであるが、その所說の內容から云ふと、その六方段は大品般若に酷似し、「執ニ持名號一一心不亂、一日乃至七日」といふ所は、般舟三昧經を受けて、一行三昧を明す文殊般若につながるものと思はれるが、今出した如く、

「阿彌陀佛を說くを聞いて、名號を執持すること若しくは一日、……若しくは七日、一心にして亂れざれば、其の人命終る時に臨んで、阿彌陀佛諸の聖衆と現に其の前に在して、是の人終る時心顚倒せずして、即ち阿彌陀佛の極樂國土に往生することを得。」

と云うて居る。名號とは大阿彌陀經に云ふ所の我名字又は阿彌陀佛聲であり、般舟三昧經の「如ㇾ聞繋念一心相續次第不ㇾ亂、或經ニ一日一……或至ニ七日七夜一……阿彌陀佛必當ㇾ現也」を受けて、般舟三昧の發得を說いて居るものに相違ないのである。さうすると名號を執持するとは、梵本では nāmadheyaṁ śroṣyati śrutvā ca manasikariṣyati ekarātram…

……とあり、稱讃淨土經では「得聞如是無量壽佛無量無邊……聞已思惟」とあり、これと同じいとすれば、全く般舟三昧經に一致するものと云ふべきである。ただ茲には大阿彌陀經を受けて「我名字」を表面に出して來たことを見ることが出來るのである。

法華經は今云ふが如く、小阿彌陀經よりも以前の成立と思はれるものであるが、この經典には、稱名思想が十分に顯れ、方便品（大・九・九上）には既に「一稱南無佛、皆已成佛道」と云ひ、普門品に至つては、「聞是觀世音菩薩一心稱名觀世音菩薩即時觀其音聲皆得解脫」とあり、稱名又は受持名號を云ふ所が頗る多い。今私はかくの如く稱名の功德を讚嘆する徑路と順序を、十分に明確にすることは出來ないけれども、尠くとも法華經以後の經典に於いて、稱名といふ尊い一行業が、佛教徒のなすべきこととして加へられたと云ふことは出來ると思ふ。

「菩薩若し能く彼の佛名を稱へ、晝夜是の三種の法を常行すれば、能く諸の罪を滅し、憂悔を遠離し諸の三昧を得。」（優波離會、大・一一・五一六下）

「稱名して安樂を獲。」（無垢施菩薩會、大・一一・五六〇中）

「觀世音菩薩言く、若し菩薩衆生見る者、即時阿耨多羅三藐三菩提に於いて畢定し、又其の名を稱する者は衆苦を免がることを得。」（思益梵天所問經、大・一五・四八中下）

「若し復た人有りて諸佛の所に於いて但だ一合掌一稱名、是くの如き福德、前の福德に比して百分の一に及ばず。」（大悲經、大・一二・九五六下）

「善男子及び善女人、是の蓮華最上吉祥如來・應供・正等正覺の名號及び蓮華手菩薩摩訶薩の名號を聞き、能く稱念受持すれば、是の人轉生して宿命智を得、乃し生じて常に蓮華化生を得。」（大乘大方廣佛冠經、大・一四・一一〇中）

「善男子善女人四波羅夷を犯し、是の人罪重し。………是の一佛の名號を稱へ禮一拜すれば悉く滅除を得。」(五千五百佛名經、大・一四・三一八上)

この種の文は頗る多く發見することが出來るが、[16] 一度稱名の得益が云はれると、次第に大きく云はれるやうになるのは當然であつて、後世の眞言密教になれば、稱名が誦眞言となり、「其誦二眞言一功德力狀如二日月之光一、念佛功德同二夜燈之光一、不レ得二其比一」(陀羅尼集經、大・一八・八一二上)と云ふに至つて居るのである。

今この稱名の功德を述べる發達史の中に、文殊般若のそれは、その一階段をなすものであつて、稱名を借りて觀念の助緣とし、次の如く云うてゐるのである。

「善男子善女人一行三昧に入らんと欲すれば、應に空閑に處し、諸の亂意を捨て、相貌を取らず、心を一佛に繫け、專ら名字を稱へ、佛の方所に隨つて端身正向し、能く一佛に於いて念念相續す。即ち是の念中能く過去未來現在の諸佛を見る。」(大・八・七三一中)

この文に依つて明かであるやうに、一行三昧はやはり念佛三昧であつて、その念佛の助緣として稱名し、見佛を期するものである。天台で云ふ所の、稱名を以つて修觀の障礙を除く一方法と見たのと同じいものである。

先に云ふが如く、觀佛三昧海經、觀彌勒上生兜率天經、觀虛空藏菩薩經、觀無量壽經等は一聯の脉絡のある經典であるが、稱名に就いても同じく脉絡ある說き方をしてゐる。

「若し稱名すれば百千劫の煩惱の重障を除く。何ぞ況んや正心に念佛定を修むるをや。」(觀佛三昧海經、大・一五・六八七中)

「但だ佛名を聞いて是くの如きの福を獲。何ぞ況んや念を係けて觀佛三昧するをや。」(同右、大・一五・六八七下)

聞名又は稱名の功德を念佛觀佛の兩三昧の功德に比して居る。

「若し一念の頃、彌勒の名を稱すれば、此の人千二百劫生死の罪を除却す。」（觀彌勒上生經、大・一四・四二〇中）

「至心に合掌して虛空藏菩薩摩訶薩の名を稱すれば、善男子、時に虛空藏菩薩摩訶薩其の所應に隨つて、種種の形を現し、……諸の惡趣を捨て阿耨多羅三藐三菩提心に不退轉を得。」（虛空藏菩薩經、大・一三・六五二下）

「能く是くの如く藥王菩薩を觀じ、能く藥王菩薩の名を持てば、八十萬劫生死の罪を除却す。若し能く是の藥王菩薩の名字を稱し、一心禮拜すれば、禍對に遇はず、終に橫死せず。」（觀藥王藥上二菩薩經、大・二〇・六六三上）

「但だ文殊師利の名を聞けば、十二億劫生死の罪を除却す。若し禮拜供養すれば、生生の處恒に諸佛の家に生る。」（文殊師利般涅槃經、大・一四・四八一上）

「合掌叉手して南無阿彌陀佛と稱すれば、佛名を稱するが故に五十億劫生死の罪を除く。……汝佛名を稱するが故に、諸罪消滅して我れ汝を來迎す。」（觀無量壽經、大・一二・三四五下）

「汝若し念ずる能はずば應に無量壽佛を稱すべし。是くの如く至心に聲をして絕えざらしめ、十念を具足し南無阿彌陀佛を稱すれば、佛名を稱するが故に、念念の中に於いて八十億劫生死の罪を除き、……即ち極樂世界に往生することを得。」（同右、大・一二・三四六上）

これらを並べ考へて見ると、觀無量壽經は觀佛三昧經を承けて、稱名の大行を更に一層强く高潮するものと云ふことが出來る。

以上の所說に於いて、念佛三昧、見佛、般舟三昧、觀佛三昧、一行三昧はすべて相關聯する所の三昧であることを知ることが出來、又念佛と見佛と觀佛と稱名とが同じく相關聯してゐるものであり、總べて念佛から出で、念佛に集中してゐるものであることを知ることが出來るのである。さうして此等の諸三昧及びこれらの行業が、釋尊一佛に關するのと、現在特定の佛陀に關するのと、十方三世の諸佛に關するのとの別はあるが、何れも其處には阿閦佛國經・大阿彌陀經等に於いて初めて云はれた、現在の、大慈悲そのものである所の佛陀の、說き方の影響であることは申す迄もないのである。何故なれば、それら無しでは卽ち釋尊一佛の思想だけでは、それらのものは起り得ないものであるからである。これが、私が般舟三昧經等の數種の三昧經典は兩系統の經典の調和融會の爲のものであると云ふ所以である。然らばその融會はいかやうにしてなされたかを次に見ねばならぬ。

前に云ふやうに、初期大乘成立後の佛教徒、尠くとも大乘の人々たらんとする教徒は、二つの方面から思惟を持たねばならないやうにせられたものである。一つは大乘經典を一貫する所の、さうして佛教の大轉回をなさしめた所の般若皆空の理觀であり、他の一つは大阿彌陀經等の現在他方の諸佛を說く經典から受ける事觀である。般若の理觀に立てば、問題は只如何に釋尊の眞實の立場に立つかであつて、この立場から離れた小乘阿毘曇の煩瑣なさうして常識的な立場を排擊するより外はないのである。能觀は般若の眞智であつて、所觀は無相皆空の理である。然るに現在諸佛の經典に依れば、その容易なるが如くにして實に非常に困難な釋尊獨自の立場を得ることの出來ないものにも、溫い世界を持たしめる所の慈愛を說くものである。その佛陀を念ずることは、念ずるだけで慈愛を感得することの出來るものであるから、何人も直ちに赴き得るものである。若しこの二つの系統の經典を同じ權威の經典として與へられたとすれば、與へられたものは、その儘では兩頭の蛇の如く兩方へ向はねばならぬことになるのである。勿論、最初大乘經典が般若皆空を說く般若經のみであつても、般若經はやがて理から事へ、智から悲へ、眞實から方便の世界を開いて、法華經等の溫か味のある經典を生み出したには相違ないのであるが、佛教史はこの順序を踏まずに、最初から大慈悲を說く經典を與へたのである。それでこの兩系の經典を結びつける繩として、先に云ふやうに、初期佛教以來云はれて來た所の念佛を開いたのである。それで大乘經典そのものが二系統あつたやうに、この念佛も二つの意味を持つてゐたのである。即ち佛及び佛の功德を憶念することと、般若に依つて開顯せられる宗教を觀ずることである。菩薩念佛三昧經（大・一三・八一七中）に

「過去・未來・現在一切無量如來………を憶念し、諸佛如來至心不動亦當に無所著の心に安住すべし。」

と云ふのは前者であつて、

「色に即するを以つて是れ如來となすや、當に色に異なるを是れ如來となすや。………身能く無上菩提を得るに非ず。亦心無上菩提を得るに非ず。身心を離れて無上道を得ず。」

と云ふのは後者である。

これは見方に依つては、兩系の經典を結びつけたものとも見られるが、又兩系の經典が結びつかずして、一經典中に流れ込んでゐるとも見られるのである。このことは般舟三昧經に來ても同樣であつて、一方に於いて、諸佛の現前し給ふと云ふ實際の見佛を目的とし、阿彌陀佛を一日一夜乃至七日七夜念じて止まざれば、若しくは晝、若しくは夜、阿彌陀佛必ず現前し給ふことを教へると共に、一方、般舟三昧が空三昧なることを斷言し（大・一三・八七六中、九〇五中）、この三昧を學ばんとする者は、諍をなすべからず、諍をなすとは空を誹謗すること、諍をなさず、空を誹謗せざれば此の三昧を學び他に說くを得ることを說き（大・一三・八九二上、九一六中）、菩提は心得に非ず身得にあらず、畢竟不可得なる事を示し（大・一三・八八一上、九〇八中）、經中至る所に、般若皆空の理を說き、無所有、不可得、無所著を教へて居るのである。[17] ただこの經典は念佛の事と、般若不可得の理とを調和せんとし、行者が般舟三昧を得て、阿彌陀佛を拜する時、直接阿彌陀佛より皆空の理を聞く事、即ち阿彌陀佛の教が空三昧にある事を示して、兩者の調和を得んとしてゐるものである（大・一三・八七六上中、九〇五上中）。文殊般若の一行三昧に至つては、その三昧そのものが二つに分れてゐる。

一、「若し善男子善女人一行三昧に入らんと欲せば、當に先づ般若波羅蜜を聞き、說の如く修學すべし。然る後、能く一行三昧に入り、法界の如く不退・不壞・不思議・無礙・無相を緣ずべし。」（大・八・七三一上中）

二、「善男子善女人一行三昧に入らんと欲せば、應に空閑に處し、諸の亂意を捨て、相貌を取らず、心を一佛に繫け專ら名字を稱へ、佛の方所に隨ひ、端身正向、能く一佛に於いて念念相續す。即ち是の念中、能く過去・未來・現在諸佛を見奉る。」（大・八・七三一中）

前者は純粹の理觀にして、般若無相の理を觀ずること、後者は事觀にして、稱名して佛を憶念することとなつてゐるのである。勿論、この理觀と事觀とは互に表裏をなすもので離れたものでないと云ひ得るには相違ないが、然しこれは大乘佛教思想史の方から云ふと、その依つて來る所を異にする點が勝つて居り、又將來理觀思索の天台・華嚴の宗教を生んだり、事相修行の眞言・淨土の宗教を生んだりする源となるので、暫く分けて見ねばならぬものと思ふ。宗密はその行願品疏に、念に觀像念、觀相念、稱名念、實相念の四種類ありとしてゐるが、前三者は事觀にして後の第四は理觀である。觀佛三昧經は正しくこの四種の念を說くものと見ることが出來る。

それであるからして、般舟三昧經等數種の三昧經典は、般若皆空の教徒が、大阿彌陀經等の經典に刺激せられて、念佛思想を發達せしめ（編者曰く、この一句は教授のノートに據つて訂正した。）、その三昧化されたる念佛を以つて、兩系經典を結びつけ、念佛の事觀と理觀とを相即せしめて、兩系の思想を融會せんとしたものであると云ひ得ると思ふ。

七

若し今問題としてゐる所の種類の三昧經典に就いて、以上の如く云ふことが出來るとすれば、次にこの意識的融會運動の原初として、何れの經典を最初に置き得るかと云ふことが問題となるのである。この問題については既に先に云ふ所があつたのであるが、菩薩念佛三昧經の如き經典が最初にあつて後、般舟三昧經が生れ、その後次第に種々の經典を生んだものと思はれる。然し現在の菩薩念佛三昧經は內容は別にして、經典の結構は般舟三昧經よりも新しいものである。それで現存經典で云ふと、般舟三昧經はその內容から云うて、小品般若の教理を出づること尠なく、用語亦頗る小品般若に類似し、最も小品般若に近い時代の成立と思はれるものであるが、就中その序分を見ると、小品般若の諸譯の如く第一結集の記述に習うた「唯除阿難」と云ふ書き出し振りであり、一切の菩薩をその列衆に出さないで、王舍城その他の大城――釋尊在世に知られ釋尊に關係のあつた――からの八優婆塞を列ね、その中の王舍城の賢護を對告衆としてゐるのである。このことが般舟三昧經の古い成立を物語つてゐるものである。

一體この賢護等の一群の長者居士は、八正士又は十六正士として、諸種の經典に一一の名を出し、或は單にその總名を出してゐるものであつて、その出し方に左の七種がある。

1 ただ賢護等十六正士とするもの。無量壽經、如來會、護國尊者所問經(大・一二)及びその梵本[18]、文殊師利般涅槃經(大・一四)、楞嚴經(大・一九・一二六上)。

2 十六正士中の者を三・四出すもの。密迹金剛會(大・一一)、菩薩藏會(大・一一)、妙法蓮華經(大・九)、正法蓮華經、添品妙法華經(大・九)。

3 ただ跋陀和等八大正士とするもの。賢劫經(大・一四)、如幻三昧經[19](大・一二)。

4 この八正士又は十六正士中の一人物を主要な活動人物とするもの。維摩經(大・一四)、文殊師利般涅槃經(大・一四)。

5 八正士の名を一一出すもの。八吉祥神咒經(大・一四)、八陽神咒經(大・一四)、觀虛空藏菩薩經(大・一三)。

6　十六正士の名を一一出すもの。放光般若（大・八）、光讚般若（大・八）、羅什大品譯（大・八）、玄奘大品譯（大・七）、思益梵天所問經（大・一五）、持心梵天所問經（大・一五）、勝思惟梵天所問經（大・一五）、華手經（大・一六）、梵本法華經。

7　八正士の生國等を出し、實際に八正士を活動せしむるもの。般舟三昧經の諸譯。

以上の七種の中、(1)の形式は他に準據したものであることは明白であるから最も新しく、(2)の形式もその菩薩の列ね方が原始的なるを思はせない限り、即ち他からの借用を思はせる限り新しいとせねばならぬ。(3)の形式も(1)の形式に準じ、八正士を委しく擧げたものに依つて作られたことは明かである。(4)の形式は維摩經の前半の中心人物である寶積童子が問題となるのであるが、これも偶〻維摩經の活動天地を毘舍離とした關係上、般舟三昧經に依つて、毘舍離の居士寶積を借り來つたものと解した方が妥當と思はれる。(5)の形式は三經共に八菩薩の名を列ねて、「是八人求道已來無央數劫、於ㇾ今未ㇾ取ㇾ佛、願言、使₃十方天下人民皆得₂佛道₁、若有₂急疾₁皆當₃呼₂我八人名字₁即得₂解脫₁、壽命欲ㇾ終時我八人便當₃飛往迎₂逆之₁」とあるものであつて、般舟三昧經の八正士の記事に依つて作られたものであることは爭はれない。さうすると殘る所は(6)と(7)の二形式だけであるが、(6)の中でも梵天所問の三經はその菩薩列衆の夥しい中に十六人を出してゐるので、大品般若（諸譯共に）のそれよりも新しいものであることは明瞭であるから、十六人の名を列することが始まつたのは、大品般若が最初で梵天所問經になり、又梵本法華經に移つたものであらう。[20] さうすると大品般若のそれと般舟三昧經のそれの新古いづれかといふことになるが、私は先にも云つたやうに、大品般若は首楞嚴三昧以下百八三昧を出し、三昧に就いて云ふ所から見ても、般舟三昧經よりも新しいものとせねばならぬものであり、今の場合に於いても、八正士を一一委しく經典中の活動人物として擧げてゐる般舟三昧經が先出であつて、この先出經典を承けて更に八人を加へ十六人としたものだと思ふのである。それで龍樹も大品般若の十六正士を釋する下に、

「那羅達婆羅門菩薩是れ彌梯羅國の人、水天優婆塞菩薩………是の善守菩薩は無量種種功德、般舟三昧の中に、佛自ら現前して其の功德を讃ずるが如し。」（智度論、大・二五・一一一上）

と云うてゐるのであると思ふ。

それで若しこの推測にして正しければ、般舟三昧經は實に小品般若と大品般若の中間に成立した經典であつて、その成立頗る古く、大阿彌陀經と小品般若を結び付けるといふ創作動機を有するものと云はねばならぬ。さうしてこの經典中說く所の、

1、「唯心所作還見自心。」（大・一三・八七七上）

「是意所作想有耳。」（大・一三・九〇五下）

2、「此三界唯是心有。何以故。隨彼心念還自見心。今我從心見佛、我心作佛、我心是佛、我心是如來。」云々（大・一三・八七七中）

「欲處色處無想處是三處意所爲耳、我所念即見。心作佛、心自見。心是佛、心是怛薩阿竭。」云々（大・一三・九〇五下）

の二文は實にこの經典が開き來つた新生面であつて、これが一方十地經の「三界虛妄唯一心作」となり、佛教唯心說の基本を形作り、又他面、觀佛三昧海經（大・一五・六四六上）の「當知、是人心如佛、心與佛無異」、觀無量壽經の「是心作佛是心是佛」となり、心佛衆生是三無差別の佛教の妙理を開いたものと云ひ得ると思ふ。

註 ① 甲子社出版「現代佛教講座」第三號、本書第二、第一章第二節
② 同右第四號、本書第二、第一章第三節

③ 雜阿含三七・一一（大・二・二七〇上）、同本 S. N. 55, 53 これに同じ記事を載せて居る。
④ 中阿含二一三經・法莊嚴經（大・一・七九五下）、M. N. 89　增一阿含三八・一〇
⑤ 雜阿含三三・一二（大・二・二三七中）、S. N. 55, 21　增一阿含四一・一
⑥ 法蘊足論二（大・二六・四六〇上中）、「云何佛證淨、如世尊言、此聖弟子以如是相隨念諸佛、謂此世尊、是如來・阿羅漢・……佛・薄伽梵……以如是相隨念佛者、謂以此相・此門・此理、於諸佛所起念・隨念・專念・憶念・不忘・不失・不遺・不漏・不失法性・心明記性。」
⑦ 大阿彌陀經は阿閦佛國經よりも後出である。このことに就いては甲子社出版「現代佛教講座」第三號第四號、本書第二、第一章第二・三節に愚見を述べて置いた。
⑧ 長尼柯耶註一・二一七頁
⑨ D. N. Ⅲ, p. 216
⑩ 尤も雜阿含三・三一（大・二・二〇中）には正思惟三昧の名目あり、增一阿含四九・九（大・二・八〇二下）には自在三昧、勇猛三昧、心意三昧、自戒三昧の名目が出てゐるが、正思惟三昧は單に正思惟を意味するものであらう。他の三昧の意味はよく解らない。
⑪ 出三藏記集三（大・五五・一五中）
⑫ 智度論七（大・二五・一〇九上）
⑬ 「佛教學雜誌」三卷一號、荻原博士「十念の研究」參照
⑭ 梵本無量壽經第二十九章、又、大阿彌陀經（大・一二・三一〇上中）にも同樣に念佛に見佛が伴ふことを說いてある。
⑮ 編者曰く、教授所藏の雜誌の本論文の欄外に次の經典を引く。
「以見如來形像已三自稱號南無如來至眞等正覺、以此因緣得好音聲」（增一阿含三一・三、大・二・六七四中）
⑯ 荻原博士「十念の研究」參照
⑰ 大・一三・八八一中、九〇八中、八八八中、九一四上、八九一上、九一五下等
⑱ 護國尊者所問經とその梵本は十六正士として出して置き乍ら、更に十六正士中の上意、增意、最上意の三人を出してゐる。これは誤りあることは明かである。
⑲ 「解縛之等八正士」とあり。意味不明。その經の異譯、善住意天子所問經（大・一二）、善住意天子會（大・一一）にはない。
⑳ 密教でその曼陀羅中、賢劫十六尊を祭り、その中に跋陀波羅を出してゐるが、賢劫十六尊と賢護等十六正士は別物である。

戒律の研究

序言

原始佛教の研究に於いて、その教團の人々の實際生活が如何樣にあつたか、その教團が如何樣に規定せられ統制せられてゐたかを知ることが、必要なことは言を俟たないが、この教團の人々の實際生活とその教團の規定統制とを知る爲には、我々はいかなる資料を持つか、その資料を如何樣に取り扱ふべきであるかは、重大な問題である。資料としては、勿論、今日の我々が有する種々の律典がその大部分を占めるのであるが、又阿含・尼柯耶が提供するところの資料も、これを忽にしてはならないものである。然しその教團人の生活とか、その教團の統制とかいふことは戒律といふ語に含蓄せられてゐるものであり、さうしてその戒律は戒と律とが別々のものであるか、一つのものであるかが問題であり、この問題の解釋で資料の範圍も違つて來る譯ではあるが、一般的にいつて、主として律典が材料を提供してゐるものであるから、この教團人の生活と教團の統制との研究は、又律典の研究とか戒律の研究とかと呼ばれ得るものである。私の茲に目指す研究はこの原始佛教の教團人の生活と、その教團の規約及び統制に關するものであるが、茲に律典の研究といはず、戒律の研究といふ所以は、資料を律典に限らず廣く經典にも取る意趣を示すものである。それで次に茲に與へられるこれらの資料を如何様に取り扱ふべきであるか。資料を資料としての正しい價値に驅馳するのでなければ、到底その眞相を摑むことは出來ない譯であるから、資料そのものの研究が、この教團の全體を知る上に、第一に着手されねばならないことは申す迄もないが、然し實際をいへば、この資料の研究は、可成り困難であつて、日本のみでいふと、長井眞琴氏の「根本律典の研究」、和辻哲郞氏の「原始佛教の實踐哲學」中の序論及び宇井博士の「印度哲學研究」中に散說せられたものを除いては、未だ有力な研究の發表がなく、これら諸氏の研究も未だ纏つた十全な研究といふ譯には行かず、次第に明かにされて行く方向は與へられたやうであるが、猶黑闇の中にあるものと云つてもよいものである。

私は茲でこの研究に於いて、資料を、その資料の持つ正しい價値に於いて見ると云ふ十分の自信は未だ持つことが出來ない。從つてこの研究の成果も研究の進み行く一つの道途の標石たるに過ぎないものであるとは思ふが、然し出來るだけ資料を資料としての正しい地位に即かしめて、原始佛教の教團の人々の生活を明かにして行きたいと思ふのである。

第一章　現存の律典

第一節　諸部派の律典

出三藏記集三（大・五五・一九下以下）に、佛教の律に次の五部があつて、

薩婆多部の十誦律　六十一卷
曇無德部の四分律　四十卷（或分四十五卷）

婆麁富羅律　四十卷
彌沙塞律　三十四卷
加葉維律　（未知卷數）

この五部の中、前の四部が支那に傳はり、後の一部は支那に傳はらないと記載してから、律の五部と云ふ事は一般に佛教學者の間に用ゐられて來たのであるが、今日から見ると、律の五部と云ふことが間違つて居るのみならず、この律の五部を記述する記事が、大集經二二、虛空目分（大・一三・一五九）に依つて作られ、旣にその記事中に誤謬を持つてゐるのである。それは大集經が佛の滅後、薩婆帝婆部（有部）、加葉毗部（飮光部）、彌沙塞部（化地部）、婆蹉富羅部（犢子部）及び摩訶僧祇部（大衆部）の五分派となるであらうと記述してゐるのに依つて、現存摩訶僧祇律を婆蹉富羅部としてゐることである。大集經が所謂小乘二十部の中、この五派をどういふ理由で特に選んで出したかは不明であるが、大集經では婆蹉富羅部を明かに上座部から分裂したところの犢子部の原語としてゐることは、婆蹉富羅部の敎義を略詮して、有我論を立てるものとしてゐることで解るのである。然るに出三藏記集は、其の大集經の文を引いてゐながら犢子部と云ふことに氣付かず、「婆麁富羅部、此一名僧祇律」として、現存摩訶僧祇律を婆麁富羅部の律としてゐるのである。宇井博士はその「印度哲學研究」第二（七十八頁）に、「摩訶僧祇律を犢子部律とするのは矛盾するやうであるが、然し婆蹉富羅部としてあるのは、確に十事否決に服従せずして、徒衆を集めて大結集をなしたものを稱するのであつて、決して上座部中の一分派のそれを指すのではない」と云つて居られ、摩訶僧祇律を婆蹉富羅律と呼ぶことを肯定して居られるが、成る程、毗舍離の十事非法問題の主人公であり、後にその決議に服せずして分派し、大衆部となつたのは跋耆の人々即ち Vajjiputtiyā であつたが、出三藏記集が茲に婆蹉（麁）富羅としてゐるのは、この跋耆の人々の部派を指してゐる意味もあるが、又普通に云はれてゐる犢子部を指してゐることは、その記事に大集經の文を引いてゐることに依つて知られるのである。中論疏記第四末、四論玄義第十等、又大衆部の律を用ゐる派を婆（又は波）麁富囉部とし、摩訶僧祇律を婆麁富羅律とも支那の古傳に呼んでゐるやうであるが、これは皆出三藏記集三に引く所の新集律分爲五部記錄第五（大・五五・一九下）に「阿育王即集五部僧共行籌當爾時衆取婆麁富羅部籌多、遂改此一部爲摩訶僧祇」とあるのに依るものであつて、正しいことのやうに思はれるが、然しこの引用文は Vajjiputtiyā が多く一集團をなし、それが大衆であつたと云ふだけの意味では正しいが、其の他は正當でなく、又これに依つて、摩訶僧祇律を婆麁富羅律と呼んだと云ふ證據とすることは出來ない。恐らく律分五部記錄からして、この毗舍離の人々と上座部からの分派であるところの犢子部とを混同したものであらうと思はれる。一體大衆部となつた Vajjiputtiyā 即ち跋耆の比丘等と、後に上座部の一分派である犢子部（Vatsīputriyā）とは原語の上で混同されてゐるものであつて、Vatsīputriyā を島史・大史共に Vajjiputtiyā としてゐるのがをかしい事である。Vatsīputriyā は巴利に直せば Vacchiputtiyā であつて、Vajjiputtiyā でなく、又 Vajjiputtiyā を梵語にすれば Vṛjiputriyā でなければならぬ。若し Vatsīputriyā を Vajjiputtiyā の如く解すれば Vatsa（Vaccha）國の比丘等となり、十六大國中の Vatsa 國に於いて犢子部は起つたものと見ねばならぬ。又かく考へることが Vatsi 又は Vāsa を一人の名と考へるより適當であらう。ただ現今我々の持つ資料では犢子部の分れた地を知ることが出來ないだけである。から考へて來ると婆麁富羅は Vajjiputtiyā ではなく Vatsīputriyā（Vacchiputtiyā）であつて、大衆部を指すものでなく、明かに犢子部を指してゐるものとすべきである。それであるから私はこれを宇井博士の如く救はずして、大衆部律を婆麁富羅律と呼ぶのは誤りであるとした方が善いと思ふ。

律の五部と云ふのは、その確實な根據が何であるかは明かでないが、已に出した大集經は前記の五部の分派を云ひ、佛本行集經六〇（大・三・九三二上）は摩訶僧祇師、薩婆多師、迦葉維師、曇無德師、尼沙塞（彌沙塞）師の五派を出し、佛藏經中（大・一五・七九〇）は佛の滅後分れて五部と爲ると豫言風に書いて、その次下（大・一五・七九五上）に普事、苦岸、薩和多、將去、跋難陀の五比丘が佛滅百年に、五分派を作つたことを記るしてゐる。三論玄義（佛教大系本五五〇頁）には薩婆多傳に依つて、曇無德、摩訶僧祇、彌沙塞、迦葉維、犢子部を同世の五師とし、優婆掘多より分れたものとしてゐる。この薩婆多傳と云ふのは薩婆多師資傳五卷のことであつて、僧祐の撰であるが、藏經中に傳はらないので見る事は出來ないけれども、出三藏記集一二（大・五五・八八―九〇）に、その序と目錄とを載せて居るものである。茲には薩婆多部を缺いてゐる。これは大集經の五部と佛本行集經の五部とを合せて、自派即ち薩婆多部を本流の優婆掘多に即かしめた結果であらう。

（大集經）

1 薩婆帝婆部
2 迦葉毗部
3 彌沙塞部
4 婆蹉富羅部
5 摩訶僧祇部

（佛本行集經）

2 薩婆多部
3 迦葉維部
5 尼沙塞部
1 摩訶僧祇部
4 曇無德部

（薩婆多傳）

4 迦葉維部
3 彌沙塞部
5 犢子部
2 摩訶僧祇部
1 曇無德部

斯くの如く、佛滅後、五部派となつたと云ふことは、種々の典籍に顯れてゐるが、內容は皆別々であつて、其の間に一致を見出し得ない。それであるから五部となつたと云ふことは、五分派となつたと云ふ意味、單に部派が五つになつたと云ふ意味でないことは明瞭であり、これは分派史から見ても明かなことである。若しこれが分派と云ふことで云うてあるものとすれば、十八部又は二十部の中、其の時（その典籍が作られる時又は典籍の作者が思ひ起してゐる時）、五派が盛に行はれてゐたと云ふことを示してゐるに過ぎなからうが、その五派がどれとどれであるかは、又容易に定め難いものである。義淨はその當時、「西國相承大綱唯四」として、大衆部（七）、上座部（三）、有部（四）、正量部（四）としてゐる（南海寄歸内法傳一、大・五四・二〇五上）。又この五派が、部派は十八部二十部に分れてゐた中、獨立の律典を所有してゐた部派を示すものとすると合理的の樣にも考へられるが、然し此も今日から見ると明瞭である樣に、この外に錫蘭上座部の律があるし、明かに正量部のものと解る律二十二明了論があるから、正量部にも獨立の律典があつたことは考へられるし、この外、毘尼母經があるから、毘尼母經の關係する部派の律もあつた筈であり、又鼻奈耶、優波利問佛經の屬する部派の獨立の律典もあつた事は確かであらう。この毘尼母經は或は法藏部所傳のもので、四分律に屬するものかも知れない。それは律、經の分け方が四分律に同じいし（大・二四・八一八上）、經中、迦葉惟部、薩婆多部、彌沙塞部を出して居り、それには皆尊者とし、更に加葉惟（部）ではから云ふが、其は曇無德不聽也と云うてゐる（大・二四・八三八中）からである。又大衆部の方では大事（Mahāvastu）の如き説出世部の律典もあつたのである。さうすると二十部すべて律典を所持してゐたとは言はれないけれども、單に五派のみでないことは明瞭であり、嚴密に云うて、この五部が律典を所持する五派の意味でないことは爭はれないことになる。然しこれが、律典を所持するのは五部のみであると云ふ意味でないにしても、少くとも、廣律等即ち經分別分・犍度分等もすべて含んで完全に具はつてゐる部派は、印度本土の佛教では五部であると云ふ意味ではなからうか。今日のところ、實はこれより外に考へやうがないのである。巴利律は上座部の律ではあるが、その上座部の律を主としてこれが改變され增廣されたものであり、これが出來た時分には印度本土の上座部律は失はれるかどうかして知られないやうになり、又錫蘭上座部のものも本土には知られなかつたのであらう。説出世部に大事（Mahāvastu）

があつたところから見ると、大事は佛本行集經六〇（大・三・九三二上）から見ても佛傳であり、この佛傳は律の犍度分の受戒篇の初めの佛傳の發展增廣されたものであるから、その根本の律典もあつたやうに考へられるが、これは今の摩訶僧祇律を共通に用ゐてゐて、佛傳としては大事を用ゐてゐたものとも考へられるのである。鼻奈耶、優波利問佛經のことは今は解らない。飲光部の廣律は傳はらないから、果して廣律が有つたか無かつたか不明であるが、これが假りにあつたものと見ることが許されると、先に言うた完全に律典を所持してゐたものは、佛本行集經に云ふ所の、摩訶僧祇、薩婆多、迦葉維、曇無德、彌沙塞の五部であつたとすることが出來る。これは毘尼母經が薩婆多、迦葉惟、彌沙塞、曇無德の異說を出してゐること、舍利弗問經（大・二四・九〇〇下）が餘多の部派の分裂を云ひながら、「唯餘五部各擧﹅所﹅長名﹅其服色﹅」としてこの五部の名を出し、その服色を示してゐること、又大比丘三千威儀經（大・二四・九二五下、九二六上）が同じくこの五部の名を出し、その服色を示してゐることに依つて裏書せられると思ふ。大集經の五部の違ふのはこの五部說を採用しながら、誤つて法藏部を婆蹉富羅部としたものではあるまいか。又佛藏經のそれも、五部說に依りながら、その五部說を單なる五分派說と見て、勝手に又都合の善いやうに獨自の五部を出したものでなからうか。これは今斷定することは出來ないが、かやうに見て、初めて五部說を通じ得るやうに思ふ。

それでこの五部と云ふことで、我々は昔から尠くとも五部の律があつたことを知ることが出來るが、この五部の中、飲光部の律は遂に支那に傳はらなかつたものである。出三藏記集三（大・五五・二一中）に依ると、「此一部律不﹅來﹅梁地﹅、昔先師獻正遠適﹅西域﹅、誓尋﹅斯文﹅。勝心所﹅感多値﹅靈瑞﹅而葱嶺險絕弗﹅果﹅茲典﹅。故知此律於﹅梁土衆僧﹅未﹅有﹅其緣﹅也。」とあり、西域に求めに行つて得られなかつたものである。それで現存するもので、列擧すると、

一、五分律　三十卷（大・二二）

此は標題にも彌沙塞部の律たることを明記してゐるものであり、宋景平二年（西紀四二四年）罽賓國の佛陀什（Buddha-jiva）等に依つて譯出せられたものである。出三藏記集三（大・五五・二一上）には「比丘釋法顯於師子國所得者也」とあり、法顯傳にもこのことを記るしてゐる。法顯は譯出するに及ばずして歿し、後、佛陀什が譯出したのである。

二、四分律　六十卷（大・二二）

これは曇無德部即ち法藏部の所傳の律であつて、後秦の弘始十二年（西紀四一〇年）罽賓國の佛陀耶舍（Buddhayaśa）の譯出したものである。

三、十誦律　六十一卷（大・二三）

この律本は後秦の弘始年間、罽賓の沙門弗若多羅（Puṇyatara）が將來し、羅什と共に譯したが、初の二分を譯した時分に弗若多羅が死んで中絕し、後、曇摩流支（Dharmaruci）が來て廬山の慧遠の請に依り、羅什と共に所餘を翻譯し、更に罽賓の律師卑摩羅叉（Vimalākṣa）が來て校訂して章段を正し、六十一卷にしたもので（出三藏記集三、大・五五・二〇）、薩婆多部の律である。然し義淨は「然十誦律亦不是根本有部也」と云つてゐる（南海寄歸內法傳、大・五四・二〇六下）。

四、根本說一切有部毘奈耶　五十卷（大・二三）

同　雜事　四十卷（大・二四）

同　破僧事　二十卷（大・二四）

同　藥事　十八卷（大・二四）

同　出家事　四卷（大・二三）

同　安居事　一卷（大・二三）

同　隨意事　一　卷（大・二三）

同　皮革事　二　卷（大・二三）

同　羯恥那衣事　一　卷（大・二四）

これは唐の義淨三藏（西紀六三五―七一三年）が譯出する所のものであつて、義淨の入竺當時、摩竭陀國に盛に行はれてゐたものであり、標題の如く有部のものであり、義淨が「此與二十誦一大歸二相似一」と云ふが如く、大體十誦律と同じく、極めて大なるものである。この兩者の關係等は後に述べる。

五、摩訶僧祇律　四十卷（大・二二）

印度の佛駄跋陀羅（Buddhabhadra）が法顯と共に、東晉の義熙十二年（西紀四一六年）に譯出したものであり、出三藏記集三（大・五五・二一上）に依ると、法顯が摩竭陀國華氏城の阿育王塔天王精舍に得たものであると云ふことである。これは名の示すが如く大衆部所傳の律書である。

六、鼻奈耶　十卷（大・二四）

此の律はその序分（道安）に依ると、鳩摩羅佛提（Kumārabodhi）が前秦の建元十八年（西紀三八二年）に支那へ來た時に連れて來た、罽賓の律師耶舍が誦出したものであり、佛提梵書し、竺佛念が譯出し、曇景が筆受したものである。律典中の經分別（Suttavibhaṅga）の比丘に關するものだけであるが、支那に譯出されたものの中では最古のものである。

七、Suttavibhaṅga

Mahāvagga

Cullavagga

Parivāra

これは錫蘭上座部所傳の律典であつて、Parivāra を除いては漢譯諸律典に多く該當するものである。Parivāra は附錄であつて、錫蘭に於いて作られたものと考へられてゐる。

以上七種が普通に廣律と云はれてゐる律の主要部を有するものであつて、大體、波羅提木叉の解釋分と、それに附隨して起つた諸規則の集錄であるところの犍度分とを有するものである。この外、有部のものとしては、

根本說一切有部尼陀那　五　卷（大・二四）
同　目得迦　五　卷（大・二四）
薩婆多部毘尼摩得勒伽　十　卷（大・二三）
毘　尼　母　經　八　卷（大・二四）
律二十二明了論　一　卷（大・二四）

其の他これらのものの頌などがあり、又律の註解書である薩婆多毘尼毘婆沙（大・二三）等がある。又この外、などがあるが、毘尼母經は先に云ふが如く、何部派のものかはつきり解らないが、恐らく四分律に屬するものであつて、薩婆多部毘尼摩得勒伽に當るものであらう。律二十二明了論は正量部の所傳であつて、律の全體的註釋書である。

又波羅提木叉だけを擧げると、

一、彌沙塞五分戒本（大・二二）
五　分　戒　本（大・二二）
五分比丘尼戒本（大・二二）

二、四分僧戒本（大・二二）
四分律比丘戒本（大・二二）
四分比丘尼戒本（大・二二）
三、根本説一切有部戒經（大・二四）
同　苾芻尼戒經（大・二四）
四、十誦比丘波羅提木叉戒本（大・二三）
十誦比丘尼波羅提木叉戒本？燉煌本
十誦比丘尼波羅提木叉戒本（大・二三）
五、摩訶僧祇律大比丘戒本（大・二二）
摩訶僧祇比丘尼戒本（大・二二）
六、解脱戒經（迦葉毘部）（大・二四）
七、Bhikkhu Pāṭimokkha
Bhikkhuṇī Pāṭimokkha
八、優波離問佛經（部派不明）（大・二四）

この外に梵語の波羅提木叉があるが、これは有部の比丘戒本であつて、十誦戒本に當る梵本であらうと云はれてゐる。
（梵本は Journal Asiatique XI, 2, nov–déc. 1913 p. 465–558 に出てゐる—編者）

この様に調べて見て云はれ得ることは、小乘二十部の中、先に云ふやうに、

化地部
法藏部
有部
迦葉惟部
大衆部
錫蘭上座部

の六派は明かに略律と廣律とを具備し、律二十二明了論がある以上、或は正量部も律を具へてゐたものかも知れぬ。鼻奈耶十巻は何部派に屬するものか解らないが、比較研究の結果はその波羅提木叉が全部有部律と同様であり、解釋分が相違するところから見て、有部に近い經量部などのものかも知れない。さうすると、この經量部か或はその様な部派も律典を具備してゐたものかも知れない。から云ふと先の五部説の解釋と矛盾するやうであるが、今日のところ、實ははつきり解つてゐないのである。毘尼母經は恐らく先に云ふ如く法藏部のものではあるまいか。

今日現存する律典は上記で盡きて居り、その所屬の部派も上記の通りである。然らば、次にその相互の關係は如何にあるであらうか。

第二節　諸律典の比較

第一項　波羅提木叉の比較

廣律の所謂經分別と云ふ部分は波羅提木叉の解釋分であるが、波羅提木叉があるから、その解釋分がある譯であり、又これからの研究に依つて明かになるやうに、波羅提木叉は、律の諸部分中最も古いものである。その古い波羅提木叉が各部派共に互に相違してゐるのは如何なる理由に依るものか。この理由を求むることは、やがて律の成立に就いての研究に光明を與へるものであるが、それには先づ波羅提木叉を精密に比較して見なければならない。

ところがこの波羅提木叉の比較に就いては、既に學者に依つて屢〻企てられてゐるのであつて、長井眞琴氏の比較は「宗教研究」（新第三巻第二號）に發表せられ、和辻哲郎氏の比較は一部分ではあるが、その著「原始佛教の實踐哲學」に載せられ、最近、西本龍山氏の比較が「大谷學報」（第九巻第二號）に載せられてゐる。此の中、西本氏のものが最も精密にして精確さを具へてゐるが、然し何れも單に波羅提木叉の箇條の數と順序の比較に止まり、その內容に立ち入つてないことは猶遺憾とすべきものがないでもない。私は煩はしいことではあるが、以下箇條の文々句々を並べて比較して見たいと思ふ。（まづ初に巴利の波羅提木叉を和譯し次にその諸譯對照並に解說をすると云ふ順序になつて居る――編者）

一　四波羅夷法の比較①

四波羅夷法はその順序、各廣律、各戒本共に總べて同じい。今これを比較するに就いて左記の廣略の律を比較すべきであるが、廣本と略本は大した相違もないから、相違のある所だけは比較する事にして、多くは略戒本のみで比較し、鼻奈耶は餘りに違つた異本であるから、これも大抵は略し、優波離問佛經も律の箇條を略說して居るに止まるから比較することが出來ない爲、略することにする。

五　分　廣　律

五分戒本
四分廣律
四分戒本
十誦廣律
十誦戒本
僧祇廣律
僧祇戒本
解脫戒經
鼻奈耶
優波離問佛經

第一「如何なる比丘でも、比丘の學と、生活の規則とを持ち、學を棄てず、無力を示さないで交接を行ひ、乃至畜生と犯すは波羅夷であつて不共住である。」

巴利本と梵本とは文章の構成に於いて、梵文は「此の比丘は波羅夷であつて」(ayaṁ bhikṣuḥ pārājiko)と「此の比丘は」の二語を加へて居る外、他は同じい。さうして五分廣律・五分戒本・四分廣律・四分戒本・十誦廣律・十誦戒本・僧祇廣律・僧祇戒本・解脫戒經・鼻奈耶、皆「此の比丘は」と梵文と同じ形をなしてゐる。此は四波羅夷法に通じて同樣である。

第二「如何なる比丘でも、村或は林で與へられないものを、人々の盜みと考へることをなし、取るであらう。王が盜賊を捕へて、汝は盜人である、汝は愚人である、汝は迷亂してゐる、汝は賊であると、或は殺し或は縛し或は放逐するであらう如き、かくの如き與へられざるを比丘が取るならば、これも波羅夷であつて不共住である。」四分律・五分律・根本有部律・十誦律・鼻奈耶（大・二四・八五三下）・解脫戒經共に「王或王大臣」と「王大臣」を加へてゐるが、梵本は單に「王」(rājā)としてゐる。これは翻譯者の加へたものかも知れない。又は rāja-mahāmattā の一語が加へてあつたものかも知れない。

第三　「如何なる比丘でも知り乍ら人の命を奪ふであらう。或は刺客を探すであらう。或は死を讃へ自殺をなさしめるであらう。『オ、人よ、この惡しき苦しき生活が汝に取つて何ぞや。汝には生より死こそ善けれ』と。かく（相手の心を）考へ、推し計り、死を讃へ、自殺せしむれば、これも波羅夷であつて不共住である。」

この第三波羅夷の文は相當に皆違つてゐる。十誦律・解脫戒經・五分律が「似人」と云ひ、根本有部律が「人胎」と譯し、鼻奈耶が「人形之類」（大・二四・八五六中）と譯してゐるのは、巴利の viggahaṁ に當るであらうが、梵本には不思議にもない。すべて胎兒でも殺せば波羅夷であるといふ意味で、巴利でもさうなつてゐる。「自手」（鼻奈耶・十誦律・四分律・僧祇律・解脫戒經）とあるのは、今の梵本の如く svahastena の文字があつたものであらう。根本有部律は「自持刀」としてゐる。この文には大分動搖のあつたことを思はせるが、然し意味は變らない（此は第六十一波逸提に對する）。

第四　「如何なる比丘でも、未だ證らない超人の法、十分に神聖なる智見を自分に關して誇る。『私は知り私は見る』と。それより後、責められ又は責められないで、清淨を求めてかく云ふ。『實は私は知らないで知ると云ひ、見ないで見ると云うた。虛誑の語である』と。增上慢を除いてこれも波羅夷であつて不共住である。」

この第四波羅夷では四分律・五分律・僧祇律・解脫戒經共に巴利に同じく、鼻奈耶（大・二四・八五八下）の「善處無爲」の原語が不明であるが、恐らく alamariyañāṇadassana であらう。十誦律の「空無所有」は何に當るか解らない。根本有部律は確かに語が長くなつてゐる。「安樂住」(phāsu-vihāra) が加はつてゐるやうである。梵本は大切な語句が缺けてゐて全體は解らないが、巴利と少しく違ふ。さうして何れにも「殊勝」の語及びその意味があり、梵本にも ṣeṣa とあるところから見ると、alamariyañāṇadassana visesa の visesa があつたものであらう。巴利文も普通 visesa と續いて熟してゐるものであるから、茲でも元はあつたものではあるまいかと思はれる。

これを要するに四波羅夷法は各本共に大した相違はないが、少しづつは違つてゐる。何れのものを原始的なものとするかは容易に斷定出來ないが、巴利本も變化したもの、寧ろ訂正されたものであることは明かである。其は第二罪に於いて rājamahāmattā があつた方が相應はしく、第四罪に於いて visesa があつた方がより善い事から考へられるのである。

註　① 波羅夷 (Pārājikā, Skt. Pāli)

四分律一 (大・二二・五七一下)「云何名二波羅夷一。譬如下斷二人頭一不レ可中復起上比丘亦復如レ是。犯二此法一者不三復成二比丘一故名二波羅夷一。」

五分律一 (大・二二・四下)「波羅夷者名爲二墮法一、名爲二惡法一、名二斷頭法一、名二非沙門法一。」

十誦律一 (大・二三・二下)「波羅夷者名二墮不如一。是罪極惡深重、作二是罪一者即墮不如、不レ名二比丘一非二沙門一非二釋子一失二比丘法一。」

僧祇律二 (大・二二・二三七中)「波羅夷者謂……於二彼諸智一退沒墮落無二道果分一、是名二波羅夷一。又復波羅夷者於二涅槃一退沒墮落無二證果分一、是名二波羅夷一。又復波羅夷者於二梵行一、退沒墮落無二道果分一是名二波羅夷一。」

巴利經分別 (vol. I, p. 28)「喩へば人が頭を斷たれてその軀と結ぶことに依つて生きることの出來ないやうに、交接の法を行うて沙門に非ず、釋子に非ず、それに依つて波羅夷である。」

Samantap. vol. I, p. 259. parājito, parājayaṁ āpanno. parājeti.

善見律七 (大・二四・七二一上)「退墮不如。」

二　十三僧殘の比較①

第一　「故意に精を洩すのは、夢中を除いて僧殘である。」

これは各律各戒本共に全く同じい。

第二「如何なる比丘でも、欲情に馳られ、汚れた心で、婦人の身と觸れ、手を取り、髮の毛を摑み、身體の何れの部分に觸れるも僧殘である。」

四分戒本全同。五分戒本には「觸れる」を「捉……摩著細滑」と延して居り、僧祇律は「摩觸受樂者」となし、解脫戒經は茲の處を「觸……覺觸」としてゐる。鼻奈耶は又「摩抆把持」としてゐる。十誦律は「若上若下摩著細滑」となし、根本有部律は「作受樂心者」としてゐる。これで見ると受樂に當る語があつたやうでもあるが不明である。それから十誦律・根本有部律・鼻奈耶・解脫戒經の四本は皆「捉臂」を加へてゐるが梵文にはない。又梵文は aṅgajātasya としてゐるが、これは aṅgasya の誤りであらう。aṅgajāta と云ふと陰部のことで、茲ではそれを意味して居らないからである。

第三「いかなる比丘でも、欲情に馳られ、卑しい心から、若い男が若い女に交接に關して（話しかける）如く、淫らな語で話しかけるのは僧殘である。」

四分律・五分律共に「若い男が若い女に」を缺き、根本有部律は「如夫妻者」とし、鼻奈耶は「若大若小女人」と不明な譯をしてゐる。梵本には pāpikayā asabhyayā の二語を加へてゐるが、十誦律が「麤惡不善語」とし、根本有部律が「鄙惡不軌」と譯してゐるのがこれに當り、巴利其の他に缺くものである。「交接に關する語」といふ句が巴利と梵本と置場を異にしてゐるが、漢譯各本共、梵本に同じものに依つた樣に思はれる。

第四「いかなる比丘でも、欲情に馳られ、汚れた心で、婦人の傍で、自分の欲する給仕の德を語る。『姉妹よ、私の如き戒を具へ、美しい性質を有し、梵行を修する者を、この交接に關する法を以つて給仕するは給仕の第一である』

と。これも僧殘である。」

四分律・五分律・根本有部律・解脱戒經は皆ただ「自嘆身」とか「自讃身」とかして居り、鼻奈耶は「自歎身端正」としてゐる（大・二四・八六三中）。梵本は ātmanakāyaparicaryāṁ saṁvarṇayet とあつたものらしく、さうして前諸本の原本は皆 paricaryā がなかつたものではあるまいか。十誦律と僧祇律は梵本と同じく「讃自供養已身」と譯してゐる。この kāya が巴利には kāma となつたもので、これは kāya とある方が古いやうに思はれる。根本有部律だけ供養第一に當る語のないのは、その原本か譯出かに缺漏があつたことを思はせる。

第五「いかなる比丘でも媒合をなし、男の思を女に、女の思を男に通じ、妻となしたり、情婦となしたり、乃至、一時その時だけの私通をなさしむるのも僧殘である。」

諸本皆同じいが、ただ僧祇律は初の部分を「若比丘受使行和合男女」とし、鼻奈耶の文は一寸異なつてゐる。

第六「比丘が自分で乞ひ求めた材料で、他の主人なく、自分のための小屋を作る時には、量に依つて作らねばならぬ。これがその量である。長さが十二佛搩手、廣さが内規《うちのり》七佛搩手である。それにその地域を示すために(乞うて)比丘をそこに導かねばならぬ。その比丘は、障礙のない空地のある地域を示さねばならぬ。若し比丘が障礙のある、空地のない地域に、自分で乞ひ求めたもので小屋を作り、地域を示すために、比丘を乞ひ導かず、量を超えるであうならば僧殘である。」

これも諸本及び梵本共に同じであるが、十誦律が「是比丘應㆘將㆓諸比丘㆒示㆗作房處無難處非妨處㆖」としてゐる。「無難處非妨處」は不用の文字である。反對に僧祇律が「應㆘將㆓諸比丘㆒示㆗作房處無難處非妨處㆖」としてゐるのは「應㆘將㆓諸比丘㆒示㆗作房處㆖、諸比丘應㆑示㆓無難處非妨處㆒」とすべきである。又根本有部律には「應法淨處……不應法不淨處」の十字が餘分にあるが、これはこの原本だけに附加されてあつたものであらう。

第七「比丘にして他の主人があり、又自分のための大きな精舍を建てる時にも、その地域を示すために比丘を（乞うて其處に）導かねばならぬ。その比丘は障礙のない、空地のある地域を示さねばならぬ。障礙のある、空地のない地域に大きな精舍を作り、又その地域を示すために比丘を乞うて導かぬならば僧殘である。」

これは第六僧殘の場合と同じいが、四分律・十誦律・根本有部律・解脱戒經・僧祇律は「障礙のある、空地のない地域に有主爲己作の大きな精舍を作るならば」と「有主爲己作」を玆にも加へてゐる。五分律は「障礙のある、空地のない地域に大きな精舍を作り」といふ一項を全部缺いてゐる。

第八「いかなる比丘でも、他の比丘に對し、怒り腹立ち喜ばずして、（斯くすれば）恐らくこの梵行から退き離れるであらうと無根の波羅夷法を言ひかけ、後、責問せられ又は責問せられないで、『その事は無根であつた。比丘が怒りに置かれた。』と云ふならば、僧殘である。」

この文の「比丘が怒りに置かれた」と云ふのは、bhikkhu ca dosaṁ patiṭṭhā iti の譯であるが、これは五分律の「住瞋」等に當るであらうが、少しく語が足らないやうである。梵本に依つて bhikkhu ca (anudhvaṁsayitā?) dosaṁ patiṭṭhā dosena avocam iti となるべきではなからうか。根本有部律・十誦律・四分律・解脱戒經、皆、「瞋恚故作是語」とあるのは、これを證すると見るべきであらう。

第九「いかなる比丘でも、他の比丘に對して怒り腹立ち喜ばずして、斯くすれば恐らくこの梵行から退き離れるであらうと、他の事件の何かの過誤のホンの僅かのことを捉へて、波羅夷法を言ひかけ、後、責問せられ又は責問せられないで、『そのことは他の過誤のホンの僅かのことを捉へたのである。比丘が怒りに置かれたのである。』と云ふならば、僧残である。」

これは前第八罪と同じいから、別に云ふべきものはない。解脱戒經・根本有部律に「相似法」と譯したのは lesamatta (lesámātra) を、意味を取つて譯したものであらう。十誦律の文は亂れてゐる。「似片法」は善いとしても、「是比丘住隫法」は不用の語である。

第十　「いかなる比丘でも、和合の僧伽を破らうとつとめ、その破和合になる事件を堅く執してゐる時には、その比丘は比丘等に依つて、斯くの如く語られねばならぬ。『尊者よ、和合の僧伽を破らうとつとめ、破和合になる事件を堅く執してゐてはならぬ。尊者よ、僧伽と和合せよ。僧伽は和合し、諍論することなく、同一の主張で安らかに住するものであるから』と。その比丘にして、比丘等に斯くの如く云はれて、猶執するならば、それを飜へさせるために、三度迄諫めねばならぬ。三度諫められて、それを飜へせば善いが、飜へさなければ僧殘である。」

梵本はこの譯文の「同一の主張にて」の次に ekakṣīrodapu……(缺)……を加へ、「安らかに住するものであるから」の次に niḥsṛjatv āyuṣmaṁ saṁghabhedakaraṁ vastuṁ を加へ、「三度迄」を dvir api trir api とし、「それを飜へせば善いが」を tad vastu pratiniḥsṛjet としてゐる。この四つの相違に於いて漢譯諸本を見ると、五分律・四分律・解脱戒經・僧祇律・十誦律・根本有部律、皆「如水乳合」と第一の相違に就いては梵文に一致し、第二の相違に就いては、十誦律は「大德捨㆓是破僧因緣事㆒」と譯し、根本有部律は「具壽汝可㆑捨㆓破僧事㆒」とし、解脱戒經は「大德捨㆓此破僧法㆒」としてゐるが、僧祇律・四分律・五分律共に之を缺いてゐる。第三の相違に就いては僧祇律・根本有部律・十誦律・五分律は梵文に一致して「第二第三諫」とか「再三諫」とかしてゐる。四分律と解脱戒經はただ「三諫」としてゐるが、それは原文に「再」もあつたのを略して譯したのかも知れない。第四の相違に就いては、僧祇律・十誦律・根本有部律・解脱戒經・

五分律・四分律、共に「是事」とあるから、梵文の如く tad vastu とあつたものであらう。又漢譯の方には、

五　分　律　共弘㆓師教㆒安樂行
四　分　律　於㆓佛法㆒中有㆓增益㆒安樂住
解脫戒經　有㆓增益㆒安樂住
僧　祇　律　如法說法照明安樂住
十　誦　律　安樂行
根本有部律　大師教法令㆑得㆓光顯㆒安樂久住

となつてゐて、十誦律が巴利に近いが、「行」が果して viharati かどうか解らない。他はすべて語が多い。今の梵文はこの處が缺けてゐるから、善く解らないが、恐らくこの漢譯のいろ〳〵の語に當るものがあつたのであらう。さうするとこの條項は、漢譯諸本は總べて梵本に同じいか、又は近く、巴利のみ異なることになる。

第十一　「その比丘に、一人二人或は三人の比丘があつて、組であり、黨類であつて、彼等はこのやうに云ふ。『大德等よ、この比丘に何も云つてはならない。この比丘は如法語者である。此の比丘は如律語者である。この比丘は我我の欲願を取つて語り、知つて（言ひ、知らずして）言はない。彼の言ふことは又我々の認める所である』と。（このやうに云ふ）彼等比丘等は、比丘等にかく語られねばならぬ。『尊者達よ、この樣に云つてはならない。この比丘は如法語者でない。この比丘は如律語者でない。尊者等も破和合僧を望んではならない。僧伽と和合せよ。僧伽は和合し諍論することなく、同一の主張で、安らかに住すべきものであるから』と。それらの比丘等にして、比丘等に斯くの如く云はれて猶執するならば、それを飜へさせる爲に三度迄諫めねばならぬ。三度諫められて、それを飜へせば

善いが、飜へさなければ僧殘である。」

梵本では、(一)「一人二人或は三人」とあるところを eko vā dvav vā sambahulā vā として居り、(二)「此の比丘に何も云つてはならぬ」と云ふところに (kalyāṇi akalyāṇi vā) vastuni kiṁcid vadantu とあり、(三)巴利で簡單に hi とあるところを tat kasmāddhetoḥ とし、(四)それから巴利で jānāti no bhāsati とあるところを jānaṁ ca sa bhikṣur bhāṣate nājānaṁ とし、(五)巴利で amhākaṁ p' etaṁ khamatiti とあるところを yac cāsya bhikṣo rocate ca kṣamate ca asmākaṁ api rocate ca kṣamate ca iti としてゐる。後は前の第十と同じい。この五つの相違の中で、(一)に於いては、五分律・僧祇律・十誦律・根本有部律は「若一若二若衆多」として梵本に同じく、四分律は「若一若二若三若無數」と巴利の上に梵本の sambahula を加へてゐる。さうして助破和合の者が一人乃至三人と限つたことはないから、衆多とある方が適當のやうである。解脱戒經と五分律（廣律の異本、及び彌沙塞五分戒本）には「若一」はないが、これは原本にあつたと見るべきであらう。(二)に於いて、僧祇律は「好惡事」、十誦律は「此事中」、根本有部律は「若好若惡」として梵本に同じい事を思はせ、他は巴利に同じいやうに思はれる。(三)は hi でも kasmāddhetoḥ でも同じいから譯の上では解らないが、僧祇律・解脱戒經・十誦律・根本有部律、共に「何以故」と重々しく言つてゐるのは、梵本の如くなつてゐた爲であらう。(四)は巴利の意味は通じない。Vibhaṅga でも Samantapāsādikā でも解釋して居らない。これはどうしても何かの誤りでなければならぬと考へられる。さうすると、

梵　本　jānaṁ ca sa bhikṣur bhāṣate nājānaṁ

十誦律　是比丘知說、非二不レ知說一。

解脱戒經　此比丘知說、非二不レ知說一。

五分律 是比丘所説是知説、非不知説。

とあるを考へ、jānāti bhāsati no ajānāti とかあるべきだと思はれる。根本有部律・四分律はこれに當る語を缺いてゐる。根本有部律では「語言不虛妄」が當るやうである。(五)に於いては、巴利でも通じない事はないが、正當に云へば梵本の樣に yaṁ ca assa bhikkhu khamati amhākampi khamati とあるべきであるから、梵本のやうにあるのが正しく、且つ梵本には rocate と kṣamate と二つになつて居り、解脱戒經・四分律の「喜樂、忍可」、五分律の「忍樂」に當るのである。十誦律・根本有部律は却つて茲が亂れて居る。斯くの如く見て、漢譯諸本は梵本に近い原本に依つたものと云ひ得るであらう。然し實際を云ふと漢譯諸本のこの條項は可成り混亂して居り、一致を求め難い。それは或は原本の相違が主因でもあらうが、翻譯であると云ふことが最も重大な理由であるやうに思はれる。梵本に最も近い翻譯は解脱戒經のそれであつて、左の如く訂正しうるのである。

「若比丘有餘同伴群黨比丘説隨順語[若二若三](此を若一若二と訂正する)乃至衆多、語諸比丘言、長老莫諫此比丘〔若好若惡事〕。[此比丘非惡心]。何以故。此比丘所説如法如律。此比丘知説非不知説。此比丘所説我等心所欲[喜樂忍可]。此比丘所欲喜樂忍可我亦如是喜樂忍可……」(〔 〕は追加で□は削除である―編者)

第十二、「比丘が又惡性で、經戒所含の學足中に於いて、他の比丘に如法に語られるのに對し、自分に語られないやうにする。『尊者達は善惡共に何事も私に語つて下さるな。私も尊者達に善惡共に何事も語らない。尊者達は私に語ることを止めよ』と。その比丘は他の比丘等にこのやうに語られねばならぬ。『尊者よ、自分に話しかけられないやうにしてはならない。尊者は自分に話しかけられるやうにせよ。又尊者も比丘等に如法に話しかけよ。比丘等も尊者に如法に話しかけるであらう。何故なれば、世尊の會衆は相互の會話と相互の令出罪に依つて(vuṭṭhāpanena)增長するものであるから』と。その比丘が彼の比丘等にこのやうに云はれても猶執してゐるならば、それを飜へさせるために三度迄諫めねばならぬ。三度諫めてそれを飜へせば善いが、飜へさなければ僧殘である。」

この條項は、五分律・僧祇律だけ巴利と同じく第十二となつてゐるが、梵本・四分律・五分戒本・解脱戒經・根本有部律・十誦律・鼻奈耶・優波離問佛經、共に第十三となつてゐる。十三僧殘で諸戒本中順序の違ふのは此處だけである。それで内容に入つて云ふと、梵本では、(一)初めに bhikṣuḥ punar ihaikako du……(缺)……となつてゐる。(二)前記の「如法に」の譯語に加へて「如律に」saha vinayena を持つてゐる。(三)比丘等がその比丘を諫める所に、初めに uddesapariyāpannesu sikkhāpadesu に當る梵語を入れてゐる。(四)譯文に「相互の令出罪に依つて」としたのは巴利では aññamaññavuṭṭhāpanena とあるのであるが、梵本では anyonyāpatti-vyutthāpanāt としてあつて、āpatti(罪)から出で立たしむることにして居る。vuṭṭhāpana は upasampada とも同義に用ゐられることのある語であるから、ここで出罪を意味するなら、又ここではその意味であらうが、さうすると梵本の樣にあつた方が善いと思ふ。他は第十と同じい。それでこの四つの相違の中で、(一)に於いて、十誦律のみ「一比丘」として居り、他はただ「比丘」としてゐるが、漢文の性質上「一」を略したと見るべきものであらう。(二)に於いて、解脱戒經・根本有部律・五分律・僧祇律は「如法如律」とあり、十誦律は「如法如善」とある。「如善」は「如律」の意譯であるかも知れない。四分律は巴利の如く「如法」一つである。(三)に於いて、僧祇律・解脱戒經・十誦律・根本有部律共に梵本の如く、四分律・五分律は巴利と同じい。(四)に於いて、

僧祇律は　展轉相教展轉相諫共罪中出
五分律は　展轉相教　　轉相出罪
四分律は　展轉相諫展轉相教展轉懺悔

十　誦　律は　共說共諫　　　　　　　　共罪中出
根本有部律は　共相諫誨
解脫戒經は　種種相諫展轉相敎各各悔過
とし、根本有部律を除く外 āpattivyutthāpana を思はせる翻譯である。

第十三　「又比丘が或る邑なり村なりの近くに住み、在家の家庭を亂し、惡い行ひがあり、その惡い行ひが見られ聞かれ、又それに依つて在家の家庭が汚されたことが見られ聞かれた時には、その比丘は比丘等にこのやうに云はれなければならぬ。『尊者は在家の家庭を亂すもの、惡い行ひの者である。尊者の惡い行ひは見られ聞かれ、尊者に依つて在家の家庭が亂されたことが見られ聞かれてゐる。尊者よ、この住居から去れ、茲に住む必要がない』と。その比丘はこのやうに彼等比丘等に云はれて、彼等比丘等にこのやうに云ふであらう。『同じい罪で、或る者は放逐され、或る者は放逐されないと云ふのは、比丘等は實に欲に支配され、瞋に支配され、癡に支配され、怖に支配されてゐるのである』と。その比丘は比丘等にこのやうに云はれねばならぬ。『尊者よ、このやうに云つてはならぬ。比丘等は欲に支配されては居らぬ。瞋に支配されては居らぬ。癡に支配されては居らぬ。怖に支配されては居らぬ。尊者は實に在家の家庭を汚すもの、惡い行ひの者である。尊者の惡い行ひは見られ聞かれ、又尊者に依つて在家の家庭が汚されてゐることが見られ聞かれてゐる。尊者よ、この住居から去れ、茲に住む必要がない』と。このやうにその比丘は比丘等に云はれて猶執するならば、それを飜へさせるために三度まで諫めねばならぬ。三度諫められて、それを飜へせば善いが、飜へさなければ僧殘である。」

この第十三は前に云ふ通り、梵本・四分律・解脫戒經・十誦律・根本有部律・鼻奈耶・優波離問佛經、共に第十二である。梵本では、(一)家庭が汚される方が先に見聞せられる事になつてゐる。(二)「見られ、聞かれ、知られる」と三つになつてゐる。(三)「家庭を汚し、惡い行ひの尊者はこの住居から去れ」となつてゐる。(四)巴利の「或る者は」は「或る比丘は」になつて居る。(五)擯出 pabbajenti が pravāsayanti になつてゐる。然し pravāsayanti も馳り出す意味であるから之は除く。他は前條項の場合と同じい。この三つの相違の中で（第四第五に就いては記述なし—編者）、(一)に於いて、僧祇律・解脱戒經・根本有部律は梵本に同じく、他は反對の順序である。(二)に於いて、解脱戒經・十誦律・根本有部律・五分律は梵本と同じく見聞知としてゐる。(三)に於いて解脱戒經・僧祇律・四分律は梵本の如くなつてゐる。他は單に「汝」としてあるが、此は原本になくてかうしたのか、あつても略したのかは不明である。通じて云へば解脱戒經が一番梵本に近い譯である。

以上十三僧殘の比較でその結果を見ると、漢譯の各本は解脱戒經・十誦律・根本有部律、等の著しいのは別としても、僧祇律・五分律・四分律迄も孰れかと云へば梵本に近いものである。巴利と梵本では梵本の方が寧ろ合理的であつて、完全の樣に考へられる。

註 ① 僧殘 saṅghādisesa (Pāli); saṁghāvaśeṣa (Skt). saṅgho' va tassā āpattiyā parivāsaṁ deti mūlāya paṭikassati mānattaṁ deti abbheti, na sambahulā, na ekapuggalo. Sutta-vibhaṅga vol. I, p. 112

Samantap. セーロン版　二八五頁。

善見律一二（大・二四・七六〇上中）

毘尼母經七（大・二四・八四二下）

鼻奈耶三（大・二四・八六〇下）「秦言衆決斷」

薩婆多毘尼毘婆沙三（大・二三・五一九上中）「是罪屬僧、僧中有殘、因衆除滅……因僧滅罪」

十誦律（大・二三・一四中）

僧祇律（大・二二・二六三中）

五分律（大・二二・一〇下）

三　二不定の比較

第一　「いかなる比丘でも、婦人と共に、獨り交會に十分なる密かな屏覆せられた場所に坐つてゐるのを、信用することの出來る優婆夷が見つけて、波羅夷か、僧殘か、波逸提か、この三法の孰れかで訴へる。坐つてゐた比丘がそれを承認するならば、波羅夷か、僧殘か、波逸提か、この三法の一つで處罰せねばならぬ。その信用の出來る優婆夷の訴へるその法で處罰せねばならぬ。これが不定法である。」

梵本は語句も文の構成も全く同じく、ただ終りの「優婆夷の訴へるその法で」と云ふ所が、巴利は yena vā……tena とあり、梵本は yena yena……tena tena となつてゐる。yena……tena でも通じないことはないが、梵文の如く重ねた方が適當であり、又巴利の yena vā の vā は不用でもあり、間違ひのもととなるものである。「三法の一つで處罰せねばならぬ。又或は優婆夷の訴へる法で處罰せねばならぬ。」ともなり、不適當な挿入である。漢譯諸本は皆よく合致するが、四分律と解脫戒經のみは語を加へ、四分律は「在……可作婬處坐說非法語」とし、解脫戒經は「在……無人見處坐說欲事」としてゐる。道理から云つてこれは餘分の文字である。

第二　「（人に見えないやうに）覆はれては居らず、婬事をなすに十分でなく、只婦人に汚れた語で話しかけるに十分な場所に、いかなる比丘でも婦人と共に獨り密かに坐つてゐるのを、信用することの出來る優婆夷が見つけて、僧殘か、波逸提か、二法の一つで訴へる。坐つてゐた比丘がそれを承認するならば、僧殘か、波逸提か、二法の一つで處罰せねばならぬ。その信用の出來る優婆夷の訴へるその法で、處罰せねばならぬ。これが不定法である。」

梵本では「婦人に汚れた語で話しかけるに十分な場所に」と云ふところに duṣṭhulayā vācā ābhāṣeta pāpayā asabhyayā maithunopasaṁhitayā とあり、次の「いかなる比丘でも婦人と共に獨り密かに坐つてゐるのを」を缺いてゐる。その代り「坐つてゐる」をずつと前に持つて行つてゐる。それで解脫戒經・四分律・五分律・十誦律は「不可婬處坐、說麁惡婬欲語」としてゐる。僧祇律と根本有部律はこれに當る語句を全く缺いてゐる。若し梵本や解脫戒經等のやうに露地に坐して婬欲の語を婦人に話しかけるならば、これは明かに第三僧殘であつて、不定ではない。又僧祇律や根本有部律の如くならば、僧殘罪となる一つの大切な要件を書き忘れて居ることになる。書かずに置いても間違ひではないが、それでは第一不定法との對にならなくなる。それ故に前者は間違ひであり、後者は缺陷があり、巴利本が正しいことになる。

四　三十捨墮（尼薩耆波逸提）の比較[1]

四波羅夷、十三僧殘、二不定に於いては各本の間に、順序は別に大した相違はないのであるが、三十捨墮になると順序も內容も大分相違して來る。

第一　「衣服を作り終り、迦稀那衣を捨した後に十日を極限として長衣を貯へることが出來る。それを超えれば尼薩耆波逸提である。」

梵本には長衣の「長」を意味する atireka が缺けて居る。あるべきであらう。漢譯諸本皆「長衣」と譯して居る。四分律の「不淨施」といふ意味は後九十波逸提の五十九（四分の五十九）に至つて明かであり、他に與へて置いて、自分のものとせずして用ゐることである。根本有部律の「不分別應畜」と云ふ不分別は何に當るか不明であるが、不分別は aniḥsṛjya であらうと思ふ。

第二「衣を作り終り、迦絺那衣を捨して後、一夜でも三衣を離せば、比丘の合意を除いて尼薩耆波逸提である。」

梵本では ticīvarena の代りに、trayāṇāṃ cīvarāṇām ekatamāc cīvarāt としてゐる。「三衣の中、一衣を離れても」の意味である。

五分律、三衣中若離一一衣宿
四分律（於）三衣中若離一一衣異處宿
僧祇律　三衣中若離一一衣餘處宿
解脫戒經　於三衣中離一一衣異處
十誦律　三衣中若離一一衣餘處宿
根本有部律　於三衣中離一一衣界外宿

となつて居り、梵本に一致し正しきを思はせる。「異處宿」、「界外宿」等は意味から加へたものであらう。

第三「衣を作り終り、迦絺那衣を捨して後、更に不時の衣が與へられる時に、欲するならば受けても善いが、受けて直ぐ作らねばならぬ。作るに猶十分でないならば、その不足を補ふ豫想がある時には（satiyā）、一月を限り、その衣を保存しても善い。それ以上保存すれば豫想があつても尼薩耆波逸提である。」

梵本は kāretabbaṃ の代りに sacet paripūryeta（若し十分ならば）と前置きして kṣipram upādāya abhini[sivyeta]-vyaṃ?（速かに取つて縫はねばならぬ）とし、「その不足を補ふ豫想がある時には」の代りに「滿すために」（paripūryārthaṃ）とし、「豫想があつても」を全く缺いてゐる。四分律・解脫戒經は梵本に同じく、十誦律・根本有部律・僧祇律は「若知更有得處」（若有望處求令滿足）を加へてゐる。これは巴利にあるが梵本にないものである。五分律は十誦律に似てゐるが、「爲滿足故」の句を缺いてゐる。

第四 「いかなる比丘でも、身内でない比丘尼に古い衣を洗はせ、色染めをさせ、打たせるならば、尼薩耆波逸提である。」

五分律、四分律、解脱戒經、十誦律、僧祇律、鼻奈耶（大・二四・八七六上）、優波離問佛經、共にこの條項が第五であり、第五が第四になつてゐる。梵本と根本有部律のみが巴利の順序と同じい。梵本は巴利に異なるところなく、漢譯文又全く同じい。

第五 「いかなる比丘でも、身内でない比丘尼の手から、衣を取るであらうならば、交換を除いて尼薩耆波逸提である。」

前條項の時に云ふ如く、梵本と根本有部律の第五である外、他戒本はみな第四になつてゐるものである。梵本は巴利の bhikkhuniyā hatthat とあるところを bhikṣuṇyāḥ santikāt としてゐる。五分律は「從」、四分律は「邊」、解脱戒經は「與」、僧祇律は「比丘尼衣」、十誦律は「邊」、根本有部律は「從」となつてゐる。

第六 「いかなる比丘でも、身内でない家主又は家婦に、衣を乞ふのは（正しい）時以外に尼薩耆波逸提である。そこでこの（正しい）時とは、衣を奪はれた時、衣が弱り破れた時、これが（正しい）時である。」

梵本は「（正しい）時以外に」の後へ abhiniṣpanne cīvare（衣が生じた時に）を加へ、その場合を擧げる處に四つを擧げてゐる。漢譯諸本は十誦律のみ「乞衣得者」として abhiniṣpanne cīvare を思はせるが他にはない。場合に就いては左の樣になつてゐる。

巴利　acchinna　naṭṭha

梵本	ācchinna	naṣṭa	dagdha	ārūḍha	
五分律	奪衣	失衣	燒衣	漂衣	
四分律	同右	同右	同右	同右	
十誦律	同右	同右	同右	同右	
根本有部律	同右	同右	同右	同右	吹衣
僧祇律		同右			

第七 「（衣を失うた比丘）彼に、身内でない家主又は家婦が、多くの衣の中から持つて行くやうに申し出られた時に、内衣上衣一枚づつを限量としてその中から衣を取らねばならぬ。それより以上を取れば尼薩耆波逸提である。」

梵本では、巴利で簡單に taṁ（その比丘に）としてゐるのを、ācchinnacīvareṇa bhikṣuṇā naṣṭacīvareṇa vā dagdha-cīvareṇa vā ārūḍhacīvareṇa vā としてゐる。十誦律・根本有部律・五分律、四分律・解脱戒經・僧祇律、皆梵本と同じく「衣を失うた比丘云々」と出してゐる。委しく出てゐたものを略したものか、略して出てゐたものを委しくしたものか判明しない。僧殘第十一では巴利も梵本もその前の第十を受けて、「その比丘」としてゐる。して見ると、元來波羅提木叉は始めから續いてゐたものであるから、前條項を繰り返すことなしに略示してゐたものであらうと思はれる。然しこの事がこの場合にも云へるか否かは猶未定であると云はねばならぬ。その他では梵本と巴利とは全く同じいが、漢譯の方で

解脱戒經　當知足受衣
四分律　當知足受衣

となつてゐるのは、原本にかう云ふ形もあつたと考へねばならぬ。

第八「又比丘に對し、身内でない家主又は家婦が、衣の代《だい》を用意し、この衣の代で衣を購うて、斯く〳〵の比丘に衣を着せようと云ふ。若しその比丘が提供されない以前に、近づいて衣の相談に入る。『貴方はこの衣の代で、私に斯く〳〵の衣を購うて著せて下されれば善い』と。善いことを望むために云ふのは、尼薩耆波逸提である。」

梵本は（一）比丘が信者の處へ行つて云ふ語の中に前出の信者の心を再言せしめてゐる。（二）又〔abhiniṣpanne〕cīvare（?編者）niḥsargikā pātayantikā としてゐる。漢譯の方では五分律と解脫戒經のみ（一）に似た信者の心を確める語を出してゐる。（二）に就いては、僧祇律・解脫戒經・四分律・十誦律・根本有部律、共に「若得衣」としてゐる。この語があつた方が正當のやうである。

第九「或る比丘に關して、兩人の家主又は家婦が、各〻衣の代《だい》を用意し、『我々はこのそれ〴〵の衣の代でそれぞれ衣を購うて、斯く〳〵の比丘に衣を着せよう』と。そこで若しその比丘が提供されない以前に、近づいて衣の相談に入る。『貴方がたはそれ〴〵の衣の代で、二つを一つにして斯く〳〵の衣を購うて著せて下されれば善い』と。善いことを望むために云ふのは、尼薩耆波逸提である。」

梵本の相違及び漢譯各本の關係は前條項に同じい。

第十「又比丘に對し、王又は王臣、婆羅門又は家主が、使を以つて衣の代《だい》を贈る。この衣の代で衣を購うて、斯く斯くの比丘に衣を著せよと。その使がその比丘に近づいてこのやうに云ふ。『大德よ、尊者に對し、この衣の代が贈られました。尊者、この衣の代を御受けなされよ』と。その比丘に依つて、その使はこのやうに云はれねばならぬ。『友よ、我々は衣の代を受け取らない。正しき時に、適當にして我々は衣を受け取る』と。そこでその使はその比丘にこのやうに云ふ。『尊者には誰か世話人がありますか』と。比丘にして若し、衣を必要とするならば、寺男なり、優婆塞なり、世話人を指定せねばならぬ。『友よ、この人が比丘の世話人である』と。そこでその使はその世話人に約束して、その比丘に來てこのやうに云ふ。『大徳よ、尊者が示された世話人は私と約束致しました。尊者は適時に衣のことで彼の處へ御出で下さい。彼は其を御着せするでありませう』と。比丘等よ、衣を必要とする比丘は、その世話人の處へ行つて二三回『友よ、私は衣が必要である』と警告し、思ひ起させねばならぬ。二返三返警告し、思ひ起させて、その衣を得るに成功すれば善し、若し成功しなければ、四返五返六返を極限として、それに關して默つて立つてゐねばならぬ。四返五返六返を極限として、それに關して默つて立つてゐて、その衣を得るに成功すれば善し、成功しなければ、それより以上努めてその衣を得るに成功すれば、尼薩耆波逸提である。

若しそれで得るに成功しなければ、その衣の代を持つて來た其處へ自分で行くか、使をやらねばならぬ。『貴方が比丘の爲に衣の代を贈られたところのそれは比丘の利益に何もなつてゐない。貴方自らこのことを見て下さい。自ら無くしないやうにして下さい』と。これがその時の正しい仕方である。」

梵本では、(一)「王又は王大臣」等が具格になつてゐて、從つて dūtasya haste となつて居り、(二)使の云ふ語が、王又は王大臣等が贈つたと云ひ、(三) anukampām upādāya (愛憐を垂れて) 受けよと云ふ。(四)「然し衣ならば我等は適時に適當なものを自らの手で受けて、速かに作つて着る」となつてゐる。(五)使が世話人の處へ行つて云ふことは巴利では略して、只 saññāpetvā としてゐるが、梵本は委しく來由を物語つて、「斯く〳〵の衣を作つて斯く〳〵の比丘に適當な衣を着せよ」となつてゐる。(六)最後の「自らこのことを見て下さい」(yuñjantu āyasmanto sakaṁ) が prajānatu āyuṣmān ………となつてゐる。

それで漢譯の諸本の方は、(一)は翻譯の關係上不明である。(二)十誦律・根本有部律・僧祇律・五分律は梵本の如くなつてゐる。(三)の「愛憐を垂れて」は解脱戒經と根本有部律のみにあつて他にない。(四)は十誦律のみ「當自手受速作」衣者」となつてゐるが、この速作衣 (kṣipraṁ kṛtvā ācchādayāmaḥ) はこの條項に於いては不要の樣に思はれる。漢譯他諸本と巴利の、無い方が善いと思ふ。(五)に於いては十誦律・根本有部律・解脱戒經・僧祇律・五分律は多少の廣略はあるが梵本に同じく、四分律のみ簡潔に巴利に同じい。(六)に於いては僧祇律・根本有部律・十誦律は梵本の如く「知」となつて居り、五分律・四分律・解脱戒經は巴利の如く「取」となつてゐる。(五分廣律は「索」—編者)

施主に就いて僧祇律は王と大臣とを擧げ、四分律・五分律・根本有部律・十誦律は・王・大臣・婆羅門・居士とし、解脱戒經のみ、王・王臣・婆羅門・長者・居士・商主・長者婦としてゐる。

第十一　「いかなる比丘でも、絹の雜つた敷物を作るのは尼薩耆波逸提である。」

梵本は kosiyamissakaṁ の代りに navakauśeya としてゐる。十誦律・根本有部律・五分律は梵本に同じく、四分律・僧祇律・解脱戒經は巴利に同じい。(以下戒の順序に異りあるも之を記るさないことがある—編者)

第十二　「いかなる比丘でも、純黑の羺羊の毛の敷物を作るのは尼薩耆波逸提である。」

梵本全同。漢譯諸本も皆同じく、解脱戒經のみが「作り又作らしむるは」としてゐるのみである。

第十三　「又比丘の新しい敷物を作る時には、二分の純黑の羺羊の毛、第三分が白色の毛、第四分が褐色の毛を取らねばならぬ。二分の純黑の羺羊の毛、第三分白色の毛、第四分褐色の毛を取らないで新しい敷物を作るのは、尼薩耆波逸提である。」

梵本全同。漢譯も大體同じいが、五分律・僧祇律は二分の純黑云々と繰り返さないで、「若過」、「若過分」と簡單にしてゐる。解脱戒經が「若使人作」としてゐるのは意味が通じない。誤寫ではなからうかと思ふ。

第十四　「又比丘は新しい敷物を作つて、それを六年受持しなければならぬ。六年以内にその古い敷物を捨てるなり、又捨てないで新しい敷物を作るのは、比丘等の許可なしでは尼薩耆波逸提である。」

梵本が、「欲しないでも (akāmaṁ) 六年受持せねばならぬ」と云ふのは、適當のやうであるが不要の字ではあるまいか。又「善いものを欲して」(kalyāṇakāmatāṁ upādāya) を「僧伽の許す以外」の句の次に出してゐるが、これも不要なものが加はつたやうに感ぜられる。漢譯諸本の中、根本有部律が「縱心不樂」と akāmaṁ を譯してゐる外、各本全部全く巴利に同じく、從つて梵本の上に擧げた二語は不要の附加であることを示してゐる。

第十五　「比丘が坐用の敷物を作る場合、それを醜くするために古い敷物の周邊を一搩手だけ取つて、用ゐねばならぬ。古い敷物の周邊を一佛搩手取らないで、新しい坐用の敷物を作れば尼薩耆波逸提である。」

梵本は多少丁寧に語を繰り返してゐる（例へば「古い敷物の周邊を一佛搩手取らないで」とあるのに「新しい敷物を醜くするために」と加へる如く）外、終りの處に例の「爲好故」の句を入れてゐる。四分僧戒本と根本有部律とは「帖新者上」（四分律は「帖著新者上」―編者）、解脱戒經は「褋新者上」の句を有してゐるが、これは梵本にも巴利にもない語である。十誦律は全く梵本に同じく、五分律は簡單にしてゐるが巴利に同じい。

第十六　「又比丘が遊行の中途で羺羊の毛を得ることがあるが、若し欲すれば受けても宜しい。さうして運夫がなければ、比丘は自分の手で三由旬を極限として、運んでも善い。若しそれ以上を超えて運べば、運夫がゐなくても尼薩耆波逸提である。」

梵本は終りの方の「運夫がゐなくても」の句を缺いてゐる。四分律は巴利と全同。根本有部律・解脱戒經・十誦律は梵本と同じい。但し十誦律の「若無代過擔者」は誤寫であつて、「無代擔」の三字は前に屬し、「若過者」と別になるものであらう。五分律・僧祇律は「運夫がなければ」の句まで缺いてゐるが、この條項は運夫がある場合は別になるから、この句を缺く五分律・僧祇律は缺陥があると見ねばならぬ。

第十七　「いかなる比丘でも、身内でない比丘尼に羺羊の毛を洗はせ、色染めをさせ、梳らせるのは尼薩耆波逸提である。」

梵漢すべて同じい。

第十八　「いかなる比丘でも、金銀を取り、取らしめ、又は自分のため貯へ置かれたるを取るならば、尼薩耆波逸提である。」

梵本は金銀の代りに、金錢（rūpya）を出し、その前に svahasta の字を入れて居る。漢譯諸本は皆亂れてゐる。

五　分　律（第三十條）　若比丘自捉㆓金銀及錢㆒・若使㆑捉、若發心受尼薩耆波逸提。

四　分　律（僧戒本）（第十八條）　若比丘自手取㆓金銀若錢㆒、若敎㆑人取、若口可受者――

十　誦　律（第十八條）　若比丘自手取㆓金銀㆒、若使㆓人取㆒、若敎㆑他取――

根本有部律（第十八條）　若復苾芻自手捉㆓金銀錢等㆒、若敎㆑他捉――

解脱戒經（第二十條）　若比丘自手取㆑寶――

僧　祇　律（第十八條）　若比丘自手捉㆓生色似色㆒、若使㆓人捉㆒、擧染著者――

五分律・四分律・根本有部律の原文に、金銀及錢とあつたものかどうか疑はしい。それから「若發心受」とか「若口可受者」とか「若敎他取」とか「擧染著者」とかは、upanikkhittaṁ vā sādiyeyya の翻譯であらうが、「若發心受」等の意味は善く解らない。

第十九　「いかなる比丘でも、種々の金錢の商買に從事するのは尼薩耆波逸提である。」

梵本は變りはない。

五分律（第二十九條）　若比丘以金銀及錢種種賣買尼薩耆波逸提。
四分律（僧戒本）（第十九條）　若比丘種種賣買金銀寶物者――
十誦律（第十九條）　若比丘以金銀買種種物――
根本有部律（第十九條）　若復苾芻種種出納求利者――
解脫戒經（第十九條）　若比丘種種貿易寶物――
僧祇律（第二十條）　若比丘種種販賣生色似色――

第二十　「いかなる比丘でも、種々の賣買をなせば尼薩耆波逸提である。」

これも梵本と全く同じい。

五分律（第二十八條）　若比丘種種販賣求利尼薩耆波逸提。
四分律（第二十條）　若比丘種種販賣者――
十誦律（第二十條）　若比丘種種販賣――
根本有部律（第二十條）　若復苾芻種種賣買者――
解脫戒經（第十八條）　若比丘種種販賣――
僧祇律（第十九條）　若比丘種種賣買――

この比較に依つて解るやうに、原文が同じでも、漢譯になると異なつて來ることがあるのである。

第二十一　「十日を極限として長鉢を畜へることが出來る。これを過ぎれば尼薩耆波逸提である。」

これは前の第一捨墮（尼薩耆波逸提）の場合と全く同じい。四分律の「不淨施」は他に與へて置いて、自分のものとせずして用ゐることであり、根本有部律の「不分別」は aniḥsṛjya であらう。

第二十二　「いかなる比丘でも、五箇所以下の傷《やぶ》れのある古鉢を、新しい鉢に換へるならば、尼薩耆波逸提である。その比丘は、その鉢を比丘の會衆に提出し、その比丘の會衆は、その比丘の會衆の中の、最下等の鉢を、その比丘に與へねばならぬ。『比丘よ、これが汝の鉢である。破壞《こは》れるまで受持せねばならぬ』と。これがその時の正しい仕方である。」

梵本は「その受用してゐる鉢に五箇所以下の傷がある時に」と paribhogiye の語を加へ、又例の「爲好故」の句を入れてゐる。この paribhogiya に就いては、十誦律・僧祇律のみ「受用鉢」と記るし、根本有部律は「堪得受用」としてゐる。他にはない。「爲好故」に就いては、四分律・五分律・僧祇律・解脱戒經・十誦律・根本有部律、皆この句を持つてゐる。

第二十三　「病比丘の用ゐる藥、即ち熟蘇・生蘇・油・蜜・糖蜜を受けて、七日を極限として貯へて、食べてもよろしい。それを過ぎれば尼薩耆波逸提である。」

梵本は巴利の paṭisāyaniyāni（用ゐる）の代りに anujñātāni（許されたる）を用ゐてゐる。それから藥が五種の代りに四種になつてゐる。十誦律・根本有部律・解脱戒經は「聽」の字を用ゐてゐるから anujñātāni であり、四分律・五分律・僧祇律は「服」の字を用ゐてゐるから paṭisāyaniyāni である。それから藥に就いては左の如くなつてゐる。

巴利本	sappi	navanita	tela	madhu	phāṇita
梵本	sarpi		taila	madhu	phāṇita

五分律	酥		油	蜜	石蜜	
四分律	蘇	生蘇	油	蜜	石蜜	
僧祇律	蘇	生蘇	油	蜜	石蜜	脂
十誦律	蘇		油	蜜	石蜜	
根本有部律	蘇		油		糖蜜	

第二十四　「夏の殘り一月に、比丘は雨時衣を求め、夏の殘り半月に作つて着ねばならぬ。若し夏の殘り一月以上に雨時衣を求め、夏の殘り半月以上に作つて着るならば尼薩耆波逸提である。」

梵本は缺漏多く十分にその內容を知ることが出來ない。十誦律が梵本の內容を持つてゐるものとすれば、巴利と同じいと云ふことが出來る。但し十誦戒本は arvāk〔orena〕を以內と讀んだから、「春殘一月內求雨浴衣」と翻譯したものであらう。他の諸本の譯は正しい。解脫戒經は至極簡單に譯出してゐる。

第二十五　「いかなる比丘でも、自ら衣を比丘に與へて、後、腹立ち喜ばず、取り上げ、又取り上げしめるは尼薩耆波逸提である。」

梵本は、(一)「鉢又は衣」としてゐる。(二)巴利の pacchā kupito anattamano を paścāc cābhiṣaktaḥ kupitaḥ caṇḍīkṛto-nāptamanā を延し、(三)「取り上げしめる」の下に ānaya bhikṣo cīvaraṁ na te bhūyo dadānūti tena bhikṣuṇā sa vastuśeṣo niḥsṛṣṭavyo（比丘よ、その衣を返せ、汝に與へないと、その比丘に依つてその衣は〔比丘僧伽の前に〕捨せねばならぬ）を加へて居る。

漢譯で見ると、(一)の pātra は全く梵本の誤つた挿入であらう。それは漢譯諸本にも見えないと共に、梵本のこの條項の中に、後には鉢を出さずただ衣を云ふのみであるからである。(二)に就いては根本有部律・十誦律のみ梵本の語を思はせ、他は巴利の如く簡單である。(三)に就いては四分律・五分律・十誦律・根本有部律は梵本を思はせ、他は巴利に同じい。この中、四分律の「是比丘（應）還衣」は可笑しな譯出である。五分律にこの語句を缺き、根本有部律は「若衣離彼身自受用者」としてゐるが、これも現存梵本の譯とすることは出來ない。現存梵本の如くならば十誦律の如く譯すべきである。

第二十六　「いかなる比丘でも自ら糸を請ひ求めて、機織《はたをり》に衣を織らせるならば、尼薩耆波逸提である。」

梵本に ajñātinā tantravāyena (身内でない機織) としてゐる。五分律を除いて他は皆梵本の如く、「非親里の織師」としてゐるが、非親里は不要な樣に思ふ。

第二十七　「又一比丘に對して、身内でない家主又は家婦が機織《はたをり》に衣を織らせてゐる場合、若しその比丘が相談されない以前に、機織に近づいて、衣のことで相談する。『友よ、この衣は私のために織られてゐるものである。長く又廣く織つて呉れ。缺け目なく (appitaṁ)、善く機り、善く織り、善く梳り、善く滑かにせよ。恐らく吾々は何程かを汝に與へるであらう (anupadajjeyyāma)』と。斯くの如くその比丘は云うて、何か鉢の食だけでも與へるであらうならば、尼薩耆波逸提である。」(此の箇條は梵本・四分律・根本有部律・十誦律・鼻奈耶では第二十四條、僧祇律は第二十七條、五分律は第十二條である。)

梵本は造文上種々の點に於いて違ふが、(一)「若しその比丘が相談せられない以前に近づいて相談に入り、その機織にこのやうに云ふ、汝知れよ」云云となつてゐる。又巴利で「その比丘はかく云うて」となつてゐる所が、「その比丘がもしその機織に……知らしめてその後」となつてゐる。(二)「善く織れ」云云の處が違つてゐる。但し、これは梵文に缺漏があるため、はつきり分らない。(三) anupadajjeyyāma が upasaṁhariṣyāmaḥ となつてゐる。(四)「ただ鉢食だけでも」が長くなつて「鉢食、鉢食だけ、鉢食の直《あたひ》(saṁvara)」となつてゐる。(五)「その衣を得るために」と云ふ語を加へ、「その衣を得た時に尼薩耆波逸提である」としてゐる、この五つの相違に於いて、漢譯の性質上逐語譯でないからはつきり解らないが、(一)に於いて、根本有部律・十誦律・五分律（四分律も然り、但し四分戒本は然らず。―編者）は「汝知不」として梵文を思はせ、(二)に於いて、根本有部律は「好織淨梳治善簡擇極堅打」と長くしてゐるが、十誦律は單に「好織令㆓緻廣㆒」とし、四分僧戒本は「極好織令㆓廣長堅緻㆒齊整好」とし、五分律は「令㆓極緻廣㆒常別」とし、僧祇律は「好織令㆓緻長廣㆒」となつてゐて、譯文の相違と見られる。(三)の相違に於いて、「與へる」といふ原語はどちらでもよいとして、五分律は「後」、十誦律は「後時」で、梵文の如くなつてゐるが、他は「後の時」といふ形がない。(四)では、巴利ではただ「鉢食だけなりと」となつてゐるが、漢譯諸本皆梵文の樣になつてゐる。(五)に於いては、漢譯諸本みな梵本の如くなつてゐる。この(五)は前に云ふ通り梵本が正しいと思はれる。

第二十八　「カッティカ (Kattika) 三月の滿月の十日前に（即ち Assayuja 月の滿月の十日前のことで、前安居の終り十日である）、比丘に急に特別の施しの衣が生ずる場合、比丘は急の特別の施しのものと考へつつ受けねばならぬ。受けて衣の始末をつけ終る時迄貯へて置かねばならぬ。それ以上貯へれば尼薩耆波逸提である。」（此の箇條は梵本では第二十七條、五分律は第十八條・四分律・僧祇律は第二十八條・十誦律・根本有部律・鼻奈耶は第二十六條である。）

梵本は、(一)「カッティカ月」云云の代りに「自恣の十日前」となつてゐる。(二)「急の特別の施しの衣と考へつつ」、が「欲するならば」(ākāṁkṣatā) となつてゐる。五分律・僧祇律・十誦律・鼻奈耶、皆梵本に同じく、根本有部律はただ「自恣」の代りに「前三月雨安居十日」と出して居り、四分律も亦この點根本有部律と共に巴利に同じい。「十日未竟夏三月」となつてゐる。

第二十九「カッティカ滿月に猶安居に住し（これは後安居の場合）、比丘が、危險があり、恐怖があると考へられてゐる森に住居をする時、望むならば三衣の中或る衣を村に殘してもよろしい。而してもしその衣と離れてゐる必要があるならば、六日を極限としてその衣と離れてゐてもよい。それより以上離れて住すれば、比丘の合意（承諾）以外、尼薩耆波逸提である。」

梵本は脱略が頗る多くよく解らないが、（一）十誦律・四分律・五分律から見ると、三月即ち前安居の三月を過ぎて、猶カッティカ月の滿月の日に至らず安居してゐる場合となつてゐるのであらう。（二）「緣あり界外に行くべく」と云ふ巴利に無い言がある。（一）に於いて、十誦律・四分律・五分律は梵本を思はせ、根本有部律は簡單に「後安居」と云ひ、僧祇律は「夏三月未至夏末月」としてゐる。（二）に於いては十誦律と根本有部律のみ「有緣出界故」とし、他は有つたものか無かつたものか分明でない。

第三十「いかなる比丘でも、知り乍ら、僧伽へ向けられた所得を自分に向けるならば、尼薩耆波逸提である。」

梵本全同。漢譯亦全く同じ。（此の箇條は梵本・十誦律・根本有部律・鼻奈耶・優波離問佛經では第二十九條、四分律・僧祇律は第三十條、五分律は第十四條である。）

註 ① 尼薩耆波逸提、泥薩耆波逸底迦、nissaggiya pācittiya (pāli); niḥsargikā pātayantikā (Skt.)（但し pācittiya に相當する梵語は prāyaścittiya である）

法礪の四分律疏　捨に三種、1財物を捨つ、2相續の貪心を捨つ、3罪を捨す。

定賓の四分比丘戒本疏下　尼薩耆は盡捨、墮は此の罪を犯せば索きて三惡道に墮す。

五　九十二波逸提の比較

第一　「知つて虚妄を語るのは波逸提。」

諸本皆これを第一とし、內容の文句も同一である。これは第四波羅夷に對するものであつて、超人法を得ないで得たと云ふ宗敎的證悟に關する妄語は波羅夷とし、他の一切の妄語を茲に攝めたのである。巴利律に依ると象力（Hatthaka）と云ふ釋迦族の比丘が外道と語る時、否定しては肯定し、肯定しては否定して、一定せず、同意しては否認するので外道が非難した。これを聞いた比丘達がこれを語ると、象力は「外道にはいかにしても勝たねばならず、勝利を與へてはならないのでさうした。」と言ひ譯したので、世尊は、象力を叱してこの制を設け給うたとなつてゐる。

四分律一一（大・二二・六三四）は「象力」とし因緣同じく、五分律六（大・二二・三七）は人名を沙蘭（Sālha）として因緣は同じい。十誦律九（大・二三・六三―四）は訶哆釋子としてゐるが、南天竺の婆羅門が舍衞城に來り傲語するのに對し、論議するやう諸人に强ひられ、その及ばないのを知つて、故《ことさ》らに時を違へたことにしてゐる。僧祇律一二（大・二二・三二四―五）は師利耶婆が比丘等に問はれて或は犯すと云ひ、或は犯さないと云ひ、その言ふ所區々として不定であることを以つてし、根本有部律二五（大・二三・七六〇―三）と鼻奈耶七（大・二四・八七八―九）は羅怙羅の惡戲の妄語にしてゐる。

第二　「毀呰するのは波逸提。」

巴利は omasa と云ふ語を用ゐ、梵本は apakarṣa といふ語を使つてゐる。語原は異なるが、第二義としての語義は同じく毀呰となるものであらう（解脫戒經のみはこの第二條と次の第三條と地位を換へてゐる）。

四分僧戒本は「種類毀呰比丘者」と云ひ、僧祇律は「種類形相語」と云ひ、鼻奈耶も「種類相罵者」とし、優波離問佛經は「形相」としてゐる。これは原語に種類の意味があるのではなく、毀呰が生・名・氏・業、等の種類を以つてするが故に、形相と翻譯し、それに種々といふ意味で種類としたものであらう。

巴利律では、六群の比丘が温和な比丘等と爭ひ、温和な比丘達を、生・名・氏・業・職・病・相・煩惱・罪・劣の十を以つて毀呰したので、この戒が制定せられたとし、この因縁は諸本總べて一致してゐる。ただ五分律は相手の比丘が勤勉なため、六群の比丘が罵つて退墮せしめようとしたのであるとしてゐる。又巴利律では茲に Nandivisala と云ふ牛が、主人の婆羅門に自分の力をもとに千金の賭を爲さしめたが、主人が曲角曲角と云うたので立ちどまり敗北したといふ物語を入れてゐるが、この物語に於いても諸本一致し、根本有部律が極端に長くしてゐるのが異なつて居るのみであ。皆る種類に就いては、

巴利律	1生	2名	3氏	4業	5職	6病	7相	8煩惱	9罪	10劣
僧祇律	1種姓			2業		4病	3相貌	7結使	5罪	6罵
十誦律	1種			3作	2技	5病	6相	7煩惱	4犯	8罵
四分律	3生	2家	1姓	4行業	5伎術工巧	8盲人	9禿瞎人	7多結使	6犯過	

第三　「比丘兩舌は波逸提。」

梵本はこれに同じく、四分律・僧祇律・解脱戒經は「兩舌」と翻じ、鼻奈耶・十誦律は「兩舌して他の比丘を闘はしめ」とし、根本有部律は「離間語」、五分律は「兩舌闘亂他比丘」としてゐる。

これも巴利律では、六群の比丘が此方で聞いたことを彼方で語り、彼方で聞いた事を此方で語り、比丘の間に不和を生ぜしめたことを因縁としてゐる。諸本又因縁同じく、ただ鼻奈耶のみが、六群の比丘が十七群の比丘と相爭うて兩舌したことを言つてゐる。さうしてこれにも、獅子と虎と睦じく暮してゐたのに野干が離間したと云ふ物語を載せてゐるが、巴利律と僧祇律はこれを缺いてゐる。

第四　「比丘にして未受具足戒者に句句法を誦せしむるのは波逸提である。」

此は巴利のみ第四で、他本皆第六である。梵本は「比丘にして未受具足戒者と共に句句法を誦すならば波逸提である」となつてゐる。四分律・解脱戒經は「若比丘與未受具戒人同誦」とあつて梵文を思はせるが、他は何れとも解しうる譯し方である。鼻奈耶はここの法を戒法と解釋し、僧祇律は波羅耶那と解してゐる。この因緣に就いては、巴利・四分律・根本有部律・鼻奈耶は、六群の比丘が未受具戒者に誦せしめたものとし（但し、巴利・僧祇律・鼻奈耶は場所を舍衞城とし、四分律は曠野城としてゐる）、五分律は阿荼脾の俗人達の要求に依り、比丘等が誦せしめて、その音調の不可を俗人達に責められたこととし、僧祇律は曠野市の一俗人が、出家しようとして精舍に行きながら、比丘が童子等に誦經せしめてゐる音調の不快を聞いて出家の志を止めた事とし、十誦律も僧祇律に似た說を出してゐる。ただ俗人のことを云はないだけである。

以上四ヶ條の因緣談に就いて見るに、第一の妄語戒のそれは、象力（Hatthaka）が架空の人物であることは、その餘の經律に全くこの人の記事のないのに依つて知ることが出來るし、沙蘭（Salha）にしたのも謂れなく、沙蘭には二人あるが關係ある人なく、羅睺羅が妄語に依つて佛の教戒を受けたことは經典に出づる所で、最も關係あるが如くであるが、これも强ひて結びつけたものであらう。第二以下第四迄の六群の比丘は、隨犯隨制を說明するために作られた架空の比丘衆で、第四の如き、法を若し巴利や四分律の如く佛所說、弟子所說、仙人所說、諸天所說、義法具足と解するならば、第一にこの箇條は不合理であらうし、波羅耶那と解するも不合理であり、鼻奈耶の如く、戒法即ち波羅提木叉と解すれば稍妥當であるが、然らば諸戒本に說く因緣は悉く不合理となるであらう。これに依つて見るに、これ迄の處で因緣談は悉く、戒條あつて後說明のために創作せられたるものと云ふべきであらう。

第五　「比丘にして未受具足戒者と二三夜以上同宿するのは波逸提。」（此の箇條を四分律は第五とし、梵本は第五十三、五分律は第七、五分戒本は第五十三、十誦律・根本有部律・優波離問佛經（第五十六？編者）・鼻奈耶・解脫戒經は第五十四、僧祇律は第四十二としてゐる。）

梵本は「二夜以上同家宿」となつてゐる。三夜以上となつてゐるのは獨り摩訶僧祇律のみであつて、他は悉く二夜を過ぎれば波逸提となつてゐる。解脫戒經・根本有部律に「同室宿」、十誦律に「一房宿」とあり、梵本の「同家宿」を思はせるが、これは確たることは云ひ得ない。

この因緣は巴利に依れば、阿羅毗（Āḷavī）の Aggalava cetiya に於いて佛の說法があつた夜、新比丘が居士等と應接室に同宿し、不作法の寢姿を見られ、爲に未受具戒者と同宿を禁ぜられ、後、羅睺羅が室を得ずして便所に寢たので、二三夜の同宿を許されたもので、鼻奈耶が前半を脫する外、多少の相違はあるが皆同一である。さうして四分律を除く外、鼻奈耶・五分律・十誦律・根本有部律・僧祇律、共に羅睺羅が厠に出でて蛇の害を受けようとしてゐたのを、佛が助け給うたとしてゐるのに一致してゐる。

この戒も前の戒と同じく、比丘の尊嚴を、在家の人々の前に守らうとするものであつて、寧ろ積極的にかくの如き場合、如何に謹嚴に身を保つべきかを規定する方が妥當であり、敎勢の盛な時に制定せられる性質のものでなく、敎勢が稍不振で、比丘の尊嚴を殊更に保たねばならぬ時代の產物であらう。特に因緣談の後半、羅睺羅を拉して來たのは、讀者の同情を引かうとする意圖に出でたことは明かであつて、これから見ると、諸本に於いて戒文又はその因緣談が共通してゐても、必ずしも古いものであると斷ずることは出來ない譯である。

第六　「比丘にして婦人と同宿すれば波逸提である。」（此の箇條を梵本・五分戒本・十誦律・根本有部律・鼻奈耶・解脫戒經は第六十五とし、四分律は第四、五分律は第五十六、優波離問佛經は第六十七、僧祇律は第六十九としてゐる。）

梵本は「同家宿」としてゐる外、全同である。十誦律は「一房舍宿」、五分律は「同房舍宿」、四分律は「同室宿」、根本有部律は「同室宿」、解脫戒經は「同室宿」、鼻奈耶は「共室宿」であつて梵本を思はせ、優波離問佛經は「母人同宿」としてゐる。

この因緣に就いては、巴利律は阿那律が憍薩羅國を遊行中、婦人の家に宿り、婦人が誘惑し、阿那律が之を敎化したので、この制定があつたとしてゐるが、この因緣は諸本みな同じい。鼻奈耶は、これに盜賊を感化した他の事蹟を入れてゐるけれども、それは今の所要ではない。四分律と根本有部律は、この時阿那律は空中に上つて神通を示したとしてゐる。

、第七 「比丘にして五六語以上婦人に法を說くならば、分別力ある男子の身なしでは波逸提である。」(此の箇條を四分律は第九とし、五分律は第四、五分戒本・十誦律・梵本・根本有部律・優婆離問佛經・鼻奈耶・解脫戒經・僧祇律は第五としてゐる。)

梵本は身(viggaha)の語を除くだけで、全同である。鼻奈耶が「除有人」としてゐる外、漢譯各戒本、全同である。すべて「有知男子」としてゐるから、どちらかと云へば梵本に近く、viggaha の字が無かつたものであらう。この箇條は第一に婦人に法を說く可からず、第二に婦人に五六語以上說く可からず、第三に分別力ある男子の居る場合の外、五六語以上法を說く可からず、と云ふ三段の變化があつたので、因緣談も三回になつてゐる。

第一は優陀夷(Udāyi)が、ある家を訪づれて、その家の姑と嫁に、代る〴〵耳に口寄せて法を囁いたため、姑は比丘が嫁に惡口か又は秘密を語つたと考へ、嫁は姑が惡口か又は秘密を囁かれたと信じ、話して見るとさうでないので、法を語るのに何で耳に口寄せて秘密にする必要があるかと非難したため、婦人に法を說く可からずと禁ぜられ、第二はその禁條があるため、偶〻或る婦人が法を聞きたいと願つたのに對し、それを許さなかつた爲非難が起り、五六語限りと緩和したのであり、第三はこの許しが出たので、例の六群の比丘が分別力のない男を傍に置いて、婦人に五六語の法を語つたので、改めて分別力のある男を傍に置いて語るべきことが命ぜられたことになつてゐる。然し元來この箇條が三段の變化を經たとすることが無理なのであつて、優陀夷の惡戲に對して、一般的な婦人への說法の禁止をせられるといふ事は考へられないことであり、又六群の比丘がこの規則の緩和を惡用して、分別力のない男を傍に置いて說法したと云ふのも無理である。分別力のない男を傍に置くと云ふ必要はないのである。漢譯諸戒本に就いて見ると、五分律が跋難陀（Upananda）に關することとしてゐる外、みなこの制戒が優陀夷に端を發してゐるとする點に於いては一致してゐるが、鼻奈耶は優陀夷が末利皇后に說法したことだとし、根本有部律は鄔陀夷が姑に嫁のことを、嫁に姑のことを耳語したこととし、他はみな耳語說法した爲だとしてゐる。然し細かい點になると悉く異なつて居り、歸一する處を知らない程である。先づ婦人への說法が禁ぜられたとする事は一致し、それから或る婦人の說法の要求に對して、この禁戒が邪魔になり、婦人に對し五六の法を說くことを許されたとし（四分律・根本有部律・五分律）、更に必要上、有知の男子ある場合五六語以上說くことを許されたとするもの（四分律）、比丘の同伴者のある場合か、有知の男子のある場合、五六語以上說くことを許されたとするもの（五分律）、男子のある場合、五六語以上說くことを許されたが、後更に有知の男子ある場合と訂正されたとするもの（根本有部律）とある。僧祇律は初めから有知の男子なき場合は、婦人への說法は禁ぜられてゐたものとして、毗舍佉の病中の說法の要求に依り、それが緩和されて、有知の男子が無くても五六語だけは說法が許されたとし、十誦律・鼻奈耶は比丘が婦人への耳語に依つて、直ちにこの有知の男子の傍に居る以外、婦人に五六語の法を說いてはならぬと制定されたとしてゐる。かくの如き制戒が幾度も變化すると云ふことは、常識的に考へて見て不合理であつて、十誦律・鼻奈耶の如く最初から整うてゐたものと見る方が妥當であると思ふ。さうすると因緣にしても、必ずしも跋難陀や優陀夷を要しないのであつて、比丘が相當の年輩の男子の立會なしに婦人に說法して、それが非難され、又弊害も考へられたので、この制文が出來たと考へる方が善い。跋難陀や優陀夷は律に於いては常習犯人として考へられてゐた人々であつて、それは律典を權威づける爲の、一つの方便であつたものである。五六語と云ふに就いて、巴利律は何等の註釋をも與へず、五分律は五六語で大體要領を得せしめ得るから五六語と制定されたと解し、四分律・十誦律・根本有部律は、五は五蘊の一一無我の五句、六句は眼耳鼻舌身意の無常の六句と解釋し、僧祇律も五六句として一偈半と見てゐる。その下に出てゐる「一日中得說」を、五六語は五六句のことであるから、つまり五六の講題のことであり、長時間に亙つても說くことが出來る、と境野氏（「律の研究」上四三七頁）が見てゐられるのは、明かに誤りである。それは、その一日中はその五六句のみ說き得るのであると云ふことを示してゐるのである。四分律にこの戒の開遮として、有知の男子がなくても婦人に五戒八戒を授け、八正道・十善を說くことを得るやうに云うてあるのは甚だ可笑しい。何等かの間違ひでないかと思ふ。

第八　「比丘にして未受具戒者に、假令、本當のことでも、超人の法を說くのは波逸提である。」（この箇條を梵本・五分戒本・十誦律・僧祇律・優波離問佛經・解脫戒經・鼻奈耶は第七とし、五分律・四分律・根本有部律は第八とする。）

梵本全同。「本當のことでも」は巴利では bhūtasmiṁ と云ふ於格であり、梵本では bhūtaṁ と云ふ體格が使うてあ る相違がある。根本有部律・五分律・優波離問佛經は、「實に超人の法を得て……語らば」と云ふ風になつてゐるし、他はみな、「未受具戒者に超人法あり、是くの如く知り是くの如く見、知見實ならば」と云ふ風になつてゐる。意味には變りなく、四波羅夷の第四に應じ、波羅夷の時は、超人の法ありと云ふ事が虛なる場合、今は實なる場合である。超人の法とは、㈣靜慮・㈧解脫・㈢三昧・㈧等至・知見・修道・證果・斷惑・心の離蓋・空屋愛樂である。

この因緣は前の四波羅夷の第四の時と同じく、飢饉の時に比丘等が食を得るのに困難なところからして、互に超人の法ありと言ひ觸らし合うて、それが問題となつて、それが虛である場合は波羅夷罪であり、實である場合は波逸提だと云ふのである。

第九　「比丘にして未受具戒者に重大な犯罪を語るのは、比丘等の合意の外、波逸提である。」（此の箇條を梵本・五分戒本・十誦律・僧祇律・優波離問佛經・鼻奈耶・解脱戒經は第八とし、四分律・根本有部律は第七とし、五分律は第九とする。）

梵本は「知りて」（jānaṁ）と云ふ語と、未受具戒者の「傍に」（antike）と云ふ二字を餘計に持つてゐる。四分律・僧祇律・十誦律・解脱戒經・五分律・根本有部律、共に梵本に同じく「知」の字があり、鼻奈耶と優波離問佛經だけない。antike は「向」の字で顯してあるのか、或は略されたのか明瞭でない。この因緣は巴利律に依ると、跋難陀（Upananda）が六群の比丘と不和であつたが、跋難陀が手婬を犯して僧伽に告白し、別住（parivāsa）を受けたのを、六群の比丘が優婆塞達の前で披露し、これが問題となつて制戒があつたと云ふのである。五分律・四分律・鼻奈耶・十誦律共に、ただ六群の比丘が在家の人に對して、比丘の犯罪を吹聽したとして居るが、根本有部律はそれに特に因緣をつけて、在家人が或る長老の塔の修理をしてゐるのを見て、この人はかくして福を修めてゐると感心すると、これに對して六群の比丘は、それは斯く〳〵の犯罪の爲に止むなくしてゐるのであると素破《すつぱ》抜《ぬ》き、同樣に沙彌に素破抜いたとしてある。僧祇律は難陀（Upananda であらう）がこの素破抜きをやつたとしてゐる。この制文には僧伽の合意を除くと云ふ開遮があるが、これに就いて巴利律は何も云つて居ない。四分律・五分律は、舍利弗が、提婆の惡を在家人に云はねばならぬことがあつて、その爲に開が設けられたとし、僧祇律は、迦盧陀夷の不信用のために一般の比丘の不信用を來したため、迦盧陀夷の罪を云ふ爲だとし、根本有部律は、廣額比丘と松幹比丘とに在家を汚す行爲があり、その爲に僧伽が迷惑を受けたので、僧伽作法に依つて、一比丘が在家に行つて說罪したと云ふのである。十誦律はただその說罪作法のことを言うてゐるのみである。

第十、「比丘にして地を掘り或は掘らしむるは波逸提である。」（此の掘地戒を梵本・僧祇律・鼻奈耶・十誦律・根本有部律・五分戒本は第七十三とし、四分律は第十、五分律は第五十九、解脱戒經は第七十四、優波離問佛經は第七十五とする。）

梵本全く同じい。漢譯諸律も總べて同じく、ただ十誦律が「自手掘地、若使人掘、若指示言掘是」と khaṇāpeyya を二つに分けて譯してゐるのと、優波離問佛經が簡單に「掘地」としてゐるのとが違ふだけである。

この因緣に就いては、巴利律は阿羅毗（Āḷāvī）の Aggaḷava 制底に於いて、比丘等が建築してゐた時、自ら掘り、或は掘らせてゐたのが、在家の人々の植物を害すると言ふ非難となつたので、この制が設けられたとしてゐる。四分律・五分律・僧祇律・十誦律、同じく阿羅毗の出來事としてゐるが、四分律、五分律共に自ら掘つて、掘るなといふ禁戒になり、今度は他をして掘らせて、掘らせてもならぬといふ禁戒になつたとし、六群の比丘を出してゐる。鼻奈耶も簡單に六群の比丘のためにこの制戒が出來たとし、根本有部律は場所を舍衞城祇園精舍としてゐる。この場合、淨人に是を知れ、これを與へよ、これを齎せ、この必要あり、これを適當になせ、と云つて意を達するに罪ではない。

第十一「植物を害ふは波逸提である。」（此の害植物戒は優波離問佛經のみ第十二とし、梵本・四分律・五分律・五分戒本・十誦律・根本有部律・鼻奈耶・僧祇律・解脱戒經は第十一とする。）

梵本は bījagrāma（種子）の語を加へ、pātavyatāya の代りに pātanāt を持つてゐる。四分律・優波離問佛經は巴利と同じく bhūtagrāma だけで、之を鬼神村、鬼村と譯し、五分律・十誦戒本（十誦廣律は「鬼村種子〔村〕」―編者）・鼻奈耶も bhūtagrāma だけで「衆草木」と譯してゐるが、根本有部律・僧祇律・解脱戒經は梵本と同じく二つあつて、種子と鬼神村（鬼村）と出してゐる。さうして根本有部律と鼻奈耶だけ自壞と令他壞を出し、他は之を分たない。

この因緣は、巴利律では阿羅毗の Aggaḷava 制底で建築の時、比丘等が木を切り、又は切らせたので樹神が苦しみ、又その樹神の子が傷ついたので、樹神がその比丘を殺さうとしたが、その不可を知つて佛陀に訴へた上、人々の非難――比丘たるものが生命ある樹木を殺すといふ非難――があつたので、この制戒があつたとしてゐる。五分律・四分律・僧祇律はその因縁同じく、ただ「樹神」云々を云はない。十誦律は寺内の草を摘んで非難があり、更に大樹を切つて樹神の訴へがあつたと記るし、根本有部律は反對に大樹を切つて樹神の訴へがあり、然も猶制戒せず、六群の比丘が寺內の生草華果を摘み、外道の非難が起るに至つて制戒があつたとし、鼻奈耶は單純に六群の比丘が樹を斫つて床を作り、樹神の怒り訴ふるに依つて制戒があつたとしてゐる。この戒は耆那教に對する意味の多いものであつて、四分律・五分律の外界の非難のみを云ふのが原始的であらうと思ふ。

第十二　「異語し又惱ますものは波逸提である。」（此の異語戒を梵本・五分戒本・十誦律・根本有部律・鼻奈耶・解脱戒經は第十三とし、四分律・五分律・僧祇律は第十二、優波離問佛經は第十四とする。）

梵本は全く同じく、漢譯諸本も譯は多少異なるが同語の翻譯であることは考へられる。優波離問佛經は簡單に「異語」としてゐる。解脱戒經は「不受諫」とし、鼻奈耶のみ「激㆓動人㆒使㆓人瞋㆒者墮」として變つてゐる。

因緣は、巴利律では憍賞彌の瞿師羅園に於いて闡陀（Channa）が罪を犯し、僧伽に於いて責められた時、他に依つて他を言ひ、何の罪か何に於いての罪か等、譯の解らぬことを言つて、僧伽を困らし、初め「異語は波逸提」の制戒が出來、後又かかる場合、今度は絶對に沈默して僧伽を惱ましたので、この制戒を見たと云ふのである。この因緣に全く同じいのは根本有部律・十誦律であつて、闡陀の異語と沈默としてゐるが、四分律・僧祇律は「餘語即惱他」としてゐる。五分律は犯人を六群の比丘とし、僧祇律は餘語の內容を他と別にして、闡陀が豫めたくらんで舍利弗に法を聞いたとしてゐる。僧祇律は鼻奈耶も六群の比丘を犯人とすることは一であるが、內容は六群の比丘が森住者に「諸君は旣に初禪乃至四禪を得た。旣に生死を盡した。」とからかうたことにしてゐる。

第十三　「小言を言ひ、愚圖々々云ふのは波逸提である。」(此の箇條を梵本・五分戒本・十誦律・根本有部律・解脱戒經・鼻奈耶は第十二とし、四分律・五分律・僧祇律・優波離問佛經は第十三とする。)

梵本は ujjhāpanaka の代りに avadhyāna (嫌厭) の字を使うてゐる。他は同じい。漢譯諸律では四分戒本(四分律は「譏嫌」―編者)、五分戒本(五分律は「誣説」―編者)、十誦律は「嫌罵」、根本有部律が「嫌毀輕賤苾芻」、僧祇律が「嫌責語」、優波離問佛經が「呵責比丘」、解脱戒經が「譏罵」、鼻奈耶が「卒瞋恚」としてゐる。原文は恐らく鼻奈耶が異なるのみであらう。

この因緣は巴利律は、王舍城竹林精舍に於いて陀驃摩羅子(Dabba-Mallaputta)が知事として食と坐臥具の分配の職を務めてゐたが、慈地(Mettiyabhumma)の比丘等が來て不平を言ひ、陀驃を苦しめ、爲に(知事の僧を)焦らく〳〵させるは波逸提と制せられたが、今度は愚圖つて疲らせたので、腹立たせ愚圖つて疲らせるのは波逸提であると制定せられたとしてゐる。摩訶僧祇律のみ慈地の比丘の代りに難陀・優波難陀比丘を出してゐる外、他は皆巴利律に同じい。根本有部律は慈地の比丘が鄔波難陀と相ひ應じて陀婆の惡口を云うたことにしてゐる。この「小言を云ひ愚圖々々云ふ」と譯した語は翻譯し難いが、しよげさせ不名譽にしようと云ふ意志で小言を云ふのが ujjhāpeti であり、khīyati はぶつ〳〵つぶやく意味である(Samantap.)。

四　分　律　面見譏嫌・背面罵
五　分　律　人前誣説・獨處誣説
根本有部律　對面嫌毀・假托餘事不道共名嫌毀

十誦律　面前瞋譏・遙瞋譏

僧祇律はその因縁が明かでない。難陀比丘が餘りに早く托鉢に出て麤食を得て歸り、次には餘り遲く行つて殘食を得て歸り、陀婆に先には餘りに早く今度は餘りに遲いと云はれたとしてゐて、其の後へ直ぐ嫌責云々を出して、うまく續いて居らない。鼻奈耶は又六群の比丘が十七群の比丘を立腹せしめた事としてゐる。

第十四、「比丘にして僧伽所屬の床・椅子・蓆・座褥を露地に擴げ、又は擴げさせて、出立の時に仕舞はず、仕舞はせず、請はずに去るのは波逸提である」(此の箇條を梵本・四分律・五分律・五分戒本・十誦律・根本有部律・僧祇律・鼻奈耶・解脫戒經は第十四とし、優波離問佛經のみ第十五とする。)

梵本はこの條項は文が缺損してゐて善く解らないが、「請はないで」(anāpuccham̐)の一字を少くしてゐることは確かである。漢譯諸律本も殆ど同じいが、(五分律?と―編者)鼻奈耶は「自ら敷き人をして敷かしめ」の次に「若坐若臥」を加へ、五分戒本は「天曉」の二字がある。巴利文の如く「請はないで」(anāpuccham̐)のあるのは、根本有部律と五分廣律(文は異る?―編者)とが「若有苾芻不囑授」と云うてゐるだけである。優波離問佛經の「不擧不別」の「不別」はこの anāpuccham̐ を意味するであらう。

この因縁は巴利律では祇園精舍に於いて、冬時、比丘等が露地に坐臥具を敷いて身體を乾かし、何かの時が告げられて、坐臥具の始末をせず、又始末するやうに依賴もしないで去つたので、坐臥具が雨に濡れ、これが問題となつて、この制戒があつたとしてゐる。四分律は十七群の比丘がしたこととし、僧祇律はもと漁夫であつた五百の比丘とし、五分律は巴利律の如く何比丘とも云はず、その上、依賴することを後に加へて制せられたものとしてゐる。根本有部律は依賴することも時に除かれるとして、二長者互に惡み合ひ、その一長者が出家したのを他の長者が逐ひかけて傷つけたが、若し比丘等に坐臥具の始末を依頼するとき、行先を告げずに去つたならば、その難が無かつたであらうと云ふことから、時に依つて依頼も開遮せられてあることを語つてゐる。

第十五 「比丘にして僧伽所屬の室に臥床を擴げ又は擴げしめて、立ち去る時に仕舞はず、又は仕舞はしめず、又請はずに去るのは波逸提である。」（この箇條を優波離問佛經のみは第十六とし、梵本・四分律・五分律・五分戒本・十誦律・根本有部律・僧祇律・鼻奈耶・解脱戒經は第十五とする。）

これも前の條項と同じく、梵本は「請はず」（anāpucchaṁ）を缺いてゐる。漢譯諸律も大體前條項と同じいが、根本有部律は草又は葉を敷くとして居り、五分戒本は簡單に房舍內に臥具を敷いて「出界外」は波夜提としてゐる。因緣は巴利律は、十七群の比丘が僧伽の房舍に床を敷き放しにして去つて、蟲に喰はれた爲に、この制戒が設けられたとしてゐる。五分律は巴利律と同じく、四分律は、客比丘が宿つて舊比丘に告げずに立ち去り、臥具が蟲に喰はれたこととしてゐる。僧祇律は舊比丘を出さず、ただ一比丘が告げないで去つて、後に蟲に喰はれたと云ふのである。根本有部律は、老少の二比丘が南から來て祇園に宿し、その少比丘の集めた所の草床に臥して告げないで去つて、その草褥が蟲に喰はれたとしてゐる。十誦律もこれに似てゐる。ただ一處に宿つたとしないで、一比丘は牀を得、一比丘は牀を得ないで草敷を得、その草敷が、告げないで去つたものだから蟲に喰はれたとしてゐる。

第十六 「比丘にして僧伽の房舍に、知りながら、前に來てゐる比丘に割り込んで臥床を作り、邪魔ならば、その比丘が去るであらう、その目的で、臥床を作つて、他の目的でないならば波逸提である。」（此の箇條を梵本・五分律・五分戒本・十誦律・根本有部律・僧祇律・鼻奈耶は第十七とし、四分律と解脱戒經は第十六、優波離問佛經は第十八とする。）

梵本は「後から來て割り込んで」と「後から來て」の二字を加へてゐる。四分律は全く梵本に同じく、「後來」の二字があり、餘の律本も、優波離問佛經が簡單にしてゐる外、皆「後來」の二字があり、根本有部律は別に臥具を敷くと云はず。「彼の臥具に於いて或は坐し或は臥し」としてゐる。「この因緣にして他の爲に非ず」を根本有部律と五分律は缺いてゐる。十誦律は「自敷若使(二)人敷(一)」としてゐる。

因緣は巴利律に依れば、祇園精舍に於いて六群の比丘が初めて到着し、上座の比丘が雨の防げる處へ案內した。六群の比丘は我等茲に方便を以つて住まうと決心し、上座の比丘の處へ割り込んで、若し邪魔ならば彼等の方で去るが善いと、臥床を作り、この爲にこの制戒が出來たと云ふのである。四分律は反對に上座たる六群の比丘が、後來の十七群の比丘に對して、この我儘をした事になつて居る。僧祇律も、六群の比丘が餘處で談話に時を過して、遲れて來て割り込んだことにしてあり、根本有部律は鄔陀夷が少年の比丘と同宿して困らせたこととし、十誦律は同じく鄔陀夷であるが、鼾眠齘齒囈語頻申等、諸比丘を惱ますから、鄔陀夷を離れて寢てゐる處へ强ひて割り込んだ事にしてある。鼻奈耶も同樣である。

第十七　「比丘にして比丘に對して怒り喜ばず、僧伽の房舍から驅ひ出し驅ひ出させるのは波逸提である。」(此の箇條を梵本・五分律・五分戒本・十誦律・根本有部律・僧祇律・鼻奈耶は第十六とし、四分律・解脫戒經・優波離問佛經は第十七とする。)

梵本は「比丘にして、瞋恚し忿怒し喜ばず、僧伽の房舍より、比丘を引き出し、引き出さしめ、他へ去れ愚人、汝滅せよ、汝は茲に住す可からずと云ふ、この因緣よりなして他に非ざるは波逸提なり。」と長くなつてゐる。十誦律はこれに全く同じい。僧祇律もこれと同じい原文を有するものであらう。根本有部律も「汝去れ」云々の語はないが、同一系統のものであり、四分律・鼻奈耶は巴利律に同じく、五分律・解脫戒經・優波離問佛經は「使(二)他驅出(一)」を略してゐる。

この因緣は十七群の比丘等が或る邊境の大寺へ來て、安居に入るため、修繕してゐるのを見て、六群の比丘がその修繕の終るを待つて、十七群の比丘を力を以つて驅ひ出したと云ふのである。四分律はこれに同じく、五分律も亦、十七群の比丘が新たに營んだ新房舍を占領しようとして驅ひ出した事とし、僧祇律は、六群の比丘の居る所へ客比丘の來たのを驅ひ出したとしてゐる。根本有部律は驅出者を鄔陀夷とし、相手を年少の比丘等とし、十誦律と鼻奈耶とは、耶舍が五百の比丘を連れ來り、安居の先事をしつゝあつたのを、六群の比丘がその場所を占領するために、驅ひ出したこととしてゐる。

第十八　「比丘にして重閣の上に、脫脚の床又は椅子に、或は坐し或は臥するのは波逸提である。」（此の箇條を梵本・四分律・五分律・五分戒本・十誦律・根本有部律・僧祇律・鼻奈耶・解脫戒經は第十八とし、優波離問佛經は第十九とする。）

梵本は「僧伽の房舍に於いて（sāṁghike vihāre）重閣の上に」と前句を加へ、「力強く（balena）坐臥する」としてゐる。十誦律は梵本の「僧伽の房舍に於いて」を略し、「用力」を譯出してゐる。鼻奈耶もこれに同じく、「縱力」の二字を用ゐてゐる。四分律は「僧伽の房に於いて」の句があつたと見えて「房」と譯してゐるが、境野氏が「若しは房、若しは重閣上に」と二つにしてゐるのは誤りであつて、房の重閣上に於いてである。balena（力強く）は無かつたものと見える。僧祇律はこれに同じい。根本有部律は梵本と同じかつたのであらう、「於僧住處」と云ひ、「放身坐臥」としてゐる。茲に重閣と譯したのは vehāsakuṭi（vihāyasikuṭi）であつて、majjhimassa purisassa asīsaghaṭṭa 家根裏に人が立つて、頭を打たない程度の處の意味である。「脫脚の」と云ふのは āhaccapādaka（āhāryapādaka）であつて、脚が自由に取つたり附けたりすることの出來るもののことである。この vehāsakuṭi（重閣）といふものが如何なる構造のものか解らないが、十誦律・四分律はそのゆか（牀）が薄くて、爲に破れ、床の椅子が取れて落ちたとしてゐるが、根本有部律も鼻奈耶も厚薄を云はないけれども、破れて落ちたやうに云つてある。其の他五分律・巴利律等はただ脚を脫して落ちたとしてゐる。

因緣は祇園精舍に於いて一比丘重閣上にあり。一比丘その下にあり。閣上の比丘が亂暴に床に上つたので脚が脫けて落ちて、下の比丘の頭を傷つけたと云ふのであり、五分律・四分律・十誦律これに同じく、僧祇律は阿羅毗の出來事とし、根本有部律と鼻奈耶は鄔波難陀の所爲としてゐる。

第十九　「比丘の大きな房舍を作る時に、戸口のこと、戸を閉める門のこと、窓の仕事、二三重に屋根を葺くことを、草のない處に立つて指圖せねばならぬ。それ以上ならば草のない處に立つて指圖しても波逸提である。」（此の箇條を梵本・四分律・十誦律・根本有部律・僧祇律・鼻奈耶・解脱戒經は第二十とし、五分律と五分戒本は第十九とし、優波離問佛經は第二十一とする。）

梵本は途中が缺けてゐるので十分に解らないが、「大きな房舍を作る時に、戸口のこと、戸を閉める門のこと、窓の仕事、屋根を二三重に葺く迄は見てゐて指圖しても善いが、其れ以上になれば波逸提である」と云ふ事になるらしい。十誦律は譯が不明になつてゐる。五分律も不明である。四分僧戒本（廣律も略同じ）の「比丘欲レ作二大房戸扉窓牖及諸莊嚴具一(parikamma ?)、指授覆レ苫齊二二三節一、若過者波逸提」は梵本に全く同じい。僧祇律のみ「……齊二(於)再三覆一當下於二少レ草地一中住(教)上、若過者……」として巴利に合してゐる。五分戒本の如き、解脱戒經の如き、一寸意味を取り悪い。優波離問佛經は簡單に「過レ是再三重治者」としてゐる。

因縁を見ると、巴利律では、憍賞彌の瞿師羅に於いて闡陀（Channa）の爲に外護の大官が重房を作らせたが、闡陀が出來上つた房舍に、その上その上覆はせ、その上その上塗らせたので、餘りの重さで倒れ、草や木片を集めるために、近くの婆羅門の麥畑を荒し、問題が起きてこの制戒となつたと云ふのである。五分律も因縁の趣意はこれに同じいから、戒文もこれに準じて見ねばならぬ譯である。四分律も同様の因縁であつて、殘草を以つて四重に葺いた爲に倒れたと云ふのである。十誦律は闡陀が懶惰で急いで作り、一日に作り上げた爲、即日倒れたとし、鼻奈耶は一摩訶盧比丘としてゐるが、十誦律に同じく、一日に作り即日倒れたとしてゐる。僧祇律は闡那が覆屋人の言を聞かず、草のありたけを以つて葺かせたので、却つて草の重みに家根が破れて、雨漏りがしたとしてゐる。根本有部律はその闡陀が一日の中に寺を造營した所以を詳述し、六群の比丘が野心に依つてその仲間の闡陀をして作らせ、一日の中に作つて、一日の中に崩れたものとしてゐる。それでこの戒は何を禁じてゐるのであるかと云ふに、家根を覆ふに三重を限り、二重の終つた時、三重の指圖をして去るべきことを命じ、四重に葺くことを禁じたものと見るべきである。壁を厚く塗ることも禁じてあるやうに、巴利律からも見えるが、それは今限度が示してないから茲に關係はないと思ふ。又四分律一二（太・二二・六四七上）に「覆者有二種縱覆橫覆」としてあるが、これは草なら草の葺き方に二種あることを云つたものであらう。巴利律では葺くものに、silā（石）、sudhā（plaster）、tiṇa（草）、paṇṇa（葉）が擧げてある。草のない處に立つと云ふことは當然の作法であるが、今の戒文としては不要のことであるやうに思ふ。この不要の部分が巴利律と僧祇律にのみあるのは、何を意味するであらうか。これは不要ながら以前にあつたもので、巴利律と僧祇律とはその儘に傳へ、他は取り去つたものと見るべきもののやうに思ふ。

第二十　「比丘にして知り乍ら蟲のゐる水を草や土に注ぎ、注がしむるのは波逸提である。」（此の箇條を梵本・四分律・十誦律・根本有部律・僧祇律・鼻奈耶・解脱戒經は第十九とし、五分律・五分戒本・優波離問佛經は第二十とする。）

梵本は全く同じい。漢譯諸律亦全く同じい。ただ根本有部律のみ、草と土と牛糞と三つにしてゐるのが違つてゐるだけである。因緣は巴利律では、阿羅毗の比丘が建築の時に、蟲のゐる水を知り乍ら草や土に和したと云ふのであるが、摩訶僧祇律のみ巴利律に同じく、他はみな闡陀が房舍建築の時にした事で、前項に連絡のあるものと見てゐる。

第二十一　「比丘にして指命せられないで比丘尼を教誨すれば波逸提である。」（此の箇條を梵本・四分律・五分律・五分戒本・十誦律・根本有部律・僧祇律・鼻奈耶・解脱戒經は第二十一とし、優波離問佛經は第二十二とする。）

梵本は全く同じいが、ただ「僧伽に依つて指命せられず」と、「僧伽に依つて」を入れてゐる。漢譯諸律又梵本に同じく、總べて「僧不差」としてゐる。ただ優波離問佛經のみ簡單に「不差」として居り、根本有部律は「除獲勝法」と語を加へて居る。此の「僧」の字は無くても差支ないが、ある方が善いと思はれる。

この戒の因縁は巴利律では、祇園精舍に於いて比丘尼を敎誨するものは衣食・臥具・湯藥の所得が多く、六群の比丘がこのことを知つて比丘尼を集めて少しく法を説き、他は悉く無駄話（畜生語）をしてゐるので、爾今比丘尼を敎誨するものは、比丘僧伽に於いて僧伽作法に依つて推擧せられたものに限るとし、この制戒があつたとしてゐる。さうして更に六群の比丘が結界外に出て、自分等で推擧して比丘尼敎誨をしてから、佛陀はこの推擧を受ける者は八支具足でなければならぬと制定せられたとしてゐる。八支とは(1)持戒（silavat）即ち善行にして小罪にも恐れを見る者、(2)多聞にして所聞を持し、(3)兩波羅提木叉に善く通曉し、(4)善き語を語り、(5)益、比丘尼に愛樂せられ、(6)比丘尼を敎誨する力あり、(7)世尊に依つて出家し法衣を纏うて、以前、重法（garudhamma）を犯さず、(8)滿二十歳以上なることである。四分律ではその因縁の根幹はこれに同じいが、配するに六群の比丘尼を以つてし、又その初めの部分に周利槃毒（般陀）が、比丘尼敎誨を阿難に勸められ、「我所誦一偈耳」と辭したが、更に勸められて比丘尼の處へ行つて、唯一偈を説いて入禪沈默した爲、一部のものはその證りを見て喜び、一部のものはその無學を嗤ひ、般陀は後で神通を示して、衆を喜ばしたとしてゐる。これは後に説法に適當なものを僧伽で推擧すべきことを示すものであらう。四分律は敎誨者の資格を十法としてゐる。十誦律の因縁はこれに同じく資格を五法とする。五分律の因縁は巴利律と同じいが、最初に比丘が比丘尼を敎誨しない爲、比丘尼はこれを以つて敎法の衰頽する所以であるとして佛に訴へ、佛は敎誡を命じ給ひ、敎誨する比丘の所得が多い爲、六群の比丘が比丘尼説法に努めたことを言ひ、六群の比丘に對して六群の比丘尼を言ひ、且つ教誡者の資格を十法としてゐる。根本有部律は、最初に難鐸迦の比丘尼説法を出し、次に六群の比丘の不法の説法を出し、教誡者の資格を七法とし、最後に長々と槃特のことを出し、本生譚までを出してゐる。僧祇律は六群の比丘の代りに、難陀・優波難陀を出し、次の條下に教誨者の資格十二を出してゐる。鼻奈耶は簡單に、七群の比丘の不法の説法を出してゐるのみである。因みに教誨者の資格は次の如くである。

(巴利律)	(四分律)	(五分律)	(十誦律)	(根本有部律)	(僧祇律)
1 持戒	1 戒律具足	1 戒成就	2 能持戒	1 持戒	1 持戒清淨
2 多聞	2 多聞	2 多聞	3 能多聞	2 多聞	(2 多聞阿毘曇
3 波羅提本叉に通曉	3 誦二部戒	3 善能誦解二部戒律			3 多聞毘尼
	4 利決斷無疑				
4 善語者	5 善能説法	4 善能言説	4 能正語説法	4 善都城語	9 有辭辨
	6 族姓出家	5 族姓出家			
5 比丘尼に愛樂せらる	7 比丘尼衆見便歡喜	8 爲比丘尼衆之所敬重			
6 教誨の力あり	8 堪任與比丘尼衆説法				
7 不犯重法	9 不犯重法	6 佛法中未曾穢濁	5 不犯十三事不汚三衆	5 不曾以身汚苾芻尼	(10 不汚梵行 11 不壞比丘尼重禁
8 二十歳以上	10 滿或過二十歳	10 滿若過二十歳	1 滿或過二十歳	3 住耆宿位	12 滿過二十歳

7 擧止安詳
能隨順說法
9 示教利喜

6 於八他勝法
善能分別
7 於八尊重法
能善解釋

4 學戒
5 學定
6 學慧
7 能爲人除惡邪
8 能自毘尼能毘尼他

第二十二　「假令、推擧せられても、比丘にして、太陽が沒して以後、比丘尼を敎誨するならば波逸提である。」

(此の箇條を梵本・四分律・五分律・五分戒本・十誦律・根本有部律・僧祇律・解脫戒經・鼻奈耶は第二十二とし、優波離問佛經は第二十三とする。)

梵本同じく、ただ atthaṁgate suriye が astaṁgamanakālasamayāt となつてゐる。漢譯諸本も大體皆同じく、大抵「僧差比丘敎誡比丘尼乃至日沒波逸提」としてゐるが、優波離問佛經は「僧差」を略して「敎比丘尼日入者」とし、鼻奈耶は「暮者」とし、僧祇律は「僧差敎誡比丘尼從日沒乃至明相未出者波夜提」としてゐる。

この因緣は巴利律では、比丘尼の敎誡が比丘の間に順次にめぐつて、周利槃特に廻り、槃特は彼等に自分の記憶の一偈を繰り返して說き、比丘尼等に輕蔑の相のあるのを見、神通を示し、種々教誡して日沒に及び、比丘尼等は歸らうとして、城門の閉されてゐるのを見、止むなく城外に宿し、非難を招いた爲であるとし、五分律これに同じく、他は皆難陀迦(Nandaka)がその順序上、比丘尼教誡の番に當り、懇ろに教誨して日沒に至つたとしてゐる。

第二十三「比丘にして比丘尼の住處に行つて比丘尼を教誨するならば、時を除いて波逸提である。時とは比丘尼の病氣である時のことである。」(此の箇條を梵本・四分律・五分戒本・根本有部律・十誦律・鼻奈耶は缺き、五分律・僧祇律・解脫戒經は第二十三とし、優波離問佛經は第二十四とする。)

五分律は「僧不ㇾ差爲ㇾ教誡ㇾ故……」と「僧不ㇾ差」を加へ、優波離問佛經は簡單に「往ㇾ尼舍ㇾ教」とし、僧祇律は「若比丘往ㇾ比丘尼住處ㇾ欲ㇾ教誡ㇾ不ㇾ白ㇾ善比丘ㇾ除ㇾ餘時ㇾ」云々としてゐる。「不白善比丘」の五字が餘計に加はつてゐる。他は悉くこの箇條を持つて居らない。

この因緣については、巴利律では六群の比丘が六群の比丘尼の處へ行つて說法するので非難が起り、比丘尼の住處で比丘尼教誡を禁ぜられ、後、摩訶波闍波提が病んで上座等の訪問を承け、說法を乞ふに及び、比丘尼の病氣の時を除くと除外例が設けられたとして居り、五分律もこれと同じいが、ただ最初六群の比丘が僧の差を受けないで教誡に往き、問題になり、「僧不ㇾ差入ㇾ比丘尼住處ㇾ」が禁ぜられ、次には教誡の二字が加はつて教誡のために行くのは不可、他の僧事私事ならば許され、其の後、又病比丘尼を訪問して、說法することが許されたとしてゐるが、病比丘尼を波闍波提の代りに跋陀としてゐる。

第二十四「比丘にして飮食のために比丘尼を教誡すると云ふならば、波逸提である。」(此の箇條を梵本・四分律・五分戒本・十誦律・根本有部律・鼻奈耶は第二十三とし、五分律・僧祇律・解脫戒經は第二十四とし、優波離問佛經は第二十五とする。)

梵本全く同じく、漢譯は大抵皆この條項が通じ易い樣に「若比丘語諸比丘如是言、諸比丘爲飮食故教授比丘尼者波逸提」としてゐる。優波離問佛經は簡單に「說貪食教尼」としてゐる。

この因緣は巴利律では六群の比丘が、上座達は比丘尼等の爲を思うて說法するのではない、飮食の爲に說法するものである、と譏謗した爲だとし、四分律・五分律・鼻奈耶これに同じく、十誦律は前の三ケ條と關係をつけて、六群の比丘が自ら比丘尼を教誨し得ないのを知つて、この譏謗をなしたとし、僧祇律は、六群の比丘が祇洹の門下に待つてゐて、比丘等が教誨の爲に出門するのを見て惡口を云つたとなし、根本有部律は比丘尼を教誨する比丘の所得に就いて、次の如く言つてゐる。難鐸迦が比丘尼を教誨する時、その言ふ所が深妙で比丘尼等は了解することが出來ず、叉聖者を憚り怖れて質問することが出來ない。依つて世尊の處へ行つて、教誡の比丘を供養することを許されるやうに願ひ、世尊は五種の正食と五嚼食と腰條の供養を許し給うた。或る時、比丘尼が乳粥と美團とを携へて寺の門を通るのを見て、六群の比丘中の鄔波難陀が譏謗したこととしてゐる。

第二十五　「比丘にして、身内に非ざる比丘尼に衣を與へるのは、交換を除いて波逸提である。」（此の箇條を梵本・五分律・十誦律・鼻奈耶は第二十六とし、五分戒本は第二十七、四分律と根本有部律は第二十四、僧祇律と優波離問佛經は第二十八、解脫戒經は第二十五とする。）

梵本は「交換を除き」の例外を缺いてゐる。漢譯諸本中、十誦律と鼻奈耶と優波離問佛經と解脫戒經とがこの例外を缺き、他は皆巴利律に同じい。

因緣は諸本皆異なり、巴利律は或る比丘が、托鉢中屢〻同一の比丘尼に遇うて懇意になり、その比丘尼が訪ねて來た時に、自分に分配せられた衣を與へ、自分は粗末な衣を着てゐた爲に比丘等に咎められて、非親里の比丘尼に衣を與へてはならないといふ制戒があり、その爲に又比丘・比丘尼の間に衣に就いて困難があつた爲、交換を除くとせられたものとしてゐるが、四分律と五分律は、その比丘尼と懇意になつた比丘が、よもや比丘尼が受けまいと思うて與へて困り、問題になつて、すべて比丘尼に衣を與へてはならないとなり、次に親里のもの（母、姉妹、女姪等の血のつながつたもの）には與へても善いことに緩和され、又非親里のものでも交換は許されると、三段になつたものとしてゐる。十誦律は、或る比丘が偸蘭難陀（Thullanandā）比丘尼の求めに依つて新衣を與へ、自分では故衣を着てゐた爲に佛に見咎められたものとし、僧祇律は、比丘が七年間故衣を纒ひ、佛に見咎められて、七年已來、新衣を比丘尼に與へた旨を語り、この制戒があつたとし、根本有部律は、長者夫婦が貧乏して出家し、夫の比丘が妻の比丘尼を訪うて、その妻が自分の着てゐる僧伽梨を欲しさうにしてゐるのを見て與へて、この制戒があつたとし、非親里と云ふに就いては、親里のものならば、與へ手が粗末なものを着てゐるのに、その新衣を取ることはないと解してゐる。鼻奈耶は、迦留陀夷が崛多比丘尼に衣を與へた爲にこの制戒があつたとしてゐる。

第二十六

「比丘にして身内に非ざる比丘尼のために衣を縫ひ、又は縫はしむるのは波逸提である。」（此の縫衣戒を梵本・五分律・十誦律・鼻奈耶は第二十七とし、四分律と根本有部律は第二十五、五分戒本は第二十八、僧祇律と優波離問佛經は第二十九、解脱戒經は第二十六とする。）

梵本は「縫ひ又は縫はしむる」（sibbeyya vā sibbāpeyya vā）の代りに「作る」（kuryāt）としてゐる。漢譯諸本中、優波離問佛經が「縫非親里尼衣」としてゐる外、他は皆梵本に同じく「作る」にしてゐる。これは巴利律が「作る」を後に「縫ふと縫はしむると」にしたものであらう。

因緣は、巴利律・四分律・五分律は優陀夷が或る比丘尼の爲に僧伽梨を作り、中に男女交合の圖を畫いた爲だとし、根本有部律・十誦律・鼻奈耶はその比丘尼の名を笈多とし、僧祇律は優陀夷の舊妻善生比丘尼としてゐる。優陀夷の惡戲としてゐる點は一致してゐるが、實際に於いて、佛教教團に於いてかかる惡戲が行はれたとは思はれない。恐らくただ因縁をつけるための作り話であらう。

第二十七　「比丘にして比丘尼と約束し、假令、村へでも一つの道で旅をするのは、時の外波逸提である。時とは道中が危險と思はれ、恐怖があり、隊商と共に行く時である。これ時である。」（此の箇條を梵本・五分戒本・十誦律・鼻奈耶は第二十四とし、四分律と解脱戒經とは第二十七とし、五分律は第二十八とし、根本有部律・僧祇律・優波離問佛經は第二十六とする。）

梵本は、巴利の「一つの道」（ekaddhānamagga）の句と「隊商と共に行く」（satthagamaniyo hoti）の句を缺いてゐる。その代り「道中が危險と思はれ恐怖があり」が「危險ありと思はれ(?)、恐怖ありと思はれ、怖畏ありと思はれ」(sapratibhaya-bhairava-sammataḥ) と長くされてゐる。漢譯諸本では優波離問佛經が簡單に「共尼同一道行」とし、五分戒本が又單に「與比丘尼同道行至一聚落波夜提」としてゐるが、他は大體皆同じく、五分律が「若多伴」、四分僧戒本が「若伴行」（四分律は「與賈客行」?編者）、十誦律が「多伴所行道」、解脱戒經が「多伴行」、僧祇律が「估客伴」、鼻奈耶が「若有賈客」としてゐるのは、satthagamaniya に當る。根本有部律はこれを缺き、直ちに「恐怖畏難處」とし、鼻奈耶が「前有虎狼賊寇」と云つてゐるのは非常に變つてゐる。

この因縁は巴利律では、六群の比丘が比丘尼と約して同伴し、問題を起し、制戒があり、後、沙計多（Sāketa）と舍衛城の間で、比丘等が比丘尼等と同伴しなかつた爲、盜賊に或は殺され或は犯されたので、「除餘時」の開遮があつたものとし、四分律・僧祇律・十誦律、大體同じく、四分律は比丘尼等を六群の比丘尼とし、十誦律はその比丘尼等を助提婆達多の比丘尼としてゐる。五分律は一比丘が一比丘尼と、或は衆多の比丘が衆多の比丘尼と同行して、遂に還俗者を生ずるに至り、且つ非難を生じた爲とし、又開遮の理由は、一比丘尼が一比丘に同行を頼んで拒まれ、道に盜賊に遇つた爲だとしてゐる。根本有部律は六衆の比丘の中の難陀・鄔波難陀が十二衆の比丘尼と同じく遊行に出で、世人の非難を受けて制戒あり、後、比丘尼が王舍城より舍衛城に到らうとして同行の商侶を求めたが、何れにも比丘があつて、その中に入ることが出來ず、後から附いて行き、遲れて賊難に遇うて「除餘時」の開遮があつたものとしてゐる。

第二十八　「比丘にして比丘尼と約束し、一つの船に乘り、流れを上り或は下るのは、横ぎり渡る外、波逸提である。」（此の箇條を梵本・五分戒本・十誦律・鼻奈耶は第二十五とし、四分律と解脱戒經とは第二十八、五分律は第二十九、根本有部律・僧祇律・優波離問佛經は第二十七とする。）

梵本は之と同じく、ただ ekaṁ nāvaṁ が samānanāvaṁ となり、tiriyaṁ taraṇāya が tiryak pārasaṁtaraṇāt となつてゐるだけである。根本有部律と解脱戒經の戒文は巴利と同じく「一船」となつてゐるが、他は皆「船」となつてゐて、ekaṁ nāvaṁ か samānanāvaṁ か解らず、又諸戒本總べて「直渡」となつてゐて、梵巴何れに近いとも判明しない。五分戒本の戒文は不完全である。何故なら因緣を除くとして、その因緣が何であるかを示さないからである。優波離問佛經はただ「共尼同船上」としてゐるだけである。

因緣は巴利律では、六群の比丘が比丘尼と約束して同じ船に乘つたので人々の非難が起り、制戒があり、後に渡し場で比丘尼が比丘と同船することが出來なかつた爲、遲れて賊難に遇うた爲に、渡しを除くとせられたとしてゐるが、前條と同じく、四分律・十誦律大體これに同じく、四分律はその比丘尼を六群の比丘尼とし、渡しを恒河の渡しとしてゐる。十誦律は助提婆達多の比丘尼としてゐる。五分律は一比丘と一比丘尼、衆多の比丘と衆多の比丘尼と、船で上下して非難を受けたとし、渡しを阿夷羅河のそれとしてゐる。鼻奈耶は阿脂羅河に於いて六群の比丘が比丘尼等と相遊び、日沒して散じ、尼達が賊難に遇つたとなし、僧祇律も阿耆羅河上に於いて六群の比丘が六群の比丘尼等と遊び、非難を受け、後同船を禁ぜられた爲、比丘尼等が渡しを渡り得ず、供養に外れて飢渴したとし、根本有部律は六群の比丘が十二群の比丘尼等と船を同じうして遊び、非難を受け、難渡河の畔の白鴿村の供養に、比丘尼が船を得ず、遲れて食を得なかつたとしてゐる。

第二十九　「比丘にして、知りながら比丘尼の讚歎に依つて集められた食物を食するのは、初から在家の人のさういふ意志の時の外、波逸提である。」（此の箇條を梵本・五分律・五分戒本・根本有部律・十誦律・僧祇律・鼻奈耶・解脫戒經は第三十とし、四分律は第二十九、優波離問佛經は第三十二とする。）

四分律と五分律と根本有部律の譯は完全であり、十誦戒本は「除先白衣時善因緣」として不分明であるが、廣律の方では「除檀越先請」としてゐる。僧祇律の文の「知比丘尼讚歎食」も解らないし、「除舊檀越」も意味なさない。五分戒本は開遮を缺いてゐる。解脫戒經は「知比丘尼讚歎食」の次に「食」の字を一字缺いてゐるものと見れば通ずる。鼻奈耶は「若比丘知比丘尼譽一比丘僧毀一比丘僧往彼飯者波逸提」とし、大分變つてゐる。優波離問佛經は「知尼歎飯食」と簡單にしてゐる。

因緣は巴利律では、偸蘭難陀比丘尼が屢供養を受ける一在家の家で、舍利弗・目連等を供養しようとした時、偸蘭難陀が「何故に提婆等の大龍を供養せずして、この小驢を供養するや。」と惡口してゐる所へ上座達が來たので、今度は實に大龍を供養せられたと云ひ、家主にその二言を咎められて逃げ出し、世尊は提婆を呼んでその事實を質し、この制戒をなされたとし、其の後、一比丘が王舍城の親族の家に至り、その家に一比丘尼が早くから來て、この上座に食を供養せよと云つたので、その比丘はその家で食事することが出來ず、飢渴し、これがため、その家の人が初から供養しようと云ふ意志のある時はこの限りに非ず、と開遮せられたとしてゐる。この因縁に於いて偸蘭難陀の悪口は解し得るとして、世尊が提婆を呼んでその事實を質されたとするのは、巴利の原典だけでは意味をなさない。それで四分律が、舍利弗・目連が供養から歸つて、世尊にこの事を申し上げ、提婆は常にその徒黨の尼をして、在家間に宣傳せしめて供養を得てゐる事實を見究めて、この制戒があつたとしてゐる方が正しい。又開遮に就いては、梨師達（Isidatta）が、王舍城の友人であつた長者の家に於いて、尼が梨師達の來たことを告げた爲になされた供養と知つて、食事を得なかつたとしてゐる。僧祇律も十誦律も鼻奈耶も因縁の骨格を同じくしてゐるが、共に大迦葉を中心人物としてゐる點が變つてゐる。五分律は偸羅難陀が六群の比丘を推稱したとし、根本有部律は初に大迦葉のことを出してゐるが、その時は未だ制戒なしとし、後、六群の比丘が十二衆の比丘尼をして讃毀に依つて施者の心を轉ぜしむるに至つて、制戒があつたとして居り、開遮の處へ却つて吐羅難陀を出し、一比丘がその爲に食を得ず、飢渇に苦しんだことを記るしてゐる。

第三十　「比丘にして比丘尼と共に獨り屛所に坐するのは波逸提である。」（此の箇條を梵本・十誦律・鼻奈耶は第二十八とし、四分律・五分戒本は第二十六、五分律・僧祇律は第二十五、根本有部律と解脱戒經は第二十九、優波離問佛經は第三十とする。但し解脱戒經の第二十九は巴利律の第四十五の相當律條として再び出てゐる。）

梵本は同じいが、巴利の raho とある所が rahasi praticchanne（覆はれたる隱處）としてゐる。四分律・解脱戒經・根本有部律・鼻奈耶は巴利に同じく大抵ただ「在屛所坐」とし、僧祇戒本もただ「空靜處坐」とし（廣律は「空屛處坐」?編者）、十誦律、五分戒本は梵本に同じく「屛覆處（共）坐」とし、優波離問佛經は「共一尼一處坐」とし、五分律のみ比丘尼以外に式叉摩那・沙彌尼を出し「獨屛處坐」としてゐる。

この因縁は巴利律では、祇園精舍に於いて優陀夷がもとの妻なる比丘尼と屢〻往復し、屛處に共に坐し、問題となつたものとし、僧祇律は善生と云ふ名の妻であつたとし、鼻奈耶・根本有部律・十誦律は妻と云はず、ただ崛多（掘多、笈多）比丘尼とし、四分律は偸羅難陀を相手としてゐる。五分律のみ一般的に諸比丘と諸比丘尼と屛處に坐したものとしてゐる。

第三十一　「無病の比丘は福舍の食を一度のみ食すべきである。それ以上食するならば波逸提である。」（此の箇條を梵本・五分戒本・根本有部律・十誦律・鼻奈耶・解脱戒經は第三十二とし、僧祇律と四分律は第三十一、五分律は第三十三、優波離問佛經は第三十四とする。）

梵本は缺漏があるが、ekāvasathoṣitena bhikṣuṇā agilānenaikaṁ……（缺）……とあり、四分律の「若比丘施一食處無病比丘應レ受二一食一……」（僧戒本）に合する。十誦律・僧祇律・解脱戒經これに全く同じく、五分律は巴利の順序に同じく無病を先に出し、福舍を四分律・十誦戒本と同じく「施一食處」と譯してゐる。五分戒本は無病云々を云はず「有二餘福德處一」としてゐる。戒文が不完全である。鼻奈耶は福德舍を「招提僧舍」と譯し、「得二一宿住食一」とし、根本有部律は「外道住處」と譯し、「得レ經二一宿一食一」としてゐる。（且つ根本有部律は他と異なつて「除病因緣」の形を取つてゐる。）優波離問佛經は「過是所住食」として居り、意味不通である。

因緣は巴利律では、六群の比丘が舍衞城に托鉢して食を得ず、福德舍（原語「住處」）に行つて食を得、味を占めて屢〻その福德舍に行き、遂には其處に住するに至り、一食以上は波逸提と禁ぜられ、後舍利弗が憍薩羅の田舍を遊行し、福德舍に至り一宿し、翌日病氣にかかつて立つ能はず、止むなく滯在したが、この制戒のため食を絶ち、依つて無病の比丘と訂正されたとしてゐる。四分律これに同じく、ただ或る居士が無住處村に比丘の爲に作つた住處が所謂福德舍であるとしてゐる。五分律は村の人々が比丘の來た時のために作つたものとし、又ある長者が殊に美食を用意したとしてゐる。さうして四分律・五分律共に犯人を六群の比丘としてゐる。十誦律は犯者を六群の比丘としてゐるが、住處を福德舍と譯し、一般に沙門・婆羅門の爲のものとし根本有部律は物語の筋は同じいが、その福德舍を邊境の地に、或る長者の建てたものとし、これに長い物語を附してゐる。僧祇律は犯者も又病比丘も名を云はず、ただ比丘等又は比丘としてゐるのみである。

第三十二　「別衆食は時を除いては波逸提である。時とは病氣の時、施衣の時、衣を作る時、旅行の中途の時、船に乘つてゐる時、比丘が大勢集つてゐる時、沙門に一般の施食が行はれてゐる時、これが時である。」（此の箇條を梵本・五分戒本・根本有部律・十誦律・解脫戒經は第三十六とし、四分律は第三十三、五分律は第三十二、僧祇律は第四十、優波離問佛經は第三十八とする。鼻奈耶は第三十一とするが大いに異なつてゐる。）

梵本は「施衣の時」を缺くの外、全く同じい。（mahāsamaya が mahāsamāja. となつてゐる。）十誦律・根本有部律は梵本と同一である。四分律・解脫戒經は巴利に同じく「施衣時」を入れてゐる。五分律は「施衣時、作衣時」の外に「衣時」を出してゐるが、「施衣時・作衣時」が「衣時」と總稱せられることを示すものであらう。五分戒本はただ「除因緣」として因緣を擧げて居ない。不完全な戒本である。僧祇戒本はただ「衣時」としてゐる。優波離問佛經はただ「群食」としてゐるのみである。鼻奈耶は「若比丘不請强往者墮」と文を異にしてゐる。

この因緣は巴利律では、提婆達多が利養が衰へて後、仲間を連れて、在家にて强いて食事を用意させて食したので非難が起り、別衆食は波逸提なりと禁ぜられたが、後病比丘等を食に招くものがあつてこの制戒が差支となり、在家の人々が衣を施與する時、別衆食をなさうとして差支あり、衣を作つてゐる比丘等を招待して差支あり、道中で招待を受けて差支あり、在家の人々と一緒に比丘等が乘船した時、招待を受けて差支あり、安居が終つて衆比丘が佛を見るために集つて來た時に、招待を受けて差支あり、又頻婆娑羅王の親屬のものが邪命外道となり、王が佛教敎團の人々と共に邪命外道の人々を招待した時差支あり、依つて時の開遮があつたとしてゐる。四分律は大體これに同じく、ただ提婆の別衆として例の四人の徒黨を擧げ、又頻婆娑羅王の親屬のものと云ふのを「姉の子迦羅」とし、尼乾子の徒の中に出家しようとしたものとしてゐる。五分律は迦羅を迦留と寫し、頻婆娑羅王の弟とし、別にその出家を云はない。ただ年々九十六種の外道の爲に一大會を作るとしてゐる。鼻奈耶は名を出さず、ただ在家の人が一人或は兩人を招待するのに、四五人押しかけて行つた爲に非難が起り、制戒があつたとしてゐる。僧祇律はこの戒と戒の因緣とを缺いてゐるが、これに就いては「祇洹精舍中梵本蟲噉脫無₂此別衆食戒₁」としてゐる。十誦律は提婆の別衆を百人乃至五百人の大衆とし、又阿耆維に居つた人を王の舅とし、その外道が佛教教團の人々を招待したものとしてゐる。根本有部律も同じく、百人乃至五百人の大衆は出さないが、外道出家人を王の舅としてゐる。阿耆維としてはゐない。その上、王が竹林を佛僧伽に奉獻の時、特別に請うてその王の出家人を同居させて貰つたものとし、王の送つて來た食を以つて比丘等を食に招いたこととしてゐる。

第三十三　「食の招待を受けてゐて他の食を取るのは、時を除いて波逸提である。時とは病氣の時、施衣の時、衣を作る時、これが時である。」（此の箇條を梵本・五分律・五分戒本・根本有部律・十誦律・解脫戒經は第三十一とし、四分律・僧祇律は第三十二、優波離問佛經は第三十三、鼻奈耶は第三十四とする。）

梵本は全く同じい。ただ「衣を作る時」の一句を除いてゐるのみ。十誦律も此の一句を缺く。四分律又これに同じく、僧祇律は「病時・衣時」とし、五分律・解脫戒經は巴利に同じく「病時・(作)衣時・施衣時」とし、五分戒本と優波離問佛經は「時を除く」を全然省き、根本有部律は「病時・作(衣)時・道行時・施衣時」とし、鼻奈耶は「若比丘先食重往食者墮」としてゐるのみである。

因緣は巴利律に從ふと、毘舍離に於いて、或る貧しい勞働者が、世尊及び僧伽に施食しようとして主人より多分の給金を得、それに依つて僧伽を招待したが、僧伽の人々は、貧しい勞働者の事であるから十分に施すことが困難であらうと豫想し、托鉢して腹をこしらへ、その後で運んで來た供養の食を得、少しく盛つて呉れと賴んだ爲、その供養者はこれを怒り、爲にこの制戒があり、後、病比丘の所へ托鉢の比丘が食を持つて來て呉れた時に、今日は食の供養があると遠慮し、その期待の食が遲く齎された爲、十分食を得ず、爲に病時を除くの例外が設けられ、施衣の時、作衣の時共に供養を受けながら、その餘の供養があつた爲、施衣・作衣の供養を受けず、爲に衣を得ること少く、依つてこの二つの例外も設けられたとしてゐる。五分律これに同じく、鼻奈耶・十誦律はその貧人を孤兒とし、三十三天に生れるために僧伽に供養しようとしたとしてゐる。さうして五分律も鼻奈耶も十誦律もその比丘等が小食した所以を、その日、恰度節會に當り、在家のものの朝の供養が多く、遂に食し過ぎた爲だとしてゐる。又その殘つた食を、恰度その町へ來合せた商估が得て大いに喜び、種々の寶を與へたので遽に富むに至つたとしてゐる。十誦律はこの時佛はただ訶責して制戒せず、後毗舍離に於いて一大臣が招待した時、毗舍離の節日で人々猪肉乾糒を送り、比丘はこれを食して招待の食を受けることが出來ず、遂に制戒されたとし、根本有部律又これに同じく、ただその孤兒を母のみある兒とし、貧生と名け、その貧生が祇園精舍の門前で生死輪を見て布施生天を願うたとし、この生死輪の由來を語り、又貧生が後に長者となり、善生と名くとし、本生譚を擧げてゐる。後の因緣については、勇利と名ける長者としてゐる。四分律も二つの因緣を擧げ、一は世尊が比丘衆を率ゐて摩揭陀國から阿那頻頭（Andhakavinda）國に至り給ふ時、沙菟と云ふ婆羅門が、五百乘の車に飮食を載せて之に從ひ、世尊一行の缺乏し給ふ時供養しようとしたがその事なく、遂に公私の用があり、家に歸らねばならぬ樣になり、せめて食物を地に布いて之を踏ましめ、供養に代へようとし、世尊は之を聞いて「明朝粥を作つて與へよ」と敎へ給ひ、茲に粥の供養を受ける規定を作り給ひ、粥の後で、更に餠を受けて食することをも許し給ひ、此の粥と餠とは一日一座食の制以外のものとなされたのである。その婆羅門は喜んでこの粥と餠とを供養して去つたが、阿那頻頭の居士等も亦之に習ひ、少臣の大臣が供食した時も、比丘等は粥を食して多くその供養の食を食する事が出來ず、大臣は大いに失望し、茲に、請を受けて稠粥を食するを得ずと制戒があつた。稠粥どは草を以つて之を畫しても合しないものを云ふ。後又阿那頻頭から王舍城に歸り、一少臣の藥師が一年の所得を傾けて供食した時、城中の節會で、比丘は種々の食を得、その供食を十分に食する事が出來ず、遂に請を受けて、更に他物を食するのは波逸提であると定まつたのである。後の場合は飯・麨・乾飯・魚・肉の五正食を供食以前に禁じたもので、粥のことを出したのは薄粥は差支ないことを云ふ爲である。

第三十四　「又比丘が或る在家に行き、餅又は菓子を入用なだけ取る樣に云はれた時（abhihaṭṭhuṁ pavāreyya）、欲するならば鉢に滿二杯滿三杯まで取り得る。それ以上取れば波逸提である。二三杯取つて、そこから持ち歸り、比丘等と分配して食べねばならぬ。これが正しい仕方である。」（此の箇條を梵本・五分戒本・十誦律・根本有部律・解脫戒經・鼻奈耶は第三十三とし、四分律・五分律は第三十四、僧祇律は第三十八、優波離問佛經は第三十五とする。）

梵本は缺けてゐてよく解らないけれども、大抵同じく、只「そこから持ち歸り」が十誦律の如く「受（廣律は取）已出レ外」となつてゐるやうである。解脫戒經は「信法長者多與二餅麨一」とあるのが異なるだけで、他は全く巴利律に同じい。根本有部律も解脫戒經に同じいが、「これは正しい仕方である」が「此是時」となつてゐる。此は誤りであることは申す迄もない。鼻奈耶は「若比丘請入レ舍長者設二好食酥酪豐饒一不レ得二兩三鉢盛一、犯者墮。」若兩三鉢取出レ外當二等分與一不レ得二比丘一。」とあり、「請」の字が不要であり、「不レ得二兩三鉢盛一」が他と違つてゐる。然しその下では直ぐ「兩三鉢」となつてゐるのであるから、「不レ得レ過二兩三鉢盛一」の意であらう。四分律・五分律は「二三鉢應レ受」の下へ「過者波逸提」とせずに「歸レ寺分與」を語り、若し無病の比丘が其れ以上受けると及び歸寺分配しないのとは波逸提であるとしてゐる。五分戒本は「得レ取二一鉢一、過者波夜提」として、他のものとは大變に違つてゐる。これも五分戒本の不完全を示すものであらう。僧祇律は

「出外共不病比丘食」と云ふ風に不病比丘を被分配者にしてゐるところが、四分律・五分律と違つてゐる。

因縁は巴利律では二つあつて、伽若那（Kāṇā）と云ふ女の母が敬虔な佛教信者であり、女が他へ嫁ぎ、里歸りをして先方から早く歸して呉れと云うて來た時に、空手で歸してはならぬと餅を作つて燒いて居ると、其處へ比丘が來て、餅の供養を受け、他の比丘がそれを聞いてやつて來て、その供養を受ける。遂に用意の餅を供養し盡して、其の日は歸れず、斯くの如きこと三回、最後の時は、若し早く歸らなければ他から嫁を貰ふからと云ふことであつたが、遂に歸れず、その爲に離縁になつたと云ふ事、他の一つの因縁は或る隊商が王舍城から西方（南方？編者）（patiyāloka）の國へ行かうとした時、その中の一優婆塞が比丘に麥粉で作つたもの（sattu）を與へ、他の比丘等がこれを聞いて續いて至り、悉くその供養を受けた爲、その糧食を盡して出立することが出來ず、その優婆塞は糧食の用意のために居殘り、遲れて出立して盜賊に殺され、それが問題になつて、この制戒があつたとするのである。

四分律はこれに同じく、女の名を伽若那とし、大村より鬱禪國に嫁ぎ、姙んで歸家したものとする。隊商はベナレスの城外にゐたものとする。五分律又これに同じい。四分律・五分律共に、病人にのみ過受食を許し給ふ開遮を特に記るしてゐる事が變つてゐる。十誦律又これに同じく、女を睞眼のものとし、根本有部律は女を眇目者とし、眇目のために嫁ぐ事が出來ず、亡妻を失つて妨婦と呼ばれた長者が眇目と婚約したが、後、他の妻を與へようと云ふものあり、眇目の家母が餅を比丘に供養した爲、婚約の日に女を送ることが出來ないのを口實とし、婚約を破つたとし、十誦律・根本有部律共に六群の比丘を貰ひ手として出してゐる。僧祇律は瞎眼女のことは次の食殘宿食戒の下に出し、玆にはただ隊商の因縁のみを出し、鼻奈耶は六群の比丘が長者に就いて兩三鉢を重ねて貪つた爲、他の比丘が食を得ることが出來ず、この制戒があつたとしてゐる。猶この條項に就いては四分律は、比丘が在家に至り餅又は麨を與へられる時は、先づ歸婦又は商客の糧食でないかと聞き、然りと答へられたならば、食し已つて精舍に歸り、斯く〳〵の家の食は歸婦又は商客の糧食であるから食して三鉢を齎りて持ち歸れ、我は食して持ち歸らずと云ひ、一鉢持ち歸つた場合には、二鉢を持ち歸れ、二鉢を持ち歸つた場合には、一鉢を持ち歸れ、と云ふべきことを云つてゐるが、五分律はその家にて食すれば持ち歸ることを禁じ、食しなければ三鉢迄持ち歸ることを許し、一鉢持ち歸れば他の比丘に二鉢迄持ち歸ることを得ることを告げ、二鉢持ち歸れば一鉢持ち歸り得ることを告げ、三鉢持ち歸れば最早持ち歸り得ないことを告げることを記るし、巴利律はそのことに就いては何も云つて居らない。又根本有部律は鉢に大中小ありとし、大鉢は摩揭陀の量で二升、中鉢は一升半、小鉢は一升と、總べて四升半を過ぎれば得罪であるとしてゐる。一大一中一小（四升半）、二大（四升）、二中一小（四升）、二小一大（四升）、二小一中（三升半）、三中（四升半）、三小（三升）、は罪なしである。十誦律も大中小鉢の區別を云ふが、意味はよく解らない。巴利はこれに就いては何も言つて居らない。

第三十五　「比丘にして食事を終り、滿足して殘食でない堅食・軟食を食するのは波逸提である。」（此の箇條を梵本・五分戒本・十誦律・根本有部律・解脫戒經は第三十四とし・四分律・五分律は第三十五、僧祇律は第三十三、優波離問佛經は第十三六とする。鼻奈耶は之を第三十六とするが大いに異なつてゐる。）

梵本は「滿足して」の次の anatirittaṁ を akṛtaniriktaṁ の語に變へてゐる。

十誦律（戒本）　若比丘食竟（有下從二坐處一起去上―廣律のみ）不レ受二殘食法一若食波夜提。

根本有部律　若復苾芻足食竟不レ作二餘食法一更食者波逸底迦。

四　分　律　若比丘足食竟或時受レ請不レ作二餘食法一而食者波逸提。

五　分　律　若比丘食竟不レ作二殘食法一食波逸提。

五分戒本　若比丘不受殘食法更食者波夜提。

僧祇律（戒本）　若比丘食已足離坐處不作殘食法食者波夜提（廣律略同）。

解脫戒經　若比丘足食竟更食者波逸提。

優波離問佛經　請食已不囑食而食。

鼻奈耶　若比丘衆中不唱私去會者犯者墮。

此の因緣は、巴利律では或る婆羅門が比丘等を招待し施食したところ、その比丘等は又身內の家に行き、乞はれて、或る者は更に食し、或は鉢を手にして歸つた。婆羅門がその事を知つて小言を言つた爲、食し終つて更に食するのは波逸提であると制戒せられ、後、病比丘がこの制戒の爲、食を得ても多く棄てさせ、烏が集つて騷がしい音を立てた爲、殘食を食することを許されたとしてゐる。「これは總べて十分だ」と言へば殘食となるのである。この因緣に近いものを有するのは五分律であつて、初め比丘等が幾人かの施を受けて貧人の麤食を口にしない爲に非難があり、跋難陀、又幾度か食を得て非難があつて、この制戒があつたものとしてゐる。殘食を許されたのは同じい因緣になつてゐる。然し五分律は後の方に、佉陀尼食（khādaniya）等を食べて既に一食終つたものとなし、他の食を得ないで困り、佛、五正食を食して初めて食し終るものとなし給うたことを示してゐる。四分律は世尊の一食法のため、今五分律の最後に示してある樣に、佉陀尼食を食し、又は漿を呑み藥を呑んでも、食事が終つたものとし、體が瘦せて困つた爲、食事終るとは五正食を食べたことだと定められ、次に病比丘の場合は數々食を許されたことを記るし、又次に病人の食が餘つて棄て、烏が集まつて騷々しい爲、看病人に病人の殘食を食することを許され、又托鉢して得た他の比丘の食を、餘食法をなして食することを許し給うた。餘食法とは「大德我足食已知是看是」と云うて自分で少し取つて「隨意取食」と云へば、誰でも食べられる食物となるのである。四分律はこの後で、飽くことを知らぬ一比丘が、餘食と不餘食との區別を解せず、貪り食べたのに對して制戒があつたものとしてゐる。僧祇律・十誦律・根本有部律は、大抵これに同じい。鼻奈耶は、初め失梨崛長者が佛を毒殺しようとし、佛は比丘衆を連れてその家に入つて改悔せしめ、更にその家で食することが出來ないため、阿耨達池に至つて食事し、歸つて比丘等は毘舍佉無夷羅母の供養を受け、その時、殘食法をしないで食した爲、この制戒があつたとしてゐるやうである。鼻奈耶の文は分明でない（有一比丘於比丘僧中唱使行不不也世尊）。

第三十六　「比丘にして、既に食し終り滿足せる比丘に、殘食でない堅食・軟食を持つて來て勸める。『比丘嚙めよ、食べよ』と。知り乍らその犯罪を豫期してなすは、食したるに於いて波逸提である。」（此の箇條を梵本・五分戒本・十誦律・根本有部律・鼻奈耶・解脱戒經は第三十五とし、四分律は第三十六、僧祇律は第三十四、優波離問佛經は第三十七とする。）

梵本はこの條項は語の置き方が大分異なり、次の樣になつてゐる。「比丘にして、比丘の食し終り滿足せるを知り乍ら殘食法をなさず、堅食・軟食をその不必要なるを勸める。『尊者之を嚙めよ、食べよ』と。この比丘は暫くでも犯罪するであらうとその犯罪を豫期してなし、餘の緣でないのは波逸提である」。梵本は evaṁ eva pratyayaṁ kṛtvā の次に ananyathā の一語を脱してゐると見るべきである。根本有部律は「不必要なるを」の一句を缺き、「此の因緣を以つて」としてゐる所は現存梵本に同じい。十誦戒本は犯罪を「惱ます」と翻譯してゐるが、他は訂正した梵本に同じく、只「不必要なるを」の一句を缺き、四分律は只「不必要なるを」と「此の比丘は暫くでも犯罪するであらう」との二句を缺いてゐる外は梵本に同じく、五分律は四分律よりも更に「餘の緣でない」の一句を缺いてゐる。五分戒本亦之に同じい。僧祇律は bhuttāviṁ (bhuktavantaṁ) を前項に於いての如く「食已足離ㇾ坐（處）」とし、「不ㇾ作殘食法」は梵本の akṛtanirikta

の如く、「不必要なるを」の句と「此の比丘は暫くでも犯罪するであらう」の句のない處は巴利律に同じく、殊に「食者波逸提」としてゐるところは巴利律に全く同じい。優波離問佛經は「比丘請食已不㆓囑食㆒強㆑請食犯」とし、解脱戒經も「若比丘知㆓他比丘足食竟㆒請與㆑食」と簡單にし、鼻奈耶は「若比丘以知㆓比丘食㆒強勸使㆑食犯者墮」としてゐる。

この因緣は巴利律では、二人の比丘が憍薩羅國中を遊行しつつ一比丘の非行を責めたのを怨み、後、舍衞城に到着し、或る團體の供養の後で、怨みを抱いてゐる比丘が親類の家から鉢食を持ち歸り、他比丘の拒むのを强ひて食はせ、犯罪したと言ひ觸らしめた事から、この制戒があつたとしてゐる。五分律・四分律・十誦律は大體因緣の骨格同じく、鼻奈耶は跋難陀がその弟子の他の比丘に從つて遊行しようとするのを留めて、已に食したのに更に食せしめてその行を遲らせ、爲に賊難に遇つたとし、根本有部律は、一老比丘が年若い師匠にいつも敎誨せられるのを口惜しく思ひ、餘食法を行はないで師匠に食後更に食を勸めて犯罪させたとし、僧祇律は、阿難の弟子と目連の弟子と常に論難して、目連の弟子及ばず、復仇のため、殘食法をしないで食せしめたとしてゐる。この根本有部律・僧祇律の記述から見ると、餘食法・殘食法は、自分の食を他比丘の處へ持つて行つて、その幾分を取り、「我れ之にて十分、他を取れ」と云つてその殘した幾分を持ち歸ることで、その持ち歸つたものを「殘食法をなせる食物」と云ふのである。

第三十七　「比丘にして、非時に堅食又は軟食を嚙み食べるのは波逸提である。」（この箇條を梵本・四分律・五分戒本・十誦律・根本有部律・鼻奈耶・解脱戒經は第三十七とし、五分律は第三十八、僧祇律は第三十六、優波離問佛經は第三十九とする。）

梵本は「非時の」（akāla）となつてゐるのが異なるだけで、他は全く同じい。十誦律・四分律・五分律・五分戒本・根本有部律・僧祇律は大抵「非時食」と簡單に顯し、鼻奈耶は「日過㆑中食者墮」とし、優波離問佛經は「非時所㆑食所㆑噉」とし、解脱戒經は「非時食㆓可食物㆒」としてゐる。

因縁は巴利律に於いては、十七群の比丘が山頂祭（giraggasamaja）に見物に行き、人々は十七群の比丘を見て沐浴させ、（非時に）食事させ、且つ堅食を與へた。十七群の比丘これを取つて、六群の比丘に食べよと云ひ、問はれてその故を語り、非時に食事を取つたことを告げ、問題になつて制戒があつたとし、十誦律は稍これに同じく、十七群の比丘が舍衞城の節會に行つて人々の歡待を受け、醉歩漫策して歸り、この制戒があつたとし、根本有部律は、十七群の比丘が町に托鉢して「この年少は不孝で親を棄てて出家した」との悪語を聞いて食を得ないで寺に歸り、午後、信者がその飢ゑるを見て好食を與へ、十七群の比丘が之を食べて問題となつて制戒があつたとし、五分律と鼻奈耶とは迦留陀夷が夕暮托鉢して一姙婦を驚かし、問題となつたとし、四分律はこの迦留陀夷の因縁に加ふるに、難陀・優波難陀の二人が王舍城の節會に非時の施食を食したと云ふ因縁を出してゐる。僧祇律は非時食と停食食との二つを出し、これに種々の因縁を出してゐる。比丘の非時乞食、比丘の食前は聚落乞食、食後は園池の乞食、跋陀利の二鉢の乞食、阿那律の穢爛麥飯を曬す因縁等である。

第三十八　「比丘にして貯へて置いた堅食・軟食を噉み食するのは波逸提である。」（この箇條を梵本・四分律・五分戒本・十誦律・根本有部律・解脱戒經・鼻奈耶は第三十八とし、五分律は第三十九、僧祇律は第三十七、優波離問佛經は第四十とする。）

梵本は sannidhikārakaṁ を saṁnihitavarjanaṁ としてゐる外、全く同じく、四分律・五分律・解脱戒經は大抵「食残宿食」とし、十誦戒本は「残宿食食」とし、五分戒本は「與残宿食食」とし、有部律は「食曾經觸食者」とし、僧祇律は「停食食」とし、鼻奈耶は「若比丘無病停食經宿而食」とし、優波離問佛經は「擧所食噉食噉者」としてゐる。

因縁は巴利律に於いては、阿難の師（upajjhāya）である Belaṭṭhasisa が森に住み、托鉢して得たものを乾燥して保存し、必要な時に食べてゐたことが知れて、この制戒があつたとし、四分律と根本有部律とは比丘の名を迦羅とし、十誦律は上勝とし、僧祇律は阿那律とする。又五分律は、神廟遊戯の處に人々美食を齎すのを受けて貯へ、そのために房中蟲や鼠の害を受けたのと、森住の比丘が行道を廢するのを恐れて食物を貯へたと云ふ二つの因緣を出し、鼻奈耶は畢陵涙跋(Pilingavaccha) が目を患ひ、信者の送る酥油や蜜及び生食を、弟子等が貯へて食べたと云ふ因緣を出してゐる。

第三十九 「美味な食物、例へば生酥・酪・油・蜜・糖蜜・魚・肉・乳・凝乳、斯くの如き美食を、比丘が病氣ではなくて、自分の爲に告げ知らせて食べるのは波逸提である。」(此の箇條を梵本・四分律・五分戒本・十誦律・根本有部律・鼻奈耶・解脱戒經は第四十とし、五分律は第四十一、僧祇律は第三十九、優波離問佛經は第四十二とする)。

梵本は多くの缺漏があつてよく解らないが、十誦律の「白衣家中」に當る語が……jñātāni か、どうか、はつきりしない。諸本大體同じく、ただ所謂美食なるものの品目を次の如く多少變へてゐる。

巴利本	1 sappi	2 navanīta	3 tela	4 madhu	5 phāṇita	6 maccha	7 maṁsa	8 khīra	9 dadhi	
梵本	3 sarpi	2 navanīta	4 taila			5 matsya	6 māṁsa	1 kṣīra		7 vallūra
十誦律	3 生酥	2 酪	5 油			6 魚	7 肉	1 乳	4 熟酥	8 脯
有部律	3 生酥	2 酪				4 魚	5 肉	1 乳		
五分律	3 酥	2 酪	4 油			5 魚	6 肉	1 乳		
四分律		2 酪				3 魚	4 肉	1 乳		
僧祇律	1 酥	6 酪	2 油	3 蜜	4 石蜜	7 魚	8 肉	5 乳		
五分戒本	3 生酥	2 酪				4 魚	5 肉	1 乳		6 脯
解脱戒經	1 酥	6 酪	2 油	3 蜜	4 石蜜	8 魚	9 肉	5 乳	7 生酥？	

優波離問佛經

鼻奈耶　1酥　3酪　4魚　5肉　2乳　6脯

因縁は巴利律では頗る簡單であつて、六群の比丘が在家に自身の爲に乞うて美食した爲、一般に自分の爲に乞うて美食を取る事を禁じ、後、病者の苦痛を見て、無病のものと狹くせられたと云ふのである。四分律これに同じく、ただ六群の比丘の代りに跋難陀が雜食を求めたとし、五分律も亦同じく六群の比丘としてゐるが、俗人の招待を受けて乳酪等を注文し、その食事に乳酪のないのを見て、倒鉢して歸つたとしてゐる。十誦律は釋迦族の摩訶男の招待に、六群の比丘が、乳汁・生乳・酪・魚・肉、等を求めて飯にかけて食しようとしたと記るし、根本有部律はこれに同じく、僧祇律は六群の比丘が、油家では油を求め、乳屋では乳を求め、蜜家では蜜を求めて、非難を受けたとし、鼻奈耶もこれと同じい因縁を出してゐる。

第四十　「比丘にして、與へられない食物を口に運ぶのは、楊枝と口漱ぎの水との外、波逸提である。」（此の箇條を梵本・四分律・五分戒本・十誦律・根本有部律・鼻奈耶・解脱戒經は第三十九とし、五分律は第三十七、僧祇律は第三十五、優波離問佛經は第四十一とする。）

梵本は「楊枝と口漱ぎの水」（udakadantaponā; この場合 udaka は mukha-udaka）の略である）が「楊枝」（dantakāṣṭhābhyām）となつてゐる外、全く同じい。十誦律・五分戒本・僧祇律・解脱戒經は巴利に同じい。五分律は「除嘗食楊枝及水」とし、四分律は「與へられない食と藥を口中に著けるは犯」として居る。根本有部律は「口中に入れて嚥咽するのは波逸提」とし、鼻奈耶は「不受水不受食」としてゐながら、又「水と楊枝を除く」として、矛盾した記述をし、優波離問佛經は簡單に「不受著口中」としてゐるのみである。この「與へられない」（adinna）は「與へ渡されない」の意であることを注意すべきである。

因縁は巴利律では、毗舍離に於いて、或る糞掃衣者が人々の與へるものを欲せず、墓場・樹下・戸口（閾）等に死者に供養したものを取つて食ひ、人々がこれを嫌うて、制戒があり、後、この制戒のため、飲み水、口漱ぎの水に困り、爲にそれだけ除外されたとしてゐる。四分律はこれに同じく（但し受に五種の受のあることを語つてゐる）、五分律は、初め比丘が制戒がない爲、在家に行つて不受食を食し、人々の譏呵を受けて居る處へ、大迦葉が糞掃衣をつけて、街巷に於いて、捨てられてゐる食を拾うて食してゐるのを、人々が「狗の如し」と悪み厭うた爲にこの制戒があり、後、人（作人とある）の爲に食を作る場合、嘗めて味を見ることを除かれ、次に又楊枝と水とを除かれたとしてゐる。又食を受けるに就いて、龍・天・鬼・猿よりも食を受けることを許されたと記るし、又淨人のない場合には、施主の語で自己に食することを許すとか、遥かに擲げられた食を受けるを得ずとか、種々、食を受けるに就いて規定のあることを云うてゐる。僧祇律は、阿那律がこの一切糞掃者であつて、一婦人が祭祀の爲に撒いた食を集めて食べて、この制戒の因をなしたとし、後、比丘が淨人のない時、楊枝と水を得られず、口が臭く、爲に楊枝と水とを除外せられたとし、十誦律は糞掃者を摩訶迦羅（Mahākāla）とし、常に墓地にあつて祭祀の食を取り人肉を噉ふと云ふ噂を生じ、爲に制戒があり、後、楊子と水とを除外されたとし、根本有部律はこれに同じく、ただ物語を長くし、楊枝と水とを得ない爲、比丘等が阿蘭若を棄てて聚落に入つたとし、又茲に次の二つの五種の作淨を云うてゐる。

火　淨　刀　淨　爪　淨　蔫乾淨　鳥啄淨

拔根淨　手折淨　截斷淨　劈破淨　無子淨

（「淨」は kappiya の譯。淨食（kappiyāhāra）は食べるに適當な食物の意。）

鼻奈耶は因縁を缺いてゐる。又根本有部律は、大哥羅が死人を食べると云ふ噂があつたので、これを見屆けるために、一人が死人の眞似をして墓場に行き、大哥羅の來るのを見て、遂に聲を立てたと云ふことを、面白く叙してゐる。

第四十一　「比丘にして無衣外道（Acelaka）に、遊行者に、遊行女に、自手を以つて堅食・軟食を與へるのは波逸提である。」（此の箇條を梵本・五分戒本・十誦律・根本有部律・鼻奈耶・解脱戒經は第四十四とし、四分律は第四十一、五分律は第四十、僧祇律は第五十二、優波離問佛經は第四十六とする）。

梵本は全く同じい。十誦律・根本有部律・僧祇律これに同じく、四分戒本は只「外道男外道女」とし、無衣外道の語を缺いてゐる（廣律は「裸形外道若男若女」としてゐる―編者）。五分律は「外道裸形若男若女」とし、外道と裸形と同格に見てゐる。五分戒本は「裸形外道乞うて、與へるは犯」としてゐる。解脱戒經は「出家外道」とし、優波離問佛經は「無衣異學夫婦」としてゐるが、無衣と異學とを切り離し、夫婦は男女の意味とすれば、巴利及び梵本に同じい。鼻奈耶は「婆羅門婆羅門婦」とし、餅を與へるとしてゐる。

この因縁は巴利律では、毗舍離に於いて僧伽に堅食が餘り、佛の許可を得て阿難が遊行者等に餅を與へ、いつも一人の女遊行者に一つと思うて二つを與へ、お前は沙門の情婦だとからかはれ、又無衣外道に比丘等が白飯を酥で混ぜたものを與へ、無衣外道は禿頭の居士（muṇḍagahapati）からこの施を受けたと云ひ觸らした。信者等はこれを喜ばず、佛に申し上げ、佛はこの制戒を設け給うたとしてゐる。四分律大體これに同じく、ただ巴利律に於いて因縁が二つになつてゐるのを一つにして、裸形の外道等に餅を與へ、その中の一女が二つの餅を得、又その中の一人が禿頭の居士の處に得たと云うたとしてゐる。又「自らの手」とあるのを説明して、地に置いて與へ、或は他をして與へしめるのは許されたとしてゐる。五分律は、諸天の教に依つて人々は佛僧伽をのみ供養し、外道の男女が佛教團から食を得、人々これを非難し、後、安那頻頭邑の沙門と云ふ大婆羅門が、佛僧伽の遊行に從つて其の乏しい時に供養しようとしたが、その機を得ず、去るに臨んで佛の敎に依つて餅を作り、阿難これを助けて人々に施し、外道の母人が一少女を抱いてゐたのに二つの餅を與へて、染著ありと云はれ、佛、爲に外道の男女に食を與へるのは波逸提と制戒し、後又一裸形外道が比丘の邊に共に食して、「在家者は比丘等を福田とし、比丘等は我等を福田とする」と言ひ觸らしたのに依り、「外道裸形の男女」と「裸形」を加へたとし、四分律と同じい理由で「自らの手で」を解釋してゐる。僧祇律は、一外道が食を阿難から受けて、剃髮居士の邊から得たと言ひ觸らしたのを先にし、外道出家女に二つの餅を與へて染著ありと云はれたのを後にしてゐる。さうして「自手」に就いては別に因緣を擧げてゐない。根本有部律は因緣を長くしてゐるが、順序は僧祇律の如くなつてゐる。十誦律と鼻奈耶は、毘羅然（Verañjā）の阿耆達（Aggidatta）が佛を安居に招待して供養するのを忘れ、佛は三月の間馬麥を食し給うたことを最初に長々と出し、その後で僧祇律と同じ順序で、同じ二つの因緣を出してゐる。

第四十二　「比丘にして、比丘に『來れ友よ、村又は邑に托鉢しよう』と云つて（後）、彼に與へしめ又は與へしめないで、『去れ友よ、汝と共に語るも坐するも平安でない、一人一人で語り坐して平安である』と云つて去らしめるとすれば、此の因緣をなして他に非ざるは波逸提である。」（此の箇條を梵本・五分戒本・十誦律・根本有部律・鼻奈耶は第五十一とし、四分律は第四十六、五分律は第七十六、僧祇律は第四十四、解脫戒經は第五十二、優波離問佛經は第五十三とする。）

この梵本にも缺漏が多いが adāpetvā（與へしめないで）の句を缺き、esa bhikṣu muhūrtam apy udyotitaḥ（此の比丘が暫くでも惱まされれば）の句を多くしてゐるだけの樣である。十誦律は梵本に同じく、根本有部律も「暫くでも」の語は無いが他は同じい。共に「與へしめて」の句を缺いてゐる。四分律は巴利律に近いが、「與へしめて」の句を缺き、uyyojeyya を「方便遣去者」（戒本）と譯してゐる。五分律は初め「與汝多美飮食」の句を出し、次に「與へないで」とし、「欲令」

彼惱」と翻譯し、「此の因緣」云々の句を缺いてゐる。五分戒本も「汝に好食を得しめよう」との誘ひの語を出し、「若入門若未入門還遣去者」としてゐる。僧祇律は「到彼當與汝食」の句があり、「自ら與へ若しは人をして與へしめて、後に去らしめるのは」としてゐる。他は巴利に同じい。解脱戒經も「當與汝多美食」の誘ひの語を有し、「不令與此比丘食」としてゐる。他は巴利律に同じい。優波離問佛經は「比丘若來村邑食彼人已或與或不與遣者犯」とし、鼻奈耶は「當語檀越好供養汝」の誘ひの語を出し、「汝と共に行くことを欲せず、獨行を欲す」として「語」と「坐」を出さず、uyyojeyya を「作如是調誑者」としてゐる。「この因緣」云々の句はない。

この因緣は巴利律では、祇園精舍に於いて、釋迦族の優波難陀が兄弟の共住者の比丘を、行かうと誘うて連れて行き乍ら、彼に與へられないやうにして「行け去れ」と去らしめ、遂に其の比丘は、その日一日食を得ないでしまつたと云ふのである。僧祇律は全くこれに同じい。十誦律は其の比丘の名を達摩とし、この達摩（本文では達摩弟子とある）が我が兄を凌辱したから、その報復のために、跋難陀が故意に謀つてしたこととしてゐる。根本有部律はこれに同じい。鼻奈耶は名は出さないが、我が小弟を辱かしめたから、その復仇のためとしてゐる。五分律は達摩を自分の共住の弟子とし、自分の出罪を惡んだ爲、としてゐる。四分律は、餘比丘と恨を結んで、その恨を晴すために餘比丘にしたこととしてゐる。

第四十三　「比丘にして、有食家に（sabhojane kule,「未だ貪欲を離れない家」の意、この場合 bhojana は觸食を意味する）入つて坐るのは波逸提である。」（此の箇條を梵本・五分律・五分戒本・十誦律・根本有部律・鼻奈耶・解脱戒經は第四十二とし、四分律は第四十三とし、僧祇律は第五十三、優波離問佛經は第四十四とする。）

梵本は巴利律の nisajjaṁ kappeyya を āsanaṁ kalpayet としてゐる外、全く同じい。漢譯はすべて sabhojane kule を「食家」と直譯してゐる。十誦戒本は「臥處坐」としてゐるが、これは意味の方から奥深い處と示したのである。根本有部律は「强ひて」としてゐるが、これは anupakhaja (anupraskadya) を譯したものであらう。四分律は「在食家中有寶强安坐」とし、「强ひて」は根本有部律と同じく、「有寶」は珠玉を云ふと云ひ、珠玉を飾りとする婦人のことである。五分律は「與女人坐」と意味を傳へ、五分戒本は「臥處坐」として十誦戒本に同じく、僧祇律は「知食家婬處坐」とする。「婬處」は「臥處」の意味であるが、「知つて」と殊更に示してゐる。解脱戒經は「知他食家直入」とする。「直入」は anupakhaja であり、「坐する」を略し、「知る」を僧祇律と同じい樣に出してゐる。優波離問佛經は「有食舍相近坐」と「相近く」で婦人のあることを示してゐる。鼻奈耶は sabhojane kule を食に重きを見たるが如く、「厨間に坐して飯食を作るを妨げる」とし、戒文には「比丘先至請飯食家坐若臥弄小兒」としてゐる。

因緣は巴利律では跋難陀が友人の家に至り、この家の婦人と臥處に坐し、遅れて友人が至り、これを見て怒り、食を與へしめて歸れと云ひ、婦人は歸るなと云ひ、爲にその人はこれを比丘等に訴へ、これが佛に聞えてこの制戒があつたとしてゐる。五分律は全くこれに同じく、四分律は犯者を優陀夷とし、その在俗の友なる齋（Uposatha）の家に於いての事とする。僧祇律も優陀夷としてゐるが、知人の女が他村に嫁いだのを見舞うて坐してゐた事としてゐる。十誦律は跋難陀として、彼がわざと在家の家に坐り込んでゐる爲、その夫が欲情を遂げる事の出來ない爲の苦情として居り、根本有部律は犯者を優陀夷として、優陀夷が新婚の一賣香青年の欲情を留める爲にした事としてゐる。鼻奈耶は先に云うた通りである。

第四十四　「比丘にして、婦人と共に屛處に坐するのは波逸提である。」（此の箇條を梵本・五分律・五分戒本・十誦律・根本有部律・鼻奈耶・解脱戒經は第四十三とし、四分律は第四十四、僧祇律は第五十四、優波離問佛經は第四十五とする。）

此の項は二不定の第一に當り、又前の第三十條と同じいものであつて、前は比丘尼が對手であり、今は婦人が相手であり、それに今屛覆所と云はれてゐるのが相違である。梵本は前の第四十三と同じく「食家に於いて一人一人で」と云ふ語を加へてゐる。十誦律は梵本に同じく、根本有部律も同じいが、只「强坐」の代りに「强立」としてゐる。僧祇律も梵本と同じい。四分律も五分戒本も鼻奈耶も梵本に同じく、解脫戒經は「若比丘食家强坐」と前項と違はないやうにしてゐる。「食家屛所强坐」とあるべきである（西本氏は四十二と四十三と前後させてゐるが、その必要を認めないと思ふ）。ただ五分律が全く巴利律と同じくなつてゐる。優波離問佛經も「屛障處共母人床坐」とあつて巴利律と同じい。

この因緣は巴利律では、跋難陀が在家の友人の家に行き、その不在に婦人と共に屛所に二人で坐してゐて、これが夫の不滿を招き、遂に制戒があつたとしてゐる。漢譯諸本は因緣を全く前項と同じいものにしてゐる。鼻奈耶は此の項に於いては、迦留陀夷が在家優婆塞の家に至つてその家の妻女と屛處に坐し、夫が歸つて之を見て怒つたこととしてゐる。

第四十五　「比丘にして、婦人と共に二人きり密かに坐するのは波逸提である。」（此の箇條を梵本・五分戒本・十誦律・鼻奈耶・解脫戒經は第二十九とし、四分律は第四十五、五分律は第四十四、根本有部律は第二十八、僧祇律は第七十、優波離問佛經は第三十一とする。）

此の項は二不定の第二に當るものであり、又前の第三十と對するもので、前は比丘尼が對手であり、今は婦人が相手である相違あるのみ。これに當る梵本は abhyavakāśe（露地で）と云ふ語を持ち、その代りに「二人きりで」と云ふ語を略してゐる。「比丘にして婦人と共に露地に坐するのは波逸提である」となつてゐる。四分律・五分律・十誦律・五分戒本・鼻奈耶は梵本に同じく、優波離問佛經は「共二一母人一一處坐」と一處として居り、解脫戒經・根本有部律・僧祇戒本は「屛處」としてゐる（僧祇の廣律では「空靜處」としてゐる）。この「屛處」が raho paṭicchanne か raho か又 abbhokāse か、分明でない。恐らく raho であつて巴利律と同じいものであらう。

因緣は巴利律では前項と同じく、跋難陀が在家の信者の家に行つて、その不在にその妻女と二人きりで密かに坐つてゐたとして居り、ただ前項と異なるのは、覆はれ隱されてゐる場處でないと言ふだけである。前の場合は不義をなし得る可能性がある場合、今の場合はその可能性はないが、汚れた欲情の語で、語り合ふ可能性のある場合である。四分律は、優陀夷が齊優婆塞の家に至つて、その妻女と露地に坐してゐた事とし、十誦律・根本有部律共に同じく優陀夷とし、その相手を掘多居士の婦としてゐる。鼻奈耶が佛陀(多)優婆夷としてゐるのは、佛は笈の誤であらう。僧祇律も優陀夷としてゐる點は同じいが、これは二不定の中に旣に說いた因縁だとしてゐる。五分律のみ巴利律と同じく跋難陀としてゐる。

第四十六　「比丘にして、食事に招待せられてゐながら、其處に居る所の比丘に告げないで、食前又は食後、諸の家を尋ね廻るならば、時を除いて波逸提である。時とは施衣の時、作衣の時、これが時である。」(此の箇條を梵本・五分戒本・十誦律・根本有部律・僧祇律・鼻奈耶・解脫戒經は第八十一とし、四分律は第四十二、五分律は第八十二、優波離問佛經は第八十三とする。)

梵本は頗る簡單に「比丘にして前に招待せられてゐて、食前食後、諸の家を尋ね廻るは波逸提である」となつてゐる。十誦律は之に同じい。五分戒本も亦之に同じく、只「招待せられてゐて」を「爲他知僧事」としてゐる。「中前中後」は「食前食後」の意味である。根本有部律・優波離問佛經・解脫戒經も「不囑授者」(santaṁ bhikkhuṁ anāpucchā)の句(又は之に相當する句)を持つてゐる外、十誦律と同じい。四分律は巴利律に全く同じく、ただ時を除く中に病時を加へてゐる相違があるだけである。五分律も巴利律に同じいが、「時を除く」を「因縁を除く」とし、その因縁を只「衣時」とし、「不囑」を「不近白」としてゐる。僧祇律はこの五分律に全く同じい。鼻奈耶は「若比丘請小食中食先至彼坐於大衆前弄小兒者墮」と大變に變つてゐる。この戒文は諸律の異同を考へて見ると、巴利律・四分律・五分律の一致するものが原形であつたであらうと思ふ。

因縁は巴利律では、跋難陀が或る家に諸比丘と招待せられてゐながら、自分獨り他家に顔を出してゐて、將に中午が過ぎようとする時分に漸く來て、多くの比丘に十分食を取ることが出來ないやうにし、後又或る家から跋難陀に示して、僧伽に供養するやう堅食を遣はされた時、跋難陀は村に托鉢し、托鉢後他家に顔出ししてゐて歸らず、遂に僧伽の人々はその供養の食を食する事が出來ず、爲に制戒あり、後、施衣時・作衣時が除かれ、又後に、病比丘が藥を要する時、かくの如き事があつても、他の比丘に知らして餘家に入ることを許されたとしてゐる。巴利律では因縁はかう云ふ順序になつてゐるが、戒文をその儘に解釋すると、病比丘の因縁からして、他の比丘に囑授すれば他家に入ることが出來る、但し施衣・作衣の時は囑授しなくても入ることが出來る、と云ふことになる。四分律は因縁は總べて同じいが、病時も亦囑授しなくても入ることが出來ると云ふことになつてゐる。五分律の因縁もこれに同じく、只その餘時を「衣時」としてゐるだけであるから、因縁の方もさうなつてゐるのである。又五分律は「不近白餘比丘」としてゐるから、人に囑授するのに近づいて云はねばならぬ事に一因縁を設けてゐる。根本有部律と十誦律とは、跋難陀が比丘等と共に在家の招待を受けてゐ乍ら、他家をうろついてゐて遲れたと云ふ事（兩律共に佛をも加へる）は他律と同じいが、食後のことは大いに異なつて、佛は衆比丘を集めさせ給うたが、跋難陀のみうろつき廻つてゐて歸らず、爲に食後他家に入ることを禁ぜられたとしてゐる。（根本有部律は布薩會としてゐるが、これは根本有部律の因縁が後のものであることを示してゐる。）僧祇律は因縁の前後が統一せず、頗る妙なことになつてゐる。前の方は跋難陀が、一優婆夷が食事の料理で非常に多忙に苦しんでゐる所へ、世の中は無常である、死ぬと地獄へ墮する、私の說法を聽けと、惡る強ひをして斷られ、その優婆夷の食後、再び出かけて行つて、同じい結果になり、遂にこの制戒を生むやうになり、後、衣時を除くやうになつたとしてゐる。それで僧祇律では「食前食後」の「食」とは在家人の食となつてゐる譯である。この因縁の明白な矛盾も、因縁が後に良い加減に作られたものであることを示してゐるのである。鼻奈耶は先に云ふやうに戒文が丸つきり違つてゐるので因緣も異なり、六群の比丘が在家の招待してゐる家へ、早くから行つて坐り込み、その家の小兒を弄して妻女の辨食を妨げたと云ふのである。

第四十七 「無病の比丘は四ヶ月の藥の施與（lit. 請）を受けねばならぬ。再度の施與、常時の施與を除く。それより以上受け取るならば波逸提である。」（此の箇條を梵本、五分戒本・十誦律・根本有部律・僧祇律・鼻奈耶は第七十四とし、四分律は第四十七、五分律は第六十二、解脫戒經は第七十三、優波離問佛經は第七十六とする。）

梵本は只「比丘」とあつて「無病」とはない。それから除くものに、常時の施與（常請）、再度の施與（更請）、獨の施與（獨請、本文に pratyayapravāraṇā とあるのは pratyekapravāraṇā とあるべきである）、の三を出し、それから「受けねばならぬ」(sāditabba) が svīkartavya となつてゐる。

十誦律・根本有部律・五分律・僧祇律は梵本の如く只「比丘」とあり、除外を十誦律は梵本と同じくし、根本有部律は左の如く多くしてゐる。

（梵本）	（僧祇律）	（十誦律）	（根本有部律）	（五分律）
1常請	2長請	1常請	4常請	3長請
2更請	1更請	2數數請	2更請	1更請
3獨請		3別請	1別請	
			3慇懃請	2自恣請

四分律と解脫戒經は巴利律と同じく無病の比丘とし、除外を左の如くにしてゐる。

（巴利律）	（四分律）	（解脫戒經）

2　常　請　　1　常　請　　1　常　請
1　再度の請　　2　更　請　　2　更　請
3　分　請　　3　分　請
4　盡形壽請　　4　盡　形　請

五分戒本はこれらと異なつて「若比丘有餘福德處四月請僧一切藥施若過受波夜提」となつてゐる。系統から云ふと十誦系である。優波離問佛經は簡單に「過是求藥犯」とし、鼻奈耶は「若比丘受四月夏坐往請衣裳病瘦醫藥除其長請或時時別請或本一日請若長請物者墮」としてゐる。

因緣は巴利律では、釋迦族の摩訶那摩（Mahānāma）が藥を貯へて四ヶ月比丘等に施すことを願つて許され、次に更請を願つて許され、次に常請を願つて許された。處へ六群の比丘が衣の着樣が惡く威儀が醜いため摩訶那摩の非難を受け、その仇を報ひんため、摩訶那摩の處へ行つて蘇（sappi）を要求し、摩訶那摩が「今その用意をしてゐる時であるから暫く待つて呉れ」と言ひ、三度斯くの如き事があつて、六群の比丘が「汝は與へる意志がなくて藥を施すことを請うたから、求められて與へないのである」と惡口を言つたので、摩訶那摩が腹を立てた爲に、この制戒があつたとしてゐる。過受と云ふのは施與の藥の限界を越えると云ふこともあれば、時の限界を越えると云ふこともあると解釋されてゐる。この巴利律の因緣の順序は不可であつて、此は四分律の如くあらねばならぬと思ふ。四分律に依れば、摩訶男が藥を與へることを請うて許され、殊に上座を敬うて好者を與へ、求めれば與へ、求めなくても與へたが、六群の比丘が、これは自分等を輕蔑するものであるとして、摩訶男の家へ行つて、その家に無い藥を求め、無いから市に求めて與へようと云ふのを聞かず、上座と我々を區別すると言つたために、「受四月請過受波逸提」と制され、後、病人がこの制戒のために困つたので「無病の比丘は」と病比丘を除外され、後又、常請と更請と分請と盡形壽請とを除外されたとしてゐるのである。茲に常請とは時を選ばず常に與へること、更請は一度止めて更に與へること、分請は僧伽へ持つて來て分ち與へること、盡形壽請は生涯與へることとしてゐる。五分律は釋尊が迦維羅衞城に入り、四ヶ月の安居に入られた時、城民が種々布施し、摩男は時に國王として不在であつたが、歸つて來て藥が未だ施されてゐないことを知つて四ヶ月の藥の施を請うて許され、六群の比丘は王に疎略にされた樣に感じて、求めても無い藥を請うて、衆人の集つてゐる所で摩男を恥かしめ、依つて制戒があり、後、病人のために一月の更請を許し、後又、自恣請を許し、長請を許し給うたとしてゐる。

十誦律は、摩訶男の四月の藥請に對して、六群の比丘は、その盡きて無くなつた藥を求め、「汝施を請うて然も與へず、妄語である」と責め、制戒があり、ただ常請・數數請・別請を除くとして、この除外に就いては因縁を擧げてゐない。僧祇律はこれに同じいがただ摩訶男を梨車人の摩訶男としてゐる。根本有部律は四月を三月とし、藥を好美の食とし、大名(摩訶男)の三月の施の約を得て、六群の比丘等、醫師について藥を求め、消化を善くしてその供養を得、三ヶ月終つて猶求め、大名(摩訶男)の機嫌を損じ、爲に制戒があり、別請とは布施する人を異にする別々の請、更請とは別の布施せられる人を改めて請ふこと、慇懃請とは慇ろに請ふこと、常請とは常時に布施することを請ふことと解釋して、一一因縁を附してゐる。又根本有部廣律の因縁は少しく適當でない。鼻奈耶は根本有部律に似て居て、或る長者の四月夏坐中の衣食藥具の供養を受け、それより以上請うて制戒され、長請、時時別請、本一日請を除くとしてゐる。本一日請の意味は不明である。又藥の事は十誦律では次の如く出てゐる。酥・訶梨勒・阿摩勒・毘醯勒・波株羅藥・比牧蔞陀藥・多師摩那藥・迦樓伽盧醯尼藥・油・蜜・石蜜・薑・胡椒・華茇・黑鹽。

第四十八　「比丘にして、活動狀態にある軍隊を見に行くのは、適當な緣を除いて波逸提である。」(此の箇條を梵本・

五分律・五分戒本・十誦律・根本有部律・鼻奈耶・解脱戒經は第四十五とし、四分律は第四十八、僧祇律は第五十五、優波離問佛經は第四十七とする。）

梵本は「適當なる」(tathārūpa) の一語を脱してゐる外、全く同じい。十誦律は梵本に同じい。根本有部律は「因緣を除く」がない。僧祇律・五分律・五分戒本・優波離問佛經・鼻奈耶は全く根本有部律に同じく、總べて「因緣を除く」を缺いてゐる。四分律は「時因緣を除く」とし、又「活動狀態にある」と譯した語を「陣」の一字で譯してゐる。その解釋に「陣とは戲、若しは鬪」としてゐるので明かである。解脱戒經は十誦律に同じく、只「因緣を除く」としてゐるが、四分律と同じい樣に「軍陣」としてゐる。「活動狀態にある」と云ふのは uyyutta (udyukta) であるが、村から出て、或は陣營につき、或は行軍してゐるものと解釋されてゐる。諸本に於けるこの譯語は、十誦律は「軍發行」、五分律も「軍發行」、僧祇律も「軍發行」、五分戒本は「軍陣發行」、鼻奈耶は「軍馬欲發」、根本有部律は「整裝軍」、四分律は「軍陣」、解脱戒經も「軍陣」、優波離問佛經は「軍發行」としてゐる。

因緣は巴利律では、波斯匿王が軍隊を動かしてゐた時、六群の比丘がその軍隊を見物に行き、波斯匿王は之を喜ばず、人々も亦小言を言つたので、軍隊を見に行くのは波逸提であると制戒され、後、或る比丘の叔母が軍隊にあつて病氣で、使を遣はしてその比丘を呼んだが、この制戒のために行くことが出來なかつた爲、佛は「適當なる理由あるを除いて、」となされたと云うてゐる。四分律は、邊境が亂れた爲波斯匿王が兵を動かしたのであるとし、王は六群が比丘の見物することを喜ばなかつたので、わざと石蜜を比丘等に托して佛に奉り、自然に六群の比丘の軍陣見物が佛に聞える樣にしたとしてゐる。因緣を除くとせられたことに就いては、波斯匿の兄弟の二大臣、利師達と富羅那と、軍を領して遠征に出る前、比丘を請うたが制戒の爲比丘等は行くことが出來ず、爲に開遮があつたとしてゐる。五分律は後者の「除因緣」の物語を前の部分は四分律に同じい。僧祇律は、刹利大臣彌尼が叛き波斯匿王が軍を動かして、難陀・優波難陀が見物に行つたことしてゐる。十誦律は、前の部分も後の部分も四分律に同じく、根本有部律は、六群の比丘が波斯匿王の行軍を見て悪評し、そのために士氣沮喪し、王の願に依つて佛が制戒し給うたこととしてゐる。鼻奈耶は波斯匿王が阿闍世王と戰つた時としてゐる。

第四十九 「比丘にして何かの緣があれば軍隊にて二三夜宿り得る。それ以上を越えれば波逸提である。」(此の箇條を梵本・五分律・五分戒本・十誦律・根本有部律・鼻奈耶・解脫戒經は第四十六とし、四分律は第四十九、僧祇律は第五十六、優波離問佛經は第四十八とする。)

梵本は「二三夜」に當る處が缺けてゐるが、「比丘にして適當な緣があれば、その活動狀態にある軍隊で…(缺)…宿り得。それ以上宿れば波逸提である。」となつてゐる。十誦律は二宿とし、二宿を越えれば波逸提とし、戒文は梵本の「適當なる」「活動狀態にある」の二語を缺いてゐるやうに見える。根本有部律・解脫戒經・鼻奈耶は十誦律に同じい。五分律は巴利に全く同じく、四分律は、二宿が許されて三宿は波逸提となつてゐる。僧祇律はただ三宿となつてゐて、三宿を越えるのが禁ぜられ、五分戒本は二宿を越えれば波逸提であり、且つ「因緣あつて」の句がない。

此の因緣は巴利律では、六群の比丘が或る用で軍隊に行き、三宿以上宿つてゐたので人々の非難を招き、この制戒があつたとし、四分律は日數を云はないけれども他は巴利律に同じい。五分律は、波斯匿王及び信法の大臣等の不在に乘じて、外道が祇園精舍を水攻めにしようとしたが、王之を止め、乙師達多・富羅那須達多の招きに依り、比丘等軍中に行き、幾夜も宿つたのでこの制戒があつたとし、僧祇律は、波斯匿王の大臣征人達多が王命に依つて征討の旅に出ようとした時、阿難を招待し、六群の比丘、之を知つて自分等も行き、軍隊を悪評したので、非難を招き制戒せられたとしてゐる。十誦律は、比丘等因縁あつて軍中に行き、親里の人々多く、幾夜も請はれて宿り、不信の人々の非難を招いた爲とし、根本有部律は、初め須達多長者招かれて王の軍中に行き、次に須達多の招きに依り、籌を引いて、六群の比丘が陣中に行き、惡評に依つて非難を招き、制戒があつたとし、鼻奈耶は、伊沙多・富蘭那・搶跋提の招きに依つて、比丘等が軍に至り、幾日も宿つて遂にこの制戒を見たとしてゐる。

第五十　「比丘が若し二夜三夜軍隊と共に宿し、戰鬪・行進・陳列・觀兵を見に行くのは波逸提である。」（此の箇條を梵本・五分律・五分戒本・根本有部律・十誦律・鼻奈耶・解脫戒經は第四十七とし、四分律は第五十、僧祇律は第五十七、優波離問佛經は第四十九とする。）

梵本は「二夜を量として、比丘が活動の狀態にある軍を見るために、軍中に住み……幢頭・行進・觀兵は波逸提である」となつてゐる。……になつてゐる所は缺けてゐて、不明である。十誦律は梵本に善く合するのであらう。十誦戒本に「主將」とある字が何に當るのか不明である。根本有部律もこれに同じい。四分律は多分巴利律と同じいもので、「軍陣」は uyyodhika、「鬪戰」は balagga、「遊（又は旋）軍」は senābyūha、「象馬力勢（又は勢力）」は anikadassana の意譯であらうと思ふ。五分律は「有因縁到軍中」とする外、巴利文に同じいものの翻譯であらう。僧祇律も大分變つて居り、「有因縁得到軍中」とするのは五分律に同じいが、「牙旗（諍）鬪勢（力）」とするところは、梵本に近いやうである。解脫戒經は略〻巴利律に同じいが、「種種觀視心生樂順」の句を加へて居る。鼻奈耶は「若比丘講武戲軍若觀軍鹵簿幢麾者墮」とし、優波離問佛經はただ「去視戰陣」とし、五分戒本は「往看軍器仗者波夜提」としてゐる。

因縁は巴利律では、六群の比丘が軍陣中に二三夜宿り、戰鬪等を見に行つて其の中の一人が矢を以つて射貫かれ、人人から、からかはれ、遂に制戒があつたとしてゐる。四分律これに同じく、五分律は、諸比丘が軍中に二三宿し、戰爭を見物するので戰士が厭うたとし、十誦律は、小欲の比丘が戰爭見物の六群の比丘等を非難した爲だとし、根本有部律は前の項と同じく、六群の比丘が須達多長者の招きに依つて軍陣に至り、戰陣に於いて王の兵の勇怯を試し、或は非難侮辱を加へ、王の不滿に依つて制戒があつたとし、僧祇律は誰の招きに依つて到つたといふことは書かないが、他は大體に於いて根本有部律に同じい。鼻奈耶は波斯匿王が講武戲軍してゐる處へ、見物に行つて人々の非難を受けた爲としてゐる。

第五十一　「飲酒（窣羅酒、迷麗耶酒を飲む）は波逸提である。」（此の箇條を梵本・五分戒本・十誦律・根本有部律　鼻奈耶・解脱戒經は第七十九とし、四分律は第五十一、五分律は第五十七、僧祇律は第七十六、優波離問佛經は第八十一とする。）

梵本は「窣羅酒迷・麗耶酒・末沱酒（majja; madya）を飲むは波逸提である」となつてゐる。十誦律は簡單に「飲酒」とし、四分律・五分律・解脱戒經・優波離問佛經・鼻奈耶も「飲酒」とし、根本有部律は「飲諸酒」とし、五分戒本と僧祇戒本は「飲酒咽咽」としてゐる（僧祇廣律は「飲酒石蜜酒」―編者）。それ故に戒文の上で巴利律の如くなつてゐるのか、梵本の如くなつてゐるのか、はつきり解らない。

この因緣は巴利律では、支提（Ceti）國の跋陀羅婆提（Bhaddavatika）邑に於いて善來（Sāgata）比丘が毒龍を退治し、名聲を博し、後、憍賞彌に入り、人々の供養の酒を飲んで醉臥し、世尊の誡めを受け、この制戒があつたとし、四分律・五分律・十誦律は大體その因緣を同じくし、鼻奈耶も大體その骨子に於いて同じ因緣である。根本有部律はその因緣、十誦律等に同じいが、ただ前半に長々と善來比丘の事蹟を出してゐる。僧祇律は前半、善來比丘の事を出すと共に、後半には、那夷翅比丘が石蜜酒を飲んで來て、佛說法の前に醉臥したことを記るし（僧祇律二〇、大・二二・三八七）、この爲にこの制戒があつたとしてゐる。

酒に就いては、巴利律では次の如く註してゐる。

窣羅酒 (surā) とは piṭṭhasurā, pūvasurā, odanasurā kiṇṇapakkhittā sambhārasaṁyuttā. 迷麗耶酒 (melaya) とは pupphāsavo, phalāsavo, madhvāsavo, guḷāsavo sambhārasaṁyutto.

四分律は「木酒・粳米酒・餘米酒・大麥酒……木酒者梨汁酒・閻浮果酒・甘蔗酒・舍樓伽果酒・蕤汁酒（蕤汁酒）・蒲桃酒・梨汁酒者若以蜜石蜜雜作。」（四分律一六、大・二二・六七二上中）

十誦律は「酒有二種穀酒・木酒、穀酒者用食用麴用米或用根莖葉華果用種種子用諸藥草雜作酒……木酒者不用食不用麴米但用根莖葉華果若用種種子作酒……復有木酒不用食不用麴米根莖葉華果但用諸種子諸藥和合作酒。」（十誦律一七、大・二三・一二一中）

根本有部律は「米麴酒或以根莖皮葉花果相和成酒。」（根本有部毘奈耶四二、大・二三・八五九下）

法蘊足論は「言窣羅者謂米麥等如法蒸煮和麴蘗汁投諸藥物醞釀具成……。迷麗耶者謂諸根莖葉花果汁不和麴蘗醞釀具成……。末陀者謂蒲萄酒或即窣羅迷麗耶酒飲已令醉總名末陀。」（法蘊足論一、大・二六・四五八上）

第五十二　「指を以つて擽るのは波逸提である。」（此の箇條を梵本・五分戒本・十誦律・根本有部律・鼻奈耶・解脱戒經は第六十三とし、四分律は第五十三、五分律は第五十四、僧祇律は第六十七、優波離問佛經は第六十五とする。）

梵本は全く同じい。十誦戒本は「指痛挃」（廣律は「以指擊攊他」—編者）とし、僧祇律は「以指相指」とし、根本有部律は「以指擊攊他」とし、五分律は「擊攊比丘」とし、解脱戒經も同じく「擊攊比丘」とし、五分戒本は「以指相擊攊」とし、四分戒本は「以指擊攊他比丘」（廣律は「以指相擊攊」）とし、優波離問佛經は「指挃笑」とし、鼻奈耶は「以指挃驚覺欠復以指挃口中」としてゐる。皆同じい原文であることが解る。

因縁は巴利律では、六群の比丘が、十七群の中の一比丘を擽つて笑はせ、遂にその比丘はそれに堪えないで死んだので、この制戒があつたとし、四分律・五分律これに同じく、十誦律は、十七群の比丘が一白衣の小兒を擽り殺したこととし、根本有部律は十六群の比丘がその中の一人を擽り殺したこととし、鼻奈耶は、坐禪の時暑さの爲に眠いので、互に擽つて起し合うたこととし、僧祇律のみ、十六群の比丘達の處へ蓮華色比丘尼が脂梨沙彌尼を伴うて來て、沙彌尼の不正坐のために、見るべからざる處が見えて、指を以つて相指さし笑うたこととしてゐる。因縁の如何は別としても、これは僧祇律が解するやうに、指を以つて指さし笑ふことを禁じたものではあるまいか。此の原語の aṅgulipatoda とは、patoda は刺棒であるが、茲では指さすことを云ふのではあるまいか。若しこの推測が正しいとすると、戒文が解釋せられるには、可成りな年數を經てからなされ、既に其の意味が不明になつて、妙な解釋を生じた時もあつたとせねばならぬ。

第五十三 「水中に戲笑するのは波逸提である。」（此の箇條を梵本・五分戒本・根本有部律・十誦律・鼻奈耶・解脱戒經は第六十四とし、四分律は第五十二、五分律は第五十五、僧祇律・優波離問佛經は第六十六とする。）

梵本は harṣaṇāt とし、巴利律は hassadhamme としてゐる外、異なりがない。四分律・僧祇律・根本有部律・十誦律・五分律・解脱戒經は「水中（嬉）戲」とし、優波離問佛經は「水戲」とし、五分戒本のみ「以指戲水中」とあるが、「以指」は誤つて挿入されたものであらう。

この因縁は巴利律では、十七群の比丘達が阿致羅筏底（Aciravatī）河で水遊びしてゐるのを、波斯匿王が高樓から見つけて、末利夫人を顧みて沙門として適當でないとし、その事が佛に知れて制戒があるやう、十七群の比丘に石蜜をことづけして佛に奉り、佛は之を知つて制戒し給うたとしてゐる。四分律も之に同じいが、只末利夫人が那陵迦婆羅門をして之を佛に告げしめたと云ふことが異なつてゐる。五分律は四分律に全く同じい。十誦律・根本有部律も亦同じい。只根本有部律は、優波離をその十七群の比丘の隨一とし、王の心を知つて比丘等を岸に上げ、坐禪し、神通を以つて空を飛んで歸つたとしてゐる。僧祇律は、この得定者を八歲の童子迦葉としてゐる。鼻奈耶はこれらと異なつて、坐禪の比丘等が暑さの爲に眠氣を催すため、互に水を灑ぎ合うたこととしてゐる。

第五十四　「輕侮するのは波逸提である。」（此の箇條を梵本・五分戒本・十誦律・根本有部律・鼻奈耶・解脫戒經は第七十八とし、四分律は第五十四、五分律は第五十八、僧祇律は第七十七、優波離問佛經は第八十とする。）

梵本は anādaravṛttāt（輕侮をなすのは）となつて居る。四分律は「不受諫」とし、五分戒本は「不恭敬上座」（廣律は輕師及戒(?)）、十誦戒本と僧祇戒本は「輕他比丘」（十誦廣律は「不恭敬」、僧祇廣律は「輕他」）、根本有部律と解脫戒經は「不恭敬」、優波離問佛經は「作擾動」、鼻奈耶は「高聲大喚擾亂人」、としてゐる。優波離問佛經と鼻奈耶が原語の相違を思はせる外、他は皆同じである。

この因緣は巴利律では、憍賞彌の俱師羅園に於いて闡那（Channa）比丘が惡行をなし、他比丘の諫めを受けたが、それに對して、輕侮によつて猶なし續けたので、制戒があつたとし、四分律・僧祇律（僧作法の時不來とす）これに同じく、十誦律は、闡那が上座の發言中語を挿み、諫められて、敬畏の心のないことを言つたためとし、五分律は、六群の比丘が和尚阿闍梨及び戒を敬はないこととし、鼻奈耶も、六群の比丘が大衆中に於いて、高聲にわめいて擾亂したこととし、根本有部律は又、雜色と象師子と云ふ二比丘が爭を起し、比丘等がこれを靜めようとした時、一比丘は之に從ひ、一丘は比恭敬を持たず、その場へ行かなかつたこととしてゐる。四分律が巴利律に一致してゐる點が、いつものこと乍ら注意さるべきのみである。

第五十五　「比丘にして、比丘を怖れしめるのは波逸提である。」（此の箇條を梵本・五分戒本・十誦律・根本有部律・鼻奈耶・解脱戒經は第六十六とし、四分律は第五十五、五分律は第七十三、僧祇律は第六十五、優波離問佛經は第六十八とする）。

梵本は「比丘にして比丘を怖れさせ、人をして怖れるやうにせしめ、乃至戯笑させても波逸提である」と長くなつて居り、十誦律と根本有部律とは、全く梵本に同じく、解脱戒經はこれに近く、「恐二他比丘一乃至戲笑」とし、四分律・五分戒本は「恐二怖他比丘一」、五分律は「若比丘故恐二怖比丘一」、僧祇律は「恐二怖比丘一」、優波離問佛經は「比丘恐怖」、鼻奈耶は「自恐レ人敎レ人恐者」となつてゐる。

因縁は巴利律では、六群の比丘が十七群の比丘等を恐れさせた爲とし、五分律はこれに同じく、稍之を委しくし、僧祇律・根本有部律これに同じく、四分律は、佛が夜雨に經行し給ふのを、那伽波羅が時の餘りに遲きを思ひ、佛を恐怖させようとして反被拘執して、非人の聲をなした爲とし、十誦律これに同じく、象守とし、鼻奈耶は須那刹多比丘協掣子としてゐる。

第五十六 「無病の比丘にして、身を煖めるために火を燃し燃させるのは波逸提である。」（此の箇條を梵本・根本有部律・十誦律・鼻奈耶は第五十二とし、四分律は第五十七、五分律は第六十八、五分戒本は第五十四、僧祇律は第四十一、解脱戒經は第五十三、優波離問佛經は第五十四とする。）

梵本は「無病の比丘にして、身を煖めるために、露地に火を焚くのは、縁の外波逸提である」となつて居り、

四分戒本は「若比丘無病爲レ炙レ身故露地然レ火若敎レ人然除二餘時一」

十誦戒本は「若比丘無病欲二露地自炙一若草木牛屎糞掃若自燒若使二人燒一」

根本有部律は「無病爲レ身若自燃レ火若敎二他燃一者」

僧祇戒本は「無病自爲レ身然二草木牛屎一若自然若使二人然一除二因縁一」

解脱戒經は「無病因緣露地然火若教人然」
優波離問佛經は「燃火炙」
五分律は「無病然炙故自然火若使人然」
五分戒本は「露地然火」
鼻奈耶は「不病於露地聚薪草牛屎糠樹葉然火若自然教他然者」
となつてゐる。

因緣は巴利律では、婆祇（Bhaggā）の尸收摩羅山（Suṁsumāragira）の怖（Bhesakalā）林の鹿野苑に於いて、冬時、比丘が穴の澤山開いてゐる薪を燒いたところが、內に黑蛇が居て比丘等を嚙み、爲に制戒せられ、後それでは病比丘が困るので、無病の比丘にのみ禁ぜられたとしてゐる。鼻奈耶はこれに同じい。四分律の因緣もこれに同じいが、ただ曠野城にあつて六群の比丘の所爲としてゐる點が、異なつてゐるのみである。五分律亦これに同じく、六群の比丘と、十七群の比丘との所爲としてゐる。十誦律は、佛僧伽が、五百の商估と共に旅行してゐる時の出來事とし、根本有部律は、この因緣の前に、その旅行の時、二童子があつて、一人は鼓を取り、一人は弓を取つて前行し、佛から、一は後に法鼓音如來、一は施無畏如來となるであらうと記莂を受けたことを記るしてゐる。僧祇律も同じい因緣を擧げてゐるが、然火は壞眼・壞色・身羸・衣垢壞・壞牀褥・生犯戒因緣・增世俗言論の七過あるが故に禁じたとなし、病比丘の必要を見て、無病の比丘とし、後又衣を染める染料を煮るために、因緣を除くとせられたものとしてゐる。

第五十七　「比丘にして、半月以內に沐浴すれば、時を除いて波逸提である。其處に時とは、熱時の殘りの一月半と、雨時の第一月と、此等二月半の熱時・熱惱時（parilāha）、病氣の時、仕事をした時、旅行の時、雨風の時、これがその時である。」(此の箇條を梵本・五分戒本・根本有部律・十誦律・鼻奈耶は第六十とし、四分律は第五十六、五分律と解脱戒經は第七十、僧祇律は第五十、優波離問佛經は第六十二とする。)

梵本は大分違つて「半月に沐浴し得べし。時を除いて、それを過ぎれば波逸提である。其處に此が時である。熱時の(一月半の)殘り、雨時の前一月…(缺)…此が熱惱時の殘りであり、(これと)病氣の時、仕事をした時、風の時、雨の時、旅行の時、これが時である。」となつてゐる。根本有部律と解脱戒經はこの系統に屬するものであるが、「熱時の殘りの一月半、雨時の最初の一月、これが熱惱時」云云を、ただ「熱時」で顯してゐる。四分律もこれと同じく、只簡單に「熱時」で示し、その上「半月洗浴無病比丘應受」としてゐる。十誦律は「風時雨時」としてゐる所は梵本に似て居り、「減半月浴(戒本は半月内浴)」としてゐる所は巴利に合する。五分律は「半月内浴除因縁」とし、その因縁を病時・作時・行(路)時・風雨時・熱時とし、五分戒本は「減半月内沐浴除因縁」として、その因縁を擧げて居らず、僧祇律は全く巴利律に同じく、鼻奈耶は梵本に同じく、語に多少の相違があるのみであり、優波離問佛經は「減半月浴」としてゐるのみである。これで大體この戒文に梵本の如く「半月沐浴過者波逸提」とするのと、巴利の如く「減半月沐浴波逸提」とするのと、二つの種類がある譯である。十誦律と五分律と五分戒本と僧祇律と優波離問佛經とが、巴利系である。意味からすると巴利系の方が正しいやうであり、梵本系の「過ぎれば」が、十五日をどちらに過ぎるのか不明である譯である。

この因縁は、巴利律では、王舍城外の溫泉(tapodā)に於いて比丘等が沐浴し、頻婆娑羅王が來て、その比丘等の沐浴の終るのを待つたが、比丘等は夜遲くまで沐浴し、王は遂に時ならざるに漸やく頭を洗ふことが出來たが、爲に城門を閉され、止むなく城外に宿り、朝、香粉の取れない儘に竹林精舍に世尊を訪ひ、世尊はこれに依つてその事實を知り、比丘が程度を知らないで沐浴するのを非難し、半月以内に沐浴するのは波逸提であると制戒し、後、熱時、比丘等がこれに依つて苦しみ、又病比丘のこと、作業の比丘のこと、旅行の比丘のこと、又衣を作つてゐる時、風や雨に汚された比丘のことがあつて、これらの時を除くとせられたとしてゐる。この洗浴のことに就いては、漢譯諸本皆少しづつ違つて、十誦律・根本有部律・僧祇律は、王舍城外に溫泉があつて、それが王及夫人洗（王自洗浴、王溫泉）、王子大臣洗（王宮人、比丘溫泉）、餘人民洗（諸雜人、象溫泉）の三種に分れ、王が洗浴に行つた時、比丘等が沐浴してゐて、時を得なかつたとしてゐることは一致してゐるが、根本有部律は、六群の比丘が王の信心の厚薄を試みる爲に、わざとしたこととしてゐる。五分律は、先づ比丘等が日に再三沐浴して、澡豆を使うてゐるので、人々の非難があつたとし、續いて王の身に不吉があり、洗浴して洗ふべしとの相師の言ふ所に從つて、王が溫泉に行つて見ると、比丘等が沐浴してゐるので、仕方なくその下流で沐浴し、人々が比丘等を非難したとし、四分律は、竹園中に浴泉があり、王が洗浴に出かけると、六群の比丘が夜の明けない中から沐浴してゐて、細末藥を用ゐ化粧して居り、遂に瓶沙王をして、時を得せしめなかつた爲だとしてゐる。鼻奈耶は又、波斯匿王が浴室を作つて、これに比丘等が、時を簡ばず沐浴して、王をして沐浴することを得せしめなかつたこととしてゐる。他の時を除くことは大體皆一致してゐる。溫泉のことは他の經典にも出て居ることであるから、巴利律・十誦律・根本有部律・僧祇律の記事を善いとして、洗浴は必ずしも溫泉に限つたことでなし、河でも出來ることであり、又浴室は精舍に大抵あつた筈であるから、この因緣は、根本に於いて可笑しい處があるとせねばならぬ。只快を取る爲に屢〻沐浴することを禁じ、除かれた時の外は、十五日每に一浴することを制定されたものと見るべきであり、因緣は後から加へられたと見た方が當然であらう。

第五十八　「比丘にして、新しい衣を得た場合、青・泥・黑の三つの壞色の孰れかの壞色をしなければならぬ。若し三つの壞色の孰れかの壞色をしないで、新しい衣を受用すれば波逸提である。」（此の箇條を梵本・五分戒本・鼻奈耶・

十誦律は第五十九とし、四分律は第六十、五分律は第七十七、根本有部律は第五十八、僧祇律は第四十八、解脱戒經は第六十八、優波離問佛經は第六十一とする。）

梵本は全くこれに同じいが、ただ「青・泥・黑の」と云ふ所に、「新しいものを醜くする爲に（navasya durvarṇikaraṇāya）と云ふ二字を加へてゐる。十誦戒本は「若青、若泥、若木蘭」と云ふ句を二度出してゐるが、梵本と同じいものの翻譯であらう。ただ「受二用新衣一」と云ふ所が、「作二新衣一」となつてゐる。「作」は誤記であらう。根本有部律は巴利の如くなつてゐる。僧祇戒本も巴利の如くなつてゐるが、後の部分が簡單に「若不二壞色一受用者」となつてゐる。四分僧戒本は「當レ作二三種染壞色一」となつてゐて、その隨一となつてゐない（但し廣律と比丘戒本とは「一一色中隨意壞」の語がある―編者）。五分律・鼻奈耶も四分僧戒本に同じく、五分律は「應二三種色作一幟」とあり、五分戒本は簡單に「著二不壞色新衣一者」とあり、解脱戒經は「若比丘得二新衣一不レ作二壞色青黑木蘭一波逸提」とし、優波離問佛經は「不レ取二三惡色一作二新衣一著」としてゐる。三惡色は、

巴利律	nila	kaddama	kāḷasāma
梵本	nila	kardama	kāḍiśāma
四分律	青	黑	木蘭
五分律	青	黑	木蘭
僧祇律	青	黑	木蘭
十誦律	青	泥	木蘭（廣律は茜）
根本有部律	青	泥	赤

鼻奈耶	青	皂	木蘭
解脫戒經	青	黑	木蘭
薩婆多毘尼毘婆沙	青	皂	木蘭
薩婆多律攝	青	泥	赤
行事鈔	青	泥	棧
諦忍八事	青	黑	木蘭、絳赤、乾陀

であつて、巴利では nila は金屬の青（kaṁsanīla）と葉の青（palāsanīla）とあり、kaddama は水の色を言ひ、kāḷasāma はいかなる kāḷasāmaka でもそれであると註釋されてゐる。

この因緣は巴利律では、沙計多（Sāketa）と舍衛城の間で、比丘等や遊行者達が、盜賊に衣を剝ぎ取られ、王は兵を出してその盜賊を捕へて、比丘等の處へ使を遣はし、銘々自分の衣をお取りなさいと云つたが、皆自分の衣がどれか解らないので、人々が非難し、この制戒があつたとしてゐる。五分律の因緣亦これに同じく、四分律は、六群の比丘が白衣を著けて遊行したので、非難があつて制戒があつたとし、十誦律は、王舍城に於いて設會の時、伎兒が伎を示して錢を取るのを見て、六群の比丘がこれを脅迫し、自分等も衣を張りめぐらし、白衣を著けて三寶を讃嘆し、伎兒の觀衆を奪ひ、非難せられて、猶制戒がなかつたとし、其の後に比丘等が賊に衣を奪はれ、その衣を返される時に、標織《しるし》がなくて取ることが出來ず、佛は、三種の色の一を以つて壞することを命ぜられたとし、根本有部律は、十誦律の因緣の前部を非常に長くしてゐる。僧祇律は、大愛道の子、孫陀羅難陀が三十相あつて佛に見違へられ、爲に制戒があつたと云ふ頗る理に合はない因緣を出してゐる一體この壞色と云ふことは、どうすることかと云ふに、諸律一致しないが、巴利律と五分律では、明かに染衣を着てゐるものとして、その上に標幟の爲に點淨をなすこととしてゐるのである。五分律が「作幟」としてゐるのはこの意味である。ところが四分律になると白衣を染めることで、所謂染淨と云ふことになつてゐる。然し非衣の淨を云つてゐるところから見ると、點淨の意味も含んで居る樣に見える。十誦律は、二つの因緣の前の方で白衣を染める方を云ひ、後の方で標幟が無かつたと云ふから、點淨を云うてゐるに相違なく、根本有部律は、その因緣に於いて戒律制定の元意を失うてゐる樣に見える。僧祇律は因緣の部分は全く意味を無くしてゐるが、說明の部分に於いて、淨に三種あり、截縷淨と染淨と點淨とであるとし、截縷淨は完全なものを截ち切つて再び縫ひ合はせること、染淨は染色すること、點淨は衣の或る場所に點を打つて標幟をつけることとして、欽婆羅衣は截縷淨と點淨、疊衣は截縷淨と點淨と染淨、芻摩衣・舍那衣・麻衣・驅牟提衣は三種淨、憍舍耶は欽婆羅と同じく二種淨としてゐる。さうして點淨を說明して、大を得ず、小を得ず、極大は四指を齊《かぎ》り、極小は豌豆の如く、又泥が落ちてよごしたとか、鳥が踏んでよごしたとか、自然によごれたものも點淨となるとしてゐる。思ふにこの戒律は點淨を云ふのが元意であるが、それが諸律に於いて因緣を加へる時に、意味が失はれて染淨も言はれる樣になつたものであらう。染淨のことは、これは既に極つてゐるので、別に茲に云ふ迄もないのである。

〔備考〕僧祇律

青 ｛銅青・長養青・石青｝

黑 ｛名字泥―呵梨勒・醉醯勒・阿摩勒・合二鐵一器中一／不名字泥―實泥・若池泥・井泥・一切泥｝

木蘭―呵梨勒・醉醯勒・阿摩勒・如是比生鐵上磨

第五十九　「比丘にして比丘・比丘尼・式叉摩那・沙彌・沙彌尼に衣を淨施し、後その許しを得ないで受用すれば、波逸提である。」（此の箇條を梵本・五分戒本・十誦律・根本有部律・鼻奈耶は第六十八とし、四分律・解脱戒經は第五十九、五分律は第八十一、僧祇律は第六十三、優波離問佛經は第七十とする。）

梵本は vikappetvā が uddiśya となつて居り、その後へ tataḥ paścāt（それから後）の句があり、apaccuddhārakaṁ が pratyuddhārya となつてゐるが、これは apratyuddhārya の誤りであらう。十誦戒本と五分戒本は「輒還用」としてゐるが（十誦廣律は「他不還便强奪取著」）、根本有部律は「不問主輒自著用」となつてゐて、「不問主」が正しくこの字に當るのである。根本有部律は前の部分が「受他寄衣」となつてゐるが、この意味が明かでない。僧祇律は「後不捨而受用」とし、四分僧戒本は根本有部律に同じく「不問主」とし（廣律と比丘戒本は「不語主」）、五分律は「還奪」とし、解脱戒經は「淨施沙彌衣鉢」とし「不問輒用」とし、鼻奈耶は「若比丘賖賣衣與比丘……還借著既著衣壞復責其直」とし、優波離問佛經は「比丘・比丘尼・六法尼・沙彌・沙彌尼所自求衣著不與直」とし、他と變つてゐる。今茲に淨施と云ふのは眞實に與へることではなくて、自己の所有と云ふ執著を拂ふために、他人のものにして置いて、それを其の人に語つて用ゐると云ふ形式にしたものである。その意味を以つて次の因緣を讀むべきである。

この因緣は巴利律では、釋迦族の出の優波難陀が、兄弟の共住者の比丘に自ら衣を淨施し、後、その許しを得ないで用ゐたと云ふのである。四分律はそれを六群の比丘とし、五分律は、達摩と云ふ比丘が跋難陀に怨みがあり、これを報いるために、跋難陀が淨施したのを布施と曲解して還さず（還財せず）、跋難陀が强奪し、これに依つて五種の人に淨施すべからずと教へ給うたこと等を記るしてゐる。十誦律は、六群の比丘が、作つたり洗つたりすべき衣があればこれを五衆に與へ、五衆が自分の衣の想を起して作つたり洗つたりすると、それを取り戻して著用したこととし、この因緣に、後に長衣の淨施を教へてゐる。根本有部律はこれに同じく、六群の比丘の代りに鄔波難陀を出し、「受他寄衣後時不問主輒自著用者波逸底迦」とし、他の預けて置いた衣を、その人に問ふこと無しに用ゐることを禁じたやうにしてゐる。僧祇律は、六群の比丘が、食前食後、數〻衣を着變へるので、佛が咎めてその淨施衣であることを知り、淨施衣を捨せずして（此の意明かならず、矢張り不問主の意であらう）、受用するのを禁ぜられたこととしてゐる。この淨施に就いては、巴利律は對面淨と他面淨とを說き、前者は直接に或る人に對して淨施すること、他面淨は淨施せられた人が更に他に對して與へることで、四分律・五分律に配當すると左の如くになる。

（四分律）　（五分律）

對面淨――眞實淨施――遙示淨施？

他面淨――展轉淨施――展轉淨施

さうして巴利律の方は、許しを得ないでと云ふことに就いて沈默してゐるが、四分律は「眞實淨施者應問主然後取著、展轉淨施者語以不語隨意取著」（大・二二・六七六中）としてゐる。これは三十捨墮の第一長衣戒の長衣に關して生ずる戒であることを注意すべきである。

第六十　「比丘にして、比丘の鉢・衣・尼師壇・針入・帶を、假令戲れでも匿し又は匿させるのは波逸提である。」

（此の箇條を梵本・五分戒本・根本有部律・十誦律・鼻奈耶・解脫戒經は第六十七とし、四分律は第五十八、五分律は第七十八、僧祇律は第六十四、優波離問佛經は第六十九とする。）

梵本は中に缺漏があつて不明であるが、十誦律から考へると「（鉢・衣・尼師壇）・革屣・針筒及び何れかの生活用具を」となつてゐたものであらう。他は巴利律に同じい。十誦律と鼻奈耶は梵本に同じく、ただ尼師壇の代りに戶鉤（鑰）又は戶鑰を出してゐる。四分律及び僧祇律は「帶」の一字を除く外、巴利律に同じく、五分律は「帶」の一字を除くと共に、

「如二是一一生活具一」と梵本及び十誦律の如くしてゐる。五分戒本は、衣鉢の二つのみを出し、「令二他恐怖一者」としてゐる。これは hāssāpekha（戯れ）の變つた譯であらう。解脱戒經は「衣鉢資具」とし、「除餘時」と開遮を示し、優波離問佛經のみ匿す物がらを巴利律と同じくし、根本有部律は「除二餘緣一」とする所は解脱戒經に同じく、匿される人の方を五衆としてゐる所は、この律のみ特別である。

この因緣は巴利律では、六群の比丘が十七群の比丘の始末して置いた衣鉢を匿し、十七群の比丘が請ふに對して只笑つてゐるので、十七群の比丘達は泣き出し、この事に依つて制戒があつたものとし、四分律はこれに同じく、只稍〻委しくこれを說き、五分律亦これに同じく、只十七群の比丘が衣鉢等を散亂せしめて置いた爲とし、十誦律・鼻奈耶・根本有部律共に同じく、多少異なるのみである。即ち根本有部律では、十七群の比丘が、六群の比丘と沐浴中、孰れが長く沈んでゐることが出來るかとその競爭中、匿されたとしてゐる。僧祇律のみ、匿した方を六群の比丘としてゐるが、匿された方を只比丘としてゐるのである。

第六十一　「比丘にして、知り乍ら生きものの生命を奪ふのは波逸提である。」（此の箇條を梵本・四分律・五分戒本・根本有部律・十誦律・僧祇律、鼻奈耶、解脱戒經は第六十一とし、五分律は第五十一、優波離問佛經は第六十三とする。）

梵本は「生命」の前に「畜生に屬する生物の」（tiryagyonigataṁ prāṇinaṁ）としてゐる。十誦律・根本有部律・四分律・僧祇律・解脱戒經・五分律・五分戒本は梵本に同じく、すべて「奪二畜生命一」等とし、鼻奈耶と優波離問佛經のみ「衆生命」としてゐるが、この「衆生」の原語はやはり「畜生」でなかつたかと思はれる。或は只 prāṇinaṁ だけであつて「畜生に屬する」の一字を缺いてゐたかも知れぬ。この律條は四波羅夷の第三に對するものであつて、前のものは人の命であつて、人を殺せば波羅夷罪、畜生を殺せば波逸提となるのである。

この因縁は、優陀夷が烏が嫌ひで見つけると弓で射て、首を切り、杙にさして置いたので、この制戒があつたとし、四分律・五分律これに同じく、僧祇律・十誦律は、優陀夷が離車人に挑まれてしたこととし、根本有部律は同じく優陀夷が舍衞城に於いてしたこととしてゐる。

第六十二「比丘にして、知り乍ら蟲のゐる水を呑むのは波逸提である。」（此の箇條を梵本・五分戒本・根本有部律・十誦律・鼻奈耶・解脱戒經は第四十一とし、四分律は第六十二、僧祇律は第五十一、優波離問佛經は第四十三とし、五分律は之を缺く）。梵本全く同じく、漢譯諸本亦「受用」、「取飮」、「取用」、「飮用」、「飮」の五種の使ひ方がある外、他は全く同じい。

この因緣は巴利律では、六群の比丘が、知り乍ら蟲のゐる水を飮んで、その爲に制戒があつたと云ふのであるが、四分律はこれに同じく、五分律はこの條項を缺き、十誦律・根本有部律は、闡那（闡陀）が蟲のゐる水を呑み用ゐたものとし、僧祇律は、優陀夷が蟲のゐる水を飮んで先づ蟲のゐる水を飮むことを禁ぜられ、次に南方波羅脂國の二比丘が、舍衞城に來る道中、喉が乾いて水を欲し、蟲のゐる水を得て一人は呑み、一人は呑まないで死に、佛は呑まないで死んだものが、我れを見るものだとして、この條項を立てられたとしてゐる。さうして漉水囊又は布片を以つて漉して呑用するか、水に三階を分ち、三階の水の蟲のない部分を汲んで飮用すべきを敎へてゐる。玆には飮むと云ふことを主として云うて來たが、飮むと共に、用ゐることも加はつて居るものと知らねばならぬ。

第六十三「比丘にして、知り乍ら既に如法に定まれる事件を再び（僧伽）作法にかけようとするのは波逸提である。」（此の箇條を梵本・五分戒本・十誦律・根本有部律・僧祇律・鼻奈耶・解脱戒經・優波離問佛經は第四とし、四分律は第六十六、五分律は第五とする。）

梵本は「既に僧伽に依つて定まれる」と、「僧伽に依つて」（saṅghena）の一字を加へてゐる。四分律・五分律・五分戒本・十誦律・根本有部律・解脱戒經みな梵本に同じく、「僧伽に依つて」の語を有してゐるが、廣律の方から見ると四分律には「僧伽」の語が無い。鼻奈耶はこの語を缺き、優波離問佛經は簡單に「知如法止更擧」とし、僧祇律は　如法如律」と、「如律」の語を加へる外、「此羯磨不了當更作」と發起の語を出し、且つ「作(如)是因緣不異」としてゐる。僧祇律は、戒文の説明が戒文中に入つたものであらう。

この因緣は、六群比丘が既に定まつた事件を、その作法は不法であるとして再び起した爲であるとしてゐるが諸律皆この同じい因緣を出してゐる。ただ五分律のみ、その六群の比丘が羯磨を否定する内容を示し、初め與欲してゐて後で與欲しないとし、羯磨を改めるやうに求めたとしてゐる。又如法に定まれる事件は四つづつにしてゐる。

巴利律	vivādadhikaraṇa	anuvādadhikaraṇa	āpattadhikaraṇa	kiccādhikaraṇa
四分律	言諍	覓諍	犯諍	事諍
僧祇律	相言諍	誹謗諍	罪諍	常所行事諍
十誦律	相言諍	無事諍	犯罪諍	常所行諍
根本有部律	評論諍	非言諍	犯罪諍	作事諍

〔備考〕五分律六（大・二二・三九中）に五種羯磨、即ち呵責羯磨・驅出羯磨・依止羯磨・擧罪羯磨・下意羯磨を出してゐる。

第六十四　「比丘にして、知り乍ら比丘の重罪を覆《かく》すのは波逸提である。」（此の箇條を梵本・五分戒本・十誦律・根本有部律・鼻奈耶・解脱戒經は第五十とし、四分律は第六十四、五分律は第七十四、僧祇律は第六十、優波離問佛經は第五十二とする。）

梵本は「一夜でも覆《かく》す」と云ふ「一夜でも」の語がある。十誦律・五分律・五分戒本・鼻奈耶は梵本に同じく、ただ五分戒本は「重罪」を「波羅夷」とし、四分律・根本有部律・僧祇律・解脱戒經は「一夜でも」の語を缺いて巴利律と同じい。

この因縁は巴利律では、跋難陀が手淫して、兄の難陀の共住者に告げて「誰にも語るな」と云ひ他の比丘が同じく手淫して告白し、別住を受け、この比丘に、その語るなと頼まれた比丘が語つてこれが知れ亘り、爲に制戒があつたとし、四分律は、跋難陀が仲の善い比丘に犯罪を覆《かく》す樣に依賴し、その比丘も初めは覆してゐたが、仲が惡くなると之を發《あば》いたとし、五分律は、達摩といふ比丘が跋難陀の罪を覆し、後怒つて發くとし、十誦律は達摩を鄔波難陀の弟子とし、根本有部律は難陀の弟子とするが、共に難陀又は鄔波難陀が達摩に對して、自分の犯した婦人との不淨行の罪を覆せと云ひ、達摩は覆さずに之を告げたとし、僧祇律も達摩の名は出さないが、同じい事實を擧げてゐる。この十誦律・根本有部律・僧祇律の場合は達摩が罪を覆したことではなく、鄔波難陀（又は難陀）が自分は難陀（又は鄔波難陀）の罪を覆してゐるから、汝も覆せと云ひ、その覆してゐることが茲に問題となつてゐるのである。鼻奈耶は難陀が、跋難陀の弟子と連れ立つて行つて、女人と不淨行をして、之を覆せと云つたこととしてゐる。即ち十誦律に同じい譯である。

第六十五　「比丘にして、知り乍ら減二十歳の人を受具戒すれば、その人は受具戒されず、彼等比丘は非難さるべきである。而してそれに於いて波逸提である。」（此の箇條を梵本・五分戒本・十誦律・根本有部律・鼻奈耶・解脱戒經は第七十二とし、四分律は第六十五、五分律は第六十一、僧祇律は第七十一、優波離問佛經は第七十四とする。）

梵本は巴利の「減」(ūna) とあるを「滿二十に達せざる」(aparipūrṇa) とし、「受具戒すれば波逸提である。而してその人は受具戒されず。彼等比丘は非難せられる。これその場合の正しい事である。」としてゐる。十誦律・五分律・解脱戒經は全く梵本に同じく、根本有部律は「これこの場合の正しい事である」の句を缺いてゐるが、梵本の如き組立を有し、鼻奈耶亦これに同じく、僧祇戒本は巴利の如く、四分律は丁寧に初に「滿二十與受具足戒」（僧戒本）とし、其の後へ戒文を出し、戒文の組立は巴利の樣であるが、「諸比丘亦可呵彼愚癡故」（僧戒本）と後の四字を加へてゐる。五分戒本と優波離問佛經は簡單に「未滿二十人與受具戒者波夜提」等としてゐる。

この因緣は巴利では、十七群の比丘の中の一人優波離（Upāli）童子の父母が、「優波離が後何になつても自分等の死後困難を感ずるであらう、寧ろ比丘となすに如くはない」と考へ、優波離は他の十六人を誘うて出家することを得たが、年端が行かないので朝空腹に堪えかねて泣き叫び、佛はこれに依つて制戒されたと云ふのである。四分律は全くこれに同じく、十誦律と根本有部律は、十七群の比丘を目連が出家せしめたものとし、五分律は、十七群の比丘が、畢陵伽婆蹉の處で出家したものとし、共に年少の故に泣き叫んで、制戒あらしめたとし、僧祇律は、年少の出家者十七群の比丘が毗舍佉の家にて我儘をしたことと、摩訶羅父子が出家したが、沙彌として、子がこき使はれるのを見て居られないで、受具戒して叱られたと云ふ二つの因緣を出してゐる。

第六十六　「比丘にして、知り乍ら賊の隊商と共に諜し合はせて、假令村の中へでも、一つの道を行くのは波逸提である。」（此の箇條を梵本・五分戒本・十誦律・根本有部律・鼻奈耶・解脱戒經は第七十一とし、四分律は第六十七、五分律は第六十六、僧祇律・優波離問佛經は第七十二とする。）

梵本は「知り乍ら」の一語を缺き、又巴利の「一つの道を」（ekaddhānamaggaṁ）が「同じ道を」（samānamārgaṁ）となつてゐる外、全く同じい。十誦律の「共道」又は「同道」は samānamārgaṁ であらうし、四分戒本の「一道」は巴利律と同じいものであらう。根本有部律・僧祇律・解脱戒經は梵本に同じく、優波離問佛經は「知盜共一道行」としてゐるから、巴利律に同じいものであらう。鼻奈耶は「從一村至一村」としてゐるが、これは五分律が「從此聚落到彼聚落」としてゐるのと同じい。然しこれは原文の上に「聚落」の字が二度あつた譯ではなく、grāmāntaraṁ をかう云ふ具合に意譯したものであらう。五分戒本の「與賊同盜行至一聚落」は「與賊盜同行至一聚落」の誤であらう。さうして十誦律・根本有部律・五分律・五分戒本は「知」の語を缺き、僧祇戒本・四分律・優波離問佛經・解脱戒經・鼻奈耶は「知」の語がある。しかし廣律の方では、五分律は「知」の意味があり、十誦律も廣律の方では知つてゐることになつてゐる。

この因緣は巴利律では、或る賊の隊商が、王舍城から南の方へ行かうとしてゐる所へ、或る比丘が來て、一緒に行かうと云ひ、賊は途中で關税金を胡麻化すのだと話し、これを知つて同行し、税關吏がこの事を知つて賊の隊商を捕へ、比丘の知つて同行するのを詰り、これが知れてこの制戒があつたとしてゐる。四分律は、意味は同じいが、賊の隊商が比丘との同行を都合好しとして誘ひ、舍衞城から毘舍離に行かうとしたものとし、五分律は、憍薩羅と摩揭陀とが隙あり、交通が絕えた時、比丘等、賊と同伴する便宜を以つて行つたとし、十誦律は、比丘等が跋耆國を遊行して毗舍離城に向ふ途中、道を失つて林に入り、賊に遇うて共に毗舍離に向ふ途中、賊が官に捕へられたとし、根本有部律は、比丘等が王舍城から舍衞城への途中、偸税者と知らずに商人と同行し、遂に捕はれたとしてゐる。根本有部律がこの「知らずに」としてゐるのは、頗る可笑しなことと云はねばならぬ。僧祇律は、舍衞城と毗舍離と隙あり、毗舍離の者が舍衞城附近を盜み荒し、毗舍離に歸る道中、比丘等も道を失つて一緒になり、知つて同行したものとしてゐる。鼻奈耶は、比丘等が舍衞城に行く道中、道を失つて賊と一緒になつたとしてゐる。巴利・梵本(戒文)及び根本有部律等の因緣から見て、これは關税を胡麻化さうとする行商隊とした方がよく、從つてただ盜賊として因緣を作つてゐる解釋は、可笑しなものである。殊に五分律が、舍衞城と王舍城の隙に就いて云つてゐるのは、釋尊の極めて晚年の事で、是に依つて因緣談の當にならないことを知ることが出來るのである。

第六十七　「比丘にして、婦人と共に謀し合せ、假令村の中迄も、一つの道を行くのは波逸提である。」(此の箇條を梵本・五分戒本・根本有部律・十誦律は第七十とし、四分律は第三十、五分律は第六十七、僧祇律は第六十八、鼻奈耶は第六十九、解脱戒經は第六十、優波離問佛經は第七十三とする。）

前項と同じく、梵本は「同じい道を」（samānamārgaṁ）となつてゐる。漢譯諸本は、前の條項と同じい文句を使うてゐる。

この因緣は、巴利律では、或る比丘が舍衞城への途中、一婦人が夫と爭うて家を拔け出し、比丘を見て同伴を願ひ、許されて同伴中、夫が追ひ付いて比丘を捕へ、打ち据ゑたから、婦人が、同伴を强ひたのは自分であると云つたので、謝罪したと云ふのである。四分律は、毗舍離の女が舍衞城に嫁ぎ、姑と爭うて家を出て、遇〻毗舍離に行かうとする阿那律に乞うて同行し、夫が追ひ付いて阿那律を打擲し、後、誤れるを知つて謝罪したと云ふのである。十誦律は、毗舍離城外の一織師の婦が、夫と爭うて家を出て、迦留羅提舍と同行したとし、根本有部律はこれに同じく、ただ一比丘とし、且つ向ふ所を舍衞城としてゐる。僧祇律は場所を毗舍離とし、比丘と婦人は捕へられて斷事の人に渡され、漸くにして赦されたとしてゐる。

第六十八　「比丘にして、此の樣に云ふ、『予は世尊の說き給うた法を斯くの如く了解する。世尊の障礙の法と說かれたものも、それを實行すると、障礙の法とするに足らぬ』と。此の時その比丘は、比丘等に斯くの如く云はるべきである。『尊者よ、斯くの如く云うてはならぬ。世尊を非難してはならぬ。世尊を非難し奉るのは善き事でない。世尊は斯くの如く宣はぬ。友よ、世尊は種々、障礙の法は障礙と宣ひ、又それを實行しても障礙の法に非ずや』と。その比丘にして、比丘等に斯くの如く云はれても、猶（以前の）如く固執すれば、それを捨てさせる爲に三回迄誡告されなければならぬ。三度誡告されて捨てれば善し、翻へさなければ波逸提である。」（此の箇條を梵本・五分戒本・根本有部律・十誦律・鼻奈耶・解脱戒經は第五十五とし、四分律は第六十八、五分律は第四十八、僧祇律は第四十五、優波離問佛經は第五十七とする。)

梵本は(一)「世尊を非難(abbhācikkhi; abhyācikhyāti)してはならぬ」の前に、「世尊を論議してはならぬ」(mā vivādiḥ)の句を有し、(二)「又其を實行しても障礙の法に非ずや」の次へ「(その事を)捨てよ」(niḥsṛja〔taṁ vastu〕)の句を持ち、(三)「その比丘にして比丘等に斯くの如く云はれても猶(以前の)如く固執すれば、三度迄其を捨てさせる爲に」を、「比丘等に云はれてその事を捨てれば善し、若し捨てなければ二度又は三度其を捨てさせる爲に」としてゐる。十誦律は梵本の如く、(一)「汝莫レ謗レ佛莫レ誣レ佛」(戒本)とし、(二)又「捨二是惡邪見一」とし、(三)「諸比丘如レ是諫時若堅持二是事一不レ捨」(戒本)は梵本と異なるが「應二第二第三諫一」、(戒本)と云ふ所は一致してゐる。さうして「應二第二第三諫一」の下へ、もう一度「第三諫」の句があるべきである。根本有部律は「欲是障礙者」と直ちに「欲」を出して居り、「汝莫レ謗二世尊一」と一つを出し、「於二諸欲法一說爲二障礙一」とし、「汝可レ棄二捨如レ是惡見一」と云ふ所は十誦律及び梵本に同じく、「如レ是諫時捨者善若不レ捨者應二可再三慇懃正諫一」と云ふ所も梵本に同じく、「隨レ教應二詰令一捨二是事一」が全く別に加はつてゐる。どちらかと云へば梵本に同じい譯である。四分律は全く巴利律に同じいが、只根本有部律の如く婬欲を障道法として擧げてゐる。さうして「說二婬欲障道法一行二婬欲一非二障道法一」とすれば、婬欲と指擧したことは別として、巴利律と全く合する譯である。五分律は善く梵本に合するが、終りの「應二第二第三諫一」の下へ彌沙塞五分戒本では「第二第三諫」の一句を入れるべきである。僧祇律は「莫レ謗二世尊一」を一句にして居る所は梵本と異なるが、「汝捨二此惡事一」と云ふ所、「第二第三諫」と云ふ所は梵本の方へ近く、又「長老」と云ふ呼びかけの語があつたり、「若不レ捨僧應二(與)作擧羯磨一」と云ふ所は獨特である。解脱戒經はやはり「婬欲障道」と出し、「莫レ謗二世尊一」を一句とし、「乃至三諫」としてゐる所は巴利に同じいけれども、「長老捨二此惡見一」

と云ふ所は梵本に同じい。解脱戒經はいつも梵本・十誦律に同じいものであるから、今も梵本に同じい原文を譯する時に變へたものであらう。五分戒本は「諸比丘白四羯磨三諫」として僧祇律に似て居る。僧祇律の「作擧羯磨」もこの「白四羯磨」も三諫する方法ではあるが、戒文として不要なものである。鼻奈耶の文は亂れて、且つ意譯されて居り、優波離問佛經は「惡見至三諫不捨犯」と簡單にしてゐる。

この因緣は元來、巴利中阿含第二十二 Alagaddūpama *S.* 漢譯中阿含第二〇〇經・阿梨吒經（大・一・七六三以下）に關するものであるが、もと捕鷲を業とした（gaddhabādhipubba）阿梨吒（Ariṭṭha）が戒文に見える樣な惡見を起し、比丘等に諫められても聞かず、この制戒があつたと云ふのであるが、漢譯諸律は皆阿黎吒のこととし、根本有部律はこれを無相（Amitra? と見て）としてゐる。ただ鼻奈耶のみ闡怒（Channa）の起した惡見としてゐる。

それで若し斯くの如き惡見を起した比丘があつたとすれば、その事を見聞した比丘は、直ちに三諫する。諫めて聞かなければ惡作である。次に僧伽の中へ連れて來て三諫する。聞かなければ同じく惡作である。是に於いて初めて白四羯磨の作法に依つて諫めるので、一白で聞かなければ惡作、二羯磨で聞かなければ惡作、三羯磨で聞かなければ初めて波逸提となるのである。四分律もこれに同じく、且つ一白及び羯磨の終つた所で、「汝當捨是事莫爲僧所呵責更犯重罪」と云ふことになつてゐる。この事は諸律皆同じくなつてゐる。さうしてこの條項及びその解釋では明白でないが、次の條項の解釋からすると、白四羯磨が行はれても猶改めなければ、擯出されることになつてゐる。僧祇律が茲に「擧羯磨」と云ふのがそれである。

第六十九　「比丘にして、知り乍ら、斯くの如き見解を持ち如法になされずその見を捨てない比丘と、共に食し、共に住し、共に臥するのは波逸提である。」（此の箇條を梵本・五分戒本・根本有部律・十誦律・鼻奈耶・解脱戒經は第五十六とし、四分律は第六十九、五分律は第四十九、僧祇律は第四十六、優波離問佛經は第五十八とする。）

梵本は「如法になされず」が巴利の akaṭānudhammena に對して akṛtadharmeṇa として、anu を除いてゐる。それから「其の見を捨てない比丘と共に」が「惡見の人と」となつてゐる。「臥する」が「同じい家に臥する」になつてゐる。十誦律や根本有部律から見ると、今の梵本は「惡見」(pāpakena dṛṣṭigatena) の前に「捨てないで」(apratiniḥsṛjyatena) の語があるべきであるかも知れない。若しさうとすれば、根本有部律は善く梵本に合し、「如二是語比丘一」と云はずに、「如レ是語人」としてゐる。「共爲二言說一共住受用同室而宿」は「共爲二言說一」が梵本の原文にはない。恐らく saṁvasati（共住）であらうと思ふ。十誦律は「若比丘知二是人如レ是語不二如法悔一不レ捨二惡邪見一故擯若畜使共レ事共レ語共レ宿」（戒本）とあるが、擯は擯出《すい》であつて、僧伽の誡告に從はない故に、一時僧伽の權利行使を中止させられるのである。之を ukkhitta と云ふ。戒文の「如法になされず」の中に含まれてゐる意味であつて、如法になされるとは、擯出羯磨（僧祇律は擧羯磨）をなされたから、解擯出羯磨（解擧羯磨）をなされることである。廣律には「若比丘知二比丘作一如レ是語一不二如法悔一不レ捨二惡邪見一如法擯出一便與共レ事共レ住共二同室宿一」としてあつて、「畜使」がない。この畜使は不明である。梵本を原文とすれば「不レ捨二惡見一、共レ食共レ住同二一房宿一」とあれば善いのである。四分律も「如レ是語人」とあつて、梵本に同じく、「若畜同二止宿一同二一羯磨一」（僧戒本）とあるが、「若畜」が不明であり（編者曰く、廣律及び比丘戒本にては「供給所須」とあり、次條よりして upaṭṭhāpeti; upasthāpayati の譯であらう）、「同止宿」は saṁvasati として、「同一羯磨」が梵巴共に無い。解脫戒經も「同一羯磨」の語を有してゐるが、「不如法悔」に當る譯語がない。五分律は「彼比丘」と云ふ處は巴利に同じく、「共レ坐共レ語共レ宿共レ事」としてあり、「共坐」が「共食」であり、「共語」が「共住」に當り、「共事」が四分僧戒本・解脫戒經の「同一羯磨」に當るのである。僧祇律は「不如法悔」が「僧如法如律作二擧羯磨一未レ作二如法如律一」（戒本）と長くなつて居り、「比丘」とある所は巴利に同じく、「共食共同屋（又は室）住」となつて居る。鼻奈耶は「若比丘習惡見已擯出若與坐臥言語者墮」となつてゐて、「擯出」が十誦戒本の「擯」（廣律は「擯出」）と同じい。十誦戒本も「共語」とあるが、或は saṁvasati の代りに saṁvadati が用ゐてあつたものであるかも知れない。五分戒本は「若比丘教擯人法若畜使共事者波夜提」とあり、擯人法をされたものとの意味であらう。「畜使」が依然不明である。優波離問佛經は「知是非法語比丘不捨所見共止」としてゐる。要するに、この戒文は諸本間可成りの相違があり、巴利、梵本、四分の尠くとも三種があつたに相違ない。

この因緣は巴利律では、六群の比丘が、前項の阿梨吒比丘が惡見を抱き羯磨に依つて擯出されたことを知り乍ら、食と住とを一にした爲、制戒があつたものとし、四分律・十誦律・鼻奈耶これに同じく、根本有部律は優波難陀比丘がしたこととし、僧祇律は難陀跋難陀のこととし、五分律は或る比丘としてゐる。

第七十　「沙彌も亦この様に云ふ、『予は世尊の說き給うた法を斯くの如く了解する。世尊の障礙の法と說き給うたものも、それを實行すると、障礙の法とするに足らない』と。その沙彌は比丘等に斯くの如く云はるべきである。『友よ、沙彌よ、斯くの如く云うてはならぬ。世尊を非難してはならぬ。世尊を非難し奉るのは善いことでない。世尊は斯くの如く宣はぬ。友よ、沙彌よ、世尊は種種、障礙の法は障礙と宣ひ、又それを實行しても障礙の法に非ずや』と。斯くの如く比丘等に云はれても、猶、その沙彌はその如く固執すれば、その沙彌は、比丘等に斯くの如く云はるべきである。『友よ、沙彌よ、今日から、かの世尊を汝の師であると云うてはならぬ。又沙彌は比丘と共に二三夜同宿し得ると云ふ事も汝には無い。行けよ、去れよ』と。比丘にして知り乍ら、斯くの如くこの擯出せられた沙彌を、鼓舞し、供給し、共に食し、共に臥するのは波逸提である。」（此の箇條を梵本・五分戒本・根本有部律・十誦律・鼻奈耶・解脫戒經は第五十七とし、四分律は第七十、五分律は第五十、僧祇律は第四十七、優波離問佛經は第五十九とする。）

梵本は（一）「予は世尊の說き給うた法を斯くの如く了解する。欲は行うて見れば障礙に足らぬ」となつてゐる。（二）「世尊を謗つてはならぬ、世尊を非難してはならぬ」と重ねてゐる。（三）「世尊を非難し奉るのは善い事でない」の句が無い。（四）「斯くの如き惡見を、汝沙彌よ、捨てよ」の句がある。（五）「斯くの如く云はれてその事を捨てれば好し、若し捨てなければ二度三度その事を捨てさせる爲に、諫告しなければならぬ」となつてゐる（傍線の部分は缺漏）。（六）「二度三度諫告せられて、捨てれば善し、捨てなければ」の句がある。（七）「又、他の比丘等は隨從せらる可からず」の句がある。（八）「比丘と共に二夜臥すること、今日から汝に無い」の「今日から」の語がある。さうして二夜となつてゐる。（九）「他へ行け、愚人よ去れ」と「愚人よ」の語がある。（十）「茲に住む可からず」の句がある。（十一）「斯くの如く擯出せられたのを知つて」の處が缺けてゐて不明であるが、十誦律から見ると有る事になる。（十二）「鼓舞し供給し」が「供給し鼓舞し」と反對になつて居り、（十三）「同宿臥をする」となつてゐる。十誦律は多少づつ語が違ふが、全く梵本に同じい。四分律も（五）の「彼比丘（作）如レ是諫時（此沙彌）堅持不レ捨、彼比丘應（乃至再）三（呵）諫（令）捨二此事一故」と、（六）の「乃至三諫（而）捨者善」云云があり、（七）の「他の比丘等に隨從してはならぬ」があり、（十）の「不レ須二此中住一」（又は「不レ應レ住レ此」）の句があり、寧ろ梵本に近いことが解る。（八）の二三夜は巴利の如く「二三宿」となつてゐる。根本有部律も多少づつ違ふが矢張り梵本に近く、解脫戒經も「二三宿」となつてゐる事と、（三）「謗二世尊一者不レ善」の句があるのとを除いて、梵本に近く、僧祇律は、（三）「謗二世尊一者不レ善」の句があり、「三宿」になつてゐるが、（五）二諫三諫とするところと、（十）「不レ得二此中住一」は梵本に近い。五分律も梵本に近く、鼻奈耶も亦同じく、五分戒本と優波離問佛經は簡單に「擯出された沙彌と同宿は波逸提である」として、何故の擯出かを言うてゐない。

この因緣は巴利律では、Kaṇṭaka と云ふ沙彌が上述の如き惡見を起し、擯出せられ、それを知り乍ら六群の比丘が、鼓舞し、供給し、共食共宿した故に、この制戒があつたとしてゐる。四分律は、沙彌の名を跋難陀の羯那（Khāṇu）・摩睺迦（Mahoga）の二沙彌とし、比丘を六群の比丘とし、十誦律は沙彌を摩伽とし、比丘を六群の比丘とし、五分律は跋難陀の二沙彌として、名を出さず、比丘を跋難陀とし、根本有部律は跋難陀の利刺（Kaṇṭaka）・長大（Mahoga）の二沙彌とし、比丘を鄔波難陀とし、鼻奈耶は目連の二沙彌とし、比丘の因縁を缺いてゐる。

この條項に於いて、諸律間に最も違ふのは、巴利律の方が諫告一回としてゐるのに、梵本始め諸本みな三諫とし、又巴利律は擯出を僧伽作法に依らず、比丘が隨意に行ふを得るとするのに反して、諸律は僧伽の滅擯羯磨に依るべきものとする點である（十誦律・五分律・根本有部律・四分律）。僧祇律は、個人の比丘が三諫して聽かなければ（屛處三諫）、多人の中で三諫し、猶聽かなければ僧伽の白四羯磨に依つて三度敎諫し（求聽羯磨）、それでも猶聽かなければ直ちに驅出すべしと云ひ、驅出する滅擯羯磨、即ち比丘の場合の擧羯磨を云うてゐない。必要としないのであらう。これは何れの傳が正しいと云ふ事は出來ず、各部派のそれぞれの傳統であつたのであらうが、沙彌のこと故、輕く取り扱うて、諫めるにも、滅擯するにも、僧伽羯磨を用ゐない巴利の所傳が正しいのであらう（此の戒文の初めに「沙彌も亦」とある「も亦」は第六十八條に續くもので、波羅提木叉が、もと解釋なく、連續のものであつたことを示す。前條項も同樣。）

第七十一　「比丘にして、他の比丘に言はれて（諫められて）この樣に云ふ、『友よ、私は他の賢い持律者の比丘に尋ねない間は、この學足を學ばないであらう』（と）。これ波逸提である。比丘等よ、學習することに於いて、比丘は知り尋ね考へ計らねばならず、これその時の正しいことである。」（此の箇條を梵本・五分戒本・根本有部律・十誦律・僧祇律・鼻奈耶・解脫戒經は第七十五とし、四分律は第七十一、五分律は第六十三、優波離問佛經は第七十七とする。）

梵本は「比丘にして、波羅提木叉經を誦せられる時『私は、愚で不了智のものの語を學ばない、私は持經者・持律者・持母者に尋ねよう』と、これ波逸提である。その時、學習のことは學ばねばならず、比丘は持經者・持律者・持母者に尋ねねばならぬ。これその時の正しいことである」とする。十誦律・根本有部律・五分律・解脱戒經・僧祇律は梵本に同じく、四分律は巴利に同じい。

因縁は巴利律では、闡陀（Channa）が不法行爲をして、他の比丘に忠告せられて、他の賢い持律の比丘に聞かない中はこの學足を守らないと云つたことである。

第七十二　「比丘にして、波羅提木叉を誦せられる時、『この様な小さな瑣細な學足を誦出して、何にならう。悔と煩雜と混亂を表すのみである』と言うて、學足を毀つのは波逸提である。」

（以下諸律間に於けるそれぞれの箇條の順序に關する記述を缺く。—編者）

梵本は「波羅提木叉」を「波羅提木叉經」としてゐる外、全同である。因縁は、比丘等が律を大切にして優波離に就いて學足の箇條を學びに行くのを見て、六群の比丘が、自分等に不利を來すであらうと考へて惡口を言つたと云ふのである。

第七十三　「比丘にして、半月毎に波羅提木叉を誦出せられて、このやうに云ふ、私は今、この法が實に經に依つて傳へられ、經に含まれ、半月の誦出に來ると（知る）。その場合、他の比丘は、その比丘を、この比丘は、二度も三度も、況んや、それ以上、前に波羅提木叉の誦出せられる席に列坐してゐたと知るならば、その比丘は、無知を離れず、如法に處理されねばならぬ罪を犯してゐる。その上、その愚癡は指摘せねばならぬ。『友よ、それは汝の不利であり損失である。汝は波羅提木叉の誦出せられる時、善く注意して思量しない』と。これはその愚癡の點に於いて波逸提である。」

梵本は只最後の「善く注意して思量しない」以下が異なつてゐる。「尊敬せず、心を集中し、耳を傾け、心を運び、驚きを立てて（saṁvejanāt）聞かず、これ波逸提である。」となつてゐる樣である（少し不明である）。十誦律・根本有部律は梵本の如くなつて居り、四分律は「不㆔一心念擁㆓耳聽㆒法」とあるのは梵本の樣であるが、無知の故に波逸提とする所は巴利系である。

因緣は、六群の比丘が無知の故に犯罪し、波羅提木叉を讀み上げられて、今初めて知つたといふことから、この制戒があつたと巴利律ではしてゐる。

第七十四　「比丘にして、他の比丘に對し怒り喜ばず、打つのは波逸提である。」

梵本は「怒り喜ばず」とある語が「怒り恚り忿り喜ばず」（ābhiṣaktaḥ kupitaś caṇḍikṛto〔anātmamānaḥ〕）となつてゐる。因緣は、六群の比丘が怒つて十七群の比丘を打つたことである。

第七十五　「比丘にして、他の比丘に對し、怒り喜ばないで手を擧げるのは波逸提である。」

「手を擧げる」（talasattikaṁ uggireyya）を、「身、身につくもの乃至蓮葉でも擧げるのは」と註してゐる。梵本は缺けてゐるが、他のこの系統の律から見返ると、同じいやうである。十誦戒本の「手搏」は間違ひであつて、廣律の「擧掌向」とあるのが善い。因緣は前項と同じい。

第七十六　「比丘にして、無根の僧殘罪で、比丘を責めるのは（anuddhaṁseti＝codeti）波逸提である。」

梵本は「無根の僧殘罪法にて」と「法」（dharmena）といふ語が加へてある。四分僧戒本・十誦律等皆梵本と同じく「法」の字を持つてゐる。因緣は、六群の比丘が他の比丘に無根の僧殘罪を言ひかけたと云ふことである。

第七十七　「比丘が、故意に比丘を暫くでも不安なるべしとて後悔を起させるのは、その爲のみで、他でないのは波逸提である。」

梵本は全く同じい。諸律亦同じい。「他でないのは」と云ふのは、正しい理由で悔を起させるのは善いと云ふのである。因縁は、六群の比丘が十七群の比丘に對し、「滿二十歳にならないでは受具戒は禁ぜられてゐる。汝等は正しく受具戒してゐない。」と言ひかかつたことにしてゐる。

第七十八　「比丘にして、不和を生じ諍を生じ論諍してゐるのを、『これ等の者が語る所を聞くべし』と注意して立ち聞きしてゐるのは、その爲のみで、他でないのは波逸提である。」

梵本は「不和を生じ、諍を生じ…(缺)…gṛhītānāṁ」として、「論諍してゐるのを默つて、この比丘等の云ふところを聞いて、憶持しようと、注意して立ち聞きするのは波逸提。」となつてゐる。十誦律はこれに同じく、四分律は僧戒本では「知二他比丘共闘諍一聴二此語一已向一彼說者波逸提」となつてゐるが、廣律の戒文は「比丘共闘諍已聴二此語一向一彼說者」となつてゐる。巴利では、聞いてゐて後で注意し、悲觀させようとするのは、惡作であるとしてゐる。

因縁は巴利律では、六群の比丘が、溫和な比丘と論諍し、溫和な比丘が「この六群の比丘等は恥を知らない。論諍することは出來ない」と云ひ、六群の比丘は「何故、我々を恥を知らないと云ふことで惡者にするのか」と云ひ、溫和な比丘が「どうして何處でそれを聞いたか」と云ひ、六群の比丘は「注意して立つてゐた」と云ひ、それで、この制戒があつたとし、一寸戒文と一致しないやうになつてゐる。四分律は、比丘相互の論諍を聞き、互に反對者に相手方の語を傳へ、その不和を增長させたことにしてゐる。十誦律では、六群の比丘が十七群の比丘と爭ひ、別れて後、十七群の比丘の自分達に對する批評を立ち聞きして、これを後で言ひかかつたこととしてゐる。十誦律の意味で解すべきである。四分が「屛聽」と云ふのはその意味である。

第七十九　「比丘にして、如法の僧伽作法に、初め同意し（與欲し）、後、不同意（khiyanadhammaṁ āpajjati）するのは波逸提である。」

梵本（五十四）は kamma が saṅghakāraṇīye となり、khiyanadhammaṁ は kṣepadharmaṁ となつてゐる外、同じい。四分律は「與欲已後更呵（廣律は悔）」としてゐる。khiyadhamma は悔い惱む狀態を意味し、khiyanadhamma はそのテクニックである。十誦戒本が「後更呵」としてゐる所から見ると kṣepa で呵する意味が出るか、又は kṣiyana-とあつたものであらう。

因緣は、六群の比丘が非行をし、僧伽が僧伽作法をする時に集らず、與欲して置いて、その結果について、斯くの如くであれば與欲しないと云ひ出したこととしてゐる。四分律の因緣も亦全くこれに同じい。

第八十　「比丘にして、僧伽が事件を辨別してゐる時、與欲しないで去るのは波逸提である。」

梵本は vinicchaya の處が缺けて……gatāyāṁ となつてゐて不明であるが、同じい viniścayagatāyāṁ であらう。「與欲しないで」が「其の場の比丘に告げること無しに、默つて座を立つて去る」となつてゐる。十誦律これに同じく、四分律は巴利に同じい。

因緣は、或る僧伽作法の時、六群の比丘が衣を作つてゐて、一人の比丘に與欲して遣はし、動議が出されて後、その比丘は結果を好まず、與欲しないで去つたと云ふのである。四分律では、六群の比丘が皆座にあつたが、問題が自分のことにあると勘づいて去つたとしてゐる。

第八十一　「比丘にして、同一住の僧伽の作法で衣を與へ乍ら、後不平を云ふ、『親密に任せて、僧伽の所得を與ふ』と。これ波逸提である。」

梵本は「比丘にして前に合意者であり乍ら」（samanujñāko bhūtvā）とし、「不平を云ふ」（khiyanadhammaṁ āpajjeyya）が「この様に云ふ」となつてゐる。十誦律は梵本に同じく、「合意者であり乍ら」を「歡喜聽」（戒本）としてゐる。四分律は巴利に同じい。

因緣は沓婆末羅子（Dabba-Mallaputta）が知事をしてゐて、衣が古くなつたので、衆僧合意で衣を與へ（四分律は「白二羯磨で」としてゐる）、後六群の比丘が惡口を云つたこととしてゐる。四分律は全くこれに同じい。

第八十二　「比丘にして、僧伽の所得として與へられたものを、知り乍ら人に（個人に）與へるのは波逸提である。」

此の戒文は、五分律と僧祇律がその第九十一條に持つてゐるのと、優波離問佛經が第十條に持つてゐるのとだけである。五分律は全くこれに同じい。因緣は、舍衞城の或る組合（pūga）が衆比丘に衣食を與へようと用意してゐる時、六群の比丘が組合の人に近づいて、それを横取りしたことである。

第八十三　「比丘にして、灌頂せられた（muddhāvasitta）刹帝利の王が、未だ寢室を出でず、皇后が未だ寢室を出でないのに、前に招待されてゐずに閾を越えて入るのは波逸提である。」

梵本は「皇后未だ寢室を出でないのに」迄は同じいが、「前に招待されてゐずに」が無く、「閾又は閾の地に入る」とし、「斯くの如き緣を除いて」としてゐる。根本有部律が「除餘緣故」とし、十誦律か「除大（廣律は急）因緣」としてゐるのに當るけれども、若しさうとすれば anyatra pratyayāt とか anyatra anyapratyayāt となければならぬ筈である。

猶、「皇后が寢室を出でないのに」の原語は anibhataratanake で、「寶が未だ持ち出されないのに」であり、梵語に直すと anirbhṛtaratnake となり、梵語の anirgṛhiteṣu ratneṣu と異なるが、anirgṛhīta も anirbhṛta も「持ち出されない」で同意であらう。猶、境野氏は寶は女陰の隱語であると云つてをられるが、さうではなく女寶の意味である。

（以下因緣を省略してある―編者。）

第八十四「比丘にして、寶又は寶と考へられる物を、精舍の內や、住處の內以外に持ち、又は持たせるのは波逸提である。（精舍の內又は住處の內では）、寶又は寶と考へられるものを持ち、又は持たせて、比丘は藏置せねばならぬ（nikkhipitabbaṁ)。所有者が持ち去るであらうと、これがその時の正しい事である。」

梵本は「藏置せねばならぬ」が缺けてゐる。

第八十五「比丘にして、居合はす比丘に告げずに、非時に村に入るのは、急な用がある以外、波逸提である。」

梵本は aññatra tathārūpā accāyikā karaṇīyā が anyatra pratyayāt となつてゐる外、同じい。

第八十六「比丘にして、骨で作られ、象牙で作られ、牛角で作られた針筒を作らせ、壞させるのは (bhedanakaṁ) 波逸提である。」

梵本（八十四）は bhedanakaṁ を缺いてゐる。四分も亦缺く。bhedanakaṁ は意味不明である。解釋から見ると、準備に於いて惡作、得て破つて波逸提となつてゐる。

第八十七「比丘にして、新しい寢臺（mañca）又は椅子を作るのに、下の臺木の高さを除いて、八佛搩指に作らねばならぬ。それを越えて切れば（chedanakaṁ）波逸提である。」

梵本は文句が前後してゐるが、それは意味に違ひなく、唯、前箇條の如く chedanakaṁ を除いてゐる。

第八十八「比丘にして、寢臺又は椅子を中へ綿をつめて作らせるのは、綿を裂くことで（uddālanakaṁ）波逸提である。」

梵本は mañcaṁ vā pīṭhaṁ vā の代りに śayyāṁ とし、tūlonaddhaṁ の代りに tūlasaṁstṛtāṁ（綿を布いて）avanahati（覆ふ）としてゐる。「裂くことで」（uddālanakaṁ）は缺いてゐる。

第八十九　「比丘にして、坐具を作る時には量に從つて作らねばならぬ。その量とは長さが二佛搩手、幅（tiriyaṁ）一佛搩手半、四邊一佛搩手である。それを越えて切れば波逸提である。」

梵本は「切れば」（chedanakaṁ）を除く外、皆同じい。

〔備考〕十五尼薩耆波逸提——「古い坐具から一佛搩手取つて用ゐる。」

第九十　「比丘にして、覆瘡衣（kaṇḍupaṭicchādi）を作るには量に從つて作らねばならぬ。量とは長さが四佛搩手（八尺）、幅二佛搩手（四尺）、それを越えて切れば波逸提である。」

梵本は覆瘡衣の梵語が kaṇḍupraticchādana であり、例の如く chedanakaṁ が缺けてゐる。

第九十一　「比丘にして、雨時衣を作る時にも量に依つて作らねばならぬ。長さ六佛搩手（十二尺）、幅二佛搩手半（五尺）、それを越えて切れば波逸提である。」

梵本は例の如く chedanakaṁ を除くのみである。二佛搩手半を sārdhe dve としてゐる。

第九十二　「比丘にして、善逝の衣量に衣を作り、又はそれ以上に作るのは波逸提である。そこで善逝の衣量は、長さ九佛搩手（一丈八尺）、幅六佛搩手（一丈二尺）、これが善逝の衣量である。」

梵本は缺けてゐるが、同じいことは明かである。

六、四提叉尼（Pātidesaniya）の比較

第一　「比丘にして、家の内に入つて、身内でない比丘尼の手から堅食・軟食を自ら受けて、嚙み又は食べるならば、その比丘は悔過せねばならぬ。『友よ、私は非難すべき不似合な悔過法に墮した。それを悔過する。』と。」

梵本は「家の內に入つて」(antaragharaṁ paviṭṭhāya) が antargṛhaṁ piṇḍāya carantyāḥ となり、dhammaṁ が sthānaṁ となつてゐる。

第二 「比丘にして、在家に招待せられて食する場合、若しそこに比丘尼がゐて、友達が師匠を同じくするものの如く立つて居り、『汁を與へよ、飯を與へよ、』と云ふ。その時その比丘は、その比丘尼を叱らねばならぬ。『妹よ、比丘が食事をして仕舞ふまで傍へ避けよ』と。若し一人の比丘でも『妹よ、比丘が食事をして仕舞ふまで傍へ避けよ』と、その比丘尼を叱ることを語らないならば、悔過せねばならぬ。その比丘等は、『友よ、我々は非難すべき不似合な悔過法に墮した。それを悔過する』と。」

梵本は vosāsamānarūpa が vyapadeśamāna (指示しつつ) となつてゐる。その他少し、「叱らねばならぬ」(apasādetabba) が syād vacanīyā となつてゐる。他は缺漏に依つて不明であるが、同じものであらう。これは前の二十九波逸提(比丘尼の讚歎に依つて集められた食物を知り乍ら食する)につながるものである。

第三 「それらの學家、比丘にして、斯くの如き學家に於いて、前に招待されず、無病にして、堅食・軟食を自ら受けて食すれば、悔過せねばならぬ。『友よ、私は非難すべき不似合な悔過法に墮した。私は悔過する』と。」

梵本は「斯くの如き學家に於いて前に招待されないで」といふだけで、「無病にして」を略してゐる。學家と云ふのは、信に依つて增長し、富に依つて損減する(saddhāya vaḍḍhati bhogena hāyati)家であつて、白二羯磨に依つて學家と定められたものである。

第四 「危險があると考へられる森の住處、比丘にして斯くの如き住處に住し、前に知らせること無しに、堅食・軟食をその園の中で自ら受けて、無病にして、嚙み食べるならば、悔過せねばならぬ。『友よ、私は非難すべき不似合な悔過法に墮した。私はそれを悔過する』と。」

梵本は巴利が「園の內に」(ajjhārāme) とあるのを bahir ārāmasya としてゐる外、すべて同じい。巴利では ārāma を「森の住處」と同格に見、梵本は或る ārāma に住する比丘が、森の住處を作つてゐると見てゐるのである。四分律は「僧伽藍外不受食、僧伽藍內無病受食食」としてゐる。文は梵文の樣であつて、意は巴利の如くなつてゐるのである。

七、七十五衆學法

八、…………………

(編者曰く、以上を以つて教授のノートは終つてゐるが、目次のみは左の如く第五章までである。以つて教授の計畫を窺ふに足る。)

第三節　他教團人の意義

第五章　其の後の發達に依る律內容

赤沼君の面影

昭和十二年十二月の四日、夜來の風はやゝ靜まつたが、雪は却つて盛に降り出した。野邊の送りの時には、一層降りしきつて、ともすれば先の自動車の姿も見失ふ程であつた。餘りにも突然な君の逝去に遇つて、哀悼の情よりも、おいてきぼりを喰はされた様な淋しさを禁じ得なかつた私は、來し方行く先もさだかならぬ雪の曠野を、我にもあらず疾驅して、ひし〳〵と迫る孤獨感をどうする事も出來なかつた。辿り着いた火葬場は、固より何の裝飾もないガラン堂であつた。君の棺を正面にするゑて、遺族、知友、門下生等が最後の讀經、最後の燒香をし、棺の蓋を取つて最後の別れをした。眼は閉ぢられて、青白い顏は少しく腫れ、合掌して居る指先が僅に見えてゐた。

三ヶ月前の九月の五日に、私は新潟からの歸途、君をその自坊に訪れると、君は頭にも脚にも大層な繃帶をして、松葉杖をつきながら迎へてくれたのであつた。七月中旬に自坊の土藏を修繕してゐるのを見に行つた時、突然、屋根裏から古い壁土の塊が落下して、後頭部と脚部を强打し、その場に昏倒したが、不思議にも蘇生して、やうやく「この四五日來、人間らしくなつた。何分にも糖が下りるといふ醫者があるので、食物の制限を受け、滋養分がとれないので、いやどうも大弱りさ。所が他の醫者から見てもらふと、何ともないと云ふのだ。それでこの通り元氣になつた」と、それ程の大怪我の後とも見えぬ元氣さに、且は驚き、且は喜んだ。治療中の苦心談や、醫師が其々自分の專門に精しくて、何でも其の方へ結び付けたがると云ふ話や、殆ど「一人」として全體を診てくれる人が無いのには驚いたといふ話や、色々と元氣な話が中々盡きなかつた。「せめて九月一と月ぐらゐは靜養したらどうだ」と勸めたが、「いや、もう大丈夫だ、もういゝんだ、中旬には京都へ行く」と云ふ。一旦云ひ出したら、後へはひかない性質だから、「いゝのかいなあ」と不滿の意を表しながら別れたのであつたが、共が君と話をした最後であつた。

思ひ起せば、明治三十一年、君は十五歳、私は十七歳で、新潟縣三條町の米北中學へ一緒に入學した時に君との交際は始まつたのだ。それから、忘れもせぬ二年を修了した時、君と手を携へて上京し、東京眞宗中學の四年への編入試驗を受けて、二人とも見事に落第し、改めて三年に入つた事であつたが、これは二人の野心的な共同動作の最初の顯れであつた。眞宗大學在學中に共著した「聖典物語」、次いで滿三年の協力に因つて出來た「敎行信證講義」、大正八年から滿五年に涉る苦心協力の結晶たる「新譯佛敎聖典」など、思へばかなりの冒險であつた。が共は兎も角として、中學の一年から、大學、研究科と一緒に進み、一緒に印度から歐羅巴に留學し、歸朝後はまた共に母校に敎鞭をとり、誠に形影相弔つて、苦樂を共にし悲喜を頒つて、丁度四十年間、同じ道を步いて來たのであつた。お互に中々我が强く、負けず氣であるのに、よくもかう長く親しく交つて來られたものだと思ふ。註釋をつければいくらも付けられるであらうが、然し此は、宿世に深い契があつたからに相違ない。いくら親しい友達だからと云つて、四十年も同じ處で同じ道に進む事が出來たのは、到底この世だけの因緣ではないと思ふ。そして若し、君といふものが居なかつたら、この私といふものも存在しなかつたであらう——これは、君が若し生き殘れば、同じ樣に云つてくれるだらう——と思ふと、かうして書いて居ても胸が迫る思ひがする。君が逝つた後に、更めて、私は善い友達を持つて幸であつたと、心からお禮を云ふ事が度々ある。

嘗つて――もう二十年も前の事だが――大谷大學の校醫であつた某氏が、當時の少壯中堅の教授を見渡して、最も均衡のとれた精力的な身體を有つてゐるのは赤沼氏だ、其の反對は金子氏だ、と云つた事があつたが、實際君は羨しい限りの頑健な身體を惠まれて居た。そして君はその惠まれた健康體を、一生涯、最高度に活用して來たのであつた。學生時代の勉學もすばらしいものであつたが、留學中の勉强は、實際ものすごいものであつた。君の巴利語は學生時代に獨學で始め、次いで錫蘭でニャーニッサラ（Ñānissara）僧正に學んで完成したものであるが、巴利語の四阿含や律部を片つぱしから讀破し飜譯して行つたのであつた。當時のノート數十冊は今も殘つてゐるが、このノートが、やがて「阿含の佛教」や「漢巴四部四阿含互照錄」や「印度佛教固有名詞辭典」になつて行つたのであり、「新譯佛教聖典」も、このノートが有つたからこそ出來たのである。いつか君は「研究といふと、佛教では、何か無駄な事の樣に云ふ人があるが、決してさうではない。少くとも自分はかうして命がけでやつてゐる。これは此のまま佛行でなければならぬ」と云つた事があるが、其は君の正直な告白であつた。晩年に、醫者から、血壓が高いから無理をしない樣にと注意せられて居た頃、或る人が「先生は此の頃でも夜は相當おそくまで起きて居られますか」と問ふと、「なに、一晩や二晩は徹夜をしたつて……」とケロリとした顏で答へたので、問うた方が啞然とした事があつた。昭和五年、自分は二度目の渡歐の時、ロンドンで昔の下宿屋を訪ねると、おかみさんが「赤沼さんはよく勉强する人であつた。あんな勉强家は見た事が無い。無口で、おこつて居るのかと思ふと、さうではなくて親切な人であつた」と懷しがつて居たが、誠に君は一生を倦む事を知らぬ研究に捧げたのであつた。

それだから、君の發表したものは、どれを見ても些も危つかしい處が無い。山中の大湖から川が流れ出て居る樣なもので、いくら出しても源が枯渴すると云ふ樣な恐れがなかつた。君はその倦まざる努力に因つて蓄へられた無限の寶庫を內に抱いて、急がす焦らず、ドシン〳〵と大象の様に、大地を踏んで進んで行つた。尤もその歩き振りは洗練されて居ないとか、華やかでないとか云ふ人もあつたが、君は世評を右顧左眄することなく、自分自身の道を進んだのである。「阿含の佛敎」を繙いても直に知られる如く、一言一句確實な典據に基いて筆を進めて居り、些も飛躍した論理や、勝手な想像を加へて居ない。その限りに於いて實に精嚴きはまるものである。而も其故にこそ、一見その叙述は澁滯して居る様に見え、生彩を缺くやうに見えるのである。「赤沼さんは學者だ〳〵と云ふけれども、索引みたいな事やら、字引みたいな事ばかりやつてゐるぢやないか」といふやや非難めいた批評も一再ならず耳にした。なるほど、君が生前に發表した最大の著述は、「印度佛敎固有名詞辭典」と「漢巴四部四阿含互照錄」であつた。然し茫漠として捕へ難い印度佛敎學に於いては、先づ第一に正確な固有名詞辭典と阿含の互照錄が必要なのである。そして君はこの必要不可缺なものを完成したのである。印度佛敎學の存する限り、君の努力の結晶は、學界に對して、盡きせぬ霑を與へるであらう。一時的に華やかな論著よりも、かうした地味な基礎工事を孜々として進めて行つた所に、尊い「佛行」の輝があるのだと思ふ。加之、今や君の遺稿は整理刊行せられて、一般には知られなかつた君の他の一面が明にせられ、學界・敎界の期待に應へ得る事になつた。これは我々にとつて大きな喜である。尤も君としては、未定稿を發表したので少々迷惑な點もあるかもしれないけれど。

君は研究に於いて、飽くまでも自主獨往であつた。自ら樹てた大方針に從つて、先づあらゆる材料を蒐集し、これを精密に檢討し、然る後に徐々に材料を組合せて、必然的に結論を導き出して行つた。その間、他人の學說で參照すべきものは勿論參照したが、然し毫末と雖も權勢に侫つたり諂つたりする事は無かつた。學界に對しても、宗門內に於いても、もう少し如才なく振舞つたら、どんなに華やかな活動も出來たのであるが、君はそんな事は大嫌であつた。「阿含の佛敎」を出した時、知友の間では、學位を取るやうにと云ふ話も大分に出たのであるが、君は、そんな話には耳を傾けようともしなかつた。さやうな點から、君は一がいな片意地な人間のやうに、一部の人から誤解されて居たが、實は、非常に寛容な性格の持主であり、一般の「學者」といふものの概念には當てはまらぬ程、現實に即した考を抱いて居た。研究に於いても徒に高遠な哲理を弄せず、讃仰の霞に包むことを避けて、現實の人生に即して考究して居たが、學問以外の問題に對しても亦同様であつた。一部の人は熟知して居る如く、君は宗門に對して、大谷大學に對して、熱烈な愛護の念に燃えて居たが、宗政上の問題に對しても、決して學者にありがちな迂遠な論議をする事なく、常に現實に即して、無理の無い、而も正しい方向へと導く事に努力して居た。昭和六年の春、谷大問題が起つた時、我々の取るべき方法について相談し、話がやや枝葉問題に入らうとした時、君は「さう一つの方法ばかり考へて居ないで、その方法が駄目になつた時には如何するのか、第二第三第四の方法を立てなければならぬ」と云つたので、或る人が鸚鵡返しに「その第二第三第四の方法が駄目になつた時には如何するか」と揶揄すると、君は氣色ばんで「そんな事があるものか」と云つた事なども、今は懐しい思ひ出である。君は自身のためにも人の爲にも、第二第三第四の方策を考へて、飽くまでも正直に親切に行動した。だから一旦君と深く交つた者は、みな君の質實な親切さに信頼し敬服したのであつた。

大體から云ふと、君は非常に惠まれた狀態に在つたと云ひ得るであらう。第一には明晰な頭腦と精力絶倫な身體とを有して居た事、第二には兩親が極めて健康で長壽で――母堂は今も健在であり、父君は君の長逝の九ケ月前まで、即ち昭和十二年の二月に逝去せられるまで壯健であつた――而も學問に對して十分の理解があつたから、君は殆ど後顧の憂なく全力を研究に捧げる事が出來たのであつた。唯一つ氣の毒に堪へなかつたのは、一人息子の智映君の早世であつた。智映君は君に似て、頗る健康で聰明であつたが、忘れもせぬ、昭和六年の九月の初め――その三月に京都府立一中を卒業して第三高等學校の文科に入學して、ゆく〳〵は君の學問を嗣ぐつもりでをり、嗣がせるつもりで居た――君は講演の爲に朝鮮へ行き、入れちがひに私は君の自坊で催された五日間の講習會で、君の寺へ行つたが、思ひがけず智映君は突然の高熱に魘されて居り、病名も分らぬと云ふ有樣。君が宙を飛ぶ樣にして驅けつけた時、令息は、君が歸つて來たといふ事は辛うじて理解したけれども、何等の意志をも表示する力を失つてゐた。そして遂にそのまゝ逝つてしまつたのであつた。君の悲嘆落膽は、あはれとも、痛はしいとも、何ともかとも形容の出來ないものであつた。爾來、君の姿には常に淋しい陰が添うてゐた。

翌、昭和七年十二月、雜誌「眞宗の世界」の特輯「親鸞聖人『和讃』研究讃嘆號」に、君は『一切菩薩ののたまはく……恩愛はなはだたちがたく、生死はなはだつきがたし……』の二首を標出して「昨年の九月であります。私は私の大事な一粒種の十九歳になる長男を急逝させました。……私は、子の病を看護する親の姿が、實にこの恩愛不能斷、生死不能盡であることを見たのであります。凡夫としての自分の姿を實際に見せつけられたのであります。私の口には確かにその時、念佛がありました。念佛より外になかつたのであります。これは理窟ぢやない。事實であります。理性は盲になつてゐました。しかし私は、それ故に全心全靈で念佛をしてゐたのであります。『念佛三昧行じてぞ、罪障を滅し度脱せし。』一切の菩薩でさへ、この一道に依つてさとりを得られたのであります。哀れな凡夫である私が、私の心、私の魂であつたものを奪はれようとして、堪へ得られる筈がありません。人生は悲しい。何故に。實に恩愛の故に。それ故に私には念佛があつたのでありました。」と述べてゐる。

君は、改めて云ふ迄もなく、原始佛敎を專攻して居たが、印度佛敎固有名詞辭典を出した頃には、研究の中心は大乘佛敎に移つて居た様であつた。そして令息を失つてからは、眞宗學に心を引かれる事が多かつた様である。論文集第二巻の「論註概説」など、さう思つて見ると、誠に味はひの深いものがある。

四十年の交際である。思ひ出の糸はたぐるに從つて限りなく續くが、此處にもう一つ君の美德を記して、この思ひ出の記を終る事にしよう。其は君が、頗る人を見るの明があり、後進を誘導する事甚だ熱心であつた事である。この點に於いては、先に清澤滿之先生あり、次いで先輩佐々木月樵師あり、その次に君が出た次第である。思ふに君は本來純眞な性格で名利の念が甚だ薄かつたから、人の眞の姿が自然に君の心の鏡に映つて、人をよく見分ける事が出來たのであらう。而して後進を誘導するに當つては、父の威と母の慈とを兼ね併せて、誠心誠意その人の爲に計り、前述の第一第二第三第四の方策を樹てて、勞を惜しまず、實によく面倒を見たものである。而もその本人に對しては、事前には勿論、目的を達した後にも、世話をしたと云ふ事は云はないのは勿論、そんな事は、おくびにも出さなかつた。これは實に床しい事で、容易に眞似の出來ない事である。だから本人は、豫想以上にうまく事が運んだとは思つても、君の異常な世話になつたのだと云ふ事は、全く氣付かずに居て、三年もしてから、餘所から、君の盡力のお陰だと云ふ事を聞かされて、初めて感激し感謝すると云つた有樣であつた。

あれを思ひ此を思ふに、悉くなつかしく、事々に君の偉かつた事がしのばれて際限がないが、この邊で敢へて蕪雜な筆を擱くことにしよう。

昭和十四年六月三十日　　山邊習學

赤沼智善教授略年譜

年號	教授の年齢	著作	一般事項	關係事項
明治一七年	一		○八月廿五日、新潟縣長岡市願淨寺に生る。	○南條文雄歸朝す（前年に「大明三藏聖教目錄」出づ）。
二一年	五			○南條文雄、文學博士の學位を受く。
二九年	一三			○眞宗大學寮の本科及び研究科を獨立せしめて眞宗大學と稱し、安居及び眞宗大學寮の宗乘專攻院を併せて眞宗高倉大學寮と稱して、兩者を併立せしむ。

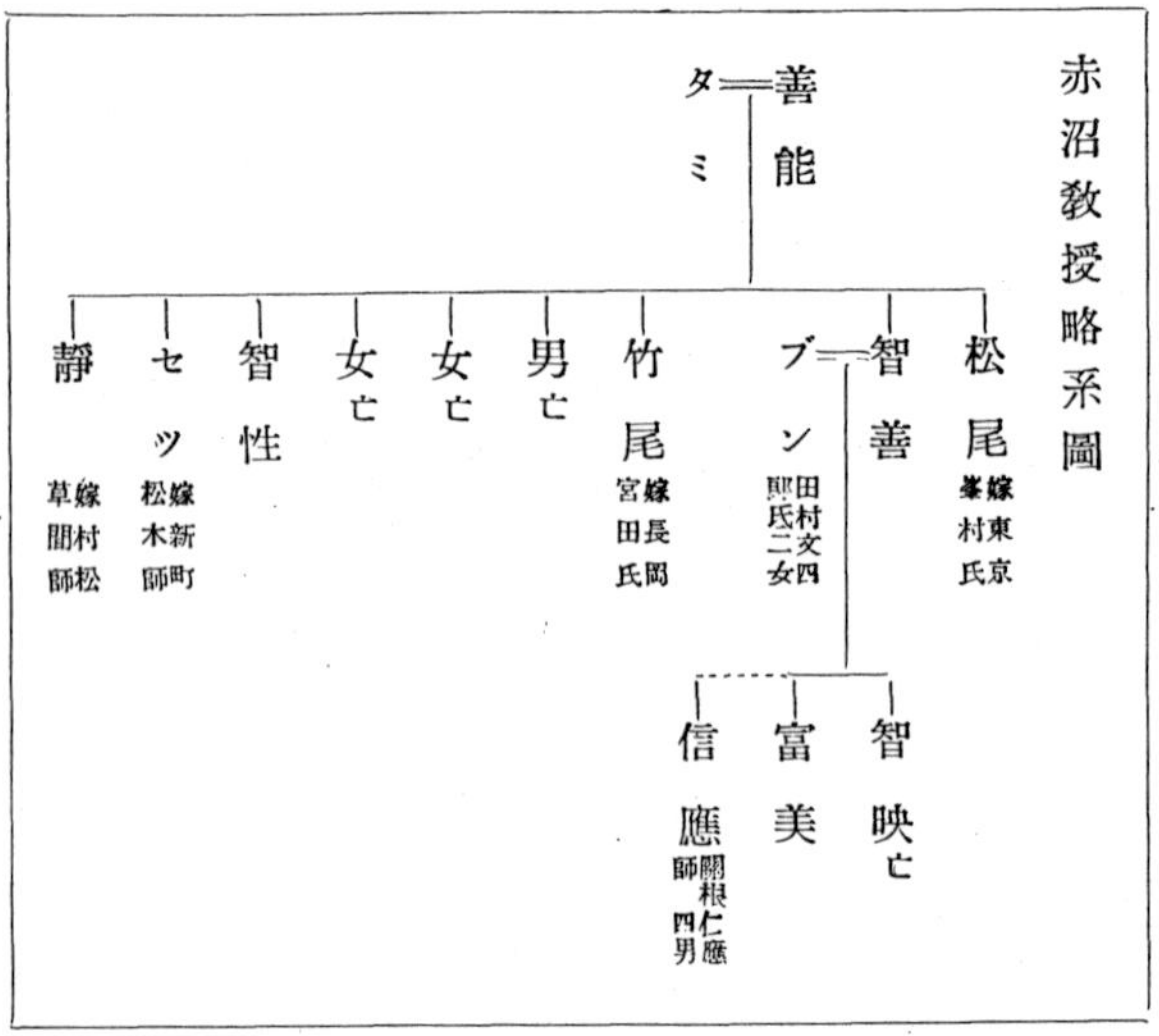

三一年	一五	○新潟縣三條町の米北中學（三條教校の後身）に入學す（同級に山邊習學師あり）。	○村上專精文學博士の學位を受く
三二年	一六	○米北中學廢校となりたるため、東京眞宗中學三年に編入（山邊師も同樣）	○荻原雲來獨逸へ留學す。
三三年	一七		○一月、眞宗本願寺派の學匠七里恆順寂す。壽六十六。
三四年	一八		○一月、清澤滿之主宰の月刊雜誌「精神界」發刊。 ○九月、京都にありし眞宗大學を東京市外巢鴨に移轉す。清澤滿之學監たり。
三五年	一九		○眞宗大學、專門學校規定に準據して設立認可せらる。
三六年	二〇	○七月、東京眞宗中學卒業。 ○九月、眞宗大學へ入學（山邊師も同樣）。	○六月、清澤滿之寂す。壽四十一。
三八年	二二		○舟橋水哉師「原始佛教史」を著す。
三九年	二三		○寺本婉雅師「十萬白龍」を飜譯す。

四一年	二五	○三月、「聖典物語」（山邊師と共著）を刊行す。	○七月、眞宗大學卒業。九月、眞宗大學研究科に入學す。 ○浩々洞の同人となる。	
四二年	二六		○山邊師と共に尚洋社を起し、月刊雜誌「家庭講話」を刊行。	○鈴木大拙氏米國より歸朝す。 ○浩々洞の「佛教辭典」刊行。同「眞宗聖典」刊行。
四三年	二七		○五月、田村文四郎氏二女ブンと結婚す。	○姉崎正治氏「根本佛教」を刊行。
四四年	二八	○九月、リス・デギッズの「釋尊之生涯及其教理」を飜譯刊行。		○九月、東京の眞宗大學を京都市高倉魚棚に移し、眞宗大谷大學と改稱す（高倉大學寮は廢止）。
大正元年	二九	○一月、「七里老師語錄」を刊行。		
二年	三〇	○二月、「教行信證講義」第一卷（山邊師と共著）刊行。	○五月、長男智映生る。	○十月、眞宗大谷大學の新校舍、京都市外上賀茂字小山に落成（現在の大谷大學の校舍これなり）。 ○南條文雄、梵文法華經を刊行。
三年	三一	○六月、「教行信證講義」第二卷（同前）出づ。	○七月、眞宗大谷大學研究科卒業（論文「巴利文大般涅槃經の研究」）。 ○八月、擬講の稱號を授與せられ、僧都に補せらる。	○佛教大學の「佛教大辭彙」第一卷出づ（大正十一年刊行完了）。 ○高楠順次郎氏・木村泰賢共著「印度宗教哲學史」出づ。

四年	三二	○七月「ウパニシャッド」の抄譯刊行。 ○十月「ビガンデー氏緬甸佛傳」を飜譯刊行。	○大谷派本願寺の法主台下、巴利文大般涅槃經研究の功を賞せられ、海外留學の資にとて金一千圓を賜ふ。次いで岩田惣三郎氏等、留學資金を寄附す。 ○三月、大谷派本願寺より、原始佛教研究のため印度及び英國へ留學を命ぜらる（山邊師と共に）。 ○三月出發、先づ印度錫蘭のコロンボに趣き、ニャーニッサラ（Ñānissara）僧正につきて巴利語を勉學す。	○清澤全集第一卷出づ（翌年完了）。 ○世界大戰爭はじまる。
五年	三三	○六月、「教行信證講義」第三卷（同前）出づ。		
六年	三四		○十一月、コロンボより英京ロンドンに赴ふ。	○織田得能の「佛教大辭典」出づ。
七年	三五			○十一月、世界大戰爭終局。
八年	三六		○六月、山邊師と共に歸朝す。 ○九月、大谷派本願寺新法主(現法主)台下學事用掛を命ぜられ、眞宗大谷大學教授を囑託せらる。	○金子大榮氏の「佛教概論」出づ。

九年	三七		○五月、權大僧都に補せらる。○九月、眞宗大谷大學教授に任ぜらる。山邊師と共に「新譯佛教聖典」の稿を起す。	○眞宗大谷大學より、純研究雜誌「佛教研究」出づ（創刊號卷頭に「舍衞城及び祇園精舍の研究」を揭ぐ―「原始佛教之研究」所收）
一〇年	三八	○四月「阿含の佛教」出づ。○五月「眞實道」出づ。		○眞宗大谷大學より英文佛教研究雜誌 Eastern Buddhist（東方佛教徒）出づ。
一一年	三九	○八月「教行信證訓註」（山邊師と共著）出づ。	○一月、長女富美生る。○五月、大谷大學教授に任ぜらる。	○五月、眞宗大谷大學、大谷大學と改稱、大學令に依りて設立認可せらる。○木村泰賢の「阿毘達磨論の研究」出づ。
一二年	四〇	○三月及び九月「意譯眞宗聖典」（廣瀨南雄等十一人と共譯）上下二卷出づ。○六月「根本佛教の精神」出づ。○同月「佛教の正しき女性觀」出づ。		○大正新修大藏經刊行を始む。○南條文雄、大谷大學長を辭し、佐々木月樵その後を承く。○六月、南條文雄校訂の「梵文入楞伽經」出版。
一三年	四一	○二月「現代意譯根本佛教聖典叢書第四卷」（增一阿含抄）出づ。		○宇井伯壽師の「印度哲學研究」（第一）出づ。
一四年	四二	○七月「新譯佛教聖典」（山邊師と		

一五年	四三	共編）出づ。		
昭和元年	四三		○六月、嗣講の稱號を授與せらる。	○大谷大學長佐々木月樵寂す。村上專精その後を承く。
二年	四四	○五月「佛教概論」（北海道の講習會講義集所收）出づ。 ○十一月「大乘運動の意義」出づ。	○四月、大谷大學圖書館長の兼任を命ぜらる。	○和辻哲郎氏の「原始佛教の實踐哲學」出づ。 ○佐々木月樵全集刊行を始む。
三年	四五	○三月「佛教生活の理想」出づ。	○十二月、日本佛教學協會第一回大會に「釋尊の四衆に就いて」を發表す。	○村上專精大谷大學長を辭し、稻葉昌丸師學長の任に就く。 ○日本佛教學協會設立せらる。
四年	四六	○九月「漢巴四部四阿含互照錄」出づ。 ○同月、撰集百緣經の國譯出づ（西尾師と共譯、國譯一切經所收）。		○大谷大學に、赤沼教授を中心として「原始佛教の會」設立せらる。
五年	四七	○三月、百喩經、賢愚經の國譯出づ。（同　前） ○十月、法句譬喩經、生經の國譯出づ。（同　前）	○六月、谷大問題に連坐して歸休を命ぜらる。九月復職。	○大谷大學、大谷派本願寺當局と意見を異にし、全教職員辭表を提出す。六月末、問題は一時解消。

六年	四八	○四月「印度佛教固有名詞辭典」出づ。 ○同月、悲華經の國譯出づ。（西尾師と共譯、國譯一切經所收） ○七月、「阿含經講話」（佛教文庫二十七）出づ。	○四月、大谷大學教授を辭して自坊に歸る。 ○九月、長男智映（第三高等學校文科一年在學）病に依つて急逝。	○四月、大谷大學、再び大谷派本願寺當局と衝突し、學長以下二十一教授退職。 ○九月、上杉文秀大谷大學長に就任。 ○橋川正寂す。
七年	四九	○三月「佛教と女性」出づ。 ○六月「尋常小學國語讀本『釋迦』評傳」出づ。 ○九月「菩薩を通じて佛教を語る」出づ。		○三月「西藏大藏經甘殊爾勘同目錄」大谷大學圖書館より刊行。
八年	五〇	○六月「順正理論」卷一—卷十八の國譯出づ（國譯一切經所收）。 ○十一月、同卷十九—卷三十八の國譯出づ。（同右）	○四月、大谷大學教授を囑託せらる。	○二月林五邦、「論事」刊行。 ○上杉文秀大谷大學長を辭し、河野法雲師その後を承く。
九年	五一	○四月「釋尊」出づ。 ○六月「順正理論」卷三十九—卷五十九の國譯出づ。（國譯一切經所收） ○九月、三彌底部論、尊婆須蜜菩薩所集論の國譯出づ。（西尾師と共譯、同右） ○十一月、順正理論卷六十—卷八	○四月、大谷大學教授に任ぜらる。	○十月「西藏大藏經總目錄」東北帝國大學より刊行。

一〇年	五二	十の國譯出づ。（同右） ○四月、「佛を見る眼」出づ。	○八月、大谷派學務調査委員を命ぜらる。	○十二月、山口益師、安慧造、梵文「中邊分別論釋疏」刊行。 ○長井眞琴師の「根本佛典の研究」出づ。
一一年	五三	○六月、長部經典、一、六、摩訶梨經を飜譯刊行（南傳大藏經第六卷所收）。	○十一月、大僧都に補せらる。	○七月、河野法雲師大谷大學長を辭し、住田智見その後を承く。
一二年	五四	○一月、相應部經典の有偈篇（諸天相應、天子相應、拘薩羅相應、惡魔相應、比丘尼相應、梵天相應、婆羅門相應、婆耆沙長老相應、森相應、夜叉相應、帝釋相應）を飜譯刊行（南傳大藏經卷十二これなり）。	○二月、父善能寂す。 ○三月、大谷大學教授を辭せんとせしも留任を懇望せられ、止むを得ず任に留まる事とし、家族を鄕里へ歸し單身滯京。 ○七月、自坊の土藏修理中危禍に遇ひ頭部及び足部に重傷を負ふ。 ○九月、奇蹟的に經過良好にて殆ど全快の觀あり。 ○十月末、健康勝れずして歸國靜養す。 ○十一月、宗學院指導兼研究員を命ぜらる。 ○同月末、尿毒症を併發し、病遽に革まる。 ○權僧正に補せらる。	○十月、住田智見大谷大學長を辭し、本多主馬その後を承く。

			○同月三十日午前六時、自坊に於いて長逝。	
			○十二月四日、自坊すなはち長岡市上田町願淨寺にて葬儀相營む。大谷派本願寺法主代理、本山代表を始め、遠近より親戚、知友、門下生、門信徒等、集まる者數百名に及びたり。	
一三年	歿後一年		○七月、前大谷派宗務總長關根仁應師四男信應を養嗣子として迎ふ。	○林五邦寂す。
一四年	歿後二年	○五月「佛教教理之研究」出づ。 ○六月「原始佛教之研究」出づ。 ○八月「佛教經典史論」出づ。		

附記

未發表原稿

一、佛教教系論（講演速記）

（百字詰用紙七百八十七枚）

佛教の教系は大體唯心系と實相系の二流がある事、佛教の唯心説は十二緣起の結論として生れたものである事、大乘教は小乘教に對立するものではなく、佛教は大乘教の外には無い事等を論じて、眞宗の他力の信に及ぶ。

二、佛教と眞宗（同　前）

（二百四十字詰用紙四百七十枚）

一、心の影。二、生活に即したる宗教。三、因緣和合。四、無我の眞義。五、佛教の人生觀。六、同上。七、佛陀の三身に就いて。

三、實相無相の妙諦（同　前）

（二百四十字詰用紙八十三枚）

維摩經の無盡燈の法門より説き起して、諸法實相の妙諦を我々の日常生活の上に味はふ。

新聞雜誌所載の研究・法語

（但し、既刊著書及び本論文集所收のものを除く。
なほ此の表は編者の手元にある材料のみに依つたので、少々の遺漏はあるかと思ふ。）

發表年次	題目	掲載誌名
明治四三	懷疑と信仰	（無盡燈）
大正五	錫蘭佛教の授具足戒の作法	（同）
大正九	詩人和耆舍	（合掌）
	尼僧教團の七相續者	（同）
大正一〇	佛教教理上の女性觀の再轉	（同）
	求道と傳道	（同）
	The Buddha	(The Eastern Buddhist)
	The Buddha as Preacher	（〃）
大正一一	學	（合掌）
	釋尊の教化法	（教化）
	On the Triple Body of the Buddha	(The Eastern Buddhist)
大正一三	釋尊時代の迷信	（眞宗の世界）
	境遇は業報か	（中外日報）
	佛教を生かす態度	（同）
	佛教學の研究と宗團	（同）
	A Comparative Index to the Saṁyukta-Āgama	(The Eastern Buddhist)
大正一四	教育者としての釋尊	（觀照）
	崇拜對象の變遷	（中外日報）
大正一五	故佐々木學長の告別式に參列して	（觀照）
昭和二	愛は互に發見せしむ	（北海道佛教講習會講義）
	大無量壽經の宗教	（文化時報）
昭和四	正信偈を拜讀して	（法藏）
昭和五	世間的と出世間的と	（現代佛教）
	釋尊のことども	（兒童と宗教）
昭和六	大谷學會秋季公開講演會挨拶	（大谷學報）
昭和七	恩愛と生死	（眞宗の世界）
昭和八	聞き解けのない	（婦德）
	原始及び小乘經典概説 （昭和八年より十年に涉りて執筆）	（佛教大學講座）
昭和九	火裡得清凉	（婦德）
	よろづ光の下に	（家庭と佛教）
	萬事因緣	（同）
	降誕二千五百年の聖日を迎へ奉る	（同）
	業報を緣として	（同）
	人生無常	（同）
	あるに任せて	（同）
	國運の進展と佛教	（青少年と佛教）
	人生を正しく觀る位置	（大阪朝日新聞）
昭和一〇	賢と愚	（家庭と佛教）
	正法と邪法	（同）

旅　（同　）
宗教の絶對性　（同　）
御　縁　（同　）
昭和一一
讃阿彌陀佛偈和讃講述　（江沼佛教新聞）
青年と佛教　（青少年と佛教）
雲の中から　（家庭と佛教）
沈潜の生活　（同　）
昭和一二
法　喜　（家庭と佛教）
滅私奉公　（信　道）

佛教経典史論

一九八一年　五月三一日　復刻版 第一刷発行
二〇一一年　三月二五日　新装版 第一刷発行

著　者　赤沼 智善
発行者　西村 明高
発行所　株式会社 法藏館
京都市下京区正面通烏丸東入
郵便番号　六〇〇-八一五三
電話　〇七五-三四三-〇〇三〇（編集）
〇七五-三四三-五六五六（営業）

装幀者　佐藤 篤司
印刷・製本　富士リプロ株式会社

ISBN 978-4-8318-6511-3 C3015

和 漢 語 索 引

語の配列は發音通りとし、ヂはジに、ヅはズに入れた。

括弧に入れたのはその語が文の表面に顯れてゐない場合である。

ア

イ

ウ

エ

オ

カ

ケ

コ

サ

ス

セ

ソ

タ

チ

テ

ト

ナ

ニ

ネ

ハ

ヒ

フ

へ

ホ

マ

ミ

ム

メ

モ

ヤ

ユ

ヨ

ラ

リ

ル

レ

ロ

ワ

梵語巴利語索引

A

L

M

N

T

U

V

Y